国家出版基金项目
NATIONAL PUBLICATION FOUNDATION

国家社科基金重大项目成果

"十三五"国家重点图书出版规划项目

中国 老学 通史

刘固盛 主编

宋元卷

刘固盛 肖海燕 著

海峡出版发行集团
THE STRAITS PUBLISHING & DISTRIBUTING GROUP | 福建人民出版社
FUJIAN PEOPLE'S PUBLISHING HOUSE

U0101156

图书在版编目（CIP）数据

中国老学通史.宋元卷 / 刘固盛主编；刘固盛，肖海燕
著 . --福州：福建人民出版社，2023.9
ISBN 978-7-211-09022-8

Ⅰ.①中… Ⅱ.①刘… ②肖… Ⅲ.①老子—哲学思想—
研究—中国—宋元时期 Ⅳ.①B223.15

中国国家版本馆 CIP 数据核字（2023）第 021685 号

中国老学通史·宋元卷
ZHONGGUO LAOXUE TONGSHI·SONGYUAN JUAN

作　　者：刘固盛　主编　刘固盛　肖海燕　著
责任编辑：田成海
责任校对：陈　璟
出版发行：福建人民出版社　　　　　　电　话：0591-87533169（发行部）
网　　址：http://www.fjpph.com　　　电子邮箱：fjpph7211@126.com
地　　址：福州市东水路 76 号　　　　 邮政编码：350001
经　　销：福建新华发行（集团）有限责任公司
印　　刷：恒美印务（广州）有限公司
地　　址：广州市南沙区环市大道南 334 号
开　　本：710 毫米×1000 毫米　　 1/16
印　　张：40.5
字　　数：582 千字
版　　次：2023 年 9 月第 1 版　　　　 2023 年 9 月第 1 次印刷
书　　号：ISBN 978-7-211-09022-8
定　　价：138.00 元

目 录

第一章　宋元老学发展的思想文化背景

宋代在中国历史上是一个重要的转变期和发展期，其文化建设和学术思想都呈现出与汉唐不一样的景象，并达到了新的高度，如王国维言："天水一朝，人智之活动，与文化之多方面，前之汉唐，后之元明，皆所不逮也。"① 陈寅恪亦指出："华夏民族之文化，历数千载之演进，造极于赵宋之世。"② 宋代思想文化的发展与成熟，同样影响着老学的发展进程。

第一节　宋代的"右文"政策与学术新变

一、"右文"政策

赵宋王朝建立以后，其社会结构也发生了重大变化，新兴的士大夫阶层在社会上占据着十分重要的地位，他们通过科举进入国家政权，不仅在社会政治生活中发挥着越来越大的作用，而且引领时代文化的潮流。

士大夫阶层在宋代社会的兴起，既是唐宋之际社会变革与转型的一种历史必然，也是当时统治者"右文"政策推动的结果，欧阳

---

① 王国维：《宋代之金石学》，见《王国维文集》第四卷，中国文史出版社 1997 年版，第 120 页。本书所引文献均仅在首次出现时注明完整版本信息。

② 陈寅恪：《邓广铭〈宋史职官志考证〉序》，见《金明馆丛稿二编》，上海古籍出版社 1980 年版，第 245 页。

修曾总结为："窃以右文兴化，乃致治之所先"。① 宋太祖建国后即确定了以文治国的政治方略，重视读书，重用读书人。据记载，宋太祖"自开宝以后，好读书，尝叹曰：'宰相须用读书人。'赵普为相，帝尝劝以读书。"② 在施政实践中，还明确规定"不得杀士大夫及上书人"。受其影响，宋初诸帝大都"锐意文史"，且勤奋读书，提倡以文治国。如宋太宗认为"王者虽以武功克敌，终须以文德致治"③，所以他登基后，"崇尚儒术，听政之暇，观书为乐，殆至宵分，手不释卷"④；宋真宗同样"听政之暇，唯文史是乐，讲论经艺，以日系时"⑤，并注意从书籍中吸取治国的政治智慧，"谈经典必稽其道，语史籍必穷其事，论为君必究其治乱，言为臣必志其邪正"⑥。在皇帝们的倡导下，宋代尚文之风日隆。《宋史·文苑传》序云：

> 自古创业垂统之君，即其一时之好尚，而一代之规模，可以豫知矣。艺祖革命，首用文吏而夺武臣之权，宋之尚文，端本乎此。太宗、真宗其在藩邸，已有好学之名，作其即位，弥文日增。自时厥后，子孙相承，上之为人君者，无不典学；下之为人臣者，自宰相以至令录，无不擢科，海内文士彬彬辈出焉。⑦

自宋太祖倡导尚文，其后太宗、真宗、神宗等均遵此祖训，对文化极为重视，对儒士和其他读书人也颇为尊重，由此形成了宋代尊儒重道的社会风气，从而有利于文化发展，有益于思想创新。因此，宋代人才并起，思想家辈出，便是自然之事了。如《宋史·艺文

---

① 欧阳修：《欧阳修全集》卷九十四《谢赐汉书表》，中华书局 2001 年版，第 1403 页。
② 范祖禹：《帝学》卷三，《景印文渊阁四库全书》第 696 册，台湾商务印书馆 1986 年版，第 743 页。
③ 李攸：《宋朝事实》卷三，中华书局 1955 年版，第 37 页。
④ 范祖禹：《帝学》卷三，第 745 页。
⑤ 江少虞：《宋朝事实类苑》卷第三《祖宗圣训·真宗皇帝》，上海古籍出版社 1981 年版，第 25 页。
⑥ 李焘：《续资治通鉴长编》卷八十五《真宗》，中华书局 1995 年版，第 1960 页。
⑦ 脱脱等：《宋史》卷四百三十九《文苑一》，中华书局 1977 年版，第 12997 页。

志》云：

> 宋有天下，先后三百余年。考其治化之污隆，风气之离合，虽不足以拟伦三代，然其时君汲汲于道艺，辅治之臣莫不以经术为先务，学士搢绅先生，谈道德性命之学，不绝于口，岂不彬彬乎进于周之文哉！①

宋代尚文，也体现在教育和科举上。宋代重视教育，学校大量兴建，如《宋史·选举志》云："国家恢儒右文，京师、郡县皆有学，庆历以后，文物彬彬。"② 除了官学，书院这一中国古代重要的民间教育机构在北宋庆历之际开始兴盛，全祖望《庆历五先生书院记》曰：

> 有宋真、仁二宗之际，儒林之草昧也。当时濂、洛之徒方萌芽而未出，而睢阳戚氏在宋，泰山孙氏在齐，安定胡氏在吴，相与讲明正学，自拔于尘俗之中。亦会值贤者在朝：安阳韩忠献公，高平范文正公，乐安欧阳文忠公，皆卓然有见于道之大概，左提右挈。于是学校遍于四方，师儒之道以立。③

自庆历开始，胡瑗、孙复、石介诸人都卓然而成为后学师表，他们集一时俊秀，相与书院讲学，激扬一代学风，沾被深远。及至南宋，书院更加繁荣，如南宋名臣陈傅良《潭州重修岳麓书院记》载：

> 五六十载之间，教化大洽，学者皆振振雅驯，行艺修好，庶几于古。当是时，州县犹未尽立学，所谓十九教授未有显者，而四书院之名独闻天下。上方崇长褒异之者甚，至则其成就之效博矣。熙宁初，行三舍之法，颇欲进士尽由学校，而乡举益

---

① 脱脱等：《宋史》卷二百二《艺文一》，第5031页。
② 脱脱等：《宋史》卷一百五十七《选举三》，第3671页。
③ 全祖望：《鲒埼亭集外编》卷十六《庆历五先生书院记》，见《全祖望集汇校集注》，上海古籍出版社2018年版，第1039页。

重教官之选，举子家状必自言尝受业某州教授，使不得人自为说。崇宁以后，舍法加密，虽里间句读童子之师，不关白州学者皆有禁。诏令诚甚美，然由是文具胜而利禄之意多，老师宿儒尽向之。①

如果说官学尚存在各种约束，那么书院教育则更加自由开放，极有利于文教的发展。

由于朝廷的右文政策，宋代的科举制度较以前也有了很大的改进。唐代科举尚受门第之影响，录取人数也较少。到了宋代，情况发生了变化，不仅天下寒士均可参加科举，而且对世家子弟有意进行限制，并实行锁院、封弥、誊录试卷等办法，使考官"莫知为何方之人，谁氏之子，不得有所憎爱厚薄于其间"②，从而大大提高了考试的公平性与合理性。而且，较之唐代，录取名额也大幅度增加，如太平兴国二年（977 年）为 109 人，景祐元年（1034 年）增加到 501 人，宣和六年（1124 年）竟达 805 人，三年录取人数超过唐代开元全盛时期所取进士之总和。③ 这样，宋代的科举制度为士大夫的迅速崛起提供了一条最佳途径，他们不但由此进入统治阶层，成为新兴的政治力量，而且成为宋代思想学术的主要创建者和文化的传承者。

所谓盛世修典，宋代统治者把文化建设放在十分重要的位置，朝廷广泛收集藏书，组织编纂《太平御览》《太平广记》《文苑英华》《册府元龟》等大型图书。宋太宗堪称典范，故宋初文人赞曰：

> 太宗锐意文史，太平兴国中，诏李昉、扈蒙、徐铉、张洎等，门类群书为一千卷，赐名《太平御览》。又诏昉等撰集野史为《太平广记》五百卷，类选前代文章为一千卷，曰《文苑英华》。太宗日阅《御览》三卷，因事有阙，暇日追补之，尝曰：

---

① 陈傅良：《止斋集》卷三十九《潭州重修岳麓书院记》，《景印文渊阁四库全书》第 1150 册，第 807 页。

② 欧阳修：《欧阳修全集》卷一百一十三《论逐路取人札子》，第 1716 页。

③ 参姚瀛艇主编：《宋代文化史》，河南大学出版社 1992 年版，第 111 页。

"开卷有益，朕不以为劳也。"①

除了一般的图书整理外，在宋代，道藏的编纂同样受到重视，如宋太宗便关注道经的搜集整理，据载："（太宗）尝求其书，得七千余卷，命徐铉等雠校，去其重复，裁得三千七百三十七卷。"② 此后宋真宗、宋徽宗都敕修道藏，其中湖北人士张君房所编《大宋天宫宝藏》可为代表。

张君房，湖北安陆人，宋真宗景德二年（1005 年）中进士。正史无传，其事迹多见于笔记稗史。景德二年六月除将仕郎，试校书郎，知升州江宁县事，后擢尚书度支员外郎，充集贤校理。大中祥符五年（1012 年），由御史台贬官宁海。据宋王得臣《麈史》卷中《学术》云："集贤张君房，字尹方，壮始从学。逮游场屋，甚有时名。登第时年已四十余，以校道书得官职，后知随、郢、信阳三郡，年六十三分司归安陆，年六十九致仕。尝撰《乘异记》三编、《科名定分录》七卷、《儆戒荟蕞》五十事、《丽情集》十二卷，又《朝说》《野语》各三篇。洎退居，又撰《脞说》二十卷。年七十六，仍著诗赋杂文。其子百药尝纂为《庆历集》三十卷。予惟《荟蕞》《丽情》外，昔尝见之，富哉所闻也。"③ 张君房才学出众，著述丰富，在社会上很有名声。他喜好神仙道术，同时代及后世笔记多载其神异之事，他本人亦撰《乘异记》，从中可以窥见其兴趣爱好。张君房对道教的重要贡献是编纂了《大宋天宫宝藏》，关于此书编纂缘起与经过，他在《云笈七签》的序文中有所说明：

> 祀汾阴之岁，臣隶职霜台，作句稽之吏。越明年秋，以鞠狱无状，谪掾于宁海。冬十月，会圣祖天尊降延恩殿，而真宗皇帝亲奉灵仪，躬承宝训。启绵鸿于帝系，浚清发于仙源，诞告万邦，凝休百世，于是天子锐意于至教矣。在先时，尽以秘阁道书、太清宝蕴，出降于余杭郡，俾知郡故枢密直学士戚纶，

---

①　王闢之：《渑水燕谈录》卷六《文儒》，中华书局 1981 年版，第 70 页。
②　马端临：《文献通考》卷二二四引《宋三朝国史志》，中华书局 2011 年版，第 6174 页。
③　王得臣：《麈史》卷中《学术》，大象出版社 2019 年版，第 218 页。

漕运使今翰林学士陈尧佐，选道士冲素大师朱益谦、冯德之等，专其修较，俾成藏而进之。然其纲条澒漫，部分参差，与《琼纲》《玉纬》之目，舛谬不同。岁月坐迁，科条未究。适纶等上言，以臣承乏，委属其绩。时故相司徒王钦若总统其事，亦误以臣为可使之。又明年冬，就除臣著作佐郎，俾专其事。臣于时尽得所降到道书，并续取到苏州旧《道藏》经本千余卷，越州、台州旧《道藏》经本亦各千余卷，及朝廷续降到福建等州道书《明使摩尼经》等，与诸道士依三洞纲条、四部录略，品详科格，商较异同，以铨次之，仅能成藏，都卢四千五百六十五卷，起《千字文》"天"字为函目，终于"宫"字号，得四百六十六字，且题曰《大宋天宫宝藏》。①

宋真宗是虔诚的崇道皇帝，他于大中祥符二年（1009 年）诏命司徒王钦若编修道藏，地点选在余杭郡的洞霄宫，真宗下旨把秘阁道书以及亳州太清宫的道经悉数集中，朝廷官员戚纶、陈尧佐，道士冲素大师朱益谦、冯德之等参与修校，王钦若总领其事，书成后将新的道经书目上进皇上，真宗赐名《宝文统录》，共计 4359 卷。《宝文统录》完成以后，由于存在"纲条澒漫，部分参差，与《琼纲》《玉纬》之目，舛谬不同"的问题，王钦若感到不满意，于是又向朝廷推荐贬官到宁海的张君房参与道藏的编修工作。大中祥符六年，张君房除著作佐郎，专门负责道藏的编纂，成为这项工作的实际主持人。张氏在原来的基础上，又取到苏州、越州、台州等地的道经数千卷以及福建等州的道书《明使摩尼经》等，重新编校整理，得 4565 卷，是为《大宋天宫宝藏》。

张君房整理道藏的贡献主要有二：其一，奠定了后世编纂道藏的基本格式。他继承了唐代道藏《三洞琼纲》《玉纬别目》的分类方法，亦即三洞四辅的分类法，由此纠正了《宝文统录》分类不清、纲目不严的毛病，并成为以后道藏编修的范例。其二，具有保存道经之功。张君房在《大宋天宫宝藏》中不仅增加道经 206 卷，而且

---

① 张君房编：《云笈七签》卷首《序》，李永晟点校，中华书局 2003 年版，第 1 页。

收入摩尼教的经典，更为重要的是，他继续"因兹探讨，遂就编联"，将《大宋天宫宝藏》中的精华辑录出来，总为120卷，名曰《云笈七签》，使得在《大宋天宫宝藏》亡佚之后，北宋以前的主要道经幸得《云笈七签》而保留至今。《云笈七签》有"小道藏"之誉，被《四库全书总目提要》称赞为"类例既明，指归略备，纲条科格，无不兼该，道藏菁华，亦大略具于是矣"①，具有十分重要的史料价值和学术价值。

二、学术新变

士大夫阶层在宋代登上历史舞台以后，对当时的士风产生了很大的影响。如胡瑗、石介、戚同文、范仲淹、欧阳修、陈烈等，大都出身贫寒，在困苦之中求学进取，因而他们的政治态度、文化主张和一般思想倾向都大异于六朝隋唐五代的士人。他们以天下为己任，奋发向上，把担当儒家传统作为自身义不容辞的责任，表现出一种自觉的文化批评意识和独立思考的精神。到庆历时期，"一时士大夫矫厉尚风节"②。《宋史·忠义传》对此有具体总结：

> 真、仁之世，田锡、王禹偁、范仲淹、欧阳修、唐介诸贤，以直言谠论倡于朝，于是中外搢绅知以名节相高，廉耻相尚，尽去五季之陋矣。③

以范仲淹为例，他二岁而孤，少有志操，从戚同文求学，"昼夜不息，冬月惫甚，以水沃面。食不给，至以糜粥继之"。后举进士，官至参知政事，成为庆历新政中的核心人物。他富贵不忘贫贱，为官清正，锐意改革，勇于进取，"中外想望其功业，而先生以天下为己

---

① 永瑢等：《四库全书总目》卷一四六《子部·道家类》，中华书局1965年影印本，第1252页。

② 黄宗羲原著，全祖望补修：《宋元学案》卷三《高平学案》，中华书局1986年版，第137页。

③ 脱脱等：《宋史》卷四百四十六《忠义一》，第13149页。

任"，"感论国事，时至泣下"。① 当时的贤士如胡瑗、孙复、石介、李觏等都与之从游，而引导张载治学，尤为有功。据记载：

> 先生（横渠）少孤自立，志气不群，喜谈兵。……上书谒范文正公。公知其远器，责之曰："儒者自有名教可乐，何事于兵！"手《中庸》一编授焉，遂翻然志于道。②

在范仲淹的劝导下，张载由喜兵而转为专治儒学，成为关学的代表人物。范仲淹不仅对许多学者予以奖拔导引，而且以其自身的道德风范极大地影响着当时的士大夫，庆历士风的转变，实始于范仲淹的大力倡导。如朱熹称赞云："至范文正时便大厉名节，振作士气，故振作士大夫之功为多。"③ 自范仲淹以后，"以天下为己任"便成了一代士风的主旋律。著名学者、思想家李觏之言可为代表："觏，邑外草莱之民也，落魄不肖。生年二十三，身不被一命之宠，家不藏担石之谷。鸡鸣而起，诵孔子、孟轲群圣人之言，纂成文章，以康国济民为意。余力读孙、吴书，学耕战法，以备朝廷犬马驱指。肤寒热，腹饥渴，颠倒而不变。非独人之云云，坐而自叹且自笑者也。"④

随着庆历士风的变化，学风也为之一变。南宋陆游曾说：

> 唐及国初，学者不敢议孔安国、郑康成，况圣人乎？自庆历后，诸儒发明经旨，非前人所及。然排《系辞》，毁《周礼》，疑《孟子》，讥《书》之《胤征》《顾命》，黜《诗》之《序》，不难于议经，况传注乎？⑤

可见，儒家经学发展到北宋仁宗庆历之际，开始发生重大变革，并蔚

---

① 黄宗羲原著，全祖望补修：《宋元学案》卷三《高平学案》，第 135、136、137 页。
② 黄宗羲原著，全祖望补修：《宋元学案》卷十七《横渠学案》，第 662 页。
③ 黎靖德编：《朱子语类》卷一百二十九，中华书局 1994 年版，第 3086 页。
④ 李觏：《李觏集》卷二十七《上孙寺丞书》，中华书局 2011 年版，第 296 页。
⑤ 王应麟：《困学纪闻》卷八《经说》引，大象出版社 2019 年版，第 349—350 页。

然形成一股疑经惑古的学术新风。欧阳修是这股风气的重要代表人物，他在《易童子问》中率先对《易传》作者的真实性提出了怀疑：

> 童子问曰："《系辞》非圣人之作乎?"曰："何独《系辞》焉，《文言》《说卦》而下，皆非圣人之作；而众说淆乱，亦非一人之言也。"①

欧阳修不仅力辨《系辞》《文言》《说卦》等非孔子所作，又著《问进士策三首》，对《周礼》的真伪提出疑问。除欧阳修的疑经以外，刘敞、王安石、苏轼、苏辙、司马光、晁说之、李觏等学者，普遍对儒家经典提出怀疑，由此形成了一股声势浩大的疑古之风，以致司马光禁不住感叹：

> 新进后生，未知臧否，口传耳剽，翕然成风，至有读《易》未识卦爻，已谓《十翼》非孔子之言；读《礼》未知篇数，已谓《周官》为战国之书；读《诗》未尽《周南》《召南》，已谓毛、郑为章句之学；读《春秋》未知十二公，已谓三传可束之高阁。②

在司马光看来，怀疑精神诚然可贵，但也要警惕轻率的疑古，这是一种十分可贵的理性态度。随着疑经惑古思潮在庆历间的盛行，一种重视发挥义理的新的解经方法开始形成，其标志便是王安石主持编撰的《三经新义》的出现。王安石倡导新学，实行变法，执政期间，与其子王雱及吕惠卿等重新注释《周礼》《尚书》《诗经》三部儒家经典，对先儒传统废而不用，而是根据变法需要，断以己意，另立新说，表现出了新的治学精神。由于朝廷的支持，《三经新义》得以颁行于天下，很快成为广大士人学习的范本和科举考试的标准，士人皆趋于义理之学。这种学术风气的变化，对宋代思想学术产生

---

① 黄宗羲原著，全祖望补修：《宋元学案》卷四《庐陵学案》，第194页。
② 司马光：《温国文正司马公文集》卷四十五《论风俗札子》，四部丛刊初编影印宋绍熙刊本。

了深远影响，正如漆侠先生所指出，宋儒"摆脱了汉儒章句之学的束缚，从经的要旨、大义、义理之所在，亦即从宏观方面着眼，来理解经典的涵义，达到通经的目的。……在我国古代学术发展史上，宋学确实开创了学术探索的新局面，并表现了它独特的新思路和新方法"[①]。

宋代学术重义理的特点一直延续到元、明，而宋元老学的发展，与时代的学术精神是息息相关的。

第二节　理学的形成与发展

一、从"宋初三先生"到程朱理学

理学是宋代义理之学的典型形态，其形成的源头可追溯到中唐以韩愈为代表的古文运动，而"宋初三先生"则是理学建构的先驱者。黄宗羲云：

> 宋兴八十年，安定胡先生、泰山孙先生、徂徕石先生始以师道明正学，继而濂、洛兴矣。故本朝理学虽至伊洛而精，实自三先生而始，故晦庵有"伊川不敢忘三先生"之语。[②]

这段话高度肯定了胡瑗、孙复、石介三人在理学发展史上的重要贡献，理学"自三先生而始"的观点相当精辟。"三先生"都是庆历学风转变中的重要人物，他们于理学的开创之功，主要表现为两个方面：其一是书院讲学，确立师道。其二是明体达用，复兴儒学。[③] 尽管"三先生"并未建立完整的思想体系，也远未完成儒学复兴的任

---

① 漆侠：《宋学的发展和演变》，河北人民出版社 2002 年版，第 5 页。
② 黄宗羲原著，全祖望补修：《宋元学案》卷二《泰山学案》，第 73 页。
③ 具体论述可参见熊铁基、刘固盛、刘韶军：《中国庄学史》，湖南人民出版社 2003 年版，第 304—305 页。

务，但他们确实起到了承上启下的重要作用。自他们以后，一大批著名的儒家学者如周敦颐、张载、程颢、程颐、邵雍等相继涌现出来，他们不仅重建儒家道统，而且用新的时代精神重新阐释儒家经典，为儒学创建了一套新的思想学术体系，作为儒学复兴标志的理学，至此正式形成。

理学的正式形成，自然以二程洛学为代表。但二程之学在北宋的影响有限，到南宋以后才逐渐受到重视。高宗朝伊始，随着王安石事功之学的被否定，政治上作为新学对立面的二程理学出现了复苏之势，程门嫡传弟子杨时以及私淑程颐的胡安国父子在朝野上下不遗余力提倡二程之学。如胡安国称赞程颐之学说：

> 士以孔孟为师，不易之至论。然孔孟之道失其传久矣，自程颐始发明之，而后其道可学而至。今使学者师孔孟而禁不得从颐之学，是入室而不由户也。夫颐之文，于《易》则因理以明象，而知体用之一原；于《春秋》则见诸行事，而知圣人之大用；于诸经《语》《孟》，则发其微旨，而知求仁之方、入德之序。[1]

二程理学受到推崇，其社会地位也开始提高。不过，二程理学真正被发扬光大，则是宋孝宗乾道淳熙之际由于朱熹等人大力提倡的结果。朱熹首先论定二程之学是承接孔孟道统的正宗："夫以二先生倡明道学于孔孟既没、千载不传之后，可谓盛矣。"[2] 对二程之学大加弘扬，同时，朱熹又在二程思想的基础上，对理学进行了全面系统的总结和补充，建立起了一个比二程更为完整的思想体系，从而使理学发展到了一个新阶段，在社会上的影响也日益扩大。陈亮在《送王仲德序》一文中说：

> 二十年之间，道德性命之说一兴，迭相唱和，不知其所从来，后生小子读书未成句读，执笔未免手颤者，已能拾其遗说，

---

① 李心传：《建炎以来系年要录》卷一百八，中华书局 1956 年版，第 1755 页。

② 朱熹：《河南程氏遗书跋》，《二程集》，中华书局 2004 年版，第 6 页。

高自誉道，非议前辈以为不足学矣。①

据邓广铭先生考证，陈亮此文写于 1190 年以前。② 上推二十年，正是乾淳之际，那时的道德性命之说亦即理学已迅速勃兴，谈论者互相唱和，蔚然成风，由此可见理学已深入人心了。③

程朱理学被视为理学的正宗，其要旨在于将儒家伦理道德本体化。心性学说则是理学的重点内容，无论程朱理学还是陆王心学莫不重视，但理学的心性论已与孔孟学说有很大不同，诚如蒙培元先生所指出："理学心性论也不同于原始儒家的人性学说，它不是从人本身出发来说明人，就是说，它不仅仅是一个伦理学的问题。它的特点是，从宇宙论说明人性论，从宇宙本体说明人的存在，把人提升到宇宙本体的高度，从而确立人的本质、地位和价值。它认为自然界赋予人以内在的潜在能力，即所谓本体存在，通过自我实现，即可达到同宇宙自然界的无限性的统一。从这个意义上说，心性范畴是宇宙论的真正完成和实现，而不是与之对立的异在的范畴体系。"④ 概言之，理学家通过对天理的本体论证，为儒家的道德纲常寻找到了哲学的根据，道德心性统一于天理，因此，对三纲五常的遵守，便不再是一种外在的强制约束，而变为了个人内在的道德自觉。以二程为例，二程一生严于律己，特别是程颐，"举动必由乎礼""进退必合乎仪"，堪为道德典范。有人对程颐说："先生谨于礼四五十年，应甚劳苦。"程颐回答："吾日履安地，何劳何苦？佗人日践危地，此乃劳苦也。"⑤ 在程颐看来，他对道德的遵守完全出于内在的自觉，所以如履平地，一点也不觉辛苦。他人没有如此的觉悟，还是出于外在的强制性约束而不得不依从，故如践危地，倍感痛苦。程颐的思想认识与人生实践，诠释了什么叫作从心所欲不逾

---

① 陈亮：《龙川集》卷十五《送王仲德序》，金华丛书本。
② 参邓广铭：《略谈宋学》，见邓广铭主编《宋史研究论文集：1984 年会编刊》，浙江人民出版社 1987 年版，第 2 页。
③ 参刘固盛：《宋元时期的老学与理学》，陕西人民出版社 2002 年版，第 172—173 页。
④ 蒙培元：《理学范畴系统》，人民出版社 1989 年版，第 174 页。
⑤ 程颢、程颐：《二程遗书》卷一《端伯传师说》，《二程集》，第 8 页。

矩。在他人看来，程颐似乎受到了制约，但程颐自己却觉得是自由的。美国汉学家狄百瑞指出，理学的文化行为中表现出一种个人主义，即对个人的重视，对人的创造性天赋的推崇，如自任于道，自知自得，批评意识，思想创造，突出个人努力等等。"其目的在于追求思想及论辩的自由，也同样追求个体良知的自由运作与公众福祉的提升"①，这代表了一种全新的文化精神。

二、理学在元代的传播与发展

元朝建立以后，尽管民族矛盾加剧，但为了稳固其在中原的统治，统治者不得不吸收汉族以儒学为主的思想文化，由是理学在元代得到了继续传播和发展的机遇。全祖望说："有元立国，无可称者，惟学术尚未替。"② 这里的学术即指理学。未替者，未废之意。元统治者自忽必烈起，为了加强中央集权，巩固其统治，开始推行汉法，尊崇儒学。于是，理学非但没有被废弃，反而获得了继续扩大影响的机会，再加上一批理学家如赵复、许衡、刘因等的提倡与努力，理学在元代迅速流播。《宋元学案》黄百家案语云：

> 自石晋燕、云十六州之割，北方之为异域也久矣，虽有宋诸儒叠出，声教不通。自赵江汉以南冠之囚，吾道入北，而姚枢、窦默、许衡、刘因之徒，得闻程、朱之学以广其传，由是北方之学郁起，如吴澄之经学，姚燧之文学，指不胜屈，皆彬彬郁郁矣。③

赵江汉（复）是元代第一个将南方理学传到北方的人。蒙古未统一中原以前，由于"南北道绝""声教不通"，南方的理学，还没有传到北方，当时蒙古人所接触的儒学，仅是北方的经学章句。蒙古大军进攻南宋，赵复被俘入元，始以程朱之学教授学子，理学才得以受到重视。《元史·赵复传》云：

---

① 狄百瑞：《中国的自由传统》，香港中文大学出版社 1983 年版，第 75 页。
② 黄宗羲原著，全祖望补修：《宋元学案》卷九十五《萧同诸儒学案》，第 3142 页。
③ 黄宗羲原著，全祖望补修：《宋元学案》卷九十《鲁斋学案》，第 2995 页。

复以周、程而后，其书广博，学者未能贯通，乃原羲、农、尧、舜所以继天立极，孔子、颜、孟所以垂世立教，周、程、张、朱氏所以发明绍续者，作《传道图》，而以书目条列于后。别著《伊洛发挥》，以标其宗旨。朱子门人散在四方，则以见诸登载与得诸传闻者，共五十有三人，作《师友图》，以寓私淑之志。又取伊尹、颜渊言行，作《希贤录》，使学者知所向慕，然后求端用力之方备矣。①

赵复于理学北传贡献很大，由于他的传授，才有姚枢、许衡、刘因等理学家的继起，使得"道统不坠"，程朱之学在北方被广泛接受。元代除程朱之学"彬彬郁郁"外，陆学亦有传人，如赵偕、陈苑仍然坚持陆学"门墙"；而吴澄、郑玉等人则致力于和会朱陆，使元代理学发生了一些新的变化。

较之南宋，理学在元代更加受到了统治者的重视。元仁宗时，诏以周敦颐、二程、邵雍、张载、司马光、朱熹、张栻、吕祖谦从祀孔子庙庭，并于延祐元年（1314 年）正式恢复科举，以程朱之学作为考试内容，规定"《大学》《论语》《孟子》《中庸》内出题，并用朱氏《章句集注》，复以己意结之，限三百字以上。经义一道，各治一经，《诗》以朱氏为主，《尚书》以蔡氏为主，《周易》以程氏、朱氏为主，已上三经，兼用古注疏，《春秋》许用《三传》及胡氏《传》，《礼记》用古注疏，限五百字以上，不拘格律"②。科举考试明确规定用程朱之注，反映出程朱的地位在元代继续上升，结果便是程朱理学最终成为官方学术。"朱氏诸书，定为国是，学者尊信，无敢疑二"③。可见，理学独尊的地位已开始确立起来了。因此，理学发展到元代，虽然思想上没有多大创新，但它与科举的结合，却是理学发展史上的一件大事，此种结合极大地推进了理学在社会上的传播与影响。④

---

① 宋濂等：《元史》卷一百八十九《赵复传》，中华书局 1976 年版，第 4314 页。
② 宋濂等：《元史》卷八十一《选举一》，第 2019 页。
③ 虞集：《道园学古录》卷三十九《跋济宁李璋所刻九经四书》，四部丛刊本。
④ 参见刘固盛：《宋元时期的老学与理学》，陕西人民出版社 2002 年版，第 173—174 页。

第三节　黄老思想的盛行

黄老思想作为道家的重要一支，盛行于战国，到西汉初则更加走向了辉煌，学术上出现了《淮南子》这样的集大成之作，政治上成为当时国家的指导思想，适应了汉初休养生息的客观需要并促成"文景之治"。随着汉武帝独尊儒术，黄老之学一度淡出政治舞台，但仍然流传不息，到唐宋时又呈彰显之势，宋代尤其是北宋则是继西汉以后黄老思想流行的另一个高峰。不仅仅是宋初盛行，而是北宋多数帝王都有崇尚黄老的举措，君臣上下共同推行，思想界互相呼应，黄老思想几乎漫延于整个北宋王朝，其中仁宗朝尤为显著。

一、皇帝崇尚黄老

唐末五代战乱不断，赵宋政权建立之初，社会经济尚未从严重的破坏中恢复，国家的发展亟须休养生息，因此，提倡清静无为的黄老思想颇适合宋初的社会要求以及最高统治者的需要。而宋太祖、太宗和真宗也顺应了这一时代要求，崇尚黄老之治。作为创业垂统之君的宋太祖堪称有为，但他的为政仍然具有推崇黄老的倾向。据《续资治通鉴长编》卷十记载：

> 真定苏澄善养生，为道士，居隆兴观，唐、晋间数被召，皆辞疾不赴。契丹主凡欲自立时，求僧道之有名称者加以爵命，惟澄不受。于是，上召见之，谓曰："朕作建隆观，思得有道之士居之，师岂有意乎？"对曰："京师浩穰，非所安也。"上亦不强。壬申，幸其所居，谓曰："师年逾八十而容貌甚少，盍以养生之术教朕！"对曰："臣养生，不过精思炼气耳；帝王养生，则异于是。老子曰：'我无为而民自化，我无欲而民自正。'无为无欲，凝神太和，昔黄帝、唐尧享国永年，用此道也。"上

悦，厚赐之。①

此事发生在开宝二年（969年）五月。年逾八十的道士苏澄颇有风骨和见识，先后拒绝了后唐、后晋、契丹的邀请。这引起了宋太祖的重视，宋太祖亲自前往拜见，并召他来京师的建隆观担任住持，却遭到推辞。于是宋太祖只好询问养生之术，苏澄向宋太祖建议，帝王不能仅仅学养生之道，而是应该以黄老之术治国。太祖听了很高兴，苏澄也因此得到重赏。从宋太祖的施政实践来看，黄老思想确实是有明显体现的，如张其凡先生指出，太祖时期的黄老之治，主要表现在完备和改革各种制度上，以造成可因之势，从而达到无为而治。在用人上，太祖重用忠厚、通吏道的文臣，目的是刑德并用，使法制得以贯彻执行，社会能遂其自然，从而达到无为而治。太祖的用人之道，鲜明地反映出他的黄老思想，而太祖的主要辅臣赵普则扮演了集萧何、曹参于一身的角色，为政的黄老色彩同样很浓厚。②《宋史》赞太祖"务农兴学，慎罚薄敛，与世休息，迄于丕平"③，是很有道理的。

宋太宗的黄老思想则更加明显，究其原因，一方面是受到宋太祖的影响，更重要的原因，则与他于太平兴国四年（979年）和雍熙三年（986年）两次伐辽失败有关。伐辽战争遭到重创以后，宋太宗才真正落实黄老之治。《续资治通鉴长编》卷三十四载：

> 上谓侍臣曰："朕自即位以来，用师讨伐，盖救民于涂炭，若好张皇夸耀，穷极威武，则天下之民几乎磨灭矣！"……上曰："朕每议兴兵，皆不得已，古所谓王师如时雨，盖其义也。今亭障无事，但常修德以怀远，此则清静致治之道也。"蒙正曰："古者以简易治国者，享祚长久。陛下崇尚清静，实宗社无

---

① 李焘：《续资治通鉴长编》卷十《太祖》，第226页。
② 参张其凡：《吕端与宋初的黄老思想》，见邓广铭等主编《宋史研究论文集：1982年年会编刊》，河南人民出版社1984年版，第404—405页。
③ 脱脱等：《宋史》卷三《太祖本纪》，第51页。

疆之休也。"①

这是淳化四年（993 年）宋太宗和宰相吕蒙正的讨论，从中可以看出太宗对征伐之事尤其是伐辽战争的反省以及对国家治理政策的及时调整。从此，以黄老治国成为他与大臣经常讨论的话题：

> 上曰："清静致治，黄老之深旨也。夫万务自有为以至于无为，无为之道，朕当力行之。至如汲黯卧治淮阳，宓子贱弹琴治单父，此皆行黄老之道也。"参知政事吕端等对曰："国家若行黄老之道，以致升平，其效甚速。"宰臣吕蒙正曰："老子称'治大国若烹小鲜'，夫鱼挠之则溃，民挠之则乱，今之上封事议制置者甚多，陛下渐行清静之化以镇之。"上曰："朕不欲塞人言。狂夫言之，贤者择之，古之道也。"②

这段记载既反映了宋太宗把黄老思想作为政治上的指导思想，也显示出大臣们与太宗思想的一致性，以及《老子》一书对他们的重要影响。当时不仅大臣熟知《老子》内容，皇帝也经常阅读《老子》。太宗曾对他的侍臣说："伯阳五千言，读之甚有益，治身治国，并在其内。至云'善者吾善之，不善者吾亦善之'，此言善恶无不包容，治身治国者，其术如是。若每事不能容纳，则何以治天下哉！"又言："朕每读至'兵者不祥之器，圣人不得已而用之'，未尝不三复，以为规戒。王者虽以武功克敌，终须以文德致治。"③ 由此可见，宋太宗是一位深谙黄老之道的皇帝。据载：

> 上闻汴水辇运卒有私货市者，谓侍臣曰："幸门如鼠穴，何可塞之，但去其尤者可矣。篙工楫师，苟有少贩鬻，但无妨公，不必究问。冀官物之入，无至损折可矣。"吕蒙正曰："水至清

---

① 李焘：《续资治通鉴长编》卷三十四《太宗》，第 758—759 页。

② 李焘：《续资治通鉴长编》卷三十四《太宗》，第 758 页。

③ 李攸：《宋朝事实》卷三，第 37 页。"善者吾善之，不善者吾亦善之"句，原文作"善者吾亦善之，不善者吾则不善之"，句意不通，据《老子》经文改。

17

则无鱼，人至察则无徒，小人情伪，在君子岂不知之，若以大度兼容，则万事兼得。曹参不扰狱市者，以其兼受善恶。穷之则奸慝无所容，故慎勿扰也。圣言所发，正合黄老之道。"①

宋太宗主张为政宽缓，抓大放小，尽量做到不扰民，吕蒙正则以曹参不扰狱市进行类比。可以看出，宋太宗从指导思想到施政实践，确实大有黄老之风。

宋真宗同样崇尚黄老，他于咸平二年（999 年）对宰相说："道德二经，治世之要道，明皇注解虽粲然可观，王弼所注言简意深，真得清静之旨也。因令镂板。"② 并于景德三年（1006 年）下诏说："老氏立言，实宗于众妙，能仁垂教。盖诱夫群迷，用广化枢，式资善利。"③ 宋真宗与太宗一样，注意从《老子》中吸取治世之道，颇为重视黄老之学。值得注意的是，宋真宗还是一个特别崇尚道教的皇帝，《宋史·真宗本纪》称："及澶渊既盟，封禅事作，祥瑞沓臻，天书屡降，导迎奠安，一国君臣如病狂然。"④ 太祖、太宗都优待道士，但真宗尤甚，他不仅屡设斋醮祈禳，还假托梦见神人传玉皇之命，造出了一个"圣祖上灵高道九天司命保生天尊大帝"赵玄朗，宣言他就是赵家帝王的圣祖，并建造宫观以事供奉。宋真宗之崇道，实有"神道设教"之意，以巩固其统治的合法性，打消契丹对宋朝的觊觎之心。⑤ 因此，他对道教的崇奉与以黄老清静之旨治国有明显区别，两者不能混为一谈。此点同样适用于宋徽宗，宋徽宗作为著名的崇道皇帝，笃信神仙方术，自封为"教主道君皇帝"，大力扶持道教，但他的治国主张却是提倡黄老清静之治的。他不但诵读《老子》，而且亲自为之作注，成为继唐玄宗后第二个注《老》的皇帝。宋徽宗对《老子》的注解，并没有道教神仙的气息，而主要从治国

---

① 李攸：《宋朝事实》卷十六，第 241 页。
② 彭耜：《道德真经集注·说序》，见熊铁基、陈红星主编：《老子集成》第四卷，宗教文化出版社 2011 年版，第 543 页。
③ 李攸：《宋朝事实》卷七，第 123 页。
④ 脱脱等：《宋史》卷八《真宗本纪》，第 172 页。
⑤ 《宋史·真宗本纪》："宋之诸臣，因知契丹之习，又见其君有厌兵之意，遂进神道设教之言，欲假是以动敌人之听闻，庶几足以潜消其窥觎之志欤？"

理政方面着手，即主张把老子的自然无为之道运用到政治上来。① 强调老子思想中的政治功能，乃是黄老之学的重要特点。不过，相对于前朝诸帝，徽宗虽仍然有黄老之意，却无黄老之治，政治上以失败而告终。

黄老思想并不是在宋初三帝以后就停止了流行。真宗去世后，仁宗年幼继位，刘太后垂帘听政，延续真宗朝的治理政策，仍然崇尚黄老，故宋祁在《皇太后躬谒清庙赋》中曾这样颂扬刘太后："别苑无从禽，离宫无改筑，此则皇太后守黄老清静之躅也。"② 由于黄老之政在宋初长期持续性地推行，宋仁宗、宋神宗克绍箕裘，也都成了黄老思想的推崇者和实践者。《续资治通鉴长编》卷一百四载：

> 玉清昭应宫使王曾请下三馆校《道藏经》，从之。上因言："其书多载飞炼金石方药之事，岂若老氏五千言之约哉。"张知白曰："陛下留意于此，乃治国清静之道也。"③

这是记载宋仁宗天圣四年（1026 年）的一件事，宋仁宗认为道藏收录的典籍大都记载炼养方术之类，比不上《老子》书的简约，宰相张知白点出了仁宗实有意于黄老的清静治国之道。可见，宋仁宗对待道教，与前之真宗、后之徽宗有明显不同，他虽然没有明确反对道教，但还是保持了一种较为疏远的态度，他感兴趣的是用于治国的黄老之道。仁宗与张知白讨论《老子》的事，在神宗、哲宗、徽宗三朝为官的陈瓘所著的《昭语》中也有言及，其序云："玉清昭应宫使王曾请校三馆道经，上因言其书不如老氏五千言清静而简约，张知白曰：'陛下留意于此，乃治国无为之术。'臣伏读神考圣训曰：'汉之文景，唐之太宗，孔子所谓吾无间然者。'臣因考三君之行事，

---

① 具体论述可参刘固盛《宋徽宗君臣的老子注疏》一文，载《老庄学文献及其思想研究》，岳麓书社 2009 年版，第 171—185 页。

② 宋祁：《皇太后躬谒清庙赋》，见《全宋文》第二十三册，上海辞书出版社、安徽教育出版社 2006 年版，第 95 页。

③ 李焘：《续资治通鉴长编》卷一百四《仁宗》，第 2401 页。

知汉文之术，得于老子，而仁祖之政多似汉文。"① 神考即宋神宗，仁祖即宋仁宗，陈瓘认为宋仁宗的治国思想和为政实践与汉文帝类似，都是以黄老为宗。他又引宋神宗对文景二帝及唐太宗的评价，说明神宗也是推崇黄老的。

陈瓘（1057—1124 年），字莹中，号了斋，南剑州（今属福建）沙县人。宋元丰二年（1079 年）中进士甲科，授官湖州掌书记，签书越州判官，迁明州通判、太学博士、秘书省校书郎。宋徽宗即位，被召为右正言、迁左司谏、著作郎等职。陈瓘为官公直，富有才识，《宋史》本传云："瓘谦和不与物竞，闲居矜庄自持，语不苟发。通于《易》，数言国家大事，后多验。"又赞陈瓘曰："抗迹疏远，立朝寡援，而力发章惇、曾布、蔡京、蔡卞群奸之罪，无少畏忌，古所谓刚正不挠者欤！"② 陈瓘在《昭语》中记载了汉文帝崇尚黄老之事，并收录了关于宋仁宗为政的不少事例（其间也言及宋神宗），通过比较，得出了宋仁宗与汉文帝同属于崇尚黄老之君的结论。陈瓘出生于仁宗朝，所记之事当可信。据《昭语》载：

> 臣尝谓自三代以降，善治天下者无如孝文，然其术出于老子，故仁祖于老氏也，取其简约；而神考之于汉文也，谓无间然。盖老异于孔而其本则同，汉劣于周而善亦可取，此二圣之所以垂训也。仁祖皇祐四年谓辅臣曰："朕临御以来，命参知政事多矣，其间忠纯可纪者，蔡齐、鲁宗道、薛奎而已，宰相王曾、张知白皆履行忠谨，虽时有小失，而终无大过。李迪亦朴忠自守，第言多轻发耳。"庞籍对曰："才难自古然也。"上复曰："朕记其大，不记其小。"臣三复圣训，因考王曾、知白之所以见重于仁祖者，盖能以清静之术助无为之化，所谓大而可纪者，其在兹乎。③

陈瓘指出，宋仁宗的任人为政，与汉文帝有许多相同之处，都是以

---

① 彭耜：《道德真经集注杂说》，《老子集成》第四卷，第 702—703 页。
② 脱脱等：《宋史》卷三百四十五《陈瓘传》，第 10964、10967 页。
③ 彭耜：《道德真经集注杂说》，《老子集成》第四卷，第 703 页。

黄老治国的典范。而宋神宗谓其与汉文帝"无间然"，说明神宗也非常认可汉文帝的治国之术。陈瓘又记：

> 韩绛言："林献可遗其子以书抵臣，多斥中外大臣过失，臣不敢不以闻。"上曰："朕不欲留中，恐闻阴讦之路，可持归焚之。"臣曰："老子云：俗人昭昭，我独若昏，俗人察察，我独闷闷。又曰：其政闷闷，其民淳淳，其政察察，其民缺缺。"韩绛以献可之言闻于上，一白一黑，何其昭昭也。仁祖恐开阴讦之路，拒而不受，圣人之虑深矣远矣。昏昏然不可见，闷闷然不可识，此圣人之所以为圣人，而其民之所以淳淳也。①

这里说明宋仁宗纳言察人之术深得老子之意。陈瓘还记载：

> 审刑院断绝公案，仁宗喜曰："天下至广而断刑若此，有以知刑讼之简，有司无稽迟也。"乃下诏奖法官，而付其事于史官。臣窃见元丰中开封府狱空，神考大喜，擢知府王安礼为右丞，下至胥吏，悉获赉赏，自是内外有司皆以狱空为悦。盖仁祖以讼简赏法官而神考以狱空擢府尹，所以示仁民之意一也。老子曰："民常不畏死，奈何以死惧之，若使民常畏死而为奇者，吾得执而杀之，孰敢。"祖宗不以刑威惧民，盖有得于老氏。讲《诗》，至《匪风》曰"谁能烹鱼，溉之釜鬵"，上曰："老子谓治大国若烹小鲜，其义类此。"侍读丁度对曰："烹鱼烦则碎，治民烦则散，非圣学之深，何以见古人求治之意。"臣曰：古之圣君当大有为之时，或创业或革弊，不免有所烦也。仁祖以清静无为之道持盈守成，四十二年终始如一，盖得烹鲜之说而躬行之耳。臣故曰汉文之术出于老子，而仁祖之治多似汉文，神考谓汉文吾无间然，则绍述之意可知也。②

宋仁宗、神宗都主张用较为缓和的法度治理天下，爱护百姓，简刑

---

① 彭耜：《道德真经集注杂说》，《老子集成》第四卷，第704页。
② 彭耜：《道德真经集注杂说》，《老子集成》第四卷，第703—704页。

罚，"以狱空为悦"，崇尚老子的清静无为之道。值得注意的是，文中提到"仁祖以清静无为之道持盈守成，四十二年终始如一"，宋仁宗在位四十多年，一以贯之地推行黄老之道治国，实属难得，因此确实可以与汉文帝媲美。正如南宋政治家史浩所言："夏商之后，周八百年，汉四百年，社稷绵远，政治光明，实由四君宽大忠厚惠养之功有以致此。其后宣王中兴，斯民喜于王化复行，光武再造，人见汉官威仪而增喜。人心如是，固结而不可解，此岂法制整齐之功所能致哉？惟我仁宗皇帝，即周成康、汉文景也，四十二年之间，其所培养邦本者，至矣尽矣。"① 而宋神宗对汉文帝的认可，显然也受到了仁宗的影响，故继位后延续仁宗朝的黄老政术。

南宋也有重视黄老的皇帝，如宋高宗亦重视老子，他说："朕之好道，非世俗之所谓道也。世俗修炼以求飞升不死，若果能飞升，则秦始皇、汉武帝当得之矣。朕惟治道贵清静，苟侈心一生，虽欲自抑，有不能已者，故所好惟在恬淡寡欲，清心省事，所谓为道日损，损之又损，以至于无为，斯与一世之民，同跻仁寿，如斯而已。"② 宋高宗并不相信道教的神仙之术，而是希望用老子之道治国安民，此即黄老之宗旨。

学界以往论及宋代的黄老思想，大都以宋太宗为代表，③ 但太宗既身负"烛影斧声"之谜，又遭北征契丹之败，推行黄老之治尚有一个变化的过程。而宋仁宗不仅对黄老同样推崇，并且更加自觉，为政效果也更好，在位期间被时人及后世称为太平之治，故宋仁宗才是北宋崇尚黄老最有代表性的皇帝。诚如王夫之在《宋论》中所说："仁宗之称盛治，至于今而闻者羡之。帝躬慈俭之德，而宰执台谏侍从之臣，皆所谓君子人也，宜其治之盛也。……夫秉慈俭之德，而抑有清刚之多士赞理于下，使能见小害而不激，见小利而不歆，见小才而无取，见小过而无苛，则奸无所荧，邪无能间，修明成宪，

---

① 史浩：《鄮峰真隐漫录》卷十一《别拟》，见《史浩集》，俞信芳点校，浙江古籍出版社 2016 年版，第 214 页。

② 彭耜：《道德真经集注·说序》，《老子集成》第四卷，第 543 页。

③ 如张其凡先生在《吕端与宋初的黄老思想》一文中指出："在宋初四十年的时间内，黄老思想一直流行并为统治者倡导。……宋初黄老思想的盛行，以太宗时期为甚，真宗初年次之。"

休养士民，于以坐致升平，绰有余裕。"① 王夫之提出的慈俭、休养、包容等一系列评价，正是宋仁宗黄老思想在施政实践中的具体呈现。

二、臣下倡导黄老

北宋不仅皇帝崇尚黄老，臣下也同样倡导，黄老思想得以上下贯彻，共同推行。除前面提到的赵普、吕端、吕蒙正等名臣外，欧阳修、司马光②、苏轼等也是黄老的倡导者，如欧阳修说："前后之相随，长短之相形，推而广之，万物之理皆然也。然老子为书，其言虽若虚无，而于治人之术至矣。"又曰："道家者流，本清虚，去健羡，泊然自守，故曰我无为而民自化，我好静而民自正，虽圣人南面之治，不可易也。"③ 苏轼则认为黄老才是道家的正宗，他曾奉诏撰《上清储祥宫碑》云：

> 道家者流，本出于黄帝、老子，其道以清静无为为宗，以虚明应物为用，以慈俭不争为行，合于《周易》"何思何虑"、《论语》"仁者静寿"之说，如是而已。自秦汉以来，始用方士言，乃有飞仙变化之术，《黄庭》《大洞》之法，"太上""天真""木公""金母"之号，延康、赤明、龙汉、开皇之纪，天皇、太乙、紫微、北极之祀，下至于丹药奇技，符箓小数，皆归于道家，学者不能必其有无。然臣尝窃论之：黄帝、老子之道，本也；方士之言，末也。④

苏轼指出，黄老与儒家有一致的地方，而与秦汉以后产生的道教有别。道教的各种修炼虽归于道家，但道家之本是黄老。他又在《盖公堂记》说："（曹）参为齐相……闻胶西有盖公，善治黄老言，使

---

① 王夫之：《宋论》卷四《仁宗》，见《船山全书》第十一册，岳麓书社 1996 年版，第 107—110 页。
② 司马光具有黄老思想，并认为王安石变法不合黄老之意。具体论述参见本书第五章第一节。
③ 彭耜：《道德真经集注杂说》，《老子集成》第四卷，第 704 页。
④ 苏轼：《苏轼文集编年笺注》卷一七，李之亮笺注，巴蜀书社 2011 年版，第 617 页。

人请之，盖公为言：治道贵清净而民自定，推此类具言之。参……用其言而齐大治，其后以其所以治齐者治天下，天下至今称贤焉。吾为胶西守，知公之为邦人也，求其坟墓、子孙而不可得，慨然怀之，师其言，想见其为人。"① 从这一段记载来看，苏轼对黄老政治是非常推许的。

秦观对黄老之学也颇为推崇，他说：

> 班固赞司马迁，以为"是非颇谬于圣人，论大道则先黄老而后六经"……孰谓迁之高才博洽而至于是乎。以臣观之不然，彼实有见而发、有激而云耳。孟子曰："仁者，人也；合而言之，道也。"杨子亦曰："道以导之，德以得之，仁以人之，义以宜之，礼以体之，天也。合则浑，离则散。"盖道德者，仁义礼之大全；而仁义礼者，道德之一偏。黄老之学，贵合而贱离，故以道为本。六经之教，于浑者略，于散者详，故以仁义礼为用。迁之论大道也，先黄老而后六经，岂非有见于此而发哉。②

班固指出司马迁"是非颇谬于圣人"，秦观认为这一评价是不妥的。"论大道则先黄老而后六经"，恰恰是司马迁的高见。与儒家比较，黄老之学的可贵之处在于以道为本，兼采百家，具有包容性，司马迁推崇黄老，是看到了黄老之学的长处。此外，秦观把西汉杰出的谋臣张良与北魏著名谋臣崔浩进行了比较：

> 史称崔浩自比张良，谓稽古过之。以臣观之，浩曾不及荀、贾，何敢望子房乎？……夫以其精治身，以绪余治天下，功成事遂，奉身而退者，道家之流也。观天文，察时变，以辅人事，明于末而不知本，阴阳家之流也。子房始游下邳，受书圯上老人，终日愿弃人间从赤松子游，则其术盖出于道家也。浩精于术数之学，其言荧惑之入秦，彗星之灭晋，与夫兔出后宫、姚

---

① 苏轼：《苏轼文集编年笺注》卷一一，第99页。
② 秦观：《淮海集》卷第二十《司马迁论》，徐培均笺注本，上海古籍出版社1994年版，第700页。

兴献女之事尤异，及黜庄老，乃以为矫诬之言。则其术盖出于阴阳而已，此其所以不同也。①

崔浩协助北魏皇帝统一了北方，故以张良自比。秦观认为，张良属于黄老道家，崔浩属于阴阳家，张良比崔浩要高明很多。在对历史人物的评价上，秦观也是站在黄老这一边的。

从一些大臣对《老子》的直接评价中，也可看出他们对黄老思想的肯定和赞赏，如张耒《老子议》云：

> 夫人之生，不杀之于衽席饮食之疾病，则杀之于盗贼刑戮者，过半矣，则人之于死，实未尝知畏也。而世之驭物者而欲物之畏，不过示之以死，亦惑矣。故曰："民不畏死，奈何以死惧之。"苟为畏死邪，则吾取为奇者而杀之，宜民之不复为奇也。天下未尝无刑，而为奇者不止，则死之不足以惧物也明矣。故曰："若使人常畏死，而为奇者吾得执而杀之，孰敢也。"夫物不患夫杀之者也，万物泯泯必归于灭尽而后止，则常有司杀者杀之矣。窃司杀者之常理而移之，以行其畏，非徒不足以惧物，而亦有不及者也。故曰："常有司杀者杀之。夫代有司杀，是代大匠斫，代大匠斫，希有不伤其手矣。"然则操政刑死生之柄，驱一世之民使从之，殆非也。②

这是张耒对《老子》第七十四章的逐句解释，最后一句是关键："操政刑死生之柄，驱一世之民使从之，殆非也。"统治者仅以严刑峻法治国，驱使百姓，效果不会很好，也不是理想的办法。执政者应当戒慎，不应轻易伤及百姓。

前面提到的陈瓘不仅极力推许宋仁宗、神宗的黄老之治，还把仁宗比于汉文帝。从中也可看出陈瓘本人具有浓厚的黄老思想。如他称赞老子的治国之道："老子言天下神器不可为也，为者败之。又

---

① 秦观：《淮海集》卷第二十一《崔浩论》，第 736—737 页。
② 张耒：《张耒集》卷四十二《老子议》，李逸安等点校，中华书局 1990 年版，第 682 页。

言治大国若烹小鲜。夫烹鱼者无所事于烦之也，制水火之齐以熟之而已，舜无为而治，其不以此欤。"① 又评价汉武帝的以儒术治国："武帝黜黄老而用儒术，未尝不本于仁义，而观其实效，则不异于始皇者几希。当此之时，天下不一日而无事，思慕文景不得复得，然则黄老亦何负于天下哉。"② 认为在治国方面黄老实际上比儒学高明。

在上述积极倡导黄老思想的官员中，吕端、吕蒙正活动于太宗朝，欧阳修、司马光、苏轼、秦观、张耒、陈瓘等都主要活动于宋仁宗、神宗朝，神宗有绍述仁宗之意，由此可见，北宋诸帝崇尚黄老以仁宗为首，臣下倡导黄老也以仁宗朝为甚。

三、思想界流行黄老

在宋代，不仅君臣上下崇尚黄老的情况突出，思想界也流行黄老。如北宋思想界影响极大的王安石学派，该学派对《老子》很重视，多人注解《老子》，颇强调黄老政术。虽然司马光认为王安石未得黄老要旨，但可能的情况是王安石的老学思想与其变法实践并未保持一致，或者说，王安石没有把黄老之学用好。而王安石解《老》是很有黄老意味的，其学派中的王雱、吕惠卿老学中的黄老思想则更加明显。如王安石注《老子》第六章云："天道之体虽绵绵若存，故圣人用其道，未尝勤于力也，而皆出于自然。盖圣人以无为用天下之有为，以有余用天下之不足故也。"③ 在上者效法老子的自然之道治理天下，就要"以无为用天下之有为"，重视人道、人事的重要性。为了用好老子之道，需要充分发挥礼、乐、刑、政等社会政治制度和措施的作用："故无之所以为车用者，以其有毂辐也；无之所以为天下用者，以有礼、乐、刑、政也。如欲废毂辐于车，废礼、乐、刑、政于天下，而坐求无之为用，则近于愚矣。"④ 这里我们可以清楚地看出王安石注《老》的黄老旨趣。

南宋高宗朝吏部尚书、龙图阁学士程大昌大力倡导黄老。他作

---

① 彭耜：《道德真经集注杂说》，《老子集成》第四卷，第704页。
② 彭耜：《道德真经集注杂说》，《老子集成》第四卷，第704页。
③ 王安石：《老子注》，《老子集成》第二卷，第562—563页。
④ 王安石：《老子注》，《老子集成》第二卷，第565页。

《易老通言》完毕，便上奏皇帝云："区区之意，深望殿下采其秉要之理，而以西汉为法，鉴其谈治之略，而以西晋不事事为戒。则老子之精言妙道，皆在殿下运用之中矣。"程大昌劝皇帝效法黄老，能够像西汉君臣那样运用老子之要言妙道，而以西晋之无所事事为戒。他进一步说：

> 师老子而得者为汉文帝，盖其为治，大抵清心寡欲而渊默朴厚，以涵养天下，其非不事事之谓也，则汉以大治而基业绵固者，得其要用其长故也。至于西晋，则闻其言常以无为为治本，而不知无为者如何其无为也。意谓解纵法度，拱手无营，可以坐治。无何，纪纲大坏，而天下因以大乱。王通论之曰：清虚长而晋室乱，非老子之罪也。盖不得其要而昧其所长也。[①]

程大昌指出，《老子》一书详于言道略于言器，主张以道御物，这就是老子之要、老子之长。西汉张良的恬澹，曹参的清静，文帝的玄默，都是效法老子思想，结果汉代大治，基业牢固，这一君二臣也成了用老的典范，使"万世称首"。然而，他们的清静玄默并非对世事漠不关心，也非付天下于不为。而西晋之崇尚老子者，却偏离了老子之要旨，认为老子之"无"，就是虚无，就是无所事事，于是礼乐刑政被抛到了一边，纲纪法度荡然无存，天下大乱。程大昌借初唐王通之言加以说明，晋室之乱并非老子本身的罪过，而是人们把老子用错了。所以他提醒说："故读老者必知夫无为之中有无不为者在焉，而后可以知汉晋之治同所出而异所效也。"程大昌反复强调老子之要言妙道在于"虽贵无，未尝遗有""无为之中，更有无不为者在焉"，并提醒南宋统治者以西晋之专尚虚无为戒，要像西汉君臣那样有所作为。这是典型的黄老思想。

宋代的黄老思想也影响到科举考试。据《宋会要辑稿·选举七》载，宋太宗淳化三年（992年）的殿试赋题为《厄言日出赋》，真宗咸平五年（1002年）的殿试赋题为《有物混成赋》，两位皇帝的殿

---

① 程大昌：《进东宫易老通言札子》，见《全宋文》第二二一册，第303页。

试赋命题显然与黄老思想有密切关系。① 而宋徽宗完成《老子》御注不久，朝散郎新知兖州王纯便奏："乞令学者治《御注道德经》，间于其中出论题。"对王纯的奏议，宋徽宗立即予以批准，很快就下诏向全国颁行《御注道德经》。又诏曰："自今学道之士，许入州县学教养，所习经以《黄帝内经》《道德经》为大经。"② 这样的举措，无疑有助于扩大黄老思想的影响。由于黄老思想渗入了科举，自然也就影响到文学领域。如王禹偁得知淳化三年的殿试赋题，便拟作《厄言日出赋》云："今我后据北极之尊，穷《南华》之旨，思欲体清净而率兆庶，故先命辞赋而试多士。盛乎哉！崇道之名，不为虚美。"赋中的"我后"指宋太宗，王禹偁称赞了太宗推尊的黄老之治。据王彬的研究，在王禹偁现存的 18 篇律赋中，明显受黄老思想影响的有《崆峒山问道赋》《橐籥赋》《圣人无名赋》《君者以百姓为天赋》等，如《崆峒山问道赋》云："我国家尚黄老之虚无，削申商之法令。坐黄屋以无事，降玄纁而外聘。有以见万国之风，咸归乎清净。"《圣人无名赋》言："今我后尚黄老以君临，阐清静而化下；抑徽号于睿圣，善玄风于华夏。有以见圣无名兮神无功，信大人之造也。"可见，当时的黄老思想确已渗透到律赋的创作之中。③

在宋代的道教界，黄老思想也受到了重视。黄老与道教合流后，其主旨由重政术变为重养生，如《河上公注》便是代表。不过，北宋道教界又出现了强调老子之政术、提倡黄老思想的倾向。如北宋著名道士陈景元作为陈抟的再传弟子，解《老》以重玄为宗，表明他对唐代道教老学的继承，即以重玄之学阐发老子之道，但其老学主旨与唐代重玄学追求"虚通妙理"不同，已变为"其要在乎治身治国"。用道来指导治身治国，这是黄老的一贯之旨。通观《道德真经藏室纂微篇》全书，除了陈景元自己的阐发，还常征引前人的注解，其中尤其重视严遵的《老子指归》，据统计，直接用"严君平曰"或"君平曰"加以引用的注文有 52 处，间接引用者还不少。考虑到严遵是西汉黄老道家的代表人物，《老子指归》突出的亦是黄老

---

① 参王彬：《宋初的黄老思想与律赋》，载《济南大学学报》2017 年第 5 期。

② 毕沅：《续资治通鉴》卷九十三，中华书局 1957 年版，第 2401 页。

③ 参王彬：《宋初的黄老思想与律赋》，载《济南大学学报》2017 年第 5 期。

主旨，陈景元的思想倾向不辩自明。因此，薛致玄《道德真经藏室纂微开题科文疏》阐述陈景元的老学思想说：

> 是故司马迁云：为阴阳者繁而致惑，为儒者博而多虑，为墨者苦而伤性，为名者华而少实，为法者酷而薄恩，唯老氏之教，称为大道焉。清虚无为，使精神专一，动合无形，赡足万物。其为术也，与时迁移，应物变化，无所不宜。旨约而易操，事少而功多，其实易行，其辞易知，以虚无为本，以因循为用。无成势，无常形，故能究万物之情。不为物先，不为物后，故能为万物之主。是以先黄老而后六经，独叹道家为清尚焉。故曰九经浩浩，不及二篇之约也。[1]

薛致玄综合司马迁父子关于黄老的论述，认为陈景元对《老子》的解释和发挥与黄老思想相符合。

从道教老学发展的大致情况来看，唐代道士解《老》多论哲理，宋代道士多言黄老，明清道士常谈内丹。[2] 陈景元的《道德真经藏室纂微篇》作于宋仁宗至和二年（1055 年），并于神宗熙宁五年（1072 年）上进朝廷，不仅得到了皇帝的称颂，在社会上也产生了广泛的影响。[3] 陈景元对黄老的阐扬，能够代表当时道教思想界的一般状况。

黄老思想在北宋的延续时间超过了西汉，特别是到了宋仁宗朝，其思想流行情况及影响，可与汉代文景时期并称。苏轼在《六一居

---

[1] 薛致玄：《道德真经藏室纂微开题科文疏》，《老子集成》第五卷，第 568 页。

[2] 刘固盛《道教老学史》（华中师范大学出版社 2008 年版）对此有所论述，如唐代道士成玄英、李荣、杜光庭等均以重玄之学解《老》，此外，刘进喜、蔡子晃、黄玄赜、车玄弼、张君相、张惠超、黎元兴等道士之解《老》，都明重玄之道；宋代道士除陈景元外，董思靖的《道德真经集解》同样阐发黄老主题，又如杜道坚著《道德玄经原旨》《玄经原旨发挥》，宣称老子思想的主旨为"皇道帝德"的治国政术；明清道士以内丹解《老》者非常普遍，陆西星《老子道德经玄览》、程以宁《太上道德宝章翼》、李西月《道德经注释》、黄裳《道德经讲义》等可为代表。

[3] 参刘固盛：《论陈景元对〈老子〉思想的诠释与发挥》，载《宗教学研究》2006 年第 2 期。

士集叙》中言："宋兴七十余年，民不知兵，富而教之，至天圣、景祐极矣。"①天圣、景祐均为宋仁宗年号，可见仁宗朝的太平富足，得益于当时的黄老之治。《水浒传》天都外臣之序说："小说之兴，始于宋仁宗。于时天下小康，边衅未动，人主垂衣之暇，命教坊乐部纂取野记，按以歌词，与秘戏优工，相杂而奏。是后盛行，遍于朝野。盖虽不经，亦太平乐事，含哺击壤之遗也。"②序中所论虽是小说，但提到了宋仁宗及其治理下的社会小康状况，这不正是黄老的理想政治吗？宋仁宗是北宋皇帝中推行黄老最突出的代表，其政治成效也最好。至于宋神宗言及他对汉之文景、唐之太宗、孔子均"无间然"，可见黄老与儒学在国家治理上同样具有相融之处，这也正是北宋黄老与西汉黄老区别之所在。

第四节　三教相融与思想多元

一、佛、道发展的新阶段

除理学与黄老外，佛、道两教在宋元时期也发展到了一个新的阶段。

佛教自汉代传入中国，在魏晋南北朝与儒、道相互激荡，逐渐与中国文化和中国社会相适应，到隋唐臻于鼎盛。及至宋代，禅宗逐渐成为中国佛教的主流，当时士大夫参禅成风，理学家援禅入儒，道士禅道并用，禅宗在宋代得到了极大的发展。宋代的统治者对佛教也相当重视，如宋太祖"手书《金刚经》，常自诵读"③；宋太宗"素崇尚释教"，认为"浮屠氏之教，有裨政治，达者自悟渊微，愚者妄生诬谤，朕于此道，微究宗旨……虽方外之说，亦有可观者"④。

---

① 苏轼：《六一居士集叙》，见《苏轼文集》第一册，中华书局1986年版，第316页。
② 王利器：《水浒全传校注》第10册，河北教育出版社2009年版，第3937页。
③ 释志磐：《佛祖统记》卷四十三，续修四库全书本。
④ 李焘：《续资治通鉴长编》卷二十四《太宗》，第554页。

重要的是，宋代的皇帝们认为佛教是有益于国家治理的，如宋真宗《崇释氏论》认为："释氏戒律之书，与周、孔、荀、孟迹异道同，大指劝人之善，禁人之恶。不杀则仁矣，不窃则廉矣，不惑则正矣，不妄言则信矣，不醉则庄矣。苟能遵此，君子多而小人少。"有了帝王的肯定，佛门中人自然加以附和，如北宋著名禅师契嵩便说：

> 佛之道与王道合也。夫王道者，皇极也，皇极者，中道之谓也，而佛之道亦曰中道，是岂不然哉？然而适中与正，不偏不邪，虽大略与儒同，及其推物理而穷神极妙，则与世相万矣。故其法曰"随欲"、曰"随宜"、曰"随对治"、曰"随第一义"，此其教人行乎中道之谓也。若"随欲"者姑勿论，其所谓"随宜"者，盖言凡事必随其宜而宜之也。其所谓随其对治，盖言其善者则善治之，恶者则恶治之，是二者与夫王法以庆赏进善、以刑罚惩恶，岂远乎哉？……佛之法有益于帝王之道德。①

契嵩认为三教之理相通，佛教与儒家一样是有益于帝王治国的。太宗、真宗时天台宗名僧智圆也主张三教合一。智圆对儒、道思想都有深入的研究。到了晚年，尤其重视："是以晚年所作，虽以宗儒为本，而申明释氏加其数倍焉，往往旁涉《老》《庄》，以助其说。"②他还结合儒、道、释的特点论证三教各自的合理性：

> 行五常，正三纲，得人伦之大体，儒有焉。绝圣弃智，守雌保弱，道有焉。自因克果，反妄归真，俾千变万态，复乎心性，释有焉。吾心其病乎，三教其药乎，矧病之有三，药可废邪？吾道其鼎乎，三教其足乎，欲鼎之不覆，足可折邪？③

药病之喻和鼎足之比，意在说明三教之宗旨虽各不相同，但三教之

---

① 契嵩：《镡津文集》卷九《上仁宗皇帝万言书》，林仲湘、邱小毛校注，巴蜀书社2014年版，第170—171页。
② 智圆：《谢吴寺丞撰闲居编序书》，见《全宋文》第十五册，第182页。
③ 智圆：《病夫传》，见《全宋文》第十五册，第309页。

用却是相通的，即都可用于救世救心。

宋代禅宗与其他佛教流派相比，其入世精神明显增加，这也是佛教在中国化进程中的必然发展趋势，近代太虚法师倡导的"人间佛教"，亦可溯源于此。

宋元时期是道教发展的又一繁荣阶段，宋太宗、真宗、徽宗、理宗都是历史上著名的崇道帝王，他们的重视，推动着道教继续向前发展。宋太宗自封为"法天崇道皇帝"，于太平兴国中两次召见华山道士陈抟，待之甚厚："下诏赐号希夷先生，仍袭紫衣一袭，留抟阙下，令有司增葺所止云台观。上屡与之属和诗赋，数月放还山。"[①] 宋真宗不仅屡设斋醮祈禳，还仿效唐代宗祖老子的做法，为其政权寻找神学上的依据。宋徽宗则把宋代的崇道活动推向了高峰。他笃信神仙方术，自封为"教主道君皇帝"，大力兴建宫观，改革道官制度，倡导道学。他尤其推重《道德经》，下令把《道德经》改为《太上混元上德皇帝道德真经》，以示尊崇，而且亲自为之作注，成为继唐玄宗后第二个注《老》的皇帝。

南宋金元之际，道教的发展又进入一个新的历史时期，那就是新道派纷纷创建，如主要流行于北方的太一教、大道教、全真道，主要流行于南方的净明道、南宗等等。在这些新道派中，全真道以其独树一帜的立教理论与修持特色而产生越来越大的影响，又由于丘处机与成吉思汗的密切关系，全真道在元初更获得了优于其他各派的有利条件，其发展达到鼎盛阶段，成为当时最显赫的道派。

全真道在教义上主张三教合一，其立教理念不仅代表了道教教义发展的新阶段，而且也反映出宋元时期思想发展的总趋势。王重阳诗云："儒门释户道相通，三教从来一祖风。悟彻便会知出入，晓明应许觉宽洪。精神气候谁能比，日月星辰自可同。达理识文清净得，晴空上面观虚空。"[②] 认为儒、道、释三教乃是一家，可以融会贯通。柳存仁先生曾说："王喆（重阳）教旨的伦理性比宗教性来得强，它强调老子传统中的纯净及缄默，另外再加上忠孝的观念，反

---

① 脱脱等：《宋史》卷四百五十七《隐逸传》，第 13421 页。

② 王重阳：《重阳全真集》卷一《孙公问三教》，道藏辑要本。

映了中国人的民族意识。"① 所谓伦理性，即指儒家的忠孝观念之类，将儒家伦理与老子思想结合在一起，确是全真道的基本特色之一。又如王重阳对《心经》的重视，则反映出他对佛教思想的兼容。不过有一点需要注意，那就是尽管王重阳提倡三教合一，却是有主次轻重之分的，即在三教中，是以老子之学为宗的，这点前人已指出：

> 重阳为老氏之学，而兼诵《孝经》《心经》，实有得于为学日益之训。且道家采儒、墨之要，史迁固言之矣，重阳以此为学，即以此为教，此重阳之大也。彼袭其绪余，为三教合一之说，岂知重阳者哉？②

全真道以老氏之学为主，三教合一之论仅其绪余，此说颇得王重阳思想真义。所以熊铁基先生指出："对《老子》书他有自己的'意''悟''搜通'和理解，这是难能可贵的，也正因为如此，王重阳就是王重阳，能够独创自己的家风。"③

宋元时期道教教义的发展，除了对儒、佛思想的进一步吸收与融会，还有一个重要的表现，即修丹由外转内，追求"性命双修"。内丹之所以能够取代外丹而成为道教徒修道的主要方式，除了外丹本身的弊端外，尚有以下三个方面的原因：其一，道教本身具有一系列内养的道术，如存思、静功、服气、采气等，这为内丹术的形成奠定了基础。其二，道教哲学为内丹的形成做了理论上的准备。内丹以"修丹与天地造化同途"作为理论基础，而这种"天人一体"的思想在《老子》《庄子》《阴符经》《太平经》等道家道教经典中早已确立。其三，佛、道相激的结果。佛教自两汉之际传入中土以后，到魏晋南北朝时期得以迅速发展，佛、道之间的冲突也越来越激烈。在佛、道之辩中，道教学者不仅注意佛、道之异，同时也开始认识到佛教在义理上的可取之处。两教的辩论，促使道教学者更加注意本教教义的发展，尤其是道教心性学的创建。所以到了唐代，道教

---

① 柳存仁：《道教史探源》，北京大学出版社 2000 年版，第 274 页。
② 陈教友：《长春道教源流》卷一《王重阳事迹汇纪》，清光绪刊本。
③ 熊铁基：《试论王重阳的"全真"思想》，载《世界宗教研究》2008 年第 2 期。

重玄学开始勃兴。重玄学在本体论上追求"虚通妙理"，但在具体的修炼中，则主张从心性上下功夫，如杜光庭引《太上老君内观经》言："人之难伏，唯在于心，所以教人修道即修心也，教人修心即修道也。"① 修道者如果能够做到心与道合，复归真性，就能够长生久视，这一思想显然与追求炼形服药以求飞升的外丹有所不同。可以看出，唐代道教心性论的阐发，为内丹道的成熟奠定了基础。② 到了北宋，张伯端在总结钟吕、陈抟等人成果的基础上，撰写《悟真篇》，对道教内丹理论与方法进行了系统阐发，对以后道教教义和道教哲学的发展都产生了重大而深远的影响。南宋金元时期的全真道与南宗，其立教与修道理论都与张伯端有关。

二、思想的多元化

宋代是一个思想学术富有创造力的时代，如漆侠先生言："宋学之所以丰富多彩，之所以有强大的生命力，就在于它立足于儒学的立场上，广泛吸收其他各家各派的见解，以丰富和完善自己的内容，使之更加发展壮大。"③ 宋学的精彩，不仅表现在理学的兴起，而且还有道家的活跃，其他各家之学的发展。张广保教授指出："宋代尤其是北宋的思想文化领域再度呈现出学派林立、百家争鸣的新气象。从全部中国哲学史、思想史发展的历史看，这一时期乃是继春秋、战国之后第二轮思想创造集中迸发时期。对此，我们如果称之为中国思想史上的'第二个轴心时代'，也毫不为过。正是通过宋代各派思想家的创造性努力，确定了中国历史中后半段即第二个千年社会发展的思想基础，而为此后的元、明、清所因袭。"④ 这是一个比较符合历史事实的判断。学派众多、思想多元、具有包容精神和创新精神是宋代思想学术发展的主要特点。

宋代的思想学术，从"宋初三先生"便开始出现了新的气象，

---

① 杜光庭：《道德真经广圣义》，《老子集成》第二卷，第48页。
② 参刘固盛：《道教老学史》，第154页。
③ 漆侠：《宋学的发展和演变》，第10页。
④ 张广保：《道家、道教哲学与北宋儒学的复兴》，载《道家文化研究》第26辑，生活·读书·新知三联书店2012年版，第12页。

如石介在《泰山书院记》里记述其师孙复之学：

> 先生尝以为尽孔子之心者《大易》，尽孔子之用者《春秋》，是二大经，圣人之极笔也，治世之大法也。故作《易说》六十四篇，《春秋尊王发微》十二篇；疑四凶之不去，十六相之不举，故作《尧权》；防后世之篡夺，诸侯之僭逼，故作《舜制》；辨注家之误，正世子之名，故作《正名解》；美出处之得，明传嗣之嫡，故作《四皓论》。先生述作，上宗周、孔，下拟韩、孟。①

"三先生"在新的历史条件下发明儒学，重新确立儒学的主体地位，以儒家的仁义礼乐为治世之本，以文章时务"润泽斯民"，这是一种新的时代精神和文化理想。

濂溪之学奠定了理学的基础，张栻称周敦颐为"道学宗主"，黄宗羲论濂溪之学云："孔孟而后，汉儒止有传经之学，性道微言之绝久矣。元公崛起，二程嗣之，又复横渠诸大儒辈出，圣学大昌。故安定、徂徕卓乎有儒者之矩范，然仅可谓有开之必先。若论阐发心性义理之精微，端数元公之破暗也。"② 邵雍著《皇极经世》《伊川击壤集》《观物内外篇》《渔樵问对》等，自创象数学说，卓然成家。王安石学派规模庞大，影响深远。司马光之学同样独树一帜，如朱熹论司马光："公忠信孝友，恭俭正直，出于天性。其好学如饥渴之嗜饮食，于财利纷华如恶恶臭；诚心自然，天下信之。退居于洛，往来陕、洛间，皆化其德，师其学，法其俭。有不善，曰：'君实得无知之乎？'博学无所不通。"③ 苏氏蜀学和以洛学为代表的理学、以张载为代表的关学，尽为人知。南宋不仅朱陆之学蔚为大观，叶适、陈亮的事功之学，吕祖谦的文献之学，同样各有建树。《宋史·吕祖谦传》载："祖谦之学本之家庭，有中原文献之传"④。清代全祖望

---

① 黄宗羲原著，全祖望补修：《宋元学案》卷二《泰山学案》引，第102页。
② 黄宗羲原著，全祖望补修：《宋元学案》卷十一《濂溪学案》，第482页。
③ 朱熹：《三朝名臣言行录》卷七之一《丞相温国司马文正公》，见《朱子全书》第十二册，上海古籍出版社、安徽教育出版社2002年版，第596页。
④ 脱脱等：《宋史》卷四百三十四《吕祖谦传》，第12872页。

云："宋乾、淳以后，学派分而为三：朱学也，吕学也，陆学也。三家同时，皆不甚合。朱学以格物致知，陆学以明心，吕学则兼取其长，而复以中原文献统润色之。"① 吕祖谦在《祭林宗丞文》文中云："呜呼！昔我伯祖西垣公躬受中原文献之传，载而之南。"② 吕学南传，概指继承与传播中原诸贤之学术思想于南方，而非把"中原文献资料"载而之南。③ 至于湖湘学派亦崛起于南宋，胡安国、胡宏、张栻等人在湖南讲学著述，弟子超过千人；朱张会讲，名扬天下。上述各学派及思想家，无不为一时之学术俊杰，而其思想传之久远，惠泽后世。

这里再提一提朱熹与陆九渊"鹅湖之会"这一学术佳话。淳熙二年（1175 年）六月，由吕祖谦邀集，朱熹和陆九渊、陆九龄兄弟在信州鹅湖寺举行了一场著名的辩论，此即"鹅湖之会"。关于朱陆论辩的情况，陆九渊门人朱亨道有所记载："鹅湖讲道切诚，当今盛事。伯恭盖虑陆与朱议论犹有异同，欲会归于一，而定其所适从，其意甚善。伯恭盖有志于此语。……论及教人，元晦之意，欲令人泛观博览，而后归之约。二陆之意，欲先发明人之本心，而后使之博览。"④ 吕祖谦也对其好友陈亮谈论过此事："某留建宁凡两月余，复同朱元晦至鹅湖与二陆及刘子澄诸公相聚切磋，甚觉有益。元晦英迈刚明，而功夫就实入细，殊未可量。子静亦坚实有力，但欠开阔耳。"⑤ 吕祖谦促成朱陆鹅湖相会，意在调和朱陆，切磋思想。朱陆之间的辩论，当时应该给对方都留下了深刻的印象。陆九渊作《鹅湖和教授兄韵》诗云："墟墓兴哀宗庙钦，斯人千古不磨心。涓流积至沧溟水，拳石崇成泰华岑。易简工夫终久大，支离事业竟浮沉。欲知自下升高处，真伪先须辨只今。"朱熹也没有放下此事，三

① 黄宗羲原著，全祖望补修：《宋元学案》卷五十一《东莱学案》，第 1653 页。
② 吕祖谦：《东莱吕太史文集》卷八《祭林宗丞文》，见《吕祖谦全集》第一册，浙江古籍出版社 2008 年版，第 133 页。
③ 参刘玉民：《吕祖谦与南宋学术交流》，华中师范大学 2013 年博士论文。
④ 陆九渊：《陆九渊集》卷三十六《年谱》，中华书局 1980 年版，第 491 页。
⑤ 吕祖谦：《东莱吕太史别集》卷十《与陈同甫》，见《吕祖谦全集》第一册，第 472 页。

年后，即淳熙五年，朱熹用陆九渊诗原韵作《鹅湖寺和陆子寿》："德义风流夙所钦，别离三载更关心。偶扶藜杖出寒谷，又枉篮舆度远岑。旧学商量加邃密，新知培养转深沉。却愁说到无言处，不信人间有古今。"朱熹之诗虽然是和陆九渊之兄陆九龄，但同样是针对陆九渊的。从两诗可以看到，朱陆之间的思想并未一致，分歧仍然存在，彼此于对方都有含蓄的批评，但是，两位思想家之间是互相尊重的，他们通过自由论辩，激发思想活力，使各自的学问得以精进，思想体系得以完善。朱陆"鹅湖之会"，体现出了宋代思想学术兼容并包、开放创新的精神气质。

第二章　宋元老学的主要特点与成就

　　《中国老学史》把宋元老学研究的基本特征概括为"解释的多样化",[①] 这无疑是正确的。但除了多样化的研究外,宋元老学还呈现出鲜明的思想创新,并取得了很高的学术成就,这是我们要加以注意的。在宋代,除了道教人士,不少文人士大夫也研习《老子》,注《老》成风,宋代老学随之呈现出了新的时代特征。可以说,宋代老学构成了宋代思想学术的重要一环,和儒、道、释关系密切,而当时的理学家自称其学为"道学",恐怕与老学的影响也不无关系。金元老学也有值得称道之处。本章对该时期老学发展的主要特点与成就进行概要总结。

第一节　《老子》的哲学诠释

一、老子哲学思想解释的突破

　　老学作为诠释《老子》、发挥老子思想的专门之学,在中国思想文化史上占据着十分重要的历史地位,与中国哲学的关系尤为密切。老学发展的一个共同规律是不同时代有不同的"老子",也就是说,每个时代的学者都可以根据政治、道德、思想领域的时代变化,不断地对《老子》做出新的解释。以对《老子》哲学思想的解释为例,

---

① 熊铁基、马良怀、刘韶军:《中国老学史》,福建人民出版社1995年版,第328页。

中国哲学史上的许多突破都是借助于老学而实现的。例如王弼注《老》，突出了"以无为本"的哲学思想。他注第四十章"天下万物生于有，有生于无"云："天下之物，皆以有为生。有之所始，以无为本。"他又注第四十二章"道生一"句说："万物万形，其归一也。何由致一？由于无也。"① 王弼正是通过《老子》注建立起了他的玄学思想体系。到唐代时，老学研究者对《老子》本体论的探索又进入了一个新的阶段，其标志便是重玄学的出现。重玄学是成玄英、李荣、杜光庭等一批道教学者在注释《老子》等经典时得以发展的，其建立和发展，乃援佛入老，佛道相激的结果。不过，重玄学之所以能够在唐代蓬勃发展，除了佛教对老学影响增加的原因以外，亦有解《老》者自身的因素，即唐代的《老子》研究者对王弼等人建立的玄学体系已感到不满，认为"魏晋英儒，滞玄通于有无之际"②，他们觉得魏晋清谈尚未穷尽《老子》一书的微言大旨，玄学本体论乃"滞于有无之际"，因而显得不够抽象和超越，还没有达到本体思维的最高层面。因此，重玄学的旨趣，首先要破的就是玄学家的"双执"，既不滞于有，又不滞于无，亦不滞于非有非无。重玄之学，正是通过否定之否定的方法，从而使本体论达到了更加抽象的哲学高度。宋代以后，心性之学作为一个时代课题而为儒、道、释三家共同讨论。因此，此一时期有关《老子》哲学思想的解释出现了新的突破，心性学成为《老子》哲学思想解释的重心。以心性解《老》，是宋代以后老学发展中一个十分普遍的现象，儒、道、释学者莫不为之。例如苏辙在《老子解》中提出了"道之大，复性而足"的观点，将"性"与老子之道等同起来；邵若愚的《道德真经直解》认为"心常无欲者，乃众妙之门"，《老子》之真谛在于教人"无心""无欲"；范应元《老子道德经古本集注》则直接把老子之道解为"本心"，认为自然本心，合乎天道；白玉蟾的《道德宝章》同样将《老子》解释成为心性理论，等等。心性论的创发，充分反映了宋元

---

① 王弼：《道德真经注》，《老子集成》第一卷，第 223、224 页。
② 李荣：《道德真经注·序》，《老子集成》第一卷，第 349 页。

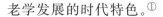

老学发展的时代特色。①

综上所述，我们可以看出，在老学发展史上，王弼注释《老子》阐发玄学宗旨，建立起了宇宙本体论的哲学新体系，这是对《老子》哲学思想解释的第一次重要发展；唐代成玄英等人借《老子》以明重玄之趣，丰富和发展了玄学的内涵，这可以看作是对《老子》哲学思想解释的第二次重要突破；而从唐代的重玄本体到宋元时期心性理论的演进，则可视为《老子》哲学思想解释的第三次重要转变。老子哲学思想解释的这三次突破，不仅是中国老学史的中心内容之一，而且构成了中国哲学特别是道家哲学发展史上的一条重要线索。

在宋代思想界，儒、道、释三家都重视心性之学的阐发，具体到《老子》的诠释，儒家注重阐发道德性命之学，道教注重发挥内丹心性理论，佛教则重在明心见性。从儒家解《老》的情况来看，王安石学派多人及苏辙、司马光等都注《老子》，都注意在注文中阐发性命之理，例如王安石之子王雱注《老子》第十六章云："有生曰性，性禀于命。命者在生之先，道之全体也。《易曰》：'穷理尽性，以至于命。'观复，穷理也；归根，尽性也；复命，至于命也。至于命极矣，而不离于性也。"② 明确把儒家的"穷理尽性，以至于命"作为注《老》的一个宗旨，并认为推原老子道德之意就是会于性命之极，这种观点是王安石学派老学思想的一个重要内容。同样，苏辙也是以儒家性命之学解释《老子》的代表。这一点，南宋道士范应元早已指出。他在其《老子道德经古本集注》第十六章下注云：

> 愚伏读老氏此经，惟言心，未尝言性，而子由注此经屡言性，何也？《易·系》曰："一阴一阳之谓道，继之者善也，成之者性也。"《语》曰："性相近也，习相远也。"《中庸》曰："天命之谓性。"自是而下，言性者纷纷，故诸儒因孟轲性善之

---

① 参刘固盛：《宋元老学研究》（巴蜀书社 2001 年版）第二章的相关论述。
② 王雱：《老子训传》，《老子集成》第二卷，第 702 页。

说，有复性之论。①

范应元指出，言性并非《老子》的特点，而是儒家的传统，复性之论与孟子性善说有关。这实际上是说，苏辙以复性之论解《老》，乃出于儒家的实际需要，这是相当有见地的认识。同时，苏辙在新的时代条件下以性解《老》，也是对《老子》思想的一种改造与发展。

宋代的道教老学，正是在心性论上大做文章，以心性解《老》，借《老子》而谈道教性命之学，是该时期道教老学发展的重要特点。陈景元、邵若愚、范应元等学者都注意用心性论诠释《老子》，白玉蟾的《道德宝章》更是将《老子》思想解释成了一套系统的道教心性超越理论。心性理论的深入阐发，体现出宋代道教老学发展的时代精神。

仅以南宋道士邵若愚的《道德真经直解》为例。该著诠释老子之道，便把重点放在心性论上。如云："夫大道者，人之真心也；一气者，心生之欲也。"② 按照一般的理解，"大道"当然是指宇宙万物的本体，"一气"指道生万物过程中的介质，而邵若愚把"常道"解释成了"人之真心"，把"一气"解释成了"心生之欲"，从而为他的"无欲"说确立了哲学基础。邵若愚既把道释为真心，也称之为"无心"。无心，即无欲之心。邵若愚说："恍惚便是混元一气，乃人心也，心有所着，故生恍惚。心无所着，便是窈冥。老子先言有心之境，次明无心之道。"③ 人心与外界交感，便会产生各种欲念，形成执着，修道的重点就是要去掉所有欲念，破除内心的执着，达到无欲无心的状态，无心即道。为了实现这一目标，邵若愚在《老子》书里找到了方法，即第四十八章提到的"为道日损"之"损"。对此，他加以发挥说：

---

① 范应元：《老子道德经古本集注》，《老子集成》第四卷，第406页。
② 邵若愚：《道德真经直解》，《老子集成》第三卷，第561页。
③ 邵若愚：《道德真经直解》，《老子集成》第三卷，第568页。

夫为学务益者有两病：一者读诵抄写，持事多闻，名着事；二者寻于书义，穷究文理，名着理。此皆心有所着，故当损之。夫为道务损者，亦有二病：一者断除妄想，心外求静，名执无；二者并去尘缘，专守一心，名执有。此皆心有所执，宜又损之。损去为学为道之心，离着离执，以至无为之道。无为者，是无心而为之。无心而为，自然境空……游于世而无所累，故无为而无不为用矣。①

邵若愚指出，为学者与为道者往往会出现一个共同的失误，就是执着于彼此追求的对象而不知放下，为学者执于事理，为道者执于有无，所以应该损之又损，去掉为学为道之心，达到无心之境，如此一来，修身便可获得生命的超越与解脱，处世也能够做到无为而无不为了。

二、《老子》首章"无欲""有欲"新解

《老子》首章"常无欲以观其妙，常有欲以观其徼"一句，通常有两种断句方法，即"常无欲，以观其妙；常有欲，以观其徼"和"常无，欲以观其妙；常有，欲以观其徼"。其实汉唐时期的《老子》注疏，都是"无欲""有欲"断句，到了宋代，王安石、司马光、苏辙等人注解《老子》，则提出了"无""有"断句的新见，影响很大。②

1. "无欲""有欲"的两条诠释理路

关于《老子》首章"无欲""有欲"的解释，在汉唐时期的注疏

---

① 邵若愚：《道德真经直解》，《老子集成》第三卷，第575页。
② 由于马王堆帛书本此句作"恒无欲也，以观其妙；恒有欲也，以观其徼"，说明以"无欲""有欲"断句更加符合老子的原旨，这样，老学史上这个著名的句读问题似乎顺理成章地得以解决了。然而现实的情况却并非如此，到目前为止，在有关老子的研究论著中，坚持认为应该从"无""有"断句的现象仍然很多，很多老子研究者并不以帛书本的句读为然。看来，关于《老子》首章"无欲""有欲"的理解，并非仅仅与版本和句读相关，而是一个十分复杂的诠释学问题。

中，《唐玄宗御制道德真经疏》较为全面，该疏说：

> 　　欲者性之动，谓逐境而生心也。言人常无欲，正性清静，
> 反照道源，则观见妙本矣。若有欲，逐境生心，则性为欲乱。
> 以欲观本，既失冲和，但见边徼矣。徼，边也。
> 　　又解云：欲者思存之谓，言欲有所思存而立教也。常无欲
> 者，谓法清静，离于言说，无所思存，则见道之微妙也。常有
> 欲者，谓从本起用，因言立教，应物遂通，化成天下，则见众
> 之所归趋矣。徼，归也。①

疏中提出了"无欲""有欲"的两种不同解释，意思相差很大，但似乎都可以说通。这实际上代表了老学史上关于此问题诠释的两种不同的路向，且两者都有所本。

第一种解释，"欲"训为"性之动"，即欲望，"有欲"乱性，这是一个负面意义的理解，与"无欲"对立，"无欲""有欲"之间存在明显的褒贬之分。从现存的老学文献来看，这种解释当本于《老子河上公章句》（又题《道德真经注》）。河上注说："妙，要也。人常能无欲，则以观道之要妙。要谓一也。一出布名道，嘖叙明是非也。徼，归也。常有欲之人，可以观世俗之所归趣也。两者谓有欲无欲也。同出者，谓同于人心。异名者，所名曰异。名无欲者长存，名有欲者亡身。"② 河上注中的"有欲"即指欲望。值得注意的是河上注对"同谓之玄"的解释："玄，天也。谓有欲之人与无欲之人，同受气于天。""玄"一般解为深远玄妙，这样就为"此两者……同谓之玄"的解释带来了一个问题，如河上注把"两者"解释为无欲和有欲，那么无欲尚可谓之玄，有欲怎能称玄呢？所以河上注训"玄"为"天"，便避免了这个麻烦。而且，"玄"从字义上看是可以指天的，如《释名·释天》："天，又谓之玄。"《楚辞·招魂》："青骊结驷兮齐千乘，悬火

---

① 《唐玄宗御制道德真经疏》，《老子集成》第一卷，第 451 页。
② 河上公：《道德真经注》，《老子集成》第一卷，第 138 页。

延起兮玄颜烝。"王逸注:"玄,天也。"河上注的这一解释,显然是道家气禀说和汉代元气论在老学中的体现,而从前后内容上看也是一贯的,突出了其"除情欲,守中和"①的养生思想。

河上注向来被道教推崇,如唐代道教重玄学的代表人物成玄英和李荣解《老》,对"无欲""有欲"的诠释与河上注相似。成玄英说:"妙,精微也。观,照察己身也。言人常能无欲无为、至虚至静者,即能近鉴己身之妙道,远鉴至理之精微也。徼,归也。欲,情染也。所,境也。言人不能无为恬澹,观妙守真,而妄起贪求,肆情染滞者,适见世境之有,未体即有之空,所以不察妙理之精微,唯睹死生之归趣也。前明无名有名之优劣,此显无欲有欲之胜负也。"② 成注的主旨与河上注有差别,但对"有欲"做负面价值的解释则一致。"无欲"能够观妙道至理,"有欲"则肆情染滞,不能体会道之虚通妙理,只能看到生死之轮转。既然"无欲"、"有欲"有如此大的差别,那又怎么理解"同谓之玄"呢?成玄英认为"两者"并不是指"无欲"和"有欲",而是指"无欲有欲二观",他继而解释说:"玄者,深远之义,亦是不滞之名。有无二心,徼妙两观,源乎一道,同出异名。异名一道,谓之深远。深远之玄,理归无滞。既不滞有,亦不滞无。二俱不滞,故谓之玄。"③ 无论是观妙还是观徼,都是以道来做观照的,因其深远无滞,所以才叫作玄。成玄英的解释很圆融,极富哲学思辨,体现出重玄学在本体论的探求上对玄学的超越。

老学史上将"有欲"做负面价值解释的例子很多,但大都能够自证其说。也就是说,即使把"有欲"理解为欲望,也不会构成老子首章诠释的障碍。而其中的关键是对后面"此两者同出而异名,同谓之玄"中"两者"的解释。如河上注把"两者"解为"无欲"、"有欲",相应训"玄"为"天",从而使前后语意贯通。事实上,

---

① 河上公:《道德真经注》,《老子集成》第一卷,第138页。
② 成玄英:《老子道德经开题序诀义疏》,《老子集成》第一卷,第287页。
③ 成玄英:《老子道德经开题序诀义疏》,《老子集成》第一卷,第288页。

"两者"所指为何，可以有多种看法，如成玄英认为是指"无欲有欲二观"，唐玄宗疏则说："两者，谓可道、可名，无名、有名，无欲、有欲，各自其两，故云两者。"① 此外，"两者"还可以指始与母、妙与徼等等。由于对"两者"的理解具有开放性，故关于"同谓之玄"的诠释在前后语意的连贯上是不存在问题的。

　　第二种解释，即唐玄宗疏的"又解"，"欲"训为"存思"，这样，"有欲"便不再是一个负面价值了，"无欲"与"有欲"也没有了褒贬的区别，两者都是道的体现，如果说"无欲"是道之体，那么"有欲"便是道之用。唐玄宗疏解"常有欲，以观其徼"为"从本起用，因言立教，应物遂通，化成天下，则见众之所归趋"，正是道在宇宙、社会、人生等各个层面的具体落实，是道之作用。此解的来源，从现存的老学文献看，应该是本于王弼《老子》注。王弼注云："妙者，微之极也。万物始于微而后成，始于无而后生，故常无欲空虚，可以观其始物之妙。徼，归终也。凡有之为利，必以无为用；欲之所本，适道而后济。故常有欲，可以观其终物之徼也。"② 高明认为注中"欲之所本"之"欲"即思虑之意，指"思虑必须以'无'为本，然后才能适合于道，有所归止"③，高先生的解释是合理的。唐玄宗疏的"又解"，是在王弼注基础上的进一步引申。此后，沿着这一解释理路的注家也很多。如北宋陈景元注云："夫虚无之道，寂然不动，则曰无欲。感孕万物，则曰有欲。无欲观妙，守虚无也。有欲观徼，谓存思也。尝谓真常即大道也。无欲有欲，即道之应用也。道本无物，物感道生。形而上者谓之道，形而下者谓之器。上士知微知章，睹其未然，已尽其妙，故曰常无欲，以观其妙。中士因循任物，见其群材，乃得其用，故有万不同，真理难测，但觊其边徼耳。"④ 思路与唐玄宗疏的"又解"是一致的，并且把"无欲""有欲"与《易传》所言"易无思也，无为也，寂然不动，感而

---

① 《唐玄宗御制道德真经疏》，《老子集成》第一卷，第451页。
② 王弼：《道德真经注》，《老子集成》第一卷，第208页。
③ 高明：《帛书老子校注》，中华书局1996年版，第226页。
④ 陈景元：《道德真经藏室纂微篇》，《老子集成》第二卷，第579页。

遂通天下之故"联系起来，使解释更加全面了。又如元代吴澄解云："常无欲，谓圣人之性寂然而静者，此道之全体所在也，而于此可以观德之妙。其指德言，妙以道言。妙者，犹言至极之善。常有欲，谓圣人之情感物而动者，此德之大用所行也，而于此可以观道之徼。其指道言，徼以德言。"① 吴澄的解释有他自己的见解，如认为《老子》此两句中第一个"其"指德，第二个"其"指道，而"此两者"即指道与德等等，这些都属于吴澄的独特看法，但"无欲""有欲"还是诠释成为道之体用，仍然是唐玄宗疏的发展。

总之，"无欲""有欲"的第二种诠释，根据上述各家的见解，并非指人的世俗欲望，而是从体道者（通常指圣人）的角度来说的。当体道者内心处于寂然不动、虚静无为的状态时，即"无欲"；及其内心意念发动，感受到外面事事物物的变化发展，并因循自然，随之作为，则为"有欲"。

2. "无""有"断句的新意与影响

由上所述，汉唐时期关于"无欲""有欲"的解释似乎并不存在什么障碍，其前后意涵也看不出明显的矛盾。不过，宋代一些学者却别出心裁，提出了"无""有"断句的新诠释。王安石说：

> 道之本出于无，故常无所以自观其妙；道之用常归于有，故常有得以自观其徼。……盖不能常无也，无以观其妙；不能常有也，无以观其徼。能观其妙，又观其徼，则知夫有无者同出于玄矣。……盖有无者，若东西之相反而不可以相无。故非有则无以见无，而无无则无以出有。有无之变，更出迭入，而未离乎道，此则圣人之所谓神者矣。②

司马光也说：

① 吴澄：《道德真经注》，《老子集成》第五卷，第 608 页。
② 王安石：《老子注》，《老子集成》第二卷，第 559 页。

46

万物既有，则彼无者宜若无所用矣。然圣人常存无不去，欲以穷神化之微妙也。无既可贵，则彼有者宜若无所用矣。然圣人常存有不去，欲以立万事之边际也。苟专用无而弃有，则荡然流散，无复边际，所谓有之以为利，无之以为用也。①

王安石与司马光都强调了道含有无以及有无相生，不可分离。相对来说，王注更加富于哲理的思辨。而且，在老学史上，王安石注应该早于司马光注。漆侠先生认为王安石《老子注》当是在嘉祐三年到六年（1058—1061 年）完成雕印的②，此说可从。王安石十分推崇《老子》，如司马光曾说："光昔者从介甫游，介甫于诸书无不观，而特好《孟子》与《老子》之言。"③ 晁公武则在《郡斋读书志》里说："介甫生平最喜《老子》，故解释最所致意。"王安石注《老》具有鲜明的目的，那就是将儒家的政治学说与老子之道论结合起来，从而为其政治改革寻找理论上的根据。④ 受其影响，他的儿子王雱，门人王无咎、陆佃、刘概等都注《老子》。至于司马光，思想比较正统，欧阳修称其"德性淳正，学术通明"。由于强烈反对王安石变法，司马光上疏请求外任，于熙宁四年（1071 年）判西京御史台，自此居洛阳十五年，不问政事。在这一相对悠闲自在的时期，司马光主持编撰了《资治通鉴》，他的《道德真经论》一书，极有可能也是在这个时期完成的。由此可见，王安石是第一个提出以"无""有"断句的研究者。比王安石、司马光稍晚，苏辙作《老子解》（又名《道德真经注》）⑤，也采纳了"无""有"断句，并解释说："圣人体道以为天下用，入于众有而常无，将以观其妙也。体其至无

---

① 司马光：《道德真经论》，《老子集成》第二卷，第 539—540 页。
② 漆侠：《宋学的发展与演变》，第 320 页。
③ 彭耜：《道德真经集注杂说》，《老子集成》第四卷，第 705 页。
④ 此点刘固盛《宋元老学研究》（巴蜀书社 2001 年版）第三章第一节有具体论述。
⑤ 严灵峰《周秦汉魏诸子知见书目》据焦竑《老子翼》引，苏辙《老子解》题元符庚辰（1100 年）造，认为《老子解》成书于元符三年（1100 年），实误。据《老子解》苏辙于大观二年（1108 年）的自题，他于 42 岁即 1081 年贬于筠州时开始解《老》，《老子解》便是完成于谪居筠州期间（1081—1086 年）。

而常有，将以观其徼也。若夫行于其徼而不知其妙，则粗而不神矣。留于其妙而不知其徼，则精而不遍矣。"① 由于王安石、司马光、苏辙在当时都是大名鼎鼎的人物，在学术界具有很大的号召力和影响力，故他们的这一新解，很快得以风行，并产生持续的影响，自宋元明清直至现当代，从者众多。

"无""有"断句新解的出现，既与《老子》文本诠释具有广阔的思想空间有关，也与北宋的学术精神有关，体现了宋代思想家敢于打破陈说的创新精神。而此说能够得到广泛的支持，大致有以下几个方面的原因：其一，认为更加符合老子思想的内在逻辑。首章标明道是有无的统一，并与后面"天下万物生于有，有生于无"的思想保持一贯。其二，解决了后人所谓"有欲"不能称作玄的问题。赵秉文言："王弼以为有欲以观其徼，苟为有欲矣，则将沉溺转徙于□□物，又何徼之能观乎？"② 俞樾也说："若以无欲、有欲连读，既有欲矣，岂得谓之玄乎？"③ 廖名春认为俞樾的"这一反诘抓住了《老子》的内在逻辑，可谓击中了以'常无欲''常有欲'为读的要害"④。而道含"无""有"，当然可以"同谓之玄"了。其三，能够更好地彰显出老子思想的哲理。《老子》文本仅仅五千言，但历代注疏层出不穷，既有对原义的疏解，更多是思想的探寻，而将"无"和"有"作为哲学范畴凸显出来，无疑有助于阐明老子思想的精神特质。诚如张岂之先生阐述《老子》首章大旨所言："这里'道'与'常道'；'名'与'有名''无名'；'常无'与'常有'等等对立范畴，标志着古代哲人力求从现象世界迈进本质世界；从现象世界中观察到事物的生成与消灭，进而探求这些流动变化的原因。'无名'作为天地的始原，'有名'作为万物的本根，虽然是借用的名词代号，但它们又是外延极大的名词，后代任何科学上的发现，如要从

---

① 苏辙：《道德真经注》，《老子集成》第三卷，第 2 页。
② 赵秉文：《道德真经集解》，《老子集成》第四卷，第 311 页。
③ 俞樾：《老子平议》，《老子集成》第十一册，第 666 页。
④ 廖名春：《〈老子〉首章新释》，载《哲学研究》2011 年第 9 期。

哲学上加以概括，都超越不了'有'与'无'的外延限定。"①

"无""有"断句的新说尽管得以流行，但也不乏批评者，如朱熹、董思靖、李道纯等都认为从"无""有"断句不合老子之意。以董思靖《道德经集解》的看法为例：

> 或问常无欲常有欲者，前辈多以常无、常有为绝句，今亦不然，则所谓无欲故可，而谓之有欲可乎？曰：圣人之心何尝有欲，今所谓有欲，乃即其起处而言耳。当其静而无为之时，乃无欲也。及其应物而动，虽未尝离乎静，然在于事事物物，则已有边徼涯涘之可见，故对无欲而言有欲也。欲犹从心所欲、不逾矩之欲耳。朱文公答沈庄仲之问，亦云。微是边徼，如边界相似，是说那应接处。向来人皆作常无、常有点，不若只作常无欲、常有欲看。今若必欲以常无、常有为绝句，则是常无未免沦于断灭之顽空，而常有乃堕于执滞之常情，岂足以观妙道之体用哉。②

董思靖的观点是比较全面的，也注意到了朱熹的意见。他认为《老子》此句应该以"无欲""有欲"为读。这里的"欲"，并非指普通人的一般欲望，而应该从圣人体道的角度来理解，也就是沿着关于"无欲""有欲"诠释的第二条理路进行解读。"无欲"为圣人内心寂然不动的状态；"有欲"则是圣人意念起动处，感受到外面事物之边徼涯涘。董思靖批评从"无""有"断句，将沦于顽空执滞，不足以显示老子之道的玄妙，所以不如从"无欲""有欲"断句。

不过，从朱熹开始的这些批评意见尚不足以否定"无""有"为读的解释。如明代危大有说："或曰：诸家皆以常无欲、常有欲句解之，今独取常无、常有句解者，何也？曰：诸家皆以常无欲、常有欲句解者，理非不通也，但与下文同谓之玄意不相属。若常有欲，

---

① 张岂之：《儒学·理学·实学·新学》，陕西人民教育出版社 1994 年版，第 2 页。
② 董思靖：《道德真经集解》，《老子集成》第四卷，第 354 页。

岂可谓玄？又曰有欲者亡身，亡身为玄，可乎？又有以常有欲为运用工夫，此说非不妙，亦未免牵强耳。不若常无、常有句绝者，平易而理长也。今故取之。"① 此后，从释德清到近现代的老学研究大家马叙伦、高亨等，都力主"无""有"断句。纵使马王堆帛书《老子》出土后，维护此说的学者仍然很多，代表性的学者如严灵峰、陈鼓应等。陈鼓应先生说："本章讲形而上之'道'体，而在人生哲学中老子认为'有欲'妨碍认识，则'常有欲'自然不能观照'道'的边际。所以这里不当'无欲''有欲'作解，而应承上文以'无''有'为读。再则，《庄子·天下篇》说：'老聃闻其风而悦之，建之以常无有。'庄子所说的'常无有'就是本章的'常无''常有'。这更可证明此处应以'无''有'断句"。② 以"无""有"断句，帛书本"无欲""有欲"后面的"也"字怎么解释呢？陈先生采纳严灵峰的观点，"帛书虽属古本，'也'字应不当有"。也就是说，帛书本中这两个关键的"也"字当是衍文。严灵峰这种简单的处理，自然难以服众，所以廖名春便做了进一步的分析："以'无''有'为读，最大的问题是帛书甲、乙本'欲'后的两'也'字。根据帛书甲、乙本，的确不能在'无''有'后断句。我们不能说是帛书的抄手抄错了，因为即使甲本抄错了，乙本也不会错。可见帛书甲、乙本'欲'后的两'也'字渊源有自，是其战国时期的祖本已经如此。"这一看法无疑是正确的。但廖名春又认为《老子》首章应该把"常"训为"尚"，并去掉帛书甲、乙本"欲"后的两个"也"字，文本前后的思想才能贯通。他说："当帛书本与《老子》的内在逻辑发生矛盾时，我们应该优先考虑其内在的逻辑，要以能说清楚文本的思想为先。正确的态度应该是，既要极其重视帛书本，但又不能唯帛书本是从。因此，尽管帛书甲、乙本两句'欲'后都有'也'字，我们还是要以'尚无''尚有'为句，将此段读为：'故尚无，欲以观

---

① 危大有：《道德真经集义》，《老子集成》第六卷，第33—34页。
② 陈鼓应：《老子注译及评介》，中华书局1984年版，第60页。

其妙；尚有，欲以观其所皦。'"① 在文本上承认帛书本"也"字的合理性，进行义理诠释时又要强行去掉这两个如此"麻烦"的"也"字，正反映出坚持"无""有"断句所遇到的困境。

3.《老子》诠释的原旨与发挥

如果没有帛书本的两个"也"字，主张"无""有"断句未尝不可，但坚持者总是试图否定"无欲""有欲"的读法，则是无益的。且不说帛书本从"恒无欲也""恒有欲也"断句确凿无疑，而自汉至唐历经千年的《老子》诠释史，都以"无欲""有欲"为读，这一事实本身就充分说明，"无欲""有欲"应该是老子思想中固有的观念。然而直至现在，并不因为帛书本的出现，"无欲""有欲"断句就成为定论，反对的声音还是很大，"无""有"断句仍然具有其影响力。那么，到底该如何看待这一棘手的问题呢？也许我们应该换一种思路。

从老学史的角度看，自古至今对《老子》的注解无外乎两种类型，即追求原旨与注重发挥。从《老子》文本出发，准确理解和把握其中的含意，是《老子》研究的应有之义，即使是创造性的诠释，也不能离开《老子》文本的具体内容以及道家哲学的基本精神。不过，相对于追求《老子》的原义来说，重视个人的发挥，在老学史上显得更加突出。朱熹曾说："《庄》《老》二书，解注者甚多，竟无一人说得他本义出，只据他臆说。某若拈出，便别，只是不欲得。"② 朱熹的这一论断尽管相当主观，但也说出了部分事实，并非毫无道理。在中国老学的发展过程中，确实存在一个非常突出的现象，即不同时代有不同时代的"老子"，也许很多学者为《老子》作注疏的初衷都力求其解符合老子的原义，但实际情况是注解者往往自觉或者不自觉地进行一些发挥，将自己本人的思想融贯其中，这种重视义理发挥的注解，在朱熹看来便全是"臆说"，这也是他认为历代

---

① 廖名春：《〈老子〉首章新释》，载《哲学研究》2011年第9期。
② 黎靖德编：《朱子语类》卷一百二十五，第3001页。

《老》《庄》之注，"竟无一人说得他本义出"的原因之所在。然而，重视义理疏解，正是老学独特价值之所在。老学的宗旨总是随时代而变化，老学发展长盛不衰，这与历代解《老》者注重义理、注重对《老子》文本的发挥是分不开的。

从思想史的角度看，疏解《老子》时加上个人的发挥具有必然性。中国思想史的一个特点是重视经学形式，如张岂之先生指出："中国思想史重经学形式，许多思想家托圣人而立言，通过注解经书来阐述自己的思想，很少独立地发表自己的见解。"① 儒家通过注解儒家的经典，道家通过注解道家的经典，借此陈述自己的学说，建立其思想理论体系，以满足不同时代政治、经济、思想文化等变化的需要。这种释古经以阐新说的现象，既是汉代以来我国经典诠释的重要特点，也是中国古代思想学术发展的重要特点。而老学的发展与道家思想的发展密切相关，汤一介先生说："注重历代对《老子》《庄子》注释，是全面了解中国哲学发展的至关重要问题。"② 汤先生强调的"至关重要"，便是看到了《老》《庄》注疏的思想史价值。据此，我们对老学的研究，要特别重视《老子》注者的思想创新和时代特色。以此来衡量上面这个问题，当然不能否定"无欲""有欲"的断句方式；而"无""有"为读，自宋代以来的解释体现了对老子哲学的深入探寻以及对道家思想的不断开拓，其思想价值确实不可抹杀。

从诠释学的角度看，追求《老子》原旨与对《老子》进行思想上的发挥，两者的交错形成了诠释的内在张力。成中英先生曾指出："'诠释'是就已有的文化与语言的意义系统作出具有新义新境的说明与理解，它是意义的推陈出新，是以人为中心，结合新的时空环境与主观感知展现出来的理解、认知与评价。"③ 成先生认为，从道

---

① 张岂之主编：《中国思想史·序言》，西北大学出版社 1989 年版，第 6 页。
② 汤一介：《论魏晋玄学到初唐重玄学》，载《道家文化研究》第 19 辑，生活·读书·新知三联书店 2002 年版，第 21 页。
③ 成中英主编：《从真理与方法到本体与诠释》，见《本体与诠释》，生活·读书·新知三联书店 2000 年版，第 6 页。

的层面看，诠释不在于把握所有的真理或常道，而在于体现道的本体的活力与创造性，在于以有限提示无限，以有言提示无言，以已知提示未知，进而促进道的理解和体会。成先生从本体层面所进行的这些阐发，可以为《老子》研究提供有益的借鉴。如前面所指出，"无""有"为解着眼于阐发老子思想的哲理，也即有助于更全面深刻地理解和体会老子之道。在这个问题上，西方现代诠释学理论也可以为我们提供一些启发。如海德格尔说："解释从来不是对先行给定的东西所作的无前提的把握。准确的经典注疏可以拿来当作解释的一种特殊的具体化，它固然喜欢援引'有典可稽'的东西，然而最先的'有典可稽'的东西，原不过是解释者的不言而喻、无可争议的先入之见。任何解释工作之初都必然有这种先入之见。"① 先入之见，也就是所谓的"前理解"，确实是在解释活动中客观存在的。加达默尔强调："一切诠释学条件中最首要的条件总是前理解，这种前理解来自于与同一事情相关联的存在。正是这种前理解规定了什么可以作为统一的意义被实现，并从而规定了对完全性的先把握的应用。"② 根据他们的观点，由于"前理解"造成了解释者和原作者之间的一种难以消除的差异，所以经典的解释总是不可避免地带有解释者的主观色彩，形成鲜明的时代印记，解释不可能和经典原意完全一致。因此，经典的诠释虽然应该具有准确性，但成功的诠释还必须兼具创新性。具体到《老子》的注解，既要以文本为根据，又要能够做到思想的推陈出新。

大致来说，上述三个方面的因素，使得马王堆帛书本《老子》没有能够完全解决《老子》首章"常无欲以观其妙，常有欲以观其徼"的句读问题。但我们应该认识到，依帛书本"无欲""有欲"断句，更与《老子》的原貌接近，"无""有"为读，则不是《老子》的原旨，而是王安石、司马光、苏辙等人对老子思想的创造性发挥。

---

① 海德格尔：《存在与时间》，陈嘉映、王庆节译，生活·读书·新知三联书店1999年版，第176页。

② 加达默尔：《真理与方法》，洪汉鼎译，上海译文出版社1999年版，第378页。

坚持"无""有"断句，不应否定"无欲""有欲"断句的合理性；认可"无欲""有欲"断句，亦需注意"无""有"断句在老学史上的思想创新。

三、宋代老学关于"道法自然"的诠释

"人法地，地法天，天法道，道法自然"是《老子》书中的经典名句，体现出老子思想的根本性意义和道家的核心价值追求。但对于"道法自然"这一极为重要的命题，自古至今，存在诸多不同的理解，从河上注的"道性自然"、王弼注的"道不违自然"到现当代老子研究者的诸多解释①，可以说各有道理，却并没有一个公认的、确切的定论。看来，该句的解释确实是老学史上的难点。宋代思想活跃，老学研究成就突出，其中有关"道法自然"的诠释也有独到之处。

1. 河上、王弼二注解释的异同及在宋代的影响

在老学史上，河上注和王弼注是影响最大的两个注本，两注对"道法自然"的解释也很有代表性，影响深远。由于"道法自然"与前面"人法地，地法天，天法道"是首尾一贯的，故下文在征引相关注解时一并引用。河上注云：

> 人法地（人当法地，安静和柔也。种之得五谷，掘之得甘泉，劳而不怨，有功而不置），地法天（天湛泊不动，施之不求报，生长万物，无所收取也），天法道（道法清净不言，阴行精气，万物自然生长），道法自然（道性自然，无所法也）。②

河上注把"道法自然"解释为"道性自然，无所法也"，其可取之处

---

① 王中江《道与事物的自然：老子"道法自然"实义考论》（《哲学研究》2010年第8期）一文列举了冯友兰、张岱年、任继愈、童书业、陈鼓应、许抗生、刘笑敢等多位学者关于"道法自然"的解释，并提出了"道遵循万物的自然"的新解。

② 河上公：《道德真经注》，《老子集成》第一卷，第150页。

在于突出了老子之道的本原性，强调了道的核心意义，彰显出道的最高地位，而把自然看作是道的属性或者本性，也是符合老子道家思想的基本精神的。正因为如此，河上注的这一解释成了经典性的注解，为后来众多注老者所采纳。不过，河上注虽然很经典，但也存在一个问题，即"法"字没有得到落实。"人法地，地法天，天法道"中的三个"法"字显然都是动词，在注中有"效法"之意，而"道性自然"，"法"字消失了。究其原因，如果把"法"理解为"效法"，人效法地，地效法天，天效法道，这种递进式的理解尚且可通，但把"道法自然"解释为道效法自然，似乎在道上面还有一个更高的自然存在，这显然与老子视道为最高范畴的思想不相符合，故河上注回避了这一问题，而释为"道性自然，无所法也"。因此，从文本与义理相统一的角度来看，河上注的这一解释并不是完美无缺的。再看王弼注：

> 法谓法则也，人不违地，乃得全安，法地也。地不违天，乃得全载，法天也。天不违道，乃得全覆，法道也。道不违自然，乃得其性，（法自然也）。法自然者，在方而法方，在圆而法圆，于自然无所违也。自然者，无称之言，穷极之辞也。用智不及无知，而形魄不及精象，精象不及无形，有仪不及无仪，故转相法也。道顺自然，天故资焉；天法于道，地故则焉；地法于天，人故象焉。[①]

王弼注的高明之处在于把"法"解释为"不违"，也即遵循之意，这样，"法"字全部得到了落实，而且从"人不违地"到"道不违自然"，语意是首尾贯通的。除了对"法"字的解释有异，河上注的"自然"指道本身的性质而言，王弼注的"自然"，按照王中江教授的观点，是指"道法万物之自然"，即"道遵循或顺应万物的自己如

---

① 王弼：《道德真经注》，《老子集成》第一卷，第 217 页。

此",自然是针对万物或者百姓来说的。① 这一见解很有启发,可以认为是对王弼注的一种合理解读,也是和河上注不同的地方。但是,王弼注和河上注也有相同之处。"道不违自然,乃得其性"既可解读为"道不违万物之自然",也可解读为道本身的自然,因为"乃得其性"中的"其"显然是指道而言,即道不违自然亦是道的本性,也就是道性自然,自然是道的属性,与河上注相通。实际上,不违万物的自然,不违百姓的自然,都是道性自然的体现。只是河上注突出了道,王弼注突出了自然。另外,河上注似乎把人、地、天、道"四大"视为一种递进式的关系,并认为道为最高存在,所以到"道法自然"时,这个"法"字就无法落实了,王弼注则认为"四大"是转以相法的,至于"四大"之间是否有先后次第,没有明确说明。

河上注和王弼注关于"道法自然"的解释在宋代都有重要影响,例如吕惠卿《道德真经传》的注解:

> 人以有形而合于无形,于地亦然,则地之所至,人亦至焉,故曰人法地。天之所至,地亦至焉,故曰地法天。道之所至,天亦至焉,故曰天法道。道则自本自根,未有天地,自古以固存,而以无法为法者也。无法也者,自然而已,故曰道法自然。②

吕惠卿是北宋著名政治家,王安石学派的代表人物之一,他的《老子》注在当时与王安石之子王雱注并称,影响很大。吕惠卿指出道"以无法为法",这是吸收了河上注的观点,但又认为"四大"之间可以转以相法,则是受到王弼注的影响。类似的还有如曹道冲的注解:

---

① 王中江:《道与事物的自然:老子"道法自然"实义考论》,载《哲学研究》2010年第 8 期。
② 吕惠卿:《道德真经传》,《老子集成》第二卷,第 666 页。

　　　　人与地近，形著而位分，故法则于地，而知刚柔之分。地
　　静而承顺，法则于天，清明刚健，崇高至极，而未能混于无形，
　　故法于道也。道无可法，自然而已。①

又如李霖《道德真经取善集》注云：

　　　　人法地之安静，故无为而天下功。地法天之无为，故不长
　　而万物育。天法道之自然，故不产而万物化。道则自本自根，
　　未有天地，自古以固存，无所法也。无法者，自然而已，故曰
　　道法自然。②

大致说来，上举各家关于"道法自然"的解释，基本上是河上注与
王弼注的综合。其中有两个要点：其一，道性自然，道是最高的存
在，无所取法。其二，人、地、天、道"四大"转以相法。李霖注
取老学史上的"各家之善"，但第二十五章的这条注文为他自己所
加，其中"道法自然"采纳吕惠卿注，反映出他对吕注的认同，其
思想主旨则仍不离上述两点。

2. 宋代关于"道法自然"的另解

　　宋代老学中关于"道法自然"的诠释，除吸收了河上注、王弼
注的观点外，亦提出了不少其他的见解，涉及哲学、政治、宗教等
不同的角度，下面分而述之。

　　（1）哲学诠释。

　　如果把《老子》"人法地"至"道法自然"解释为人、地、天、
道之间转以相法，似乎人、地、天、道存在先后次序，很容易使人
理解为四者之间存在递进关系，由此得出自然高于道的结论，这显
然与老子原意不相符合。因此，宋代一些老子研究者提出了不同的

---

① 彭耜：《道德真经集注》，《老子集成》第四卷，第 597 页。
② 李霖：《道德真经取善集》，《老子集成》第四卷，第 151 页。

看法。一种观点认为，人、地、天、道四者之间没有先后之分，它们之间也并非转以相法，"自然"不是一个最高的、根本性的概念。如王雱注：

> 自然在此道之先，而犹非道之极致，假物而言，则此四者如以次相法。而至论则四者各不知其所始，非有先后。《庄子》曰：季真之莫为，接子之或使，在物一曲。佛氏曰：非因非缘，亦非自然。自然者，在有物之上，而出非物之下，此说在庄、佛之下，而老氏不为未圣者，教适其时，而言不悖理故也。使学者止于自然，以为定论，则失理远矣，不可不察也。①

王雱的《老子注》在北宋各家注中颇有代表性，其影响甚至超过了吕惠卿注。据《四库提要》引王宏《山志》云："注《道德》《南华》者无虑百家，而吕惠卿、王雱所作颇称善，雱之才尤异。"王雱认为，从"物"的层面来看，人、地、天、道之间是以次相法的，但"至论"也就是最好或最高明的解释，则是四者之间没有先后关系。王雱又引庄、佛证老，认为自然"非道之极致"，学者解老，如果仅停留于自然，而不去追寻更高的道，则是失察的表现。王雱的解释可能受其父王安石的影响，因为王安石也认为自然并非老子思想中的最高概念，他说："人法地，王亦大是也。地法天，地大是也。天法道，天大是也。道法自然，道大是也。盖自然者，犹免乎有因有缘矣。非因非缘，亦非自然。然道之自然，自学者观之，则所谓妙矣。由老子观之，则未脱乎因缘矣。然老子非不尽妙之妙，要其言且以尽法为法，故曰道法自然。"② 王安石认为，"道法自然"还是说的"道大"，学者觉得自然很高妙，但老子并不这样看，认为自然还是存在局限性。北宋官员章安同样指出："有所自，而自有所然而然，则自然者在有物之上，出非物之下，非道之全也。惟道出而应

---

① 王雱：《老子训传》，《老子集成》第二卷，第707页。
② 王安石：《老子注》，《老子集成》第二卷，第566页。

物，故下法焉。四者各有所法，非有先后，亦莫知其所始也。"①也即是说，自然不是道的全部，道高于自然，道法自然是道为了应物，自处于一个低下的位置而已。

另一种观点认为，人、地、天、道四者之间非转以相法，而法的主体是人或王。如范应元《老子道德经古本集注》说：

> 人法地之静重，地法天之不言，天法道之无为，道法自然而然也。人虽止言法地，而地法天，天法道，道法自然，溯而上之，皆循自然，岂可妄为哉。清静无为，循乎自然，此天地人之正也。②

范应元指出，人法地，并不是说人只是法地而已，人还要继续上溯，法天、法道，遵循自然，不可妄为。因此，自然并非仅指道而言，天、地、人都循乎自然。人、地、天、道四者不是递进关系，而是相互贯通的，法的具体落实者则是人。达真子也注：

> 道也者，固无所法也，以其相因而相成，相继而相用，固若其法尔。王者能尽人道，以人道之施为则应于地，故人法地也。以地道之化养则应于天，故地法天也。以天之运用则应于道，故天法道也。以道之充塞则应于自然，故道法自然也。③

此注则更加清楚，道作为老子思想中的最高存在，是无所法的，人、地、天、道之间是一种相因相成、相继相用的关系，其主体为王者。人法地指王者尽人道，但王者不只是尽人道，还要发挥地道之化养、天道之运用，至于道本身则无所不在，归于自然。

第三种观点认为，四者转以相法是针对世俗之人而言，对体道

---

① 章安：《宋徽宗道德真经解义》，《老子集成》第三卷，第498页。
② 范应元：《老子道德经古本集注》，《老子集成》第四卷，第413页。
③ 彭耜：《道德真经集注》，《老子集成》第四卷，第597页。

者来说，道最大。苏辙注可为代表：

> 由道言之，则虽天地与王，皆不足大也。然世之人习知三
> 者之大，而不信道之大也。故以实告之，人不若地，地不若天，
> 天不若道，道不若自然。然使人一日复性，则此三者人皆足以
> 尽之矣。①

苏辙指出，相对于道来说，天、地、王都非至大，但世俗之人出于
习惯思维，认为三者是最大的，而不相信道之为大，从而认为"道
不若自然"。所以，四者转以相法的递进式理解是对俗人而言，对体
道者来说，道才是最高的。苏辙进而指出，体道以复性为前提，假
使人们在某一天能够恢复至善之性，便将明白道才是宇宙间至高至
大者。将道论与复性论结合起来解释"道法自然"，这是苏辙的新
见。而苏辙的解释，其重点在于体道者，得道之人兼法地、天、道，
所强调的是人的主体性。

当然，老子所言"四大"之间非转以相法的观点也不完全是宋
代解《老》者的独创，唐代老学中已经出现，如李荣的注解："夫为
人主者，静与阴同德，其义无私，法地也。动与阳同波，其覆公正，
法天也。清虚无为，运行不滞，动皆合理，法道也。圣人无欲，非
存于有事；虚己，理绝于经营；任物，义归于独化，法自然也。此
是法于天地，非天地以相法也。"② 李荣认为"人主"兼法地、天、
道，"圣人"法自然。李约更进行了别开生面的解释，他的《道德真
经新注》言：

> 凡言人属者耳，故曰人法地地，法天天，法道道，法自然，
> 言法上三大之自然理也。其义云：法地地，如地之无私载。法
> 天天，如天之无私覆。法道道，如道之无私生成而已矣。如君

---

① 苏辙：《老子解》，《老子集成》第三卷，第 12 页。
② 李荣：《道德真经注》，《老子集成》第一卷，第 362—363 页。

君、臣臣、父父、子子之例也。后之学者不得圣人之旨，谬妄相传，凡二十家注义皆云：人法地，地法天，天法道，道法自然。即域中五大矣，与经文乖谬，而失教之意也。岂王者只得法地而不得法天、法道乎？又况地法天，天法道，道法自然，义理疏远矣。①

李约"人法地地，法天天，法道道，法自然"的断句显然不妥，但释义有可取之处，即人、地、天、道四者并非转以相法，人当同时法地、天、道："盖王者法地、法天、法道之三自然妙理，而理天下也。"② 这一解释是有一定道理的。宋代的老子研究者避免了李约断句的困境而取其意。现代学者高亨先生也采用李约的解释："意谓王者法地与地同德，法天与天同德，法道与道同德，总之是法自然。"③

（2）政治诠释。

宋代老学关于"道法自然"的诠解，除了哲学层面外，还有从政治层面解释的，如北宋道教学者陈景元《道德真经藏室纂微篇》的注：

> 此戒王者当法象二仪，取则至道，天下自然治矣。夫王者守雌静则与阴同德，所载无私，是法地也。又不可守地不变，将运刚健则与阳同波，所覆至公，是法天也。复不可执天不移，将因无为，与道同体，其所任物，咸归自然，谓王者法天地则至道也。非天地至道之相法也，宜察圣人垂教之深旨，不必专事空言也。④

陈景元指出，老子的意思，并不是指人与天、地、道之间转以相法，而是从天下治理的角度垂教，告诫王者既要法地，还要法天、法道，

---

① 李约：《道德真经新注》，《老子集成》第一卷，第 539 页。
② 李约：《道德真经新注》，《老子集成》第一卷，第 539 页。
③ 高亨：《老子正诂》，开明书店 1943 年版，第 5 页。
④ 陈景元：《道德真经藏室纂微篇》，《老子集成》第二卷，第 603 页。

所法之处，都归于自然。"道法自然"的要旨在于以自然之道治国，而不是去探求其中的玄理。南宋的李嘉谋也认为"道法自然"的要点是"以王配道"："及道降而生物，天地区分，域中四大，自世人言之，则王之大不及天地之大，天地之大不及道之大。而此言四大，王居一焉，遂以王配道，若无难者。夫以一人之身，喜怒哀乐之节，尚可位天地育万物，而况于王乎？苟能转以相法，人法地，地法天，天法道，则王之配道，又何难哉？"① 李嘉谋认为人、地、天、道"四大"之间存在次第，可以转以相法，这点与陈景元不同，但以王配道的政治诠解则是相通的。

从政治层面进行诠解的还有宋徽宗的注：

> 人谓王也，天不产而万物化，地不长而万物育，帝王无为而天下功，其所法者，道之自然而已。道法自然，应物故也。自然非道之全，出而应物，故降而下法。②

意谓从人、天、地到帝王都要法道之自然，道法自然是道自降其地位而因应万物，落实在政治上，则是帝王用无为的方式治理天下。徽宗朝的太学生江澂对徽宗注做了进一步的阐发，他说："盖人非不法天也，而曰法地，地非不法道也，而曰法天，则以语道必有其序故也。要之皆本于自然而已，故终之以道法自然。且即有物论之，则自然在其上；即非物论之，则自然在其下。有自则有他，有然则有灭，自然非道之全也。"③ 江澂在注文中强调，老子虽然说人法地，但并不是说不要法天了，人还要法天、法道，地法天、天法道类似，而最终都要以自然为效法原则。相对于道来说，自然仍不是最高的概念，只是道的一部分。他进一步指出，人法地，人即是指帝王而言，道法自然也是针对帝王治理天下来说的："夫天无为以之清，任

---

①　李嘉谋：《道德真经义解》，《老子集成》第三卷，第 634 页。

②　《宋徽宗御解道德真经》，《老子集成》第三卷，第 278 页。

③　江澂：《道德真经疏义》，《老子集成》第三卷，第 361 页。

万物之自滋，则不产而万物化，斯天之神也。地无为以之宁，委众形之自殖，则不长而万物育，斯地之富也。上必无为而用天下，下必有为为天下用，则无为而天下功，帝王之大也。"① 江澂在这里阐述了道家"君人南面之术"的内涵，强调君上虽无为，但要"用天下"，臣子必须有为，而应"为天下用"，此解可谓得道家治国要旨。

（3）宗教诠释。

宗教诠释主要包括佛教与道教的诠释，对"道法自然"的注解，则以道教更有代表性。如南宋道士吕知常《道德经讲义》之注：

> 然王者渊默沉静，与阴同德，所宰无私，是法乎地也。地者守一不动，刚健中正，与阳同波，是法乎天也。天者高明至公，出真兆圣，酬酢万变，惟德是辅，与道同体，是法乎道也。惟道则任物遂性，无为自然，孰可拟议乎？至人象地之宁，法天之清，禀道自然，守而勿失，与神为一，道体圆通，出入无碍，所谓自然，其谁曰不可？故曰：人法地，地法天，天法道，道法自然。旨义博矣。②

此注虽有对天地自然的阐发，但重点在于个人的修炼。至人即体道之人，既法地之宁，也法天之清，并体道自然。这里的自然指抱道守神、圆通无碍的修道境界。南宋道士董思靖《道德真经集解》也注云：

> 法者，相因之义也。故语其序，则人处于地，形著而位分，地配乎天，而天犹有形，道贯三才，其体自然而已。谓推其相因之意，则是三者皆本于自然之道，盖分殊而道一也。故天在道之中，地在天之中，人在地之中，心在人之中，神在心之中，而会于道者也。是以神藏于心，心藏于形，形藏于地，地藏于

---

① 江澂：《道德真经疏义》，《老子集成》第三卷，第361页。
② 吕知常：《道德经讲义》，《老子集成》第四卷，第253页。

天，天藏于道。[①]

将"道法自然"解释为"道贯三才，其体自然"，很有见地，其中既保留了道教所崇尚的河上注"道性自然"的意思，也有自己的发挥，突出了道的本体意义，而最后的落脚点则在人的心神修炼上，体现了道教的特色。邵若愚《道德真经直解》则更加明确指出："人以五常百行修身，而从谦下由取法于地，地之生育取法于天，天之运化取法于一气之道，一气之道取法于虚无自然。"[②] 将"道法自然"解释为"一气之道取法于虚无自然"，完全是道教本身的传统，如张伯端《悟真篇》说："道自虚无生一气，便从一气产阴阳。阴阳再合成三体，三体重生万物昌。"[③] 邵若愚的注解和《悟真篇》所言是一致的。

3. 宋代老学"道法自然"诠释的思想史意义

老学史上关于"道法自然"的诠释，从哲学的层面来看，河上注突出了"道"，王弼注突出了"自然"，宋代老学则突出了"人"。《老子》第二十五章把人列为"四大"之一："故道大，天大，地大，人亦大。域中有四大，而人居其一焉。"人为万物之灵，故可以与道、天、地并为宇宙中的"四大"，这是老子对人之价值的极大弘扬。宋人对"道法自然"的注解，除了受河上注、王弼注的影响外，还出现了一个普遍性的解释，即老子"四大"并非转以相法，而是以人为中心，人既要法地，还要法天、法道，并在总体上归于自然。在这一诠解中，人的地位与价值得到了彰显。应该说，这样的解释并没有违背老子的原义，而且与前面人居"四大"之一的思想在文意上相贯通。

值得注意的是，郭店楚简本与马王堆帛书本"人亦大"均作

---

① 董思靖：《道德真经集解》，《老子集成》第四卷，第367页。
② 邵若愚：《道德真经直解》，《老子集成》第三卷，第569页。
③ 王沐：《悟真篇浅解》，中华书局1990年版，第48页。

"王亦大"，王弼本、河上本也均作"王亦大"，看来"人"字是后人所改。不过，这一改动也是有原因的。试看王弼的解释："天地之性人为贵，而王是人之主也。虽不职大，亦复为大。与三匹，故曰王亦大也。"① 王弼认为，王是人的代表，是"人之主"，"王亦大"也代表人亦大，所以"王亦大"的意思，主要在于阐明人为天地之间最尊贵者。后来的一些注《老》者，为了更好地突出人的地位和价值，则直接把"王"改成了"人"。如南宋范应元《老子道德经古本集注》中，"王亦大"便作"人亦大"，并解释说：

> 人字，傅奕同古本，河上公本作王。观河上公之意，以为王者人中之尊，固有尊君之义。然按后文人法地，则古本文义相贯，况人为万物之最灵，与天地并立而为三才，身任斯道，则人实亦大矣。②

范应元主张作"人亦大"，唐代的傅奕古本也作"人亦大"，又据陈柱《老子集训》的考证："《说文·大部》'大'下云：'天大、地大、人亦大焉，象人形。'是许君所见作'人亦大'也。"③ 由此可见，《老子》原本此句应是"王亦大"，但汉代已经有人将"王"改成了"人"。唐宋时期"人亦大"的观点更加多起来，其中范应元的看法颇有代表性，那就是人为万物之中最具灵性者，躬身体道，故足可为宇宙间与天、地、道并立的"四大"之一。可以说，后人对《老子》文本的这一改动，使老子重视人的思想更加突出，因此，"人亦大"的改动，非但没有否定老子的原旨，相反离老子思想的本义更接近了。由此可见，宋代老学把"道法自然"解释为人兼法天地与道而归于自然，彰显了人的至上价值和崇高地位，体现出宋代学者对老子思想与道家精神实质的深刻洞察。

---

① 王弼：《老子注》，《老子集成》第一卷，第217页。
② 范应元：《老子道德经古本集注》，《老子集成》第四卷，第413页。
③ 陈柱：《老子集训》，《老子集成》第十四卷，第177页。

从政治层面的诠释来看，宋代老学关于"道法自然"的诠解，是当时盛行的黄老思想在老学中的反映。宋代是继西汉以后黄老思想影响十分突出的阶段，宋太祖、太宗和真宗都信奉黄老之治，宋仁宗尤尚黄老，宋徽宗、高宗也是黄老的崇尚者，吕端、吕蒙正、欧阳修、司马光、程大昌等名臣也都积极倡导黄老。从当时的老学来说，宋代君臣如宋徽宗、江澂、王安石、吕惠卿、王雱等都以黄老思想注解《老子》，大都主张治国治人之道，在于无为与有为的结合，无为而不废有为，这是鲜明的黄老政术。可以说，黄老在宋代十分活跃，不仅有多位皇帝倡导并进行具体的政治实践，而且在思想界也很流行。就老子"道法自然"这一命题的诠解而言，陈景元认为是王者法自然之道以治理天下，江澂注疏的主旨为"上必无为而用天下，下必有为为天下用，则无为而天下功，帝王之大也"，都是典型的黄老思想。这种从黄老立场进行的诠释，反映出宋代老学发展的时代精神。

从道教的角度看，把"道法自然"解释为修道者的体道自然、心神自然，突出了宋代道教在教义上重道轻术、强调心性修炼的特点。董思靖所撰《道德真经集解》，反对把《老子》视为丹术小数之书。他认为从外丹炼养角度注解《老子》，偏离了老子思想的本真，故他作集注时，凡是丹鼎神仙之术，一概不用，其言曰："是经标道德之宗，畅无为之旨，高超象外，妙入环中，遽容以他说小数杂之乎？白乐天云：'玄元皇帝五千言，不言药，不言仙，不言白日升青天。'亦确论也。"① 董思靖指出，尽管丹术家的"道法经术"各有指归，但用来解释《老子》，则为牵强之说，不足效法。金代李霖作《道德真经取善集》，亦不言术数，而是主张"性命兼全，道德一致"②。日本学者山田俊认为，李霖解释《老子》以"性命兼全"为核心，这既是李霖本人的观点，也是宋代以来道家道教思想界的一个普遍性命题，而且和全真道没有直接的关系。③ 这一看法不无道

---

① 董思靖：《道德真经集解》，《老子集成》第四卷，第 353 页。
② 李霖：《道德真经取善集》，《老子集成》第四卷，第 121 页。
③ 参山田俊：《李霖〈道德真经取善集〉思想初探》，载程水金主编：《正学》第 4 辑，江西人民出版社 2016 年版。

理，换言之，"性命兼全，道德一致"是宋代老学中的一个共同主张，也是全真道教义确立的思想基础。宋代道教界对《老子》"道法自然"的诠解，所体现的正是道教教义在当时的变化和发展，并由此达成了一种共识，这种共识客观上成为全真道创立的推动力。

总之，老子思想中的"自然"指"自己如此""本来如此"，学术界对此没有太多的争议，但"道法自然"则不然。老学史上关于"道法自然"的理解，除了河上注"道性自然，无所法也"和王弼注"道不违自然，乃得其性"这两种通行的诠释外，宋代老学中还普遍出现了人兼法天地与道，而总体上归于自然的注解，这可视为"道法自然"的第三种诠释。与河上注和王弼注以道或自然为重点、"四大"之间或递进或辗转相法不同，宋代老学的这种注解以人为中心，认为"四大"之间不是转以相法的递进关系，天地与道都是人效法的对象，自然则为人和道的价值属性。不管是论道，还是治国修身，人始终居于主要的位置。宋代的这一解释不仅本身就具有思想史的意义，在之后的老学史上也是有影响的，如王夫之、魏源对"道法自然"的注释都采纳了宋代的新解。王夫之《老子衍》言："道既已如斯矣，法道者亦乘乘然而与之往来。而与之往来者，守常而天下自复，盖不忧其数而不给矣。……近取之身，为艮背而不为机目；远取之天地，为大制而不为刳割，故可以为天下王。"①　显然，王夫之认为"道法自然"的主体是人。魏源《老子本义》讲得更加具体清楚："末四语以人法为主，盖人性之大，与天地参。……言王者何以全其大乎？亦法天之无不覆，法地之无不载，法道之无不生成而已。道本自然，法道者亦法其自然而已。"②　魏源明确指出"四大"之间不是辗转相法的关系，而是"以人法为主"，道与自然都要归到人这个主体上面来。由此可见，当我们讨论老子"道法自然"这一命题时，宋代以来的这种诠释是值得重视的。

---

① 　王夫之：《老子衍》，《老子集成》第八卷，第 570 页。
② 　魏源：《老子本义》，《老子集成》第十一卷，第 22 页。

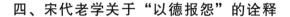

四、宋代老学关于"以德报怨"的诠释

以德报怨是老子的重要思想，其原文出于《老子》第六十三章："为无为，事无事，味无味。大小多少，报怨以德。"① 与该章义旨相关的第四十九章则说："善者吾善之，不善者吾亦善之，德善。信者吾信之，不信者吾亦信之，德信。"老子认为，在如何协调社会人际关系特别是如何解除矛盾、化解怨愤上，仅仅做到"善者吾善之""信者吾信之"是不够的，只有做到"不善者吾亦善之""不信者吾亦信之"，才是真正的"德善""德信"，所以他主张以德报怨。此点，确乃显示出道家的宽阔胸怀和超越精神。对于老子以德报怨的思想，较之汉唐，宋代的学者又有新的阐释。

1. 道的境界

在老子的思想体系里，德为道之用，也就是说，德是玄妙之道在宇宙、社会、人生各层面的具体落实和呈现，所谓"孔德之容，惟道是从"②。《老子》第四十一章又说："上德若谷。"第六章言："谷神不死。"德之博大空明，在于它是道的体现，虚空莫测之道永远长存，所以德也是无比玄妙的："常知稽式，是谓玄德。玄德深矣，远矣，与物反矣，然后乃至大顺。"③ 老子之道玄之又玄，故其德也称作"玄德"，"玄"表达出道的特点和境界。《老子》第六十八章言："善为士者不武，善战者不怒，善胜敌者不与，善用人者为之下。是谓不争之德，是谓用人之力，是谓配天古之极。"道运用于人事方面即为"不争"，这个"不争之德"可以"配天古之极"，这是

---

① 有些解《老》者对《老子》第六十三章"大小多少，报怨以德"的经文提出质疑，如姚鼐、奚侗、马叙伦、蒋锡昌等，这是不可取的。帛书《老子》甲本正作"为无为，事无事，味无味。大小多少，报怨以德。"可见今本《老子》第六十三章的内容无误。
② 《老子》第二十一章。本书所取之《老子》通行本，文字依楼宇烈校释本，中华书局 2008 年版，第 52 页。
③ 《老子》第六十五章，第 168 页。

对德的极度推崇。

由于德可以理解为一种境界，那么老子主张的以德报怨，显然表达的是一种最理想的境界，即道的境界。从道的层面来看，以德报怨才是道的真正体现。如南朝道士顾欢的诠释：

> 善者灭怨，柔之以德；柔之以德，则其怨自消。若夫杀人者死，伤人者刑，此盖末世之法，非至善之教也。问曰：盖闻父母之仇，弗与共天，怨之大者，莫过于此。请问复仇之礼，在道云何？若其是也，则于善有违；若其非也，安得为孝乎？答曰：善哉问也。夫玄流既涸，则煦沫情章；道风既消，则亲誉义结。是以至人无己，生死可齐；贤愚有畔，哀乐必显。齐其生死，则怨亲两冥；显其哀乐，则无施不报。然则复仇之礼，本乎有情，报怨以德，归乎无我。在我既忘，于彼何仇；哀乐有主，岂得无报。是以大孝忘亲，小孝致戚。故登木而歌，非轨世所闻；报怨以德，非柔教所取；若乃大道之行，则哀乐云废，复仇之礼，于焉自息矣。①

顾欢指出，世俗之礼法规定与道德原则均非至善之教。注文以"复仇之礼"为中心进行探讨，指出为父母复仇，从世俗之礼的角度看乃天经地义之事，也是人之常情，但从道的高度来看则不是最恰当的选择，因为道教提倡的是报怨以德。由于对道的体悟，个人达到了忘我的境界，一切哀怨情仇均得以化解消散，那么所谓复仇之礼也就没有存在与执行的必要了。

顾欢以无我之境解释"报怨以德"，为唐代诸多注家采纳。如成玄英注："言无始以来，大小之罪，多少之业，今欲减除顿偿使了

---

① 《老子集成》第一卷，第 245 页。《正统道藏》收录有顾欢《道德真经注疏》八卷，该书非顾欢原作，实际上是宋人所编（参任继愈主编《道藏提要》，中国社会科学出版社 1991 年版，第 508 页）。而由王卡先生整理的《敦煌本老子道德经顾欢注》，收入《老子集成》第一卷，该注虽为残卷，但为研究顾欢老学及其思想提供了珍贵的资料。

者，必须用前为、事、味等三种德心观之，则三世皆空，万法虚静，物我冥一，何怼之有？"① 李荣注："怨之生，或大或小。仇之起也，乍少乍多。涉有事之境，即拘斯累，怨怨相报，无有尽期。若能归无为之大道，保自然之无累，遗兹混浊，味此清虚，咎过不生，怨仇不起，此报怨德也。"② 唐玄宗疏："若夫大小之为，多少之事，苟涉有为之境，无非怨对之仇，若能体彼无为，舍兹有欲，悟真实相，无起虑心，自然怨对不生，可谓报怨以德尔。"③ 以上三注都是以道的境界来诠解老子的以德报怨。

关于这一点，南宋的李嘉谋也有具体解释：

> 圣人游于形器之外，故大小多少等而为一。夫大小多少尚等而一之，又况于恩怨报施之间乎？吾所为所施者，唯德而已，岂知其有所怨、岂知其有所报者哉？既无恩怨报施之别，又无大小多少之异，其于天下之故，岂有心于为之哉？④

大小多少等关于形器度数的规定是针对有心、有计较的普通人来说的，而圣人无心，也就是说，圣人既能超越形器度数之类的限制，也不会在意恩怨报施之间的差别，其唯一所追求的就是德。吕知常的解释与之类似：

> 涉乎有形，则有小大，系乎有数，则有多少。……有万不同，俱归乎一，皆以道遇之，报之所德，人无爱恶，何怨之有？至人其道虽大，其朴甚小，其用虽多，其要甚少。大小含太虚于方寸，多少总万有乎一真，大同于物，而万物与我为一，奚所怨哉？⑤

---

① 成玄英：《老子道德经开题序诀义疏》，《老子集成》第一卷，第335页。
② 李荣：《道德真经注》，《老子集成》第一卷，第380页。
③ 《唐玄宗御制道德真经疏》，《老子集成》第一卷，第502页。
④ 李嘉谋：《道德真经义解》，《老子集成》第三卷，第647页。
⑤ 吕知常：《道德经讲义》，《老子集成》第四卷，第294页。

李嘉谋字良仲，号息斋，于南宋孝宗乾道二年（1166 年）中进士，官至宗正丞，后入道门，称"息斋道人"，他"博通经子百氏而深于《易》，晚得专气致柔之说，以《阴符》《参同》博考精玩，笃信不懈"①。吕知常，南宋孝宗朝道士，并担任道官，生平事迹不详。但他于淳熙十五年（1188 年）八月十五日，以"左街鉴议主管教门公事佑圣观虚白斋高士"的身份将《道德经讲义》与《表》一起上进给了宋孝宗，故知其所作《道德经讲义》完成于淳熙十五年（1188 年）以前。两注有相似之处，考虑到李嘉谋是晚年入道，其注受吕知常注影响的可能性更大一些。

董思靖《道德真经集解》则综合了李嘉谋、吕知常两注的内容并加以了发挥：

> 夫涉于形则有大小，系乎数则有多少。大小之辨，多少之分，此怨之所由起也。惟道非形数而上圣与之为一。为出于无为，事出于无事，而味乎无味，故含太虚于方寸而不以纤芥私欲自累，会万有于一真而不为高下外境所迁。是以物各付物，事各付事，而大小多少，一以视之，则爱恶妄除，圣凡情尽，亦奚怨之可报哉，惟德以容之而已。且使夫人之意也消，譬如天地之无不覆载而化育之也。然此则在常人之所最难，惟切问近思，渐而修之，则亦可到其地矣。②

董思靖认为，对于"以德报怨"这一最高的境界，固然是体道的圣人所追求的，普通人也不是没有希望，尽管达到很困难，但也存在可能性。考虑到董思靖的道士身份，他的解释反映了道教的宗教理想，即普通人也可以修道成真，达到道的境界。汉唐的注疏，大都认为能够做到以德报怨的不是普通人，而是体道的圣人，而董思靖则提出了新见，认为普通人只要经过努力，也是可以做到以德报怨

---

① 魏了翁：《鹤山集》卷八十一《承议郎通判叙州李君墓志铭》。
② 董思靖：《道德真经集解》，《老子集成》第四卷，第 386 页。

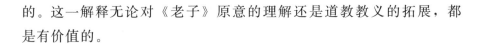

的。这一解释无论对《老子》原意的理解还是道教教义的拓展，都是有价值的。

2. 教化与宽容

当把德理解为道的境界时，"以德报怨"便向人们提示出一种通往崇高理想的可能性以及如何实现理想的具体途径，这就是《老子》第四十九章所说的："善者吾善之，不善者吾亦善之，德善。信者吾信之，不信者吾亦信之，德信。"《老子》第七十九章又指出："和大怨，必有余怨，安可以为善。"如果只用对抗和惩罚去对待彼此的怨恨，一定会留下余怨，因而不能认为是善，也没有达到德的标准，只有能够做到"不善者吾亦善之"，才是真正的"德善"。做到了"德善"，当然就没有任何的伤害了，如《老子》第六十章言："以道莅天下，其鬼不神。非其鬼不神，其神不伤人。非其神不伤人，圣人亦不伤人。夫两不相伤，故德交归焉。"圣人能够与鬼神合德，故能够做到以德报怨。此点对于普通人来说确实困难，但也不是没有可能性，因为"天道无亲，常与善人"①，道虽然无所不在，没有亲疏偏爱，但常与善人在一起。道既通往宇宙，也是面向大众的。至于众人能否不断向善、为善，乃至也能够做到以德报怨，其关键在于圣人的引导与教化。

在老学史上，历代学者阐述第四十九章"德善""德信"章旨时，大都突出了圣人教化的意义。如河上注：

> 百姓为善，圣人因而善之。百姓虽有不善者，圣人化之使善也。百姓德化，圣人为善。百姓为信，圣人因而信之。百姓为不信，圣人化之使信也。百姓德化，圣人为信。②

注文强调，对于百姓的不善、不信，圣人要化之，使百姓为善、为

---

① 《老子》第七十九章，第 188 页。
② 河上公：《道德真经注》，《老子集成》第一卷，第 161 页。

信。唐代陆希声注解此章，几乎完全采纳了河上注之意："百姓有好善之心，圣人亦应之以好善，其本善者，吾因以善辅之。苟有不善之心，吾亦因而善待之，使感吾善，亦化而为善，则天下无不善，百姓皆得所欲之善矣。至于百姓有好信之者，吾亦以此化之，则百姓皆得所欲之信，而天下无不信矣。"① 唐玄宗则注云："欲善信者，吾因而善信之。不善信者，吾亦以善信教之，令百姓感吾德而善信之。"② 显然，作为皇帝，唐玄宗直接以圣人自居了，所以他的注解，不是圣人教化百姓，而是他自己去教化之。杜光庭《道德真经广圣义》对唐玄宗注进一步加以发挥：

　　人不知善之可修，恶之可改，积习为恶，迷而不回。圣人憨憨其执愚，亦以善道开化。化恶为善，赖于圣功。人无弃人，于是乎在。信邪者，谓世人不知正道，迷溺于邪，亦犹聩者不预金石之音，瞽者不悦玄黄之色。邪既增迷，故背于正道矣。圣人亦以善教教之，使分别邪正，而归于善也。人之滞俗，积习生疑，不知信之可行，疑之可舍，执疑守惑，不信正真。此弱丧之忘归同，下士之大笑，圣人亦以正信之理渐开悟之。知信舍疑，赖于圣德。德信德善，其在兹乎。强梁背教者，谓执疑之人以疑为是，以信为非，亦犹夏虫疑冰，井蛙陋海，以兹执见封彼邪心，圣人亦诱而教之，使分别信疑而归于信。所以诱之归善归信者，圣人恐其因疑获罪，滞恶罹殃。劝而勉之，盖惜人悯物之至也。③

河上注、唐玄宗注关于《老子》第四十九章的诠释主要有两个要义：其一，德善德信，重在教化。其二，教化的主导者为圣人。杜光庭的解释十分详细具体，也突出了上述两点。杜光庭进而指出，普通

① 陆希声：《道德真经传》，《老子集成》第一卷，第607页。
② 《唐玄宗御注道德真经》，《老子集成》第一卷，第436页。
③ 杜光庭：《道德真经广圣义》，《老子集成》第二卷，第203页。

人之所以为普通人，就是具有偏见滞迷，容易犯错，而且犯错还不知如何改正。圣人之所以为圣人，不仅是自己不犯错误，而且还要引导、教导普通人认识错误，改正错误，这才是圣人的伟大高明。

到了宋代，关于《老子》第四十九章的注解，同样坚持圣人教化的主体地位。如北宋道士陈景元《道德真经藏室纂微篇》注云：

> 夫百姓有好善之心者，圣人不违其性，应之以善。其性本善者，圣人固以上善辅之，使必成其善。苟有不善之心，圣人亦以善待之，感上善之德，而自迁其心为善矣，则天下无有不善者。此乃圣人顺物性为化，终不役物使从己也。夫百姓有好信之诚者，圣人不夺其志，应之以信。其信确然者，圣人固以大信辅之，使必成其信。苟有不诚其信者，圣人亦以信待之，而不信者感大信之德，而自发其诚为信矣。则天下无有不信者，此乃圣人能任物情，非爱利之使为也。①

与河上公、唐玄宗、杜光庭注一样，陈景元重视圣人在百姓改善去恶过程中的引导教化之功，但陈景元注也有其独到之处，那就是他在突出圣人的作用时，还强调了百姓自身的好善好信之心，强调百姓的自我感悟和自我提升，即"自迁其心为善""自发其诚为信"，彰显了百姓在接受圣人教化过程中的主动性。类似的见解还有如南宋范应元《老子道德经古本集注》云：

> 百姓之善者，能明本善循乎自然也。圣人以道而善之，则其善心自固矣。百姓之不善者，未明本善，私欲蔽之也，圣人亦以道而善之，则将化而复归于善也，此所谓德善矣。盖百姓与圣人得之于初者，未尝不善也。百姓之信者，以其诚实也，圣人以道而信之，则信心自不变矣。百姓之不信者，因私欲而诈伪也，圣人亦以道而信之，则将化而复归于信也，此所谓德

① 陈景元：《道德真经藏室纂微篇》，《老子集成》第二卷，第 625 页。

信矣。盖百姓与圣人得之于初者，未尝不信也。是以圣人非察察分别天下之善与不善、信与不信，而区区生心作意以为善为信也，惟守道而已。①

范应元认为百姓和圣人一样具有善与信的初心，只是百姓的初心为私欲所蔽，才变得不善不信，如果圣人以道化之，百姓同样可以做到德善、德信。范应元注与陈景元注一样，既肯定了圣人自上而下的教化之功，又点明百姓自下而上的感发和提升。

可见，在诠释老子德善、德信以及以德报怨的命题时，宋代注疏在突显圣人教化的同时，增加了对德的自我认知和自我坚持，强调了个人的内在自觉。这一点在苏辙注中尤为明显，他说："无善不善皆善之，无信不信皆信之。善不善在彼，而吾之所以善之者，未尝渝也，可谓德善矣。信不信在彼，而吾之所以信之者，未尝变也，可谓德信矣。不然，善善而弃不善，信信而弃不信，岂所谓常善救人，故无弃人哉。"② 苏辙注没有专门提及圣人，而是指出只有世俗者才有善与不善、信与不信之别，至于具有德善、德信的人，其本身之善、本身之信是不会改变的，也不会因为社会上存在不善、不信的现象而改变自身之善与信，因此，无论对于善与不善者、信与不信者，均以善、信待之，这也是不会改变的。南宋吕知常《道德经讲义》注云：

　　夫善否相非，诞信相讦，善与不善，信与不信，世俗之情，自为同异耳。故有好善之心者，圣人不违其性，辅之以上善，使必成其善。苟有不善者，亦因以善待之。善不善在彼，而吾所以善之者，未尝渝也。此乃顺物之性而为化，终不役物而使之从己也。可谓百行无非善，而天下莫不服其化，德之厚矣。……信不信在彼，而吾所以信之者，未尝变也。此乃任物之情

① 范应元：《老子道德经古本集注》，《老子集成》第四卷，第428页。
② 苏辙：《老子解》，《老子集成》第三卷，第21页。

而为教，非爱利而使之强为也。可谓万情无非信，而百姓确然无不信，德之至矣。①

吕知常吸收了陈景元注、苏辙注的主要内容。说明道家主张善待天下所有人，善者使之更善，不善者使之得到感化而迁心为善，从而达到"常善救人，故无弃人；常善救物，故无弃物"的境界。

老子的以德报怨思想，由此显示出一种难得的宽容精神。如顾欢注《老子》第七十九章"天道无亲，常与善人"一句说：

自然无情，以与善为常，司契之人，是道之所与也。然则此经所明，是自然之道，可以与善，不可示恶也。问曰：盖闻常善救人，则善恶无弃，天道普慈，无物不育。善者己善，何须此与？恶者宜化，何为不示耶？答曰：道教真实，言无华绮。上士闻道，勤而行之，下士闻道，大而笑之。闻而勤行，以成其德，闻而大笑，只增其罪。故以道与善，成人之美也；不以示恶，不成人之恶也。②

天道以与善为常，成人之美，不成人之恶，这是一个无为而化的过程，也是一个为善去恶的过程。天道落实为人道，就是劝善与宽容。又如《老子》第四十九章何心山之注：

凡善者吾善之，不善者未必善，信者吾信之，不信者未必信，此常人之心也，未是德善德信事也。圣人德与天地参，天地无私覆载，日月容光必照，圣心浑乎以物我为一也，故能善人之不善，信人所不信，彼善否相非，诞信相讥，而吾一以自然之道待之。③

---

① 吕知常：《道德经讲义》，《老子集成》第四卷，第 278 页。
② 顾欢：《老子道德经注》（敦煌本），《老子集成》第一卷，第 246 页。
③ 危大有：《道德真经集义》，《老子集成》第六卷，第 91 页。

该注指出了凡圣的区别，善者吾善之，常人也能做到，但不善者吾亦善之，则只有体道圣人才能做到。圣人德参天地，物我同一，故能顺达善与信，也能包容不善与不信。范应元关于"以德报怨"的注解则云：

> 天地之大，人犹有所憾者，以天地有形迹，故得以憾其风雨寒暑大小多少之或不时，然天地未尝以人有憾而辍其生成之德。圣人之大，人亦有所怨者，以圣人有言为，故得以怨其恩泽赏罚大小多少之或不齐，而圣人亦岂可以人有怨而辍吾教化之德，故曰报怨以德。①

天地以其广博浩大而哺育万物生长，人类却仍然有所不满，但天地不会因为人类的抱怨而停止其生成之德。圣人以其高尚贤明感化百姓，百姓却还是存在抱怨，但圣人不会因此而改变其教化之德。这确实是一种对待万物、对待百姓的极宽厚态度，是真正的成人之美。

由上所述，宋代老学关于以德报怨的诠释，既突出了圣人教化在人们进行德性的自我提升和自我完善过程中所起的重大作用，同时也提醒普通人应该有对自身之德的反省和自觉，有对至善理想的不懈追求。实际上，对于人的自我提升和完善，孔、老乃有一致之处。因此，当身处现代的我们面对宋儒"天不生仲尼，万古如长夜"② 的感叹时，也许会激起心灵的回响和思想的共鸣。

3. 以德报怨，直在其中

提到老子的以德报怨，我们会自然想起孔子的以直报怨。孔子所主张的以直报怨，直为公直的意思，与德是有差别的，所以他才

---

① 范应元：《老子道德经古本集注》，《老子集成》第四卷，第 438 页。
② 《朱子语类》卷九十三："'天不生仲尼，万古如长夜。'唐子西尝于一邮亭梁间见此语。"唐子西名唐庚（1069—1120 年），字子西，眉州（今四川眉山）人，绍圣中举进士。《唐子西文录》记载："蜀道馆舍壁间题一联云：'天不生仲尼，万古如长夜。'不知何人诗也。"则该诗句应是北宋儒者所作，为朱熹重视。

主张以直报怨，以德报德。① 在孔老所处的时代，德比直具有更高的层次。《老子》第七十九章指出："和大怨，必有余怨，安可以为善？"什么是"和大怨"呢？河上注云："杀人者死，伤人者刑，以相和报也。"② 这一解释是可取的。老子所说的"和大怨"，正相当于孔子说的"以直报怨"。当然，在老子看来，这种"和报"怨愤的方式，必然损害人情，留下余怨，因而不可为善，所以不是解决问题的最好方式。老子认为，处理怨愤的最好方法是以德报怨，这也是老子之道的境界了。

因此，宋代一些注解《老子》者也注意到了孔子的直与老子的德之间的差异。如王雱指出：

> 以直报怨者，事也。以德报怨者，德也。事则吉凶与民同患，故已上诸法，一不可废。若夫德则不见有物，安得怨乎。如上三事，体道者也，方其体道，故当如此尔。举怨而以德，则知无所不用德。③

王雱认为，"以直报怨"属于"事"，即世事、人事的层面，比"以德报怨"的"德"的境界要低。事是有执着的，德则没有任何执念了。南宋刘师立《道德经节解》的注也说：

> 或谓孔子以直报怨，今也以德报怨，何也？然老子教人，惟欲处其柔弱，与天为徒，而无所争，可以弭天刑，远人祸。若以直报怨，怨何由已，当时孔子故有所激而言，终不若报之以德为善也。④

---

① 《论语·宪问》："或曰：'以德报怨，何如？'子曰：'何以报德？以直报怨，以德报德。'"
② 河上公：《道德真经注》，《老子集成》第一卷，第175页。
③ 王雱：《老子训传》，《老子集成》第二卷，第726页。
④ 危大有：《道德真经集义》，《老子集成》第六卷，第110页。

刘师立认为，老子主张柔弱不争，顺其自然，因而没有危殆，孔子则有所待，有所争。与此相关，孔子的以直报怨，就像老子说的"和大怨"，必留下余怨，怨不能得到全部消解，故比不上老子主张的以德报怨。

需要指出的是，在老子的思想体系里，德与直不是两个互相对立的范畴，老子所讲的德其实包含着直的意蕴。因为老子之道具有公平公直的含义，德则体现道的特点，这也是老子讲的德与孔子之德存在差别的地方。如《老子》第五章说："天地不仁，以万物为刍狗；圣人不仁，以百姓为刍狗。"天地和宇宙万物按照客观自然的法则运转，道于万物并无好恶喜怒之情。圣人治理天下，也当法自然之理，对百姓一视同仁。《老子》第七十七章说："天之道，损有余而补不足。人之道则不然，损不足以奉有余。"老子阐述天道的公平和当时社会上人道的不合理，提醒应该效法天道，以矫正人道的过失，做到合理均衡。《老子》第五十八章说："是以圣人方而不割，廉而不刿，直而不肆，光而不耀。"圣人之德方正而不会损害，有棱角而不会把人划伤，正直而不放肆，光明而不耀眼。《老子》第七十三章还指出："天网恢恢，疏而不失。"《老子》第七十九章言："天道无亲，常与善人。"强调公平公直，是老子思想的重要特点。由此可以看出，老子的以德报怨也包含了直的原则，如果没有了公直，又哪来德义呢？所以以德报怨是以直报怨的更进一层，而不是不分是非，丧失正义公平。

对于直与德的关系，我们还可注意宋儒的阐释。如朱熹《论语或问》解"以直报怨"：

> 夫有怨有德，人情所不能忘，而所以报之各有所当，亦天理之不能已也。顾德有大小，皆所当报，而怨则有公私曲直之不同，故圣人教人以直报怨，以德报德。以直云者，不以私害公，不以曲胜直，当报则报，不必报则止。一观夫理之当然，而不以己之私意加焉，是则虽曰报怨，而岂害其为公平忠厚哉。

对于朱熹的解释，可以特别注意"当报则报，不必报则止"两句。"当报则报"相当于老子所说的"和大怨"，亦即孔子的以直报怨，这是对儒家思想的维护。"不必报则止"则留有调和的余地，也就是说，如果没有余怨了，可以不报，这体现出了公直与宽容相结合的原则，由此通向了老子的以德报怨。当然，"不必报则止"未必属于孔子以直报怨的原意，更有可能是朱熹的发挥，而这种发挥反映出儒道思想的兼容以及宋代以后儒道合流的思想倾向。

总之，无论从老子的原义还是宋代对《老子》的诠释来看，老子思想中的德与直都具有密切的关联，老子所主张的以德报怨，直在其中。

五、全真道老学中的"真常"思想

全真道不仅从宗教实践上开用老之新风，同时从"全真七子"之一的刘处玄开始为《老子》作注，由此形成了全真道老学。刘处玄之注已佚，但元代有不少全真道士注《老》，保留至今的著作有李道纯《道德会元》、邓锜《道德真经三解》、陈致虚《道德经转语》等。用"真常"解《老》是全真道老学的重要特点，或者说，对"真常"观念的阐发体现了全真道老学的理论建树，也反映出全真道在教义教理上的独特性。

1. 真常释义

真与常是老子思想中的重要概念，如《老子》第二十一章："其精甚真，其中有信。"第五十四章："修之身，其德乃真。"这是老子以"真"论道与德。第十六章："复命曰常，知常曰明。"第三十二章："道常无名。"第三十七章："道常无为。"第五十五章："知和曰常。""常"是道的根本属性，老子提出的永恒之道即为常道。《老子》书中并没有"真常"一词，但在成书于唐代以前的道教经典《太上老君说常清静经》中已出现真常概念："真常应物，真常得性；常应常静，常清静矣。"

从老学史的角度看，较早用真常解释老子之道的，是唐代的成玄英、李荣等道士。成玄英解《老子》第一章："虽复称可道，宜随机惬当而有声有说，非真常凝寂之道也。"① 第十六章："不知性修反德而会于真常之道者，则恒起妄心，随境造业，动之死地，所作皆凶也。"② 第五十五章："知和曰常，知此不言之言，是淳和之理者，乃曰体于真常之道也。知常曰明，知于真常之道，是曰智慧明照也。"③ 成玄英对"真常"一词的使用，强调了其虚寂的义蕴，所谓"道以虚通为义，常以湛寂得名"，意在深入揭示老子之道的"虚通妙理"，从而"会重玄之致"。李荣《老子》注中同样出现了真常的概念，他注《老子》第一章："非常名者，非常俗荣华之虚名也。所以斥之于非常者，欲令去无常以归真常也。名有因起，缘有渐顿，开之以方，便舍无常，以契真常。"④ 在李荣看来，"真常"与"无常"相对，所以他又注第五十二章"是谓袭常"一句说："放情极欲，遣本徇末，患难斯至，归无常也。塞兑闭门，守母依始，洁身入道，袭真常也。"⑤ 唐玄宗也用"真常"解《老》，第十六章"知常容"句之注言："知守真常，则心境虚静，如彼空谷，无不含容。"⑥ 第五十二章"无遗身殃，是谓袭常"句之注："遗，与也。言还守内明，则无与身为殃咎者，如此是谓密用真常之道。"⑦ 唐代以兵解《老》的王真也多次使用了"真常"的概念，如他注第一章："圣人代天地而理万物者也，于是因言以立道，因道以制名，然异于真常之元，故曰可道。"⑧ 注中"真常之元"当指常道，与可道相对应。第十六章注言："万物尽无大伤，各得复其性命，以足自然之分，即可谓得真常之道也。故圣人能知此真常之道，则是明白四达，无所疑惑也。若人君不能知此真常之道，而乃纵其嗜欲，妄作不祥，兴

---

① 成玄英：《老子道德经开题序诀义疏》，《老子集成》第一卷，第 287 页。
② 成玄英：《老子道德经开题序诀义疏》，《老子集成》第一卷，第 299 页。
③ 成玄英：《老子道德经开题序诀义疏》，《老子集成》第一卷，第 329 页。
④ 李荣：《道德真经注》，《老子集成》第一卷，第 350 页。
⑤ 李荣：《道德真经注》，《老子集成》第一卷，第 375 页。
⑥ 《唐玄宗御注道德真经》，《老子集成》第一卷，第 423 页。
⑦ 《唐玄宗御注道德真经》，《老子集成》第一卷，第 438 页。
⑧ 王真：《道德经论兵要义述》，《老子集成》第一卷，第 564 页。

动干戈，流行毒螫，则必有凶灾之报，故曰妄作凶。"① 王真在这里强调对真常之道的认知与运用，特别是君主治国理政，要不违真常之道。而在唐代老学中，这种对道的体悟与实践，又称之为"真常之理""真常之德""真常之行"。如成玄英注第十六章云："既知反会真常之理者，则智惠明照，无幽不烛。"② 理与真常连用，获得了与道类似的意义。李荣注第二十八章："在贵如贱，处荣若辱，真常之德自然满。"③ 该章唐玄宗注："雄者，患于用牡，故知其雄，则当守其雌，谦德物归，是为天下溪谷，则真常之德不离其身，抱道合和，复归于婴儿之行矣。"④ "真常之德"为道的具体呈现。唐玄宗疏第五十五章则说："知和柔之理，修而不失者，是谓知真常之行也。人能知真常之行，而保精爱气者，是曰明达。"⑤ 真常之行，即道的实践与运用。

强思齐在《道德真经玄德纂疏》中用真常描述老子之"至道"，其言曰：

> 夫清虚妙理，至道真常，迥超三界之先，直出有无之境，酌之不竭，同大海之波澜，仰之无穷，等高山之峻崎，物莫之喻，心莫之知，生居象帝之先，吾不知其谁之子，在动而寂，处用而冲，故孔丘自比于醯鸡，黄帝得之于罔象，湛为物主，唯至道之宗乎。⑥

强思齐在注文中用真常表达出道的超越性和至上性，真常的独立意义增强。北宋陈景元在《老子》第一章注中则明确指出："尝谓真常即大道也。无欲有欲，即道之应用也。道本无物，物感道生，形而

---

① 王真：《道德经论兵要义述》，《老子集成》第一卷，第568页。
② 成玄英：《老子道德经开题序诀义疏》，《老子集成》第一卷，第299页。
③ 李荣：《道德真经注》，《老子集成》第一卷，第364页。
④ 《唐玄宗御注道德真经》，《老子集成》第一卷，第428页。
⑤ 《唐玄宗御制道德真经疏》，《老子集成》第一卷，第496页。
⑥ 强思齐：《道德真经玄德纂疏》，《老子集成》第二卷，第328页。

上者谓之道，形而下者谓之器。"① "真常即大道"的提法与唐代成玄英、李荣等人所谓的"真常之道"在意义上有了一些差别，"真常之道"，真常仍居于一个辅助的位置；"真常即大道"，真常获得了与道并列的地位。除陈景元外，宋代用真常解《老》者亦有不少。如宋鸾《道德经篇章玄颂》："了悟真常宗道少，萦贪爵禄益生多。"② "被褐怀玉沉潜者，内鉴真常徇世情。"③ 宋徽宗解《老子》第一章："又曰道不当名，可道可名，如事物焉，如四时焉，当可而应，代废代兴，非真常也。"④ 李嘉谋《道德真经义解》第一章注："圣人体真常之道，以出入于有无之间。"⑤ 曹道冲解第十六章："夫物或兴或衰，或生或灭，皆为造化之所陶铸，惟道常然，昼不能明，夜不能晦，复性命之道，则知真常。"⑥ 刘骥解第三十二章："道之真常，天地之始，造化之先，不可得而名，故谓之朴。"⑦ 需要注意的还有金代李霖的注解，他分别总结《老子》前三章之主旨说：

> 此章言真常之道，悟者自得，不可名言，同观徼妙，斯可以造真常之道矣。太上以此首章，总一经之意，明大道之本，谓玄之又玄也。
>
> 此章欲体真常之道，忘美恶，齐善否，不为六对之所迁，唯圣人知其然。故处事以无为，行教以不言，归功于物而不居，道常在我而不去也。
>
> 三篇统论，首篇言道可道，夫可道之道，非真常之道也。真常之道，离言说，超形名，悟者自得。能悟之者，忘美恶，齐善否，故以天下皆知次之。既不为二境回换，则是非美恶不

---

① 陈景元：《道德真经藏室纂微篇》，《老子集成》第二卷，第 579 页。
② 宋鸾：《道德经篇章玄颂》，《老子集成》第二卷，第 526 页。
③ 宋鸾：《道德经篇章玄颂》，《老子集成》第二卷，第 531 页。
④ 《宋徽宗御解道德真经》，《老子集成》第三卷，第 261 页。
⑤ 李嘉谋：《道德真经义解》，《老子集成》第三卷，第 625 页。
⑥ 彭耜：《道德真经集注》，《老子集成》第四卷，第 578 页。
⑦ 彭耜：《道德真经集注》，《老子集成》第四卷，第 608 页。

藏于胸中，以不尚贤次之。不尚贤，不贵货，则方寸之地虚矣。虚则腹实，此精神内守道德之极致也。学者精此三篇，则经之妙旨，斯过半矣。①

可以看出，李霖已用"真常"作为主题词来阐发老子之道，相对于以往各家对真常概念的理解和运用，李霖的阐述显得更加全面和丰富。

以上大致梳理了唐宋老学中涉及真常概念的诠释，总体来说，用真常解《老》者大多为道士，儒者只是偶见。如王雱注第一章："名生于实，实有形数，形数既具，衰坏随之，其可常乎。唯体此不常，乃真常也。"② 李畋注第三十七章："大道以虚静为真常，以应用为妙有，俾其侯王守其真常，寂然不动，法其妙用，感而遂通，则万物化淳天下正。"③ 而王雱、李畋等儒家学者，也是崇尚老庄的。由此可见，真常是一个具有道教文化背景的概念。

至于真常的含义，前面提到的各家注解虽或多或少都有涉及，但均不十分具体。从全真道老学的角度来看，其义主要有二，第一个含义是真。对此，元代虞集有一个简要的阐述：

> 汉代所谓道家之言，盖以黄老为宗，清静无为为本。其流弊以长生不死为要，谓之金丹。金表不坏，丹言纯阳也。其后变为禁祝祷祈、章醮符箓之类，抑末之甚矣。昔者汴宋之将亡，而道士家之说，诡幻益甚。乃有豪杰之士，佯狂玩世，志之所存，则求返其真而已，谓之全真。④

全真之真，首先指教义上的真，即相对于以符箓为主的传统道派来说，全真道更加重视返璞归真。真的另一层意思，则指全真道回归

---

① 李霖：《道德真经取善集》，《老子集成》第四卷，第 123—126 页。
② 王雱：《老子训传》，《老子集成》第二卷，第 693 页。
③ 李霖：《道德真经取善集》，《老子集成》第四卷，第 166 页。
④ 虞集：《道园学古录》卷五十《非非子幽室志》。

老子之道的精神实质。真常的第二个含义便是常。即老子思想中的常道之"常"。常即永恒不变之意。基于此，真常便具有先于天地、没有始终、恒久不已等特性，因而能够成为天地万物之本体。当然，真与常两者又相辅相成地结合在一起，不可分割。

值得注意的是，丘处机还将真常解释成"平常"，并发挥说：

> 平常即真常也。心应万变，不为物迁，常应清静，渐入真道，平常是道也。世人所以不得平常者，为心无主宰，情逐物流，其气耗散于众窍之中。孟子之说为至，云："志者，气之帅也。"人能以志帅气，不令耗散，则化成光明，积之成大光明。……孔子说中道，亦平常之义。①

平常为道，也是符合老庄精神的。只是丘处机又将真常与孔孟儒家思想联结起来，此点则反映出全真道试图融汇三教的立教宗旨。

2. 真常与道

老子之道玄之又玄，微妙难识，不同时代的学者根据自己的理解可以做出不同的解释，有诠之以气者，有诠之以无者，有诠之以理者，这些诠释可谓各有胜义。而以真常解释老子之道，虽自唐代已开始出现，宋代亦有所阐发，但只有到了全真道老学，才把真常作为道论的核心概念加以使用。全真道学者解释老子之道时表现出一个共同的特点，即普遍以真常概念以释之。真与常两者相辅相成、具有内在的一致性，非真则不可常，非常则不能真，真常才是道。

著名全真道士李道纯就是真常理论的倡导者，他在所著《道德会元》首章注即说：

> 虚无自然真常之道，本无可道。可道之道，非真常之道。元始祖炁，化生诸天，随时应变之道也。道本无名，可名之名，

---

① 段志坚编：《清和真人北游语录》卷三。

非真常之名。天地运化，长养万物，著于形迹之名也。虚心无为则能见无名之妙，有心运用则能见有名之徼。妙即神也，徼即形也。知徼而不知妙则不精，知妙而不知徼则不备。徼妙两全，形神俱妙，是谓玄之又玄。三十六部尊经，皆从此出，是谓众妙之门。且道此经，从甚么处出。咄。颂曰："昆仑山顶上，元始黍珠中。父母所生口，终不为君通。"①

李道纯把老子之道划分为常道与可道，用虚无、自然、真常三个概念定义常道的内涵，既强调了常道的根本性意义及其不可见、不可名的特点，又指出常道与可道不可分割。在李道纯的诠释中，真常与自然具有同样的意义，是道的最根本属性。詹石窗教授曾用"无名之道真常化"一语概括李道纯之老学大旨，指出"李道纯以'真常'立宗，这也是一种理论上的升华，比起过去的老学来，他的最基本的概念显得更抽象概括，更富有思辨色彩"②。

比李道纯略晚的邓锜③，撰《道德真经三解》，他在为《老子》正文作解之前，先撰"真常三百字"，以明他注《老》之旨趣。其言曰：

真常之常，常谓之常；常真之真，真谓之真。真常在道，无所不抱；其常在德，无所不则；真常在命，无所不定；真常在性，无所不应；真常在理，无所不纪。天地未始，其常真止；天地既终，真常真空……④

---

① 李道纯：《道德会元》，《老子集成》第五卷，第5页。
② 詹石窗：《南宋金元的道教》，上海古籍出版社1989年版，第135页。
③ 李道纯和邓锜均为道教南宗实际创始人白玉蟾之二传弟子，后都加入了全真道。李道纯在《道德会元》之篇首提到："至元庚寅孟夏旦日，都梁参学清庵莹蟾子李道纯元素序"，至元庚寅即1290年，《道德会元》于这一年已经完成，而邓锜《道德真经三解》完成于大德二年即1298年，比李道纯之作晚出8年。
④ 邓锜：《道德真经三解》，《老子集成》第五卷，第425页。

邓锜的真常论，包括以下几个要点：其一，真常无所不在。真常作为道的化身，虽然无形无名，不可捉摸，但它又无所不在，具有最大的普遍性。其二，真常是宇宙万物的存在根据。宇宙的运行，季节的更替，万物的变化，都是真常在起作用。其三，真常是生命的本质状态。其四，与道合真是修炼的最高境。① 由于老子之道玄之又玄，难以言表，所以每一个解《老》者都有各自的理解与诠释，邓锜用真常释道，从宇宙的本质、万物的变化到个人的修炼等多个层面展开对道的阐释，清楚地反映出了全真道老学的致思特点。

邓锜与李道纯两人都是学兼南北、具有很高修养的全真道士，在他们的影响下，形成了一股风气，即全真道的学者解《老》，大都以真常为宗，明清时期的全真学者，也不例外。

用真常解释老子之道，较为确切地把握住了道的特性与内涵，颇符合老子本义。由此看来，全真道学者解《老》，确实能够紧扣老子思想的基本精神。熊铁基先生曾论及"全真"之义的三个方面，其中之一为"全老庄之真"，② 全真道老学之道论亦可为证明。

不过，全真道以真常释《老》，亦有自己的发挥。全真道以独全其真、明心见性、性命兼修为立教宗旨，因此，全真道老学对真常的阐发，当然离不开性命之学这个全真道教义的核心。从修炼的角度看，全真道之"真"，是一种摆脱了世俗欲念干扰、不为外物所累、纯粹自然的境界，所谓"天得其真故长，地得其真故久，人得其真故寿"③。如果体会到了大道之真，不仅寿命可以延长，而且可以超越生死："妄心既死，法性自然真常，是以自古圣人，不以死为死，而以不明道为死；不以生为生，而以明道为生。大道既明，身虽死，而真性不死，形虽亡，而真我不亡，所以我之法性，不死不

---

① 刘固盛《道德真经三解通释·前言》（宗教文化出版社 2016 年版）对此有较详细的论述。

② 熊铁基：《试论王重阳的"全真"思想》，载《世界宗教研究》2008 年第 2 期。

③ 宋常星：《道德经讲义》，《老子集成》第九卷，第 190 页。

生，不坏不灭，无古无今，得大常住，虽不计其寿，而寿算无穷矣。"①尽管人的生命有限，但人的真性、真我是永恒的，所以只要把握住了大道之真，做到"法性自然真常"，便可以"不死不生，与天地为一"。可见，全真道学者在解《老》时，不仅揭示"真常"在宇宙万物与社会存在中的重大意义，而且将其落实在具体的个人修养中，即性命自然。

总之，从李道纯、邓锜、宋常星等全真道学者对《老子》的注解来看，他们对真常之道的阐发，不仅揭示了老子之道在宇宙万物中的根本性意义，而且从哲学的高度为社会存在以及个人的性命修炼确立了一个本体依据。从他们的诠释中可以看出，全真道学者既继承了道教的真精神，同时又赋予了真常范畴更加丰富的含义，从而为全真道教义教理的发展奠定了丰富的思想基础。

第二节　宋元老学与儒、佛、道

一、陈景元老庄学思想对二程理学的影响

我们如果要探讨宋代道家思想与二程理学形成之间的关联，自然应该注意陈抟学派在其中起到的重要作用，尤其应该重视陈抟学派第三代传人中的代表人物陈景元的理论贡献。蒙文通先生曾经指出："伊洛之学，得统于濂溪。而周子之书，仅《通书》《太极》而已。重以邵氏、刘氏之传，致后人每叹希夷之学，仅于象数、图书焉尔。及读碧虚之注，而后知伊洛所论者，碧虚书殆已有之。其异其同，颇可见学术蜕变演进之迹。其有道家言而宋儒未尽抉去，翻为理学之累者，亦可得而论。皆足见二程之学，于碧虚渊源之相

---

① 宋常星：《道德经讲义》，《老子集成》第九卷，第 190 页。

关。"① 碧虚之注，指陈景元的《老子》注和《庄子》注。② 陈抟学派上承唐代重玄余绪，下启北宋学术新风，是唐宋学术传承转换的关键环节。而在陈抟学派到二程理学形成这一思想发展的链条中，陈景元是一个关键人物。学术界探讨理学与道教的关系，似乎习惯于把注意力集中在周敦颐、邵雍、刘牧等人的图数之学与陈抟的渊源与传承上，并且造成了一种印象，似乎陈抟的思想也仅限于图书、象数而已。蒙文通先生则认为，陈景元作为陈抟的再传弟子，他的老庄学思想不仅可以证明陈抟学派具有更为丰富的思想内涵，而且比周、邵、刘三家，更得陈抟之真传，③ 蒙先生由此断定二程之学"于碧虚渊源之相关"，颇具远见卓识。因此，当我们论及理学与道家道教的关系，固然不能忽略周敦颐、邵雍等人的图数之学出自陈抟，但更应该注意陈景元老庄学思想对二程理学的影响。总体来说，陈景元对《老》《庄》的注解有着共同的思想主旨，可以相互印证与发明，故在这里合而论之。

1. 以理释道与"理"范畴之提升

老子之道，玄妙难识，历代学者从不同的角度、运用各种各样的概念对其进行诠释，由此形成了老学思想中最有价值与特色的内容。从陈景元《道德真经藏室纂微篇》以及残存的《庄子》注来看，他对老庄之道的诠释也有自己的特点，其中明显的一点是以理释道，赋予了"理"这一范畴丰富的内涵，其抽象性与广泛性几可与道等同起来了。

在陈景元的《老》《庄》之注中，理是一个十分常见的核心概念，很多时候理与道是同时或者相对应地出现的，如："乘天地之

---

① 蒙文通：《古学甄微》，巴蜀书社 1987 年版，第 374—375 页。

② 陈景元的《老子》注名为《道德真经藏室纂微篇》，今存；《庄子》注已散佚，但褚伯秀《南华真经义海纂微》保存了其中的部分注文，共计 5 万余字。

③ 蒙文通先生认为，与周敦颐、邵雍、刘牧三人相比，"求抟之学，碧虚尚视三家为更得其真耶！"（《古学甄微》第 373 页）

诚，体道也；不与物相撄，顺理也。"① "斋心问道，则虚而往；悟理而反，则实而归。无形而心成，介兀而德充也。"② "唯妙道至理，不涉思议，气来则生，气散则死，方生复死，方死复生，可谓近矣，而理不可睹，在于冥悟而已。"③ 由于理概念的引入，老庄的道论获得了更加清晰的阐述。如《老子》第四章"道冲而用之，或不盈，渊兮似万物之宗"之注："冲虚之道，不亏不盈，体性凝湛，深不可测，故谓之渊也。夫不测之理，非有非无，难以定名，故寄言似也。"④ 此注的前半部分是直接释义，后半部分则是陈景元的发挥，"不测之理"即指"冲虚之道"，理与道具有相同的意思。再看对《庄子》中"道枢"一词的释语："若乃道之枢，则以理转物，虽天地之大、万物之多，无有能对道枢之妙者矣。"⑤ 用"以理转物"解释"道枢"，很精辟。又如"天均"的解释："万物异种，理自相代，有形化无形，无形生有形，有情交无情，无情变有情，始不见首，卒不见后，循环莫测，故曰天均。"⑥ 天均指天地之间万物循环往复的各种变化，但万物之间不管如何嬗变，都是"理自相代"，一切都离不开理的制约，必须以理为基础。在陈景元的注解中，理是离道最近的概念，所以"道理"连称："化化不停，交臂已失。世之求是者，非求道理也，求侔于我者也。"⑦ "拣炼物之精粗，以扶天下之道理。用法虽非善，犹愈于无法；无法，则道理不立，乱莫甚焉。"⑧

陈景元所论之理，与道一样具有本体的含义，如《庚桑楚》篇中的一条注文："有无皆不免涉迹，故寄至无妙有之理而混为一无有。圣人藏乎是，与造化俱也。"理含"至无妙有"，超越形迹，这

① 褚伯秀：《南华真经义海纂微》，《道藏》第 15 册，文物出版社、上海书店出版社、天津古籍出版社 1988 年版，第 567 页。
② 褚伯秀：《南华真经义海纂微》，《道藏》第 15 册，第 251 页。
③ 褚伯秀：《南华真经义海纂微》，《道藏》第 15 册，第 595 页。
④ 陈景元：《道德真经藏室纂微篇》，《老子集成》第二卷，第 582 页。
⑤ 褚伯秀：《南华真经义海纂微》，《道藏》第 15 册，第 470 页。
⑥ 褚伯秀：《南华真经义海纂微》，《道藏》第 15 册，第 614 页。
⑦ 褚伯秀：《南华真经义海纂微》，《道藏》第 15 册，第 588 页。
⑧ 褚伯秀：《南华真经义海纂微》，《道藏》第 15 册，第 676 页。

样的意义只有道可以与之相当。本体性的理，陈景元又称之为"无极之理"，如《齐物论》注："以无尽之物、无极之理，寄诸无尽、无极而已矣。"或"不生不死之理"，如《至乐》注："予未尝死也，其生果欢乐乎？汝未尝生也，其死果颐养乎？此欲极其不生不死之理也。"或"自然之理"，如《天下》注："若乃宗自然之理，本不德之功，行虚通之途，逃神妙之机，斯乃治世圣人居域中之大，统上三名者也。"或称为"至理"："夫至理湛然而常存，故谓之有物。真道万况而莫分，故谓之混成。然混成不可得而知，万物由之以生，故曰有物混成也。"① 或称为"真理"："复于道朴，则浑沦宵冥，视听无碍，此乃体冥真理也。"② 或称为"常理"："保其常理，安之于命，不以得丧动其怀，是能久矣。"③ 更多的时候，则是称之为"妙理"：

> 夫道杳然难言，故视听不能闻见，何物之可谓邪。今言物者，盖因强名以究妙理也。④
> 至人超然生死，妙理昭明，岂有芒昧者乎？⑤
> 妙理冲默，至德冥深，同乎大顺之道矣。⑥
> 时命而饭牛，人必观其行；事父母而忘生，众必察其孝。急于人用者，学未至；悠然自得者，艺必精。粗迹尚尔，况妙理乎？⑦

无论是"妙理"，还是"常理""真理""至理""自然之理"等等，实际上都是道的代名词，指本体之道。

---

① 陈景元：《道德真经藏室纂微篇》，《老子集成》第二卷，第 602 页。
② 陈景元：《道德真经藏室纂微篇》，《老子集成》第二卷，第 606 页。
③ 陈景元：《道德真经藏室纂微篇》，《老子集成》第二卷，第 610 页。
④ 陈景元：《道德真经藏室纂微篇》，《老子集成》第二卷，第 599 页。
⑤ 褚伯秀：《南华真经义海纂微》，《道藏》第 15 册，第 196 页。
⑥ 褚伯秀：《南华真经义海纂微》，《道藏》第 15 册，第 372 页。
⑦ 褚伯秀：《南华真经义海纂微》，《道藏》第 15 册，第 500 页。

本体之理有时又与事概念一起使用，所谓"理犹实也，事犹文也"①；"其封其言，理有实际，故谓之德。六合之外，圣人不论，理存则事遣也。六合之内，圣人不议，事当则言忘也"②。理指本质，事指现象。有的时候"事理"连称，指现象与本质的相对关系。如曰："若事理双明，体用冥一，不役智外照而守慧内映，复嗜欲之未萌，而归子母之元，故无自与之殃，是谓密用常道也。"③ 又如《则阳》篇注："有无皆贯，事理兼明，为言而足；言而足，则道无遗矣。有无偏执，事理互陈，为言不足；言不足，则物无逃矣。"只要事理双明、兼明，即为对道的正确运用与领悟，而事理可以双明，亦即现象与本质是能够相互圆融与统一的。

至于规律与属性的层面，这是理的基本意义，陈景元也是常常提到的。如《齐物论》注："非道行之则败，败则孰谓之然。凡顺理则然于然，无物不然也，逆理则不然于不然，无物然也。若诣理全当，则无不然、无不可而自然冥会也。"一切事物的发展，都必须顺理而行，顺其自然，逆理则只能事与愿违，这就是道的法则。不过，陈景元有别于一般的用法，他将理与心性论结合起来，如《德充符》注："灵府既虚，自然和理，闲豫通达，不滞常有，兑悦之怀，虚妙之心，未尝间断也。春气茂养，同圣贤育物之心。水停之盛，为大匠之所取法。德在内则成身，施于外则和物。成和之理，非修莫就也。"《天道》注："心休则事虚，事虚则理恶，理恶则性静，性静则动不妄矣。"显然，陈景元试图论证心、性、理之间的一致性，这是他的新认识。

更值得注意的，是陈景元对天理概念的广泛使用。"天理"一词，见于《庄子·养生主》之"庖丁解牛"："依乎天理……因其固然。"这里的天理亦即固然，指牛本来的结构，并不是一个与道对等的概念，但通过陈景元的阐发与提升，天理被赋予了丰富的哲学意

---

① 褚伯秀：《南华真经义海纂微》，《道藏》第 15 册，第 305 页。
② 褚伯秀：《南华真经义海纂微》，《道藏》第 15 册，第 208 页。
③ 陈景元：《道德真经藏室纂微篇》，《老子集成》第二卷，第 627 页。

义，获得了与道相提并论的价值。如《在宥》注云："道之虚无，不可谓守一而不易；天理自然，不可谓神妙而不为。"天理不但与道对举，而且与自然并称，显然成了一个关键性的范畴。再看几条注文：

> 依乎天理，自然冥会。①
>
> 不若舍陈迹而任自然，应天理而随物化，故三皇、五帝之礼义法度，不矜于同而矜于治，治则为法矣。②
>
> 所为者任己，所不为者契物。莫为利，反其自然而已；莫为名，顺其天理而已。③

自然是老庄思想中最重要的概念之一，是道之体，陈景元之注文中自然与天理同时出现，两者之间形成了对应与等同的关系。而且，天理既用来形容客观之自然，又可指社会的和谐状态与个人的自在状况。陈景元进而指出，违背天理也就是远离自然，没有自然亦无从谈天理。如《天地》注："彼且恃君人之势而慢天理，自尊贵其形而运知速，作法束物，周览众务，以一应万，逐物不息，何足以合自然。"这是从社会的层面来讲，统治者如果轻慢天理，自恃高位而为所欲为，便无法与自然之道相合。又《在宥》注云："有意变常则乱，任己役情则逆，既乱且逆，天理难成，故山林无静景，林薮少和气。"这是从个人角度来看，个体意念与性情的逆乱，必然会影响其对天理的体悟。

无为是老庄思想中另一个重要概念，可称之为道之用，陈景元同样引入天理进行阐发，如《大宗师》注："真人无为，自合天理，世人见其成功，则以为勤行者也。"天理即是无为之道，无为也即顺应天理，真人、圣人作为体道者无不效法，如云：

---

① 褚伯秀：《南华真经义海纂微》，《道藏》第 15 册，第 223 页。
② 褚伯秀：《南华真经义海纂微》，《道藏》第 15 册，第 416 页。
③ 褚伯秀：《南华真经义海纂微》，《道藏》第 15 册，第 638 页。

圣人蕴乎天理，鬼神莫睹其迹，有心有情则招折招怨矣。故以之治身，则和畅；治国，则太平。①

若规度前事，则悖于天理。是以圣人常保日新，期至则往。②

学者争教而相辩，无异井饮而相捽，皆胜心所使，唯有德者则不欲人知，又况为道者乎？遁天之刑，谓弃蔑天理而自就刑戮也。圣人安其鹤颈之长而不续凫颈之短，众人反此，故天理人事悖矣。③

老庄之无为并非消极无所作为，而是没有私心之为，不妄为，顺应自然地为，陈景元谓之天理。如果有私心则招来怨恨，妄为则反天理，违背自然则天理人事相悖，圣人明白这些道理，所以总是"顺天理则无丧失"④。最后陈景元总结说：

夫虚无恍惚，至道之根，淡泊寂寞，众妙之门，此万物之所生出也。人之所知出乎不知，因其不知而后知也。不明此者，岂不大疑乎？世事纠纷，日新其变，知与不知莫如止也。所知者人事，不知者天理；人事有为，是非莫逃；天理无为，安逃哉？⑤

注文从知与不知的角度阐述有为无为之间的关系，所知者万物与人事，不知者道与天理，有为与无为的关系即是万物与道、人事与天理的关系，人事有为，天理则无为。陈景元既论天理自然，又述天理无为，可以说是涵盖了道之体用两个方面。

作为道教学者的陈景元，在诠释《老》《庄》时阐发修身养生之

---

① 褚伯秀：《南华真经义海纂微》，《道藏》第 15 册，第 470 页。
② 褚伯秀：《南华真经义海纂微》，《道藏》第 15 册，第 495 页。
③ 褚伯秀：《南华真经义海纂微》，《道藏》第 15 册，第 652 页。
④ 褚伯秀：《南华真经义海纂微》，《道藏》第 15 册，第 552 页。
⑤ 褚伯秀：《南华真经义海纂微》，《道藏》第 15 册，第 588 页。

道，也是其应有之旨，在阐述的时候，他同样屡屡使用天理这一概念。如《刻意》注："循天理而不欺，忘物累而不骄。人非既无，鬼责何有？生浮死休，任理直性，含光藏辉，大信不约，觉梦自得，神魂不疲，虚无恬惔，乃合天德。"循天理而忘物累，这是阐明养生的基本原则。至于具体的修炼，同样要顺应天理："形劳精用，越分而伤性故也。水性不杂则清，莫动则平，身中真水亦如之，若纯粹静一，动合天理，虽不炼形而神已王矣。利剑，外物，尚知珍贵，精神摇荡而不收，得不谓之倒置乎？善摄御者可侔造化，善养素者守保神气，故能混合冥一，通乎天理矣。"① 强调在修炼中保持心性为先、心虚性静，这样才能合于天理。

以理释道，是唐代重玄学者诠释《老》《庄》的特点之一，这在成玄英、李荣、杜光庭的老学著作里都有体现，如成玄英说："知道之士，达于妙理。"② 又云："理既常道不可道，教亦可名非常名。"③ 李荣说："道者，虚极之理也。"④ 杜光庭说："理为道者，悟说正性为体。教为德者，悟说正经为体。"⑤ 陈抟学派在唐宋思想发展史上居于承前启后的地位，其在学术上有继承重玄学的一面，如陈景元在《道德真经藏室纂微篇·开题》中明确提出了其注《老》之宗旨："此经以重玄为宗，自然为体，道德为用，其要在乎治身治国。"由此可见，陈景元的老庄学思想与唐代重玄学是一脉相承的。⑥ 当然，相对于唐代成玄英等道教学者来说，他对理、天理概念的阐述更加系统，所赋予的内涵更为丰富，使之成为可以与道等同的哲学范畴。笔者指出这一点是为了说明，如果寻绎二程理学特别是其天理论的思想渊源时，陈景元的老庄学显然是有理论贡献的。

---

① 褚伯秀：《南华真经义海纂微》，《道藏》第 15 册，第 430 页。
② 成玄英：《老子道德经开题序诀义疏》，《老子集成》第一卷，第 316 页。
③ 成玄英：《老子道德经开题序诀义疏》，《老子集成》第一卷，第 298 页。
④ 李荣：《道德真经注》，《老子集成》第一卷，第 350 页。
⑤ 杜光庭：《道德真经广圣义》，《老子集成》第二卷，第 33 页。
⑥ 关于此点，笔者在《陈抟学派与重玄余绪》（《宗教学研究》2004 年第 3 期）一文中有所论述。

2. 以气论性及对二程人性论的启示

陈景元老庄学思想的另一贡献是以气论性。在诠释《老》《庄》的过程中，陈景元对气这一概念也十分重视，他不仅以理释道，也以气论道。以清、浊、和三气解老子宇宙生产模式中的"道生一，一生二，二生三"，这是自严遵、河上公以来老学史上的经典解释，陈景元是其继承者。不过，他对气的阐释，内容更为丰富，如认为气不仅有清浊之分，还有正邪之别，如《德充符》注："植物产乎地，得地气之正者松柏。动物育乎天，得天气之正者圣人。"气还关系到社会治理，如《山木》注："神人无功，其功归民；圣人无名，其名归臣。道气流布，何尝彰显，至人所居，得行其道而民不见其迹也。"由于道气流布，至人、圣人无待无为，民随之安顺。气与伦理道德也有联系，如《骈姆》注："夫五行均则五常无偏，乃道德之正；今多于仁义，是五藏之气禀受必有少之者，故非道德之正也。"仁义的虚伪，是五藏之气禀受不够造成的。

陈景元论气的范围很大，不过他的一个突出贡献是把气论运用到人性论的领域，以禀气之清浊来解释人性的善恶，为传统的人性论增加了新的内容。其要点表现在以下四个方面：

其一，人性出于一气。《知北游》注云："神奇者，性；臭腐者，形。万类皆以性存为美，性坏为恶，性之化为形，形之复乎性，不出一气耳，得一万事毕，孰不贵之哉？夫有无之利用，粗妙之相须也。"万物本性的存在以及由此呈现出来的各种形态，都是气的转化与作用，人性也不例外，如《齐物论》注云："周、蝶之性，妙有之一气也。昔为胡蝶，乃周之梦，今复为周，岂非蝶之梦哉？周、蝶之分虽异，妙有之气一也。"庄周与蝴蝶之性，都是一气之流转，所以才有庄周梦蝶与"物化"的出现。

其二，人身之气有清浊之分。陈景元在《天地》篇注中指出："灵光之物，卓然而生谓之德。气降未兆，清浊已分，所禀无有间断谓之命。"人禀气而生，且气在先天已分清浊，不过，每一个人禀气的过程，所禀清气、浊气之多寡，则是各不相同的，由此有了彼此后天命运的差别。陈景元继续在《天运》注说："清妙之气，无时不运，重浊之形，未尝不止。水火之精，互为升降。有主张纲维之者，则劳矣；有机缄运转之者，则弊矣。雨从云以施化，故雨出于地；云凭气而交合，故云出于天。人身清浊之气，亦犹是也。是知云不为雨，雨不为云，相济之理，暗与事冥。"清浊之气在天地间升降运转，于是出现了云行雨施之类各种自然变化，人身体中清浊之气的运转道理，与之相同。清气与浊气不同，犹如水火、云雨有别；清气与浊气之间又可以互相转化，其"相济之理，暗与事冥"。

其三，人性之善恶由人身所禀清浊之气决定。陈景元指出：

> 夫圣人禀气纯粹，天性高明，内怀真知，万事自悟，虽能通知而不以知自矜，是德之上也。中下之士，受气昏浊，属性刚强，内多机智，而事夸大，实不知道而强辩，饰说以为知之，是德之病也。①

这条注文说得很清楚，人性的高低善恶，是由每个人"禀气"不同决定的。气有纯粹、昏浊的区别，人性便也有真善、邪恶的区分。这一解释体现出陈景元在人性论问题上的重要见解。

其四，人性可以改恶趋善。陈景元指出，人的品性并非不可改变，善恶之间没有绝对鸿沟，但是理想的情况当然是天下之人皆为善。他说："夫百姓有好善之心者，圣人不违其性，应之以善。其性本善者，圣人固以上善辅之，使必成其善。苟有不善之心，圣人亦以善待之，感上善之德，而自迁其心为善矣，则天下无有不善者。"②基于人性可变的认识，陈景元提出了"复性"的理论。他说："能体道渊静，释缚解纷，湛尔澄清，以复其性。"又言："夫人常体大道之微，守清静之要，复性命之极，不为外物所诱，则志意虚澹，可

---

① 陈景元：《道德真经藏室纂微篇》，《老子集成》第二卷，第 644 页。
② 陈景元：《道德真经藏室纂微篇》，《老子集成》第二卷，第 625 页。

以观道之要妙，造微之至极。"① 复性的实质即是体虚静之道。被外界欲利所诱而失其真性的人，如果在道的引导下，则仍然可以改变："合乎有为，归乎无欲。去造作之甚者，复于自然；去服玩之奢者，复于纯俭；去情欲之泰者，复于清静。"②

现在再来看二程的人性论，在有关天命之性与气质之性的理论中，其关键是将性与气结合起来，形成了气质之性的命题。二程将人性两分以后，较好地回答了人性善恶起源的问题。天命之性决定了人的本性是至善无疵的，但又何来善恶之别呢？那是因为有气质之性的存在，气有清浊，故人亦有善不善了。朱熹认为二程的天命之性与气质之性一经提出，便接住了孟子性善论的话头，使之首尾圆备，尤其是关于气质之性的理论，填补了孟子人性论的空白，并使之达到了新的理论高度："孟子未尝说气质之性。程子论性所以有功于名教者，以其发明气质之性也。以气质论，则凡言性不同者，皆冰释矣。"③ 朱熹认为二程提出气质之性来，解决了长期以来关于人性善恶原因的争端，是一件"极有功于圣门"的事情。至于气质之性的理论来源按照传统的观点，一般认为二程的人性论思想乃受到了张载的影响，故朱熹张、程并称，云：

> 道夫问："气质之说，始于何人？"曰："此起于张、程。某以为极有功于圣门，有补于后学，读之使人深有感于张、程，前此未曾有人说到此。"④

张、程并称，说明他们对气质之性的看法是一致的。张载把人性分为天地之性与气质之性，并用"气禀"的说法来解释气质之性的产生以及人性善恶不同的原因。应该说，二程与张载的人性论是相通的。这里，朱熹把气质之性的发明权划归给了张载与二程，而对气

---

① 陈景元：《道德真经藏室纂微篇》，《老子集成》第二卷，第579页。
② 陈景元：《道德真经藏室纂微篇》，《老子集成》第二卷，第607页。
③ 《朱子语类》卷四，第70页。
④ 《朱子语类》卷四，第70页。

质之性的思想渊源，朱熹又有以下推论：

> 退之说性，只将仁义礼智来说，便是识见高处。……但未尝明说着"气"字。惟周子《太极图》却有气质底意思。程子之论，又自《太极图》中见出来也。①

> 须如此兼性与气说，方尽此论。盖自濂溪《太极》言阴阳、五行有不齐处，二程因其说推出气质之性来。使程子生在周子之前，未必能发明到此。②

尽管朱熹认为是张载与二程发明了气质之性，但他指出在张、程之前也是存在一个思想源头的，那就是周敦颐之学，即"近世被濂溪拈掇出来，而横渠二程始有'气质之性'之说"③。我们知道，周敦颐思想深受道家的影响，特别是陈抟的影响，这已为学术界肯定，"周敦颐的《太极图》不是他的创造，而是传自陈抟"④。当然，朱熹出于门户之见，没有将气质之性的思想源头再往前推。

气质之性的关键在于一个"气"字，其最大特点则是以气禀论性，显然，这并不是儒家本来的传统。那么，气禀之说到底从何而来呢？日本学者土田健次郎曾指出，程颐把天地之气与人之气联系起来，有着道教的色彩，他说："在气的方面，则就必须要考虑到与道教的关系。道教对于道学的影响，历来多被议论；而在二程的气中所见的道教色彩，可作为思考这一问题的一条线索。"⑤ 这是很有启发的观点，如果我们更加细致一点，从老学的角度来寻找，答案就十分清楚了。

实际上，用气来解释人和天地万物的产生，是道家固有的思想，

---

① 《朱子语类》卷一三七，第 3272 页。
② 《朱子语类》卷五九，第 1386 页。
③ 《朱子语类》卷五九，第 1386 页。
④ 侯外庐、邱汉生、张岂之：《宋明理学史》上册，人民出版社 1997 年版，第 58 页。
⑤ 小野泽精一等著，李庆译：《气的思想：中国自然观与人的观念的发展》，上海人民出版社 1990 年版，第 419 页。

这一点从老庄即已开始，如《老子》第四十二章曰："万物负阴而抱阳，冲气以为和。"《庄子·知北游》曰："人之生，气之聚也，聚则为生，散则为死。……故曰：通天下一气耳。"而气禀的概念最早提出，是在韩非子的《解老》篇中："死生气禀焉。"这是用气禀来说明生死的更替。《文子》则已用气的明暗来区分人的贤愚，其曰："清气为天，浊气为地，和气为人。于和气之间，有明有暗，故有贤有愚。"但明确地将气禀的概念引入人性论，则大致始于唐末道士杜光庭。他在《道德真经广圣义》中注《老子》"不尚贤"章说：

> 人之生也，禀天地之灵，得清明冲朗之气为圣为贤，得浊滞烦昧之气为愚为贱。圣贤则神智广博，愚昧则性识昏蒙，由是有性分之不同也。

可见，每个人"性分之不同"，是由于所得之气不同造成的，得清气者为贤圣，得浊气者为愚贱。当然，杜光庭的论述尚较简单，但到北宋高道陈景元的老学中，则显得相当成熟而圆备了。陈景元在继承唐代重玄学理论资源的基础上，将以气论性的思想加以了进一步丰富，这也正是二程气质之性的重要思想来源。

3. 援儒入道与理学宗旨

儒道之间可以相融相济，这基本上是唐宋以来思想界的一种共识，但陈景元对儒家思想的融摄有其深入之处，他不是将儒道两家简单地等同起来，而是从道的高度论证儒家伦理道德的合理性。

首先，陈景元把仁义礼智纳入到道的范围。按照陈景元的解释，道可以分为常道与可道，如《知北游》注："不知深矣内矣，是无名常道，理之妙也；知之浅矣外矣，是有名可道，事之徼也。"注文把道划分为两个层面，位于深层的是常道，它是不可以心思言议去探求的，是"理之妙"，是本体之道；位于外层的是可道，它是可知的，能够用言来表达，因而有名，是"事之徼"。根据这一划分标准，儒家的伦理道德则属于可道的范围，即："仁、义、礼、智、信，皆道之用。用则谓之可道。"① 又如《田子方》注："心契常道，则目击而妙存，其可道者，礼义容声而已矣。"陈景元认为，仁义礼智之类的伦理道德属于可道的范围，不过，可道虽与常道有别，但也同属于道，是道的不同层面，它们"同出而异名"。把仁义礼智这些儒家的纲常名教纳入到可道之中，这是陈景元对老庄之道的重要发挥。从对道的践履来说，仁义礼智则是道之用。"行仁义者，可至于盛德，故谓之有志。""夫道德仁义礼，五者之体，不可致诘，故混而为一。一既分矣，五事彰而迹状著，故随世而施设也。"② 仁义道德是维护社会发展所不可缺少的，它们"随世而施设"，具有各自的作用，这也就是《缮性》注所言"上仁与德同，以含容为本；上义与道同，以通理为原；处中和而不淫者，乐也；整容貌而中节者，礼也。礼以应物，乐以正性。"而对修道的主体而言，道之体用亦即常道与可道应该是有机统一的："君子以无为自然为心，道德仁义为用。"③ 可以看出，通过对常道与可道的诠释，陈景元既坚持了道家本位的立场，又巧妙说明了儒家伦理纲常的合理性。

其次，强调儒学主导下社会秩序与等级秩序的合理性。陈景元指出，从自然界到人类社会，都存在着一定的秩序，如《则阳》注："事有安危祸福缓急聚散之不同，而相易相生，相摩相成之不一。外有名称可纪，内有精微可志，自天地至于万物，皆随次序而相理相使。"天地万物之间的秩序，体现出世界的统一性，这是由道决定的，所以"物虽众多，群分自正"。这一原则同样适用于人类社会，如《缮性》注："君子百官以仁义礼乐治天下，熏然慈和，惠及万物，立法以定职分，授名以表性行，观操以验才能，稽考以决黜陟。"肯定儒家的仁义礼乐是维护社会秩序的重要手段，这也是道的体现，即道之用。陈景元进一步指出，儒学之用需要以道为体，即一切对社会秩序的规范都应该出之自然，如《至乐》注云："受命自

<hr>

① 陈景元：《道德真经藏室纂微篇》，《老子集成》第二卷，第 578 页。
② 陈景元：《道德真经藏室纂微篇》，《老子集成》第二卷，第 614 页。
③ 陈景元：《道德真经藏室纂微篇》，《老子集成》第二卷，第 608 页。

然，不可劝成，其犹小囊，讵能容大？禀质定分，不可迁适，其犹短绠，讵能引深？海鸟之惊《九韶》，犹齐侯之惑皇道也。人有贤愚，故莫能一；事有古今，故莫能同。名实不越，则有条而不塞；义理适用，则祸去而不危矣。"事物都有各自的品性，人也有自己的特质，只有"名实不越"，顺理而行，社会才能有序。陈景元还认为，既然每个人贤愚有别，才性各异，那么"禀质定分，不可迁适"，人人都应该安于自己的"质"和"分"："名分既立，尊卑是陈，不可越于上下。"① 这显然是对儒家等级制度的肯定，类似的论述还很多，如《天运》注："行以礼义，上下不越也。"《天道》注："君臣定位，不相凌越，则天下治矣。"

为什么儒家倡导的这种等级制度必须遵守呢？这是因为其中蕴含有道理，如《知北游》注："植物无情，犹具阴阳之理；人品不易，莫越先后之序。圣人事至则应，既往则忘，而欲兴事务者，未尝不以调和为德，应偶为道也。"圣人无为而治天下，但仍然会采取必要的措施调适社会的各个方面，包括对先后上下的等级制度的维护，陈景元认为，这一切都是合乎道的。所以对于个体来说，就应该恪守自己的不同名分，如《至乐》注："自守分内，性真不移。"《齐物论》注："不越分求知，以戕自然之性。"《达生》注："不越法度。"

需要重视的是，在陈景元的论述中，他不仅认为儒学的伦理秩序合乎道理，而且将其称为"天理"，其曰："无为者，谓不越其性分也。性分不越则天理自全，全则所为皆无为也。"② 此注虽是解释老子的无为，实际上则是"六经注我"了，是陈景元自己思想的表达。"性分"之"性"乃指现实中每个人禀气而具的品性，"分"为名分、职分之意，性分的意思就是由品性所决定的社会位置。既然气分清浊，性有善恶，则人在社会里自然处于不同等级秩序之中，安于性分，就是要安于个体所处的社会地位，安于既定的等级秩序。

---

① 陈景元：《道德真经藏室纂微篇》，《老子集成》第二卷，第 609 页。
② 陈景元：《道德真经藏室纂微篇》，《老子集成》第二卷，第 582 页。

既然大家都得安于性分，那么圣人的责任就是想办法保持这种"天之所受"的客观现实秩序，所以陈景元又说："夫圣人体合自然，心冥至一，故能刍狗万物，为而不恃，因人贤愚，就之职分，使人性全形完，各得其用，故无弃人。又能随其动植，任其材器，使方圆曲直，不损天理。"① 不难看出，这种不越性分、各得其所的主张，与儒家伦理具有很大的一致性，而陈景元称之为"天理"，这是对儒家道德合理性的极大肯定。再看《天道》篇的注文：

> 本，谓理。末，谓事。理在简要，君道也；事在详备，臣职也。本末虽异，须待精神冥运，心术发用，先循理本，然后事末以表之。先后之序随物生焉，然非圣人不能法象，以序立教，以道为主。法度立而利害随之，用贵贱之位而赏知罚愚，因才能之分而徇名求实。……刑名以天理道德为本，赏罚以刑仪名器为始。专任赏罚，岂非倒道乎？语失次序，岂非近说乎？刑名赏罚，治之具；妙用次序，治之道。迹所以为天下用，理可以用天下也。②

注文用"理事""本末"范畴解释君臣关系，进一步强调"以序立教"的重要意义，并提出"刑名以天理道德为本"的命题，明确肯定"天理道德"为本体概念，刑名赏罚等社会人事都必须服从天理的安排。陈景元继而在《秋水》注中指出："是以有德者内守天理，外修人事，然后位业可得，而进退出处在我，可以反要妙而语极致也。"遵守天理，即可"妙用秩序"，进退自如，治理天下也就不在话下了。

我们知道，为儒家的伦理道德寻找本体论根据，以此说明伦理道德的来源与存在的合理性，这是理学的基本宗旨。二程的名言如

---

① 陈景元：《道德真经藏室纂微篇》，《老子集成》第二卷，第 604—605 页。
② 陈景元：《庄子杂篇·天道注》，《道书辑校十种》，巴蜀书社 2001 年版，第 1020 页。

"上下之分，尊卑义，理之当也，礼之本也，常履之道也"①，"父子君臣，天下之定理，无所逃于天地之间"②，等等，都是把上下尊卑之等级名分冠以"天理"之名，从而使其获得一种客观普遍的意义。类似的表达在陈景元那里也能见到，前面引述陈氏所言"名分既立，尊卑是陈，不可越于上下"，"性分不变，则天理自全"，无论从思想内容，还是到措辞用字，都与二程并无太大区别。由此不难看出，二程的道德论与陈景元老庄学也存在着密切的关联。

4. 影响何以成为可能

由于二程与陈景元基本上是处于同一时期的学者，从他们基本思想的相似性来说，却只能是二程受到陈景元的影响，而不是二程影响陈景元或他们之间相互影响，理由有以下几点：

其一，陈景元的老庄学出自本派师承以及自己的创造性诠释。据《历世真仙体道通鉴》卷之四十九记载："道士陈景元，字太虚，师号真靖，自称碧虚子，建昌南城人。师高邮道士韩知止，已而别其师，游天台山，遇鸿濛先生张无梦，授秘术。自幼读书，至老不倦。凡道书，皆手自校写，积日穷年。"陈景元从韩知止度为道士，十八岁时负笈游名山，抵天台山，阅《三洞经》，在那里遇见了高道鸿濛子张无梦，并成为其弟子，"得老庄微旨"③。而张无梦素好老庄，入华山，"事陈希夷先生，无梦多得微旨"④。由此可见，从陈抟至张无梦，再由张无梦至陈景元，学术传承十分清楚，所以蒙文通先生指出，"希夷、鸿濛、碧虚，皆怀博通浩翰之学，而察理渊微"⑤，他们的思想旨趣正是"唐代道家重玄余绪而显于宋者"⑥。陈景元在写《道德真经藏室纂微篇》时明确指出其老学旨趣是"参以

---

① 程颐：《周易程氏传》卷一，《二程集》，第 749 页。
② 程颢、程颐：《河南程氏遗书》卷五，《二程集》，第 77 页。
③ 薛致玄：《道德真经藏室纂微开题科文疏》，《老子集成》第五卷，第 546 页。
④ 彭耜：《道德真经集注杂说》，《老子集成》第四卷，第 700 页。
⑤ 蒙文通：《古学甄微》，第 375 页。
⑥ 蒙文通：《古学甄微》，第 356 页。

师传之秘"，其《南华真经章句音义序》则云："仆自总角，好诵是经，非事趣时，破卷而已。斯乃道家之业务，在长生久视，毁誉两忘，而自信于道矣，岂与有待者同日而论哉？"陈景元认为，与一般世俗之人不同，阅读与钻研《庄子》不仅是出于他的兴趣，而且是他这位道教学者应当担负的责任。因此，他注解《老》《庄》时，便在继承师传的基础上再加以进一步的发挥。

其二，陈景元在当时产生了很大的学术影响。陈景元被时人誉为兼具司马承祯之坐忘、吴筠之文章和杜光庭之扶教，是一位杰出的道教学者，且治学极其严谨。他在《上清大洞真经玉诀音义叙》中自称："欲诵洞经，讵敢开韫，于是澡雪身心，静务恭洁，广求古本，先自考详，沉默披寻，反复研构，一句一字，未尝越略。"陈景元一句一字的钻研精神，也体现在对《庄子》的研究上。他在《南华真经章句音义序》称："《庄子》三十三篇，六万五千九百二十三字……复将中太一宫《宝文统录》内有《庄子》数本及笈中手钞诸家同异，校得国子监景德四年印本，不同共三百四十九字，仍按所出，别疏《阙误》一卷，以辨疑谬。"他这种一字不漏的严谨精神，再加上富有创造性的思想见解，使他的老庄学受到社会的极大欢迎。"初游京师，居醴泉观，众请开讲。宋神宗闻其名，诏即其地设普天大醮，命撰青词以进。既奏，称善得旨，赐对天章阁，遂得今师名。又改章服，累迁左右街副道录。"熙宁以前，陈景元即已在京师宣讲《道德》《南华》二经，听者络绎不绝，"于时公卿大夫无不欲争识者"，后来引起了宋神宗的重视而屡被封敕。当陈景元受到神宗赏识，将《道德真经藏室纂微篇》上进，神宗即批示曰："陈景元所进经，剖玄析微，贯穿百氏，厥旨详备，诚可取也。其在辈流，宜为奖论。"[①] 对陈注给予了高度的评价。陈注本身有见，加上皇帝的赞许，其影响在社会迅速扩大，正如后来学者描述所言："碧虚子陈君景元，师事天台山鸿濛子张无梦，得老氏心印，有《道德经藏室纂微篇》。盖摭诸家注疏之精华，而参以师传之秘，文义该赡，道物兼

---

① 薛致玄：《道德真经藏室纂微开题科文疏》，《老子集成》第五卷，第547页。

明，发挥清静之宗，丕赞圣神之化。熙宁中召对便殿，因进所著，睿眷殊渥，宣附《道藏》，镇诸名山，四海学徒，典刑是赖。"① 以后声名愈显，"羽服中一时之荣，鲜有其比……自大丞相吴奎、左相蒲宗孟、翰林学士王歧公而下，一时宗工巨儒洎贤士大夫以篇什唱酬迭遗者甚多"②。据记载：

> 所居以道儒医书，各为斋馆而区别之，四方学者果从其游，则随所类斋馆相与校雠，于是人人得尽其学。所役二奴，曰黄精、枸杞，驯而不狡，真有道之役也。大臣王安石、王珪喜与之游。初归庐山，与安石别，安石问其乞归之意，景元云：本野人，而今为官身，有吏责，触事遇嫌猜，不若归庐山为佳。安石韵其语，书几间，曰："官身有吏责，触事遇嫌猜。野性难堪此，庐山归去来。"复书其后云：真靖自言如此。③

陈景元在京师不遗余力地传播平生所学，重点当然是其老庄之学，与之交游者大有收获。后来，身为道官的陈景元有归隐庐山之意，王安石颇为关心，并题诗相赠。尽管这首名为《代陈景元书于太一宫道院壁》的诗作可能仅是王安石代言，但仍然可见他与陈景元之间的密切关系。翰林学士、尚书左仆射兼门下侍郎王珪与陈景元交游也很多，他曾作《题道录陈景元中太乙宫种玉轩》："一住仙祠绝世尘，庭前种玉已嶙峋。朝昏龙虎常听法，左右琼瑶自逼人。翠凤有时翻瑞形，银蟾通夕堕清津。黄金络马何年醉，得去同游几洞春。"司马光同样与陈景元有交往，作《赠道士陈景元酒》："篱根委馀菊，阶角年残叶。清言久不怡，何以慰疲苶。朋樽涵太和，高兴雅所惬。谁云居室远，风味自可接。"到了陈景元的晚年，天文学家、右仆射苏颂则感叹道："真靖当以所业授门弟子，不尔，则恐

---

① 杨仲庚序，见陈景元：《道德真经藏室纂微篇》，《老子集成》第二卷，第 577 页。
② 薛致玄：《道德真经藏室纂微开题科文疏》，《老子集成》第五卷，第 547 页。
③ 赵道一：《历世真仙体道通鉴》，《道藏》第 5 册，第 381 页。

陶、葛之学不传于来世。"王安石、司马光、王珪、苏颂等显赫人物
与陈景元的交游，一方面可能出自好道的雅兴，但更大程度上还是
由于对其思想学术的认可。

其三，从年龄以及学术思想的形成时间来看，陈景元都早于二
程。陈景元生于宋仁宗天圣二年（1024 年），比二程大将近十岁，
当他三十一岁（1055 年）撰成《道德真经藏室纂微篇》时，① 二程
尚是二十刚出头的年轻人，学术上还没有独创性的见解，据漆侠先
生的研究，他们的洛学到熙宁元丰之间才得以形成。② 那时，陈景元
的老庄之学早已为人熟知而大行于天下了。而与陈景元交往的王安
石、司马光、王珪都年长二程兄弟十岁以上，由此也可知陈景元辈
分比二程要高。二程为学，与其他理学家一样有出入释、老的经历，
那么流风所及，他们直接受到陈景元老庄学思想的影响，应该是十
分自然的事。当然，还有另外一种可能，那就是二程从周敦颐受学
时，乃通过周氏而受陈景元老学的影响。《周子年谱》记载："左丞
蒲公宗孟，阆中人，太常丞蒲师道之子也。从蜀江道于合，初见先
生，相与款语，连三日夜，退而叹曰：'世有斯人欤？'乃议以其妹
归之，是为先生继室。"周敦颐娶蒲宗孟之妹为妻，而陈景元与蒲宗
孟关系密切，是故陈、周、蒲三人之间多所唱酬，陈景元的老庄学，
周敦颐也应是十分熟悉的。③

朱熹论及二程理学的思想渊源时，是承认道家的理论贡献的，
如他说："至妙之理，有生生之意焉，程子所取老氏之说也。"④ 说明
二程建构其理学体系时，从老子那里吸收了有关思想学说，这当然
不错。但这个"老氏"应该从广义上理解，包括老庄、老庄学，尤

---

① 元代刘惟永《道德真经集义大旨》卷上云："陈碧虚，讳景元，号碧虚子，乙未造
　　解。"乙未即宋仁宗至和二年（1055 年）。
② 漆侠：《宋学的发展与演变》，载《文史哲》1995 年第 1 期。
③ 又如周敦颐的《太极图》或《无极图》亦可能是通过陈抟—张无梦—陈景元—蒲
　　宗孟这一线索传给他的。参卿希泰主编：《中国道教史》第二卷，四川人民出版社
　　1996 年版，第 689 页。
④ 《朱子语类》卷一二五，第 2995 页。

其是陈景元的老庄学。

二、宋元道教老学发展的特点

宋代是道教发展的又一繁荣阶段，宋太宗、真宗、徽宗都是历史上著名的崇道帝王，他们的重视，推动着道教继续向前发展。与此相应的是，宋代道教老学在隋唐道教老学的基础上，又出现了新的变化。隋唐时期，研究《老子》的道士数量在老学研究群体中占大多数，例如杜光庭《道德真经广圣义》序中所提及的唐代三十多种《老子》注本，大部分都出自道士之手。宋代则出现了研究者身份多样化的倾向，帝王将相、僧人道士都研习《老子》。尽管注释《老子》的道士在研究群体中所占的比例有所下降，但由于该时期高道辈出，使得老子研究保持着很高的水平，并形成了新的时代特色。

1. 对《老子》诠释的学理性进一步增强

道教人物解释《老子》，与一般人士不同，往往包含学理与宗教信仰或者说道与术的双重层面，这一点，宋元道教老学同样不例外。但是，比较而言，宋代的道教人物解《老》，其理论水平普遍较高，在诠释的过程中，往往更多注意其学理，注意对"道"的阐发，而对传统的"术"的层面持轻视的态度，前述陈景元可为代表，邵若愚、寇才质、范应元、董思靖、白玉蟾、彭耜、李道纯等道士诠解《老子》时，都表现出了同样的倾向。如南宋道士彭耜治《老》多年，深感历代关于《老子》的注释烦琐而矛盾迭兴，门户各异，使人无所适从。为了改变这一情况，他搜罗宋代有代表性的各家《老子》注，加以纂集整理，成《道德真经集注》，使之具有一个比较统一的主旨。"此经以自然为体，无为为用，治世出世之法，皆在焉。如我无为而民自化，我无欲而民自朴，此治世之法也。如生之徒十有三，死而不亡者寿，此出世之法也。若夫秦汉方术之士，所谓丹灶奇技，符箓小数，尽举而归之道家，此道之绪余土苴者耳"[①]。这

① 彭耜：《道德真经集注·序》，《老子集成》第四卷，第 541 页。

样的解《老》宗旨，有助于习《老》者从术数中解脱出来，更好地去思考老子之道所蕴含的哲理与智慧。

宋元道教老学一方面表现为对术数的疏离，另一方面则是对性命之学的重视。试举李嘉谋《道德真经义解》第三十六章注为例：

> 此圣人制心夺情之道。心之为物，出入无时，莫知其乡。欲以止止之，转止转动，圣人知其不可强止，固欲噏反张之，欲弱反强之，欲废反兴之，欲夺反与之。夫欲止动，以止止之，止不可得，必固反之。以动求止，自动观妄，动已而竭，妄废真还，自然归止，后虽欲动，动心不起。心既不起，止亦不生。此圣人噏心弱志、废情夺欲之道，微而难见，故曰是谓微明。此之微明，既柔且弱，而能胜天下刚强之欲，以其不离道母也。若离道母，则如鱼之脱于渊。鱼既不可脱于渊，则国之利器亦不可示人。以此示人，人示将有不信者矣。此篇世之解者不循其本，多以孙吴之兵说杂之，此《诗》《礼》之所以发冢也。①

《老子》该章多被解释为谋略之术或者用兵之道，李嘉谋却认为是道教回归自然的心性修炼，修道的关键也在于此："神不外出，旋元自归自然，子母不离，道与物一矣。古之至人，保其身而身存者，用此道也。"②

强调个人的修炼以自然为归依，反映出宋元道教学者对道教教义教理的新思考。正如李霖《道德真经取善集》的自序所言："犹龙上圣，当商末世，叹性命之烂漫，悯道德之衰微，著书九九篇，以明玄玄之妙。言不踰于五千，义实贯于三教。内则修心养命，外则治国安民，为群言之首，万物之宗。大无不该，细无不偏，其辞简，其义丰，洋洋乎大哉。自有书籍已来，未有如斯经之妙也。后之解者甚多，得其全者至寡。各随所见，互有得失，通性者造全神之妙

---

① 李嘉谋：《道德真经义解》，《老子集成》第三卷，第 637—638 页。
② 李嘉谋：《道德真经义解》，《老子集成》第三卷，第 643 页。

道，于命或有未至。达命者得养生之要诀，于性或有未尽。殊不知性命兼全，道德一致尔。"李霖用"性命兼全，道德一致"概括其解《老》宗旨，实际上也是当时道教教义的具体追求。应该说，这是道教一个带有时代普遍性的共识，而被全真道发扬光大。

由上可以看出，宋元道教老学重道轻术倾向的形成，一方面是受当时重义理学风的影响，另一方面则与道教教义教理的变化有关。

2. 重视老子的治世思想

宋元道教学者对老子思想的诠释，注意从现实政治的层面加以发挥，将理身与理国有机地结合起来。如陈景元在《道德真经藏室纂微篇·开题》中明确提出其注《老》之宗旨"其要在乎治身治国"。南宋道士吕知常将《道德经讲义》与《表》一起上进给宋孝宗，其《表》称："虽敬奉香火于晨昏之际，亦窃窥典册于洒扫之余，辄研乎八十一篇，妄缀以十余万字。中有物，中有象，皆发挥上古之真诠；我无欲，我无为，庶裨益圣朝之盛化。"又说："窃以道隐无名，德常不忒。曰希曰夷，而莫容致诘；乃真乃普，而务在兼修。始惩欲以开众妙之门，终显质以示不争之地。玄牝上下，呼吸天下之根；橐籥浮沉，升降阴阳之祖。以孝文君汉，传河上之全篇；洎魏征相唐，作嵩山之正义。载扬奥典，仰赖明时。恭惟皇帝陛下，味道之腴，游心于淡，大据域中之四，实持天地之三。善仁善信而善能，去甚去奢而去泰。圣人处以无事，百姓皆谓自然。治国若烹鲜，法戒滋彰之失；有道却走马，世凝清静之休。"① 吕知常以汉文帝得河上公之旨、魏征治国承老子清静之风为例，希望他上进的《道德经讲义》对宋孝宗有所启发，能够从中吸取无为而治的思想，用以治国安民。南宋道士董思靖同样主张黄老之术，认为《老子》"其于治身治人者，至矣。如用之，则太古之治可复也"。并引唐兵部员外郎李约所说，认为"太史公论大道，则先黄老而后六

---

① 吕知常：《道德经讲义》，《老子集成》第四卷，第 224、223 页。

经，不为无见也"。① 宋元之际著名道士杜道坚的老学则更加突出了黄老思想的主题。他的解《老》著作为《道德玄经原旨》和《玄经原旨发挥》，两书均强调老子思想的原旨就是"皇道帝德"。

总之，从陈景元、吕知常、董思靖到杜道坚，他们均注意从黄老的角度阐发老子的思想，这正是宋代尤其是北宋盛行的黄老思想在道教老学中的反映。

3. 兼容并包的学术风格

在宋元三教合一这种大的思想背景之下，道教老学援儒入老，援佛入道，由此呈现出兼容并包的学术风格。

宋元道教老学中的儒道关系更多地表现为理学与老学的关系。在北宋，理学处于形成与发展阶段，这一时期道教老学与理学的关系，主要表现为老学对理学的建构发挥了重要作用；到南宋以后，理学反过来对道教老学产生了持久而深刻的影响。以陈景元为代表的道教老学对理学形成的影响，前已述及。南宋以后，理学走向成熟，于是，理学对道教老学的影响不断显示出来。一方面，一批理学家亲自解《老》，如朱熹即对《老子》有深刻的阐发，林希逸著《老子鬳斋口义》、吴澄亦撰《道德真经注》，这就使得理学的观念很快渗透到了当时的老学之中，理学中的一些重要概念和命题如太极、天理、人欲、理气、命、性、本心、理一分殊、体用一源等等都大量出现在老学著作里。另一方面，一批道教学者如董思靖、范应元、白玉蟾、杜道坚等为《老子》作注时，也自觉或不自觉地受到了理学的影响。由于理学是一种富于思辨的哲学，所以道教学者以"理"解《老》，不仅有助于学者的解释更加切近老子思想的原意，而且可以增加道教老学的理论活力。

宋代道教老学不仅融摄儒学，对佛教的思想也是加以吸收的，这点在道教南宗的老学思想中尤有体现。张伯端便明确提出了"三教合一"的口号。他说："岂非教虽分三，道乃归一。奈何后世黄缁

---

① 董思靖：《道德真经集解》，《老子集成》第四卷，第 352 页。

之流，各自专门，互相非是，致使三家宗要，迷没邪歧，不能混一而同归矣。"① 张伯端认为儒、道、释三家之道是一致的，只是由于彼此的门户之见，才造成互相争夺攻讦的局面，他作《悟真篇》，便要使三教之道"混一而同归"。

三教之道同归于什么呢？张伯端认为是同归于性命。他认为老子讲性命之学，儒家亦讲性命："《周易》有穷理尽性至命之辞，《鲁语》有'毋意、必、固、我'之说，此又仲尼极臻乎性命之奥也。然其言之常略而不至于详者何也？盖欲序正人伦，施仁义礼乐之教，故于无为之道，未尝显言，但以命术寓诸易象，性法混诸微言耳。至于庄子推穷物累逍遥之性，孟子善养浩然之气，皆切几之。"② 张伯端不仅调和儒道，对佛学禅理也很重视。他说："因念世之学仙者十有八九，而达真要者，未闻一二。仆既遇真筌，安敢隐默，罄所得成律诗九九八十一首，号曰《悟真篇》。……及乎编集既成之后，又觉其中惟谈养命固形之术，而于本源真觉之性，有所未究。遂玩佛书及《传灯录》，至于祖师有击竹而悟者，乃形于歌颂、诗曲、杂言三十二首，今附之卷末，庶几达本明性之道，尽于此矣。"③ 张伯端主张性命双修，而在修性的层面，明确声称吸收了释氏的"真觉之性"。可以看出，张伯端的心性理论在很大程度上是援佛入道的结果。受张伯端的影响，南宗实际创始人白玉蟾的《道德宝章》，也是一部"大类禅旨"之作，白玉蟾的二传弟子李道纯所著《道德会元》，禅的色彩同样很鲜明。白玉蟾的《道德宝章》将老子思想解释成为一套心性超越理论，这与他主动吸收禅宗明心见性的思想是有关的。

综上所述，宋代道教老学的发展特点，既反映出道教教义、思想在宋代所出现的新变化，同时也典型地体现了宋代学术的时代精神。

---

① 王沐：《悟真篇浅解》，第 1 页。
② 王沐：《悟真篇浅解》，第 1 页。
③ 王沐：《悟真篇浅解》，第 4—10 页。

三、宋元老学中的佛禅旨趣

宋元老学中的以佛解《老》，除了上面提到了南宗道士白玉蟾、李道纯等以外，北宋的苏辙、南宋的邵若愚、元代的释德异等，都是代表性的人物。刘惟永《道德真经集义》卷一引石谭语曰："《老子》之解多矣，以学儒者解之，多以儒之所谓道者言之，若程泰之、林竹溪之类是也。以学释者解之，多以释之所谓性者言之，若苏颖滨、本来子之类是也。"苏颖滨即苏辙，本来子即邵若愚。苏辙以佛解《老》是其老学思想的一个特点，南宋道教人士邵若愚在《道德真经直解·叙事》中也明确宣称其解《老》宗旨是："凡言德者，事涉孔氏之门；言其大道虚寂，理准佛乘之旨。以儒释二教为证，撮道德合为一家。"也就是说，在论及老子之德时，侧重儒道相通，在解释老子之道时，主要讲佛老相融。为此，邵氏抓住"无欲"二字，作为联结两者的桥梁。他说：

> 五千余言，其要在无欲二字。学人但心上无欲，此是无上道。然无欲二字，其义极深，故老子首篇先言无欲；恐其学人执无，再言有欲；又恐殢有，又言以有无两者同谓之玄；又恐执殢于玄，故将又玄。以拂迹此四法者，乃入道之门。今者学人往往各执一法而反为病。一者学人见说无欲，便于心上断念以求无欲，不思断除便是欲也，此着无病。二者将心求法，将谓心外有法，不知即心是法，法即是心，存意识在心，便是欲也，此着有病。三者令心凝然依住，如木人相似，澄定不动，此着于玄，名亦有亦无病。四者拂除玄迹，作不依住，解存能所之心，此着又玄，名非有非无病。已上皆心有趣向，并是污染，所以为病。人能心上无此四病，方是无欲。今学道人注书者，尚自不能离言，认玄为道，以又玄为众妙之门，斯为谬矣。夫为书当表显之说，其实离此四法，方始见道。①

————————

① 邵若愚：《道德真经直解》，《老子集成》第三卷，第585—586页。

此段文字是邵若愚运用佛教中观之道解《老》的典型例子。要理解无欲的真正含义，不能执于有，也不能执于无，还不能执于亦有亦无，此即老子之玄，乃与佛教之"中道"相通。中道是龙树中观学派的根本宗旨，该学派有名的四句教"众因缘生法，我说即是空。亦为是假名，亦是中道义"，反映出了其基本理论与方法。三论宗、天台宗、华严宗、禅宗等佛教流派都以中道为立宗根据，其核心是用"二谛""中道"这种否定逆推的思辨方式，以破除"执着""边见"，而达到一切皆空的认识目的。邵若愚认为，要真正把握老子之道，体悟无欲的深奥内涵，便不能够有任何执着。这也是他在《老子》第一章注中所说的："玄之门以中为法，设喻如筌。然法从心起，既起于心，系着在中，则非虚静。老子恐中道法缚，不能舍筌，故将又玄以释之。学人但不着有无，亦不居玄之中道，实际理地，不受一尘，则心虚静，乃是无为，故不须推照，以无所得，故始足无欲。"邵若愚指出，把握"非有非无"的玄，这还只是体悟"无欲"的一步，并未达到它的本质，因为"居玄之中道"、以中为法，仍然是有执、有着，并非虚静，所以必须"又玄"再破中道之执。心中既不能滞于有无，也不能滞于中道，即把握了中道以后，还要通过"又玄"把中道也忘掉，这样才可达到无欲之境。因此个体要达到心上无欲的境界，就必须去掉着无病、着有病、亦有亦无病、非有非无病。只有在心中去掉了此四病，才算破除了所有的执着，才称得上是"无欲"。

邵若愚认为，心存执着是一切烦恼的根源。他注《老子》第二章说："世人因着美善，事障本心，逐境以为，遂生八万四千烦恼。"因此，要想去掉烦恼，获得解脱，心中就不能有丝毫的执着。例如，"抱一"是老子重要的修道方法，意谓精神魂魄混融相合为一，但仍然是有执着的："抱一虽能追二气于黄道，会三性于元宫，攒簇五行，合和四象，此长生之术，未极于道者，缘心着一故也。"[1] 这里从道教修持的角度阐述抱一的方法，抱一还是停留在术的层面，未及于道。在邵若愚看来，长生之术和治世之道

---

[1]　邵若愚：《道德真经直解》，《老子集成》第三卷，第564页。

均非老子大道的最高境界，只有佛教之"无执无心"庶几可与老子之道媲美：无执即真心呈现，真心呈现即无欲，无欲即为老子无上之道。此时，"学人但无纤毫系念，心如朗日，常处空中，无有纤埃，光明遍照，然后随方应事，如天起云，忽有还无，不留踪迹，无所住心"①。这种境界，也就是老子所言之德，这是修道者得到了彻底解脱的状态。

德异是宋元之际临济宗杨岐派高僧，其《直注道德经》是目前所见元代以前佛门人士注《老》的唯一存世本。德异对《老子》十分推崇，他在《直注道德经》的序言中指出："夫《道德经》者，复明妙剂也。修身治家治国治天下，舍道德而用他术者，昧冥也。善为士者，微妙玄通。无为而身修，不令而家治。若也施之于国于天下，其德广矣。贤良来归，民物顺化，淳风大复，国用有余，海晏河清，万邦入贡，圣治也。烁群昏统众德者，道也，三才之本也，万物之母也。为人不造道，如饥者不食，寒者不衣，良可悯也。"②老子之道不仅是宇宙万物之本，也是修身之本、治国之本。德异在该书序言里还记载了一件事：

> 德异择友求师，游历湖海，观诸利害，誓与有志气者共知。宋咸淳间数载留闽，遇二朝士，力怪释老。余勉之曰："详看《老子》，怒或息。时点捡《华严》，却与本色衲僧说话。释老果有未善，明指其非，罪之可也。"二公遽取《老子》，阅数章。余问之曰："有过否？"二公有省，同声曰："禅家善指人见道如此，当告诸友朋释老大有过人处。"二公由是誓彻此道。③

德异禅师在福建遇到南宋朝廷两位批评佛老之学的官员，德异建议其先读读《老子》《华严》等经典后再作评判。两位朝士读过《老

---

① 邵若愚：《道德真经直解》，《老子集成》第三卷，第586页。
② 德异注，问永宁点校：《直注道德经》，见《斯威夫特与启蒙》，华夏出版社2017年版，第239—240页。
③ 德异注，问永宁点校：《直注道德经》，第241页。

子》数章后便省悟，知道佛老大有过人之处。从记载中可以看出，朝士自然是儒学的维护者，他们对佛老之学看法的改变，实际上间接证明了德异三教相通的思想。《直注道德经》序云：

> 周末时世废道失德，老子弃藏室史，将隐去，关令尹喜劝请著书，遂留五千余言，惟述道德。道者，妙道也，大道也。德者，上德也，下德也，标月指也。无诡异乱伦之术，无惑众密传之法，能一览而直前者，未即至圣而亦贤矣。三教一体也，万法一源也。三教之道即二仪之道，二仪三教一道也。……如是虚明，如是灵妙，人人有之，在人曰心，迷悟有殊，善恶异矣。①

德异盛赞老子之道的高妙，实乃修身治国之正途，其与佛法相合，亦与儒家相融，所谓"三教一体"，道贯通于儒、佛、道三家。德异又指出，虚明灵妙之道人人皆有，那就是心。这实际上是德异解《老》的宗旨之一，即把体道与修心联系起来。

由上所述，从苏辙、邵若愚到德异，其以佛解《老》大致呈现出两个主要特点：其一，提倡儒释道三教相通，三教一家；其二，以心论道，阐扬心性之学。

第三节　宋元老学的思想价值

宋代是中国历史上继春秋战国之后又一个思想创造的高峰时期，陈寅恪、王国维、邓广铭等前辈学者对此都有论述。② 与此相关，众

---

① 德异注，问永宁点校：《直注道德经》，第240—241页。
② 可参陈寅恪：《邓广铭〈宋史职官志考证〉序》，见《金明馆丛稿二编》，第245页；王国维：《宋代之金石学》，见《王国维文集》第四卷，中国文史出版社1997年版，第120页；邓广铭：《谈谈有关宋史研究的几个问题》，载《社会科学战线》1985年第2期。

多学者和思想家都注解《老子》，由此出现了老学繁荣的景象。如陈抟学派的老学上承唐代重玄余绪，下启北宋学术新风，并使宋代道教思想学术焕发出新的活力；王安石学派、司马光学派、苏氏蜀学派都有《老子注》传世，他们用儒家学说诠释《老子》，儒道融通，并阐发出新的哲学思想；朱熹、林希逸等著名理学家的以"理"解《老》，为老子研究提供了新的思路。宋元时期是道教发展的重要转折期，不仅教义发生了重大变化，还出现了许多新道派，如全真道、南宗，于是道教老学也呈现出全新的面貌。总之，宋元老学具有较为突出的思想价值。

一、文本新释

宋元注《老》者众多，流传至今的注本也不少，《老子集成》收录有 49 种。从文本诠释的角度来看，宋代老学的一个突出现象是注重义理和思想发挥。例如上述"常无欲以观其妙，常有欲以观其徼"的断句，体现了宋代思想家敢于打破陈说的创新精神。又如宋代老学把"道法自然"解释为人兼法天地与道而归于自然，主张以自然为原则阐扬人的价值。不管是论道，还是治国修身，人始终居于中心的位置。应该说，这一诠释较为准确地切中了老子自然思想的实质。

重视义理及诠释的思想性是宋人解《老》的普遍追求，因此，与前面各时期老学相比，宋代的解释往往显得更加别出心裁。例如当时的研究者已注意到老子的立言方式与儒家不同，是一种反向思维方式。如北宋葛次仲云：

> 孔子曰我学不厌，老氏则绝学。孔子曰必也圣乎，老氏则绝圣。孔子贵仁义，老氏弃仁义。孔子举贤才，老氏不尚贤。孔子曰智者不惑，老氏曰以智治国，国之贼。其立言大率相反。[1]

---

[1] 葛次仲：《老子论》，见陈景元：《道德真经藏室纂微篇》，《老子集成》第二卷，第577 页。

孔老关系或儒道关系是老学中的一个重要问题。他们的思想，从表面上看确实有许多矛盾之处，这些矛盾的出现，葛次仲认为是孔老思维和立论方式的不同造成的，即文中提到的"其立言大率相反"。葛氏接着说：

> 盖孔子立道之常以经世变，老子明道之本以救时弊，其势不得不然也。绝学则使己任其性命之情，而造坐忘日损之妙；绝圣则使人安其性命之情，而无惊愚明污之志；弃仁义，则无蹩躠踶跂之私，使天下不独亲其亲，子其子，而同归于孝慈；不尚贤，则无儒墨毕起之争，使天下无夸跂相轧之心。以智治国，国之贼，言浇伪多而智愈困，孰若政闷闷而民淳淳哉？其所以立言不同者……是必有名异而实同者。①

实际上，虽然老子从与孔子相反的角度来立言，但殊途而同归，恰如老子自己所云："正言若反。"

南宋道士赵实庵也注意到，老子与孔子同时，孔子曾过周问礼，老子对他谆谆告诫，行事要以谦信为主。当时孔子大力宣讲仁义，但并不能拯救时弊，所以老子遂反其道而行之："幽厉之后，周室浸微，至老子时天下荡荡无纲纪文章，圣人不作，处士横议，诸侯恣纵，暴兵螫毒，民以糜烂。老子闵周室凌迟，人失性情，欲使之还淳返朴，归之太古，故作《经》，惟厚忠信，尚敦朴，薄礼义，绝圣弃智，使后世之人复见天地之纯，全古人之大体。"② 因此，《老子》书中的一些内容虽然看起来与儒家有矛盾之处，然而是在周衰道微、人失性情的时代背景之下做出的一种选择，也是为了恢复太古的纯朴，载畅玄风，以激其流俗，救天下后世之失，其与儒家圣人之道，似相反而实相成："盖非过直无以矫枉，仲尼所以钦服，既见则叹其

---

① 葛次仲：《老子论》，见陈景元：《道德真经藏室纂微篇》，《老子集成》第二卷，第577页。

② 刘惟永：《道德真经集义大旨》，《老子集成》第五卷，第410页。

犹龙。惟圣知圣，始云其然也。"①

　　类似的观点，在宋代老学著作中十分普遍。宋代人士所指出的老子此种从反面立论的方法，也就是道家的反向思维或否定思维，而相比之下，儒家的思维则是正面思维或肯定思维了，故孔老"立言大率相反"。朱伯崑先生曾指出："老子看问题，从不循规蹈矩，像孔子那样以'雅言'为据，以'异端'为非，而且专讲同常识和常规相反的话。老子的这种从反面看问题和追求负面价值的方式，可以称之为否定意识，构成了道家学说的主要特征。"② 宋代的老学研究者也看到了孔老之间思维方式的不同，显示出他们的见解确有超越前人之处。

　　对《老子》文本的诠释，宋代有别于前代的另一个特点是以内丹解《老》。到了宋代，道教修炼由外转内已成为一种不可逆转的必然趋势，与此相关，一些高道便借《老子》阐发丹道之理，代表性的著作有张伯端的《悟真篇》和吕知常的《道德经讲义》等。《悟真篇》虽然不是对《老子》的直接注解，但其中阐发的内丹理论则是建立在《老子》思想的基础上。张伯端说："《阴符》宝字愈三百，《道德》灵文满五千，古今上仙无限数，尽于此处达真诠。"③ 意谓修道的奥妙全寓于《阴符》《道德》二经之中，人们如果尽心钻研领悟，便可从中求得上仙之法。对此，陈致虚在《悟真篇四注》中进一步解释云："《阴符》《道德》，丹经之祖书，上仙皆藉之为筌蹄，修之成道。然其旨意玄远，世薄人浇，不能达此，故仙师作此《悟真篇》，使后学者一见了然，易于领悟而行之尔。是知《阴符》《道德》《悟真篇》三书，同一事也。"认为《阴符经》《道德经》为丹经之祖，但旨意过于深奥，世人不能理解所蕴玄机，难以从中得道，而通过《悟真篇》的发挥以后，后学者可一见了然，易于领悟。道教把《道德经》视为丹经之祖，实际上是把老子的哲理运用于内丹

---

① 刘允升序，见李霖：《道德真经取善集》，《老子集成》第四卷，第120页。
② 朱伯崑：《道家的思维方式与中国形上学传统》，载《道家文化研究》第2辑，上海古籍出版社1992年版，第11—40页。
③ 王沐：《悟真篇浅解》，第123页。

实践，这样，内丹修炼便不仅仅是一种方术，而是有"道"蕴涵于其中。把老子思想引入内丹修炼，提高了道教修持的终极境界。卢国龙教授曾指出："以内修还丹之'理'解读《老子》的风习，在晚唐五代时是由重玄学入于内丹的一种转化，宋以后大盛，可以说代表了宋以后道教老学的主流。"[1] 这里指出了道教老学发展的一条重要线索。如果说《悟真篇》还是间接和巧妙地运用了《道德经》，那么南宋道士吕知常的《道德经讲义》便是直接用内丹之理阐释《老子》的著作。该著在阐发老子道论的基础上，强调身国同治，具有鲜明的道教特色。如其第三章注云：

> 前言不贵难得之货，不见可欲，即是虚其心；不尚贤，即是弱其志。若曰止是虚其心，则恐泥于顽空。若曰止是弱其志，则恐不能自立。故复言圣人治身也，先虚其心，更须实其腹，既弱其志，更须强其骨。虚者实之对，弱者强之敌。灵台明彻，虚室生白，湛若太空，不受一尘，是虚其心也。心既虚矣，不能吐纳太和，咀嚼沆瀣，饮玄膺之炁母，食大梵之天粮，以实其腹，徒守性空，安能形神俱妙，与道合真，脱胎神化，白日升天者哉？由是观之，则虚心实腹，不可偏废也，明矣。以谦自下，以卑自牧，众人好高，而我居其卑，众人好荣，而我处其辱，是弱其志也。志既弱矣，然闻道则不能锐于力行，见义而不能勇于必为，偏事委靡，无所卓立，安得如《易》之所谓天行健，君子以自强不息也？内炼之士，或提缩膀胱以透尾闾，或胁勒阳关以通夹脊，或点头彻锁以达玉京，皆搬运真炁，斡旋溯流，上通三关而补脑，脑满则骨强矣。弱志强骨，不可偏废也，亦明矣。[2]

显然，虚心指的是修性，实腹指的是修命；弱志指的是修性，强骨

---

① 卢国龙：《道教哲学》，华夏出版社 1997 年版，第 550 页。
② 吕知常：《道德经讲义》，《老子集成》第四卷，第 227—228 页。

指的是修命。虚心实腹，弱志强骨，不可偏废，如果修炼者只是虚其心、弱其志，那将堕入顽空而无法自立。吕知常指出，内炼之士需要虚心、弱志，但更应该实腹、强骨，也就是说，修性固然重要，但修命更加重要。因此，吕知常治身思想的特点是坚持性命并重，而以命为先。可见，吕知常的内修理念与张伯端的思想是一致的，并且受到了张伯端的影响。

继张伯端、吕知常以后，以内丹之道解《老》成为道教老学的重要内容，如邓锜《道德真经三解》、陆西星《老子玄览》、程以宁《太上道德宝章翼》、李西月《道德经注释》、成上道《老子心印》、黄裳《道德经讲义》等，都是在这方面有独特见解的著作。

二、儒道释思想融合

魏晋以后，儒道释关系是老学具有普遍性的重要问题，但由于儒道释自身的发展在不同时期有不同的特点，因此以儒解《老》、以佛解《老》和以道教理论解《老》也不是千篇一律的，而是丰富多彩，共同构成了中国老学史和中国思想史上的精彩篇章。

以宋元老学为例，在三教融合这一大的思想背景之下，儒、道、释各家学说都得以与《老子》沟通。与前代相比，这个时期的学者解《老》尤其注意从理论上阐述儒、道、释之间的一致之处，普遍认为"三教之名虽殊，三教之理则一"①。

就孔老或儒道关系而言，宋代学者大都认为孔老思想从本质上是相互融通的，林东《老子注》序中的一段话颇有代表性："夫子与老氏垂教，盖亦互相发明。夫子以仁义礼乐为治天下之具，老子以虚无恬淡明大道之所从生，要之仁义礼乐，非出于大道而何？而虚无恬淡乃大道之本旨也。特后世之不善用老氏者，或纯尚清虚恬淡而至于废务，有以累夫老氏也。且以道心惟微，无为而治，吾儒未尝不用老子。如所谓我有三宝，一曰慈，二曰俭，三曰不敢为天下先；以道佐人主者，不以兵强天下，老子未尝不用吾儒也。以是而

---

① 喻清中序，见刘惟永：《道德真经集义大旨》，《老子集成》第五卷，第404页。

推，则大道之与道一而已矣，特不无本末先后尔。盖所以互相发明，俱为忧世而作也。"孔老之道可以互相发明，孔老之著作均为救世之书，这是宋代学者解《老》的一个共识。

儒家人物王安石、吕惠卿、司马光、林希逸等都从不同的角度主张孔老相通，许多道教人士也同样阐发儒道一致的道理，例如张伯端、陈景元、范应元、董思靖、李道纯等。以李道纯为例，他的老学思想鲜明地反映了道教南北二派的立教宗旨。实际上，无论是南宗的先命后性学说，还是全真的先性后命理论，都融会了禅宗与理学的一些思想资源，体现出性命双修、三教合一的共同特点。这就是李道纯所说的："禅宗理学与全真，教立三门接后人。释氏蕴空须见性，儒流格物必存诚。丹台留得星星火，灵府销镕种种尘。会得万殊归一致，熙台内外总是春。"① 因此，李道纯在注解道教的最高经典《道德经》时，不仅具有禅意，也融摄理学。

李道纯对理学素有研究，因此，他于理学的吸收完全是自觉进行的。他说："引儒释之理证道，使学者知三教本一，不生二见。"② 提倡三教合一，其中自然包括了对理学的重视。具体来说，主要有以下两方面的表现。

其一，注《老》时将道教的性命双修与儒家的性命之学相互贯通。借《老子》而阐发其性命双修思想，是李道纯解《老》的一个重点。李道纯认为，"性命"之义，不仅指道家的性命修炼，而且指儒家的性命之学。他的弟子曾说："学儒，可尽人伦，不能了生死。"李道纯回答曰："达理者，奚患生死耶？且如穷理尽性，以至于命，原始返终，知周万物，则知生死之说。所以性命之学，实儒家正传。穷得理彻，了然自知，岂可不能断生死轮回乎？"③ 性命之学本是"儒家正传"，因此，李道纯毫不讳言他的性命双修思想乃受到了理学的启迪，认为"穷理尽性以至于命，此金丹之妙也"④。

---

① 李道纯：《中和集》，岳麓书社2010年版，第71页。
② 李道纯：《三天易髓》。
③ 李道纯：《中和集》，第32页。
④ 李道纯：《中和集》，第36页。

　　为了进一步论证其性命双全的思想，李道纯又引入了理学家惯用的道心、人心范畴。他注《老子》"使我介然有所知"一语曰："有所知则道心坚固，不失其守。"那么，又该怎样理解"道心"呢？李道纯说：

　　　　古云："常灭动心，不灭照心。"一切不动之心皆照心也，一切不止之心皆妄心也。照心，即道心也。妄心，即人心也。道心惟微，谓微妙而难见也。人心惟危，谓危殆而不安也。虽人心亦有道心，虽道心亦有人心，系乎动静之间尔。惟允执厥中者，照心常存，妄心不动，危者安平，微者昭著，到此，有妄之心复矣，无妄之道成矣。①

　　人心与道心相当于李道纯所说的妄心和照心，通过他的说解，理学家大力宣讲的"十六字心传"变成了道教的心性理论。这里，李道纯还援用了朱熹关于人心、道心的解释，认为人心中有道心，道心中有人心，而"危者安平，微者昭著"显然也是朱熹《中庸章句序》"危者安，微者著"之承袭。当然，李道纯的理解亦稍有与朱熹不同之处，即明确以动静来区分人心、道心，动为人心，静为道心，从而强调了在修持中保持"不动""静"的重要性。

　　其二，以中和之论释《老》。中和的概念出自《礼记·中庸》："喜怒哀乐之未发，谓之中；发而皆中节，谓之和。中也者，天下之大本也；和也者，天下之达道也。致中和，天地位焉；万物育焉。"对此，朱熹注曰：

　　　　喜怒哀乐，情也。其未发，则性也。无所偏倚，故谓之中。发皆中节，情之正也，无所乖戾，故谓之和。大本者，天命之性，天下之理皆由此出，道之体也。达道者，循性之谓，天下古今之所共由，道之用也。此言性情之德，以明道不可离之意。……自戒惧而

────────────

① 李道纯：《中和集》，第6—7页。

约之，以至于至静之中无少偏倚，而其守不失，则极其中而天地位矣。自谨独而精之，以至于应物之处无少差谬，而无适不然，则极其和而万物育矣。盖天地万物本吾一体，吾之心正，则天地之心亦正矣；吾之气顺，则天地之气亦顺矣。故其效验至于如此。此学问之极功，圣人之能事。①

中和问题是理学心性论的一个重要组成部分，二程、吕大临、胡宏等人均有论述，而以朱熹的观点较为全面。朱熹以未发言性，已发言情，心则通乎未发、已发，统乎性情。他对中和的解释，与其未发、已发理论完全一致，未发指中，已发指和，"心体流行，寂然不动之处，而天命之性，体段已具焉。以其无过不及，不偏不倚，故谓之中"②，"天命之性浑然而已，以其体而言之则曰中，以其用而言之则曰和"③。中和、性情、未发、已发都统一于本体之心，也即统一于道，中为道之体，和为道之用，这样，中和便贯通于宇宙人生，而致天地位，万物育。实际上，朱熹关于中和的阐述，是其心性论的进一步具体化。

李道纯很重视儒家的中和，这从他的文集名称《中和集》也可见端倪。他注《老子》首章"常无欲以观其妙，常有欲以观其徼"一语曰：

> 《记》云，喜怒哀乐之未发谓之中，中也者，天下之大本也，即无欲观妙之义也；发而皆中节谓之和，和也者，天下之达道也，即有欲观其徼之义也。致中和，天地位，万物育，即玄之又玄之义也。④

李道纯以"中"释老子之"无欲观妙"，以"和"释老子之"有欲观

---

① 朱熹：《四书集注·中庸章句》。
② 朱熹：《朱文公文集》卷六十七《已发未发说》。
③ 朱熹：《朱文公文集》卷六十七《中庸首章说》。
④ 李道纯：《道德会元》，《老子集成》第五卷，第3页。

徼”，以“致中和”释老子之“玄之又玄”，这是很有创意的诠释。而他对中和的理解，又大体上与朱熹的思想一致：

> 《礼记》云："喜怒哀乐未发，谓之中；发而皆中节，谓之和。"未发，谓静定，中谨其所存也，故曰中。存而无体，故谓天下之大本。发而中节，谓动时谨其所发也，故曰和。发无不中，故谓天下之达道。诚能致中和于一身，则本然之体虚而灵，静而觉，动而正，故能应天下无穷之变也。老君曰："人能常清静，天地悉皆归。"即子思所谓"致中和，天地位，万物育"同一意。中也和也，感通之妙用也，应变之枢机也，《周易》生育流行一动一静之全体也。[①]

李道纯以静为中，动为和，将中和、静动、未发、已发互相统一。他以中、未发、虚静解释老子的"无欲观妙"，十分恰切；以和、已发、变动解释老子的"有欲观徼"，也很有见地。特别是对"有欲"的解释，李道纯认为不能把欲释为欲望之欲，实际上，有欲指的是心之已发状态，只要它中节，是和，便也是合道的。这一解释颇与老子之旨相符，同时也间接证明了从有、无断句属于注解者的发挥。由此看来，有时候借用一些儒学的观念，确实有助于加深对老子思想的理解。

朱熹论中和、未发、已发时，都是以仁义礼智等儒家伦理为基础和前提的，这一点也为李道纯所吸收。他说：

> 中也者，天下之大本也；正也者，天下之至当也；仁也者，天下之大公也；义也者，天下之至和也。《文言》曰："利者义之和也。"又曰："利物足以和义。"是知仁义者，进修德业之要也；中正者，穷理尽性之要也。中正仁义，包罗天地，搂叙万类，以之修身则身修，以之治国则国治，周旋四海，经纬天地，

---

① 李道纯：《中和集》，第5页。

巨细纤洪，无不具备。修进君子，诚能三反，昼夜用志，不分吾见，其成道也易矣。①

周敦颐《太极图说》云："圣人定之以中正仁义而主静"，李道纯将中正仁义作了更加具体的阐发，而成了其中和理论的一部分，认为修道者也要以儒家的伦理道德为根基。为了强调"中"，他又对理学家信奉的"十六字心传"中的"允执厥中"进行了发挥：

> 问："《书》云，人心惟危，道心惟微，惟精惟一，允执厥中。不知中如何执？"曰："执者，一定之辞，中者，正之中也。道心微而难见，人心危而不安，虽至人亦有人心，虽下愚亦有道心。苟能心常正得中，所以微妙而难见也；若心稍偏而不中，所以危殆而不安也。学仙之人，择一而守之不易，常执其中，自然危者安而微者著矣。金丹用中为玄关者，亦是这个道理。"②

前述李道纯关于人心道心的观点与朱熹的看法大体上一致，这里得到了进一步的验证，如朱熹说："然人莫不有是形，故虽上智不能无人心；亦莫不有是性，故虽下愚不能无道心。"③ 正是李道纯之意。而他强调的"执中"之"中"，则取其正中不偏之义，这仍然是理学家的体验工夫。李道纯进而将修仙学道与之联系起来，并将中和视之为"玄门宗旨"，显示了他对中和之说的特别重视。④

理学作为宋代新的思想学术，在吸收了佛、道哲学中有益的思想成分后，其理论思维水平达到了很高的境界。这样，学者在解《老》时适当借鉴理学的思维成果，往往能够收到意想不到的成效，使《老子》中一些抽象难懂之处变得豁然明朗。

---

① 李道纯：《全真集玄秘要》。
② 李道纯：《中和集》，第 36 页。
③ 朱熹：《四书集注·中庸章句序》。
④ 关于李道纯老学儒道释会通的特点，可参刘固盛著《道教老学史》第四章第五节的论述。

在中国老学史上，大致地说，老子与儒家的相通主要表现在社会政治与道德领域，而与佛学的融会则更多发生在哲学的层面。以佛理诠释《老子》，有助于更清晰地阐明老子之道的深层意蕴，宋元时期的诸家注解即是如此。此外，苏辙、邵若愚、李道纯、德异诸人的以佛禅解《老》，还打上了鲜明的时代烙印。宋代以后，心性之学成为儒、释、道三教共同探讨的时代课题。对儒学来说，"心性之学本是宋代儒学复兴中最新颖与最突出的一环"①。而道教到宋元时期亦发生了历史性的转变，修道理论由外丹术转向内丹，心性超越成为其最高的宗教旨趣。可见，儒道两家共同体现了一种时代文化的价值取向，即由外张转向内敛，无论是儒家的安身立命之道，还是道家的超越生死物我的人生智慧，都变成了个体对内在心性的自觉体认和反省。我们知道，禅宗的理论要旨在于直指人心，见性成佛，着重从人的心性方面去探求实现生命自觉、理想人格和精神自由的问题，强调自识本心，自见本性，实现自我超越，从而解脱烦恼、痛苦和生死。正是禅宗的这种心性之学，契合了时代的需要，因而受到了儒道两家的一致欢迎。所以，尽管原典《老子》几乎不谈心性，但苏辙、邵若愚、李道纯等人通过援佛入《老》，发挥心性的内容，却恰好反映了时代精神对老学发展的重大影响。

儒、道、释三家一起注解同一部道家经典——《老子》，这是中国经典解释史上以及中国思想史上十分独特的现象。从宋元老学的情况看，它一方面反映了儒、道、释思想的互相包容与深度融合，同时也可看出当时的思想界在不同思想之间彼此激发所呈现出来的蓬勃创造力。

三、道家与宋代思想

宋代老学作为宋代道家的主要学术形态，不仅在当时的学术史上占有一席之地，在思想史上的影响也是不可忽视的。

---

① 余英时：《历史与思想》，台湾联经出版事业公司1988年版，第90页。

1. 宋代老学对理学的影响

《宋史》专设《道学传》，道学指理学，这并非后来史家随意称之，而是张载、二程、朱熹等理学家在他们所处的时代即自称其学为道学。宋代以前，道学本指道家之学，宋代理学家却以之自指而并不觉得有道家的嫌疑，姜广辉教授认为"道学"之名"完全是从另一思路得来，至于与道家曾使用的'道学'名称相同，只是巧合"①。道学之名当然反映出理学形成时与道家有别的"另一思路"，其中也确实可能存在巧合的成分，但仍然可以看出当时道家之学应该是十分盛行的，同时还反映出理学家对道家的认同以及理学与道家的深刻关联，正如侯外庐等先生所指出的，二程所讲的道范畴"通向老庄以至道教"②。

宋代老学对理学形成所起的重要作用，可以追溯到唐代的重玄学。重玄学是唐代老学的核心内容，其中所阐发的"虚通妙理""众生正性""孔老之术不为二"等思想，都可视为理学的思想资源。到宋代，陈抟学派的老学思想对理学的形成具有特殊意义。陈抟学派是唐宋学术传承转换的关键环节，如前所述，该学派的老学继承了唐代重玄之旨，特别是陈抟再传弟子陈景元的老学思想，对二程理学的形成具有直接的影响。陈景元"以重玄为宗"诠释《老子》，并对理、天理概念进行了哲学提升，使之成为可以与道等同的哲学范畴；他还把气论引入到人性论的领域，以禀气之清浊来解释人性的善恶；并提出"性分不越则天理自全"的命题等等。这些思想成为二程理学之天理论、人性论、道德论的重要理论来源。

此外，王安石新学、司马光学派、苏氏蜀学三派的代表人物对《老子》都有深入的研究，都有《老子注》传世。尽管三派学者政治主张存在分歧，但学术上却有很大的相通之处，即共同关注儒家性

---

① 姜广辉：《宋代道学定名缘起》，载《中国哲学》第十五辑，岳麓书社 1992 年版，第 241 页。
② 侯外庐：《中国思想通史》第四卷上，人民出版社 1959 年版，第 576 页。

命之学的重建，这一点也在他们各自的老学思想中得以体现。王安石注《老》时对理范畴颇为重视，他以穷理尽性阐述《老子》道德之意，提出"天下之理宜存之于无"①，由穷究万物之理到洞悟性命之理，从而成了当时方兴未艾的儒学复兴运动的重要一环。司马光注《老》突出了诚的范畴，提出了"道者涵仁义以为体"的命题。也就是说，儒家的仁义道德成为老子之道的内涵，仁义道德与最高的本体之道获得了一种联系，这既是司马光对老子思想的重要发挥，也是他对儒学的重要改造。苏辙解《老》则更重视性的范畴，从"道之大，复性而足"到"天下固无二道"，我们可以看出苏辙以性命之学解《老》的实质是以儒家的仁义礼乐为本位，融摄老子思想，试图将儒家的伦理道德与老子的本体论互相结合起来，以建立一种新的哲学体系。王安石、司马光、苏辙等在注解《老子》过程中所进行的理论探索，为二程理学的建构提供了可以借鉴的思想资源。②

2. 宋代老学对道教教义建构的贡献

从道教的角度来看，宋代道教老学具有重道轻术的思想倾向，如陈景元、寇才质、范应元、董思靖、杜道坚等道士诠解《老子》时，不仅注意阐发老子之道的哲学内涵，而且重视其"理身理国"的思想，由此可以看出当时的传统道教在教义上具有回归《老子》的倾向。至于王重阳所创建的全真道，从教义教理上看，其显著特色更是充分吸收了老庄思想的基本精神。关于"全真"之教旨，从实质上来说，就是要返归老庄之真。对此，元代徐琰有一阐述：

> 道家者流，其源出于老庄。后之人失其本旨，派而为方术，为符箓，为烧炼，为章醮，派愈分而迷愈远，其来久矣。迨乎金季，重阳真君不阶师友，一悟绝人，殆若天授。起于终南，

---

① 王安石：《老子注》，《老子集成》第二卷，第569页。
② 具体论述参刘固盛：《宋元时期的老学与理学》第三章《北宋儒家学派的〈老子〉诠释与性命之学》，陕西人民出版社2002年版，第102—103页。

达于昆仑，招其同类而开导之、锻炼之，创立一家之教曰全真。其修持大略，以识心见性，除情去欲，忍耻含垢，苦己利人为之宗。老氏所谓"知其雄守其雌，知其白守其黑，知其荣守其辱"，"为道日损，损之又损，以至无为"；庄生所谓"游心于淡，合气于漠"，"纯纯常常，乃比于狂"，"外天地，遗万物"，"深根宁极"，"才全而德不形者"，全真有之。老庄之道，于是乎始合。①

这里明确肯定全真道即是对老庄的回归，而其明心见性的"全真"理论亦可认为是对老子之道的重新发挥和运用，相对于符箓烧炼之类的传统道教来说，全真道更加符合老子之大旨。正如陈垣先生所言："全真不尚符箓烧炼，而以忍耻含垢、苦己利人为宗，此遗民态度也，谓其合于老庄，殆循而之老庄耳。"② 陈教友更明确指出："重阳之学，奉老子为依归者也。"③ 而王重阳本人也明确肯定《老子》是他传道创教的思想源泉："理透《阴符》三百字，搜通《道德》五千言，害风一任害风虔。"④ 又说："遵隆太上五千言，大道无名妙不传。"⑤ 由于王重阳的提倡与重视，《老子》这部道教的最高经典真正发挥了它应有的作用。熊铁基先生认为，"全真"之义，至少包括"全三教之真""全老庄之真""全心性之真"三个方面。王重阳从《老》《庄》书中寻求真理、真义，抓住老子思想的要点"无为"和"清静"、庄子思想的要点"逍遥"和"心斋"等等，革新了道教的教义与思想，"这对道教的振兴具有重大意义"⑥。可以看出，"全老庄之真"的本意就是道教的发展从教义上必须回到老庄思想上来，

---

① 徐琰：《甘水仙源录》卷三《广宁通玄太古真人郝宗师道行碑》，见《全元文》，江苏古籍出版社 1998 年版，第 628 页。
② 陈垣：《南宋初河北新道教考》，河北教育出版社 2000 年，第 577 页。
③ 陈教友：《长春道教源流》卷三。
④ 王重阳：《重阳全真集》卷十三。
⑤ 王重阳：《重阳全真集》卷一。
⑥ 熊铁基：《试论王重阳的"全真"思想》，载《世界宗教研究》2008 年第 2 期。

其宗教追求从根本上符合老庄思想的精神实质。全真道老学反映出全真道的立教宗旨以及教义教理的特点，就回归老庄精神这一点来看，全真道与传统道教实际上具有一致之处。因此，提倡道教必须回归老庄的基本精神，不仅仅是全真道，而是整个宋代道教发展的共同趋势。

由上可以看出，与宋代思想界所呈现出来的蓬勃活力一样，宋代老学也富含鲜明的时代特点，具有多元性和创造性，体现出道家的宏大品格和深刻内涵。

第三章　陈抟学派的老学思想

陈抟是五代至北宋初期一位著名的道教学者，他的内丹修炼理论及方法、他的学术思想都对后世产生了重大影响。蒙文通先生曾指出："希夷（陈抟）之卓绝渊微，更有足惊者。盖希夷、鸿濛、碧虚，皆怀博通浩瀚之学，而察理渊微，胥不可以方外少之。"① 卢国龙教授亦认为："宋承五代之后，道教学术几近失堕又得以复兴，源流脉络往往要追溯到陈抟。陈抟在道家道教学术史上，实是一个传微继绝，继往开来的关键人物。"② 陈抟及其学派在道教史上具有十分重要的地位，其对老学的贡献，也是不可忽视的。

第一节　陈抟学派的老学旨趣

一、陈抟学派的学术传承

陈抟字图南，亳州真源（一说普州崇龛）人。年少好读经史百家之言，胸怀大志，有经世之才，因举进士不第，遂不乐仕，乃访道求仙，周游四方，曾居武当山数年，后入华山隐居长达四十余年之久，而声誉十分隆高。据《宋史·隐逸传》记载，当时士大夫

---

① 蒙文通：《古学甄微》，第 375 页。
② 卢国龙：《论陈景元的道家学术》，《道家文化研究》第 19 辑，生活·读书·新知三联书店 2002 年版，第 357—373 页。

"挹其清风，欲识先生，而如景星庆云之出，争先睹之为快"。宋太宗曾于太平兴国中对他两次召见，① 待之甚厚，"下诏赐号希夷先生，仍袭紫衣一袭，留抟阙下，令有司增葺所止云台观。上屡与之属和诗赋，数月放还山"。陈抟是道士中出现的杰出学者，其著述也很丰富。《宋史·隐逸传》云："抟好读《易》，手不释卷。常自号扶摇子，著《指玄篇》八十一章，主导养及还丹之事。宰相王溥亦著八十一章，以笺其旨。又有《三峰寓言》及《高阳集》《钓潭集》，诗六百余首。"据张广保教授考证，《正统道藏》所收题名陈抟著的《阴真君还丹歌注》《观空篇》，当为陈抟作品；《道家金石略》收录陈抟撰写的碑文两篇：《广慈禅院修瑞像记》《太一宫记》。陈抟易学类著作有载于《宋文鉴》的《龙图序》和《宋史·艺文志》著录的《龙图易》等。②

陈抟对易学和老学都十分擅长。在易学方面，他开以图象之学解《易》的先河，《龙图》《先天图》《无极图》都是以图式解析易理的代表，其中所阐发的宇宙生成模式，对北宋理学和象数家都产生了重大影响。如学者所论："邵雍受学李之才，精研数理，溯其师承，与敦颐同出陈抟，并道家之流裔。"③ 周敦颐的《太极图》和邵雍的先天象数之学都出自陈抟，这是学界公认的事实。在老学方面，陈抟也非常精通。例如其《无极图》，既阐析易理，也是对老子思想的具体运用。《无极图》之名，乃取《老子》"复归于无极"一语之义，表示在修炼过程中逆施造化，则可长生不死。对《无极图》的理解可以从"顺""逆"两个方面进行，"顺"即"顺行造化"，指宇宙生成论；"逆"即"逆以成丹"，讲的是炼养内丹的方法。从思想渊源来看，"顺行造化"的观念与《老子》"道生一，一生二，二生

---

① 据张广保教授考证，陈抟朝宋乃是应太宗的礼请，且宋太宗召见陈抟事发生在至道元年（995 年）而非太平兴国年间。见张广保：《陈抟师承、著述考辨》，《第二届中国本土宗教研究论坛论文集》，中岳庙，2019 年。

② 参张广保：《陈抟师承、著述考辨》，《第二届中国本土宗教研究论坛论文集》，中岳庙，2019 年。

③ 陈钟凡：《两宋思想述评》，东方出版社 1996 年版，第 2 页。

三，三生万物，万物负阴而抱阳，冲气以为和"的宇宙生成模式在基本精神上是互相一致的；而"逆以成丹"的观念则依托于《老子》"谷神不死，是谓玄牝。玄牝之门，是谓天地根"，"夫物芸芸，各复归其根"，"常德不忒，复归于无极"等思想。在《无极图》中，炼丹的最高阶段是"炼形还虚"，"复归无极"，而其理论基石则是"主静说"，它取义于《老子》"致虚极，守静笃"，"归根曰静，是谓复命"等内容。① 可以说，正是陈抟对《老子》的巧妙运用，并与易学互相贯通，才使得《无极图》蕴含了精妙的义理，从而发展了道教的炼养理论。

陈抟不仅将易、老之学与其内丹修炼理论结合在一起，而且将佛、儒思想吸收了进来，其学术思想体现出三教合一的倾向。元代张辂说："先生之道，窈乎其深而不可穷，恍惚其变而不可测，固将乘云气，骑日月，以游乎四海之外，岂与眩奇怪、尚诡谲、以欺世取誉者同年而语哉。"② 可见后人对其评价之高。

陈抟的弟子有张无梦、刘海蟾、种放等人。陈抟之《先天图》，即由种放而传之邵雍，《宋史·朱震传》云："陈抟以《先天图》传种放，放传穆修，修传李之才，之才传邵雍。放以《河图》《洛书》传李溉，溉传许坚，坚传范谔昌，谔昌传刘牧。穆修以《太极图》传周敦颐，敦颐传程颢、程颐。"当然，这些图式在传授的途径上还有一些细节问题可以讨论，例如卿希泰先生主编的《中国道教史》认为，《太极图》或《无极图》可能是通过陈抟—张无梦—陈景元—蒲宗孟这一线索传至周敦颐的。③ 至于如何传授，仍有待深考，但总的看来，这一记载大体上是可信的。刘海蟾喜性命之说，入华山事陈抟为师，而北宋著名的道教学者张伯端则出自刘海蟾门下。④ 据记

① 卿希泰：《中国道教史》第二卷，四川人民出版社 1996 年版，第 687 页、第 744 页。
② 张辂：《太华希夷志》，《道藏》第 5 册，第 742 页。
③ 卿希泰：《中国道教史》第二卷，第 689 页。
④ 关于此点，学术界尚有不同看法，本书依李养正先生和卿希泰先生之说。参见李养正：《道教概说》，中华书局 1989 年版，第 156 页；卿希泰主编《中国道教史》第二卷，第 750 页。

载："张伯端，天台人也。少无所不学，浪迹云水。晚传混元之道而未备，孜孜访问，遍历四方。宋神宗熙宁二年，陆龙图公诜镇益都，乃依以游蜀，遂遇刘海蟾授金液还丹火候之诀。乃改名用成，字平叔，号紫阳。修炼功成，作《悟真篇》，行于世。"① 这一记载与张伯端在《悟真篇》序中所言基本一致，其序曰："至熙宁己酉岁，因随龙图陆公入成都，以夙志不回，初诚愈恪，遂感真人授金丹药物火候之诀，其言甚感，其要不繁，可谓指流知源，语一悟百，雾开日莹，尘尽鉴明，校之仙经，若合符契。"② 序中的"真人"，一般认为是指刘海蟾，由是亦可知张伯端为陈抟学派中的成员。检《悟真篇》之诗句："梦谒西华到九天，真人授我《指玄篇》。"《指玄篇》是陈抟的重要著作，这是明确承认继承了陈抟一派的丹道。

在陈抟弟子中，深得其易、老学之旨者则为张无梦。彭耜《道德真经集注杂说》引《高道传》云："鸿濛子张无梦，字灵隐，好清虚，穷《老》《易》，入华山与刘海蟾、种放结方外友，事陈希夷先生，无梦多得微旨。久之，入天台山。"《历世真仙体道通鉴》对其事迹记述得更加具体一些，据《仙鉴》，张无梦从陈抟那里得《老》《易》微旨后，久之，游天台，登赤城，结庐于琼台观，行赤松导引、安期还丹之法，共十余年。以修炼内事形于歌咏，累成百首，题曰《还元篇》。《还元篇》有诗言："老子明开众妙门，一开一阖应乾坤。只于阛象无形处，有个长生不死根。密密勤行神暗喜，绵绵常用命常存。忻然了达逍遥地，别得嘉祥及子孙。"由此诗我们可以窥见张无梦将老子思想与内丹性命之学相互结合的老学旨趣。

张无梦的老学又传授给了弟子陈景元。陈景元，字太初，玄号碧虚子，建昌南城人，大约生于宋仁宗天圣二年（1024 年），北宋著名的道教学者。庆历二年（1042 年），师事高邮天庆观崇道大师韩知止，次年试经，遂度为道士。不久抵天台山，又师事高道鸿濛子张无梦，颇得老、庄心印。初游京师，居醴泉观，众人请讲《道

---

① 赵道一：《历世真仙体道通鉴》，《道藏》第 5 册，第 382 页。
② 张伯端：《修真十书悟真篇》，《道藏》第 4 册，第 712 页。

德》《南华》二经，一时名声大振，公卿士大夫无不欲争识之。神宗闻其名，下诏于当地设普天大醮，命陈景元撰青词以进，既奏称善，召对天章阁，赐号"真靖大师"，随后又命为中太一宫主。陈景元将《道德》《南华》二注上进朝廷，得到了神宗的奖赏，其书得以颁行入藏。此后名声愈显，王公大臣、文人学者也与他多有联系。陈景元卒于哲宗绍圣元年（1094 年），其门徒弟子有许修真等四十余人。陈景元不但妙得老子微旨，而且"博学多闻，藏书数千卷"①，著述丰富。陈景元的老学思想在当时就已产生了很大的影响，蒙文通先生曾指出："唐代道家，颇重成（玄英）、李（荣）；而宋代则重陈景元，于征引者多，可以概见。"② 陈景元是宋代道家的代表人物。

二、陈抟学派老学思想的特点

关于陈景元学术思想的价值，蒙文通先生有一个很重要的见解："碧虚之学，源于希夷。昔人仅论濂溪、康节之学源于陈氏，刘牧《河图》《洛书》之学，亦出希夷，而皆以象数为学。又自附于儒家。今碧虚固道士之谈老、庄者，求抟之学，碧虚倘视三家为更得其真耶！"③ 学术界一般认为周敦颐、邵雍、刘牧之学与陈抟道家思想密切相关，而蒙文通先生提出，陈景元老庄之学与周氏三人相比，更得陈抟真传，这是非常有参考价值的观点。关于陈景元老学思想之主旨，他自己有一个明确的说明，即《道德真经藏室纂微开题》所云：

> 此经以重渊为宗，自然为体，道德为用，其要在乎治身治国。治国则我无为而民自化，我无欲而民自朴。治身则塞其兑，闭其门，谷神不死，少私寡欲。此其要旨，可得而言也。若夫视之不见，听之不闻，渊之又渊，众妙之门，殆不可得而言传

① 彭耜：《道德真经集注》，《老子集成》第四卷，第 543 页。
② 蒙文通：《古学甄微》，第 369 页。
③ 蒙文通：《古学甄微》，第 373 页。

也。故游其廊庑者，皆自以谓升堂睹奥，及其研精覃思，然后于道，知其秋毫之端，万分未得处一焉。辄依师授之旨，略纂昔贤之微，其如恍惚杳冥，在达者之自悟耳。①

这是陈景元对解《老》宗旨的一个简要而准确的概括。重渊即重玄，渊之又渊即玄之又玄，都是为了避宋真宗追封的所谓圣祖"保生天尊大帝"赵玄朗之讳而改。陈景元解《老》既据师传也即张无梦老学之旨，又说是"以重玄为宗"，这就反映了陈抟学派的老学旨趣亦是以重玄学为归依的。由此可见，尽管重玄学在唐代臻于极盛，但到宋代仍有承接之余绪。陈景元老学以重玄为宗，其老学思想正是唐代重玄学在宋代继续传播的例子。

实际上，关于陈抟学派与唐代重玄学之关系，蒙文通先生早有精辟的论述。他在《校理老子成玄英疏叙录》一文中阐述了唐代道家重玄学派的源流演变以后又指出：

> 其若学本于唐而训释《老子》者，若刘海蟾一系，次张伯端，次石泰，次薛道光，次陈楠，次白玉蟾，作《道德经宝章》，授彭耜，作《道德经集注》，此亦渊源甚久，师承有自者也。至若陈抟有弟子张无梦，号鸿濛子，次有陈景元，号碧虚子，作《道德经藏室纂微》，以著其师说。次有薛致玄，作《藏室纂微开题科文疏》五卷，及《手钞》二卷，祖述陈氏。此皆唐代道家余绪而显于宋者。②

唐代道家余绪指的正是重玄之学。从学术大旨来说，陈抟学派正是继承了唐代的重玄学，而开启了宋代道教新的学风。陈景元在《道德真经藏室纂微开题》中说："若九丹八石，玉醴金液，存真守元，思神历藏，行气炼形，消灾辟恶，治鬼养性，绝谷变化，厌固教戒，

① 陈景元：《道德真经藏室纂微篇》，《老子集成》第二卷，第576页。
② 蒙文通：《古学甄微》，第356页。

役使鬼魅，皆老子常所经历救世之术，非至极者也。"① 在道教符箓丹法、奇技小数风行之际，陈景元却对其抱持轻视的态度，而强调"以重玄为宗，自然为体，道德为用"，体现了一位杰出道教学者的卓越之处。

当然，重玄的旨趣到宋代已经发生了明显的变化，李远国先生认为宋代重玄学的特点是《易》《老》相通，禅、老互融，以丹解《老》，形神俱妙②。这是有得之见。就陈抟学派以及宋代重玄学的学术大旨来说，则以下三方面尤值得注意：其一是重视治身治国。唐代以成玄英、李荣等为代表的重玄学，其宗旨在于阐发老子的虚通妙理，以探究虚极圆融的本体之道。陈景元的老学当然也重视老子道论的发挥，但其落脚点在治身治国，这一点与成玄英、李荣等不同。不过唐玄宗注《老》，既讲"法性清静是谓重玄"，又认为《老子》"其要在乎理身理国"③，陆希声、杜光庭等以重玄解《老》的学者也都着重于治身治国之道，可见陈景元的解《老》宗旨亦是承唐代重玄学的变化而来。他认为老子思想之要在于治身治国，这一解老宗旨可视为道教对黄老的回归，而北宋盛行黄老之学，当与道教界及陈抟学派的倡导有关。其二是与儒家学说的进一步融合。孔老相通，以儒入道，确属于重玄学的重要内容。事实上，除成玄英等人对儒家和孔子有所讥难以外，中唐以后的重玄学者大都试图调和孔老，沟通儒道。当然，由唐末陆希声在老学中阐发"孔老之术不相悖"，到陈抟学派所主张的"孔老为一"，我们可以更加清楚地看出唐代重玄学在宋代的传承和流播。其三是对丹道与心性理论的深入阐发。重玄之学作为唐代老学的一个重要组成部分，在阐释本体论的同时，还试图融入一些心性论的内容，认为修道者在致思上追求虚极之本体，但在具体的修行实践中，应该注意从心性上下功夫。尽管这种心性方面的理论还显得比较简单，却暗含着道教教义的重

---

① 陈景元：《道德真经藏室纂微篇》，《老子集成》第二卷，第 575 页。

② 参李远国：《论宋代重玄学的三大特征》，载《道家文化研究》第 19 辑，生活·读书·新知三联书店 2002 年版，第 331—356 页。

③ 《唐玄宗御制道德真经疏·释题》，《老子集成》第一卷，第 450 页。

大变化以及老学发展的转变契机。从道教的角度来看，重玄学的心性论为道教修炼在唐宋之际由外丹向内丹的转变奠定了哲学基础，陈抟学派将丹道与老学结合起来阐发内丹学原理，顺应了道教发展的时代要求。张伯端的《悟真篇》更是根据《老子》阐述内丹之理的代表作，对道教内丹学影响极为深远。从老学发展的层面看，陈抟学派重视以心性解《老》，在心性论上大做文章，从而促使对《老子》哲学思想的解释出现了新的变化，即发生了由魏晋以玄解《老》、唐代以重玄解《老》至宋元时期以心性解《老》的第三次转变。①

三、陈抟学派老学思想在宋元的影响

陈抟、陈景元一派的老学思想在宋元时期影响很大，老学研究者纷纷援引其说。南宋瞻山灵应观开山管辖住持观事杨仲庚云：

> 碧虚子陈君景元，师事天台山鸿濛子张无梦，得老氏心印，有《道德经藏室纂微篇》。盖撷诸家注疏之精华，而参以师传之秘，文义该赡，道物兼明，发挥清静之宗，丕赞圣神之化。熙宁中，召对便殿，因进所著，睿眷殊渥，宣附《道藏》，镇诸名山，四海学徒，典刑是赖。仲庚西蜀末褐，访道东南，课习是经，垂髻逮白。义海重玄，望洋窃叹，幸《纂微》之要，若披云雾而睹日月也。②

杨仲庚不仅称赞陈注之妙，并谈了他本人学习《老子》的切身体会。《老子》一书，内容极其广博深奥，特别是其中被学者们阐发出来的"重玄"思想，更令他"望洋窃叹"，至老仍难以明白，直到他读了陈景元的《道德真经藏室纂微篇》后，才得以豁然开朗，"若披云雾

---

① 关于以心性之学解《老》的具体情况，可参刘固盛《宋元老学研究》（巴蜀书社2001年版）、《宋元时期的老学与理学》（陕西人民出版社2002年版）的相关论述。

② 杨仲庚序，见陈景元：《道德真经藏室纂微篇》，《老子集成》第二卷，第577页。

而睹日月"。

元代薛致玄为陈景元之老学著作专撰《道德真经藏室纂微开题科文疏》及《道德真经藏室纂微手钞》两书，可以看出陈景元在元代的影响。其书前有时人李庭序云：

> 老子道德五千言，行于世者，千五百年矣。灿然如日月之丽天，固不待赞。古今注释，不啻百余家，顾浅深详略虽有不同，至于发挥妙理，启迪人心，要皆有功于圣人之门者也。窃尝观碧虚陈君所解，中间贯穿百氏，剖析玄微，引证详明，本末毕备，尤为近世所贵。

序中"尤为近世所贵"的评价，反映出陈景元注本在元代受到重视。序文又言：

> 然初机之士开卷茫然，往往有望洋之叹。太霞真人性纯德粹，问学该通，号为羽流宗匠，执经讲演垂五十年，可谓升堂睹奥矣。乃于静练之暇，撰成《科文义疏》七卷、《纂微开题》及《总章夹颂》各二卷，丁宁饷缕盖数十万言，意欲使学者溯流而知源，因博以求约，如蹑梯蹬以陟九层之台，举足愈高而所见益广。及乎造重玄之极致，悟大道之强名，体用两忘，有无双遣，超然自得于筌蹄之外。然后敬为此老拈一瓣香，庶几不负平昔用力之勤也。[1]

薛致玄号太霞真人，也是一位高道，被誉为"羽流宗匠"，讲经五十年，学识渊博。他专门为陈景元的《道德真经藏室纂微开题》进行详细的疏解，共分为二十门，对其中涉及的老子名号、道教史事、陈景元注《老》宗旨等，一一疏证，是为《道德真经藏室纂微开题

---

① 李庭序，见薛致玄：《道德真经藏室纂微开题科文疏》，《老子集成》第五卷，第543页。

科文疏》。又由于陈景元《道德真经藏室纂微篇》广引经典，薛致玄则为之注明引文出处及典籍名称，并作简要解释，成《道德真经藏室纂微手钞》。李庭序称"造重玄之极致"，可见，到元代，重玄学仍然是被关注的。陕西规措三白渠副使郭时中也为薛致玄书作序，言：

> 是经也，老子作之，碧虚纂之，太霞又从而释之。何经历世数之久而述作之多，盖一之理难乎拟议形容也。虽然，后之学者，不可畏高而怯其难，亦不可躐等而为之易，必也睿思明辨，日就月将，孜孜汲汲，无少间断，深玩而实体之，则是一也，洞然胸中，有不期悟而自悟者矣。将见自凡趋圣，超然物外，神游八极，身居阆苑者，未必不由兹学始，其绪余土苴，犹足以齐家、治国、平天下云。①

为经作注，再为注作疏，这在经学史上是很常见的现象，但在老学史或者道家思想史上并不多见，薛致玄的疏算是一个例子。序文不仅称赞老子，对陈景元注、薛致玄疏都给予了高度肯定。

至于薛致玄本人，对他为陈景元注作疏的原因也有说明：

> 碧虚真人曰：夫老子《道》《德》二经者，统论空洞虚无、自然道德、神明太和、天地阴阳、圣人侯王、士庶动植之类而已矣。所谓广大而无不蕴，细微而无不袭者也。是故司马迁称之曰：九经浩浩，不及二篇之约也。今将释此经，先明垂经之主，次显造疏之人。夫此经者乃太上老君所说也，《纂微》者陈君碧虚真人之所作也，《开题》者亦真人之所自述也。太霞老人不揆浅陋，浪述科文疏义，兼以消释开题，庶使学人识玄元应

---

① 郭时中序，见薛致玄：《道德真经藏室纂微开题科文疏》，《老子集成》第五卷，第544页。

世垂经之本末，知真人开发玄元之次序，由此科文而入之也。①

陈景元注问世后即产生了很大反响，到元代仍然受到推重，薛致玄致力于讲经，陈景元的注本当是他讲经的范本，也是当时道门人士以及道学爱好者研读《老子》的文本。薛致玄的疏完成后，当时众多道教名流促成其书刻印流传，并得到官员的支持，可见陈景元以及陈抟学派的学术影响力。

陈抟学派继承的重玄学，在宋元时期的传播还可找出其他的一些例子。例如金代赵秉文《道德真经集解》解首章云：

此章明重玄之极致。②

南宋董思靖《道德真经集解》卷三解"大辩若讷"一语曰：

离语默而万理昭融，超见闻而重玄了悟，故若讷也。③

又南宋赵实庵解《老》，述及他的老学宗趣时说：

老子之言，道之序也，故首曰道。道以无宗为宗，无祖为祖。圣人作经，以因为主，所因者道，以道为宗，道性至玄。以常极妙，妙极返无，故常道无名，常名无物，有复归无，有无一致。既升玄也，事理兼忘；既入兼忘，重玄始显。④

再如南宋末道教学者褚伯秀解《庄》时也论及了重玄，他注《庄子·知北游》"子能有无"一语云：

---

① 薛致玄：《道德真经藏室纂微开题科文疏》，《老子集成》第五卷，第545页。
② 赵秉文：《道德真经集解》，《老子集成》第四卷，第311页。
③ 董思靖：《道德真经集解》，《老子集成》第四卷，第377页。
④ 刘惟永：《道德真经集义大旨》卷中，《老子集成》第五卷，第411页。

子能有无谓知万法皆空，故独明此道，然犹坐于无，未造
重玄之域。①

唐代重玄学的阐发，不仅依赖于老学，而且也未离开庄学，如成玄
英《南华真经疏》即是代表。褚伯秀《南华真经义海纂微》纂集诸
家之说，并附上了自己的观点，从中可见重玄学在他思想中留下的
痕迹。

重玄学肇始于两晋，兴盛于唐朝，陈抟学派承接唐代道家之风，
以重玄为宗阐发《易》《老》《庄》，形成新的学术风气。受其影响，
不仅使重玄学在宋元时期继续流传，而且使宋代道教思想学术能够
摆脱符箓小数的束缚，获得新的发展契机与活力。而陈景元的老庄
学之所以取得了超越前人的思想成就，并对理学的形成产生影响，
亦与此相关。

除了在重玄学的流传上具有继往开来之功以外，陈抟学派对内
丹学的贡献也是巨大的，其中的关键点是将老子思想与内丹结合起
来，从而为内丹修炼提供了形而上的哲学依据。张伯端的《悟真篇》
被誉为丹经之祖，其显著特点就是在阐述丹道时自始至终体现出对
老子思想的运用。至于从张伯端，经石泰、薛道光、陈楠，至白玉
蟾正式创立道教南宗，无论是其立教理论、内丹修炼还是思想学术，
都可溯源于陈抟学派，而南宗尤其重视《老子》，多人为《老子》作
注，抑或与陈抟学派的学风有关。

第二节　陈景元《道德真经藏室纂微篇》

作为陈抟再传弟子的陈景元，是宋代道教老学中的重要代表人
物，也是一位著述丰硕的道教学者。据《历世真仙体道通鉴》记载，

---

① 褚伯秀：《南华真经义海纂微》，《道藏》第 15 册，第 520 页。

陈景元"有注《道德经》二卷、《老氏藏室纂微》二卷、注《庄子》十卷、《高士传》百卷、《文集》二十卷，《大洞经音义》《集注灵宝度人经》传于世"①。薛致玄《道德真经藏室纂微开题科文疏》所载更为详尽："所著书《藏室纂微》二卷、《南华真经章句》七卷、《总章》三卷、《抄义》三卷、《宝珠妙义》三卷、《肤解》一卷、《翼真检后义》一卷。《续高士传》改为《退身传集》。三注《通玄经》，四注《度人经》，解注《西升经》。"② 今《正统道藏》所载陈景元的著作则有《道德真经藏室纂微篇》10 卷，《南华真经章句音义》14 卷，《南华真经章句余事》1 卷，《南华真经余事杂录》2 卷，《冲虚至德真经释文补遗》2 卷，《西升经集注》6 卷，《上清大洞真经玉诀音义》1 卷，《元始无量度人上品妙经四注》4 卷。至于《庄子》注，今已散佚，但褚伯秀《南华真经义海纂微》有不少征引，得以保存大致面貌。陈景元的解《老》著作《道德真经藏室纂微篇》作于宋仁宗至和二年（1055 年），并于神宗熙宁五年（1072 年）上进朝廷，得到了皇帝的称赞，在社会上也产生了广泛的影响。陈景元在注解《老子》时，不只限于对《老子》原文的一般解释，而是将自己的哲学、政治、伦理道德、养生等诸种思想融入其中，所谓托《老子》以自见。因此，我们梳理陈景元的老学著作，从中不但可以考见其学术旨趣，还可以看出其在思想上的创见。

一、对道的阐述

老子之道"微妙玄通，深不可识"，具有高度的抽象性和广泛的涵盖性，为后人对它的理解发挥留下了广阔的空间，因此，不同的时代、不同的学者，对老子之道的理解和认识都有可能不同，都有各自的特点，并且无不打上时代的烙印，这就是所谓的"不同时代有不同的老子"。陈景元诠释《老子》，同样是以对老子之道的认识为核心而加以展开的。其《道德真经藏室纂微篇》八十一章注后，

---

① 赵道一：《历世真仙体道通鉴》，《道藏》第 5 册，第 382 页。
② 薛致玄：《道德真经藏室纂微开题科文疏》，《老子集成》第五卷，第 547 页。

对《老子》全书作了简要的总结：

> 老氏经二篇，统论空洞虚无、自然道德、神明太和、天地阴阳、圣人侯王、士庶动植之类，所谓广大而无不蕴，细微而无不袭也。约而语之，上之首章，明可道常道为教之宗，叙体而合乎妙。上之末章，以无为无不为陈教之旨，叙用而适乎道。故体用兼忘，始末相贯也。下之首章，明有德无德为教之应，因时之浇淳而次乎妙也。下之末章，以信言不信言为教之用，任物之华实而施乎道也。是以因时任物而不逆不争，是有其元德而大顺于造化，复其常道而入于妙门者矣。①

陈景元指出，老子之学无所不包，从天地宇宙、国家社会到万事万物，都以道为宗本，然道德一贯，体用兼具，故注《老子》，既要明其体，亦需致其用。用他自己的话来说就是："此经以重玄为宗，自然为体，道德为用，其要在乎治身治国。"② 可见，陈景元之解《老》，是沿着重玄学的理路，加上自己的独特阐发。

"以自然为体"是陈景元道论的一个重点。他注《老子》第一章："夫道者，杳然难言，非心口所能辩，故心困焉不能知，口辟焉不能议，在人灵府自悟尔，谓之无为自然。"这里所说的道指的是常道。陈景元继续说："常道者，自然而然，随感应变，接物不穷，不可以言传，不可以智索，但体冥造化，含光藏晖，无为而无不为，默通其极耳。"③ 常道是老子之道的最高层面，其最大的特点是虚无自然，变化莫测。他又说："虚极之道，以冲和为用，其所施用，无乎不可。在光则能和，与光而不别；在尘则能同，与尘而不异；应物则混于光尘，归根则湛然不染。寻其妙本，杳然而虚，约其施为，昭然而实。"④ 由于道体自然玄虚而又变化莫测，所以它能够无所不

---

① 陈景元：《道德真经藏室纂微篇》，《老子集成》第二卷，第 652 页。
② 陈景元：《道德真经藏室纂微篇》，《老子集成》第二卷，第 576 页。
③ 陈景元：《道德真经藏室纂微篇》，《老子集成》第二卷，第 578 页。
④ 陈景元：《道德真经藏室纂微篇》，《老子集成》第二卷，第 583 页。

在，遍及万物群生，具有根源性、本体性。在道教老学史上，关于"自然"的哲学诠释，河上注可为代表，河上注把"道法自然"解释为"道性自然，无所法也"，突出了老子之道的本原性，影响深远。陈景元"以自然为体"，则可以认为是河上注"道性自然"的另一表达方式。

以自然为体，可以说抓住了老子之道的核心。陈景元在首章"同谓之玄，玄之又玄"注云："玄者，深妙也，冥也，天也。所谓天者，自然也。言此无名有名，无欲有欲，皆受气于天，禀性于自然，中和浊辱，形类万状，盖由玄之又玄，神之又神，所谓自然而然也。若乃通悟深妙，洞达冥默者，是谓有玄德也。"① 把玄解释为天，出自河上注，被陈景元采用，但陈景元进而把天释为自然，这是他的发挥，突出了自然在老子道论中的最高价值。又如第十章"天门开阖，能为雌乎"句的注解：

> 天门者，自然之门也。自然生太极，太极生天地，天地生阴阳，阴阳生万物，万物生死由之而往来，故谓之天门。开谓散施，阖谓歛敛。开则生成，阖则衰灭。虽生万物，而未见其生生者，虽死万物，而未见其死死者。生生死死，而莫见其形，得不谓之自然乎。能体自然，其唯大人乎？大人量包宇宙，气含阴阳。所为雌静，则生死王衰不入于胸中。雌静者，自然之妙用也。此戒治身治国者，当以雌静是守。②

天门，道教学者大都沿袭河上注，或解为口鼻，或解为北极紫微宫，以作养生学的解读。陈景元则不同，将天释为自然，天门释为自然之门，因作道生万物的宇宙论诠释，并联系社会人事，强调用自然之道治身治国。

道以自然为体而生万物，这一主题的解释在第五十一章注有典

---

① 陈景元：《道德真经藏室纂微篇》，《老子集成》第二卷，第 579 页。
② 陈景元：《道德真经藏室纂微篇》，《老子集成》第二卷，第 588 页。

型的体现：

> 道者，虚无之体。德者，自然之用。道体虚无，运动而生物。物从道受气，故曰生之。德用自然，包含而畜物。物自德养形，故曰畜之。凡动植之类，皆本道而生，因德而养，物质方具，故曰形之。物既形矣，则随四时之势而成之。夫道降纯精而生物之性，德含和气而养物之形，故万物无不尊仰于道，而贵重于德也。……而道以纯精生物，物共尊之若父。德以和气养物，物共贵之若母。万物咸被道德生成之功，而尊贵若父母者，又非假于爵命，而常自然有所摄伏也。①

道以虚无为体，故能生化万物，德以自然为用，故能蓄养万物。要言之，尊道贵德，都以自然为基本原则。落实在社会人事，亦是如此。如第二十七章"善行无辙迹，善言无瑕谪"句的注：

> 善行者，顺自然而行也。《阴符经》云：观天之道，执天之行。谓观自然之道，无所观也。执自然之行，无所执也。夫无观无执，盖得之于心，则不出户而无辙迹也。善言犹庄子之卮言，酌中之言，日新之变，合于自然，涯分而无过溢之谈。如是则无瑕疵谪责之过也。②

陈景元在注中不仅把善行解为顺自然而行，而且把《阴符经》"观天之道，执天之行"的"天"解为自然，把庄子的"卮言"也解为自然之言，从而突出了自然法则在社会人事中的应用。

陈景元道论的另一个重点是以气论道，道气一贯。陈景元在阐述道的本体意义时，还强调了气的重要作用。如第四十二章"道生一，一生二，二生三，三生万物"注：

---

① 陈景元：《道德真经藏室纂微篇》，《老子集成》第二卷，第 626 页。
② 陈景元：《道德真经藏室纂微篇》，《老子集成》第二卷，第 604 页。

道者，虚之虚，无之无，自然之然也。混洞太无，冥寂渊通，不可名言者也。然而动出变化，则谓之浑沦。浑沦者一也。浑沦一气，未相离散，必有神明，潜兆于中。神明者二也。有神有明，则有分焉，是故清浊和三气，噫然而出，各有所归，是以清气为天，浊气为地，和气为人。三才既具，万物资生也。严君平曰：虚之虚生无之无，无之无生无，无生有形，故诸有形皆属于物类，物类有宗，类有所祖。天地，物之大者，而人次之。夫天人之生也，形因于气，气因于和，和因于神明，神明因于道，道之自然万物以存，故使天为天者，非天也。使人为人者，非人也。谷神子曰：夫道自然变而生神，神动而成和，和散而气结，气结而成形，故曰道生一，一生二，二生三，三生万物也。河上公曰：道始所生者一，一生阴阳，阴阳生和清浊三气，分为天地人。天地人共生万物。天施地化，人长养之。开元御注曰：道者，虚极之神宗。一者，冲和之精气也。生者，动出也。言道动出和气以生物，然于应化之理犹未足，更生阳气，积阳气以就一，故曰一生二。纯阳又不能生，更生阴气，积阴气以就二，故曰二生三。三生万物者，阴阳交泰，冲气化醇，则遍生庶汇也。三家之说，大同小异，今备存之。①

气是道家哲学中一个十分重要的概念，道教形成以后，对气的概念更加重视，并发展了气的思想。陈景元同样以气作为桥梁解释老子的宇宙本体论，指出天地万物都是通过气的作用而生成的，所以气有着十分重要的地位，不过，气并非世界之最高本体，因为在气之上还有一个道，气受道支配。注文中，陈景元又引用了严遵、河上公、唐玄宗三注关于道生万物的诠释，以表明他的解释是有所本的。他继续注该章"万物负阴而抱阳，冲气以为和"句说：

负，背也。抱，向也。动物则畏死而趣生，植物则背寒而

---

① 陈景元：《道德真经藏室纂微篇》，《老子集成》第二卷，第 619 页。

向暖，物之皮质，周包于外，皮质阴气之所结，故曰负阴。骨髓充实于内，骨髓阳气之所聚也，故曰抱阳。充和之气运行于其间，所以成乎形精也。冲和之气盛全，则形精不亏，而生理王也。冲和之气衰散，则形精相离，而入于死地矣。故大人虚其灵府，则纯白来并，君子不动乎心，则浩然之气可养。纯白浩然者，冲气之异名。冲气柔弱，可以调和阴阳，故曰冲气以为和。①

此注将"负阴而抱阳，冲气以为和"解释为养生的原则与方法，显示出了道教特色。又如第三十九章注关于一的论述："一者，元气也。元气为大道之子，神明之母，太和之宗，天地之祖，结为灵物，散为光耀，在阴则与阴同德，在阳则与阳同波，居玉京而不清，处瓦甓而不溷。上下无常，古今不二，故曰一也。藏乎心内则曰灵府，升之心上则曰灵台，寂然不动则谓之真君，制御形躯则谓之真宰，卷之则隐入毫窍，舒之则充塞太空。"② 一为元气，出于虚无之道，既能变化为一切有形，又能主宰人的心神，从万物的变化到个人的具体修炼，都离不开元气的关键作用。

道气自然，天人相贯，陈景元的上述阐释，正是唐代以来重玄学派"道气"理论的继续发展。唐代重玄学对气十分重视，在其宇宙本体论中，不仅有关于气的阐发，并且将道、气连称，而这种连称"是完全自觉的、深思熟虑的"③。成玄英说："至道妙本，体绝形名，从本降迹，肇生元气。"④ 虚极无滞之道产生元气以后，才能通过元气而形成万物。唐玄宗注《老子》"昔之得一"章云："一者道之和，谓冲气也。以其妙用在物为一，故谓之一尔。"⑤ 唐玄宗将一

---

① 陈景元：《道德真经藏室纂微篇》，《老子集成》第二卷，第619页。
② 陈景元：《道德真经藏室纂微篇》，《老子集成》第二卷，第615页。
③ 李大华：《道教重玄哲学论》，载《哲学研究》1994年第9期。
④ 成玄英：《道德经开题序诀义疏》，《老子集成》第一卷，第319页。
⑤ 《唐玄宗御注道德真经》，《老子集成》第一卷，第433页。

解为冲气，这个冲气是玄宗老学思想中有关宇宙生成论的关键。① 由于重玄之道体是高度抽象的"虚通妙理"，因此，重玄学用气来帮助说明道体，表明道虽然是虚无之体，却又有实在的内容蕴含其中。可以看出，陈景元的道气论，承接了唐代重玄学的普遍观点，是他"以重玄为宗"的老学思想的具体落实。

二、心性与修养

心性之学是宋代儒、道、释学者共同关心的时代问题，也有关重玄之旨。陈景元诠释《老子》第二十一章说："象者，气象。物者，神物，即庄子之所谓真君，今之所谓性者也。夫道，恍惚不定，谓其无邪，惚然自无形之中，恍尔变其气象，将为万物之朕兆也；谓其有邪，恍然自有象之初，惚尔而化归于无有也。然而至无之中，有神物焉。神物者，阴阳不测，妙万物以为言者也。千变万化，无所穷极，经营天地，造化阴阳，因气立质，而为万类，治身治国，炼粗入妙，未有不由神物者也。"② 道体虚无，然而虚无之中蕴藏着一个阴阳不测的"神物"，从宇宙的起源、万物的产生到人生的修养和国家的治理，无不由神物所决定。而在注文中，陈景元又把这个无所不能的神物等同于性，这就表明陈景元是从道的高度、本体的高度来理解性这个范畴的。由于陈景元解《老》时从道的高度来论心性，这就使得他的心性思想特别是人性论具有了新的内容。他注解《老子》第六十四章云："人生而静，天之性也。圣人以不欲不学为教者，以佐万物之自然，使各遂其性，而不敢造为异端，恐失其大本也。"③ 这里所说的"天之性"，乃指人生来所具有的一种先天本性，它清静纯粹，是自然之道在人身上的呈现。圣人教化引导修道者，就是要使之返照内心而"遂其性"。不过，陈景元又认为，社会上不同的人所显露的人性又是不同的。他解释《老子》第四十一

---

① 参卢国龙：《道教哲学》，华夏出版社 1997 年版，第 416 页。
② 陈景元：《道德真经藏室纂微篇》，《老子集成》第二卷，第 600 页。
③ 陈景元：《道德真经藏室纂微篇》，《老子集成》第二卷，第 594 页。

章说：

> 夫上士者，受性清静，恬澹寂漠，虚无无为，纯粹而不杂，
> 静一而不变，闻乎道也。人观其迹，真以为勤行而实无勤行也，
> 斯所谓天然县解矣。中士者，受性中庸，世所不用也，则就薮
> 泽，处闲旷，吐故纳新，熊经凤骞，养形保神而已。及乎为民
> 用也，则语大功，立大名，礼君臣，正上下，为治而已，此之
> 谓若存若亡也。下士者，受性浊辱，目欲视色，耳欲听声，口
> 欲察味，志气欲盈，闻其恬澹无为，则大笑而非之。①

上士、中士、下士之所以有善恶良莠之区别，乃是因为他们所禀受
之性有清静、中庸、浊辱的不同。显然，陈景元论及人性时，是从
两个层面来说的，即先天的人性和后天的人性。再如以下注文：

> 夫圣人禀气纯粹，天性高明，内怀真知，万事自悟，虽能
> 通知而不以知自矜，是德之上也。中下之士，受气昏浊，属性
> 刚强，内多机智，而事夸大，实不知道而强辩饰说以为知之，
> 是德之病也。②
> 人君守性清静，则元气高明而自正；人君纵其多欲，则元
> 气昏暝而烦浊。③

在陈景元看来，圣人抑或普通人在平时之所以呈现出不同的人性，
乃是因为他们所禀受的元气不同。人们禀受不同元气所呈现出来的
不同人性，并非个体先天之本性，而是其在现实生活中表现出来的
各种真实的品性状态。元气有纯粹、平淡、昏浊之区别，现实中的
具体人性便也有真善、普通、愚昧之不同。陈景元进而认为，先天

---

① 陈景元：《道德真经藏室纂微篇》，《老子集成》第二卷，第 617 页。
② 陈景元：《道德真经藏室纂微篇》，《老子集成》第二卷，第 644 页。
③ 陈景元：《道德真经藏室纂微篇》，《老子集成》第二卷，第 623 页。

人性都是至善的，后天人性则由于禀气之清浊不同而有好坏的区别。由此可见，陈景元在人性问题上提出了一个十分重要的，甚至是有重要创造性的见解，即将人性作先天、后天二分，并以禀气的清浊来解释后天人性的善恶原因，这一创见成为二程人性论的直接理论来源。

既然陈氏认为个体的人性有先天和后天之分，先天的人性都是真且善的，而后天人性则互有差别，于是，他提出了修养的方法，其要点就是通过守静以回归善的本性。第十六章注说：

> 人生而静，天之性。今言致虚极守静笃者，使人修之，复于妙本也。非止于人，盖万物之并动作者，未有不始于寂然而发于无形，生于和气而应于变化。及观其复也，尽反于杳冥而归于无朕，以全其形真也。《易》曰："复，其见天地之心乎。"天地之心，谓寂然至无也。①

回归天性就是"复于妙本"，这个"妙本"就是虚静。如果达到"寂然至无"虚静的境界，此时的人性当然是至善了。该章注又云：

> 虚者，冲漠之谓。静者，寂泊之谓。冲漠寂泊者，乃动植之根本也。且无者有之本，静者躁之君。动之极也，必归乎静；有之穷也，必复乎无。草木之根，重静处下，则长生；花叶轻动居上，则凋落。物尚如斯，何况人乎？故圣人举喻，使民息爱欲之心，归乎虚静之本，则可以复其性命之原矣。性命之原，即杳然冥然，视不见而听不闻者也，此唯明哲之自悟尔。能悟之者，则行住坐卧不离乎虚静寂寞，而应变不迁，是得常道而复命者也。②

---

① 陈景元：《道德真经藏室纂微篇》，《老子集成》第二卷，第 594 页。
② 陈景元：《道德真经藏室纂微篇》，《老子集成》第二卷，第 595 页。

注文提到修养的方法，概言之，即"息爱欲之心，归乎虚静之本"。陈景元特别强调虚静在修道过程中的重要地位，认为虚静就是道的本质特征，人与万物无论如何变化，本质上都以虚静为归宿。因此，体道、守静、复性是三位一体的，即"能体道渊静，释缚解纷，湛尔澄清，以复其性"①。由于外在的爱欲是导致人无法保持内心虚静的原因，故守静必然需要无欲。其在《老子》首章注中说：

> 夫人常体大道之微，守清静之要，复性命之极，不为外物所诱，则志意虚澹，可以观道之要妙，造微之至极。严均平曰：心如金石，形如枯木，默默隔隔，忘如驹犊者，无欲之人，复其性命之本也。有欲之人，贪遂境物，亡其坦夷之道。但见边小之徼，迷而不返，丧失真原。先贤或以谓无欲者，体道内观，化及群品，无所思存，忘其本迹也。有欲者，从本起用，施于可道，立教应物，成济众务，见物所终，了知归趣。前以约身为说，后以化民为言，修身治国，理无不备也。②

这是对"常无欲，以观其妙；常有欲，以观其徼"句的解释。无欲之人能守清静，体道复性。有欲之人贪遂境物，失本亡身。陈景元此解源自河上注，从修身的角度解释，也是其修养论的进一步阐发。陈景元还指出，无欲有欲存在另外一种解读，即从治国的角度看，无欲为体道，有欲为用道。此解见于唐玄宗御疏，注中的先贤或指唐玄宗。两注可以并存，说明陈景元的老学是修身与治国兼顾的。

对于回归人性之善，陈景元认为既需要圣人的教化，也需要自我的努力。他在突出圣人的作用时，还强调了百姓自身的好善好信之心，强调百姓的自我感悟和自我提升，即"自迁其心为善""自发其诚为信"，彰显了百姓在接受圣人教化过程中的主动性。

对于体道者来说，个人需要做到内心虚静，对待他人则提倡以

---

① 陈景元：《道德真经藏室纂微篇》，《老子集成》第二卷，第583页。
② 陈景元：《道德真经藏室纂微篇》，《老子集成》第二卷，第579页。

德报怨。对此，陈景元注解说：

> 人之云为有大有小，世之造事有多有少，云为造事皆损其天性，而失乎自然。损天性则怨生，失自然则恶起。既怨且恶，祸乱之阶也。唯至人无为无事无味，能灰心槁骸，虽有有为之怨，咸以无心至德报之。或问报怨以德，设有德者又何以为报乎？曰：世之为事，大小多少，怨怒恩德，以其无心至德报之一也。陆希声曰：夫体道之士微妙玄通，应世之为而本无为，应时之事而本无事，应物无味而本无味，其体虽大而朴甚小，其用虽多而要妙甚少，故术在于澹泊清静，不为万物所挠耳。夫唯如此则无欲，无欲则无私。恩者私之所畜，怨者恩之所萌，唯圣人能无私欲，无私欲故无私恩，无私恩故无私怨。众人则不然，以其有私欲故有恩怨。然天下有怨者，圣人以德德之。人之不善者，圣人以善善之。故民用和睦，上下无怨，此之谓也。仲尼曰：行满天下无怨恶。圣人岂有怨于物乎。[①]

在陈景元看来，损害自然天性的怨恶是客观存在的，也必然会引起人与人之间的矛盾与冲突。怎么面对呢？至人与圣人一定是主张以德报怨的，因为至人或者圣人超越了一般的认识，具有无心至德，所以能够在以直报怨的基础上做到以德报怨，以德报德更不是问题了。注中引用了唐代陆希声的注文，意在说明孔子实际上并不反对以德报怨，而对于普通人来说，以直报怨亦有其合理性。总之，在陈景元看来，以德报怨既是修养的要求，也是体道的境界。

三、治国思想

陈景元对《老子》的诠释，还注意从现实政治的层面加以发挥，将理身与理国有机地结合起来。如他明确提出其注《老》之宗旨虽然"以重玄为宗，自然为体，道德为用"，但是"其要在乎治身治

---

① 陈景元：《道德真经藏室纂微篇》，《老子集成》第二卷，第637页。

国。"也就是说，陈景元解《老》尽管对唐代道教老学仍然有所继承，即以重玄之学阐发老子之道，但其老学主旨与唐代重玄学追求"虚通妙理"有所不同，更加突出了治身治国方面的内容。如他注《老子》第四十三章"不言之教，无为之益，天下稀及之"句："圣人观天道之自然而谨身节用，饬容仪以悟物，故不言而其教行。若乃有为，则滞迹损物，既而无为，则利益甚多，故知清静简易之道，诚南面之至术，天下稀及之也。"① 注中把老子清静简易之道视为"南面之至术"，体现了陈景元主张以黄老之学治国的思想。

陈景元分析了人情世道的复杂，如第二十九章"故物或行或随，或呴或吹，或强或羸，或载或隳"句注云："此八事，谓外物不可必也。夫世有诚心行其事者，有伪意而随之者，诚心则治，伪意则乱，治则自然，乱则有为也。或有呴之为温，谓赞誉成人之美者，或有吹之为寒，谓毁訾致人之恶者。又解呴温谕富贵，吹寒谕贫贱，犹春夏之长养，秋冬之肃杀，世事代谢，亦复如是。或有见强而扶之者，或有见羸而抑之者，或有扶之使强者，或有抑之致羸者，此人情之倾夺也。或有载而安之者，或有隳而危之者，自此已上，并是失于自然，专任有为果敢，欲有所取，而致斯弊也。"② 世上的事物有前有后，有缓有急，有强有弱，有安有危，这是世事代谢的自然之理，但人往往违背自然之理，互相倾夺，失去自然之性，导致社会混乱。面对复杂的人情世事，用法令政教等有为的方式去强行约束，弊端更大。理想的治理还是无为清静：

> 古之人君在天下也，虽治迹忧勤，同乎民事，而心常虚澹，冥乎自然，故能体化合变，无往不可，磅礴万物以为一，而无物不然。为天下之民，浑其心而同其欲，顺其性而同其化，孰弊弊焉劳神苦思，以事为事，然后能乎。陆希声曰：圣人在天下惵然，应彼物感，未尝少息，而其心浑然，与天下为一，未

---

① 陈景元：《道德真经藏室纂微篇》，《老子集成》第二卷，第 620 页。
② 陈景元：《道德真经藏室纂微篇》，《老子集成》第二卷，第 606—607 页。

> 尝自有所为。故仲尼之所绝者有四，谓毋意，毋必，毋固，毋我。是以能无可无不可，无为无不为也。①

劳神苦思的有为之治是不能治理好天下的，圣明的君主常怀虚静之心而教天下之民，使民复自然之性，这样才能无为无不为。

由于提倡黄老之政术，故陈景元对《老子》的解释与一般的道教神学的理解不一样。如《老子》第十六章注：

> 悟常道者，神变无方，性无所不通，气无所不同，不知万物之为我，我之为万物，故能蹈水火，贯金石，反山川，移城邑，乘虚不坠，触实不碍，千变万化，不可穷极，此神合常道者也。其次则毓质不衰，颜如处子，住世千载，厌而上仙，此形同常道者也。其次则语默有法，出处合时，动与阳同波，光而不曜，静与阴同德，用晦而明，世累莫干而身无咎，此能用常道者也。若以治体为宗，则用常道为上矣。②

从这段注文中可以看出，陈景元把对常道的认识分为三个层面，即"神合常道""形同常道""用常道"，这三个层面实际上是分别针对神、仙和普通人来说的。按照道教神仙信仰的基本教旨，修道者应该追求最高的境界，即以成神成仙为其理想归宿，然而陈景元却说："若以治体为宗，则用常道为上矣。"这表明陈景元虽为道士，但并不尚神仙之术，而以用常道为上，也就是推重道的现实功用，即道之要"在乎治身治国"。用道来指导治身治国，这是黄老思想的一贯之旨。实际上，宋代不少道教人士解《老》，仍然强调老子之政术，突出了黄老的宗旨。在陈景元的老学思想中，治身治国思想都很丰富，其治国之术，首先强调的则是清静无为，如他说："积德之君，

---

① 陈景元：《道德真经藏室纂微篇》，《老子集成》第二卷，第 625 页。
② 陈景元：《道德真经藏室纂微篇》，《老子集成》第二卷，第 595 页。

其治人事天，厚国养民者，植根于无为，固蒂于清静。"① 其次，兼取儒学。他说："君子以无为自然为心，道德仁义为用。"② 以道为宗而"采儒墨之善"，这是黄老的典型特点。

我们再看陈景元对《老子》第二十九章的注：

> 不治天下者，是以因循无为，任物自然，故天下安而神物宁也。不任无为自然而有所为者，犹拙夫斫木，虽加其工，所败多矣。故七窍凿而混沌死，鞭策威而马力竭，岂非为者败之乎？而又执而不移，自谓圣治，非唯丧至理，亦将自失其真。……是以治天下之圣君，知祸兮福所倚，福兮祸所伏，舍乎有为，归乎无欲。去造作之甚者，复于自然。去服玩之奢者，复于纯俭。去情欲之泰者，复于清静。虽甚、奢、泰之三名，乃无为自然之一体，因兹奢泰，致其为之，故老氏特垂深戒也。③

"不治天下者"，即庄子所谓"至德之世"，是无为而治的典范。但陈景元指出，无为而治，应该是"因循无为，任物自然"。在治理的方法以及实施的过程中讲究"因循"，在结果的追求上注重百姓与万物的"自然"，这样的阐释与黄老之旨完全一致。黄老的因循思想在第五十八章注亦有体现：

> 夫闷闷之政，世谓之慢，而民淳淳，然实乐之。察察之政，世谓之能，而民缺缺，然实忧之。夫世之所谓祸者，莫不畏之，畏则戒慎，而福生其中矣。世之所谓福者，莫不喜之，喜则憍矜，而祸藏其间矣。祸福相因，莫知其穷极也。故天地有休否，日月有盈亏，此倚伏之数也。夫祸藏福中，有福而憍矜，则祸至。福隐祸内，有祸而戒慎，则福来。此世之必然也。故有道

---

① 陈景元：《道德真经藏室纂微篇》，《老子集成》第二卷，第 633 页。
② 陈景元：《道德真经藏室纂微篇》，《老子集成》第二卷，第 608 页。
③ 陈景元：《道德真经藏室纂微篇》，《老子集成》第二卷，第 606—607 页。

之君，守之以清静，任之以自然，不利货财，不近贵富，不乐寿，不哀夭，不荣通，不丑穷，如是则祸福倚伏于何而有哉。祸福倚伏，岂无正邪，在乎有道之君无为无事，忘形忘物，而后正耳。若有心为正，其正必复为奇，有心为善，其善必复为妖矣。夫百姓之心，其心不一。有道之君，用心若鉴，不将不迎，应而不藏，故能胜物而不伤也。①

天地运转，日月盈亏，世情变化，其间都具有必然之势，故祸福相因相倚。在上者如果不识其理，急于作为，结果一定是事与愿违，导致失败。有道之君能够因必然之势，顺自然之理，清静无为，故能正人心而正天下。

同样，陈景元的《庄子》注不仅阐发治身之道，也重视治国之道，其体现的黄老之旨是一贯的。首先，陈景元解《庄》时与其老学一样，认为治国应该清静无为。《应帝王》篇记载，啮缺问于王倪，四问而四不知，陈氏发挥曰："圣人行不言之教，则四问四不知者，乃《应帝王》之纲纽也。"② 这一理解颇合《庄子》原旨，即为政之要在于顺从自然，无为而治，所以帝王便应该不计功名，"游乎无有兼忘"。又如在《天地》篇中，庄子虚构的人物谆芒与苑风对话说："夫大壑之为物也。注焉而不满，酌焉而不竭。"就此，陈氏解释云："大壑即东海，注不满、酌不竭比喻道源无穷。无所宜，无所能，不见其情，行所不为者，治之要也。行言自为而天下化，盖不治者，圣治之妙也。无思无虑，用心若镜，故四海愿共利给之。"③ 由于道体深不可识，广大无边，那么圣人法道，其用于治国，便能不拘于一偏，任天下自化，无为无虑，不治而治。其次，陈景元所强调的无为而治，乃是针对圣人或君主而言，而一般的臣下则应该有为。他说："君臣定位，不相凌越，则天下治矣。"④ "王者法天无

① 陈景元：《道德真经藏室纂微篇》，《老子集成》第二卷，第 632 页。
② 褚伯秀：《南华真经义海纂微》，《道藏》第 15 册，第 297 页。
③ 褚伯秀：《南华真经义海纂微》，《道藏》第 15 册，第 380 页。
④ 褚伯秀：《南华真经义海纂微》，《道藏》第 15 册，第 391 页。

为，臣下事君有职，天道人道劳佚不同，若不察而倒置，乱自此始矣。"① 君臣之间的职分是不一样的，君主体天道而行，所以能够无为自然，任天下万物自治，而臣下则不一样，他们顺察人道，为君主服务，因此，应该积极做好分内之事，故君臣义明，而天下大治，上下错倒，则动乱开始。对于君道和臣道的区别，《天道》篇之注讲得更加清楚："君忠无不容，仁也；臣道无不理，义也。君当垂拱无为，若同臣道理事，是不主也；臣当职事有为，若同君德容纳，是不臣也。上下专执，任群才之能，故无为而用天下；臣职所司，以勤劳治事，故有为而为天下用也。由是知知落天地必取众谋，辩雕万物必取众义，能穷四海必待众为，斯无为之业也。"② 君道为本，臣道为末；君道为理，臣道为事；君道简要，臣道详备；君道无为，臣道有为，这些都是君臣秩序的应有之义。所以，君主治理天下，一方面要垂拱无为，另一方面又要"任群才之能"，以"众谋""众义""众为"为用。再次，主张刑德并用。陈景元说："刑礼知德，治世之具，必有以体，翼时循之。刑不宽则失治体，礼不兴则化不行，知不明则事留滞，以德循礼，然后能行于道也。"③ 儒家的名数礼教，法家的刑律，都是治世之具，不可缺少，但也不可专用，必须"以德循礼"，善于运用；而且，运用治世之具是臣下的事，至于君主，则要把握道家要旨，以道德为本，无为自化。显然，上述所论，是陈景元在新的时代条件下对黄老之学的典型阐发。

卿希泰先生主编的《中国道教史》曾指出："道教的老学或者道论，是以治身、治国并提为其特点，就此而言，陈景元的注解是具有代表性的。"④ 陈景元老学在阐述治国思想而发挥黄老之意方面，确实具有代表性的意义，这表明当时的道教学术界对黄老的重视与认同，也可认为是道教在教义上出现了向《老子》回归的倾向。

---

① 褚伯秀：《南华真经义海纂微》，《道藏》第 15 册，第 357 页。
② 褚伯秀：《南华真经义海纂微》，《道藏》第 15 册，第 397 页。
③ 褚伯秀：《南华真经义海纂微》，《道藏》第 15 册，第 271 页。
④ 卿希泰主编：《中国道教史》第二卷，第 715 页。

第四章　王安石学派的老子研究

　　王安石（1021—1086 年），字介甫，晚号半山，因封荆国公而被世人称为王荆公。抚州临川（今江西抚州）人，北宋杰出的政治家、思想家、文学家。庆历二年（1042 年）进士，先后任淮南判官、常州知州等地方官吏。治平四年（1067 年），神宗即位之后，王安石应诏知江宁府，后被召为翰林学士。熙宁年间两度拜相，主持了在宋代以至中国历史上都具有深远影响的政治改革运动。熙宁九年（1076 年）罢相后退居江宁，潜心于学术研究，有《临川先生文集》传世。

　　在北宋如百花齐放的学术流派中，王安石主导的荆公新学"独行于世者六十年"①，强烈地震撼着当时的学林，推动着一代士风的转变，成为宋学发展的重要一环。王安石学派的学者，包括王安石、王雱、陆佃、刘概、刘泾、吕惠卿等，在推行《三经新义》的同时，纷纷注《老》解《庄》，在当时就产生了很大的影响。叶梦得曾说："自熙宁以来，学者争言老庄。"② 苏轼在《议学校贡举状》中也谈到了当时老庄受欢迎的盛况："今士大夫至以佛老为圣人，鬻书于市者，非庄老之书不售也。"③ 这种局面的出现与王安石学派的倡导是分不开的。王安石学派的老学在宋代老学史上具有重要地位。

---

① 陈振孙：《直斋书录解题》卷二。
② 叶梦得：《避暑录话》卷上。
③ 苏轼：《苏轼文集》卷二十五《议学校贡举状》。

第一节　王安石的老学思想

王安石有《老子注》两卷，原书已佚，幸得彭耜《道德真经集注》、李霖《道德真经取善集》、刘惟永《道德真经集义》等书的征引而保留了部分内容，今人容肇祖、蒙文通、严灵峰等均有王注辑本。从辑本的内容来看，王安石试图将老子的自然之道与经世之学结合起来，并在沟通儒道的基础上发挥性命道德学说，以达到吸收老子学说有益成分充实儒学，并为其变法运动提供理论依据的目的。

一、"介甫平生最喜《老子》"

司马光曾说："光昔者从介甫游，介甫于诸书无不观，而特好孟子与老子之言。"① 晁公武也说："介甫平生最喜《老子》，故解释最所致意。"② 王安石虽然是儒家学派的代表人物，但最喜欢的经典却是道家的《老子》，这与他博采众长、兼容并包的学术态度有直接关系。

北宋时期，周敦颐、邵雍、张载、二程以及王安石学派、苏蜀学派的学者都注重思想学术的会通，以王安石学派的学术态度最为开放。王安石主张治学不应囿于一家之言，并提出了"惟理之求"的读书标准："善学者读其书，惟理之求。有合吾心者，则樵牧之言犹不废；言而无理，则周孔所不敢从。"③ 他自己"自百家诸子之书，至于《难经》《素问》《本草》、诸小说无所不读，农夫、女工无所不问，然后于经为能知其大体而无疑"④，希望能从诸家学说中汲取理论营养。基于这种认识，王安石在论《庄》注《老》时常常将儒释

---

① 彭耜：《道德真经集注杂说》，《老子集成》第四卷，第705页。
② 晁公武：《郡斋读书志》卷三上。
③ 释惠洪：《冷斋夜话》卷六《曾子固讽舒王嗜佛条》。
④ 王安石：《临川先生文集》卷七十三《答曾子固书》。

道三家学说有机地融合在一起。例如，在《庄周》一文中，他引用孟子的观点证明得意忘言的重要性："孟子曰：'说《诗》者，不以文害辞，不以辞害意，以意逆志，是为得之。'读其文而不以意原之，此为周者之所以讼也。"① 在注《老子》时，他又时常引用《庄子》解《老》，例如："庄子曰：圣人以必不必，故无兵；众人以不必必之，故多兵。勇于敢，以不必必之，故多兵而杀；勇于不敢，以必不必，故无兵而活。"② 此外，王安石还指出，佛与老庄也有相通之处："盖有见于无思无为，退藏于密，寂然不动者，中国之老庄，西域之佛也。"③ 他这种会通百家之学的观点和做法，也反映了宋代儒释道合流的时代思潮。

开放兼容的精神也融入了王安石的整个学术思想体系当中。这一点从历代学者对新学以及王安石学术倾向的评价中可以看出来。例如，苏轼说新学"网罗六艺之遗文，断以己意；糠粃百家之陈迹，作新斯人"④。全祖望撰《宋元学案》时没有将新学置于正统地位，而是附于全书之末，冠以"学略"：

> 荆公《淮南杂说》初出，见者以为《孟子》；老泉文初出，见者以为《荀子》。已而聚讼大起。《三经新义》，累数十年而始废。……述《荆公新学略》及《蜀学略》。⑤

对此，王梓材评价："是条叙录，兼蜀学而言之。谢山以其并为杂学，故列之学为杂学，故列之学案之后，别谓之学略云。"⑥ 他认为全祖望的做法实际上是将新学视为杂学。此外，还有人批评王安石的学术流入佛老，例如金朝赵秉文说："学王（安石）而不至，其弊

---

① 王安石：《王文公文集》卷二十七《庄周下》。
② 王安石：《老子注》，《老子集成》第二卷，第 572 页。
③ 王安石：《王文公文集》卷三十五《涟水军淳化院经藏记》。
④ 《经进东坡文集事略》卷三十九《王安石赠太傅》。
⑤ 黄宗羲原著，全祖望补修：《宋元学案》卷九十八《荆公新学略》，第 3237 页。
⑥ 黄宗羲原著，全祖望补修：《宋元学案》卷九十八《荆公新学略》，第 3237 页。

必至于佛老。"①《宋史》评价王安石的《字说》"多穿凿傅会，其流入于佛老"②。清代王夫之亦提出："王安石之学，外申韩而内佛老。"③ 可见，荆公新学包含佛老思想是被公认的。这恰好反映出，在儒释道合流的时代思潮影响下，王安石对各家学说兼收并蓄的特点，也从另一个侧面反映了王安石之学与佛老之密切关系。对此，邓广铭先生说："王安石在'道德性命之理'方面之所以能有超越前人的成就，主要还归功于他对佛老两家的学术和义理不存门户之见，凡其可以吸取之处，一律公开地而不是遮遮掩掩地加以吸取之故。"④ 他认为，王安石对佛老思想的认可和吸收，是其思想学术能够独树一帜的重要原因。

王安石之所以重视《老子》，还有一个非常重要的原因，就是出于政治需要。《宋史·王安石传》记载了神宗和王安石的两次对话：

> 二年二月，拜参知政事。上谓曰："人皆不能知卿，以为卿但知经术，不晓世务。"安石对曰："经术正所以经世务，但后世所谓儒者，大抵皆庸人，故世俗皆以为经术不可施于世务尔。"上问："然则卿所施设以何先？"安石曰："变风俗，立法，最方今之所急之。"上以为然。⑤

> 熙宁元年四月，始造朝。入对，帝问："为治所先？"对曰："择术为先。"帝曰："唐太宗何如？"曰："陛下当法尧舜，何以太宗为哉。尧舜之道，至简而不烦，至要而不迂，至易而不难。但末世学者不能通知，以为高不可及尔。"⑥

第一段对话中，神宗指出很多人认为王安石"但知经术，不晓世

---

① 赵秉文：《滏水文集》卷一《原教》。
② 脱脱等：《宋史》卷三百二十七《王安石传》，第 10550 页。
③ 王夫之：《读通鉴论》卷二十九。
④ 邓广铭：《王安石在北宋儒家学派中的地位》，载《北京大学学报》1991 年第 2 期。
⑤ 脱脱等：《宋史》卷三百二十七《王安石传》，第 10544 页。
⑥ 脱脱等：《宋史》卷三百二十七《王安石传》，第 10543 页。

务"，反映了当时人们眼中的"经术"，即汉唐以来的儒家笺注之学，已经无法适应时代的要求，而沦为脱离社会实际的空谈。与时人不同的是，王安石认为真正的"经术"原本就是经世致用之术，只是后世庸儒没有发挥其中的精神，才造成了人们的误解。因此，王安石提出变法。变法的首要任务是对儒学进行改造，发掘其中的治世之道，为变法提供新的理论武器。第二段对话中，神宗欲以唐太宗为榜样，王安石却建议神宗效法尧舜，并称"尧舜之道"的精神在于"至简而不烦，至要而不迁，至易而不难"。唐太宗是文治武功俱全的有为之君，"至简""至要""至易"与黄老"指约而易操，事少而功多"之旨相通。可见，在他看来，尧舜之道与黄老之术是完全可以沟通的。

王安石不仅喜爱读《老子》，而且对《老子注》倾注心力，使之成为发挥自己哲学思想和政治思想的重要著作。

二、"有无之体用皆出于道"

"道"是老子哲学思想体系的核心，但老庄关于道的论述本没有涉及道有体用之分，魏晋玄学家在"有无""本末"问题的争论中开始探讨道的体用问题。宋代学者比较重视从体用的角度阐发老子的道论，以王安石学派为代表。王安石在注《老子》第四章时说得非常明确：

> 道有体有用。体者元气之不动，用者冲气运行于天地之间。其冲气至虚而一，在天则为天五，在地则为地六。盖冲气为元气之所生，既至虚而一，则或如不盈。①

道体是不动的元气，道用则体现为运行于天地之间的冲气。究竟什么是冲气呢？王安石在《老子》第五十二章注中做了解释：

---

① 王安石：《老子注》，《老子集成》第二卷，第561页。

一阴一阳之谓道，而阴阳之中有冲气。冲气生于道。道者天也，万物之所自生，故为天下母。夫物芸芸，各归其根。归根曰静，静曰复命。则得以返其本也，故曰复守其母也。①

《老子》第四十二章中的"道生一，一生二，二生三"，历代以来解释各异。其中比较有代表性的解释，"一"指道，"二"为阴阳，"三"为阴阳二气相冲而成的和气，和生万物。王安石的理解与此接近，也是将"冲气"作为道生万物的中间环节。第四章注中，他以元气为道体，冲气为道用，并称"冲气为元气之所生"，是典型的气本论。通过气论来阐发道体与道用的关系，在老学史上也是很有代表性的。王安石还从气的角度沟通儒道，例如《老子》第十章注曰：

志者气之帅，气者适善恶之马，气之所作，志使之然。今专守其气于内，而致极其柔，能如婴儿乎？言如婴儿之柔弱也。夫婴儿者，终日号而乃嗌不嗄，终日视而不瞬目。孟子言其气，则谓至大至刚塞乎天地之间，老子乃谓专气致柔，何也？孟子立本者也，老子反本者也，故言之所以异。②

他认为，孟子所说的气至大至刚、充塞天地，老子所说的气尚专气致柔，表面上相互矛盾，但孟子是立本，老子是反本，都是对本体问题的关注，只是角度有所不同罢了，可谓殊途同归。南宋叶梦得也发表过对这一问题的看法："老氏论气，欲专气致柔如婴儿；孟子论气，以至大至刚，直养而无害，充塞乎天地之间。二者正相反，从老氏则废孟子，从孟子则废老氏。以吾观之，二说正不相反。人气散之则与物敌而刚，专之则反于己而柔，刚不可以胜刚，胜刚者必以柔，则专气者乃所以为直也。直养而无害于外，则不惟持其志，毋暴其气，当如曾子之守约，约之至积而反于微，则直养者乃所以

---

① 王安石：《老子注》，《老子集成》第二卷，第 570 页。
② 王安石：《老子注》，《老子集成》第二卷，第 564 页。

为柔也。盖知道之至者，本自无二。"① 叶梦得通过论述正反相合的道理，得出道无二致的结论，可以视为王安石注文的注脚。

《老子》第四十章："反者道之动，弱者道之用。天下之物生于有，有生于无。"王安石注曰：

> 道之用所以在于弱者，以虚而已。即在天者而观之，指我亦胜我，蹈我亦胜我，则风之行乎太虚可谓弱矣，然无一物不在所鼓舞，无一形不在所披拂，则风之用在乎弱也。即在地者而观之，决诸东方则东流，决诸西方则西流，则水之托于渊虚可谓弱矣，然处众人之所恶，而攻坚强有莫之能先，则水之用在乎弱也。又曰：反非所以为动，然有所谓动者，动于反也。弱非所以为强，然有所谓强者，盖弱则能强也。虽然，言反而不言静，言弱而不言强，言动则知反之为静，言弱则知用之为强。天下之物生于有，有生于无，亦若此而已矣。②

他以天上的风和地上的水喻道，证明道发挥功用的原因在于"弱"和"虚"。接着又论证了强与弱、静与反、有与无的辩证关系，和叶梦得论述的正反相合的道理一致。

关于有与无，王安石有很多论述。他首先提出有和无是道的两个方面："道，一也，而为说有二；所谓二者何也？有无是也。无则道之本，而所谓妙者也；有则道之末，所谓徼者也。故道之本出于冲虚杳眇之际，而其末也散于形名度数之间。是二者其为道一也。"③ "道之本"指道的本质。"道之末"指道的功用。王安石以无为道之本，以有为道之末。可见，在其《老子注》中，道之本末、有无是相似的范畴。本末说十分形象地展现了无和有在老子之道中所处的地位。此外，王安石又将无、有分别与道体、道用对应，《老子》首

---

① 焦竑：《老子翼》，《老子集成》第六卷，第 683 页。
② 王安石：《老子注》，《老子集成》第二卷，第 568—569 页。
③ 王安石：《老子注》，《老子集成》第二卷，第 559 页。

章注曰：

> 常者，庄子谓无古无今，无终无始也。道本不可道，若其可道，则是其迹也。有其迹则非吾之常道也。道本无名，道有可名，则非吾之常名，盖名生于义，故有名也。无，所以名天地之始；有，所以名其终，故曰万物之母。《全义》：无者，形之上者也，自太初至于太始，自太始至于太极，太始生天地，此名天地之始，有形之下者也。有天地然后生万物，此名万物母，母者生之谓也。《杂说》：无名者，太始也，故为天地之父。有名者，太极也，故为万物之母。天地万物之合，万物天地之离，于父言天地，则万物可知矣；于母言万物，则天地亦可知矣。道之本出于无，故常无所以自观其妙。道之用常归于有，故常有得以自观其徼。①

"无"指形而上之道，体现了道体的特点。"有"指形而下之道，体现了道用的特点。他还强调，无和有是一对相互依存的概念："盖有无者若东西之相反而不可以相无。故非有则无以见无，而无无则无以出有。有无之变，更出迭入，而未尝离乎道，此则圣人之所谓神者矣。……两者，有无之道，而同出于道也。言有无之体用皆出于道。世之学者常以无为精有为粗，不知二者皆出于道，故名同谓之玄。"② 有无相反相成，相生相随，最根本的原因在于它们同出于道，而且是"有无之体用皆出于道"。

三、圣人"以无为用天下之有为"

王安石从体用、本末、有无等多个层面分析自然之道的特点，最终目的是将道家的自然之道与儒家的经世之学结合起来。他注《老子》第十一章曰：

---

① 王安石：《老子注》，《老子集成》第二卷，第 558—559 页。
② 王安石：《老子注》，《老子集成》第二卷，第 559 页。

> 道有本末。本者万物之所以生也。末者万物之所以成也。本者出之自然，故不假乎人之力，而万物之所以生也。末者涉乎形器，故待人力而后万物以成也。夫其不假人之力而万物以生，则是圣人可以无言也，无为也。至乎有待于人力而万物以成，则是圣人之所以不能无言也，无为也。①

道之本是自然的，万物赖之以生，不必假借外界的力量。道之末与形器有关，其作用主要在万物成长的过程中体现出来，必须有人力的参与。根据道之本，圣人应该无为。根据道之末，圣人又不能无为。从本末关系来看，无为高于有为。从道包含本末、有无来看，无为、有为皆不可废。圣人应该如何平衡两者之间的关系，使之统一起来呢？王安石接着说：

> 故昔圣人之在上，而以万物为己任者，必制四术焉。四术者，礼乐刑政是也，所以成万物者也。故圣人唯务修其成万物者，不言其生万物者。盖生者尸之于自然，非人力之所得与矣。②

自然之道非人力能左右，所以圣人选择有为，具体做法是制定并运用好儒家的礼乐刑政四术。他又说："王者，人道之极也，人道极，则至于天道矣。"③ 天道即自然之道，"人道极，则至于天道"，说明若能积极发挥人的主观能动性，人道是可以和天道相互沟通的。这样一来，王安石就把老子崇尚的天道与儒家注重的人道结合起来，儒家的礼乐刑政也包含于老子之道中了。在此基础上，王安石明确提出圣人要"以无为用天下之有为"：

---

① 王安石：《老子注》，《老子集成》第二卷，第 564 页。
② 王安石：《老子注》，《老子集成》第二卷，第 564 页。
③ 王安石：《老子注》，《老子集成》第二卷，第 565 页。

　　天道之体，虽绵绵若存，故圣人用其道，未尝勤于力也，而皆出于自然。盖圣人以无为用天下之有为，以有余用天下之不足故也。①

　　夫无为者，用天下之有为；有余者，用天下之不足。然老子方言其反本，而曰爱民治国者何也？盖老子为言其反本，遂自道而起教，所谓吉凶与民同患也。《易》曰圣人以此洗心退藏于密，吉凶与民同患是也。不惟老子之言若是，凡古之圣人皆如此也。②

这样就实现了人道与天道的统一，这种统一既体现了道家的自然，又反映出儒家的进取。所以，道之本末论实际上还是为儒道合一寻找哲学上的依据。从王安石对天道人道关系的论述中，也可以看出他对儒道关系的态度。

为了突出人道和有为的重要性，王安石又分析了老子之道的不足之处："老子者独不然，以为涉乎形器者皆不足言也，不足为也。故大抵去礼乐刑政而惟道之称焉，是不察于理而务高之过也。"③ 他认为，老子之不足在于过分强调道的自然无为，而忽略了道在社会生活层面的功用，没有重视礼、乐、刑、政等形器方面的内容。事实上，道是体用一源、本末相依的，既言自然，也涉人为：

　　夫道之自然者又何预乎？惟其涉乎形器，是以必待于人之言也、人之为也。其言曰：三十辐共一毂，当其无，有车之用。夫毂辐之用，故在于车之无用，然工之斫削未尝及于无者，盖无出于自然，人之力可以无与也。今之治车者，知治其毂辐，而未尝及于无也。然而车以成者，盖毂辐具则亦无必为用矣。如其知无之为用，而不治毂辐，则为车之术固已疏矣。今知无

---

① 王安石：《老子注》，《老子集成》第二卷，第562—563页。
② 王安石：《老子注》，《老子集成》第二卷，第564页。
③ 王安石：《老子注》，《老子集成》第二卷，第564页。

之为车用，无之为天下用，然不知所以为用也。故无之所以为车用者，以其有穀辐也；无之所以为天下用者，以其有礼乐刑政也。如其废穀辐于车，废礼乐刑政于天下，而坐求其无之为用也，则亦近于愚矣。①

所以，仅言自然是不够的，还应该注意形器方面的因素，充分发挥礼乐刑政等社会政治制度和措施的作用。这是典型的儒家治国之术。

此外，王安石还通过类似的论证，对老子主张的不尚贤与儒家主张的举贤尚能进行沟通，阐明儒道同归的思想：

> 所谓不尚贤者，圣人之心，未尝欲以贤服天下，而所以天下服者，未尝不以贤也。群天下之民，役天下之物，而贤之不尚，则何恃而治哉？夫民于襁褓之中而有善之性，不得贤而与之教，则不足以明天下之善。善既明于己，则岂有贤而不服哉？故贤之法度存，犹足以维后世之乱。使之尚于天下，则民其有争乎？求彼之意，是欲天下之人，尽明于善，而不知贤之可尚。虽然，天之于民，不如是之齐也。而况尚贤之法废，则人不必能明天下之善也。噫，彼贤不能养不贤之敝，孰知夫能使天下中心悦而诚服之贤哉？齐桓公问于管仲曰，仲不幸而至于不可讳，则恶乎属国？桓公贤易牙，而仲以为易牙于己不若者，不比数之，无若隰朋者，上忘而下畔，愧不若黄帝而哀不已。若夫使其得上忘而下畔之人而尊之于上，则孰有尚贤之弊哉？或曰彼岂不谓是耶？特以弊而论之耳。②

在一般人看来，老子的不尚贤与儒家的举贤才是相互对立的，但王安石有不同的看法。首先，他说明了尚贤的重要性，治理天下是不可能离开尚贤的。然后，他提出老子之不尚贤，并不意味着他要否

---

① 王安石：《老子注》，《老子集成》第二卷，第564—565页。
② 王安石：《老子注》，《老子集成》第二卷，第560页。

定贤能，而是希望社会恢复到太古之治，人人皆贤，也就无贤可尚了。这就好比管仲临死时向齐桓公推荐隰朋，认为他能够做到"上忘而下畔"，可托大事。所谓"上忘"，意思是自己把自己的贤能忘了。这样的人治理国家，人们就不会造反，也不会有尚贤的弊端。因此，老子不尚贤的实际目的是更高层次的尚贤，与儒家并不矛盾。可见，王安石注《老》的目的是通过对老子的道论进行改造，将儒家的政治学说与老子之道统一起来，从而为自己的政治活动寻找理论上的依据。

四、道德性命之理

在北宋儒学复兴运动中，王安石的贡献之一就是注重义理，开启道德性命学说之先河。对此，他的学生蔡卞曾说："自先天泽竭，国异家殊。由汉迄唐，源流浸深。宋兴，文物盛矣，然不知道德性命之理。安石奋乎百世之下，追尧舜三代，通乎昼夜阴阳所不能测而入于神。初著《杂说》数万言，世谓其言与孟轲相上下。于是天下之士，始原道德之意，窥性命之端。"① 金代学者赵秉文也说："自王氏之学兴，士大夫非道德性命不谈。"② 王安石提出的"道德性命之理"，对当时的学风和士风确实产生了巨大的影响，后来亦成为理学家们十分关注并全力探讨的问题。

对道德性命学说的重建，是王安石学术的重要特色。北宋陈瓘说："臣闻先王所谓道德者，性命之理而已矣，此安石之精义也。有《三经》焉，有《字说》焉，有《日录》焉，皆性命之理也。蔡卞、蹇序辰、邓洵武等用心纯一，主行其教，所为大有为者，亦性命之理而已矣；其所谓继述者，亦性命之理而已矣；其所谓一道德者，亦以性命之理而一之也；其所谓同风俗者，亦以性命之理而同之也。"③ 尽管他的本意是批评王安石过分强调道德性命学说，但从另

---

① 晁公武：《郡斋读书志·后志》卷二。
② 赵秉文：《滏水文集》卷一《性道教说》。
③ 邵博：《邵氏闻见后录》卷二十三。

一个角度来看，性命之理的确是贯穿于王安石思想的精神内核。

王安石曾指出："先王之道德，出于性命之理，而性命之理，出于人心。《诗》《书》能循而达之，非能夺其所有而予之，以其所无也。经虽亡，出于人心者犹在，则亦安能使人舍己之昭昭，而从我于聋昏乎？"[1] 他认为，任何经典都是道德性命学说的载体，那么，经典注释的重要意义就在于将这种精义发掘出来，并清楚地呈现给读者。在为《老子》作注时，他就是这么做的，例如第二十七章注曰：

> 万物有成理，固有拂其理而逆之者；万物有常性，固有戾其性而梏之者；万物有正命，固有违其命而绝之者。圣人恻然于是，惟其所宝，慈以济之。因其悖于理也，发其塞而通之；因其戾于性也，除其害而若之；因其违于命也，继其绝而复之。[2]

万物有"成理""常性""正命"，但由于种种原因无法显现并发挥作用。只有圣人能以慈济之，"发其塞而通之""除其害而若之""继其绝而复之"，排除各种障碍，让它们回到正常的轨道。实际上，《老子》原典罕言心性，除"致虚极"章有"静曰复命，复命谓常"外，并没有提到"性"或"性命"。倒是儒家经典中常常出现，如《周易》的"穷理尽性以至于命"，《孟子》的"尽心知性则知天"，《中庸》的"天命之谓性，率性之谓道，修道之谓教"，等等。而宋代理学的重要特点就是将性命（心性）提升到本体的高度，视之为"天理"，从而实现对儒家性命学说的重建。由此可见，性命之学并非《老子》的本义，而是王安石顺应时代需要对《老子》作出的一种新解释。

王安石对《老子》第四十八章的注可以看作他以性命之学释

---

① 王安石：《王文公文集》卷三十四《虔州学记》。
② 王安石：《老子注》，《老子集成》第二卷，第567页。

《老》的中心内容，其主旨即"穷理尽性以至于命"：

> 为学者穷理也，为道者尽性也。性在物谓之理，则天下之理无不得，故曰日益。天下之理宜存之于无，故曰日损。穷理尽性，必至于复命，故损之又损之以至于无为者，复命也。然命不亟复也，必至于消之复之，然后至于命，故曰损之又损之以至于无为。①

由于命受之于天而存之于人，故有"天命之谓性"的说法，可见，命与性是紧密相关的，尽性则必至于复命。下面从穷理与尽性两个层面探讨王安石解《老》的主旨。

首先，穷理。王安石在注《老子》第五章时对"理"的基本涵义做了发挥：

> 天地之于万物，当春生夏长之时，如其有仁爱以及之，至秋冬万物凋落，非天地之不爱也，物理之常也。且圣人之于百姓，以仁义及天下，如其仁爱。及乎人事有始终之序，有生死之变，此物理之常也。此亦物理之常，非圣人之所固为也。此非前爱而后忍，盖理之适焉耳。故曰不仁乃仁之至。庄子曰：至仁无亲，大仁不仁。与此合矣。②

在他看来，万事万物之间的秩序乃至人类的生死，都存在某种客观必然性，是"物理之常"，受"天下之理"的支配。人事之序、生死之变不会因为有圣人的仁爱泽被而改变。万物春生夏长，看似天地在施仁爱；至秋冬凋落，又似乎显示出天地的冷酷无情。但实际上并非如此，万物随春夏秋冬四季的更迭而发生相应的变化，都是自然界的客观之理，不会受到仁爱之类的道德规范的影响。可见，他

---

① 王安石：《老子注》，《老子集成》第二卷，第 569 页。
② 王安石：《老子注》，《老子集成》第二卷，第 561—562 页。

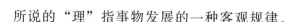

所说的"理"指事物发展的一种客观规律。

此外，王安石把事物存在的对立因素，如美与恶、善与不善、有与无、难与易、高与下、音与声、前与后等也视为"物理之常"：

> 夫美者恶之对，善者不善之反，此物理之常。惟圣人乃无对于万物，自非圣人之所为，皆有对矣。①

万物万事"皆有对"，即都存在着对立的两方面，这是客观规律。那么，王安石所主张的"为学""穷理"，就是指认识人类社会和自然界所存在的客观规律。不过，他又强调"惟圣人乃无对于万物"，将圣人排除在万物对立的规律之外，反映了其认识上的局限。尽管如此，王安石以客观规律释"理"还是达到了相当的高度。

其次，尽性。性与理是密切相关的。王安石在"为学日益"章注中说"性在物谓之理"，性是事物的自然属性。此外，由于人性同样出之于自然，所以人性本身亦存在着理，王安石称之为"性命之理"：

> 吾能顺性命之理，受之而不逆，故往而不害。能安则能平，能平则能泰。善安然后至于平，平然后至于泰也。夫五味之于口，五音之于耳，世皆沉溺而不知反者，以其悦之于口耳之间也。唯道之于口，则非味而常淡然耳。惟其不悦于味，而视道之无味，不悦于声，而视道之无声，则视之不足见，听之不足闻，而其用不可尽矣。②

性命之理与事物之理一样具有客观性，同样是不能违背的。他提醒人们不要沉溺于声色享乐，否则会伤害人的味觉、视觉和听觉：

---

① 王安石：《老子注》，《老子集成》第二卷，第559页。
② 王安石：《老子注》，《老子集成》第二卷，第568页。

夫人莫不有视、听、思，目之能视，耳之能听，心之能思，皆天也。然视而使之明，听而使之聪，思而使之正，皆人也。然形不可太劳，精不可太用；太劳则竭，太用则瘦。唯能啬之而不使至于太劳太用，则能尽性，尽性则至于命。早复者复于命也。①

因为视、听、思、行能力等都是先天所定，属于人性中所固有的东西。沉溺于声色享乐会导致精力衰竭、形体消瘦，是违背性命之理造成的恶果。所以他提出要爱惜精神和形体，防止劳累过度带来的危害，只有这样才能"尽性"以"至于命"。也就是说，人性也必须"顺性命之理"而行，不可随心所欲。

除"物理""性命之理"之外，王安石"为学日益"章注中还提到了"天下之理"："为学者穷理也，为道者尽性也。性在物谓之理，则天下之理无不得，故曰日益。天下之理宜存之于无，故曰日损。"尽性就是为道，而老子说"为道日损"，则尽性就是将天下之理存之于无。这里的"无"既是一种哲学的抽象，也是一种心灵的境界。对此，应该怎样理解呢？我们可以联系王安石《致一论》中的两段话加以分析：

万物莫不有至理焉，能精其理则圣人也。精其理之道，在乎致其一而已。致其一，则天下之物可以不思而得也。……天下之理皆致乎一，则莫能以惑其心也。②

他认为，万物之间存在着各种各样的理。而为道就是"精其理"，即把万物之理加以高度的抽象概括，使之"致其一"，也就是把万理精炼为一。如果掌握了这种使"天下之理皆致乎一"的道理，则天下万事万物之理便可不思而得，此时，人的心灵将会豁然清朗，不再

① 王安石：《老子注》，《老子集成》第二卷，571 页。
② 王安石：《王文公文集》卷二十九《致一论》。

迷惑，也即洞彻了性命之理，这就是王安石所说的"无"的境界。由此可见，"天下之理皆致乎一"就是"天下之理宜存之于无"的意思，如此，便为道而尽性了。

有学者指出，王安石关于"天下之理皆致乎一"的观点，认为万物之理应该朝着抽象为一的方向发展，这成为宋代哲学理范畴由万物之理向二程万理归于一理演进的中间环节，是二程天理论哲学的前奏。[①] 王安石以穷理尽性之学阐述《老子》道德之意，由穷究万物之理到洞悟性命之理，从而成为北宋儒学复兴运动的重要一环。

第二节　王雱《老子训传》

王雱（1044—1076 年），字元泽，临川（今属江西）人，王安石之子。英宗治平四年（1067 年）进士，曾任天章阁待制兼侍讲、龙图阁直学士等职，是王安石学派的重要代表人物。王雱天资聪颖，才华横溢，于经学、老庄之学、佛学均有研究，著述可考者有《诗义》《书义》《论语解》《孟子解》《王元泽尔雅》《老子训传》《南华真经新传》《佛经义解》《元泽先生文集》等，仅《老子训传》和《南华真经新传》保存下来。《老子训传》，又名《道德真经注》，"书成于熙宁三年"[②]，原书已佚，幸得北宋太守张氏《道德真经集注》、金朝李霖《道德真经取善集》、南宋彭耜《道德真经集注》、元代刘惟永《道德真经集义》等书收录保留了部分注文。尹志华将这些注文加以辑录，[③]后收入《老子集成》，反映了王雱《老子训传》的主要面貌。

王雱融摄儒道释三家思想注解《老》《庄》，学术造诣很高，在当时和后世都有较大的影响，受到历代学者的推崇。例如，《四库提

---

① 参见张立文主编：《理》，中国人民大学出版社 1991 年版，第 118 页。
② 王雱：《老子训传序》，《老子集成》第二卷，第 692 页。
③ 尹志华：《北宋〈老子〉注研究》附录，巴蜀书社 2004 年版。

要》引王宏《山志》云:"注《道德》《南华》者无虑百家,而吕惠卿、王雱所作颇称善,雱之才尤异。"明代学者孙应鳌亦指出:"元泽之为人,世多訾点,其解《庄子》,顾翘楚诸家,而雅训若此。"①王雱因参与变法而遭到司马光、邵伯温等反变法派的诬蔑,以至影响到史书对他的评价。漆侠先生在《宋学的发展和演变》中对这一问题进行了重新研究,并在初步整理其老庄思想的基础上给予他很高的评价,称他为"早慧的才华横溢的思想家"②。下面从三个方面论述王雱的老学思想。

一、道论

王雱注《老子》是以道为核心展开的。他在《道经》总论中指出:"道者,万物之所道,在体为体,在用为用,无名无迹,而无乎不在者是也。故虽圣人之言,常在其一曲。虽在一曲,而异乎诸子百家者,不失理而当于时而已。"③老子将道作为宇宙万物的本源,但并未明言道有体用之分,魏晋玄学始论道之体用,与其父王安石一样,王雱注《老》时对道分体用的思想做了进一步的阐发。他认为体用乃道的两个方面,各有其特点和功用。

王雱对道体有很多称呼,例如其第十四章注中的"道之定体"和第二十五章注中的"道之中体":

> 凡物有质,则具阴阳,上皦下昧,理必然也。唯道无物,故混然而成。此言道之定体。……道之为物,非有非无,不可定名。物有定体,乃分前后,道既无形,孰为首尾?此言道之运用,故可迎随。虽曰迎随,而迎随在物,道未尝异。④

> 道之中体,混然而成,其视天地,亦由一物耳。而此特云

---

① 孙应鳌序,见王雱:《南华真经新传》,《景印文渊阁四库全书》第 1056 册,台湾商务印书馆 1986 年版,第 171 页。

② 漆侠:《宋学的发展和演变》,第 341 页。

③ 王雱:《老子训传》,《老子集成》第二卷,第 693 页。

④ 王雱:《老子训传》,《老子集成》第二卷,第 700—701 页。

先天地者，老氏将敛天下之散乱迷错，而复之性本，故且举混成而已。盖由万殊而观，则此为道之全。而由道本以观，则虽混成者，犹散殊也。目之为物，则明更有物物之妙耳。混成无象。混成之体，常而不易。混成之用也。万物由我以生死，我常制其命，孰能危之？道譬万物，则无乎不周，可谓大矣。虽然，大名既立，全体已亏。大则有用，逝者周行撄物，功用著矣。道之为用，无所不极，可谓远矣，而去本亦远矣。此谓混成而已。若道之至，则非远非近也。有为有形，复归于无事无物，往来不穷，终则有始也。①

这两段注文不仅突出了道体"混然而成"、无形无名、常而不易等特点，而且阐明了道的功用，即天地万物皆由道产生和决定。老子第一次将道抽象上升为世界本原，经过庄子和魏晋玄学家的发展，道的宗本意义得到发挥。王雱在注《老》时主要通过分析道体与道用的几种关系突显了道的宗本意义。

首先，常与变。《老子》第一章的"道可道，非常道"句，不少学者从常道与可道的角度理解，王雱亦是如此，并在第二十一章注作了进一步的阐发：

道兼阴阳，阴阳之微，若无若有，谓之恍惚。一阴一阳乃成象。……一阳一阴乃成物。恍惚者阴阳之妙，故能变化以成象物。……精者，物生之始。前称象物，道之具体。道体既具，乃生万类。万类之所出，在深妙不测之际，故云窈兮冥兮。精者，形生之始。精无不真，而更云甚真者，由物有失理丧精，沉于人伪故也。窈冥之精，万物作类，而物之生者，各正性命，度数法象，一有仪则，可以前知，无或差舛，此之谓信。《庄子》曰：未形者有分。常道常名，未常变易。甫，美也。《庄子》曰：神奇复为臭腐，臭腐复为神奇。夫万物之美，迁易不

---

① 王雱：《老子训传》，《老子集成》第二卷，第 706—707 页。

常，唯道常住，故能遍阅之。阅如阅人多矣之阅。道常住而众美不常，故能阅其万变，圣人所以能知众美之不常者，亦以体道之常住故也。①

"常道常名，未常变易"，万物虽由道所生，却"迁易不常"，常住之道能阅万物众美之万变。这是从一与多的角度来看。若穿过时间的长河，则会发现道体历古今万世而始终如初，道用则随着时间的推移不断变化，道体能统御道用："古之道，谓古今常一之道。唯其古今常一，故可御世故之万变。推而上之，至于无初之初，乃知物无所从来，则道之情得矣。道之纪要，古今不变者，是则《庄子》所谓无端之纪也。"② 在王雱看来，道体之常与道用之变并非绝对对立，而是相互依存的。因此，他主张不仅要看到常道之常，还要重视可道之变：

> 可道之道，适时而为，时徙不留，道亦应变。盖造化密移，未尝暂止，昔之所是，今已非矣。而曲士揽英华为道根，指蘧庐为圣宅。老氏方将祛其弊，而开以至理，故以此首篇。明乎此，则方今之言犹非常也。名生于实，实有形数，形数既具，衰坏随之，其可常乎？唯体此不常，乃真常也。③

可道之道无时无刻不在变化，变化才是世间的常态，这是老子首章就言明的。只有认识到了这一点，才能体悟道体的"真常"。在"天下有始"章注中，王雱还援引佛教思想帮助说明这个道理："傥有其明，则是有我相，我相既立，物物为殃，故能明上文所谓，乃终无殃也。外此道者，皆生灭法，唯体此义，乃始常住。袭者，体之而自不显之谓也。"④

---

① 王雱：《老子训传》，《老子集成》第二卷，第705页。
② 王雱：《老子训传》，《老子集成》第二卷，第701页。
③ 王雱：《老子训传》，《老子集成》第二卷，第693页。
④ 王雱：《老子训传》，《老子集成》第二卷，第721页。

其次，大与小。在王雱看来，道体之大，可以从两个方面来理解。一方面，从老子关于道体的描述来看，其大到没有边界：

> 大方，道之体也。若有四隅，则形尽于所见，其小久矣。……道盈于无外，而其体常寂，诸物不能感触，其声常声而世莫得闻也。《庄子》曰无声之中，独闻和焉，希声之谓乎？能赋万物之形，而其体常廓然不可得而有，此道之全体，由其有物，故曰大象。自希声而下，皆道之大全，所由言者异，故曰大音也，大象也。能体大音大象以为道，则其道至矣。夫唯道之至，思虑之所不及。在有也为实，在无也为空，处处皆然，无乎不在，故欲为之名而不可状，无名之中常有此物，欲见而不得，故曰隐也。道能供万物之求而成就之，然物之所得，复归其本，故道虽赡足万物，而吾未尝费。贷之为言，应彼之乏而终以见还者也。①

另一方面，道不仅是天地万物产生的本源，还是天地万物存在的依据："道充塞无外，若足万物，而未尝有，故曰或不盈。若虚若实，谓之冲。冲者，阴阳之中，而以虚为体者也。道之用于物者，中。道之应于事者，虚。此方言其用，故曰冲。道生万物，而体未尝离物。自物之散殊而观之，则似为之宗耳。"② 天地虽大，万物虽多，都离不开道的主宰，道普遍存在于天地万物之中。从这个意义上来看，道无所不在，这也是道体大的体现："道譬万物，则无乎不周，可谓大矣。虽然，大名既立，全体已亏。大则有用，逝者周行攙物，功用著矣。道之为用，无所不极，可谓远矣，而去本亦远矣。此谓混成而已。若道之至，则非远非近也。有为有形，复归于无事无物，往来不穷，终则有始也。"③ 道的统一性和普遍性是其本体意义的重要显示。

---

① 王雱：《老子训传》，《老子集成》第二卷，第716页。
② 王雱：《老子训传》，《老子集成》第二卷，第695页。
③ 王雱：《老子训传》，《老子集成》第二卷，第707页。

道体廓然，其大不知其极。但具体到每一事、每一物，都可见道的存在，说明其发挥作用纤毫无遗，又可以视为小："泛然不定于一物，故用之无所不通。此所谓小，乃真大也。且以体道者譬之，欲虑不萌，泊然内一，岂非小乎？《易》曰：复小而辨于物。……有意于主，则反与物对，唯其主万物而未尝有意，乃所以充塞无外，而莫能离。大道之为物，方其小也，未尝不大，方其大也，未尝离小，但观者各得其迹而已。要而言之，非小非大，不可言传，可以意得。自大则有其大，有其大则小矣。唯其非大而强名以大，则真大也。"① 在王雱的眼中，道体和道用的关系中蕴含着小和大的辩证统一。

再次，无与有。有无是老子思想体系中非常重要的一对概念，王雱在"道可道"章注中提出："《易》之阴阳，老之有无，以至于佛氏之色空，其实一致，说有渐次耳。"② 他认为，老子的有无和《周易》的阴阳、佛教的色空，虽然称呼、渐次不同，但内涵相似，本质一致。王安石父子都对佛教经典有研究，王雱的《佛经义解》虽然没有流传下来，但他在注《老子》时经常融入佛教理论，对无与有的认识就是如此：

> 世之言无者，舍有以求无，则是有外更有，安得为无？故方其有时，实未尝有，此乃真无也。有无之体常一，而有有以观者，但见其徼。欲观其妙，当知本无。而本无之无，未尝离有也。既曰常无，又曰常有者，以明有无之不相代，无即真有，有即实无耳。言徼而知妙之为奥，言妙则知徼之为粗，此法言之体。有无本一，未有二名。自学者言之，则有不如无之精，既得其道，则两皆至理，初无彼此。③

世人在讨论无的时候，通常不会关注有，但王雱认为，只有认识到

---

① 王雱：《老子训传》，《老子集成》第二卷，第 711 页。
② 王雱：《老子训传》，《老子集成》第二卷，第 693 页。
③ 王雱：《老子训传》，《老子集成》第二卷，第 693 页。

有的本质也是无才是"真无"。可见，他对无的理解和佛教的空类似。《摩诃般若波罗蜜多心经》说"色不异空，空不异色，色即是空，空即是色"，色即大千世界，看似万象纷纭，但其本质都是空。从这个意义上来说，无和有也没有绝对的界限，所以他说"有无之体常一""本无之无，未尝离有""无即真有，有即实无耳""有无本一，未有二名"，反复强调无和有密不可分。其第十一章注又从有的角度对这个问题做了分析：

> 无非有对，因有有无。于无之中，复有妙有。不穷之用，妙有之功，若夫有物之有，具存形质，非能应于不穷者也，故则为利。利，阴属也。虽然，此有无之论耳。极而言之，则无不离有，有亦真无，非有非无，乃真妙有也。[1]

在佛教中，"妙有"和"真空"是一对紧密联系的概念。真空即要看到大千世界空的本质。妙有要承认真空中有佛性存在。只有认识到"无不离有，有亦真无"，才能放弃对无和有的执着，反复推敲，最后才能达到"非有非无"的境界，这才是"真妙有"。此外，王雱还从道生万物的角度阐发了无和有的关系：

> 受命于无，而成形于有，故曰天地之始，万物之母。《易》曰：有天地，然后有万物。此言与《易》之序同。据覆载之间，方生之物，故以天地为先。物与天地，本无先后，推而极之，有无同体，始母之言，亦筌蹄也。且天地虽大，而受命成形，未离有无，而此乃独言万物之母，然则老氏之言，姑尽性而已。[2]
>
> 道之用无所不克，可谓健矣，而独健不能自健，必以弱为之本，此相生之情，故下文原其本以明之。无以生有，有复为

---

① 王雱：《老子训传》，《老子集成》第二卷，第 699 页。
② 王雱：《老子训传》，《老子集成》第二卷，第 693 页。

无，反复相生，万物一致。①

老子用"天地之始，万物之母"表明道生万物的过程是从无到有，道是无，天地万物是有。《周易》对世界生成的理解也是先有天地，后有万物。但王雱认为，我们不应执着于《老》《易》关于天地与万物产生先后的表述，因为天地万物生灭的过程是"无以生有，有复为无，反复相生"，天地和万物本无先后；其存在的依据"未离有无"且"有无同体"，体现了无和有的辩证统一。

二、穷理尽性复命

北宋儒学复兴运动的重要任务之一就是重建道德性命之学，心性论成为当时学者们共同关注的时代课题。王安石适应新的时代要求，倡导将道德性命之学作为经典注释的主题思想，开道德性命学说之先河。王雱受父亲的影响，以道德性命之学注《老》解《庄》，很快就获得了当时学者的认可。如《南华真经新传序》云："方今朝廷复以经术造士，欲使天下皆知性命道德之所归，而《庄子》之书实载斯道，而王氏又尝发明奥义，深解妙旨。"② 宋人梁迥也在为太守张氏《道德真经集注》所作的后序中称："近世王雱深于道德性命之学，而老氏之书，复训厥旨，明微烛隐，自成一家之说，则八十一章愈显于世。"③ 这些评价可谓得其老庄学之要旨。

王雱在《德经》总论中阐述了道德与性命之间的关系：

> 德者得也，物生乎道而各得于道，故谓之性。得其性而不失，则德之全也。德未尝异道，而有其德者，尝至于自私而失道。彼真人者不然，性命道德之实，浑乎其为一，而四者之名，应世而殊号，吾莫知其异，亦莫知其同也，是德之玄者也。虽

---

① 王雱：《老子训传》，《老子集成》第二卷，第 715 页。
② 《南华真经新传序》，《道藏》第 16 册，第 154 页。
③ 梁迥序，见《道德真经集注》，《老子集成》第三卷，第 143 页。

然，德者得也，能无失乎哉？唯以无得为德，而德乎不德，则可谓至矣。是体道者也，非有德者也。①

道是万物产生的源头和存在的依据，德是联系道与万物的纽带，王雱将道在物中的体现称为"性"。德与道本没有区别，但一般人往往会因为失性导致德不全，从而与道产生距离。只有体道的真人懂得性、命、道、德这四个概念的本质是一致的，只是名号不同而已。

那么，怎样将性命道德融为一体呢？王雱的答案是"穷理尽性以至于命"，并在《老子》第十六章注中对这个问题进行了深入的阐述。他首先指出：

> 致虚欲极，守静欲笃，欲观物理者，必先致一也。学者之事，实则妨道，动则迁性故尔。万物由虚静出生，还归于虚静，春生秋死之变可见矣。虚静则明，明则见理，见理非以有为，将观复性之情也。复，复性起用，复还性根，动植虽殊，理归一致。②

万物纷纭，千差万别，但其中蕴含的"理"却是一致的，因此他说"欲观物理者，必先致一也"。如何致一？致虚极，守静笃。自然界春生秋死的现象告诉我们，万物生于虚静，死后亦归于虚静。虚静是老子之道的重要特点之一，因此在学道的过程中，也要把握虚静的原则。虚静可以让我们获得一种智慧，帮我们找到万物存在和变化的规律，最后复归本根，体悟道的真谛。他接着说：

> 有生曰性，性禀于命，命者在生之先，道之全体也。《易》曰：穷理尽性，以至于命。观复，穷理也；归根，尽性也；复命，至于命也。至于命极矣，而不离于性也。出生则入有，入

----

① 王雱：《老子训传》，《老子集成》第二卷，第713页。
② 王雱：《老子训传》，《老子集成》第二卷，第702页。

有则系数，然则密移之变，顷刻不停，唯复命则湛然常寂，物莫能迁矣。①

老子说"归根曰静，静曰复命"，王雱将"命"称为"道之全体"，是道的最高境界。万物之性包括人性都是禀命而生的。因此，无论是观物之性，还是修养人的心性，"至于命"都是最高境界。他援引《周易》"穷理尽性，以至于命"的命题，将体道的路径设为穷理—尽性—至于命，穷理才能尽性，尽性才能至于命，最终达到性与命合一的最高境界。这样，人性才能在面对顷刻不停的外在变化时，保持"湛然常寂"，而不会随波逐流。

如何"穷理尽性以至于命"呢？王雱根据体道的路径，对三个方面各有具体的论述。

关于穷理。王雱注第四十七章曰：

> 天下之众，天道之微，其要同于性。今之极唯尽性者，胶目塞耳，而无所不达。苟唯见而后识，识而后知者，是得其万殊之形，而昧于一致之理。然则所谓识知者，乃耳目之末用，而非心术之要妙矣。彼自谓博，而不知其寡之至也，彼自谓智，而不知其愚之极也。无极之理，尽于一尘，纤虑不萌，万缘已现。学道之要，岂不在兹？而彼乃远出以求，亦已昧矣。弥远弥少，不其然钦。穷理知本之人，已足与于此，若夫体尽无穷，无所不极者，其视四表，洞彻无碍，万殊之变，不离目前，则又妙矣，此何足言邪。②

他将"理"分为"万物之理"和"无极之理"。一般人穷理，是用耳目去观察，容易被其万殊之形和万殊之变所扰，一味追求广博，四处追寻，只能得万物之理。真正的穷理是用心去体悟无极之理，即

---

① 王雱：《老子训传》，《老子集成》第二卷，第 702 页。
② 王雱：《老子训传》，《老子集成》第二卷，第 718 页。

找寻万物万形背后的"一致之理",不必远求,一粒尘土足矣。因此,"穷理知本之人"能超越万殊之形和万殊之变,洞彻无碍,"体尽无穷,无所不极"。王雱称其为"至人":"有名万物之母,则道是也。始与母本同一体,当其生生,故但谓之母。万物由道以出,道为之母,故谓之子。得道,则万物之理不待识而知。至人虽殚穷物理,而知理无实相,故虽知之,而不逐理而离道,故曰复守其母也。夫见理之后,逐理不返,则妄作为凶,失道远矣。故知子守母,乃常不殆也。"①

关于尽性。在其第四章注中,王雱首先阐明了性与道的关系:"道乃性之常,得性之常,奚足珍尚。故至人有道,而不自异于尘。人能如上四事,则道湛然存矣。存而定有之,则非道也。似或者,不可定有之谓。即今所称道之中体,盖有所出矣。虽有所出,而廓然无象,故曰不知谁之子也。"② 道是人性中不变的内容,因此尽性就是体道:

> 道在乎微,性存乎朴。得者得其本,故不多也。欲体上四事,唯得一者能之。弃本逐末,妄见多歧。抱一者不离于精。夫唯抱一不二,乃体道尽性,物我玄同,故能应而不穷也。③

只有"抱一",才能体道尽性。什么是"一"呢?其第三十九章注曰:

> 一之为一,无乎不遍,故谷虚而能应者,一存乎中也。一者不二,在彼在此,其所谓一,其体常一,无有别一,故惟一可以致一,不可以他致一也。一之为义,天下之至精,唯精故能神,神则尽之矣,而神之为德,常在一也。一之为一,无乎

---

① 王雱:《老子训传》,《老子集成》第二卷,第720—721页。
② 王雱:《老子训传》,《老子集成》第二卷,第695页。
③ 王雱:《老子训传》,《老子集成》第二卷,第705页。

186

不在，欲言其理，词不胜穷，且以人形言之：凡人初生，精为之本，因精集神，体象斯具。精之既丧，形毙神离，或德或形，其理无二也。①

可见，"一"不仅指前文中万殊之形和万殊之变背后的一致之理，也指人性中的无极之理。穷此无极之理，就能达到物我玄同的境界，酬应万变。因此，王雱说："圣人修己治人，要在乎建中抱一，此万法之极致，天地有终而不可易者也。"②

王雱还在第五十九章注中强调，尽性要"啬"其精神，全其真性：

> 治人在乎正己，事天在乎尽性，此两者一于啬而已。葆其精神，不以外耗内者，啬也。人之本真，充塞六极，无所不遍，而终至于不足者，侈有为而轻自用故也。唯啬也故能全吾所受命于天，而不多费于妄作，然则性其有不尽者乎，己其有不正者乎。孟子曰：尽其心，知其性，所以事天也。……尽性之人，盖将生天生地，宰制造化，其于事物，何所不能。尽性则大矣，大而化之，则圣矣，化则无穷，故莫知其极也。③

"人之本真"即人的天性，"人之本真，充塞六极，无所不遍"，与孟子的人性论十分相似，后面他又援引孟子的尽心知性理论加以说明，是典型的以儒解《老》，进一步证明了他的儒家立场。"啬"即葆其精神，不以外耗内。王雱认为，啬其精神就能保全天性，做到这一点的人，没有不尽性的。"尽性之人"就是圣人。

关于至于命。王雱在第三十三章注曰："性不为物诱，则久矣，此尽性者也。贤人死曰鬼，尽其道以反真者也。圣人死曰神，未尝

---

① 王雱：《老子训传》，《老子集成》第二卷，第714页。
② 王雱：《老子训传》，《老子集成》第二卷，第721页。
③ 王雱：《老子训传》，《老子集成》第二卷，第725页。

死，未尝生也。愚人死曰物，虽生犹死耳。尽道养神之人，虽形体万变，而真性湛然，无所终极，可谓寿矣。此至于命者也。"① 尽性者，其真性不为物所迁，即使形体万变，真性始终保持湛然常寂的状态，这样就可以称为"至于命"了。可见，尽性与至于命是紧密联系在一起的，亦即他在第十六章注中所说的"至于命极矣，而不离于性也"。

王雱还从气的角度说明尽性与至于命的关系，第五十五章注曰：

> 全其天真而不以外耗内，则淳气中积而人道充，至可名于大矣。然则足以驯虎豹，服鬼神，无足怪也。或曰：赤子何以不能？曰：夫淳气之守，岂一身之所能？末世之俗，虽有赤子之形，而原其失真，盖已久矣，世何足以知此哉。淳气之守，足以为此。窃尝论之，万物所以相伤者，气有所受也。人为万物贵，所禀至和，而或见侵于物者，失其常故也。故阴阳以冲气为和，夫唯守真气之冲和，则物岂能伤之哉。②

前引第五十九章注已经阐明通过"葆其精神，不以外耗内"的方法可以保全人的天性，从而达到尽性的目标。此章注文进一步说明，"全其天真而不以外耗内"还可以让"淳气中积"。所谓"淳气"，指阴阳相冲而成的和气。人本来是禀和气而生，由于受到外物的侵害而丧失本真之性。因此，守住了冲和真气，就能鬼神无伤。他接着说：

> 孟子曰：以直养而无害，则塞乎天地之间，此则和气也。在彼则称其浩，在此则称其和，所称则异，而气一也。故心气交使，迷理失常，以至于毙者，岂其禀或殊哉，持之非其道耳。全德之人，虽形与物接，而心常泊然，故虽用气而气自动耳。

---

① 王雱：《老子训传》，《老子集成》第二卷，第711页。
② 王雱：《老子训传》，《老子集成》第二卷，第722页。

故但动而无动之累。然则其淳气之守，孰能扰之哉。故虽年跻壮老，而不失其赤子之常。广成子修身千二百岁，而形不衰者，如斯而已。嗄之为言，夏也，夏者天和发散之时，嗌之嗄者，和气不积故也。①

王雱认为，老子所说的和气就是孟子所说的浩然之气。普通人"心气交使"，所以容易迷失天性。全德之人之所以能做到与物交接而心不为物所扰，用气而不为气动所累，如广成子一样修身一千二百年始终形如赤子，就是因为他们能守住淳气。知道了守淳气的重要性，就可以谈"复命"了：

> 复命之常，体神也，知和之常，守气也。知守气，则可以言复命矣，未至乎复命也。此两者圣之所以圣，贤之所以贤，更无它道。古之学者，一出乎此。大道既隐，士逐末而不知本，学始有外此者矣。常者，性有定分，能尽其性，则自别于物，而物莫能迁，故曰常。盖自性分之外，一皆蛊伪，无有常者。②

"知守气，则可以言复命也，未至乎复命也"，王雱注第十六章时曾说"复命，至于命也"，表明守淳气是至于命的前提条件，尽管守淳气并不代表已经至于命，但也是非常重要的。

通过细致周密的论证，王雱推原老子道德之意会于性命之极，为道德性命之学的重建做出了自己的贡献。

三、"圣人退处幽密而操至权"

王雱与王安石一样，主张将《老子》的思想运用到社会现实政治中。他在《老子》第八十章注中指出：

---

① 王雱：《老子训传》，《老子集成》第二卷，第 722 页。
② 王雱：《老子训传》，《老子集成》第二卷，第 722 页。

> 窃尝考《论语》《孟子》之终篇，皆称尧舜禹汤圣人之事业，盖以为举是书而加之政，则其效可以为比也。老子，大圣人也，而所遇之变，适当反本尽性之时，故独明道德之意，以收敛事物之散，而一之于朴。诚举其书以加之政，则化民成俗，此篇其效也。故经之义终焉。杨子云为《法言》，亦终乎唐虞之言，盖有法乎孔孟与此书也。然子云之说，诚得施于天下，亦何足以与乎圣人之业？可谓有其意矣，而言之过也。①

他认为，《老子》"小国寡民"章的设置，和《论语》《孟子》等书终篇称颂尧舜禹汤等圣人的意图一样，都是为了彰显其书的政治意义。因此，在他看来，老子是"大圣人"，《老子》是一部治世之书，若能"举其书以加之政"，就可以"化民成俗"，使天下得以治理。

儒家的政治理念和道家的政治理念之间是什么关系呢？王雱在《老子》第十九章注中从道的角度对这一问题做了阐述：

> 至德之世，父子相亲而足。今更生仁义，则名实交纠，得失纷然，民性乱矣。盖盛于末者本必衰，天之道也。孝慈，仁义之本也。或曰：孔孟明尧舜之道，专以仁义，而子以老氏为正，何如？曰：夏以出生为功，而秋以收敛为德。一则使之荣华而去本，一则使之凋悴而反根。道，岁也；圣人，时也。明乎道，则孔老相为始终矣。②

表面上看，以孔老为代表的儒道两家在政治实践方面似乎是相互矛盾的。为了说得更清楚一点，王雱用了一个生动的比喻，道相当于年岁，孔、老二圣人归属于不同的季节：

> 道，岁也；圣人，时也。自尧舜至孔子，礼章乐明，寓之

---

① 王雱：《老子训传》，《老子集成》第二卷，第733页。
② 王雱：《老子训传》，《老子集成》第二卷，第703页。

以形名度数，而精神之运，炳然见于制作之间。定尊卑，别贤否，以临天下，事详物众，可谓盛矣。盖于时有之，则夏是也。夏反而为秋，秋则敛其散而一之，落其华而实之，以辨物为德，以复性为常，其志静，其事简。夫秋岂期于反复乎？盖将以成岁而生物也。[1]

儒家拥有体系完备的典章制度和繁盛的器物文明，不正如草木欣荣的夏季吗？但如果听任世俗之繁华激荡而不知返本，则必至物欲横流，风俗颓废。因此老子否定它们，如秋风扫尽落叶，使之返本归根，以复性为常。孔子属于夏天，老子属于秋天，二者如四季更替，相为始终。但是，在王雱看来，如果明白了道的奥旨，就会发现孔、老在本质上并不矛盾。王雱指出，作为宇宙万物来源的道有本末之分：

　　道，一也。而为说有二。所谓二者何也？则有无是也。无则道之本，而所谓妙者也。有则道之末，而所谓徼者也。故道之本出乎冲虚杳眇之际，而其末也散于形名度数之间。是二者，其为道一也。而世之蔽者常以为异，何也？盖冲虚杳眇者，常存乎无；而言形名度数者，常存乎有。有无不能以并存，此其所以蔽而不得其全也。夫无者名天地之始，而有名者万物之母，此为名则异，而未尝不相为用也。盖有无者，若东西之相反，而不可以相无。故非有则无以见无，而无无则无以出有。有无之变，更出迭入而未尝离乎道，此则圣人之所谓神者矣。[2]

　　礼所以定上下，别亲疏，审隆杀也。种种分别，得失始彰，纯诚已亏，乃制其外。外貌既严，责望深矣。虽名止邪之具，兹实争乱之端。窃尝原礼，于物为火，于时当夏。夏者万物去本盛末之时，观四时之有夏，则礼者圣人所不免也。方期去末

---

① 王雱：《老子训传·序》，《老子集成》第二卷，第693页。
② 刘惟永：《道德真经集义大旨》卷中，《老子集成》第五卷，第408页。

归本，则以礼为非，亦所不免也。圣人之教，时而已矣，何常之有，而归本之言，于学者为要矣。①

道之本是微妙难言的，与无相当，道之末则体现于形名度数，即礼、乐、刑、政等社会制度之间，与有一致。但本末、有无并非从属于不同之道，而是道的两个不同方面，即"是二者，其为道一也"。所以从根本上说，孔、老两圣人所求之道是相同的。但为什么落实到具体的问题上，孔、老又会互相牴牾呢？这是因为他们关注的侧重点不同，老子之言详于无而略于有，儒家的《诗》《书》《礼》《乐》《春秋》之文则详于有而略于无，然而道是有无并载，不可分离的。圣人穷神知化，或详于无，或重于有，都不离道。这就是他所说的"明乎道，则孔老相为始终"之意。

尽管如此，王雱明确承认自己"以老氏为正"，反映出他思想中有老高于孔的倾向。前述他关于老子言无，言本，孔子言有，言末；孔子如夏日荣华，弄不好就会离开本根，而老子似秋天收敛，能够返本复性等言论可以证明。提倡黄老政术也是王雱"以老氏为正"的体现。王雱注第三十六章曰：

> 鱼巽伏柔弱，而自藏于深渺之中，以活身者也。圣人退处幽密而操至权，以独运斡万物于不测。故力旋天地而世莫睹其健，威服海内而人不名以武，岂暴露神灵而使众得而议之哉。尝窃论之，圣人之所以异于人者，知几也。夫以刚强遇物，则物之刚强不可胜敌矣。天下皆以刚强胜物也，吾独寓于柔弱不争之地，则发而用之，其孰能御之者。观夫天道，则秋冬之为春夏，亦一验矣。彼圣人者，自藏于深渺之中，而托柔弱以为表，故行万物于术内，而神莫能知其所自，此所谓密用独化者。②

---

① 王雱：《老子训传》，《老子集成》第二卷，第714页。
② 王雱：《老子训传》，《老子集成》第二卷，第712—713页。

"操至权""独运斡万物于不测",意谓运用国家的最高权力以治理天下。但在运用这些政术的时候,应充分吸收黄老以柔克刚之法,"退处幽密""自藏于深渺之中""托柔弱以为表",然后抓住时机,待势而发,一举取得最后的胜利。王安石对该章也作了类似的阐发:"鱼之为物,深潜退伏而藏于深渊之中,而不可脱于渊。圣人之利器,常隐于微妙,而不可脱于朴也。"① 王安石的主要意思也是要让圣人治国的利器处于深藏不露的状态之下,待机进取。老子思想中本来就包含"君人南面之术",王氏父子在这方面大加发挥,实际上反映了他们在当时党派之间政治斗争相当激烈的环境中所作出的政治判断与明智选择,只可惜他们在具体落实的时候出现了偏差。

圣人如何才能做到"退处幽密而操至权,以独运斡万物于不测"呢?首先,遵循"君无为而臣有为"的原则。王雱注第七十四章曰:

> 君尊臣卑,各有常分,君以无为而任道,臣以有为而治事,道之与事,相去远矣。故典狱则有司杀,治木则有大匠,君不与焉,仰成而已。世皆知代斫之非,而不悟代杀之失。《庄子》曰:上亦有为也,下亦有为也,是上与下同德。《传》曰:舜何为哉,恭己正南面而已。道实兼事,故君得兼臣,然君而事事,失其所以为君矣。臣之事事而杀伐,尤为非道,故深言之。②

君臣的地位不同,职责也有区别,君主应遵守大道无为的精神,大臣负责处理具体的事务,如果君主事必躬亲,就不是一个合格的君主。王雱认为儒道两家对治道最高境界的理解是一致的。可见,尽管王雱有老高于孔的倾向,但他也没有完全否定孔子,而是主张儒道不可偏举。

其次,期于复性,使民反常复朴,有助于实现"为无为"的目标。对此,王雱有很多论述,例如:

① 王安石:《老子注》,《老子集成》第二卷,第568页。
② 王雱:《老子训传》,《老子集成》第二卷,第731页。

为无为，非无为也，为在于无为而已，期于复性故也。窃尝论之：三代之后，民无不失其性者，故君子则志强而好善，求贤无已，小人则骨弱而慕利，逐货不厌。志强则多知，骨弱则多欲。或有知，或有欲，虽所趋不同，而其为徇外伤本，一也。惟至人不然，弱其志，非所见者卑而求近，以为无所求，而道自足也。强其骨，非以自立而为贤，将以胜利欲，而尊德性也。夫然后名不能移，利不能溺，而性常定矣。①

圣人无心，以百姓心为心，虽事而未尝涉为之之迹，虽教而未尝发言之之意，故事以之济，教以之行，而吾寂然未始有言为之累，而天下亦因得以反常复朴也。②

民失其性而不冥夫道，自有生以来，盖已如此，非一日之积矣。而为政者方乃事其察察然，而欲使天下毕协于吾一偏之正，既为不可，而又不知其所谓正者，未尝正也。圣人则不然，虽方廉且直，以道德之光烛天下，而体常混然，不示人以迹，故民得安常复朴而风俗淳淳也，岂曰小补之哉。③

圣人之治也，化之以无为，正之以好静，使各遂于富庶，而要其终也，复之朴而已夫。然则岂有利器奇物，而假法令以为制哉。凡民之所以毁朴趋伪，皆在于多欲也。上诚无欲，则民安得欲乎，此帝皇之极致也。④

王雱认为，民性本来是广大流通的，但由于世教日衰，导致人心失控，纷争迭起，所以老子提倡无为之学，不言之教，欲使民风复朴，众人各遂性情，逍遥于天下。

再次，"因时乘理，适可而已"。王雱在第三十七章注和第八十一章注中都提到了"因时乘理"：

① 王雱：《老子训传》，《老子集成》第二卷，第 695 页。
② 王雱：《老子训传》，《老子集成》第二卷，第 694 页。
③ 王雱：《老子训传》，《老子集成》第二卷，第 724 页。
④ 王雱：《老子训传》，《老子集成》第二卷，第 724 页。

虽为之时，未尝有为。虽无为之时，未尝不为。君人体道以治，则因时乘理而无意于为，故虽无为而不废天下之为。虽不废天下之为，而吾实未尝为也。天何言哉，四时行焉，万物生焉。侯王之道，天其尽之矣。①

圣人体大运以有为，行迟速于常度，岂有心于争乎？夫唯如此，故于立言垂法，亦因时乘理，适可而已，非为辩也。②

"因时乘理"即根据时势的变化制定最佳的方案，这样才能实现虽无为而不废有为，虽不废有为而实际上未尝为，发挥有为与无为之妙。王雱在"天地不仁"章注中进一步阐明了之所以要"因时乘理"的原因：

刍狗，祭祀所用。方其用也，隆礼致敬以事之，及其已事，则弃而捐之，等于粪壤。其隆礼致敬之时，非不以至诚也。然而束刍为狗耳，实何足礼敬乎？虽不足礼敬，而加礼敬者，又非以伪也。夫万物各得其常，生死成坏，理有适然。而天地独为之父母，故不得无爱。而原天地之心，亦何系累哉。故方其爱时，虽以至诚，而万物自遂，实无足爱者。反要其终，则粪壤同归而已，岂留情乎？仁者人也，以人道爱物谓之仁。彼人貌而天者，仁何足以名之。圣人亲亲而仁民，故独言百姓。若其道则与天地一矣，而有人之形，故任各异。橐籥虚以应物，物感则应，应而不藏。天地之于万物，圣人之于百姓，应其适然，而不系累于当时，不留情于既往，故比橐籥之无穷也。③

在祭祀仪式中，人们怀着崇敬的心情用隆重的礼仪对刍狗进行祭拜。祭祀仪式结束之后，刍狗就被弃置一旁，主要是因为情势变了。世

---

①　王雱：《老子训传》，《老子集成》第二卷，第 713 页。
②　王雱：《老子训传》，《老子集成》第二卷，第 734 页。
③　王雱：《老子训传》，《老子集成》第二卷，第 695—696 页。

间万物，从出现到消亡，随着时间的推移不断发生变化。所以，最好的做法就是去适应变化，而不是死守陈规，即王雱所说的"不系累于当时，不留情于既往"。"因时乘理"的同时，还要"适可而止"，第二十九章注曰：

> 圣人心合于无，以酬万变。方其为也，不以经怀，如镜应形，适可而止，分外之事，理所不为。彼有有者，妄见诸相，矜己乐能，为之不已，故事辄过分，此由不知行随歔吹强赢载之反复故尔。[①]

"适可而止"即在恰当的时机停下来，这样才不会逾越界限去做分外之事，做到有所为有所不为，才能更好地酬应万变。

北宋中叶，在社会表层的繁华之下掩盖着日趋激烈的民族矛盾和社会矛盾，为了改变积弊，王安石发动了一场声势浩大的变法运动。可以看出，作为变法运动的一员，王雱在注《老子》时试图为变法提供某些理论依据，因而是有一定现实针对性的。

综上所述，王雱的《老子训传》在发挥老子道论的基础上，将圣人体道与性命道德学说联系起来，为理学的产生和发展奠定了一定的思想基础，显示出以儒解《老》的倾向。与此同时，他注重道在社会政治中的运用，提倡君无为而臣有为、使民反常复朴、因时乘理、适可而止等思想，强调无为而不废有为，根据现实需要对《老子》进行了独特的发挥。

第三节　吕惠卿《道德真经传》

吕惠卿（1032—1111 年），字吉甫，泉州晋江（今福建省晋江

---

① 王雱：《老子训传》，《老子集成》第二卷，第 709—710 页。

市）人，嘉祐二年（1057 年）进士，曾任太子中允崇政殿说书、集贤校理、翰林学士、参知政事、资政殿大学士、观文殿学士等职，是熙宁变法的中坚人物，也是王安石学派的重要代表。据《宋史·艺文志》记载，吕惠卿曾著有《孝经传》一卷、《论语义》十卷、《新史吏部式》二卷、《县法》十卷、《道德真经传》四卷、《庄子解》十卷、《建安茶用记》二卷、《弓试》一部、《吕惠卿奏议》一百七十卷、《吕惠卿文集》一百卷、《吕惠卿集》五十卷，著述颇丰。

吕惠卿的《道德真经传》和《庄子解》受到宋人的推崇，评价很高。例如李彦平曾说："吕吉甫读《庄子》，至参万岁而一成纯，遂大悟性命之理，故其《老》《庄》二解独冠诸家。"[①] 王宏《山志》亦称"注《道德》《南华》者，无虑百家，而吕惠卿、王雱所作颇称善"。后世学者如李霖、赵秉文、焦竑、魏源等人在注解《老子》时大量征引吕惠卿的注文，也在一定程度上反映了他们对吕惠卿老庄学成就的肯定。

一、会通老庄

有宋一代，学风丕变，学者们纷纷突破传统的局限，广泛涉猎儒释道各家经典，尤其是儒家学者大都"出入释老"，学术态度包容而开放。在这种思想背景下，儒释道三教逐渐合流，并对经典解释产生了深刻的影响。

吕惠卿曾说："诸子之迹虽不同，以道为大宗师而至于命则一也。"[②]尽管诸子百家之学的具体表现不同，但皆本于道，并以道为其所追求的最高境界。在他看来，不仅百家之学的宗旨无异，循其根本，儒释道三家的思想也是一致的：

> 道未始有物，而生天生地，神鬼神帝，日月星斗，得之以旋转者也。孔氏之儒，释氏之佛，老氏之道，未始不本于此。

① 焦竑：《老子翼》，《老子集成》第六卷，第 680 页。
② 褚伯秀：《南华真经义海纂微》，《道藏》第 15 册，第 295 页。

而孔氏经世藏用而未之尝言，释氏救生体变而无乎不在，唯老氏则绝圣弃智以复于无物，则不离于本宗而已。①

文中对道的描述出自《庄子·大宗师》，儒释道三家所本，全在于这个"道"。在这种思想的影响下，吕惠卿在注《老》解《庄》时，以老庄之道为本，积极调和儒道、会通老庄、合同佛老，也就不足为怪了。

"以《庄》解《老》"是吕惠卿《道德真经传》最重要的特点之一。由于老庄思想的渊源关系，历代以来，研究老学的学者大都对庄学有深入的研究，王雱、吕惠卿就是其中的典型代表。对此，魏源在《老子本义》中指出："后世之述《老子》者，如韩非有《喻老》《解老》，则是以刑名为道德；王雱、吕惠卿诸家皆以《庄》解《老》，苏子由、焦竑、李贽诸家又动以释家之意解《老》。"② 吕惠卿的《道德真经传》中的确随处可见《庄子》之语和庄子思想，主要有以下两种形式。

第一种形式是指明老庄思想的渊源关系。例如，吕惠卿在《老子》第五十四章注中指出庄子关于"道之真以治身，其绪余以为国家，其土苴以治天下"的说法源出于老子："世之所谓修德者，或修之于天下国家，而不知其本真乃在吾身也，故曰修之身，其德乃真。或修诸其身，而不能推之于天下国家者，故曰修之家，其德乃余，修之乡，其德乃长，修之国，其德乃丰，修之天下，其德乃普也。庄周以为道之真以治身，其绪余以为国家，其土苴以治天下，其说出于此也。"③

第二种形式是引用庄子的语句帮助理解老子的思想，这在《道德真经传》中十分普遍。例如第四十章注曰：

① 吕惠卿：《大名府天宁万寿观碑》，见《全宋文》第 79 册，上海辞书出版社、安徽教育出版社，2006 年，第 135 页。
② 魏源：《老子本义序》，见《魏源集》，中华书局 2009 年版，第 253 页。
③ 吕惠卿：《道德真经传》，《老子集成》第二卷，第 678 页。

道之周行万物，非不逝也，而其动常在于反，所谓枢始得其环中，以应无穷者是也。运动乎天地，非不强也，而其用常在于弱，所谓天下之至柔驰骋天下之至坚，无有入于无间者是也。故天下之物生于有，有生于无，唯有为能生天下之物，而无又能生天下之有，则道之动在于反，而其用在于弱可知已。然则欲反而弱者无他，致一以极乎无而已矣。①

老子的"反"并非简单地返回，而是如圆周一样循环往复。吕惠卿引用庄子的"枢始得其环中，以应无穷"形象地呈现出道的运动状态和运动规律。又如第二十五章注对"道法自然"的理解，吕惠卿引用庄子的"自本自根，未有 4 天地，自古以固存"加以说明：

道大，天大，地大，王亦大，在六合之外则大不足以言之，所谓四大者，域中而已。王者，人之复命，知常容，容乃公，公乃王者也，故域中有四大，而王处一焉。王者，人道之尽者也。人以有形而合于无形，于地亦然，则地之所至，人亦至焉，故曰人法地。天之所至，地亦至焉，故曰地法天。道之所至，天亦至焉，故曰天法道。道则自本自根，未有天地，自古以固存，而以无法为法者也。无法也者，自然而已，故曰道法自然。②

他认为，自然就是"无法"，"法自然"就是"以无法为法"。这种解释比较契合老子思想的本意，在老学史上很有代表性。道之所以能始终保持自然本真的状态，正是因为其具有独立不改的特性，而庄子对道的描述正好说明了这一点。又如第三十二章注曰：

道常无名，名之为道，则与道乖矣。方其无名，固未始有

---

①　吕惠卿：《道德真经传》，《老子集成》第二卷，第 673 页。

②　吕惠卿：《道德真经传》，《老子集成》第二卷，第 666 页。

物也。其朴可谓小矣，而天下不敢臣，夫何故？天地资之以始，万物恃之以生，则天下孰有敢臣其所自始与其所自生哉？夫是之谓真君。万物莫不有真君焉，是之谓也。侯王若能守，则是以真君君万物，万物孰有得其真君而不宾者乎？故曰圣人作而万物睹，至阴肃肃，至阳赫赫，肃肃出乎天，赫赫发乎地，两者交通成和，而物生焉。①

《老子》书中并没有提到"真君"的概念。吕惠卿在这里引用庄子关于真君的论述并在其基础上进一步发挥，如"万物莫不有真君"，即道普遍存在于万物之中；又说"真君君万物"，即万物要受真君的主宰和支配，突出了道的本体意义。我们知道，老子更强调道的本源性，经魏晋玄学家的发挥，道的本体意义才被发掘出来。吕惠卿通过会通庄老，在前人的基础上对这一理论做了进一步的发挥。

以上注文都是关于老子之道特点的阐发。除此之外，在第二十八章之注中，吕惠卿还引用庄子的思想描述体道之后的感觉："若夫抱朴以制天下，其视天下之理，犹庖丁之视牛，未尝见全牛也，行之于所无事而已，恢恢乎其于游刃固有余地矣，何事于割哉？故曰大制不割。"②"朴"即道，"抱朴以制天下，其视天下之理"即悟道之后再来观察天地万物，就会如庖丁解牛一般，虽不见全牛，却游刃有余。

另一方面，在解《庄》时，吕惠卿又反过来引用老子的思想，如《齐物论》篇之注云：

> 无名，天地之始。苟知此，则我亦始于无名也。有我则有天地，故天地与我并生。有名，万物之母。苟知此，则我亦生于有名也。无我则无万物，故万物与我为一也。③

①　吕惠卿：《道德真经传》，《老子集成》第二卷，第 669 页。
②　吕惠卿：《道德真经传》，《老子集成》第二卷，第 667—668 页。
③　褚伯秀：《南华真经义海纂微》，《道藏》第 15 册，第 205 页。

此处引用《老子》第一章中的话解释《庄子》中"天地与我并生，而万物与我为一"的思想，可谓独特而又言之成理，既切合庄子本意，又准确地点出了老庄思想的共通之处。《应帝王》篇之注更是将老子的思想巧妙地融入庄子思想之中："响疾者，趋事之速。强梁，则非以柔胜。物而彻之，非能无知。疏之而明，非明之所自出。学道不倦，则未能日损以为道者也。"① 二者相得益彰。

吕惠卿或以《庄》证《老》，或以《老》入《庄》，如信手拈来，反映出他对老庄思想的深刻理解。他在道家内部将老庄思想融会贯通，反映出他对道家立场的坚持。从以上注文可以看出，他沟通老庄重点在道论。在他看来，庄子继承并发挥了老子的道论，而且这种发挥更加形象，更易于理解。

二、以心契道

作为王安石学派的重要成员，吕惠卿与王安石父子的老学思想有相似之处，但在一些具体问题上又有所不同。例如，王安石父子注重性命学说，而吕惠卿虽然也提到了"性命之理"，但他更强调"心"在体道过程的作用。

吕惠卿上《道德真经传表》，阐明《老子》思想的核心是道，并描述了道的特点："究其微言，中有妙物。唯恍唯惚，视听莫得以见闻；不古不今，迎随孰知其首尾。失之，其出弥远，至宝秘于荆山而莫知；悟之，不召自来，玄珠索之象罔而可得。……不知灵府之间，有若清眸之上，虽留金屑，亦翳神光。"② "妙物"即道，因恍惚无形，无法通过视听等感官获得，一旦开悟，又会如玄珠一样不召自来。他对悟道过程的描述类似禅宗的顿悟，悟道的方法自然也受到了禅宗的影响。禅宗讲究明心见性，吕惠卿提到的"灵府"即心，如照见万物的"清眸"，闪着神光，而对道家的误解将会把神光遮蔽。因此，他主张去掉偏见，用心体道，即《老子》第二十五章注

---

① 褚伯秀：《南华真经义海纂微》，《道藏》第 15 册，第 301 页。

② 吕惠卿：《道德真经传》，《老子集成》第二卷，第 653—654 页。

中所说的"以心契之"：

> 有炁也，有形也，有质也，而天、地、人之位分；可闻也，可见也，可搏也，而耳、目、心之官辩。是物也，未见炁与形质者也。炁形质浑沦而未相离者也，而视之不可见，听之不可闻，搏之不可得，则其形不可得而见也，故吾不知其名，而命之其义可言也，故字之曰道。不知其名，以心契之也。字之曰道，以义言之也。[①]

他认为，道不像天地万物那样可以分为"炁""形""质"，因为其"炁""形""质"浑沦如一，故无法分辨。因此，他反复强调普通的感官无法体悟道的真谛，只能以心契道。

吕惠卿之所以选择以心契道，还基于他对道所具有的无所不在的普遍性特点的深刻认识。他注《老子》第六十七章："大道泛兮，其可左右，无乎不在者也。彼见其无乎不在，无可拟者，谓之似不肖，而不知其无不在而似不肖，乃道之所以为大也。盖万物莫非道也，则道外无物矣。道外无物，则无所肖者，此其所以为大也。"[②]大道无所不在，道不仅是产生万物的本源，而且是万物存在的依据。从这个角度来看，万物莫非道，也可以说道外无物。第二十五章注进一步阐述了人与道的关系：

> 道之为物，用之则弥满六虚，而废之莫知其所，则大岂足以名之哉？强为之名而已。大则周行而无不在，不止于吾身而已，故大曰逝。逝则远而不御，故逝曰远。远而不御，则吾求其际而不可得也。复归其根，而未始离乎吾身也，故远曰反。[③]

---

① 吕惠卿：《道德真经传》，《老子集成》第二卷，第 665 页。
② 吕惠卿：《道德真经传》，《老子集成》第二卷，第 685 页。
③ 吕惠卿：《道德真经传》，《老子集成》第二卷，第 665—666 页。

道弥满六虚，周行而无所不在，因此"不止于吾身而已"。这样状态的道很难体悟。但若复归其根本，道与"吾身"从未分离。这样一来，我们就可以通过观诸"吾身"来寻求道的真谛。此即第四十七章注所说的天道"备于我"：

> 天下之所以为天下者，果何邪？知天下之所以为天下，则不出户而知之矣。天道之所以为天道者，果何邪？见天道之所以为天道，则不窥牖而见之矣。今夫天下之大，固无穷也，必待出而后知之，则足力之所及者寡矣，所知者几何哉？天道之远，固不测也，必待窥而后见之，则目力之所及者寡矣，所见者几何哉？故曰其出弥远，其知弥少。是以圣人知天下之所以为天下，故不行而知；见天道之所以为天道，故不见而名。夫何故？以其备于我故也。知之于所不行，名之于所不见，则不为而成矣。①

天下之大，天道之远，都无法测量，远远超过了人的足力和目力范围。因此，无论如何也不可能穷尽万物。天道"备于我"，所以圣人可以通过"我"窥见天道，从而实现足不出户而知天下。

怎样做才能以心契道呢？首先，"致虚极，守静笃"：

> 保此道者不欲盈，致虚而不极，守静而不笃，则非不盈之至也。众人之于万物也，息而后见其复，衰而后见其归根。而我以虚静之至，故见万物之所以作与其所以芸芸，在我而不在彼。其所以作者，乃其所以复也。方其所以芸芸者，乃其所以归根也。故以其并作而观其复，则方其芸芸而各复归其根也。然则所谓虚者，非虚之而虚也，直莫之盈，故虚也。所谓静者，非静之而静也，夫物芸芸，各归其根而不知，而莫足以挠心，故静也，故归根曰静。命者，吾之所受以生者也。夫惟静，则

---

① 吕惠卿：《道德真经传》，《老子集成》第二卷，第 657 页。

复其所以生，而能命物矣，故静曰复命。道至于能命物，则常而不去矣，故复命曰常。[①]

万物纷纭变化，众人将止息的状态与复命联系在一起，将消亡的状态与归根联系在一起。处于"虚静之至"状态的得道者，能透过芸芸万物直达本根，而无论它们消亡与否、止息与否。当芸芸万物各复归其本根，就没有什么能扰乱人心。这样，就可以体悟道的真谛了。

其次，得一而无我。吕惠卿注第六章时先对虚静与得一的关系做了说明：

> 谷，有形者也，以得一，故虚而能盈。神，无形者也，以得一，故寂而能灵。人也，能守中而得一，则有形之身可使虚而如谷，无形之心可使寂而如神，则有形与无形合而不死矣。[②]

山谷本应虚空，得一之后就变得"虚而能盈"，充满生命力。"神"本应寂静，得一之后就变得"寂而能灵"，充满灵性。可见，不论有形无形，都需得一才能得到升华。人，身有形而心无形，得一之后，身体能"虚而如谷"，充满生命力；心灵能"寂而如神"，充满灵性。身心合一，就不会死亡。他接着说：

> 古之人以体合于心，心合于炁，炁合于神，神合于无，其说是也。合则不死，不死则不生，不生者能生生，是谓之玄牝。玄者，有无之合。牝者，能生者也。故曰谷神不死，是谓玄牝。道之生天地，由此而已，故曰玄牝之门，是谓天地根。以为亡耶，则绵绵而未尝绝；以为存耶，则恶睹其存哉？若存而已。若亡而非绝，若存而非存，则吾之用之存之无所容心，脗合之

---

① 吕惠卿：《道德真经传》，《老子集成》第二卷，第 661 页。
② 吕惠卿：《道德真经传》，《老子集成》第二卷，第 657 页。

而已，何勤之有哉？①

因此，古之人"体合于心，心合于炁，炁合于神，神合于无"，一步一步向道靠近，最后与道合一。

吕惠卿在第四十二章注中论述了得一与体道的关系：

　　道之在天下，莫与之偶者，莫与之偶则一而已矣，故曰道生一。既谓之一，则谓之者与所谓为二，故曰一生二。有一有二，则有三矣，故曰二生三。故唯无名则已，苟谓之一，则其适遂至于三，三立而万物生矣，故曰三生万物。凡幽而不测者，阴也。明而可见者，阳也。有生者，莫不背于幽而不测之阴，而向于明而可见之阳，故曰万物负阴而抱阳。负则背之，抱则向之也。虽然，必有冲炁以为之和，盖阴与阳二也，冲炁一也，万物不得一，无以生故也。……盖唯通于道者为得一，得一则无我，无我不争。夫唯不争，故天下莫能与之争，反是死之徒而已。君子之教人，虽或不同，然至于反一而无我，教之所自而生也，故曰强梁者，不得其死，吾将以为教父。②

与王安石用气论解释"道生一"不同的是，吕惠卿认为"一"并非道所生的某种具体的物质，而是显示道在宇宙间独一无二的特性。尽管他又将"二"解释为阴阳，但阴阳二气不能生物，必须有"冲炁"融汇阴阳以为和，和生万物。"冲炁"的特点是"一"，万物只有得此"一"才能产生。最后，他说只有通于道者才能得一，得一就可以达到无我的状态。

再次，守心以守道。吕惠卿在第五十二章注中提出："闻道易，得道难，得道易，守道难。"③ 得道后一定要守好道，否则就会得而

---

① 吕惠卿：《道德真经传》，《老子集成》第二卷，第 657 页。
② 吕惠卿：《道德真经传》，《老子集成》第二卷，第 674 页。
③ 吕惠卿：《道德真经传》，《老子集成》第二卷，第 677 页。

复失。如何守道呢？他接着说：

> 今我既得其母，以与心契矣，非特闻之而已也，则知天下
> 之物皆我之所出也。知天下之物皆我之所出，而我常守之而不
> 失，则天下孰能以其所出而害其所自出哉？此其所以殁身不殆
> 也。塞其兑，闭其门，终身不勤，此则守其母之谓也。心动于
> 内而吾纵焉，是之谓有兑。有兑则心出而交物，我则塞其兑而
> 不通，不通则心不出矣。物引于外而吾纳焉，是之谓有门。有
> 门则物入而扰心，我则闭其门而不纳，不纳则物不入矣。内不
> 出，外不入，虽万物之变芸芸于前，各归其根而不知矣，夫何
> 勤之有哉？古之人有能废心而用形者，以此道也。若开其兑而
> 不塞，济其事而不损，则我之心直为物之逆旅莫适守者，何恃
> 而不亡哉？①

"既得其母，以与心契"，即已经体悟了道之真谛。得道之人明白天
下万物"皆备于我"，所以只需守住"我"之本真，就不会再受到伤
害。"我"指得道之人。如果不关闭心门，心就很容易受到外物的干
扰。因此，得道之人只有"塞其兑，闭其门"，使"契道之心"内不
出、外不入。守住心，就守住了道。

三、《老子》"乃是皇王之宗"

吕惠卿在《老子》第六十三章注中说："道之为物，视之不见，
听之不闻，搏之不得，虽反复寻绎之，复归于无物而已矣。……能
得之于吾心，则其推之于天下国家无难矣。"② 通过"以心契道"的
方法体悟了道的真谛之后，就可以很好地将道运用于治理天下国家
的政治实践当中。这和儒家"修身齐家治国平天下"的路径是一致
的。实际上，在吕惠卿看来，《老子》一书的宗旨乃是"皇王之宗"：

---

① 吕惠卿：《道德真经传》，《老子集成》第二卷，第 677—678 页。
② 吕惠卿：《道德真经传》，《老子集成》第二卷，第 683 页。

　　曹参师于盖公而相齐国，孝文传之河上而为汉宗，仅得浅肤，犹几康阜。夫惟俗学，不识道真，徒见其文有异《诗》《书》之迹，莫知其指乃是皇王之宗。故闻不尚贤，则谓遗之野而不收，不贵货，则谓弃诸地而不用，谓绝学则无忧等于禽犊，谓绝圣则无法同于鸿荒。不知灵府之间，有若清眸之上，虽留金屑，亦翳神光。①

他认为，盖公、曹参、汉文帝等用黄老之术治国，尚仅得《老子》之表层思想，世俗之士见识浅薄，更无法体会其中的深意。主要原因在于他们被《老子》书中的"不尚贤""绝学""绝圣"等内容所迷惑，认为《老子》与儒学相悖。而事实上并非如此，《老子》其实是一部治世之书，其中蕴含的治世精神与儒家学说是一致的。因此，他强调要"究其微言"，体会其中的"妙物"。吕惠卿在著《道德真经传》时也是这么做的。他重点从三个方面论证儒道两家的政治主张并不矛盾。

　　首先，关于仁义礼乐。儒家以仁义礼乐作为治国的重要工具，而老子主张"绝仁弃义"，视礼为"忠信之薄而乱之首"。对此，吕惠卿指出：

　　夫老君真人也，宜不弊弊然以天下万物为事，而于侯王之间如此其谆谆，何也？道以修之身为真，而以修之天下为普，使王侯者知而守之，则修之天下，不亦普乎？夫不啬其道而欲与天下同之，仁也，欲同之天下而先之侯王，义也。而学者顾见其言有绝弃仁义，则曰老君槌提吾仁义而小之也，吾所不取。呜呼，彼不见其所以绝弃之意，宜其不取焉耳。②

《大学》的"格物致知，正心诚意，修身齐家治国平天下"可以概括

---

① 吕惠卿：《道德真经传》，《老子集成》第二卷，第653页。
② 吕惠卿：《道德真经传》，《老子集成》第二卷，第663—664页。

儒家的人生哲学和政治理想，即先从修身开始，推而治国平天下。而《老子》第五十四章云："修之于身，其德乃真；修之于家，其德乃余；修之于乡，其德乃长；修之于邦，其德乃丰；修之于天下，其德乃普。"因此，他认为老子亦以修之身为真，以修之天下为普。这样一来，儒道之间就有了可以相互贯通的基础。

在第三十一章注中，吕惠卿专门指出老子的本意并非绝灭礼学："老君之察于礼学如此，而谓老君之绝灭礼学者，岂知其所以绝灭之意乎？"[1] 既然老子并不想绝灭礼学，怎样理解他反对礼学的内容呢？他在第八十章注中对这一问题作了说明：

> 传曰：三代以来至于周衰，其文弊甚矣，民失其性命之情，故老子之言救之质，以反太古之治。小国寡民，使有什伯之器而不用，使民重死而不远徙。虽有舟舆，无所乘之；虽有甲兵，无所陈之。此救之以质而反乎太古之道也。……然《诗》《书》之所言，则止于尧舜三代，而老子欲反太古之治，何哉？曰：夫道与世之交相丧久矣，非大道不足使人反性命之情，言道而不及其世，不足以知大道之已试，此其所以必反太古之治也。然则世去太古也久矣，遂可以尽复乎？曰：未可也。然则其言之何也？曰：礼至于兼三王，乐至于备六代，其文极矣。然而礼不以玄水大羹，而措之醴酒和羹之下，乐不以牍管清声，而加之朱弦疏越之上者，使人知礼乐之意所不得已者如彼，而所欲反本复始如此也。方斯时也，孔子方求文武周公之坠绪而赓之，老子论其道与世如此，其意犹是而已矣。[2]

身为史官，老子很清楚地意识到周朝已进入末世，儒家所倡导的礼乐无法改变其灭亡的命运，所以他要否定礼乐。为了挽救三代以来逐渐衰落的文明，老子提出了"小国寡民"的社会理想，其用意是

---

[1] 吕惠卿：《道德真经传》，《老子集成》第二卷，第 669 页。
[2] 吕惠卿：《道德真经传》，《老子集成》第二卷，第 690—691 页。

"反本复始"，借"太古之道"恢复人的性命之情。孔子欲"求文武周公之坠绪而赓之"，即复兴周朝的礼乐文明来改变礼崩乐坏的现实，其用意也是"反本复始"。从此种意义上讲，老子之学与孔子之学实乃相为表里。

其次，关于"绝学无忧"。儒家提倡学而不厌，而老子主张绝学。对此，吕惠卿说：

> 上绝弃乎圣智仁义之善，下绝弃乎巧利之恶，不以累其心，则绝学矣。绝学则无为，无为则神，神也者，鼓万物而不与圣人同忧者也，故曰绝学无忧。……夫老君神矣，何所事养，而与众人俗人为异而已，欲使为道者知如此而后可以至于道故也，然则绝学之大指可知矣。而先儒以谓人而不学，虽无忧如禽，何其未知所以绝学无忧之意矣。①

在他看来，老子主张的"绝学"包括绝圣弃智、绝仁弃义、绝巧弃利，都是要绝去俗学，以祛除"心"之累，从而达到无为体道的目的。孔子主张学以致道，老子主张绝学致道，方法不同，求道的目的实无两样，可谓殊途同归。

再次，关于无为与有为。孔子提倡积极有为的政治态度，老子则主张治国之道的最高境界是无为。如何化解两者之间的矛盾呢？《老子》第二十六章云："重为轻根，静为躁君。"吕惠卿注曰：

> 轻者先感，重者后应，应者感之所自生，则重为轻之根矣。静者役物，躁者役于物，躁常为静之所役，则静为躁之君矣。是以君子终日之间，其行为可以约斋矣，然犹不离辎重，则轻之不可以无重也。虽有荣观为足以适矣，而又有超然之燕处，则躁之不可以无静也。终日之行与其荣观犹且如此，况乎万乘之主，任重道远以观天下，其可不静且重乎？盖迫而后动，感

---

① 吕惠卿：《道德真经传》，《老子集成》第二卷，第 663—664 页。

而后应，不得已而后起，则重矣，无为焉，则静矣。苟其动常在于得己之际，而不能无为，则是以身轻天下而不重，不重则躁而不静矣。故曰上无为也，下亦无为也，是下与上同德，下与上同德则不臣。下有为也，上亦有为也，是上与下同道，上与下同道则不主。盖轻则任臣之劳而代之，而臣则无为，而与上同道则不臣，不臣则是失臣也。躁则忘君之逸而为天下用，则君亦有为，而与下同道则不主，不主则是失君也。故曰轻则失臣，躁则失君。①

上下皆无为，就是臣子的失职；上下皆有为，就是君主的失职。臣无为属于"轻"，君有为属于"躁"，二者都偏离了各自的轨道。只有君无为而臣有为，才能实现治国平天下的目标。吕惠卿在第五十章注中亦重点阐发了无为和有为的关系：

> 道之为物，无形而不争，则天下之至柔弱，而人莫之喻也，故以有形喻之。人之生也柔弱，其死也坚强，草木之生也柔脆，其死也枯槁，则虽有形者，亦以坚强而死，柔弱而生，而况体无形之道，而不致其柔弱，其可得乎？是以兵强则恃之而骄，而敌国之所谋也，我骄而敌谋，则所以不胜也。木强则伐，伐之所以共而举之也，非徒然也。而以位言之，则天以炁在上，地以形在下，炁则柔弱，形则坚强。臣以有为事上，君以无为畜下，有为则坚强，无为则柔弱。坚强居下，柔弱处上，物之理也，然则柔弱之能胜刚强可知矣。②

柔弱是老子之道的重要特点。吕惠卿认为，柔弱胜坚强的规律不仅适用于自然界，也适用于政治。具体而言，臣有为而君无为，有为对应坚强，无为对应柔弱，则在他看来，无为高于有为。尽管如此，

---

① 吕惠卿：《道德真经传》，《老子集成》第二卷，第 666 页。
② 吕惠卿：《道德真经传》，《老子集成》第二卷，第 689 页。

在治国过程中，君臣各司其职，因此，无为和有为都不可或缺。这样一来，道家的无为和儒家的有为就可以并存了。

吕惠卿曾协助王安石修撰《三经新义》，熙宁七年（1074 年）王安石辞相后，便推荐吕氏担任参知政事。尽管他们后来产生了矛盾，但在王安石变法之初，吕惠卿一直是变法的坚定支持者。在变法面临失败的情况下，他通过《老子》注表达了对变法的坚持：

> 天下之物，唯水为能，因物之曲直方圆而从之，则是柔弱莫过于水者也。而流大物，转大石，穿突陵谷，浮载天地，唯水为能，则是攻坚强者无以先之也。所以然者，以其虽曲折万变，而终不失其所以为水，是其无以易之也。夫水之为柔弱，而柔弱之胜刚强，天下莫不知，而老子数数称之，何也？以天下虽莫不知，而莫能行也。夫聪明睿知足以有临矣，则其患者岂在于材力之不足也，顾未能损有余以奉天下，持之以柔弱，而常为名尸智主事任谋府之所累耶？故老子论道德之将终，而数数及此言。①

熙宁变法从一开始便遭到官僚地主的极力反对，变法的贯彻实施如水的遭遇一样"曲折万变"。但吕惠卿始终对变法怀着坚定的信念，因为他坚信变法能如水"流大物，转大石，穿突陵谷，浮载天地"一样，改变朝政痼疾，开出新的天地。因此，即使屡遭贬谪，他依然为新法竭尽全力。

---

① 　吕惠卿：《道德真经传》，《老子集成》第二卷，第 689 页。

第五章　司马光、苏辙的老学思想

司马光和苏辙是北宋继王安石之后注解《老子》的文化名人，司马光是著名的政治家与史学家，苏辙是杰出的文学家，他们对《老子》的诠释，既有各自独立的学术见解，也具有作为儒家学者解《老》的时代共性，故本章合而论之。

第一节　司马光《道德真经论》

司马光是北宋著名的政治家与史学家，他对《老子》十分重视，有《道德真经论》传世。其注虽然十分简要，但内容颇精辟，体现他"站在儒家立场上对老子进行的回护"，认为"老子之学与儒家并不相悖"。[①] 当然，该注除了儒道相通的诠释外，对老子道论的理解，特别是从政治与道德层面的阐发，也很有见地。

一、对道的理解

在《道德真经论》中，司马光首先对老子之道的根本性意义进行了揭示，如第五十二章注："始谓道也。道者，万物之所生。"道是万物产生的根源，司马光将其称之为"宗本"："宗本无形谓之道。

---

① 萧汉明：《道家思想在北宋传统哲学转型期的意义》，载《道家文化研究》第 26 辑，生活·读书·新知三联书店 2012 年版，第 32—34 页。

气象变化谓之德。聚而成物，质性散殊。生必长，长必成，自然之势。"① 宗本之道是无形的，一切变化有形则为德，当然，道、德是不可分开的：

> 太史公曰：老子著书上下篇，言道德之意。后人因其篇首之文，名上篇曰道，下篇曰德。夫道德连体，不可偏举。②

这是司马光在其注之始所强调的。他认为虽然《老子》文本在流传的过程中，经过后人的整理改造，并裁定为《道经》《德经》两篇，但并不是上经只言道，下经只言德，道德之意是互相关联的，不可偏废。对于道德的理解，可以放眼宇宙万物，如上面提到的注文，在道的作用下，德指气象变化，聚而成物，万物自然生长成熟。当然，道德之意也可以从社会、人事层面加以解读，如第二十八章的注文："有武而不用，处卑而为众所归，由德以归道。"③ 这里指用道的原则治理天下，不以强凌弱，自处卑下，天下反而归附，这就是德化。

关于老子"道生万物"的宇宙论，经典的表述是第四十二章："道生一，一生二，二生三，三生万物。万物负阴而抱阳，冲气以为和。"对此，司马光注云：

> 自无入有，分阴分阳，济以中和。负犹背也，抱犹向也。万物莫不以阴阳为体，以冲气为用。④

"道生一"即"自无入有"，"一生二"即"分阴分阳"，"二生三"即"济以中和"。在万物化生的过程之中，道自无而有，产生阴阳二气，阴阳二气相互交感形成中和之气，然后万物禀中和之气而生。阴阳

---

① 司马光：《道德真经论》，《老子集成》第二卷，第 550 页。
② 司马光：《道德真经论》，《老子集成》第二卷，第 539 页。
③ 司马光：《道德真经论》，《老子集成》第二卷，第 546 页。
④ 司马光：《道德真经论》，《老子集成》第二卷，第 549 页。

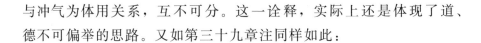

与冲气为体用关系，互不可分。这一诠释，实际上还是体现了道、德不可偏举的思路。又如第三十九章注同样如此：

> 一者，道之子，物之祖也，故莫不赖之以成功。以事言之，常久不已，所谓一也。①

老子在此章言："昔之得一者，天得一以清，地得一以宁，神得一以灵，谷得一以盈，万物得一以生，侯王得一以为天下正。其致之一也。"从天地运化、万物生长到天下治理，都是由于一在起作用，溯其根源是道，观其现象是德。以物言之，一是物之祖；就事而论，一是常久。司马光的注文，抓住了老子道论的实质。

除了阐发老子之道的本体意义外，司马光还论述了道的玄妙和抽象。如第六章注："中虚故曰谷，不测故曰神。天地有穷而道无穷⋯⋯天地由之以生。"② 又如第四章注：

> 深不可测，常为物主。锋角猛露，道所恶也。事为烦乱，道所鄙也。辉华显赫，道所贱也。污辱卑下，道所贵也。湛然不动，若有若亡。言其先天地生，物莫能逾。③

道先于天地万物而存在，为万物之宗主，它玄妙莫测，无法用语言来描述。不过，对那些不属于道的现象还是清楚的，如锋芒毕露、张扬显摆、烦琐混乱等，这些都是道的对立面，道是处下不争的。

此外，司马光特别论述了无、有两个范畴对于老子之道的重要价值。从天地万物的生成来看：

> 天地，有形之大者也，其始必因于无，故名天地之始曰无。

---

① 司马光：《道德真经论》，《老子集成》第二卷，第548页。
② 司马光：《道德真经论》，《老子集成》第二卷，第541页。
③ 司马光：《道德真经论》，《老子集成》第二卷，第540—541页。

万物以形相生，其生必因于有，故名万物之母曰有。①

这是《老子》首章"无名天地之始；有名万物之母"的注文，从"无""有"处断句，彰显出道含有无的本体意义。从圣人体道的角度来看：

> 万物既有，则彼无者宜若无所用矣。然圣人常存无不去，欲以穷神化之微妙也。无既可贵，则彼有者宜若无所用矣。然圣人常存有不去，欲以立万事之边际也。苟专用无而弃有，则荡然流散，无复边际，所谓有之以为利，无之以为用也。②

这是对经文"常无，欲以观其妙；常有，欲以观其徼"的解释，从"无""有"处断句，突出了道的哲理性，使老子思想更具抽象思辨的特点。注文强调了有无不可分割的道理，指出理解和运用老子之道，不能仅仅执着于无。再看第十四章的注：

> 无色，无声，无体，皆归于无。皦，明也。道之升，万物以生而不可见。道之降，万物以息而未尝亡。……曰有曰无，皆强名耳。欲言无邪，则物由以成。欲言有邪，则不见其形。若有若无，无始，无终。古之道，无也。道以无为纪。③

因为道是视之不见、听之不闻、搏之不得的，因而难以捉摸，用无和有两个范畴来定义它，也是不得已的权宜之策。而在无和有的作用中，无处于更加根本性的位置，这也是由道的特点所决定的，即"物出于无，复入于无"，道是无和有的统一，其体为无，其有为用。

---

① 司马光：《道德真经论》，《老子集成》第二卷，第 539 页。
② 司马光：《道德真经论》，《老子集成》第二卷，第 539—540 页。
③ 司马光：《道德真经论》，《老子集成》第二卷，第 542—543 页。

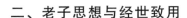

二、老子思想与经世致用

司马光注解《老子》，具有明显的经世致用倾向。因此，他除了阐述道之体，对道之用更为重视。《老子》首章注云：

> 世俗之谈道者，皆曰道体微妙，不可名言。老子以为不然，曰道亦可言道耳，然非常人之所谓道也。名亦可强名耳，然非常人之所谓名也。常人之所谓道者，凝滞于物。所谓名者，苛察缴绕。①

按照一般的认识，老子之道玄妙难识，似乎是不可以言说的。其实则不然，道是可以理解的，也可以用名指称。道之可道可言即指道之用，但常人的理解或滞于物，或滞于事，无法把握老子之道的微妙高明，如第二章注："凡事有形迹者，必不可齐。不齐则争，争则乱，乱则穷，故圣人不贵。"② 按照司马光的认识，"礼至于无体，乐至于无声，刑至于无刑，然后见道之用"③。道之用不拘于形式，其妙在于"无"，即老子所谓"有之以为利，无之以为用"，无体、无声、无刑，这就是道之用的具体体现，反映出礼、乐、刑三者在推行过程中由有入无的理想状态。而以道行事，其效用是无与伦比的："宝用有尽，道用无穷。有求而循道者，无不得。有过而从道者，无不免。"④

司马光认为，在老子思想中，道的运用者并非普通人，而是圣人或者说主政者。如第二十五章注："明王者，不得以位自骄。"⑤ 第三十二章注："侯王守道，则物服，气和，民化。"⑥ 第二章注："其

---

① 司马光：《道德真经论》，《老子集成》第二卷，第 539 页。
② 司马光：《道德真经论》，《老子集成》第二卷，第 540 页。
③ 司马光：《道德真经论》，《老子集成》第二卷，第 542 页。
④ 司马光：《道德真经论》，《老子集成》第二卷，第 553 页。
⑤ 司马光：《道德真经论》，《老子集成》第二卷，第 546 页。
⑥ 司马光：《道德真经论》，《老子集成》第二卷，第 547 页。

身正，不令而行。"① 等等。这些注文都是从主政者的立场出发，抓住了老子思想的宗旨。司马光又言："道之见者谓之象，圣人执之，以为天下王。"② 象乃道之呈现，圣人执象也即发挥道之用，则可王天下，正如第二十七章注所言："固国不以山溪之险。域民不以封疆之界。"③ 对于天下百姓，不是强制管理和束缚，而是出于爱护之心："夫贵重天下者，天下亦贵重之。爱利天下者，天下亦爱利之。未有轻贱残贼天下，而天下贵爱之者也。故圣人之贵爱天下，所以贵爱其身也，如此则付以大器，必能守之。"④ 贵爱天下如贵爱自己的身体，这才是道的体现，所以司马光在第六十二章注又指出："所贵于道者，为其兼容敦化，若中者弃不中，才者弃不才，不得为有德。"⑤ 圣人以道治理天下，要做到人尽其才，物尽其用，如是便是有德。

　　司马光作为一个儒家学者，注《老》时并没有表现出明显的偏见，而是阐发儒道并行不悖的道理。例如他解释《老子》第六十七章说："仁者必有勇，约省则有余。""仁者，众之所附。"⑥ 肯定了儒家核心思想"仁"的巨大作用。又如他对老子"不尚贤"的注解："贤之不可不尚，人皆知之。至其末流之弊，则争名而长乱，故老子矫之，欲人尚其实，不尚其名也。"⑦ 意思是说，真正的贤肯定是需要崇尚的，这是人人皆知的道理，但如果只为名而尚贤，则将陷入争名的弊端，徒以添乱，故老子加以矫正。至于《老子》第三十八章"夫礼者，忠信之薄而乱之首也"一句，一般被当作老子反对儒家礼制的例证，而司马光注云："忠信，礼之本也。守其文，忘其本，则巧伪横生矣。"⑧ 司马光认为，老子并不反对以忠信为本的礼，而是对失去其本的礼教所导致的巧伪进行批评。这样的解读，老子

① 司马光：《道德真经论》，《老子集成》第二卷，第 540 页。
② 司马光：《道德真经论》，《老子集成》第二卷，第 547 页。
③ 司马光：《道德真经论》，《老子集成》第二卷，第 546 页。
④ 司马光：《道德真经论》，《老子集成》第二卷，第 542 页。
⑤ 司马光：《道德真经论》，《老子集成》第二卷，第 553 页。
⑥ 司马光：《道德真经论》，《老子集成》第二卷，第 554—555 页。
⑦ 司马光：《道德真经论》，《老子集成》第二卷，第 540 页。
⑧ 司马光：《道德真经论》，《老子集成》第二卷，第 548 页。

思想便不再是儒家的对立面，儒道之间是相融的。再如第十九章的注文：

> 圣智所以利民也，至其末流之弊，乃或假圣智以害民，故老子矫之云尔。孝慈，仁义之本也。巧于利民，圣智之本心也。盗贼乃窃巧以利己。属，著也。圣智、仁义、巧利，皆古之善道也，由后世使用之以为文饰，而内诚不足，故令三者皆著于名而丧其实。[1]

这是司马光对老子"绝圣弃智""绝仁弃义"等思想的辩护。与尚贤一样，真正的圣智仁义都是要加以维护和肯定的，后世之徒做不到圣智仁义，故为其名而变得虚伪，甚至有害于民，这才是老子所要反对的。司马光还把圣智仁义巧利称为"古之善道"，再次证明了他儒道相通的立场以及对老子思想的认同。

司马光在肯定老子思想合理性的基础上，强调了其在政治实践中的重要价值，其理论内核即"因顺自然"。如第四十九章注："随时因物，应变从道。"[2] 第二十八章注："材见于外则如器，各有所能。圣人因其所能，用为众官之长。"[3] 第十章注："善爱民者，任其自生，遂而勿伤。善治国者，任物以能，不劳而成。"[4] 这都是强调治国理政要遵循因顺的原则，要"去华务实，还淳反朴"，防止"奸诈乱政，上下相欺"。[5] 第六十五章注又云："王道正直。知用智不若不用，非有精微之德，其孰能与于此。物情莫不贵智，而有玄德者独贱之，虽反于物，乃顺于道。"[6] 按照一般的认识，大家以智为贵，也主张以智治国，但老子认为以智治国不如无为而治，司马光根据

---

① 司马光：《道德真经论》，《老子集成》第二卷，第544页。
② 司马光：《道德真经论》，《老子集成》第二卷，第550页。
③ 司马光：《道德真经论》，《老子集成》第二卷，第546页。
④ 司马光：《道德真经论》，《老子集成》第二卷，第542页。
⑤ 司马光：《道德真经论》，《老子集成》第二卷，第554页。
⑥ 司马光：《道德真经论》，《老子集成》第二卷，第554页。

老子思想进一步阐述，体道高明之人即玄德者能够做到不尚智，这虽然与一般的认识不符，却与道相合，是"顺于道"的表现。那么，如何做到因顺呢？司马光在第七十章注中进行了回答："易简，精一，体要，返本。"① 注文仅仅八个字，却包含四条原则：第一，易简，即清静无为。第二，精一，即集中高效。第三，体要，即抓住要领。第四，返本，即返璞归真，回归于道。这些原则与老子思想特别是黄老思想完全相符。

除了因顺，司马光在注中还突出了自然。如注"及吾无身"为"归之自然"②，注"故大制不割"为"因其自然"③。司马光指出，要尊重万物的自然之性，做到"任物自然"，而尊道贵德，本质上也就是与"自然相应"。第六十四章"学不学，复众人之所过，以辅万物之自然而不敢为"一句注言："众人用心过分，更成赘疣，故人所学者在于不学，以复众人之所过。万物生成，皆不出自然，圣人但以辅之，不敢强有所为也。"④ 用心过分，便失自然。万物的生成都不在自然之外，故有道者对待万物，一定是顺其自然，不会强自作为。而这样做的效果却是最好的："任物自然，物莫能违。随其顺逆，应以吉凶。不疾而速，不行而至。不忽遽，而事无不成。"⑤

当然，司马光认为，老子主张的因顺自然，并不是毫无作为。如第二章注："圣人于天下不能全无所为，但不恃之以为己力耳。不自满假。汝惟不矜，天下莫与汝争能；汝惟不伐，天下莫与汝争功。"⑥ 圣人即有道者治理天下，不是不为，而是为而不居功，无心而为。注中引用《尚书·大禹谟》中的名句"汝惟不矜，天下莫与汝争能；汝惟不伐，天下莫与汝争功"解释《老子》"夫唯不居，是以不去"之意，很贴切。又如第五十二章注：

---

① 司马光：《道德真经论》，《老子集成》第二卷，第 555 页。
② 司马光：《道德真经论》，《老子集成》第二卷，第 542 页。
③ 司马光：《道德真经论》，《老子集成》第二卷，第 546 页。
④ 司马光：《道德真经论》，《老子集成》第二卷，第 554 页。
⑤ 司马光：《道德真经论》，《老子集成》第二卷，第 556 页。
⑥ 司马光：《道德真经论》，《老子集成》第二卷，第 540 页。

> 始谓道也，道者万物之所生。因道以立礼乐刑政，不可忘本弃道。[1]

注中把《老子》"既得其母，以知其子"解释为"因道以立礼乐刑政"，颇值得注意。道为万物之本，礼乐刑政因道而立，那么道也是礼乐刑政之本。这里，司马光显然视道为儒家礼乐刑政的形上依据，礼乐刑政的合法性得到了一个本体意义上的阐明。那么，在上位者推行礼乐刑政，就不能妄自为之，而应遵守道的原则：

> 圣人得道，必制而用之，不能无言。虽以有名教民，亦务简要，勿令滋彰。有为之教，比之于道，大小绝殊，然亦终归于道。[2]

《老子》的"始制有名"被解释为"圣人得道，必制而用之，不能无言"。司马光把儒家的礼乐刑政制度视为"道之用"，所谓"制而用之"，就是要把礼乐刑政作为治理国家的道德规范和政治举措。而以道为本，故为政要清静简要，但也不能放弃必要的有为：

> 有为之德，不修则废。因民所利而利之，制而用之。立制度以强民，民不肯从，则用刑以威之。[3]

作为德政，一方面要以民为重，另一方面，也必须制定制度和法律对民众加以约束。从上述诸条注文可以看出，司马光十分注意阐发《老子》的现实价值，他的主张颇合黄老之旨。

司马光确实是崇尚黄老思想的，并与王安石进行过讨论：

---

[1] 司马光：《道德真经论》，《老子集成》第二卷，第551页。
[2] 司马光：《道德真经论》，《老子集成》第二卷，第547页。
[3] 司马光：《道德真经论》，《老子集成》第二卷，第548页。

　　今介甫为政，首建制置条例司，大讲财利之事，又命薛向行均输法于江淮，欲尽夺商贾之利，又分遣使者散青苗钱于天下，而收其息，使人愁痛，父子不相见，兄弟妻子离散，此岂孟子之志乎。老子曰："天下神器，不可为也，为者败之，执者失之。"又曰："我无为而民自化，我好静而民自正，我无事而民自富，我无欲而民自朴。"又曰："治大国，若烹小鲜。"今介甫为政，尽变更祖宗旧法，先者后之，上者下之，右者左之，左者右之，成者毁之，矻矻焉穷日力，继之以夜而不得息，使上自朝廷，下及田野，无一人得袭故而守常者，纷纷扰扰，莫安其居，此岂老氏之志乎。[①]

　　显然，司马光不仅反对王安石变法，而且认为其变法违背了黄老思想。司马光还针对当时学黄老者以心如死灰、形如槁木为无为的错误认识，作《无为赞》，云："治心以正，保躬以静，进退有义，得失有命，守道在己，成功则天，夫复何为，莫非自然。"[②]司马光认为黄老之要旨就是以无为自然为原则去成有为之事，这也是老子思想中最可取的内容。

三、诚与性命之学

　　《宋元学案》云："温公之学，主之以诚，守之以谦。"[③]可见，"主诚"是司马光思想学术的重要特征。这一点在他的《道德真经论》中也有所体现，其《老子》第十八章注云：

　　　　道者涵仁义以为体，行之以诚，不形于外。故道之行，则仁义隐；道之废，则仁义彰。[④]

---

①　彭耜：《道德真经集注杂说》，《老子集成》第四卷，第 706 页。
②　彭耜：《道德真经集注杂说》，《老子集成》第四卷，第 704 页。
③　黄宗羲原著，全祖望补修：《宋元学案》卷八《涑水学案》，第 346 页。
④　司马光：《道德真经论》，《老子集成》第二卷，第 544 页。

前面提到，司马光以道为礼乐刑政之本。这里又提出了"道者涵仁义以为体"的观点，即道为仁义之本。由此可见，司马光试图为儒家的仁义道德寻找一个形而上的本体论依据，从天道中推衍出人道，以天道作为仁义道德的最后归宿。

卢国龙教授曾指出，司马光注《老》的基本思路"可以分述为穷理和尽性两个层面"①，那么，司马光所言道为礼乐刑政之本，道为仁义之本，"不可忘本弃道"，便是其穷理的实质之所在。至于他对尽性的阐发，则认为其要义在于"行之以诚，不形于外"，即修养时不假外求，而要求通过内心反省，达到诚的境界。他又在《老子》第五章注说："能守中诚，不言而信。"② 第三十八章注说："推至诚而行之，不自以为德。"③ 看来，司马光所强调的是一个"诚"字，诚出于本来心性，"推至诚而行之"，即为尽性，如此便并非拘于形式上的道德，而能够"与天合德"了。对诚的重视，确是司马光学术思想中的一贯特点。司马光进而指出，一个人如果内诚不够，则将丧道失德。他注《老子》第十九章说：

> 圣智、仁义、巧利，皆古之善道也。由后世徒用之以为文饰，而内诚不足，故令三者皆著于名而丧其实。④

这里先肯定儒家的道德仁义本是"古之善道"，老子也并不是要真正反对、绝而弃之。只是世人都只注重名义上的圣智、仁义、巧利，耽于形迹，遂使至诚之本性被离散，而尽性，就是要人们复归于这种至诚之本。怎样复归呢？司马光提出了"正心""治心"的修养方法。他注《老子》第六十四章云："众人用心过分，更成赘疣，故人

---

① 卢国龙：《北宋儒学三派的〈老子〉三注》，载《道家文化研究》第 8 辑，上海古籍出版社 1995 年版，第 324 页。
② 司马光：《道德真经论》，《老子集成》第二卷，第 541 页。
③ 司马光：《道德真经论》，《老子集成》第二卷，第 548 页。
④ 司马光：《道德真经论》，《老子集成》第二卷，第 544 页。

所学者在于不学，以复众人之所过。"① 众人由于用心过分，本性被迷，那么复归本性的关键便在于治心，所谓"大人之道正其心而已矣，治之养之，以至于精义入神"②，"学者所以求治心也"③。

　　道德性命之学是北宋儒家普遍关心的时代性课题，故司马光在注解《老子》的时候也进行了阐发。司马光注《老》，不仅有对老子思想的阐释，更包含其对儒家政治思想、道德哲学等一系列问题的重新思考。苏轼在《司马温公行状》中说司马光"不喜释老"④，看来不够准确。如果"老"指道教，或者可信，至于老子，司马光是非常重视并且欣赏的。

第二节　苏辙《老子解》

　　苏辙不仅是宋代著名的文学家，在中国思想史上，也是一位颇有影响的人物。他所著《老子解》（亦称《道德真经注》）在历史上影响很大，成为老学史上的代表作之一。该注具有北宋儒家注《老》的时代精神，同时兼具蜀学的特点。

一、对道的阐发

　　在《老子》第二十五章的注解中，苏辙较为集中地对老子之道的特点进行了阐释：

　　　　夫道，非清非浊，非高非下，非去非来，非善非恶，混然

---

① 司马光：《道德真经论》，《老子集成》第二卷，第554页。

② 司马光：《温公易说》卷三。

③ 司马光：《温国文正公文集》卷七十四。

④ 萧汉明先生对苏轼的这个判断进行了具体分析，认为乃牵强之论，不足据信。参萧汉明：《道家思想在北宋传统哲学转型期的意义》，载《道家文化研究》第26辑，生活·读书·新知三联书店2012年版，第31—35页。

而成体，其于人为性，故曰有物混成。此未有知其生者，盖湛然常存，而天地生于其中耳。寂兮无声，寥兮无形，独立无匹而未尝变，行于群有而未尝殆，俯以化育万物，则皆其母矣。道本无名，圣人见万物之无不由也，故字之曰道。见万物之莫能加也，故强为之名曰大。然其实则无得而称之也。①

注文描述了道的抽象性和超越性，道是无法用人类一般的知识或者经验去把握和定义的，所以道无名，称为道只是强名而已。但道是宇宙中那个最根本性的存在，它不仅生育天地万物，而且赋予了人具体的品性。

苏辙与王安石、司马光一样，强调了道含有无的特点，如第一章注：

自其无名，形而为天地，天地位而名始立矣。自其有名，播而为万物，万物育而名不可胜载矣。故无名者道之体，而有名者道之用也。圣人体道以为天下用，入于众有而常无，将以观其妙也。体其至无而常有，将以观其徼也。若夫行于其徼而不知其妙，则粗而不神矣。留于其妙而不知其徼，则精而不遍矣。以形而言有无，则信两矣。安知无运而为有，有复而为无，未尝不一哉。其名虽异，其本则一。②

苏辙把无名、有名解释为道之体用，突出了道在天地万物化育过程中的本体地位。同时，采纳了王安石、司马光的观点，将"常无欲以观其妙，常有欲以观其徼"读为"常无，欲以观其妙；常有，欲以观其徼"，并从圣人体道的角度，进一步阐述道的玄妙。道生万物是一个由无到有、有无归一的过程，而对道的运用，也要注意无有一体的关系："竭知尽物以为器，而器之用常在无有中。非有则无无

---

① 苏辙：《道德真经注》，《老子集成》第三卷，第12页。
② 苏辙：《道德真经注》，《老子集成》第三卷，第1—2页。

以致其用，非无则有有以施其利，是以圣人常无以观其妙，常有以观其徼。知两者之为一而不可分，则至矣。"①

除了从圣人体道的角度，苏辙还从道与物的关系出发，论述道的本体特点。他解《老子》第三十九章云：

> 一，道也，物之所以为物者，皆道也。天下之人见物而忘道，天知其清而已，地知其宁而已，神知其灵而已，谷知其宁而已，万物知其生而已，侯王知其为天下贞而已，不知其所以得此者，皆道存焉耳。致之言极也。天不得一未遽裂也，地不得一未遽发也，神不得一未遽歇也，谷不得一未遽竭也，万物不得一未遽灭也，侯王不得一未遽蹶也，然其极必至于此耳。天地之大，侯王之贵，皆一之致。夫一果何物也？视之不见，执之不得，则亦天下之至微也，此所谓贱且下也。昔之为此称者，亦举其本而遗其末耳。轮、辐、盖、轸、衡、轭、毂、辔会而为车，物物可数，而车不可数，然后知无有之为车，所谓无之以为用者也。然则天地将以大为天地耶？侯王将以贵为侯王耶？大与贵之中有一存焉，此其所以为天地侯王者，而或莫知之耳。故一处贵而非贵，处贱而非贱。非若玉之碌碌，贵而不能贱；石之落落，贱而不能贵也。②

在上述注文中，苏辙通过对"一"的阐述进一步说明道的本质。苏辙认为，宇宙间万事万物不仅由道而产生，而且赖道而存在，天、地、神、谷、万物、侯王之所以为天、地、神、谷、万物、侯王，就是因为其中都存在着一个统一的道，道是决定自然与社会存在的最后根据。道是一，使得宇宙万物包括人类社会具有了秩序和统一性。从日常使用的车辆构成到玉石的差别，从天地之大到侯王之贵，都是由一决定其存在的合理性。

---

① 苏辙：《道德真经注》，《老子集成》第三卷，第5页。
② 苏辙：《道德真经注》，《老子集成》第三卷，第17—18页。

苏辙进而指出，这个一或者道虽然存在，但又是看不见，摸不着的："凡物之见于外者，皆其门堂也。道之在物，譬如其奥，物皆有之，而人莫之见耳。"① 意谓单从具体的外物形态上，则看不到位于深奥之处的道。然而，这个无形的道又普遍存在于有形的万物之中，如第六十七章注："夫道旷然无形，颓然无名，充遍万物，而与物无一相似，此其所以为大也。若似于物，则亦一物矣，而何足大哉？"② 又如第四章注："夫道，冲然至无耳，然以至适众有，虽天地之大，山河之广，无所不遍。以其无形，故似不盈者。渊兮深渺，吾知其为万物宗也。"③ 道的普遍性正是其本体作用的具体呈现，它不同于万物，又离不开万物。苏辙进一步总结说："江海，水之钟也；川谷，水之分也。道，万物之宗也；万物，道之末也。皆水也，故川谷归其所钟；皆道也，故万物宾其所宗。"④ 这段话把道与万物之间的本末关系讲得更加清楚了。当然，道物的关系也同样适用于人类社会，如第五十一章注：

> 道者万物之母，故生万物者道也。及其运而为德，牧养群众而不辞，故畜万物者德也。然而道德则不能自形，因物而后形见。物则不能自成，远近相取，刚柔相交，积而为势，而后兴亡治乱之变成矣。形虽由物，成虽由势，而非道不生，非德不畜。是以尊道而贵德，尊如父兄，贵如侯王，道无位而德有名故也。⑤

注文由道与物的关系说到道与德的关系。道是无形的，道之用则为德。人类社会的兴亡治乱，看似偶然，实则必然，因为道是影响其发展演变的决定性因素，合道则兴、则治，离道则亡、则乱。因此，

---

① 苏辙：《道德真经注》，《老子集成》第三卷，第25页。
② 苏辙：《道德真经注》，《老子集成》第三卷，第27页。
③ 苏辙：《道德真经注》，《老子集成》第三卷，第3页。
④ 苏辙：《道德真经注》，《老子集成》第三卷，第15页。
⑤ 苏辙：《道德真经注》，《老子集成》第三卷，第21页。

尊道而贵德，是理想政治的必然选择。

二、复性之说

苏辙解《老》的最显著特点和思想成就，是阐发了复性之说，将复性论与老子的道论结合起来。他在第七十章的注文说：

> 道之大，复性而足。而性之妙，见于起居饮食之间耳。圣人指此以示人，岂不易知乎？人能体此以应物，岂不易行乎？然世常患日用而不知，知且不能，而况行之乎？[①]

"道之大，复性而足"是苏辙老学思想的一个重要内容，但原典《老子》并不讲性，因此，以复性论道，是苏辙本人对老子思想的发挥。苏辙认为，道在人身上的表现就是"性"。如他解第十章："盖道无所不在，其于人为性，而性之妙为神，言其纯而未杂则谓之一，言其聚而未散则谓之朴，其归皆道也，各从其实言之耳。"[②] 性又可称为"一""朴"，与道有类似的特点，它是人存在的根据，在人身上，性与道互不相分。由此看来，苏辙似乎将性这个范畴本体化了，所以他说："朴，性也。道常无名，则性亦不可名矣。"[③] "万物皆作于性，皆复于性，譬如华叶之生于根而归于根，涛澜之生于水而归于水耳。"[④] 可见，苏辙所说的性，并不是某种具体的品性，而是与道一样无名，具有超越性。再看以下两条注文：

> 性之为体，充遍宇宙，无远近古今之异。[⑤]
>
> 性之于人，生不能加，死不能损，其大可以充塞天地，其精可以蹈水火、入金石，凡物莫能患也。然天下常患亡失本性，

---

① 苏辙：《道德真经注》，《老子集成》第三卷，第28页。
② 苏辙：《道德真经注》，《老子集成》第三卷，第4页。
③ 苏辙：《道德真经注》，《老子集成》第三卷，第15页。
④ 苏辙：《道德真经注》，《老子集成》第三卷，第8页。
⑤ 苏辙：《道德真经注》，《老子集成》第三卷，第20页。

而惟身之为见，爱身之情笃，而物始能息之矣。生死疾病之变攻之于内，宠辱得失之交撄之于外，未有一物而非患也。夫惟达人知性之无坏，而身之非实，忽然忘身，而天下之患尽去，然后可以涉世而无累矣。①

在苏辙的注文中，一、性与道具有一种等同关系。道在人曰性，所以性与道一样有体有用。"性之为体，充遍宇宙"，"其大可以充塞天地"，可见，性这个范畴被赋予了一种普遍的意义，与道有了统一性与超越性，可以充塞于天地之间，恒久常存。苏辙还指出，性具有神秘的认识能力。如第十章注："圣人外不为魄所载，内不为气所使，则其涤除尘垢尽矣，于是其神廓然，玄览万物，知其皆出于性。等观净秽，而无所瑕疵矣。"② 圣人能够"玄览万物"，都是由于性的功用。第四十七章注又说："性之所及，非特能知能名而已，盖可以因物之自然，不劳而成矣。"③ 正因为性具有"玄览"的功用，所以圣人保持其性湛然纯全，就可因物之自然，不行而知，不见而名，不为而成。

陈述了性的特点以后，苏辙提出了他的复性理论。苏辙注第十章说：

> 盖道无所不在，其于人为性，而性之妙为神。……圣人性定而神凝，不为物迁，虽以魄为舍，而神所欲行，魄无不从，则神常载魄矣。众人以物役性，神昏而不治，则神听于魄，耳目困以声色，鼻口劳以臭味，魄所欲行而神从之，则魄常载神矣。故教之以抱神载魄，使两者不相离，此固圣人所以修身之要。至于古之真人，深根固蒂，长生久视，其道亦由是也。④

---

① 苏辙：《道德真经注》，《老子集成》第三卷，第6页。
② 苏辙：《道德真经注》，《老子集成》第三卷，第5页。
③ 苏辙：《道德真经注》，《老子集成》第三卷，第20页。
④ 苏辙：《道德真经注》，《老子集成》第三卷，第4页。

注文指出，由于性与道于人具有同一性，因此复性既是体道之要，也是修身之要。无论凡圣，都同样具备此性，而圣人与俗人的区别在于，圣人能够不为外物所蔽，廓然神定，故能保全真性，世人则见闻浅短，身心纷乱，"驰骛于争夺之场"，其本性被名利和物欲所蒙蔽。这点第四十七章注文同样言及："古之圣人，其所以不出户牖而无所不知者，特其性全故耳。世之人为物所蔽，性分于耳目，内为身心之所纷乱，外为山河之所障塞，见不出视，闻不出听，户牖之微，能蔽而绝之，不知圣人复性而足，乃欲出而求之，是以弥远而弥少也。"① 道与性人人都有，不过只有圣人才能够保持互相统一。他们不流于妄，不为物累，其性湛然常存，其认识能力也达到了非凡的高度。俗人的情况则正好相反，他们失道离性，身心不安，也不可能获得对外界的正确认识。苏辙用神与魄的关系为例进一步说明，圣人是神主魄，世人则是魄载神，而体道修身之要都在于神魄不离，做到神形合一，心身合一。

由上可以看出，苏辙所谓复性，就是恢复人人所具的固有本性。人的本性一旦被物欲和妄念所遮蔽，那他就成了俗人；但如果能够去掉虚妄，恢复本性，则他随之变成了圣人。所以，圣人以性示人，教导世人复性。圣人之性，实际上与人人所具有的先天本性是一样的，那么世人之复性，就是要在自己的内心消除妄念，去掉物蔽，以凸现原有真性。而恢复原有真性的具体方法就是去妄。一切蒙蔽本性之物都可称为"妄"，也称之"伪"，因此，去妄是通向复性的必由之路，所谓"人伪已尽，复其性也"②。对此，苏辙有不少阐述，如：

> 圣人与人均有是性，人方以妄为常，驰骛于争夺之场，而不知性之未始少妄也。是以圣人以其性示人，使之除妄以复性。待其妄尽性复，未有不廓然自得，如右契之合左，不待责之而

---

① 苏辙：《道德真经注》，《老子集成》第三卷，第 20 页。
② 苏辙：《道德真经注》，《老子集成》第三卷，第 7 页。

自服也。①

惟圣人知性之真，审物之妄，损物而修身，其德充积，实无所立而其有不可拔者，实无所执而其抱有不可脱者。②

苟一日知道，顾视万物，无一非妄。去妄以求复性，是之谓损。……去妄以求复性，可谓损矣，而去妄之心犹存。及其兼忘此心，纯性而无余，然后无所不为而不失于无为矣。③

妄是人们对事物的错误认识，它如尘埃一样遮蔽着人的本性，因此，只有去妄，才能使人的本性恢复到原来的澄明状态。去妄的关键是损，而非博学多闻。而且，去妄时还不能有去妄之心，有此心时仍是性不纯的表现，所以要把去妄之心也"兼忘"，也即做到"无心之心"，这才是真正的复性，才能无为而无不为。此外，苏辙还对去妄复性的具体过程进行了论述，如第二十八章注：

古之圣人去妄以求复性，其性愈明，则其守愈下；其守愈下，则其德愈厚；其德愈厚，则其归愈大。盖不知而不为，不若知而不为之至也。知其雄，守其雌，知性者也。知性而争心止，则天下之争先者，皆将归之，如水之赴溪，莫有去者。虽然，譬如婴儿能受而未能用也，故曰复归于婴儿。知其白，守其黑，见性者也。居暗而视明，天下之明者，皆不能以形逃也，故众明则之以为法，虽应万物，而法未尝差，用未尝穷也，故曰复归于无极。知其荣，守其辱，复性者也。诸妄已尽，处辱而无憾，旷兮如谷之虚，物来而应之，德足于此，纯性而无杂矣，故曰复归于朴。④

复性的过程分为三步，第一步是"知性"，即掌握性的道理，去掉争

---

① 苏辙：《道德真经注》，《老子集成》第三卷，第30页。
② 苏辙：《道德真经注》，《老子集成》第三卷，第22页。
③ 苏辙：《道德真经注》，《老子集成》第三卷，第20页。
④ 苏辙：《道德真经注》，《老子集成》第三卷，第13页。

执之心。第二步为"见性"，即处于幽暗时内心也能保持光明，从而通达万物之情。第三步为"复性"，此时各种妄见都已去掉，性纯德足，归于真朴了。

在苏辙看来，复性实际上就是体道修道的目标。既然道在人身上表现为性，那么对众人来说，只要复归于性，就等于体悟到了道的妙义。如第二十五章之注："由道言之，则虽天、地与王皆不足大也。然世之人习知三者之大而不信道之大也，故以实告之。……然使人一日复性，则此三者人皆足以尽之矣。"① 相对于道来说，天、地、王皆非至大，但世俗之人出于习惯性思维，认为三者是最大的，而不相信道之为大。假使他们在某一天能够复其性，便将明白道才是宇宙间至高至大者。

苏辙在对老学的探讨中，不但谈复性，而且讲复命。他注第十六章："命者，性之妙也。性犹可言，至于命，则不可言矣。《易》曰：'穷理尽性以至于命。'圣人之学道，必始于穷理，中于尽性，终于复命。"命似乎比性更加奇妙，复命则是穷理尽性的必然归宿。对于命的含义，苏辙继续在该章注中说："君之命谓命，天之命谓命，以性接物，而不知其为我，是以寄之命也，此之谓复命。"② 原来命就是君命、天命。把君命等同于天命，苏辙的复性论便不仅仅是个人的修养问题，而是具有了现实的政治色彩。

三、儒释道三教合一之旨

苏辙以性命之学解《老》，最终目的是试图把"复性"作为一座桥梁，将儒、道、释三家连接起来，从而证明"天下固无二道"的学术宗旨。明代李宏甫评价《老子解》说："解《老子》者众矣，而子由最高。……宜其善发《老子》之蕴，使五千余言灿然如皎日，学者渐渐乎不可一日去手也。"③ 苏辙《老子解》之所以备受推崇，

① 苏辙：《道德真经注》，《老子集成》第三卷，第 12 页。
② 苏辙：《道德真经注》，《老子集成》第三卷，第 7—8 页。
③ 焦竑：《老子翼》，《老子集成》第六卷，第 688 页。

固然与他本人在文坛上的地位和在士大夫中间的声望有关，但主要原因恐怕还是在于其解具有独到见解，具有较高的学术性和思想性。特别是通过注《老》阐发儒释道三教合一之旨，符合时代精神的需要。

先看《老子解》中儒道相融的论述。《老子》第十九章"绝圣弃智，民利百倍；绝仁弃义，民复孝慈；绝巧弃利，盗贼无有"等文字，常常遭到儒家学者的批评。但苏辙却为老子进行了辩解：

> 非圣智不足以知道，使圣智为天下，其有不以道御天下者乎？然世之人不足以知圣智之本而见其末，以为以巧胜物者也，于是驰骋于末流，而民始不胜其害矣。故绝圣弃智，民利百倍。未有仁而遗其亲者也，未有义而后其君者也，仁义所以为孝慈矣。然及其衰也，窃仁义之名以要利于世，于是子有违父而父有虐子，此则仁义之迹为之也。故绝仁弃义，则民复孝慈。巧所以便事也，利所以济物也，二者非以为盗，盗贼不得则不行。故绝巧弃利，盗贼无有。[1]

苏辙指出，圣智与道并不矛盾，道是大智慧，老子要绝弃的是圣智之末流，从而有利于百姓。仁义孝慈同样是有道的表现，老子反对的是窃仁义之名的假仁假义。至于便事济物的巧利，也有其合理性，不能因为有盗贼的存在而加以否定。第十九章"此三者，以为文不足，故令有所属。见素抱朴，少私寡欲"的注文又说：

> 世之贵此三者，以为天下之不安，由文之不足故也。是以或属之圣智，或属之仁义，或属之巧利，盖将以文治之也。然而天下益以不安，曷不反其本乎？见素抱朴，少私寡欲，而天下各复其性，虽有三者，无所用之矣。故曰："我无为而民自化，我好静而民自正，我无事而民自富，我无欲而民自朴。"此

---

① 苏辙：《道德真经注》，《老子集成》第三卷，第9页。

则圣智之大、仁义之至、巧利之极也。然孔子以仁义礼乐治天下，老子绝而弃之，或者以为不同。《易》曰："形而上者谓之道，形而下者谓之器。"孔子之虑后世也深，故示人以器而晦其道，使中人以下守其器，不为道之所眩，以不失为君子，而中人以上自是而上达也。老子则不然，志于明道而急于开人心，故示人以道而薄于器，以为学者惟器之知则道隐矣，故绝仁义、弃礼乐以明道。夫道不可言，可言皆其似者也。达者因似以识真，而昧者执似以陷于伪。故后世执老子之言以乱天下者有之，而学孔子者无大过。因老子之言以达道者不少，而求之于孔子者常苦其无所从入。二圣人者，皆不得已也，全于此，必略于彼矣。①

注中的"三者"指圣智、仁义、巧利。一般来说，孔子主张以仁义礼乐治理天下，而老子却要绝而弃之，这反映了孔老之间的重要分歧。但苏辙不这么看，他认为老子并不反对真正的仁义圣智。真正的仁义圣智，于国于民都是大有好处的，但世俗之人托仁义圣智之名，不行仁义圣智之实，反而以巧胜物，要利于世，遂使风俗颓废，社会失控。那么，老子所谓的绝仁弃义、绝圣弃智，便是要绝弃那种"仁义之迹"、圣智之末流，使之反归其本。怎样反本明道呢？方法只有一个，那就是复性。天下各复其性，百姓就会自化、自正、自富、自朴，这是"圣智之大、仁义之至、巧利之极"，这就与孔子的主张没有大的区别了，因此从根本上说，孔、老同为圣人，二者殊途同归。这样，苏辙便把儒家之道与道家之道合二为一了，只是老子更多的是阐明形而上之道，孔子则侧重于宣传形而下之器，两人的思想侧重点不同。当然，从各自的历史影响来说也是有差别的，但并不妨碍孔、老思想主张的一致性。

我们再看第十六章的一段注文：

---

① 苏辙：《道德真经注》，《老子集成》第三卷，第9页。

> 仁义礼乐，圣人之所以接物也，而仁义礼乐之用，必有所
> 以然者。不知其所以然，徇其名而为之，世俗之士也。知其所
> 以然而后行之，君子也。此之谓穷理。虽然尽心以穷理，而后
> 得之，不求则不得也，事物日构于前，必求而后能应，则其为
> 力也劳，而为功也少。圣人外不为物所蔽，其性湛然，不勉而
> 中，不思而得，物至而能应，此之谓尽性。①

这里用穷理尽性之学解释老子的归根复命，而穷理，苏辙认为就是
穷仁义礼乐之所以然者，一旦主动地把握了仁义礼乐之本，就能够
不为外物所蔽，保持其性湛然，也就是尽性了，而尽性即为复性。
在苏辙眼里，复性反本之道，孔、老实无太大的差别。再如解第五
十九章云："孟子曰：'存其心，养其性，所以事天也。'以啬治人则
可以有国者是也，以啬事天则深根固蒂者是也。古之圣人保其性命
之常，不以外耗内，则根深而不可拔，蒂固而不可脱，虽以长生久
视可也。"② 本来，孟子的养性与老子的养生是有区别的，但苏辙把
复性引入老学后，老子与孟子一样讲起性命之学来，老子的"长生
久视"之道也就与孟子的"存心养性"之道一致了。

再看以佛解《老》方面的内容。儒道释三教合一是苏辙《老子
解》的总纲，正如其兄苏轼所评价的那样："使战国有此书，则无商
鞅、韩非；使汉初有此书，则孔老为一；使晋宋间有此书，则佛老
不为二。"③ 关于"佛老不为二"，这也是历代学者对《老子解》的一
种普遍认识。

首先，苏辙借助佛理阐明老子之道的本体意义。如第十四章注：

> 视之而见者，色也，所以见色者，不可见也。听之而闻者，
> 声也，所以闻声者，不可闻也。搏之而得者，触也，所以得触

---

① 苏辙：《道德真经注》，《老子集成》第三卷，第7—8页。
② 苏辙：《道德真经注》，《老子集成》第三卷，第24页。
③ 焦竑：《老子翼》，《老子集成》第六卷，第680页。

者，不可得也。此三者虽有智者莫能诘也，要必混而归于一而后可耳。所谓一也，性也，三者，性之用也。人始有性而已，及其与物构，然后分裂四出，为视、为听，为触，日用而不知反其本，非复混而为一，则日远矣。若推而广之，则佛氏所谓六入皆然矣。《首楞严》有云："反流全一，六用不行。"此之谓也。①

苏辙认为，老子所谓"混而为一"之"一"，与佛教"反流全一"之"一"相同。在佛教那里，一就是佛性。在老子看来，这个一就是道，它视之不见，听之不闻，搏之不得，但又无处不在。可见，老子之道与佛教之性具有相似的特点。佛教之性含义丰富，其中的一项乃指本体而言。如熊十力指出："佛书中凡言性者，多为体字之异名，其义有二：一、指绝对的真理而言，即东方玄学上所谓本体或实体及体用之体是也。二、指诸法之自体而言。"② 佛教的本体论认为，宇宙一切事物的产生与灭息都存在于因缘关系中，万象万物都是一种假合的偶然现象。一切都是暂时的、不可捉摸的、非真实存在的，是空，是幻。这种思想对苏辙解《老》是有影响的。又如第二十章的注文：

> 学者溺于所闻而无以一之，则唯之为恭，阿之为慢，不可同日言矣，而况夫善恶之相反乎？夫唯圣人知万物同出于性，而皆成于妄，如画马牛，如刻虎彘，皆非其实，潜焉无是非同异之辨，孰知其相去几何哉？苟知此矣，则万物并育而不相害，道并行而不相悖，无足怪矣。③

万物虽然同出于性，但均成于妄，即都是五蕴之假合，所以在达道

---

① 苏辙：《道德真经注》，《老子集成》第三卷，第 6 页。
② 熊十力：《佛家名相通释》，中国大百科全书出版社 1985 年版，第 14 页。
③ 苏辙：《道德真经注》，《老子集成》第三卷，第 10 页。

成佛者的眼中，这个世界是"无一非妄"的。

其次，苏辙老学中的复性论与佛性相关。苏辙在《老子解》中提出了"道之大，复性而足"的观点，这一命题中的"性"，既可指儒家之性命，也可指佛教之性。苏辙以复性解《老》沟通儒、释、道三教，最终目的是为儒家服务，但复性的理论根源却与佛性关系密切。例如，苏辙所讲的性与佛教之"真如"有很大的相似之处。《大乘起信论》对真如的自体作了以下描绘："从本已来，性自满足一切功德。所谓自体，有大智慧光明义故，遍照法界义故，真实识知义故，自性清静心义故，常乐我净义故，清凉不变自在义故。……名为如来藏。"在苏辙《老子解》中，真如的上述意义都可以找到与之对应的注文，如第七十二章注："夫性自有威，高明光大，赫然物莫能加。"此即近于真如"有大智慧光明义故"。该章又注："性之大，可以包络天地。"① 此即近于真如"遍照法界义故"。② 第四十七章注："古之圣人其所以不出户牖而无所不知者，特其性全故耳。"此即近于真如"真实识知义故"。第十章注："圣人外不为魄所载，内不为气所使，则其涤除尘垢尽矣。于是其神廓然，玄览万物，知其皆出于性。等观净秽，而无所瑕疵矣。"③ 此即近于真如"自性清静心义故"。第十六章注："圣人不为物所蔽，其性湛然，不思而得，不勉而中，物至而能应。"④ 此即近于真如"常乐我净义故"。第十三章注："性之于人，生不能加，死不能损，其大可以充塞天地，其精可以蹈水火、入金石，凡物莫能患也。"⑤ 此即近于真如"清凉不变自在义故"。又如，苏辙的复性论与佛教人人皆有佛性的思想有关。道在人为性，把道说成是人本来具有的品质，圣人与凡人均有是道、是性，那么，每个人只要把妄念去掉就可以返本还原，复归本性了。显然，这种观点与佛教人人具有佛性的思想是一致的。

---

① 苏辙：《道德真经注》，《老子集成》第三卷，第28页。
② 苏辙：《道德真经注》，《老子集成》第三卷，第20页。
③ 苏辙：《道德真经注》，《老子集成》第三卷，第5页。
④ 苏辙：《道德真经注》，《老子集成》第三卷，第8页。
⑤ 苏辙：《道德真经注》，《老子集成》第三卷，第6页。

综上所述，苏辙《老子解》既阐述"孔老为一"，又阐明"佛老不为二"，典型地体现了蜀学的思想精神，并反映出宋代三教合一这种思想文化发展的时代特征。

第三节　王安石、司马光、苏辙解《老》的共同主题

王安石、司马光、苏辙等人分别属于北宋儒学中的不同派别，彼此之间的学术观点存在差异。但这种差异与他们之间政治立场的差异不同，他们思想学术的差异是异中有同，而且相同的方面更多一些，他们的老子研究便是如此。

一、重视老子之道的政治功能

王安石、司马光、苏辙等儒家学者为《老子》作注，自然受儒家经世思想影响，注意从现实社会政治的层面加以发挥，重视老子之道的政治功能。

王安石注《老》，显然是为其政治改革服务的，因此其老学宗旨必然重视老子之道的政治智慧，其注也与黄老思想一致，只可惜王安石在变法的政治实践中没有做到知行合一，未能发挥黄老政术的优势，相反，如司马光所批评的，王安石变法走向了黄老政术的反面，因而导致了失败。

从理论上看，不仅王安石本人，其跟随者也有不少人注《老》，同样重视老子政治思想的阐发。如他的儿子王雱的《老子》注亦大力提倡黄老之政术。他在注第八十章说："老子，大圣人也。……举其书以加之政，则化民成俗，此篇其效也。故经之义终焉。"[①] 即是说，《老子》是一部治世之书，意在使天下得以治理。王雱与他父亲

---

① 苏辙：《道德真经注》，《老子集成》第三卷，第 733 页。

一样，主张把《老子》中的思想运用到社会现实政治中去。因此他明确提出："君人体道以治，则因时乘理，而无意于为，故虽无为，而不废天下之为，虽不废天下之为，而吾实未尝为也。天何言哉？四时行焉，百物生焉。侯王之道，天其尽之矣。"① 治国治人之道，在于无为与有为的结合，无为而不废有为，这是典型的黄老之术。

王安石学派中的重要人物吕惠卿也认为《老子》是一部治世之书，其所著《道德真经传・序》云："曹参师于盖公而相齐国，孝文传之河上而为汉宗，仅得浅肤，犹几康阜。夫唯俗学，不识道真，徒见其文有异《诗》《书》之迹，莫知其指乃是皇王之宗。"② 吕惠卿对曹参、汉文帝用黄老思想作为指导使国家大治是很肯定的，并指出《老子》书的内容确实十分高妙，但是世俗之士对老子思想多有误解，认为其与儒学相悖，而实际上，《老子》是一部治世要典，乃"皇王之宗"。

司马光注《老》，如前所言，亦发挥黄老之旨，具有明显的经世致用倾向，正如卢国龙教授指出的："司马光通过论注《老子》，高扬贵爱天下的圣人情怀，颇有其现实意义。"③ 苏辙的《老子解》，虽然其突出的特点是将老子道论与复性论结合在一起，但同样具有现实的关怀。例如《老子》第十章"天门开阖，能为雌乎"句的注文：

> 天门者，治乱废兴所从出也。既以身任天下，方其开阖变会之间，众人贵得而患失，则先事以徼福；圣人循理而知天命，则待唱而后和。《易》曰：先天而天弗违，非先天也；后天而奉天时，非后天也。言其先后常与天命会耳。不然先者必蚤，后者必莫，皆失之矣。故所谓能为雌者，亦不失时而已。④

---

① 王雱：《老子训传》，《老子集成》第二卷，第713页。
② 吕惠卿：《道德真经传》，《老子集成》第二卷，第653页。
③ 参卢国龙：《北宋儒学三派的〈老子〉三注》，载《道家文化研究》第8辑，上海古籍出版社1995年版，第324页。
④ 苏辙：《道德真经注》，《老子集成》第三卷，第16页。

对于"天门"的解释，河上注指北极紫微宫，治身之天门为鼻孔。王弼则把"天门"解释为天下之所由从，"开阖"谓治乱之际。显然，苏辙注与王弼注一致，把"天门"解为"治乱废兴所从出"，说明他是从治国理政的层面加以阐发的。圣人或者有道者治理天下，能够不违天命，抓住时机，循理而行。又如第三十七章之注：

> 圣人以无为化物，万物化之，始于无为而渐至于作，譬如婴儿之长，人伪日起。故三代之衰，人情之变，日以益甚，方其欲作而上之，人与天下皆靡，故其变至有不可胜言者。苟其方作而不为之动，终以无名之朴镇之，庶几可得而止也。①

注文还是从治乱兴废的历史发展角度着笔。三代之上，圣人无为而治，万物皆化。三代以下，人情发生了变化，虚伪与巧诈开始出现，由于应对不当，导致情况越来越坏，变故丛生，世风日下，这种失败的例子不可胜数。苏辙认为，只有用老子之道进行治理，用"无名之朴镇之"，方可使衰世结束。

苏辙在《老子解》中，凡涉及政治层面，都注意将理想政治即圣人之治与现实情况进行比较。如第五十八章注：

> 天地之大，世俗之见有所眩而不知也。盖福倚于祸，祸伏于福，譬如昼夜寒暑之相代。正之为奇，善之为妖，譬如老稚生死之相继，未始有正，而迷者不知也。夫惟圣人出于万物之表，而览其终始，得其大全，而遗其小察，视之闷闷，若无所明而其民淳淳，各全其性矣。若夫世人不知道之全体，以耳目之所知为至矣。彼方且自以为福，而不知祸之伏于其后；方且自以为善，而不知妖之起于其中。区区以察为明，至于察甚伤物而不悟其非也，可不哀哉。②

---

① 苏辙：《道德真经注》，《老子集成》第三卷，第 5 页。
② 苏辙：《道德真经注》，《老子集成》第三卷，第 24 页。

圣人体道，深谙万物终始之变、祸福相倚之理，故治理天下，能够使民还淳返朴，复性命之情。世俗者则不知道之大全，身处祸患而不知，令人哀叹。再看第五十九章的注文：

> 凡物方则割，廉则刿，直则肆，光则耀。唯圣人方而不割，廉而不刿，直而不肆，光而不耀，此所谓啬也。夫啬者，有而不用者也。世患无以服人，苟诚有而能啬，虽未尝与物较，而物知其非不能也，则其服之早矣。物既已服，敛藏其用，至于没身而终不试，则德重积矣。德积既厚，虽天下之刚强，无不能克，则物莫测其量矣，如此而后可以有国。彼世之小人，有尺寸之柄而轻用之，一试不服，天下测知其深浅而争犯之，虽欲保其国家，而不可得也。吾是以知啬之可以有国，可以有国，则有国之母也。①

圣人以啬治国，掌握以柔克刚这一治理天下之利器却不轻易示人，故能够使国家长治久安。现实中的执政者却往往轻举妄动，随意发号施令，底细全露，离道失德，其位不保。通过这种比较，老子治道的高妙被彰显出来。苏辙最后在第八十一章注总结说："势可以利人，则可以害人矣。力足以为之，则足以争之矣。能利能害而未尝害，能为能争而未尝争，此天与圣人所以大过人，而为万物宗者也。凡此皆老子之所以为书，与其所以为道之大略也，故于终篇复言之。"②

二、阐扬性命之学

王安石、司马光、苏辙三家老学思想的另一个共同特点是以性命之学解《老》。这一现象，可以说反映了北宋儒家学者注解《老子》的时代精神。对此，王安石学派中的代表人物之一陆佃有所

---

① 苏辙：《道德真经注》，《老子集成》第三卷，第 24 页。
② 苏辙：《道德真经注》，《老子集成》第三卷，第 31 页。

阐述：

> 自秦以来，性命之学不讲于世，而道德之裂久矣。世之学
> 者不幸蔽于不该不偏一曲之书，而日泪于传注之卑，以自失其
> 性命之情，不复知天地之大醇、古人之大体也。予深悲之，以
> 为道德者，关尹之所以诚心而问，老子之所以诚意而言，精微
> 之义、要妙之理多有之，而可以启学之蔽，使之复性命之情。
> 不幸乱于传注之卑，千有余年尚昧，故为作传，以发其既昧
> 之意。①

这段话颇有代表性。陆佃认为《老子》一书本来是讲性命之学的，
精微之义、要妙之理多寓其中，只是到了秦汉以后，由于道德分裂，
性命之学不传于世，于是人们注《老》时便不再去发掘其中的性命
之微，后来的学者们则囿于传注之文而不敢有所创造，遂使《老子》
书中的性命之学千余年来一直湮灭不闻。所以，陆佃声称他为《老
子》作注的目的就是要开发其中的性命之理，"以复性命之情"。我
们知道，《老子》五千言原文，实际上罕言"性"与"性命"，北宋
儒家学者以性命之学解释《老子》，是在特定的历史条件下对《老
子》作出的一种新解释，显示出宋代老学的新变化。从老学发展的
历史来看，虽然唐代老学已开始论及性命之学，但普遍以性命之学
注解《老子》，主要还是出现在宋代以后。金元时期的道教人士李霖
《道德真经取善集》总结当时解《老》的宗旨指出：

> 言不逾于五千，义实贯于三教。内则修心养命，外则治国
> 安民，为群言之首，万物之宗。……后之解者甚多，得其全者
> 至寡。各随所见，互有得失。通性者造全神之妙道，于命或有
> 未至；达命者得养生之要诀，于性或有未尽。殊不知性命兼全，

---

① 彭耜：《道德真经集注杂说》，《老子集成》第四卷，第 705 页。

道德一致尔。①

　　李霖认为老子思想贯通儒道释三教，求道、治国、修身，无所不包。但历来解《老》者多，而得其真义者少。那么什么才是《老子》之真义呢？答案便是"性命兼全，道德一致"，也就是说，老子讲的是一套性命之学。由此可见，借《老子》而谈性命，确实是宋元注《老》者的一种普遍认识。

　　老学发展的一个最大特点是不同时代有不同的"老子"，也就是说，不同历史时期的人们，可以根据相应的时代条件和时代需要，对《老子》作出各种主旨不同的解释。所以尽管《老子》一书本不谈性命，但出于时代的需要，人们可以从中阐发出性命之学来。那么，王安石、司马光、苏辙等一批儒家学者之所以不约而同地以性命思想诠释《老子》，正是时代精神在老学发展中的具体反映。的确，北宋王安石学派及司马光、苏辙等儒家学者以性命之学释《老》，并非出自偶然，而是时代的需要。庆历之际，在疑经惑古之风的推动下，学者们对儒家经典进行新的诠释，着重阐述其中的义理，借此发挥自己的政治和哲学思想，大力提倡性命道德之学，以重建新的儒学体系。众所周知，北宋儒学体系的重建，是以吸收佛、道，融贯三教为理论前提的，尤其是《老子》这本特殊的经典，以其丰富深邃的内涵和巨大的理论活力而能够为儒家学者所借鉴，故在当时受到了普遍的重视。儒家人物纷纷研究、注解《老子》，性命之学与老子思想在他们那里得以互相融合。

　　范应元指出，苏辙在《老子解》中阐发的复性说与孟子之性善论有关，可以说切中了苏辙老学思想中的时代主题。实际上，无论苏辙，还是王安石学派或者司马光，他们注解《老子》的思想主旨，都和当时的儒学复兴相关。由于对性命之学的重建，是宋代整个儒学复兴运动的中心和主旨，因此，王安石、司马光、苏辙等儒家学者以性命之学阐释《老子》之道，便是对这一时代精神的呼应。

---

① 李霖：《道德真经取善集·序》，《老子集成》第四卷，第 121 页。

第六章　宋徽宗君臣的《老子》注疏

　　宋徽宗是中国历史上著名的崇道皇帝，对《老子》自然十分重视，并亲自加以注解。对于徽宗御注《老子》，柳存仁先生有一个判断："如纯以理论言之，宋徽宗之见解，仍出唐玄、明祖二人之上，而能抉道家之窍。"① 确实，如果仅从纯理论的角度看，宋徽宗之注具有自己的见解，颇合道家精神。但由于宋徽宗昏君的形象深入人心，容易使人对他的老学产生误判，以为其过于消极。实际上，宋徽宗不仅对老子的道论有深入阐述，而且发挥黄老之旨，主张用老子之道治国理政，无为而不废有为。徽宗御注颁行后，先后有太学生江澂作《道德真经疏义》、登仕郎章安作《宋徽宗道德真经解义》，两人均是仿效唐代杜光庭为唐玄宗《老子》注作《广圣义》的方法，对徽宗注加以进一步的阐发。相对来说，江澂的《疏义》更能切近徽宗注解的原意，故本章将其与徽宗老学一起论述。

第一节　宋徽宗《御解道德真经》

一、道论

　　宋徽宗在其《老子》注的开篇先对该书下了一个总的判断："道

---

① 柳存仁：《道藏本三圣注道德经之得失》，见《和风堂文集》上册，上海古籍出版社 1991 年版，第 494 页。

者，人之所共由。德者，心之所自得。道者，亘万世而无弊。德者，充一性之常存。老子当周之末，道降而德衰，故著书九九篇，以明道德之常，而谓之经。其辞简，其旨远，学者当默识而深造之。"①不仅述及老子著书的时代背景，而且高度肯定了该书的思想价值，对其中的核心范畴道与德进行了简要的解释，从而确定了注《老》的基调。

在《老子》第一章的注释中，宋徽宗重点阐发了他对老子之道的理解：

> 无始曰道，不可言，言而非也。又曰道不当名，可道可名，如事物焉，如四时焉，当可而应，代废代兴，非真常也。常道常名，自本自根，未有天地，自古以固存。伏羲氏得之，以袭气母，西王母得之，坐乎少广。莫知其始，莫知其终。道常无名，天地亦待是而后生，《庄子》所谓生天生地是也。未有天地，孰得而名之？故无名为天地之始。有天地然后万物生焉，故有名为万物之母。《庄子》曰：建之以常无有。不立一物，兹谓之常无。不废一物，兹谓之常有。常无在理，其上不皦，天下之至精也，故观其妙。常有在事，其下不昧，天下之至变也，故观其徼。有无二境，徼妙寓焉。大智并观，乃无不可。恍惚之中，有象与物。小智自私，蔽于一曲，弃有着空，徇末忘本，道术于是乎为天下裂也。②

宋徽宗论道，有三点可以注意：其一，揭示出老子道论所蕴含的深厚的文化内涵。道源远流长，天地未分之前就已存在，历万世而无弊，伏羲氏、西王母都是得道者。老子对道加以发明，所论玄远高妙，但后来者本末倒置，以致道术分裂，天下失其统绪。其二，从有无、理事的层面把握老子之道的内涵。对"常无欲以观其妙，常

---

① 《宋徽宗御解道德真经》，《老子集成》第三卷，第261页。
② 《宋徽宗御解道德真经》，《老子集成》第三卷，第261—262页。

有欲以观其徼"两句，采纳了王安石、司马光等的断句方式。但宋徽宗又引入了理、事两个概念，认为"常无在理""常有在事"，理乃微妙，事则变化。理、事关系，在"此两者同出而异名，同谓之玄。玄之又玄，众妙之门"句的注释中有进一步的阐述："道本无相，孰为徼妙？物我同根，是非一气，故同谓之玄。世之惑者，舍妄求真，去真益远，殊不知有无者，特名之异耳。《素问》曰：玄生神。《易》曰：神也者，妙万物而为言者也。妙而小之谓玄，玄者天之色。色之所色者彰矣，而色色者未尝显。玄之又玄，所谓色色者也。玄妙之理，万物具有，天之所以运，地之所以处，人之所以灵，百物之所以昌，皆妙也，而皆出于玄，故曰众妙之门。"① 道是本质与现象的统一，所谓"物我同根"，形形色色的大千世界，后面都有一个共同的根据，即道，即理。如果仅仅局限于有形世界，所见者小，必然会陷于一偏。只有从无入有，由理达事，才能真正把握老子之道的玄妙。其三，以《庄》解《老》。宋徽宗化用《庄子·大宗师》等篇章对道的论述，揭示出道的本体意义以及道不离无有的特点。

对于道的本体意义，宋徽宗在注中有较充分的阐释。如第五十二章注："无名天地之始，有名万物之母，始与母皆道也。自其气之始则谓之始，自其生生则谓之母，有始则能生生矣。道能母万物而字之，则物者其子也。通于道者兼物，物故得其母，以知其子。多闻则守之以约，多见则守之以卓，穷物之理而不累于物，达道之缴而不失其妙，则利用出入，往来不穷，可以全生，可以尽年，而无危殆之患。"② 将母子关系解释为道物关系，并阐发了体道的终极意义。又如第五十一章注："别而言，则有道德势物之异，合而言，则皆出于道。道者万物之奥也，万物化作而道与之生，万物敛藏，而道与之成。出乎震，成乎艮，养乎坤，复乎乾，刚柔相摩，八卦相

① 《宋徽宗御解道德真经》，《老子集成》第三卷，第 262 页。
② 《宋徽宗御解道德真经》，《老子集成》第三卷，第 291 页。

荡，若有机缄而不能自已，道实冒之。"① 注中突出了道于万物的宗本作用。第十一章注："有则实，无则虚，实故具貌像声色而有质，虚故能运量酬酢而不穷。天地之问，道以器显，故无不废有，器以道妙，故有必归无。木挠而水润，火燠而金坚，土均而布，稼穑出焉，此有也，而人赖以为利。天之所以运，地之所以处，四时之所以行，百物之所以昌，孰尸之者？此无也。而世莫睹其迹，故其用不匮。有无之相生，老氏于此三者，推而明之。"② 此注与第一章注一样以有无论道，但对有无之间的相互关系论述得更为细致。再如第四十二章注：

> 泰初有无无，有无名，一之所起。天一而地二，次之水生而火次之，精具而神从之。一与言为二，二与一为三。天肇一于北，地耦一于南，人成位为三，三才具而万象分矣。号物之数，谓之万，自此以往，巧历不能计。阴止而静，万物负焉。君子所以日入而息。阳融而亨，万物抱焉，圣人所以向明而治。必有阴阳之中，冲气是已。庄子曰："至阳赫赫，至阴肃肃，肃肃出乎天，赫赫发乎地，两者交通成和，而物生焉。"③

对于老子"道生一，一生二，二生三"的命题，自汉代严遵、河上公始，多以阴、阳、和三气或者清、浊、和三气变化而生万物进行解释，宋代以后，结合易理，从天、地、人三才之道的角度进行注解者增多，宋徽宗则把两种注释模式结合了起来，并突出了圣人之治。应该说，皇帝注《老》，对老子政术的关注，是十分自然的事。此点第三十九章注亦有体现：

> 《庄子》曰，通于一，万事毕。致一则不贰，抱一则不离，

---

① 《宋徽宗御解道德真经》，《老子集成》第三卷，第 291 页。
② 《宋徽宗御解道德真经》，《老子集成》第三卷，第 268 页。
③ 《宋徽宗御解道德真经》，《老子集成》第三卷，第 287 页。

守一则不迁。能知一，则无一之不知，不能知一，则无一之能知。昔之得一者，体天下之至精，物无得而耦之者，故确然乎上者，纯粹而不杂。隤然乎下者，静止而不变。至幽而无形者，神也，得一则不昧。至虚而善应者，谷也，得一则不穷。万物以精化形，故得一以生，侯王以独制众，故得一以为天下正。自天地以至于侯王，虽上下异位，幽明散殊，而天之所以清，地之所以宁，侯王之所以为天下正，非他求而外铄也。一以致之而已，故曰其致之一也。①

通过"一"这个概念的反复阐发，由天地之道落实到侯王治理天下之道，对老子思想的理解还是比较确切的。

在道论上，宋徽宗还注意将道之无有与体用结合起来进行阐述。如第六十三章注："道之体无作，故无为；无相，故无事；无欲，故无味。圣人应物之有而体道之无，于斯三者，概可见矣。"② 道之体为无，圣人体道，其用则表现出无为、无事、无味。又如第五十二章注："小者，道之妙，见道之妙者，自知而已，故无不明。柔者，道之本。守道之本者，自胜而已，故无不胜。明者光之体，光者明之用，圣人之应世，从体起用，则辉散为光，摄用归体，则智彻为明，显诸仁，藏诸用，如彼日月万物，皆照而明，未尝亏，所以神明其德者是也。"③ 道之体用如光与明的关系，道是体用为一，体用不可分的，因此，对道的体会与运用，就要做到从体起用，摄用归体。道之体为无，它是隐而不彰的，如第四十一章注：

自明道至于大象，皆道也。道之妙不可以智索，不可以形求，可谓隐矣。欲明之而不可得也，圣人得也道，故予而不费，应而不匮，曲成万物，未尝擅而有之，亦且而已。道之体，隐

① 《宋徽宗御解道德真经》，《老子集成》第三卷，第285页。
② 《宋徽宗御解道德真经》，《老子集成》第三卷，第296页。
③ 《宋徽宗御解道德真经》，《老子集成》第三卷，第291页。

乎无名，而用乃善贷且成，故勤而行之，则造乎不形，而止乎
无所化。其余事犹足为帝王之功，传曰：学始乎为士，终乎
为圣。①

道体隐乎无名，不可用一般的智识或者经验去定义。圣人得道，也
不可张扬，但其用无穷。道体既是无名无形的，也是虚静的，如第
四章注：

> 道有情有信，故有用；无为无形，故不盈。经曰：万物负
> 阴而抱阳，冲气以为和。万物之理，偏乎阳则强，或失之过。
> 偏乎阴则弱，或失之不及。无过不及，是谓冲气。冲者，中也，
> 是谓大和。高者抑之，下者举之，有余者取之，不足者予之，道
> 之用，无适而不得其中也。注焉而不满，酌焉而不竭，既以为人
> 己愈有，既以与人己愈多，道之体，犹如大虚，包裹六极，何盈
> 之有？……渊虚而静，不与物杂，道之体也。惟虚也，故群实之
> 所归。惟静也，故群动之所属。是万物之所系，一化之所待也。
> 故曰似万物之宗。然道本无系，物自宗道，故似之而已。②

道之体犹如太虚，无穷无尽，故无所不包。道之体静一不杂，故为万
化之所归。对于道体的微妙，宋徽宗在第十四章注中进一步阐述：

> 大易未判，孰分高下？大音希声，孰辩清浊？大象无形，孰
> 为巨细？目无所用其明，耳无所施其聪，形无所竭其力，道之全
> 体于是乎在。穷之不可究，探之不可得也。气形质具而未相离，
> 故混而为一。虽然，既已为一矣，且得无言乎？……道之体，若
> 昼夜之有经，而莫测其幽明之故，岂貌像声色，可得而形容乎？
> 故复归于无物。无状之状，无物之象，恍兮惚，其中有物，惚兮

---

① 《宋徽宗御解道德真经》，《老子集成》第三卷，第287页。
② 《宋徽宗御解道德真经》，《老子集成》第三卷，第264页。

恍，其中有象。犹如大虚含蓄万象，而不睹其端倪。犹如一性灵智自若，而莫究其运用，谓之有而非有，谓之无而非无。若日月之去人远矣，以鉴燧求焉，而水火自至。水火果何在哉？无状之状，无物之象，亦犹是也。①

此注同样论述道体的虚明广大，充分彰显了老子之道的玄妙与深邃，那么，道之作用一定是无所不在的，也是圆满无缺的。

二、治国思想

1. 道治天下

宋徽宗虽然是历史上有名的昏君，但在他继位的前期，也是试图有所作为的，因此，他注解《老子》，便强调用老子之道治国理政。如第四十六章注："以道治天下者，民各乐其业，而无所争，粪其田畴而已。"② 治理天下的最好方法不是施之礼乐刑政，而是以道治国，人民各安其业，没有争端。因为礼乐刑政并不能解决所有问题："以仁爱民，以智治国，施教化，修法则，以善一世，其于无为也难矣。圣人利泽施乎万世不为爱人，功盖天下似不自己，故无为也，用天下而有余。"③ 第三十七章注又言："水静则平中准，大匠取法焉。不欲以静，则不失其正，先自正矣，故天下将自正。《易》曰：乾道变化，各正性命。乾道变化，则无为也，各正性命，则不欲以静，天下将自正也。以道治天下，至于各正性命，此之谓治之至。"④ 以道治天下，广大百姓乃至天下万物都能保持性命之正，这当然是最理想的政治了。对此，徽宗继续阐释说：

　　天下，大物也，有大物者，不可以物，物而不物，故能物

---

① 《宋徽宗御解道德真经》，《老子集成》第三卷，第 270 页。
② 《宋徽宗御解道德真经》，《老子集成》第三卷，第 288 页。
③ 《宋徽宗御解道德真经》，《老子集成》第三卷，第 268 页。
④ 《宋徽宗御解道德真经》，《老子集成》第三卷，第 283 页。

物，故取天下者，常以无事。天下神器不可为也，为者败之，执者失之，故及其有事，不足以取天下。圣人体道而以其真治身，帝之所兴，王之所起，偶而应之，天下将自宾，太王亶父，所以去邠而成国于岐山之下①。

以道治天下的本质就是无为而治，天下之大，万物之众，仅凭一般的作为是难以成功的，也难以拥有天下。圣人体道之真，治身治国，天下自然归附。注中还以周朝的奠基者、历史上有名的贤君周太王亶父为例加以佐证。

在第二十五章的注文中，宋徽宗对道治天下的总原理进行了阐述：

> 道覆载天地者也，天无不覆，地无不载，王者位天地之中，而与天地参，故亦大。自道而降，则有方体，故云域中。静而圣，动而王，能贯三才而通之人道，于是为王。故与道同体，与天地同功，而同谓之大。人谓王也，天不产而万物化，地不长而万物育，帝王无为而天下功，其所法者，道之自然而已。道法自然，应物故也。自然非道之全，出而应物，故降而下法。②

老子在该章论述了道的根本性意义，并提出了"道法自然"这个代表道家最高价值追求的著名命题。宋徽宗的注解则立足于治道进行解释。帝王之所以为帝王，是因为其居于天地之中，能够通天、地、人三才之道，并且能够效法自然，故可以做到无为而天下治。

2. 治身为先

宋徽宗在注文中提出，帝王要想做到以道治天下，首先要以道

---

① 《宋徽宗御解道德真经》，《老子集成》第三卷，第289页。
② 《宋徽宗御解道德真经》，《老子集成》第三卷，第278页。

治身。如第二十八章注："道之全，圣人以治身。道之散，圣人以用天下。有形之可名，有分之可守，故分职率属，而天下理。此之谓官长。《易》曰：知微知彰，知柔知刚，万夫之望，与此同义。化而裁之，存乎变，刻雕众形，而不为巧。"① 治身为本，治天下为道之余事。第八章注又说："圣人体道则治身，惟长久之存。兼善则利，处物不争之地。庄子曰：有而为其易耶？易之者皞天不宜。夫无为而寡过者，易；有为而无患者，难。既利物而有为，则其于无尤也难矣。上善利物，若水之性，虽利物而不择所利，不与物争，而物莫能与之争，故无尤矣。故曰天下莫柔弱于水，而攻坚强者，莫之能先。"② 注中提及，只有先以道治身，才是长久之计。道之真以治身的思想出自《庄子·让王》，被宋徽宗加以发挥运用：

> 天下，大器也，非道莫运；天下，神器也，非道莫守。圣人体道，故在宥天下，天下乐推而不厌。其次则知贵其身而不自贱以役于物者，若可寄而已；知爱其身而不自贱以困于物者，若可托而已。故曰道之真以治，绪余以为国家，土苴以治天下。世俗之君子，乃危身弃生以殉物，岂不悲夫？③

> 修之身，其德乃真，所谓道之真以治身也。修之家，其德乃余，修之乡，其德乃长，所谓其绪余以治人也。修之国，其德乃丰，修之天下，其德乃普，所谓其土苴以治天下国家也。其修弥远，其德弥广，在我者皆其真也，在彼者特其末耳。故余而后长，丰而后普，于道为外。万物皆备于我矣，反身而诚，乐莫大焉，故以身观身而身治，推此类也。天下有常然，以之观天下，而天下治矣。④

上述注文主要包括三层含义：其一，天下为大器，唯道能治之，唯

---

① 《宋徽宗御解道德真经》，《老子集成》第三卷，第 279 页。
② 《宋徽宗御解道德真经》，《老子集成》第三卷，第 266 页。
③ 《宋徽宗御解道德真经》，《老子集成》第三卷，第 269 页。
④ 《宋徽宗御解道德真经》，《老子集成》第三卷，第 292 页。

道能守之。其二，治理天下先治其身，意谓以治身之道治理天下，治身与治天下的道理是一致的。其三，世俗之人为外物所拘制，危身弃生，只有体道者才能贵爱其身。对于贵身的道理，第七章注亦有阐发：

> 天运乎上，地处乎下，圣人者位乎天地之中。达而为三才者，有相通之用。辩而为三极者，有各立之体。交而为三灵者，有无不妙之神。然则天地之与圣人，咸得乎道，而圣人之所以治其身，亦天地已。故此章先言天地之不自生，而继之以圣人不自有其身也。人皆取先，己独取后，曰受天下之垢，是谓后其身。后其身，则不与物争，而天下莫能与之争，故曰后其身而身先。在途不争险易之利，冬夏不争阴阳之和，外死生，遗祸福，而神未尝有所困也，是谓外其身而身存。夫圣人之所以治其身者如此，况身外之事物乎？遭之而不违，过之而不守，体性抱神，以游世俗之间。形将自正，物我为一，先天地生而不为久，长于上古而不为老，此其效欤！①

圣人通达三才之道，其贵生并不仅仅是贵爱自身的生命，而是取法天地之道的表现。因此，圣人治身，不争先，不执着，而能全性命之真，与道合体。以同样的原则治理天下，天下的治理也不在话下了。

3. 无为不废有为

道治天下即无为而治，因此，宋徽宗对老子的"无为"思想作了充分的阐释。其注第二章说："阴阳之运，四时之行，万物之理，俄造而有，倏化而无。其难也，若有为以经世；其易也，若无为而适己。性长非所断，性短非所续，天之自高，地之自下，鼓宫而宫

---

① 《宋徽宗御解道德真经》，《老子集成》第三卷，第265—266页。

动，鼓角而角应，春先而夏从，长先而少从。"① 又注第十一章："车之用在运，器之用在盛，室之用在虚。妙用出于至无，变化藏于不累，如鉴无象，因物显照。"② 宋徽宗认为，用有为去治国经世是很难达到理想效果的，无为之道才是根本。在他看来，无为就是因顺万事万物，任其自由发展，就像阴阳的变化、季节的更替一样，都不需要人力作用，自己可以完成。他还用一个比喻来说明无为的含义，即"如鉴无象，因物显照"，镜子本身是没有图像的，只有物体与它对照，才会显像，而且，镜中的影像不会改变物体的原样。总而言之，无为就是自然而不假以人为，圣人治理天下，便是贯彻了这一原则："往者资之，求者与之，万物自形自化，自智自力，而不尸其功。譬彼四时，功成者去。"③ "圣人体天道之变化，卷舒启闭，不违乎时，柔刚微彰，惟其所用。未尝先人而常随人，未尝胜物而常下物，故天下乐推而不厌。……圣人存神知化，与道同体，则配神明，育万物，无不可者。生之以遂其性，畜之以极其养。无爱利之心焉，故生而不有。无矜伐之行焉，故为而不恃。无刻制之巧焉，故长而不宰。若是者其德深矣远矣，与物反矣，故曰是谓玄德。"④ 圣人治国，只要采取无为之方针，百姓就会"乐推而不厌"，天下也将安然无恙，正所谓不胜而胜，不治而治。宋徽宗还指出，无为并不是指臣下或者百姓无为，无为的主体是在上位的帝王。他在第二十九章注说：

> 天下，大物也。有大物者，不可以物，物而不物，故能物物。明乎物物者之非物，而无以天下为者，若可以寄托天下。将欲取天下而为之，则用智而恃力，失之远矣。是以圣人任道化而不尚智力，秦失之强，殆谓是欤？制于形数，围于方体，而域于覆载之两间，器也。立乎不测，行乎无方，为之者败，

① 《宋徽宗御解道德真经》，《老子集成》第三卷，第 262 页。
② 《宋徽宗御解道德真经》，《老子集成》第三卷，第 268 页。
③ 《宋徽宗御解道德真经》，《老子集成》第三卷，第 282 页。
④ 《宋徽宗御解道德真经》，《老子集成》第三卷，第 268 页。

执之者失，故谓之神器。宰制万物，役使群动，必有不器者焉，然后天下治。故曰上必无为而用天下。能为而不能无为，则智有所困。庄子曰：多知为败。道之贵者时，执而不化，则失时之行，是谓违道。①

以智巧或者强力治理天下，必然导致失败，秦国的灭亡也证明了这一道理，所以圣人之治，以道化天下，而不崇尚智力，"上必无为而用天下"。这一论点可谓抓住了老子无为而治思想的要害。在对无为的阐述中，宋徽宗还强调了"因""顺"的重要性：

至人之用心，非以静止为善而有意于静，非以生出为功而有为于生也。因其固然，付之自尔，而无怵迫之情、逞遽之劳焉。②

圣人之治，岂弃人绝物，而怓然自立于无事之地哉？为出于无为而已。万物之变在形而下，圣人体道，立乎万物之上，总一其成，理而治之。物有作也，顺之以观其复。物有生也，因之以致其成，岂有不治者哉？故上治则日月星辰得其序，下治则鸟兽草木遂其性。③

我们知道，强调因顺，主张为出于无为，这是黄老之学的特点，因此，宋徽宗解《老》，是有黄老意味的。

实际上，宋徽宗虽然突出了老子思想中的无为之旨，但并不反对有为。如第四十章注：

天下之理，动静相因，强弱相济，夫物芸芸，各归其根，则已往而返复乎至静，然感而遂通天下之故，则动无非我，故

---

① 《宋徽宗御解道德真经》，《老子集成》第三卷，第279—280页。
② 《宋徽宗御解道德真经》，《老子集成》第三卷，第271页。
③ 《宋徽宗御解道德真经》，《老子集成》第三卷，第263页。

曰反者道之动。柔之胜刚，弱之胜强，道之妙用，实在于此。《庄子》曰：积众小不胜为大胜者，惟圣人能之，故云弱者道之用。四时之行，敛藏于冬，而蕃鲜于春。水之性至柔也，而攻坚强者，莫之能先，其此之谓欤？然则有无之相生，若循环然，故无动而生有，有极而归无，如东西之相反，而不可以相无也。彼蔽于莫为，溺于或使，岂道也哉？①

以柔克刚，以弱胜强，这是道之妙用。帝王以道治国，就要发挥道之用，积极为之。注意文中最后一句"彼蔽于莫为，溺于或使，岂道也哉"，如果认为无为就是什么也不做，或者随意为之，那不是老子之道。所以第三章注言："辩者不敢骋其词，勇者不敢奋其忮，能者不敢矜其材，智者不敢施其察，作聪明，务机巧，滋法令，以盖其众，圣人皆禁而止之。此所谓使夫知者不敢为也。九官咸事，俊义在服，岂以知为凿也。行君之命，致之民而已。"② 治理天下，一方面以无为为原则，另一方面，对于"作聪明，务机巧，滋法令"这些不利于社会稳定的现象，"圣人皆禁而止之"，这就是积极的作为了。又如第四十七章注：

> 天下虽大，圣人知之以智，天道虽远，圣人见之以心，智周乎万物，无远之不察，故无待于出户。心潜于神明，无幽之不烛，故无待于窥牖。庄子曰：其疾俯仰之间，再抚四海之外，兹圣人所以密运而独化。③

注文指出，圣人治理天下，绝非消极等待，甚至被人控制的，圣人始终居于主动的位置，即所谓"密运而独化"。何谓"密运"？第三十六章注可视为其解释："君见赏则人臣用其势，君见罚则人臣乘其

---

① 《宋徽宗御解道德真经》，《老子集成》第三卷，第 286 页。
② 《宋徽宗御解道德真经》，《老子集成》第三卷，第 264 页。
③ 《宋徽宗御解道德真经》，《老子集成》第三卷，第 289 页。

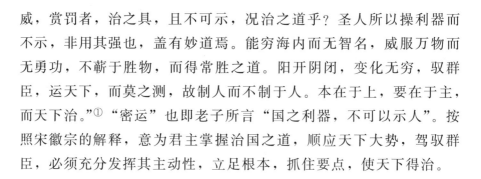

威，赏罚者，治之具，且不可示，况治之道乎？圣人所以操利器而不示，非用其强也，盖有妙道焉。能穷海内而无智名，威服万物而无勇功，不薪于胜物，而得常胜之道。阳开阴闭，变化无穷，驭群臣，运天下，而莫之测，故制人而不制于人。本在于上，要在于主，而天下治。"① "密运"也即老子所言"国之利器，不可以示人"。按照宋徽宗的解释，意为君主掌握治国之道，顺应天下大势，驾驭群臣，必须充分发挥其主动性，立足根本，抓住要点，使天下得治。

4. 偕行儒道

宋徽宗登基后，在思想上实行儒道并行的政策。他说："道无乎不在，在儒以治世，在士以修身，未始有异，殊途同归，前圣后圣，若合符节。由汉以来，析而异之，黄老之学遂与尧、舜、周、孔之道不同。故世流于末俗，不见大全，道由之以隐，千有余岁矣。朕作而新之，究其本始，使黄帝、老子、尧、舜、周、孔之教，偕行于今日。"② 此段文字反映了宋徽宗治国的指导思想，也可以视为《御解道德真经》的思想特点。宋徽宗认为，儒道两家思想本来是相通的，并没有根本的分歧，但汉代以后，儒道异路。由于儒学成了社会上的统治思想，道家便一直处于隐晦状态。而他注解《老子》，则要"偕行儒道"，更好地发挥道家学说的作用。因此，他在第一章注就指出："孔子之作《易》，至《说卦》然后言妙；而老氏以此首篇，圣人之言相为始终。"③ 孔、老都为圣人，其思想可并行不悖。《德经》开篇又言："道无方体，德有成亏，合于道则无德之可名，别于德则有名之可辨，仁义礼智，随量而受，因时而施，是德而已。"④ 明确指出，仁义礼智都属于老子所言之德。再如第六十七章注："仁人无敌于天下，故以战则胜。民爱其上，若手足之捍头目，子弟之卫父兄，效死而弗去，故以守则固。志于仁者，其衷为天所

---

① 《宋徽宗御解道德真经》，《老子集成》第三卷，第 283 页。
② 《宋大诏令集》卷二二四。
③ 《宋徽宗御解道德真经》，《老子集成》第三卷，第 262 页。
④ 《宋徽宗御解道德真经》，《老子集成》第三卷，第 284 页。

诱，志于不仁者，其鉴为天所夺，则天所以救之卫之者，以慈而已，此三宝所以慈为先。"① 认为老子讲的"三宝"之一的"慈"，与儒家的仁实为一致。宋徽宗还认为，老子并不反对儒家的礼制："礼以交物，以示人以节文仁义，其用多矣。"② 宋徽宗认为，老子并不会真正反对仁义道德，老子之道是可以和儒家学说沟通的，故他说："为我者废仁，为人者废义，岂古之道哉?"③

那么，对于老子明确说的"绝仁弃义""绝圣弃智"这些观点，又怎样理解呢? 宋徽宗说:

> 先王以人道治天下，至周而弥文，及其弊也，以文灭质，文有余而质不足，天下举失其素朴之真，而日沦于私欲之习。老氏当周之末世，方将祛其弊而使之反本，故攘弃仁义，绝灭礼学，虽圣智亦在所摈，彼其心岂真以仁义圣智为不足以治天下哉? 先王之道若循环，救文者莫若质，故令有所属，谓见素抱朴，少私寡欲也。④

宋徽宗认为周代文有余而质不足，天下尽失其素朴之真，而日沦于私欲，因此老子要否定仁义礼智所带来的弊端，使人反本复朴，但他内心并非真正要反对仁义礼智。协调孔老，"偕行儒道"是宋徽宗执政的迫切愿望。他说："崇宁以来，学校遍天下，士虽知所向，而不见道之大原，其所习尚取辨艺文之末，以应考选程式而已。合而同之，使知大道之全，性命之本，则士不流于俗，天下庶乎无二道。"⑤ 所谓"合而同之"的方法，就是令学校同治《黄帝内经》《老子》《庄子》《列子》等道书以及《易》《孟》等儒经，因此，合而同之，就是合儒道为一。而宋徽宗以儒解《老》，目的也是要使"天下

---

① 《宋徽宗御解道德真经》，《老子集成》第三卷，第298页。
② 《宋徽宗御解道德真经》，《老子集成》第三卷，第284页。
③ 《宋徽宗御解道德真经》，《老子集成》第三卷，第270页。
④ 《宋徽宗御解道德真经》，《老子集成》第三卷，第274页。
⑤ 《宋大诏令集》卷二二四。

庶乎无二道"。

三、御注的影响

南宋彭耜说:"宋兴,专守一道曰仁,其治以慈俭不争为本,几若委靡不振,而实参用《老子》家法,故当时君臣于此书颇尽心焉。"① 宋代君臣普遍重视《老子》,注意运用老子思想治国,这是肯定的事实。宋太宗、真宗、仁宗都重视老子,宋仁宗尤其注重黄老之治,其治可与汉文帝媲美。宋徽宗对老子的推崇,与前面几位皇帝相比,则有过之而无不及。《续资治通鉴长编纪事本末》卷一二七云:"政和七年,十二月,辛未,御笔:太上老君所著《道德经》,世以诸子等称,未称尊崇之礼,可改为《太上混元上德皇帝道德真经》。"《续资治通鉴》卷九十三云:"自今学道之士,许入州县学教养,所习经以《黄帝内经》《道德经》为大经。"如果说宋徽宗对《道德经》的封赐及提倡有他对道教信奉的因素在内,那么他的注解则更多着眼于老子的哲理与治国之道。据《续资治通鉴长编纪事本末》卷一二七:"重和元年八月,戊午,朝散郎新知兖州王纯奏,乞令学者治《御注道德经》,间于其中出论题。"可见,宋徽宗御解《老子》成书不晚于 1118 年,即完成于政和年间。对王纯的奏议,宋徽宗立即予以批准。又据《宋史·徽宗本纪》:"重和元年秋八月,辛酉,诏班《御注道德经》。"是月戊午为八日,辛酉为十一日,故御注颁行距王纯上奏仅三天。宋徽宗不仅采纳了王纯的奏议,并下令云:"昨所注《道德经》,可规仿唐制,命大臣分章句书写,刻石于在京神霄玉清万寿宫,以垂无穷,究观老氏深原道德之本。……举复于无为恬淡之真,皇帝之治,何以越此?朕甚慕之,注经尊教,设科作宫,所以示钦崇之旨,布告天下,咸谕兹意。"② 宋徽宗所谓"规仿唐制",主要是仿效唐玄宗的作法。唐玄宗也是历史上有名的崇道帝王,不仅尊崇《老子》,而且亲自为之作注,并于开元寺西北

---

① 彭耜:《道德真经集注序》,《老子集成》第四卷,第 541 页。
② 《宋大诏令集》卷二二四。

造"道德经石台",将经文和注文镂刻于上,以示天下。应该说,把
《老子》及御注向全国推行,甚至把御注纳入考试的范围让士子学习
与研究,这是徽宗朝文化上的一件大事。这一做法无疑有助于提高
道家文化的地位,有助于扩大老学与道家文化的影响。宋徽宗在诏
令中还指出,他之所以尊老注《老》,推崇道教,其目的都是为了运
用好老子之道治理国家。这一点,在御注中确有体现。从中也可以
看出,宋徽宗并没有从道教的信仰层面注解《老子》,而是更多地体
现出了黄老之意。

蒙文通先生曾说:"荆公注《老子》最有精义……承其流者王
雱、吕惠卿、陆佃、刘泾之徒,皆注《老子》。……此与政和御注不
无关系。"① 政和御注即指宋徽宗的《御解道德真经》,蒙先生认为徽
宗之注与王安石学派的老学思想有关,这是颇有见地的认识。从思
想内容上看,两者具有相似之处,即都主张把老子的自然无为之道
运用到政治上来,提倡黄老之学。从老学的流传来看,王安石、王
雱、陆佃、刘概、刘泾的《老子》注被称为"崇宁五注","崇宁五
注"再加上宋徽宗、苏辙、吕惠卿之注,又称"崇宁八注"②。"崇
宁"乃宋徽宗年号,可见这些书在当时是颇为流行的,亦可知宋徽
宗注与王安石学派的老学思想确实颇有关联。试看御注第六十章:

> 事大众而数摇之,则少成功。藏大器而数徙之,则多败伤。
> 烹小鲜而数挠之,则溃。治大国而数变法,则惑。是以治道贵
> 清净,而民自定。圣人者,神民万物之主也,不得已而临往天
> 下,莫若无为。道常无为,以莅天下,则人无不治。……以道
> 莅天下者,莫之为而常自然,无攻战之祸,无杀戮之刑,是之
> 谓不伤民。③

---

① 蒙文通:《道教史琐谈》,载《中国哲学》第四辑,生活·读书·新知三联书店
  1980 年版,第 320 页。
② 刘惟永:《道德真经集义大旨》,《老子集成》第五卷,第 396 页。
③ 《宋徽宗御解道德真经》,《老子集成》第三卷,第 295 页。

注文中所言"治大国而数变法，则惑"一句，显然是批评王安石变法。可见，宋徽宗解《老》在理论上受到了王安石及学派的影响，或者说与之是一致的，但在政治实践上却存在明显分歧。实际上，宋徽宗与王安石在老学思想上都主张黄老之政术，提倡把老子之道论运用于国家治理，但他们在政治实践上都遭到了失败。其差别在于，王安石在变法中过于激进，违背了黄老清静无为之旨，因而最终难以成功；宋徽宗虽然一心想有所作为，但没有做到知行合一，没有把黄老思想落到实处，最后走向了昏庸。

虽然王安石与宋徽宗在政治实践中都没有用好黄老，但鉴于王安石"荆公新学"的影响力以及宋徽宗的帝王之尊，他们注《老》对黄老的倡导，在当时思想界的影响则不可小觑。因此，从老学史以及思想史的角度看，王安石学派注《老》、宋徽宗御注都是有贡献的。黄老思想作为一种治国之政术，西汉无疑是其高峰时期，但黄老思想在中国历史上的影响一直存在，而从其流传之广与影响之大来说，则当以西汉、北宋为代表。宋代是中国历史上继春秋战国之后又一个思想多元的时代，除了儒学新创以外，黄老思想的盛行也是该时期思想多元性的具体表现。唐代虽不乏崇尚黄老的君臣，李约甚至提出"六经乃黄老之枝叶"的观点，但黄老在宋代特别在北宋更加活跃，不仅有多位皇帝倡导并进行具体的政治实践，而且在思想界也很流行。而思想界对黄老的重视，与王安石学派及宋徽宗的老学影响很有关系。南宋程大昌、董思靖等儒道学者都强调道家的根本是黄老，宋元之际的高道杜道坚注解《老子》，更宣称老子思想的原旨即黄老，如此种种，都可看出其影响的痕迹。及至近代，黄老思想重新兴起，如魏源撰《老子本义》，认为老子思想的根本含义就是黄老之学，他说："老氏书赅古今，通上下。上焉者，羲、皇、关尹治之以明道；中焉者，良、参、文景治之以济世；下焉者，明太祖诵民不畏死而心减，宋太祖闻佳兵不祥之戒而动色。"① 从汉宋黄老思想的流传与影响来看，魏源的观点确实是有所本的。

---

① 魏源：《老子本义》，《老子集成》第十一卷，第 3 页。

第二节 江澂《道德真经疏义》对徽宗注的阐述

江澂为徽宗朝太学生，对《老子》十分称赞："有用莫如道德之文，而老氏五千文，犹为道德之至。尝试观其言道，道中有德，即其言德，德中有道。约而能散，异而能同，可以复命之常，可以御今之有。其言甚简，其旨甚远，盖非圣人不能与此。"① 宋徽宗御注颁行后，他加以研读，并仿效唐代杜光庭为玄宗《老子》注作《广圣义》的方法，为徽宗御注作《道德真经疏义》，以进一步阐述御注的思想主旨。

一、论道的性质

在《老子》第一章注中，宋徽宗重点从有无、体用的角度论述了道的本体意义。对此，江澂同样进行了阐发："无动而生有，有之所以为利；有极而归无，无之所以为用。有不离无，则无实非有；无不废有，则有亦非有。建之以常无，即不无之无也；建之以常有，即不有之有也。不无之无，无适非无；不有之有，无适非有。虽变化无穷，而其立不异，兹其所以为常也。庄子载老氏之道术言：建之以常无有。而其书首篇言之，盖深得有无之理也。"② 注文强调道是有无的统一体，无不能够脱离有，有也必然以无为归宿，任何单方面的有或单方面的无都不足以说明道的性质。江澂又言：

> 常无常有，同出于玄，至精至变，一本于神，名虽异而理则一也。虽然有无一致，利用出入，在有亦藏，在无亦显，曰徼曰妙，特所寓尔。惟大智观于远近，知有本非有，彼执之而

---

① 江澂：《道德真经疏义》，《老子集成》第三卷，第 304 页。
② 江澂：《道德真经疏义》，《老子集成》第三卷，第 307 页。

有者，无亦寓焉。知无亦非无，彼释之而无者，有亦在焉。惚
兮恍中，有象之可见；恍兮惚中，有物而混成。冥有与无，以
道观尽，则周尽一体，无不可者。世俗之人，小智自私，暗于
大理。或蔽于道之静，则弃有着空，沦于幽寂，以非无为无；
或溺于道之动，则徇末忘本，滞于形器，以非有为有；或使莫
为，在物一曲，百家众技，各矜所长。此道术所以为天下
裂也。①

此段注文从体道的角度进行阐述。其中关键的一句是"以道观尽，
则周尽一体"，意思是说观察世界的方法有多种，但只有以道观之，
才能周知万物，穷尽其理。此意出自《庄子·则阳》："圣人达绸缪，
周尽一体矣。"成玄英疏云："夫智周万物，穷理尽性，物我不二，
混同一体也。"② 成玄英所疏，正是以道观万物之意。然而，世俗之
人以小智为得，不明大理，不知有无不可分的道理，有的"蔽于道
之静"，有的"溺于道之动"，都不识道之全体，执于一端。由于对
道的偏见和误解，造成了百家异说、各矜所长、道术为天下裂的混
乱局面。

在论述了有无不可分割的关系以后，江澂进一步从体用的层面
对道的性质作了阐发，如第三十七章疏义：

道有体有用，无为其体也，无不为其用也。一于无为以求
道，则溺于幽寂，失道之体；一于无不为以求道，则滞于形器，
失道之用。夫惟寂然不动，无为而不废于有为，感而遂通天下
之故，无不为而不离于无为，则道之至妙无余蕴矣。③

无为与无不为是老子思想中的重要命题，江澂结合道的特点进行了

---

① 江澂：《道德真经疏义》，《老子集成》第三卷，第307—308页。
② 郭象：《南华真经注疏》，《道藏》第16册，第594页。
③ 江澂：《道德真经疏义》，《老子集成》第三卷，第380页。

分析。既然道的性质是有无一致、体用不二的，那么无为之体与无不为之用也不可分开，求道的正确方法是无为而不废于有为，无不为而不离于无为，这是对无为、有为两者关系的辩证概括，其认识比宋徽宗更全面。

除了阐述道之有无体用性质，相对于宋徽宗注，江澂论道的新意在于突出了道具有"虚"的特点。他在第四十一章疏："盖道不在有，亦不在无，非有非无，惟虚而已，德犹是也。故如谷之虚而能应，应而不竭，《书》所谓若德裕乃身是已。如谷之虚而能受，受而不藏，庄子所谓德无不容是已。"① 道含有无，故求道既不能执于无，也不能执于有，执于一偏便不是道，道是没有任何执着的，也就是虚了。

江澂认为，道之体为虚。他在第四章疏云：

> 庄子曰：夫道渊乎其居也。盖渊水反流全一，深静而平，内明外晦，虽鲵桓之与流止，常渊然自若，测之益深，穷之益远，可谓虚也。波之非恶，湛之非美，可谓静也。道之体似之，惟虚，故足以该天下之群实；惟静，故足以摄天下之群动。不物而能物物，万物之所系也；不化而能化化，一化之所待也。故似万物之宗。《文子》曰：虚无恬恬，万物之祖也。义与此合。②

庄子用"渊"形容道，江澂援引庄子之意来形容道体之虚以及与之相关的静。道体如渊，因为其虚，故为万物之祖。但虚里含实，静中有动，道由虚无之道体产生无穷之妙用。如第五章疏义："天地之大，圣人法之，虚其体也，自其用也。摄用归体，故寂然不动，万物莫如，以倾其固，以之泛应，有不当乎？从体起用，故动而不穷，既已与人己愈有，以之运量，果有匮乎？虚己以游世，必迫而后动，

---

① 江澂：《道德真经疏义》，《老子集成》第三卷，第 390 页。
② 江澂：《道德真经疏义》，《老子集成》第三卷，第 315 页。

故终身言而无失言之愆，无不为而无有为之伪。其于应帝王，盖有余裕矣。庄子所谓帝王之功，圣人之余事者，此也。"[①] 圣人体道，无论是摄用归体，体悟道的境界，还是从体起用，治国应世，都是以虚为出发点的。

因为道体为虚，故能生万物。如第一章疏云："易有太极，是生两仪。天地者，有形之大，而有形生于无形，则天地安从生？一本于道而已，所谓天地亦待是而后生。庄子所谓生天生地者，以此。无名无实，在物之虚，有物混成，先天地生，亦虚而已。"[②] 一切有形都从道而生，道的这种根源性作用来自其虚。又如第二十八章疏："盖谷之为物，虚而能受，受而不藏，虚而能应，应而不竭。在我之德，其虚若此，故能应天下之群实，至矣尽矣，不可以有加矣，兹所以为常德乃足欤？虚静之中，有物混成，道之体也。木之为朴，未散为器，其质全矣。道之全体乃在于此，能复归于朴，则明于大本大宗，是为能备道。"[③] 只有把握住了道体之虚的性质，才能真正明白道之大本大宗的意义。

从道之体用来看，道之用贵虚。如第三章疏："室无空虚则妇姑勃溪，心无天游则六凿相攘，古人之贵夫虚也如此。是以远取诸物，如谷之应，鉴之照，管籥之受；近取诸身，如耳之听，目之视，鼻之嗅，皆以虚故也。盖虚者，实之对，实则有碍，虚则无间。外之万物，内之一身，有实其中，则有碍于此，以不能无间故尔。"[④]《庄子·外物》篇言："心有天游，室无空虚，则妇姑勃溪；心无天游，则六凿相攘。"疏文借用庄子贵虚的思想，说明无论是对待身外之万物，还是内省自身，都要遵循虚的原则。又如第十五章疏："以困藏禾，禾尽困虚，以皿藏水，水尽皿虚。筥之盛物，取之如殚，箕之盛物，有时而匮。以有积，故不足也。至无以供万物之求，至虚以应天下之实，以无藏，故有余也。道运而无积，用之或不盈，至人

---

① 江澂：《道德真经疏义》，《老子集成》第三卷，第 317 页。
② 江澂：《道德真经疏义》，《老子集成》第三卷，第 307 页。
③ 江澂：《道德真经疏义》，《老子集成》第三卷，第 366 页。
④ 江澂：《道德真经疏义》，《老子集成》第三卷，第 313 页。

保此道而无积，亦虚而已"。① 疏文结合日常经验说明虚实关系，实有尽而虚无穷，故治理天下也要贵虚。又如第十六章疏：

> 同乃虚，虚乃大，大则能兼覆而不遗，故列子言莫贵乎虚。虚则静，静则明，明则能照临而无外，故列子言莫贵乎静。无所于忤，是之谓虚，而天下之实莫逃乎虚。一而不变，是之谓静，而天下之动不离乎静。此庄子所以言虚静者，万物之本也。经所谓渊兮似万物之宗，亦若是而已。夫万物以形相碍，以数相摄，圈于形则为形累，摄于数则为数役，必有超形离数者，其惟虚静乎？虚故足以受群实，静故足以应群动，以不碍于形，不摄于数故也。然而探虚静之本，虽得之自然，要虚静之至，必在乎致守。致之至于极，守之至于笃，则静也，虚也，得其居矣。②

疏文以列子、庄子同贵虚静为例，再次阐明贵虚的妙用。一切形数都是实，如果碍于形数之实，必然为之拘执而不得超脱，只有应之以虚静之道，才能脱离形数，归于自然。

体道贵虚，其实质是保持心的虚静。对此，江澂在第十六章疏中有具体论述：

> 夫芸芸之物，情伪不同，是谓万态。扰扰之绪，迭作不常，是谓万变。万态虽杂，心常彻者，虚足以受之也。彻与心彻为智之彻同。万变虽殊，而心常寂者，静足以应之也。寂与寂然不动之寂同。致虚守静，一至于此，是为天地之平，道德之至，此之谓大本大宗，与天和者也。其为天乐，孰大于是？观庄周之论虚静，既曰一心定而王天下，又曰一心定而万物服，盖能定然后能应，所谓常彻常寂，一心定之谓也。惟夫一心定，然

---

① 江澂：《道德真经疏义》，《老子集成》第三卷，第339页。
② 江澂：《道德真经疏义》，《老子集成》第三卷，第339—340页。

后能以虚静推于天地，通于万物，其为乐可胜计耶？[1]

情之万态，世之万变，纷纭复杂，而以虚静之心足可应付。因为道的本质是虚静的，保持虚静之心，即为体会宗本之道，故无所不能，恰如庄子所论一心定而王天下，万物服。江澂又言：

> 圣人不得已而临莅天下，兼爱无私，则一视而同仁，推此加彼，则笃近而举远，因其固然，无所决择，付之自尔，无所去取，遗息众累而冥于无有，夫何容心哉？若舜之聪明文思，尧非不闻也，必待师锡而后举之。若鲧之方命圮族，尧非不知也，亦因众举姑以用之。盖圣人无心，因物为心，则舜不得不举，鲧不得不用也。何则？虚非无也，无实而已，心无所不包，意其有而非有，实无所包，意其无而非无，则心本虚矣。惟尽心之本，而致虚之极，则善者吾善之，不善者吾亦善之，公听并观而无好恶之情，岂贤之足尚哉。[2]

疏文以尧、舜、鲧之事为例，说明圣人之治能够达到"善者吾善之，不善者吾亦善之"的理想状态，是因为其无心。无心即虚，因为虚，故广大无边，能涵容万事万物。江澂进一步阐述："《诗》所谓旷野，言其地之至广，《传》所谓旷日，言其时之至广，则旷者广之极也。方寸与太虚齐空，则心原无际矣。无所不包，实无所包，则其室常虚矣。惟善为士者，致虚之极，尽心之真，如谷之能受，受而不积，如谷之能应，应而不着，其广可谓至也。与夫六凿相攘，自狭其居，以实妨道，动辄有碍，盖有间矣。"[3] 善于体道者心如太虚那样无边无际，不仅自身的精神快乐无比，处世应物也是通达无碍的。

---

① 江澂：《道德真经疏义》，《老子集成》第三卷，第 340 页。
② 江澂：《道德真经疏义》，《老子集成》第三卷，第 312 页。
③ 江澂：《道德真经疏义》，《老子集成》第三卷，第 338 页。

二、孔老相通

在孔老关系上，江澂认为老子作《道德经》，"非圣人不能与此"①，故老子和孔子都是圣人，他们的思想当然是相通的。

首先，江澂继承了宋徽宗的观点，认为老子不反仁义。如第十八章疏义曰：

> 道之大全，冥于浑沦之中，德分于道，判为刚柔之用。盖道不可致，故道失而德。德不可至，故德失而仁。仁可为也，为之则近乎义，故仁失而义，所以去道为愈远。即其本而论之，则道一而已，杨子所谓合则浑、离则散者，此也。韩愈不原圣人道德之意，乃以臆见曲说，谓仁与义为定名，道与德为虚位。以老君小仁义，为所见者小，殊不知仁义不外道德，道德不废，安取仁义？探本言之，虽曰攘弃仁义，而仁义已行于道德之间矣。是其心岂真以仁义为不足以治天下哉？其小仁义，乃所以尊仁义也，正庄周所谓蔽蒙之民也。②

老子对仁义进行了批评，被后来诸多儒者所指责，如韩愈就是如此。但江澂指出，韩愈没有真正明白老子道德仁义之意，故他对老子的批评是臆见曲说，不可相信。在江澂看来，仁义并不违道德，老子对真正实在的仁义是赞同的。《庄子·缮性》言："滑欲于俗思，以求致其明，谓之蔽蒙之民。"在世道日衰的时候，到处是"蔽蒙之民"，俗学俗思已失大道之真，也无仁义之实了，这种状况才是老子以及庄子所忧虑并想矫正的。此点第十九章疏义讲得更加清楚：

> 百行以孝为本，三宝以慈为先。孝慈之心生于固有之天性，非伪为也，非外铄也。至于蹩躠为仁而行非自然，踶跂为义而

---

① 江澂：《道德真经疏义序》，《老子集成》第三卷，第 304 页。
② 江澂：《道德真经疏义》，《老子集成》第三卷，第 346—347 页。

> 强于用力，则是仁义易其性矣。绝仁弃义，民将性修反德，德
> 至同于初，是谓反其性而复其初也。①

仁义孝慈都出自固有的天性，是道的体现，但当社会离道失德，人
的本来天性就被改变了，甚至发生了异化。如《庄子·马蹄》说：
"及至圣人，蹩躠为仁，踶跂为义，而天下始疑矣。"陆德明《经典
释文》引李颐曰："蹩躠、踶跂，皆用心为仁义之貌。"仁义本发乎
内心，是自然而然的天性流露。如果为了某一目的，例如为了名利
去强力推行仁义，这样的仁义就不自然了，甚至会走向其反面。老
子所要绝弃的仁义，正是此类。老子否定仁义的弊端，正是为了恢
复仁义的本源，使民复性命之初。因此，江澄在第六十七章疏义总
结说："慈以惠物为心，仁以爱人为本，故天伦以父慈为先，燕饮以
慈惠为示，要之皆本于爱也，得非慈为仁之实乎？老君言道德，绝
仁而宝此，曾非绝之也，欲明仁之实而已。"② 虽然老子表面上摒弃
仁义，但他的道德又包含了仁义的内容，老子的意图是要恢复仁义
之实。

其次，江澄认为老子之道与儒家的中庸存在一致之处。宋徽宗
把《老子》第四章"道冲而用之"的"冲"解释为"中"，等同于儒
家"中庸"之"中"，反映了他沟通儒道的思想。江澄则在此基础上
进一步加以发挥：

> 冲之为气，天一为之本，天五为之中，则冲者，中也，中
> 通上下，是谓大和。道之致用，乃在乎此，是以高者抑之以损
> 其过，下者举之以补其不及。有余则取之，故大而不多；不足
> 则予之，故小而不寡。③

---

① 江澄：《道德真经疏义》，《老子集成》第三卷，第 348 页。
② 江澄：《道德真经疏义》，《老子集成》第三卷，第 437 页。
③ 江澄：《道德真经疏义》，《老子集成》第三卷，第 315 页。

冲气位于阴阳之中，不强不弱，不偏不倚，它既不失之过，也不失之不及，因而是"中"，是"和"，亦即道之用。《老子》第七十七章说："天之道，其犹张弓与？高者抑之，下者举之，有余者损之，不足者补之。天之道，损有余而补不足。"可见老子"天之道"是符合中的原则的。又如宋徽宗把《老子》第二十八章"复归于无极"的"极"也解释为"中"，江澂则疏解说：

> 盖《洪范》之作，箕子所以阐道之妙，《道经》之作，老氏所以微道之显。阐道者，以道中庸为主，故云有极，盖德之见于事，以中庸为至也。微道者，以极高明为主，故云无极，盖德之复乎道，不可致也。极，中也，犹屋之有极，众材之所会；犹天之有极，众星之所共。或有或无，各有所当而已。[①]

《尚书·洪范》以"归其有极"言王道，以中庸为尚，老子则言无极，以道为根旨。但"极高明而道中庸"，老子之道与儒家之道并没有本质上的区别，只存在层次上的差异。有无不可分离，道德不可偏举，有极和无极也是各有所当，互相统一的。无极类似于道之体，虚通广大，不可言说，有极类似于道之用，即"德之见于事"者，而当无极之道体现出它的作用时，就是"中庸"了。在解释了有极无极并不矛盾后，江澂又强调了"中"的作用："中者，天下之大本。惟允执厥中，然后能成位乎两间，无所偏倚，贯通上下而该之得非。"[②] 中为天下之大本，治理天下必须允执厥中。江澂又指出，老子所谓的"善建"，就是"建中""得中"，这与《尚书》所说的"建中于民"、《孟子》所说的"中道而立"类似，都是中庸之道。君主治理天下如果能做到"建中""得中"，则"功被海宇，泽及祚裔，所施弥博，岂特行于一国之运，盖将普及于天下；所历弥久，岂特

---

① 江澂：《道德真经疏义》，《老子集成》第三卷，第 365 页。
② 江澂：《道德真经疏义》，《老子集成》第三卷，第 412 页。

行于当年之顷，盖将覃及于来世"①。中庸之道这种巨大的功效，也是老子道之用的体现。

再次，老子思想与易理相通。宋徽宗在首章注即言老子通于《易》。江澂进一步阐发："虽然孔子作《易》，至说卦然后言妙，而老氏以此首篇者，《易》之为书，自穷理尽性以至于命，盖以言入道之序，摄用归体也；老氏之书，以归根复命为先，盖以言行道之顿，从体起用也。《易》托象数以示神，老氏同有无以示玄，言虽不同，而相为始终，虽设教不伦，其揆一也。"② 以《易》解《老》、以《庄》解《老》，是宋徽宗常用的方法，江澂在疏解的时候，则注意阐述易理与老子思想之间的一致之处。如第十六章疏：

> 物生若芸，徐动而出，则芸芸者，动出之象也。然物之动出，各因其时。观四时之运行，具八卦之妙用，万物之出，与之出而不辞，万物之入，与之入而不违。故自春徂夏，为天出而之人；自秋徂冬，为人入而之天。自其出而之人言之，则出乎震，而震者东方之卦也，于时为春，物皆萌动；相见乎离，而离者南方之卦也，于时为夏，物皆蕃鲜，所谓芸芸并作，英华发外也。自其入而之天言之，则说乎兑，而兑者西方之卦也，于时为秋，物皆至于擎敛；劳乎坎，而坎者北方之卦也，于时为冬，物自归根，所谓去华就实，归其性宅也。芸芸并作，则春气发而百草生也。至于英华发外，则苗而秀矣。去华就实，则正得秋而万宝成也。至于归其性宅，则复于无物矣。③

老子此章有"夫物芸芸"句，江澂则以《易》之震、离、兑、坎四卦描述万物生长、成熟、收获、收藏的整个过程，并述其归根复命之理，很好地阐述了老子思想的内涵。又如此章"吾以观其复"句

---

① 江澂：《道德真经疏义》，《老子集成》第三卷，第 413 页。
② 江澂：《道德真经疏义》，《老子集成》第三卷，第 308—309 页。
③ 江澂：《道德真经疏义》，《老子集成》第三卷，第 341 页。

的疏义：

> 圣人达万物之理，虚静之中，徐以泛观，知万物职职，皆
> 从无为殖，虽动而不离于静，虽出而未尝不复。观动者之必静，
> 及出者之必复，而因以见天地之心焉。在《易》之复有曰：复，
> 其见天地之心乎。盖复者，小而辨于物之时。辨于物，则至静
> 而未始其㩧，万物无足以饶之者也。圣人无常心，一本诸天地，
> 虽纷而封，虽㩧而宁，交物而不与物俱化，非离交而辨能，即
> 交而辨焉。故于物之并作，以观其复也。虽然老氏于观复则曰
> 并作者，盖有无作止。理虽异，致其于达观则一而已。①

老子的观复，即观万物归根复命、返本还元之道，江澂以《易》之
复卦加以解释，也是较为贴切的。再如第二十七章"是以圣人常善
救人，故无弃人；常善救物，故无弃物"句的疏：

> 《易》曰：一阴一阳之谓道，继之者善也。故善为道之继，
> 复乎大道之原，则善之与恶，盖将简之而不得，故无善之可名。
> 散为可欲之善，则本之以道而善兼天下，此善名之所以立也。
> 自善行以至善结，圣人所以有此五善，至于人物无弃，在乎能
> 体道以济天下故也。夫圣人爱人而救之，使人乐其生，利物而
> 救之，使物遂其性，曾何容心哉？反一无迹，循道而不违，因
> 其常然，乘礼而不近，任万物之自生，百姓之自治而已。②

《易传》"一阴一阳之谓道"的命题受到了老子思想的影响，这里反
过来以之释《老》，可见老学史上儒道之间的密切关系。不过，《易》
主张继善成性，这是儒学的思想，而老子强调善救万物，人物无弃，
两者的侧重点有差别，但在体道爱人、使百姓和万物各复归其善之

---

① 江澂：《道德真经疏义》，《老子集成》第三卷，第 340 页。
② 江澂：《道德真经疏义》，《老子集成》第三卷，第 363 页。

性这一点上，二者又是相同的。

三、儒家立场

从思想内容上看，宋徽宗御注具有明显的黄老思想，即主张把老子的自然无为之道运用到政治上来，尽管其治国理政没有用好黄老，从而导致政治走向了失败，但他对有为与无为关系的认识是切合黄老主旨的。与宋徽宗御注相比，江澂疏义也发挥黄老之意，如认为求道时不能把有为无为分开，以道治国时有为无为更不可分离："治天下者，一于无为而不知有为，则若聚块积尘，无为而非理；一于有为而不知无为，则若波流火驰，有为而非真。夫惟有为不离于无为，无为不废于有为，而为出于无为，其于治天下有余裕矣。"① 这是典型的黄老理论。在江澂看来，只有结合道家的清静无为和儒家的仁义礼法，才能够治理好国家："圣人以道在天下，而刑政赏罚所以辅道而行也。以刑政明天下之防范，使民有所守；以赏罚示天下之好恶，使民知所禁，一本于道而已。"② "王者之兵，本以仁义，行以征罚，有事则讨，无事则已，以为常安之术。"③ 在这些阐述中，黄老思想展示得很充分。不过，他在阐述有为的具体内容时，便显示出与宋徽宗的一些差别，江澂更侧重用儒家的政治道德学说治理天下。可以说，相较于宋徽宗注，江澂的疏义具有更加鲜明的儒家立场。

江澂在疏义徽宗御注时，对儒家思想的援引明显增多。如他疏第七十章说："道则高矣，美矣，炳而易见也。故载之言则昭若日星，所以甚易知。道一以贯之，要而易守也，故见之事则画若准绳，所以甚易行。即六经之说以明之，则知道之较且易也。"④ 江澂认为，道虽然广大玄妙，但如果与儒家学说联系起来，就变得容易明白了。《老子》第六十七章说："我有三宝：一曰慈，二曰俭，三曰不敢为

---

① 江澂：《道德真经疏义》，《老子集成》第三卷，第 314 页。
② 江澂：《道德真经疏义》，《老子集成》第三卷，第 345 页。
③ 江澂：《道德真经疏义》，《老子集成》第三卷，第 371 页。
④ 江澂：《道德真经疏义》，《老子集成》第三卷，第 443—444 页。

天下先."老子把慈放在三宝之首,可见慈是其思想中的重要内容,江澂在疏解的时候,则在慈的基础上突出了仁的内容,如疏"慈故能勇"句:

> 仁者必有勇,故爱人者恶人之害也。有德者必有威,故有常德足以立武事也。文王怀保小民,惠鲜鳏寡,孟子称其视民如伤,可谓能慈矣。逮至赫赫斯怒,以整其旅,有武功以伐于崇,则一怒而安天下之民,其勇莫能加也。慈故能勇,有见于是。①

慈故能勇,是因为仁者必有勇,"盖由仁义行,则威爱兼济,慈故能勇矣。"②又疏"夫慈,以战则胜,以守则固。天将救之,以慈卫之"句:

> 孟子曰:夫国君好仁,天下无敌。所谓仁人无敌于天下,以民之所好在于仁也。仁者无敌,则能兴大利,致大顺,民之归仁,犹水之就下,故以战则胜,而举万全之功也。《书》曰民罔常怀,怀于有仁。荀子所谓民爱其上,若手足之捍头目,子弟之卫父兄,然则效死勿去,以守则固者,以民之所怀在于仁也。昔成汤克宽克仁,乃能敷奏其勇,而莫敢不来享,是仁人无敌于天下也。太王有至仁,故邠人从之如归市,是民爱其上也。在上者以德行仁而无敌,在下者心悦诚服而爱上,故以战则胜,以守则固。慈之为宝,岂小补哉。③

既以《尚书》、孟子、荀子的思想为证,又引成汤、周太王亶父的事迹为验,从理论与实践的双重层面突出了仁之无敌于天下。本来,

---

① 江澂:《道德真经疏义》,《老子集成》第三卷,第438页。
② 江澂:《道德真经疏义》,《老子集成》第三卷,第443页。
③ 江澂:《道德真经疏义》,《老子集成》第三卷,第439页。

慈以惠物，仁以爱人，两者都是出于爱，仁慈之间并无原则的不同。但江澂把老子的慈为获胜之本解释为仁义乃常胜之道，更加突出了仁的意义。他概括说：

> 尽其心者，知其性也，知其性则知天矣。盖仁根于心性所有，天所命也。惟体仁则能尽性，惟尽性则能得天，故志于仁者，其衷为天所诱，所谓栽者培之，善者福之，作善降之百祥之类是也。志于不仁者，其鉴为天所夺，所谓倾者覆之，祸者淫之，作不善降之百殃之类是也。然则继道者善，首善者仁，天道无私，常予善人，所以救之使安，卫之使固者，以其善于慈而已。此三宝所以慈为先，又以见仁为百善之总名，人道之大成也，好仁者无以尚之。①

江澂认为，老子以慈为三宝之首，还是因为其通向了仁。无论是个人的道德修养，还是天下治理，仁都具有根本性的地位。老子非但不反仁义，反而是明辨仁义、尊崇仁义的："士之所事，在乎抗高明之志，不以德之末为务也。志之所尚，请循其本曰仁义而已。"② 当然，把老子之道德解释为仁义礼智，这并非老子的原意，而是江澂儒家立场的体现。

江澂对礼也是维护的，他疏《老子》第三十八章说："辨则用戈，交则用豆，礼之于宾主，用豆之时也，则礼以交物矣。升降上下，周旋裼袭，礼之寓于文，自外作也，则礼以示人矣。立人之道曰仁与义，仁之实在于事亲，义之实在于从兄，礼之实节文斯二者，则礼以节文仁义矣。经礼至于三百，曲礼至于三千，自吉礼以至嘉礼，自天神以至人鬼，其用多矣。"③ 儒家的各种礼仪，规范着从人到神的各种次序，自有其不可替代的作用。那么，老子为什么称礼

---

① 江澂：《道德真经疏义》，《老子集成》第三卷，第439页。
② 江澂：《道德真经疏义》，《老子集成》第三卷，第440页。
③ 江澂：《道德真经疏义》，《老子集成》第三卷，第383页。

是"忠信之薄而乱之首"呢？对此，江澂解释说：

> 自失道以至于礼，每降愈下，去道滋远，而所失滋众矣，则以有为则伪，无为则真，故其不同如此。然则无为者，万物之本也，德之所以为上者，有在是尔。且消息不停，王废更代，物不并盛，阴阳是也。阳用事则阴且退听，阴用事则阳且伏藏，亏于此者必盈于彼，理相予夺，威德是也。以德为治，威非所先，以威临下，德在所后，自然之势，不可易者也。然则父子之礼，貌薄而实厚宜矣。庄子所谓踕市人之足，则辞以放骜，兄则以妪，大亲则已矣，正此意也。由是观之，礼繁者实必衰，则犹木之未盛而其本必衰也。实衰则伪继之而争乱作，又乌能实而不知以为忠，当而不知以为信哉？夫礼之所以相伪如此，不得不去彼取此而灭之也。《记》以谓忠信之人可以学礼，盖亦贵其有本尔。[①]

自阴阳的消长到万物的盛衰，从人事的更替到王朝的兴废，都是自然的过程。尽管世道日衰，德失其范，社会上的道德准则也每况愈下，但这不是否定礼的合理性的缘由，例如父子之礼，纵使如激烈批儒的庄子仍然是认可的。故按江澂之意，老子言"夫礼者，忠信之薄而乱之首也"，是批评繁文缛节之礼，这样的礼是礼之末，因而引发争乱，而礼之本，即忠信之礼，老子是肯定的。

江澂解《老》的儒家立场，还可以从他对第十六章"各归其根"一语的疏解中看出：

> 《易》曰：各正性命，保合太和。则播大钧而凝形者，性命固已均禀。庄子曰：精神生于道，形本生于精。则散专精而孕气者，精神固已和会。然天使我有是之谓命，命之在我之谓性。能顺其命，乃能正其性，是命者性之本而性其根也。人之有生，

---

① 江澂：《道德真经疏义》，《老子集成》第三卷，第384页。

精具而神从之，能保其精，乃能合其神，是精者神之母而神其子也。惟知性达命，然后能自本自根，全之而不伤性；因精集神，然后能得母知子，守之而不失。所谓精全则神王，非因精集神者能之乎？所谓尽性则至于命，非知性达命者能之乎？庄子论纯素之道，始言一之精通，终言不亏其神，则精全神王可知也。孟子论尽心之道，始言养性事天，终言修身立命，则尽性至命可知也。能明乎此，其于达万物之理，特观复者之余事。①

按老子的原意，是认为生命的源头以虚静为根基，只有恢复虚静的境界，才与道相合。江澂则将老子的这一命题解释成了儒家的性命学说。疏中虽也提到了庄子的精神之论，但其主题是结合《易》的各正性命和孟子尽心知性至于命的思想，以追溯儒家性命之理的根源。

---

① 江澂：《道德真经疏义》，《老子集成》第三卷，第341页。

第七章 理学家的老子研究

宋元时期对《老子》有深入研究的理学家，应该首推朱熹，以后林希逸、吴澄等人继之。一方面，他们在建构自己的理学思想体系时受到老子哲学的激发；另一方面，他们又以理学思想诠释《老子》，儒道互证，提出了不少富有启发性的新见解。尽管在具体的阐释中不免有门户之见，但从整体来说，他们三人对《老子》基本上持肯定的态度，其老学研究具有新的时代特色，并在社会上产生了较大影响。

第一节 朱熹对《老子》的阐发

道家思想在朱熹哲学体系中占有很重要的地位，如明末清初的潘平格认为："朱子道，陆子禅。"[1] 这一观点得到了学术界的广泛认同。作为理学的集大成者，朱熹博采百家，学识渊博，对老子也十分重视。他虽然没有专注《老子》，但发表了大量关于《老子》文本及老子思想的评价，从中可见朱熹老学的特点及成就。

一、对《老子》文本的解读

《老子》虽然只有五千言，但言短旨远，从文句到字词，历来注家多有不同的解释，朱熹也提出了一些自己的看法，有的颇有独到

---

[1] 李塨：《恕谷后集》卷六《万季野小传》引。

之见。例如对于《老子》首章"无名""有名""无欲""有欲"的断句问题，朱熹提出了他的见解：

> 今读《老子》者亦多错。如《道德经》云"名非常名"，则下文"有名""无名"，皆是一义，今读者皆将"有""无"作句。又如"常无欲，以观其妙；常有欲，以观其徼"，只是说"无欲""有欲"，今读者乃以"无""有"为句，皆非老子之意。①

关于《老子》首章的句读，在宋代以前的注解大都以"无名""有名""无欲""有欲"为读，但宋代王安石、司马光、苏辙等都从"无""有"断句，并产生了巨大影响。《老子》此章，由于标点读法不同，在意义的解释上也会产生很大的差别，朱熹肯定了河上公、王弼以来的传统读法，而认为宋人从"有""无"断句不合老子之意。如果单从文本的角度来说，"无名""有名""无欲""有欲"都是老子哲学中的专有概念，不宜将其分开。而马王堆出土的帛书《老子》甲乙本均言："恒无欲也，以观其妙；恒有欲也，以观其所徼。"是知古本即以"无欲""有欲"断句，由此亦见朱熹的认识是有道理的。又如第四十六章的说解：

> "天下有道，却走马以粪车"是一句，谓以走马载粪车也。顷在江西见有所谓"粪车"者，方晓此语。②

这是一个非常重要的见解。《老子》通行诸本此句均作"天下有道，却走马以粪"，没有"车"字，朱熹的弟子在此条语录下亦附上了一个小注："今本无'车'字，不知先生所见何本。"看来版本来源在当时就成了悬案，但朱熹的这一见解得到了元代理学家吴澄的重视，

---

① 《朱子语类》卷一百二十五，第2990页。
② 《朱子语类》卷一百二十五，第2998页。

吴澄注解《老子》此章时说：

> "粪"下诸家并无"车"字，惟《朱子语录》所说有之，而
> 人莫知其所本。今按张衡《东京赋》云："却走马以粪车。"是
> 用《老子》全句，则后汉之末"车"字未阙，魏王弼注去衡未
> 远，而已阙矣。盖其初偶脱一字，后人承舛，遂不知补。"车"
> "郊"叶韵，阙"车"字则无韵。[1]

吴澄从张衡《东京赋》所引《老子》原文以及前后句之押韵两个方
面说明了"却走马以粪"后应该有一"车"字，从而很好地证实了
朱熹所言不误。

《老子》第十章有"载营魄抱一，能无离乎"一句，对于此句的
含义，历来注家多有不同的解释，莫衷一是。对此，朱熹做了详细
的辨析：

> 屈子载营魄之言，本于老氏。而扬雄又因其语以明月之盈
> 缺，其所指之事虽殊，而其立文之意则一。顾为三书之解者，
> 皆不能通其说。故今合而论之，庶乎其足以相明也。盖以车承
> 人谓之载，古今世俗之通言也。以人登车亦谓之载，则古文史
> 类多有之。如《汉纪》云刘章从谒者与载，《韩集》云妇人以孺
> 子载。盖皆此意。而今三子之言，其字义亦如此也。但老子、
> 屈子以人之精神言之，则其所谓营者，字与荧同，而为晶明光
> 炯之意。其所谓魄则亦若余之所论于《九歌》者耳。扬子以日
> 月之光明论之，则固以月之体质为魄，而日之光耀为魂也。以
> 人之精神言者，其意盖以魂阳动而魄阴静，魂火二而魄水一。
> 故曰"载营魄抱一，能无离乎"，言以魂加魄，以动守静，以火
> 迫水，以二守一，而不相离。如人登车而载，载于其上则魂安

---

[1] 吴澄：《道德真经注》，《老子集成》第五卷，第632页。

静而魄精明，火不燥而水不溢，固长生久视之要诀也。①

朱熹指出，"载营魄"一语出自《老子》，而战国时期的屈原、西汉的扬雄都有引用，历来注解老子、屈原、扬雄三子之书者，都不能对该句加以确解，而如果将三子之说结合起来分析，则可以较好地理解该句的意思。屈原《楚辞·远游》言："载营魄而登霞兮，掩浮云而上征。"朱熹认为屈原"载营魄"一语从《老子》引用而来，"载"为通常意义，即"以车承人"，"营"通"荧"，意思是"晶明光炯"。载营魄之义可从精神的角度理解，意谓魂阳魄阴，魂魄相随，魂安魄明，动静结合，精神合一，此乃修身养性、长生久视的要诀。扬雄与屈原虽然言说的角度不同，但对该句文义的理解是相通的。接着，朱熹评论了历来注家对《老子》此句的误解：

> 但为之说者，不能深考。如河上公之言老子以营为魂，则固非字义，而又并言人载魂魄之上以得生，当爱养之，则又失其文意。独其载字之义粗为得之，然不足以补其所失之多也。若王辅嗣以载为处，以营魄为人所常居之处，则亦河上之意。至于近世，而苏子由、王元泽之说出焉。则此二人者平生之论，如水火之不同，而于此义皆以魂为神，以魄为物，而欲使神常载魄以行，不欲使神为魄之所载。洪庆善之于此书，亦谓阳气充魄为魂魄，能运动则其生全矣。则其意亦若苏、王之云，而皆以载为以车承人之义矣。是不唯非其文意，且若如此，则是将使神常劳动，而魄亦不得以少息。虽幸免于物欲沉溺之累，而窈冥之中精一之妙，反为强阳所挟，以驰骛于纷拏胶扰之涂，卒以陷于众人伤生损寿之域，不自知也。其于二子之意何如哉？若其说扬子者，则皆以载为哉，固失其指，而李轨解魂为光尤为乖谬，至宋贯之、司马公始觉其非，然遂欲改魄为朏，则亦未深考此载字之义，而失之愈远矣。唯近岁王伯照以为未望则

① 刘惟永：《道德真经集义》，《老子集成》第五卷，第364页。

魂，为明所载，似得其理。既而又曰既望则明，为魄所终，则是下句当曰终明，而不当为终魄矣。以此推之，恐其于上句文义之向背，亦未免如苏氏王氏之云，为自下而载上也。大抵后人读前人之书，不能沉潜反复求其本义，而辄以己意轻为之说，故其卤莽有如此者。况读《楚辞》者徒玩意于浮华，宜其于此尤不暇深究其底蕴。故余因为辩之，以为览者能因是而考焉，则或溯流求源之一助也。①

朱熹指出，河上注把"营"解释为魂，这是把字义理解错了，虽"载"字的解释有得，但所失大于所得。王弼注大致沿袭了河上注。宋代苏辙、王雱的学术观点常常相互对立，但他们注《老子》，于此句的解释却一致，都把魂解为神，把魄解为物，但其文义走向了老子思想的反面。洪庆善之解与苏、王类似。朱熹强调，解释《老子》此句，要从文字的本义出发，反复求索以得其意。但历来的注解者大都忽略了文字的基本含义，主观作解，故偏离了老子的原意。朱熹对《老子》"载营魄"句的辨析可谓细致入微，其观点或者也可以继续讨论，但其学术态度和研究方法是可取的。

二、对《老子》思想的阐述

除了对《老子》文本的辨析，朱熹有关老子思想的阐述也很丰富，其中既有肯定，也有批评，总体来说，仍以肯定的评价为主。用朱熹自己的话来说就是："今观老子书，自有许多说话，人如何不爱！"②

朱熹对老子思想的肯定首先表现在对老子哲理的称赞上，如言："老子说他一个道理甚缜密。"又言："至妙之理，有生生之意焉，程子所取老子之说也。"③ 朱熹认为老子的道论体系严密，哲理玄妙，

---

① 刘惟永：《道德真经集义》，《老子集成》第五卷，第365页。
② 《朱子语类》卷一百二十五，第2987页。
③ 《朱子语类》卷一百二十五，第2995页。

二程的天理论即受到其影响。实际上，不仅二程，朱熹自己也受到老子的启发："道是一个有条理的物事，不是囫囵一物，如老庄所谓恍惚者。志于道，只是存心于所当为之理，而求至于所当为之地，非是欲将此心系在一物之上也。"① 朱熹反对把"道"或"理"当作一个具体的事物看待，认为理是无形的，但又有条理以至无所不包，与老庄之道相似，其性质就是老子所言之"恍惚"。求道即穷理，而不是执着于一个具体的事物。朱熹阐释道与理时类比老庄，反映出他对老子之道的认同，从中也可看出老学与理学的关联。又如他对"谷神不死"的阐述：

> 正淳问"谷神不死，是为玄牝"。曰："谷虚。谷中有神，受声所以能响，受物所以生物。"
>
> 问"谷神"。曰："谷只是虚而能受，神谓无所不应。它又云：'虚而不屈，动而愈出。'有一物之不受，则虚而屈矣；有一物之不应，是动而不能出矣。"
>
> 问"谷神不死"。曰："谷之虚也，声达焉，则响应之，乃神化之自然也。"
>
> 沈庄仲问："谷神不死，是谓玄牝，如何？"曰："谷神是那个虚而应物的物事。"②

《老子》第六章云："谷神不死，是谓玄牝。"在老子思想中，"谷神"与"玄牝"意思基本相同，乃用来形容道体的特点。对"谷神不死"的理解，河上注将"谷"释为"养"，"谷神不死"指修道者保养精神而长生久视。河上注这一养生学的注解后来盛行于道教老学之中。但更多的学者则多从本体意义上进行诠释，朱熹也是如此。他认为谷是"虚而能受"，用以说明道的虚空性质，神是"无所不应"，用以说明道的无穷功用。老子之道唯其"虚"，所以能够包容天地，充

---

① 《朱子语类》卷三十四，第 863 页。
② 《朱子语类》卷一百二十五，第 2994—2995 页。

溢宇宙；唯其"神"，所以能够化生万物，无所不在。"虚而应物"，"神化之自然"，这是对老子之道的准确概括。朱熹对老子以弱胜强的道理也有精彩分析：

> 问"反者道之动，弱者道之用"。曰："老子说话都是这样意思。缘他看得天下事变熟了，都于反处做起。且如人刚强咆哮跳踯不已，其势必有时而屈，故他只务为弱。人才弱时，却蓄得那精刚完全，及其发也，自然不可当。"[1]

朱熹认识到了老子"反者道之动"思想中所蕴藏的深刻哲理，认为任何强大的东西终归有衰竭之时，弱小的事物却有强大的生命力，故老子总是从反面着手，以逸待劳，以弱胜强，从而收到使对手"不可当"的功效。

对老子的治国之道，朱熹也是肯定的。朱熹指出，老子的谋略十分高深："他取天下便是用此道。"[2] 因此，老子之学是一种"君术"。朱熹说：

> 其学也要出来治天下，清虚无为，所谓"因者君之纲"，事事只是因而为之。如汉文帝、曹参，便是用老氏之效，然又只用得老子皮肤，凡事只是包容因循将去。老氏之学最忍，它闲时似个虚无卑弱底人，莫教紧要处发出来，更教你枝梧不住，如张子房是也。子房皆老氏之学。如峣关之战，与秦将连和了，忽乘懈击之；鸿沟之约，与项羽讲和了，忽回军杀之，这个便是他柔弱之发处。可畏！可畏！它计策不须多，只消两三次如此，高祖之业成矣。[3]

---

[1] 《朱子语类》卷一百二十五，第 2997 页。
[2] 《朱子语类》卷一百二十五，第 2996 页。
[3] 《朱子语类》卷一百二十五，第 2987 页。

朱熹认为，老子之学表面上看来柔弱不争，其实则厉害得很。汉文帝、曹参用之，天下大治，仅得老子之皮毛；而深谙老学的张良才用几次，便成就了刘邦的帝业。朱熹提到的包容、因循、退让、顺势，都是黄老之学的特点。《汉书·艺文志》曾言："道家者流，盖出于史官，历记成败、存亡、祸福、古今之道，然后知秉要执本，清虚以自守，卑弱以自持，此君人南面之术也。"黄老思想在汉初成为社会的统治思想，不仅"时君世主"相信老子，广大百姓亦被教化，其政教功能得到了最大限度的发挥。历史证明，老子思想在治国治民方面是有过人之处的，这一点，朱熹也认识得很清楚。

对老子的修身处世思想，朱熹同样进行了阐发。他说："老子之术，谦冲俭啬，全不肯役精神。"一个人在精神上保持"谦冲俭啬"，便不会受到制约了。朱熹把这样的修养功夫叫作"俭德"，并非常推许："俭德极好。凡事俭则鲜失。老子言：'治人事天，莫若啬。夫惟啬，是谓早服；早服，是谓重积德。'被它说得曲尽。"① 朱熹又言：

> 老子之学，只要退步柔伏，不与你争。才有一毫主张计较思虑之心，这气便粗了。故曰："致虚极，守静笃。"又曰："专气致柔，能如婴儿乎？"又曰："知其雄，守其雌，为天下溪；知其白，守其黑，为天下谷。"所谓溪，所谓谷，只是低下处。让你在高处，他只要在卑下处，全不与你争。他这工夫极难。②
>
> 老子之术，自有退后一着。事也不挽前去做，说也不曾说将出，但任你做得狼狈了，自家徐出以应之。如人当纷争之际，自去僻静处坐，任其如何。彼之利害长短，一一都冷看破了，从旁下一着，定是的当。……因举老子语："豫兮若冬涉川，犹兮若畏四邻，俨若客，涣若冰将释。"③

---

① 《朱子语类》卷一百二十五，第 2999 页。
② 《朱子语类》卷一百二十五，第 2996 页。
③ 《朱子语类》卷一百二十，第 2913 页。

主张清静无为、柔弱不争，这是老子思想的根本性特征，也是道家与其他学派的区别所在，所以朱熹反复论及老子"退步柔伏""冲虚守静"的思想。同时，朱熹颇重视老子思想之用，即注意揭示老子应世处事的谋略和智慧，他称之为"老子之术"。老子提倡退让，但他是以退为进，是伺机而动，待掌握了对方的利害长短，"从旁下一着"。可见，老子无论在治国方面，还是在修身应世方面，都不是消极的，而是一种有智慧的积极而为。

当然，老子道家与儒学毕竟属于两个不同的思想流派，因此，站在儒家立场上的朱熹在肯定、赞扬老子的同时，又不可避免地对老子的一些思想进行了批评。例如：

> 老子是出人理之外，不好声，不好色，又不做官，然害伦理。
>
> 问："先儒论老子，多为之出脱，云老子乃矫时之说。以某观之，不是矫时，只是不见实理，故不知礼乐刑政之所出，而欲去之。"曰："渠若识得'寂然不动，感而遂通天下之故'，自不应如此。它本不知下一节，欲占一简径言之；然上节无实见，故亦不脱洒。"①

尽管朱熹努力调和孔、老之间的矛盾，但对老子"绝圣弃智""绝仁弃义"之类的思想还是难以容忍，故批评老子"害伦理""不洒脱"。从儒家的立场看，朱熹的这种指责也许是可以理解的，不过，朱熹对老子的批评有时反映出他为维护儒家正统思想而表现出来的偏激情绪，如说：

> "人不知而不愠"，学固非欲人知，亦非有意欲人不知，是以人知之不加喜，人不知不加愠，此圣门所发义理之正也。老

---

① 《朱子语类》卷一百二十五，第 2990 页。

氏"知我者希，则我贵矣"，此异端自私之见，与圣门气象迥然不同。①

东晋之尚清谈，此便是杨氏之学，杨氏即老庄之道。少间百事废弛，遂启夷狄乱华，其祸岂不惨于洪水猛兽之害！②

儒教自开辟以来，二帝三王述天理，顺人心，治世教民，厚典庸礼之道，后世圣贤遂著书立言，以示后世。及世之衰乱，方外之士厌一世之纷拏，畏一身之祸害，耽空寂以求全身于乱世而已。及老子倡其端，而列御寇、庄周、杨朱之徒和之。孟子尝辟之以为无父无君，比之禽兽。③

老子说"知我者希，则我贵矣"，朱熹斥为异端，这是道不同不相为谋的表现。而把五胡乱华、东晋灭亡的原因归之于老庄，这显然是不公平的，也不符合历史事实。至于借孟子之语，对老庄列杨等道家人物于乱世中追求全身养生的思想加以攻击，则完全是片面之词。

三、论老子与杨朱的关系

杨朱生活于战国时代，是一位和墨子齐名、与孟子抗衡的思想家，其思想在当时影响很大。但对于杨朱的具体身份及学派归属，现代学界有不同的看法，④ 而在儒学独尊的中国古代，对杨朱的误解和批评也很多。朱熹对杨朱的评价有批评，也有肯定，总体来说则以肯定为主。朱熹和他的弟子多次讨论杨朱的问题，如言：

---

① 朱熹：《记谢上蔡论语疑义》，见《晦庵先生朱文公文集》卷七十，《朱子全书》第23册，第3394页。

② 《朱子语类》卷五十五，第1320页。

③ 《朱子语类》卷一百二十五，第2993页。

④ 冯友兰认为杨朱为道家始祖（《中国哲学史》上册，商务印书馆1947年增订版，第173页）；郭沫若认为杨朱是老子弟子，在《孟子》中又作杨子取，《庄子》作阳子居（《十批评书》，东方出版社1996年版，第162页）；詹剑峰认为杨朱是春秋战国时期一个独立学派的开创者（《杨朱非道家论》，载《中国哲学》第7辑），熊铁基认为杨朱是从老子到庄子思想演变过程中的一个中间人物（《中国老学史》，福建人民出版社1995年版，第101页），等等。

杨朱之学出于老子，盖是杨朱曾就老子学来，故庄列之书皆说杨朱。①

问："佛老与杨墨之学如何？"曰："杨墨之说犹未足以动人。墨氏说'爱无差等'，欲人人皆如至亲，此自难从，故人亦未必信也。杨氏一向为我，超然远举，视营营于利禄者皆不足道，此其为说虽甚高，然人亦难学他，未必尽从。杨朱即老子弟子。"②

朱熹明确肯定杨朱为老子的弟子，理由有二，其一是从思想旨趣上看，杨朱和老子的思想有相似性，朱熹认为这是杨朱跟随老子学习的结果。其二是从学派的传承来看，庄子、列子本于老子之言，是道家学说的继承者和发扬者，而《庄子》《列子》书又屡屡言及杨朱，杨朱与老子、庄子、列子之间存在学派传承的内在关联。朱熹不仅认为杨朱是老子的弟子，而且指出杨朱在老子学说的传承人里地位很高。他说："人皆言孟子不排老子，老子便是杨氏。"③ "人说孟子只辟杨墨，不辟老氏。却不知道家修养之说只是为己，独自一身便了，更不管别人，便是杨氏为我之学。"④ 众所周知，孟子对杨朱和墨子都批评得很厉害，但为什么不批评老子呢？朱熹认为孟子不是不批老子，而是杨朱就可以代表老子，所以孟子批杨朱实际上就等同于批老子了。朱熹进而指出，老子道家修养学说的核心就是为我之学，这也是杨朱之学的主旨。可以看出，朱熹把杨朱视为老子的重要继承人，为老子思想的传承与发展作出过独特的贡献。

对于杨朱的为我之学，朱熹非但没有批评，反而赞赏有加，认为其"超然远举，视营营于利禄者皆不足道"，"为说甚高"。对此，朱熹的弟子有不同意见，也有不明白之处。试看以下对话：

问："杨氏爱身，其学亦浅近，而举世宗尚之，何也？"曰：

---

① 《朱子语类》卷一百二十五，第 2987 页。
② 《朱子语类》卷一百二十六，第 3007 页。
③ 《朱子语类》卷一百二十五，第 2988 页。
④ 《朱子语类》卷一百二十六，第 3009 页。

"其学也不浅近，自有好处，便是老子之学。今观老子书，自有许多说话，人如何不爱！其学也要出来治天下，清虚无为，所谓'因者君之纲'，事事只是因而为之。"

问："杨朱似老子，顷见先生如此说。看来杨朱较放退，老子反要以此治国，以此取天下。"曰："大概气象相似。如云'致虚极，守静笃'之类，老子初间亦只是要放退，未要放出那无状来。及至反一反，方说'以无事取天下'，如云'反者道之动，弱者道之用'之类。"①

上述两段师生对话，集中讨论了杨朱的思想宗旨。朱熹的弟子认为杨朱的爱身之说不够深邃，但却在社会上流传甚广，"举世宗尚"，对此他们颇为不解，故向朱熹提问。朱熹则指出，杨朱的思想一点也不浅近，因为其学来自于老子，杨朱与老子"气象相似"，而朱熹对老子之学十分喜爱，并不吝惜其称赞之辞，故他对杨朱同样肯定。老子的思想由治身推及治国，杨朱虽然更加重视治身，但与老子的思想在总体方向上是一致的。

大家知道，孟子是严厉批评杨朱学说的，认为其主张"为我"是"无君"之禽畜，是"拔一毛而利天下不为也"的极端利己主义者。当然，这是孟子断章取义的武断批评，或者是站在儒家立场上的有意误解，并非杨朱思想的真实情况。②《韩非子·显学》用"轻物重生"概括杨朱的思想，《淮南子·氾论》用"全性保真，不以物累形"加以总结，《吕氏春秋·不二》则言"杨生贵己"，等等，这

---

① 《朱子语类》卷一百二十五，第 2987 页。
② 《列子·杨朱篇》载："杨朱曰：伯成子高不以一毫利物，舍国而隐耕。大禹不以一身自利，一体偏枯。古之人，损一毫利天下，不与也，悉天下奉一身，不取也。人人不损一毫，人人不利天下，天下治矣。"可见，"拔一毛而利天下不为"的思想并非杨朱独有，比杨朱早很多的伯成子高就是这样主张的。重要的是，杨朱固然主张"损一毫利天下，不与"，同时也强调"悉天下奉一身，不取"，不与和不取是相互关联的。而且，杨朱的理想并不是只为个人，而是为了"天下治矣"，虽然强调了个人本位，但最终目的还是在于天下治理。这一思想宗旨正是朱熹所说的杨朱与老子"气象相似"。

些都是比较准确的评价。朱熹认为杨朱"视营营于利禄者皆不足道"，亦即不以物累形之意，与《韩非子》《淮南子》所言一致。值得注意的是，朱熹不仅客观地解释杨朱贵身的思想，而且指出杨朱与老子一样，也是关注天下之治理的。这一看法显示出了朱熹评价杨朱的独到之处，在朱熹看来，杨朱并不是利己主义者，而是一位与老子一样具有社会关怀之情的思想家。可见，朱熹这位继承孔孟道统的理学家并没有沿袭孟子对杨朱的评价，反而澄清了孟子的误解，并对杨朱思想进行了新的阐释，实属难得。

朱熹进一步论及杨朱学说的传承，他说：

> 列、庄本杨朱之学，故其书多引其语。庄子说："子之于亲也，命也，不可解于心。"至臣之于君，则曰："义也，无所逃于天地之间。"是他看得那君臣之义，却似是逃不得，不奈何，须着臣服他。更无一个自然相胥为一体处，可怪。故孟子以为无君，此类是也。①
>
> 庄子当时也无人宗之，他只是在僻处自说，然亦止是杨朱之学。但杨氏说得大了，故孟子力排之。②

朱熹明确指出，列子、庄子都继承了杨朱的思想，这从二人书中对杨朱言论的大量引用就可以看出来。朱熹列举了《庄子·人间世》里的话来说明庄子与杨朱思想之间的一致性。在庄子看来，儒家所强调的家庭伦理亲情和君臣之间的道义都是客观存在的，每个人都无法回避，怎么面对呢？庄子主张"事心"以求得精神的安顿与超越，即"自事其心者，哀乐不易施乎前，知其不可奈何而安之若命，德之至也"③。但朱熹并不认同庄子这种通过自我调整来应对君臣父子关系的方式，同时指出孟子批评杨朱之无君，原因亦在于此。朱

---

① 《朱子语类》卷一百二十五，第 2991 页。
② 《朱子语类》卷一百二十五，第 2988 页。
③ 《庄子·人间世》。

熹还认为，庄子在他生活的战国时代，其思想影响远不如杨朱，所以孟子只批评了杨朱而没有言及庄子，但批评杨朱也就是批评庄子了，因为庄子是杨朱之学的传承者。

朱熹不仅认为列子、庄子之学本于杨朱，而且指出"佛氏之学亦出于杨氏"①。朱熹并没有具体阐述佛教与杨朱之间的关联，但强调了佛教与列子关系密切。如言："佛家先偷列子。列子说耳目口鼻心体处有六件，佛家便有六根，又三之为十八戒。"② 又说："初来只有《四十二章经》，至晋宋间乃谈义，皆是剽窃《老》《庄》，取《列子》为多。"③ 这里朱熹说到了佛教在中国化过程中的一个基本事实，即佛教最初在中国的传播主要依附于道家，并吸收道家学说不断丰富其教义，从《列子》书中吸取的思想尤多。考虑到列子传承杨朱的思想，那么朱熹说佛学出于杨朱，也是不无道理的。

总之，朱熹对杨朱是颇为肯定的，他对杨朱的师承、思想主旨、学派传承及影响等多方面进行了分析，建立起了老子、杨朱、列子、庄子之间的思想传承序列，由此确定了杨朱在先秦道家思想史上的重要地位。

四、老子与释道

由于释、道与老庄之间存在着极为密切的联系，因此，朱熹在评价《老子》的时候，便自然涉及《老子》在释、道两教发展过程中所起的历史作用，并发表了一些独到的见解。

朱熹认为，佛教初来中国时，理论十分浅近，并无什么高深之处："释氏书其初只有《四十二章经》，所言甚鄙俚。后来日添月益，皆是中华文士相助撰集。"④ 佛教的思想为什么到后来变得越来越丰富了呢？那是中国人自己帮助其丰富发展的结果。而在佛教中国化的过程中，《老子》起了十分重要的作用："疑得佛家初来中国，多

---

① 《朱子语类》卷一百二十六，第 3007 页。
② 《朱子语类》卷一百二十六，第 3008 页。
③ 《朱子语类》卷一百二十六，第 3038 页。
④ 《朱子语类》卷一百二十六，第 3010 页。

是偷老子意去做经，如说空处是也。"① 朱熹这一见解是很正确的。因为佛教自汉代传入我国，其宗教理论在中土的展开，确有赖于老学。当然，除了《老子》，《庄子》也很重要，所以朱熹在许多地方都是老庄并称。他说：

> 后汉明帝时，佛始入中国。当时楚王英最好之，然都不晓其说。直至晋宋间，其教渐盛，然当时文字亦只是将庄老之说来铺张，如远师诸论，皆成片尽是老庄意思。至于佛徒，其初亦只是以老庄之言驾说尔。如远法师文字与肇论之类，皆成片用老庄之意。后来是达磨过来，初见梁武，武帝不晓其说，只从事于因果，遂去面壁九年。只说人心至善，即此便是，不用辛苦修行；又有人取庄老之说从而附益之，所以其说益精妙。②

> 释氏有一种低底，如梁武帝是得其低底。彼初入中国，也未在。后来到中国，却窃取老庄之徒许多说话，见得尽高。③

总的来说，朱熹是"辟佛"的，但他又指出，晋宋以后佛教发展迅速的原因得益于对老庄思想的吸收，这确是有得之见。朱熹还指出："道之在天下，一人说取一般。禅家最说得高妙去，盖自老庄来，说得道自是一般物事，圜圆在天地间。"④ 认为禅宗作为中国化的佛教，其高妙之处来自老庄，禅宗与老庄之间关系密切，这是重要的见解。

至于对老子与道教的关系，朱熹也提出了自己的看法。总的来说，他对道教持否定的态度。首先，他不认同道教的神仙信仰。如言："气久必散。人说神仙，一代说一项。汉世说甚安期生，至唐以来，则不见说了。又说钟离权、吕洞宾，而今又不见说了。看得来，他也只是养得分外寿考，然终久亦散了。"⑤ 朱熹认为传说中的神仙

---

① 《朱子语类》卷一百二十六，第 3008 页。
② 《朱子语类》卷一百二十六，第 3011 页。
③ 《朱子语类》卷一百二十五，第 2987 页。
④ 《朱子语类》卷一百二十六，第 3011 页。
⑤ 《朱子语类》卷三，第 44 页。

仅是一些善于养生而长寿之人，并不能够永恒地存在，这实际是对道教神仙信仰的间接否定。其次，朱熹对道教的法术进行了批评。他说："道家行法，只是精神想出，恐人不信，故以法愚之。"① 认为道教的法术是愚弄人的，他对法术的效果也加以了否定："只是屏气减息，思虑自少，此前辈之论也。今之人传得法时，便授与人，更不问他人肥与瘠，怯与壮。但是一律教他，未有不败、不成病痛者。"② 他还对仙人尸解的法术提出了怀疑："道家说仙人尸解，极怪异。"③ 对道教的雷法更是批评得厉害："因说道士行五雷法。先生曰：'今极卑陋是道士，许多说话全乱道。'"④

那么，怎样看待老子与道教的关系呢？朱熹说："老氏初只是清净无为。清净无为，却带得长生不死。后来却只说得长生不死一项。如今恰成个巫祝，专只理会厌禳祈祷。这自经两节变了。"⑤ 朱熹指出，从老子道家到道教，经历了一个复杂的发展过程。老子的本意是讲清静无为，但其中所夹杂的"长生久视之道"，被道教充分利用和发挥，乃至以后的道教专门只讲神仙法术了。对此，朱熹进一步加以了分析：

> 老子之学，大抵以虚静无为、冲退自守为事。故其为说，常以懦弱谦下为表，以空虚不毁万物为实。其为治，虽曰"我无为而民自化"，然不化者则亦不之问也。其为道每每如此，非特"载营魄"一章之指为然也。若曰"旁日月，扶宇宙，挥斥八极，神气不变"者，是乃庄生之荒唐；其曰"光明寂照，无所不通，不动道场，遍周沙界"者，则又瞿昙之幻语，老子则初曷尝有是哉！今世人论老子者，必欲合二家之似而一之，以

---

① 《朱子语类》卷一百二十五，第 3006 页。
② 《朱子语类》卷一百二十五，第 3003 页。
③ 《朱子语类》卷一百二十五，第 3006 页。
④ 《朱子语类》卷一百二十五，第 2991 页。
⑤ 《朱子语类》卷一百二十五，第 3005 页。

为神常载魄而无所不之，则是庄释之所谈，而非老子之意矣。①

老子本来只讲虚静无为、冲退自守，并没有神仙思想，倒是庄子开始谈一些神异之术，而佛教宣扬法力无边，道教则吸收了庄、释这些偏颇的理论和教义，使自身变得虚妄不实，但这并不是老子的原意。朱熹指出：“当汉之初，时君世主皆信其说，而民亦化之。虽以萧何、曹参、汲黯、太史谈辈亦皆主之，以为真足以先于六经，治世者不可以莫之尚也。及后汉以来，米贼张陵、海岛寇谦之之徒，遂为盗贼，曹操以兵取阳平，陵之孙鲁即纳降款，可见其虚缪不足稽矣。”② 西汉初黄老之学盛行，东汉以后道教流行。从黄老学到道教，有一个发展的过程，不过，将张陵、寇谦之等极重要的道教人物以“贼”视之，这是儒家的偏见，但道教在历史发展的某些阶段偏离了老子的思想精神，这也是事实。朱熹又说：

> 蔡云：“道士有个庄老在上，却不去理会。”曰：“如今秀才读多少书，理会自家道理不出，他又那得心情去理会庄老。”③
>
> 道家有《老》《庄》书，却不知看，尽为释氏窃而用之，却去仿效释氏经教之属。譬如巨室子弟，所有珍宝悉为人所盗去，却去收拾人家破瓮破釜。④
>
> 佛家偷得老子好处，后来道家却只偷得佛家不好处。譬如道家有个宝藏，被佛家偷去；后来道家却只取得佛家瓦砾，殊可笑也。⑤

朱熹认为，道教在发展自己的教义时，忽略了老庄思想以及道家的真精神，这便是道教的失误。在佛、道的发展过程中，佛教学到老

---

① 《朱子语类》卷一百二十五，第 2986 页。
② 《朱子语类》卷一百二十五，第 2993—2994 页。
③ 《朱子语类》卷一百二十五，第 2991—2992 页。
④ 《朱子语类》卷一百二十五，第 3005 页。
⑤ 《朱子语类》卷一百二十六，第 3009 页。

庄的优点，从而不断发展壮大，道教非但没有运用好老庄之学，对佛教的东西又没有学到家，因而走向了衰落。

从朱熹的上述分析中可以看出，朱熹是把老子与道教分别对待的，他一方面不遗余力批评道教，另一方面又对老子道家之学加以肯定、称赞。关于此点，熊铁基先生曾有论述："自唐以来就有一个儒家排斥佛老的问题，说朱熹'抗衡释道'也是有根据的，他既痛恨佛教、道教发展之影响国计民生，也反对人们'溺于老佛之说'。但应该具体分析，首先他抗衡释道重点在释，所谓'辟佛'，而道又主要是道教。其对于老子、老学，倒是另眼相看的。"[①] 这是一个非常中肯的见解。客观地说，朱熹对道教的批评，反映出道教在当时的宗教形象不佳。不过，道教界的有识之士已意识到这个问题，并通过对《老子》的阐释，提出了矫正措施。全真道顺势而创立，也可以认为是道教界用具体行动对朱熹批评的积极回应。

第二节　林希逸《道德真经口义》

林希逸（1193—1271 年），字肃翁，号竹溪，又号鬳斋。理宗端平二年（1235 年）进士，历翰林权直兼崇政殿说书、礼部郎官兼国史院编修官、实录院检讨官等，官终中书舍人。其著作颇为丰富，现可考者有《考工记图解》《春秋三传正附论》《易讲述》《老子鬳斋口义》《列子鬳斋口义》《庄子鬳斋口义》《鬳斋前集》《鬳斋续集》等。林希逸是南宋后期一位很有影响的理学家，他师从陈藻，是艾轩学派中的著名学者。据《南华真经口义·发题》："希逸少尝有闻于乐轩，因乐轩而闻艾轩之说，文字血脉，稍知梗概。"乐轩即陈藻，艾轩即林光朝。林光朝"专心圣贤践履之学"，乃南渡后"倡伊

---

① 熊铁基：《从"存天理，灭人欲"看朱熹的道家思想》，载《史学月刊》1999 年第5 期。

洛之学于东南者"。① 林希逸是林光朝的三传弟子，也是以二程洛学为宗的。林希逸对佛、老之学兼收并蓄，他的"三子口义"包括《老子鬳斋口义》《庄子鬳斋口义》《列子鬳斋口义》，很有特点，流传颇广，在东亚文化圈的影响尤为显著。《老子鬳斋口义》即《道德真经口义》，集中体现了他研究《老子》的学术成就。

一、借物以明道

林希逸解《老》，语言简要清晰，特别注意《老子》书的论道方式与行文特色，这是他注《老》的突出特点。林希逸在《道德真经口义·发题》中说："大抵老子之书，其言皆借物以明道，或因时世习尚，就以谕之。而读者未得其所以言，故晦翁以为老子劳攘，西山谓其间有阴谋之言。盖此书为道家所宗，道家者流，过为崇尚其言，易至于诞，既不足以明其书；而吾儒又指以异端，幸其可非而非之，亦不复为之参究。前后注解虽多，往往皆病于此。"老子立言，有"借物以明道"的特点，但历来注解者都没有注意到这一点，道家往往对《老子》过于推崇，以致言过其实，儒家又指其为异端之学，不得要领。如朱熹批评老子"劳攘"，朱熹门人蔡元定甚至认为老子书中有阴谋之言，这都是没有注意老子论道方式上的特点而导致的误解。朱、蔡这样的一流学者对待《老子》尚且如此，遑论其他注解了。因此，林希逸指出，由于《老子》书中多借喻之语，故在把握老子思想的时候，不能被其表面上的言辞所迷惑，而应着重领悟言辞后面的深刻含义以及老子"借物以明道"的真正意图。如他在第六十九章注云：

> 用兵有言者，亦举当时之语以为喻也。用兵者，不敢为主而为客，重于进而易于退，以不行为行，以不攘为攘，以无求敌而引敌，以无执而为执，此皆兵家示怯示弱，以误敌之计。仍，引也，引敌致师也。如此用兵，方有能胜之道。若轻敌而

---

① 黄宗羲原著，全祖望补修：《宋元学案》卷四十七《艾轩学案》，第 1471 页。

> 自矜自眩，则必至于丧败。不争而胜宝也，轻敌以求胜则丧其宝矣。故两敌之国抗兵以相加，能自哀者常胜。哀者，戚然不以用兵为喜也。击鼓其镗，踊跃用兵，则非哀者矣。此章全是借战事以喻道，推此，则书中借喻处，其例甚明。①

一般认为，《老子》第六十九章是讲用兵之道，但林希逸反言之，认为是借战争的例子及用兵的谋略来说明道的特点，因而是借喻，并且是全书的一种体例。

林希逸认为《老子》书中借喻的例子很多，如第六章之注：

> 此章乃修养一项功夫之所自出，老子之初意，却不专为修养也。精则实，神则虚。谷者，虚也。谷神者，虚中之神者也。言人之神自虚中而出，故常存而不死。玄，远而无极者也。牝，虚而不实者也。此二字只形容一个虚字。天地亦自此而出，故曰根。绵绵，不已不绝之意。若存者，若有若无也。用于虚无之中，故不劳而常存，即所谓"虚而不屈，动而愈出"是也。晦翁曰："至妙之理，有生生之意存焉。"此语亦好，但其意亦近于养生之论。此章虽可以为养生之用，而初意实不专主是也。②

《老子》于此章言"谷神不死"，朱熹十分称赞，认为其中蕴含着"至妙之理"。不过以河上注为代表的道教老学一般从养生的角度来解释，当然，从道的本体意义进行阐发的也很多。林希逸指出，此章固然包含着修养之道，但老子的原意并非指修养，而主要是用"谷神""玄牝"来形容道的虚无性质，并以道作为万物之本根。林希逸的看法实际上对两种通行的传统解释进行了综合。又如第十章注：

> 营，魂也，神也。魄，精也，气也。此三字，老子之深意。载

① 林希逸：《道德真经口义》，《老子集成》第四卷，第 522—523 页。
② 林希逸：《道德真经口义》，《老子集成》第四卷，第 499 页。

犹车载物也，安一载字在上，而置营魄二字于下，如谜语然。……
此章之意大抵主于无为而为，自然而然。无为自然，则其心常虚，
故以神载魄而不以魄载神，此圣人之事，以魄载神则著迹矣。《老
子》一书，大抵只是能实而虚，能有而无，则为至道。纵说横说，
不过此理。①

要弄清楚"载营魄"的确切含义不是一件容易的事，朱熹对此曾进行
过详细的辨析。林希逸认为"载营魄"三字如谜语那样难解，但其中
有深意。按照他的理解，这三个字，从实到虚，从有到无，即涵盖了
老子之道的主要内容。他同时强调，对《老子》书中的比喻之辞以及
一些具体实在的东西，则不能过于拘泥，应从道的高度去体会。

关于"借喻以明道"的例子，第六十一章之注也很典型：

此章借大国小国之得所欲，以喻知道之人，宜谦宜静，非
教人自下以取胜也。三代而下，世有取国之事，故因其所见以
为喻尔。下流者，自处于卑下也。大国之人能自卑下，则可以
合天下之交，譬如牝者以静而胜其牡也。自下者以静为道，故
曰以静为下。以大取小曰以取，以小取大曰而取，此两句文字
亦奇特。大国之意，不过欲兼畜天下之人，以为强盛，小国之
意，不过欲镌刺求入于人。二者皆非自下不可，惟能自下，则
两者皆得其欲。然则知道之大者，必以谦下为宜矣。此句乃一
章之结语，其意但谓强者须能弱，有者须能无，始为知道。一
书之主意，章章如此。解者多以其设喻处作真实说，故晦庵有
老子劳攘之论，独黄茂材解云："此一章全是借物明道。"此语
最的当。②

按照一般的理解，老子在本章阐述如何利用谦虚处下的原则处理大

① 林希逸：《道德真经口义》，《老子集成》第四卷，第 500—501 页。
② 林希逸：《道德真经口义》，《老子集成》第四卷，第 519—520 页。

国与小国的关系。老子主张的谦下尚柔，不仅是人生的指导，同时也适用于政治实践。例如对于大国与小国之间的关系，小国为了生存，固然应该处下依顺大国，但大国也不可以恃强凌弱，高高在上，欺压小国，大国也应该放低姿态，具有宽大气象，这样才能天下归心，万国来附。林希逸则认为该章是借大国小国之所求以喻求道者宜谦宜静，而不是教人自居于下以取胜。历来解《老》者大都将老子之比喻当成真实，而不去追求设喻之后的深层含义，以至难以明白老子的真正意思，就连对《老子》有深入研究的朱熹亦产生了误会，以为老子"劳攘"，只有黄茂材认为老子是借物明道，故林希逸对其加以了肯定。又如第五十三章注：

> 大道甚平，人之求道不知适正，好行斜径之路。譬如有国家者，治其朝廷则甚整。除，治也，为宫室台榭之类也。朝廷虽美，而田亩皆芜，仓廪皆虚，而且以文采为服，佩带利剑，厌足饮食，积其资财，务为富强，此如盗贼之人自夸其能，是岂可久也。譬喻语也，言人不知大道，而自矜聪明，自夸闻见，此好径之徒也，岂知至道，故曰非道哉。《老子》之文，如此等处可谓工绝。①

老子在本章中的思想，一般从政治哲学的角度分析，认为是对当时的统治者提出了尖锐的批评，将统治者比作强盗头子。但林希逸仍然认为该章是譬喻，而非实指，意谓失道者自作聪明，自夸其能，自夸闻见，这样的话，离道更远了。

以譬喻为解的还有第三十九章注："曰贱、曰下即前章所谓少则得之意，皆虚而不自有也。贵贱高下两句，亦只是譬喻。无贱何以为贵，无下何以能高，下与贱乃贵高之基本也。侯王之称曰孤、曰寡人、曰不谷，皆是自卑之辞，又以此为虚而不自有之喻。"② 道所

---

① 林希逸：《道德真经口义》，《老子集成》第四卷，第 516—517 页。
② 林希逸：《道德真经口义》，《老子集成》第四卷，第 511—512 页。

具有的虚而不自有的性质，在该章通过连续的比喻得到了充分的说明。第五十九章之注："治国者如此，养生者亦如此。养生而能啬，则可以深其根，固其柢，可以长生，可以久视。根柢，元气之母也。久视，精神全，可以久视而不瞬也。今之服气者或有此术，虽非老子之学，可以验老子之言。此章乃以治国喻养生也。"① 老子在本章主要说明治国与修身的一个重要原则是啬俭。啬俭的主要意思是爱惜精气，积蓄力量。如果掌握了这个原则，就掌握了治国的根本，也掌握了修身的根本，所以老子把它称为深根固蒂，长生久视之道。林希逸亦认为此章是以治国喻养生，但他认为如果将老子的思想理解为一些具体的如服气之类的修炼方术，则不是老子的本意。

林希逸阐明老子以譬喻论道的立言方式，就必然要注意《老子》一书的行文风格与文法特点，亦即注意《老子》的文学特色，这在众多的老学研究者中可谓独树一帜，也是林希逸研究《老子》的一个贡献。

首先，林希逸指出，《老子》文法高妙，最大特点是"奇""精"。如第五章注："子曰：予欲无言，天何言哉？四时行焉，万物生焉。亦此意也。但圣人之语，粹而易明，此书则鼓舞出入，使人难晓。或者以为戒人之多言，则与上意不贯矣。如此看得破，非惟一章之中首末贯串，语意明白，而其文简妙高古，亦岂易到哉？"② 第十一章注："毂，车中之容轴者也，辐轮之股也。毂惟虚中，故可以行车。埏埴，陶者之器也，虚而员，故可以成器。户牖，室中之通明处也。此三者，皆是譬喻虚者之为用，故曰有之以为利，无之以为用。车、器、室皆实有之利也，而其所以为车、为室、为器皆虚中之用，以此形容一无字，可谓奇笔。"③ 第四十章注："反者，复也，静也，静者动之所由生，即《易》所谓艮所以成终成始也。能弱而后能强，专于强则折矣。动以静为用，强以弱为用，故曰反者

---

① 林希逸：《道德真经口义》，《老子集成》第四卷，第 518 页。
② 林希逸：《道德真经口义》，《老子集成》第四卷，第 499 页。
③ 林希逸：《道德真经口义》，《老子集成》第四卷，第 501 页。

道之动，弱者强之用。如此造语，文法也。"①

其次，林希逸指出，老子行文特别重视结语，诸章结语多精绝。如《老子》第十二章的结句："是以圣人为腹不为目，故去彼取此。"林希逸评价说："目盲，谓能惑视也。耳聋，谓能惑听也。口爽，失正味也。心发狂，不定也。行妨，谓妨害德行也。此五者，皆务外而失内。腹内也，目外也，圣人务内不务外，故去彼而取此。彼，上五者也。此，道也。老子诸章，结语多精绝。务外亦不特此五事，举其凡可以类推。"结语"去彼去此"，"彼"虽指"五色令人目盲"等五事，但可以以此类推，既有具体的针对性，也突出了道的普遍性。又如第二十一章结语："吾何以知众甫之然哉？以此。"林希逸解释："众甫，众美也。阅，历阅也。万善往来，皆出此道也。以此者，以道也。言众甫之所自出，吾何以知其然，盖以此道而已。此等结语，亦其文字之精处。"② 把道无所不在的本体意义揭示得很清楚。第二十九章结语："是以圣人去甚，去奢，去泰。"林注："甚、奢、泰三者，皆过当之名，亦前章余食赘行之意。圣人去之者，无心无累，无为无求也。此章结得其文又奇。甚、奢、泰三字只是一意，但如此下语，非唯是其鼓舞之笔，亦申言其甚不可之意。其言玄妙，则曰玄之又玄，则曰大，曰逝，曰远，皆是一样文法。读者不悟其意，故不见他文字奇处，又多牵强之说。"③ 林希逸指出，"去甚、去奢、去泰"三词的含义一致，乃指圣人心无物累，无为自然的状态。一个意思，却用几个不同的词语来表达，这是老子特有的文法，非常精奇。然而，读者或研究者由于不懂老子文法，以致对老子思想的理解或者解释显得牵强附会。

再次，林希逸注意把语言文法的提示与思想阐释结合起来。如第二十五章注："域中有四大，王居其一，盖言人居天地之间，但知有王之为大，而不知王之上，其大者又有三焉。然而人则法地，地

---

① 林希逸：《道德真经口义》，《老子集成》第四卷，第512页。
② 林希逸：《道德真经口义》，《老子集成》第四卷，第505页。
③ 林希逸：《道德真经口义》，《老子集成》第四卷，第508页。

则法天，天则法道，道又法于自然，是自然又大于道与天地也。其意但谓道至于自然而极，如此发挥，可谓奇论。""人法地，地法天，天法道，道法自然"是老子提出来的极重要命题，林希逸解释说，从字面上看，似乎有人、地、天、道、自然五大了，但实际上不然，这种表达方式是老子特有的文法，自然是说明道的性质的，故还是人、地、天、道四大。《老子》就是这样，把奇特的语言与深邃的思想结合在一起，因此，注意《老子》的语言特点，确实有助于更好地理解其思想。如第四十二章注：

> 一，太极也。二，天地也。三，三才也。言皆自无而生。道者，无物之始，自然之理也。三极既立，而后万物生焉。万物之生，皆抱负阴阳之气，以冲虚之理行乎其间，所以为和也。①

对于老子道生万物的宇宙论，林希逸以三才之道进行解释，同时又注意到了道从无到有的本体特点，并以阴、阳、和三气说明道如何生育万物，这一诠释很好地揭示出了老子道论的内涵。第四十章讲的也是老子的宇宙论，林希逸注：

> 有天地然后有万物，故曰物生于有。然天地孰生之？天地之始生于太虚，是生于无也，因动静强弱而又推言有无之始也。老子之学，大抵主于虚，主于弱，主于卑，故以天地之间有无动静推广言之，亦非专言天地也。②

这是对"天下之物生于有，有生于无"的注解。从思想主旨看，老子在此章是通过有无范畴揭示道生万物的过程；从文法上看，则要注意老子通过有无相生的宇宙论，传达出其学崇尚虚静卑弱的特点。

---

① 林希逸：《道德真经口义》，《老子集成》第四卷，第513页。
② 林希逸：《道德真经口义》，《老子集成》第四卷，第512页。

又如第十三章注：

> 若，而也，宠辱不足惊，而人惊之。身为大患，而人贵之。先提起两句，下面却解。何谓者，不足言也。宠辱一也，本不足言，而人以辱为下，自萌好恶之心，故得之失之皆能惊动其心，此即患得患失之意。身者，我之累也，无身则无累矣。而人反以为贵，是不知其真身之身也。知其真身之可贵，知其真身之可爱，虽得天下，不足以易之。人能如此，则可以寄托于天下之上矣。寄托二字，便有天下不与之意。此章两何谓，自有两意，乃古文之妙处。①

两"何谓"即"何谓宠辱""何谓贵大患若身"，不合常理地发问，是为了突出有道者与世俗之人看待问题的差别。老子说的无身，并不是不要自己的身体或者轻身，而是不以自身为累，老子是贵身的，对身体的贵爱程度重于拥有天下。老子类似的行文之妙也见于第五十章，林希逸注云：

> 此章凡下两个夫何故，其意甚郑重，乃老子受用之妙处，所以如此申言之。昔有某寺，前一池，恶蛟处之，人皆不敢近。一僧自远来，初不之知，行至池边，遂解衣而浴。见者告之曰：此中有蛟甚恶，不可浴也。僧曰：我无害物之心，物无伤人之意。遂浴而出。老子之说似于虚言，以此而观，则其言亦不虚矣。②

《老子》此章的两个"夫何故"，即"夫何故，以其生生之厚"，"夫何故，以其无死地"，问得很巧妙。第一问回答为什么养生失败，那是因为养生过度了。第二问回答怎样才算正确的养生之道，答案是

---

① 林希逸：《道德真经口义》，《老子集成》第四卷，第501页。
② 林希逸：《道德真经口义》，《老子集成》第四卷，第515页。

做到无心养生，物之所以不能伤我，是因为我能虚、能损、能无，而无所谓死地了。林希逸最后指出，一般认为老子崇尚虚无，但以他在这一章阐述的养生之道来看，老子思想也有实在的一面。诚然，老子之道是有无一体的，绝非只是虚无而已。这一点，林希逸在首章的注解中就阐述了：

> 此章居一书之首，一书之大旨皆具于此。其意盖以为道本不容言，才涉有言皆是第二义。……此两欲字有深意，欲者，要也，要如此究竟也。有与无虽为两者，虽有异名，其实同出。能常无常有以观之，则皆谓之玄，玄者，造化之妙也。以此而观，则老子之学何尝专尚虚无。若专主于无，则不曰两者同出矣，不曰同谓之玄矣。玄之又玄、众妙之门，此即《庄子》所谓有始也者，有未始有始也者，有未始有夫未始有始也者。但赞言其妙而已，初无别义。若曰一层上又有一层，则非其本旨。众妙，即《易》所谓妙万物者也。门，言其所自出也。此章人多只就天地上说，不知老子之意正要就心上理会。如此兼看，方得此书之全意。①

道含有无，有无两者同出于玄。老子之道虽不可言，但以有无之玄论天地造化之妙，并不是只讲虚无之理。一般注解《老子》此章者，多注意阐发道为天地万物之本原，这当然没有错，但不够全面。老子在此章既讲本原、本体之道，又阐明了如何体道的方法。因此林希逸强调，要从心上去理会老子思想，两者兼顾，方可领会老子的全部宗旨。

二、儒道相通

宋元时期的学者注《老》，主张儒道释三教相融是普遍现象，如苏辙《老子解》等。不过，在老子和儒道释三教关系上，林希逸的

---

① 林希逸：《道德真经口义》，《老子集成》第四卷，第 497 页。

看法有所不同。例如他对苏辙注比较认可，但也有批评："独颖滨起而明之，可谓得其近似，而文义语脉未能尽通，其间窒碍亦不少。且谓其多与佛书合，此却不然。庄子宗老子者也，其言实异于老子。故其自序以生与死与为主，具见《天下篇》，所以多合于佛书。"① 他认为苏辙注虽好，但也有一些解释存在未通之处。重要的是，苏辙认为老子思想与佛书相合，所谓"天下固无二道"，林希逸则不同意，认为老子与佛学没有太多关系，而庄子与佛相合。基于这样的认识，林希逸《道德真经口义》主张儒道相通，他在《发题》中说：

> 若老子所谓无为而自化，不争而善胜，皆不畔于吾书。其所异者，特矫世愤俗之辞，时有太过耳。伊川曰："老氏《谷神》一章最佳。"故文定曰："老氏五千言，如我无事、我好静、我有三宝，皆至论也。"朱文公亦曰："汉文帝、曹参只得老子皮肤，王导、谢安何曾得老子妙处。"又曰："伯夷微似老子。"又曰："晋宋人多说庄老，未足尽庄老实处。"然则前辈诸儒亦未尝不与之，但以其借谕之语，皆为指实言之，所以未免有所贬议也。此从来一宗未了疑案，若研究推寻得其初意，真所谓千载而下知其解者，旦暮遇之也。②

林希逸认为，老子所论，在很多地方与儒家经典是一致的，其差别在于，老子过于愤世嫉俗，这一点如程颐、朱熹等惯于"辟佛老"的理学家也是认可的。不过，一些儒家学者在理解《老子》时存在一个问题，即把《老子》一书中的"借谕之语"，都"指实言之"，没有注意到老子的文法特点，因而抓不住老子的本意，故难免对老子产生许多误解。林希逸提出，他的解《老》目的就是要"研究推寻得其初意"，与老子虽隔千载而"旦暮遇之"。

如《发题》所言，老子思想与孔孟儒学从根本上看并不矛盾，

---

① 林希逸：《道德真经口义》，《老子集成》第四卷，第 496 页。
② 林希逸：《道德真经口义》，《老子集成》第四卷，第 496 页。

即使老子对儒学的一些批评也非其本意，这是林希逸注解《老子》的基调。如第十八章注：

> 大道行，则仁义在其中，仁义之名立，道渐漓矣，故曰大道废，有仁义。譬如智慧日出，而后天下之诈伪生。六亲不和，而后有孝慈之名。国家昏乱之时，而后有忠臣之名。此三句皆是譬喻，以发明上一句也。①

此章老子仍然是用譬喻说理。儒道思想针对的是不同社会状况，在有道的社会，人们过着淳朴自然的生活，不需要仁义孝慈等伦理道德去维护社会和人际关系。只有社会出了问题，人心出了问题，才会需要这些道德规范。越到后世，社会问题越多，国家与国家、人与人之间的矛盾冲突也越多，儒家的伦理道德便是为了协调失序的社会和失衡的人际关系而建立的。由此可见，儒道思想确实是可以并存而互补的。即使如第十九章"绝圣弃智""绝仁弃义"等与儒学相悖的说法，林希逸也为老子作了辩解：

> 圣知、仁义、巧利三者，皆世道日趋于文，故有此名。以知道者观之，是文也，反不足以治天下，不若属民而使之见素抱朴、少私寡欲，而天下自无事矣。令，使也。属，犹《周礼》属民读法之属也。此意盖谓文治愈胜，世道愈薄，不若还淳返朴，如上古之时也。此亦一时愤世之言。②

林希逸认为老子否定仁义圣智是一时愤激之言。而当社会不断出现虚伪争斗、世风日下的时候，如能遵循道的原则对天下实施无为而治，使人回归淳朴自然，这何尝不是理想的选择。

除了为老子辩护，林希逸也直接用儒家的思想解《老》。他解

---

① 林希逸：《道德真经口义》，《老子集成》第四卷，第503页。
② 林希逸：《道德真经口义》，《老子集成》第四卷，第503页。

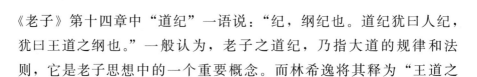

《老子》第十四章中"道纪"一语说："纪，纲纪也。道纪犹曰人纪，犹曰王道之纲也。"一般认为，老子之道纪，乃指大道的规律和法则，它是老子思想中的一个重要概念。而林希逸将其释为"王道之纲"，这显然是从儒家的立场来理解《老子》。又如第四十九章之注：

> 无常心者，心无所主也。以百姓之心为心，则在我者无心矣。善不善在彼，而我常以善待之，初无分别之心，则善常在我，在我之善，我自得之，故曰得善矣。子曰："苟志于仁矣，无恶也。"与此意同。信不信者在彼，而我常以信待之，初无疑间之心，则信常在我，在我之信，我自得之，故曰得信矣。子曰："不亿不信。"亦此意也。其曰吾亦善之、亦信之者，非以其不善为善，非以其不信为信也，但应之以无心而已。①

此注是直接引用孔子的话以释《老》，"苟志于仁"出自《论语·里仁》，"不亿不信"出自《论语·宪问》，通过林希逸的解释，孔老思想得以互相融合。

林希逸作为一个有影响的理学家，他自然把理学思想融入《老子》的诠释之中。老子思想与理学也是可以沟通的，于是，他将一些理学观念直接援引过来以释《老子》。如注《老子》第二十五章"有物混成"一语："有物混成，道也，无极而太极也。""无极而太极"出自北宋理学家周敦颐的《太极图说》，这句话的含义，自南宋以后，一直存在不同的理解，但普遍认为其与道家密切相关。蒙培元先生说："这里无极是精神性本体，是从道家《无极图》中拿来的；太极则是指阴阳未分之气，来自儒家《周易》。所谓无极而太极，并不是讲由无极生出太极，而是说，有无极，因此便有太极。太极之所以存在，是因为有无极为其本体。因此，在周敦颐《太极图说》中，最高范畴是无极而不是太极，无极是宇宙的本源、本体。

---

① 林希逸：《道德真经口义》，《老子集成》第四卷，第514—515页。

周敦颐接受无极这一范畴，说明他受道家思想的影响。"① "无极而太极"的命题本出自道家，反过来用它来解释老子之道的本体意义，是合适的。

在对《老子》的注解中，林希逸还把张载思想中的重要概念"太虚"也援引了过来。他说：

> 有天地然后有万物，故曰物生于有。然天地孰生之？天地之始生于太虚，是生于无也。②
>
> 大方者，太虚也。太虚之间虽有东西南北，孰见其方隅哉？③

"太虚"的概念在《庄子·知北游》中就已出现了："是以不过乎昆仑，不游乎太虚。"然而将其上升为一个宇宙本体的范畴，则是张载的创见。在注文中，林希逸对太虚的理解与张载又有所不同。张载认为"太虚即气"，是气一元论者，故他批评把气从属于太虚的观点，也不同意老子"有生于无"的思想，而林希逸则恰恰认为"天地之始生于太虚，是生于无也"，将太虚与无等同起来。

林希逸站在理学的立场上阐发《老子》，不仅有助于老学与理学之间相互激扬，也有利于理学在社会上的进一步传播。

三、论庄、列与杨朱

结合林希逸的"三子口义"，更能看出他的道家思想的整体特点，故在此对《庄子口义》和《列子口义》的相关内容进行分析。

《庄子口义》即《南华真经口义》，在当时就已引起很大反响，时人评价说："其条分而缕析，支断而节解，章无虚句，句无虚字，纵横捭阖，鼓舞变化，若无津涯，而字字句句，各有着落，恍然如

---

① 蒙培元：《理学范畴系统》，第 56 页。
② 林希逸：《道德真经口义》，《老子集成》第四卷，第 512 页。
③ 林希逸：《道德真经口义》，《老子集成》第四卷，第 512 页。

醒得醒，如挈得释。……南华之书，斯世所不可无，竹溪之解，亦南华所不可无者也。"① 林希逸解《庄》时站在理学的立场上，而又融合了儒释道三家，因而符合时代的需要，能够为人们认可；其解不拘于旧注，提出了一些比较贴切的新见解，这也是该解能广为流行并产生很大影响的直接原因。林希逸指出，《庄子》一书读起来有五难：

> 此书所言仁义性命之类，字义皆与吾书不同，一难也；其意欲与吾夫子争衡，故其言多过当，二难也；鄙略中下之人，如佛书所谓为最上乘者说，故其言每每过高，三难也；又其笔端鼓舞变化，皆不可以寻常文字蹊径求之，四难也；况语脉机锋，多如禅家顿宗，所谓剑刃上事，吾儒书中未尝有此，五难也。②

《庄子》不可不读，亦最难读。因为《庄子》既大有可取之处，但其字义语脉又与儒家经典差别很大，如何去把握，很令人为难，而且，书中所言往往"过当""过高""鼓舞变化"，更容易使人产生困惑和误解。那么，怎样才能领悟《庄子》大旨呢？林希逸指出，方法之一是把书中那些"鼓舞变化"、诞放空虚之辞加以区别对待，不能够全部视之为真。如《逍遥游》篇记载了尧"往见四子藐姑射之山"一事，四子所指为何，注家说法不一，或以为许由、啮缺、王倪、被衣四人，而成玄英疏云："四子者，四德也。一本，二迹，三非本非迹，四非非本迹也。言尧反照心源，洞见道境，超兹四句，故言往见四子也。"③ 林希逸不同意成疏，他说：

> 一本，二迹，三非本非迹，四非非本迹也。如此推寻，转

---

① 林经德序，见林希逸：《南华真经口义》，《道藏》第 15 册，第 892 页。
② 林希逸：《南华真经口义·发题》，《道藏》第 15 册，第 687—688 页。
③ 郭象、成玄英：《南华真经注疏》，《道藏》第 16 册，第 285 页。

见迂诞，不知此正庄子滑稽处，如今人所谓断头话，还要学者如此揣摸。前后解者正落其圈襆中，何足以读《庄子》？其实皆寓言也。大抵谓人各局于所见而不自知其迷者，必有大见识，方能自照破也。①

旧注把四子理解为许由等四个具体的人，已见拘泥；成玄英把四子解释成四德，以显"双遣双非"的重玄之道，更为迂诞。林希逸认为，四子不必指特定之人，亦不必如成玄英那样去推寻，视之为寓言即可。

林希逸提出，突破读《庄》难点的方法之二是把庄子与儒佛沟通。《南华真经口义·发题》言：

> 是必精于《语》《孟》《中庸》《大学》等书，见理素定，识文字血脉，知禅宗解数，具此眼目而后知其言意——有所归着，未尝不跌荡，未尝不戏剧，而大纲领、大宗旨未尝与圣人异也。②

鉴于《庄子》这部书过于奇特，所以研读它时不仅要精于儒家经典，还要通晓佛禅之学，这样才能够有所分辨和取舍，也能更好地理解《庄子》。不过，林希逸指出，归根到底，《庄子》"大纲领、大宗旨未尝与圣人异也"，也就是说，庄子思想从根本上是与孔孟一致的，这一点在《天下》篇首段之注中阐述得十分清楚：

> 庄子于末篇序言古今之学问，亦犹《孟子》之篇末"闻知""见知"也。自天下之治方术者多矣至于道术将为天下裂，分明是一个冒头。既总序了，方随家数言之，以其书自列于家数之中，而邹鲁之学乃铺述于总序之内，则此老之心，亦以其所著之书皆矫激一偏之言，未尝不知圣门为正也。读其总序，便见

---

① 林希逸：《南华真经口义》，《道藏》第 15 册，第 692 页。
② 林希逸：《南华真经口义·发题》，《道藏》第 15 册，第 688 页。

他学问本来甚正，东坡云庄子未尝讥夫子，亦看得出。①

苏轼认为，庄子真正的意图是赞扬孔子的，只是表面上说了一些与孔子之道相反的话。林希逸继承了苏轼等人的观点，认为《庄子》书中那些与孔孟不合的言论，都是矫激之语，庄子是不反对孔子的。而且，林氏提出了一个很新的看法，即认为《天下》篇是《庄子》一书的总序，亦犹《孟子》终篇之意。而庄子将邹鲁儒家之学铺述于总序的开端，可见庄子之学实际上是以孔孟圣门为正的。

林希逸自称"颇尝涉猎佛书"，虽然他认为老子与佛教关系不大，但庄子则"语脉机锋，多如禅家顿宗所谓剑刃上事"，故阅读和注解《庄子》，就必须"知禅宗解数"②，方能有所得。因此，林希逸注解《庄子》时便将佛禅惯用的大量概念引入进来。如《人间世》篇有"夫且不止，是之谓坐驰"句，林注曰：

> 唯止则虚，唯虚则明，便是戒生定，定生慧之意。若我才容心，而不能自止，则身虽坐于此，而心驰于外，又安能坐忘乎。此以坐驰二字，反说坐忘也。③

"坐忘"是庄子精神修养的重要方法，"坐驰"则与"坐忘"相反，是心驰于外，精神为物所累，不得解脱。基于这样的认识，林希逸在注解中引入了"戒生定，定生慧"的佛教修持方法来比附庄子。类似的例子还很多，不一一细举，我们只要看一看林注中所涉及的其他佛学用语，如六根、世间法、出世间法、印证、修观、做话头、四缘假合、真空而后实有、主人公、法身、大休歇、回光自照、如饮醍醐、本来面目、本地风光、于法自在、渗漏心、第二念等等，就可知道他在注《庄》的过程中对佛学术语的运用是何等纯熟。至

---

① 林希逸：《南华真经口义·发题》，《道藏》第15册，第883页。
② 林希逸：《南华真经口义·发题》，《道藏》第15册，第688页。
③ 林希逸：《南华真经口义·发题》，《道藏》第15册，第715页。

于注中直接援引的禅宗灯录、公案，也是非常多的。

总之，在《南华真经口义》中，儒、释、道三家辗转相证，这样的解释既体现了注者的个人风格，亦充分显示出了宋元庄学的时代特色。①

《列子口义》即《冲虚至德真经口义》，也是林希逸的重要著作。在序文中，他认为《列子》书非出自一人之手，或者是因为该书曾散佚不完整了，经过重新整理而成，但"其间又有绝到之语，决非秦汉而下作者所可及"，"然其真伪之分，瞭如玉石，亦所不可乱也"。② 林希逸注意到《列子》的真伪问题，但态度十分慎重，玉石的比喻，说明他对《列子》的真实性总体来说是肯定的。《列子》中有《杨朱篇》，这是研究先秦道家重要人物杨朱的珍贵文献。按照朱熹的观点，杨朱为老子弟子，杨朱思想"超然远举"，是很了不起的道家人物。同为理学家的林希逸，在《列子口义》中阐述了他对杨朱的认知和评价，他并没有像孟子或后世很多儒者一样视杨朱为异端，而是认为杨朱的很多思想是有道理的，值得称赞，并力图澄清世人对杨朱的一些误解。林希逸对杨朱只是偶有批评，总体来说，他与朱熹一样是杨朱的知音，他对杨朱的评价以肯定为主。

林希逸首先肯定了杨朱的名实观。在《列子·杨朱篇》的开端，杨朱就提出"实无名，名无实，名者伪而已矣"的观点，质疑那种只求虚名的行为。当然，杨朱并没有否定名的合理性，而是反对"守名累实"，这一点林希逸很认同。林希逸注解说：

> 去名者无忧，名者实之宾，此言虽出于鬻子、老子，世固知之，然世之悠悠者皆趋于名而不可止，岂二师之言所能戒哉。宾，外也。然则名不得而去矣，不可得而外矣。今世之人既以

---

① 关于林希逸庄学的详细分析，可参熊铁基、刘固盛、刘韶军《中国庄学史》第五章第六节（湖南人民出版社 2003 年版）。

② 《列子鬳斋口义·列子序》，华东师范大学出版社 2016 年版，第 4、5 页。

有名为尊荣，以此为快乐，以无名为卑辱，以此为忧苦，以忧苦为犯其性，以快乐为顺其性，所以趋求之而不已也。……然则二师之言虽欲去其名，乌得而去之？虽欲外其名，乌得而外之？此语既尽，却断之曰世情。于名虽不可去，不可舍矣，然守之太甚，将至于自累其养生之实。如此则有危亡不救之忧，岂暇分别苦乐乎？恤，忧也。此意盖谓世俗之人求名不已，必至自亡其身，是好快乐畏忧苦，而其弊将至于自杀也。①

老子以及更早的鬻子均有不要为名所累的思想，杨朱关于名实的看法即来源于此。不过，鬻子、老子的垂训，并不能够阻止世人对名的追逐。杨朱清醒地看到了这一点，告诫世人不要为求名而伤及养生之实。林希逸则阐述说世人如果只知道"好快乐畏忧苦，而其弊将至于自杀"，这是对杨朱思想的正确把握，也指出了杨朱思想的一个要点。杨朱之学屡遭诟病的一个原因，就是大家认为他在宣传人的本性在于享乐，其实，从其"恶夫守名而累实"的主张来看，杨朱并不是简单地提倡放纵或享乐。在杨朱看来，如何追求人生的快乐，如何正确对待名，都是有原则和标准的，这就是"君臣皆安，物我兼利"。对此，林希逸解释说：

> 此章亦讥忠义立名之人。言忠者必危身，义者必害生，谓之务外不务内也。安上之实出于自然，岂一人之忠所能安之？利物之道亦出于自然，岂一人之义所能利之？以一人之私而求忠义之名，名反泯灭而徒累其身，不若顺其自然，则君臣俱安而物我俱利，此所谓古道也。②

此注十分准确地抓住了杨朱思想的要旨。忠义为儒家所宗，却为杨朱所非，那是因为杨朱认识到忠义之名实相符是很困难的事，故而

---

① 林希逸：《冲虚至德真经口义》，《道藏》第 14 册，第 793 页。

② 林希逸：《冲虚至德真经口义》，《道藏》第 14 册，第 793 页。

常见的现象是很多人为了忠义之名而做出危身害生之事。林希逸进而指出，怎样做到名实相符呢？那就是一切出于自然。这一解释与杨朱所言"从心而动，不违自然，从性而游，不逆万物"完全一致。

对于富贵名利的看法，林希逸也是认可杨朱的。杨朱认为每个人都受到寿、名、位、货的影响与制约，是被其控制还是能够获得自由，关键在于个人自身如何去应对，正确的方法就是顺从自然之性，不要在意那些身外之物。林希逸注解云：

> 人惟有所贪恋则有所忌畏。威者，幽明之祸福也。刑者，王法之刑戮也。遁人者，遁天而背理之人也。如此之人则杀活皆制于他人，故曰制命在外。顺民者，无所矜，无所羡，无所贪恋于世，独高于天下，故曰天下无对。其命在我而不制于人，故曰制命在内。……子美曰："无贵贱不悲，无富贫亦足。"此章之意似近于此。盖言人生只是习惯，若皆攻苦食淡，不知有人世荣乐之事，则人人无不足者。念头才息，则处处皆安，此语却有味。①

林希逸的注释与杨朱原意保持了一致。杨朱把违背自然天性的人称为遁民，把顺从自然天性的人称为顺民。顺民才是自由的，因为他们不会在意寿命、名声、权利、财富，所以能够支配自己的命运。林希逸用杜甫诗句"无贵贱不悲，无富贫亦足"来说明杨朱的思想特点，在这里是很恰当的。人生的足与不足，全在于每个人的意念与追求。与此相关，杨朱提出了"公天下之身，公天下之物"的理念，林希逸则解释说：

> 养性者，养生也，任智而不恃力。智存于我，力角乎物也。存我者为贵，侵物者为贱。侵物者与之相靡也，相刃也。我身我生，不得不全其生。身外之物非我所有，非我所有则为我之

---

① 林希逸：《冲虚至德真经口义》，《道藏》第 14 册，第 792 页。

累也，不容不离去之。然身固我之所以生者，物亦资以养生者。身虽可爱，亦有时而不自由，我岂得而有之？物虽可去，而有不容去者，我亦不得而有去物之心也。庄子所谓物莫足为而不可不为者是也。若以物为有，以身为有，皆逆天理而自私者，故曰横私。……惟付吾身于无身，付外物于无物，无自私之心，此则至人也。①

在这里，林希逸对杨朱所说身与物的关系进行了阐述。养生贵在养性，养性就是要正确处理身与物的关系，身体是生命的载体，离不开外物的滋养，因此，养生不是说不要身体，不要外物，而是不要执着于身体，不要执着于外物，按林希逸的理解，就是"无自私之心"，否则就会为身所累，为物所累。

林希逸也很认可杨朱的生死观。杨朱认为万物所异者生，所同者死，故提倡以"且趋当生，奚遑死后"的态度对待生死。林希逸解释说：

生虽异而死则同，即杜子美所谓"孔圣盗跖同尘埃"。趋，向也。且了生前，何暇计身后，故曰"且趋当生，奚遑死后"。张翰曰"且尽生前一杯酒"，乐天曰"莫思身外无穷事，且尽樽前有限杯"，皆是此意。②

生命是有限的，故当珍惜，杨朱之所以贵生，肯定也认识到了这点。林希逸引用杜甫、白居易等诗人的诗句加以佐证，表明了他的赞同态度。他进一步阐述说：

好恶、安危、苦乐，言人世之事不过如此也。天下之生，一治一乱，相仍不已，故曰变易治乱古犹今也，言千年万年只

---

① 林希逸：《冲虚至德真经口义》，《道藏》第 14 册，第 792 页。
② 林希逸：《冲虚至德真经口义》，《道藏》第 14 册，第 787 页。

是此等事也。更者，更历也。我之生也，不问十年百年，所见
所闻与所更历不过如此，更千年万年亦然也。杜牧曰"浮世工
夫食与眠"，亦是此意。①

这是从社会历史发展的视角来审视生命的意义，其中既有时光飞逝、
世事沧桑的慨叹，亦透露出几分云淡风轻的达观。这种对待人生的
豁达，杨朱以后，从庄子到陶渊明、苏轼都有继承，成为道家精神
的标志之一。

虽然林希逸对杨朱多有肯定，但杨朱被儒家贬为异端也是历史
事实。对此，林希逸并没有回避，而是对杨朱思想何以成为异端之
学进行了分析：

此又一转，谓名皆伪也。有实德者则不近名，好名者则无
实行，凡为名者皆伪也。既以名为伪，乃借尧、舜、夷、齐以
立说，此所以为异端之书。省者，审也，言实伪之辩如此审矣。
此一段先言名可自利，却归结在一伪字上。实无名，名无实，
六字亦佳。但曰名者伪而已，此则矫世之论也。②

这是对杨朱关于名实之论的解释。前已指出，林希逸是很赞同杨朱
的名实观的，即使杨朱所言"名者伪而已"这样尖锐的言论，林希
逸也认为是矫世之论，有其合理性。但杨朱却把矛头指向了尧、舜、
伯夷、叔齐，批评他们名实不符，这就犯了儒家之大忌，其学被指
为异端也在所难免了。林希逸又言：

……腹溢而不得恣口之饮，力疲惫而不得肆情於色，郭璞
酒色之资恐用不尽之论也。邓析以为真人者，言其达养生之理

---

① 林希逸：《冲虚至德真经口义》，《道藏》第14册，第790页。苏轼《戏书吴江三贤
画像三首》有"浮世功劳食与眠，季鹰真得水中仙"的诗句，故疑林希逸注文中
杜牧为苏轼之误。

② 林希逸：《冲虚至德真经口义》，《道藏》第14册，第786页。

也。善治内者物未必乱，谓自乐其心者世亦未必至于乱，谓治乱皆自然之数也。此段与《庄子·盗跖》篇相似，其文亦如此长枝大叶。郭璞之语似甚背理，但以其衔刀被发登厕之事观之，彼盖知数者。逆知其身，必不能自保，故为此论。然祸福在天，修为在我，尽人事以听天命可也。衔刀被发之术，已非明理者所为，而况恣於酒色乎？以此思之，《孟子》曰："寿夭不贰，修身以俟之。"多少滋味，多少理义，多少受用不尽处。孔子曰："朝闻道，夕死可矣。"其意亦在此。庄、列之书，本意愤世，昏迷之人却如此捭阖其论，而又为后人所杂。读其书而不得其意，与不辨其真伪者，或以自误，此所以为异端之学也。①

《杨朱篇》载，子产相郑，郑国大治，但其兄公孙朝、其弟公孙穆却恣肆于酒色，子产劝说没有效果，朝、穆兄弟反而振振有词地为自己的行为辩护，子产无言以对。对此，林希逸解释说，杨朱那些看上去显得过分的言论，带有警醒之意，类似于《庄子·盗跖》，看似有悖常情，实则自有道理，其中包含着愤世嫉俗之意以及对社会上非正常现象的批评。同时，林希逸又以郭璞虽通衔刀被发之法术并知天数，却仍然难以自保为例，批评朝、穆兄弟纵情酒色是不对的，儒家孔孟之道才是修身的根本。这里可以看出林希逸的儒家立场，不过他对杨朱的评价与宋代很多儒者不同，批评很少，而颇多了几分"同情之了解"。

第三节　吴澄《道德真经注》

吴澄（1249—1333 年），字幼清，号草庐，抚州崇仁人，元代理学的重要代表人物，与许衡齐名，有"南吴北许"之称。他的

---

① 林希逸：《冲虚至德真经口义》，《道藏》第 14 册，第 789 页。

《道德真经注》"发挥老氏之旨，清静玄妙，畅所欲言"①，该注不仅是理学家解《老》的一部代表作，在宋元老学中亦是一部较重要的作品。

一、《老子》结构调整

从《老子》文本来看，吴澄注本与其他流行注本不一样的地方是对《老子》经文重新分章，将《老子》原来的八十一章裁定为六十八章。对此，他自己有一个说明：

> 老氏书字多误，合数十家校其同异，考正如右。庄君平所传章七十二，诸家所传章八十一，然有不当分而分者，定为六十八章，云上篇三十二章，二千三百六十六字，下篇三十六章，二千九百二十六字，总之五千二百九十二字云。②

对于吴澄为何给《老子》重新分章，《四库提要》有一个解释："大抵以意为之，不必于古有所考。盖澄好篡改古经，故于是书亦多所更定，殆习惯成自然云。"③ 这一评价有部分道理，但过于简单。吴澄有好改古经的习惯，所以也改动了《老子》的文本结构，这可以认为是习惯成自然，但为什么分为上篇三十二章、下篇三十六章的六十八章结构？这不是随意为之，而是有所根据的。吴澄《老子》注六十八章的文本划分，有研究者提出"受到了当时社会风气、吴澄个人兴趣等因素的影响，同时兼顾了章节意义上的联系"④，这是有道理的。

吴澄认为《老子》文本传统的八十一章结构存在问题，主要是有的章节不当分开的却分开了，不利于老子文意的理解，所以他把

---

① 伍崇曜跋，见吴澄：《道德真经注》，粤雅堂丛书本。
② 吴澄：《道德真经注》跋，《老子集成》第五卷，第650页。
③ 《四库全书总目》卷一百四十六，中华书局1965年版，第1243页。
④ 参见贾婧：《老子篇章结构刍议——以六十八章分法为中心》，浙江大学2011年硕士论文。

相关章节进行了重新组合，厘定为六十八章。具体来说，《老子》原第五、六章合为第五章，第十七、十八、十九章合为第十六章，第二十三、二十四章合为第二十章，第三十、三十一章合为第二十六章，第四十、四十一、四十二、四十三章合为第三十五章，第五十七、五十八章合为第四十九章，第六十三、六十四章合为第五十四章，第六十七、六十八、六十九章合为第五十七章，第七十三、七十四章合为第六十一章。除了章与章的合并，吴澄还对合并后新章的经文次序有所调整，有的是微调，如合并后的第十六章，把原第十九章"绝仁弃义，民复孝慈"两句移到了"绝圣弃智，民利百倍"之前。有的则调动很大，如将原第六十三章、六十四章合并为第五十四章：

> 为无为，事无事，味无味。图难于其易，为大于其细。天下难事必作于易，天下大事必作于细。其安易持，其未兆易谋，其脆易泮，其微易散。为之于未有，治之于未乱。合抱之木，生于毫末；九层之台，起于累土；千里之行，始于足下。夫轻诺必寡信，多易必多难。是以圣人犹难之，故终无难。大小多少，报怨以德。是以圣人终不为大，故能成其大。民之从事，常于几成而败之。慎终如始，则无败事矣。为者败之，执者失之。无为故无败，无执故无失。是以圣人欲不欲，不贵难得之货；学不学，复众人之所过，以辅万物之自然而不敢为。①

经文顺序与原来相比改动很大，不少句子都重新穿插调整过，原章之面貌几不复存，但吴澄认为这样的顺序更加合理，更加具有逻辑，并在注解中进行了说明。

在章节的意义连贯上，第五、六章的合并及解释颇有代表性。如对原第五章经文"天地之间，其犹橐籥乎？虚而不屈，动而愈出。多言数穷，不如守中"的解释：

---

① 吴澄：《道德真经注》，《老子集成》第五卷，第641—642页。

天地间犹橐籥者，橐象大虚，包含周遍之体，籥象元气，絪缊流行之用。不屈谓其动也直，愈出谓其生不穷。惟其橐之虚而籥之化，化者常伸，故其籥之动而橐之生，生者日富在天地之间者。如此其在人也，则惟心虚无物而气之道路不壅，故气动有恒，而虚中之生出益多。数犹速也，穷谓气乏。人而多言则其气耗损，是速其匮竭也。不如虚心固守其所，使外物不入，内神不出，则其虚也无涯，而所生之气亦无涯矣。①

对原第六章的解释：

谷以喻虚，虚则神存于中，故曰谷神。谷即中之处而守之者神也，不死谓元气常生而不死也。牝以喻元气之濡弱和柔，上加玄字者，赞美之辞。玄牝者，万物之母也，庄子所谓太一者，此或号之为灵宝后天之宗。门谓所由以出，根谓所由以生。虚无自然者，天地之所由以生，故曰天地根。天地根者，天地之始也，庄子所谓常无有者，此或号之为元始先天之祖。绵绵谓长久不绝，若犹云而也，存谓神之存，勤犹云劳也。凡气用之逸则有养而日增，用之勤则有损而日耗，言神常存于中则气不消耗也。②

按照吴澄的理解，《老子》原第五章、第六章的意思是相互贯通的，两章的核心思想就是一个"虚"字。从道的角度看，由于道体为虚，所以能够化生天地万物。从修养的层面看，只有体道之虚，才能存神养气，长生久视。

至于吴澄为什么把《老子》裁定为六十八章，则可能受到严遵七十二章分法的影响。严遵在《道德真经指归》中阐述了他的分章理由：

---

① 吴澄：《道德真经注》，《老子集成》第五卷，第 610 页。
② 吴澄：《道德真经注》，《老子集成》第五卷，第 610—611 页。

昔者《老子》之作也，变化所由，道德为母，效经列首，天地为象。上经配天，下经配地。阴道八，阳道九，以阴行阳，故七十有二首；以阳行阴，故分为上下。以五行八，故上经四十而更始；以四行八，故下经三十有二而终矣。阳道奇，阴道偶，故上经先而下经后；阳道大，阴道小，故上经众而下经寡；阳道左，阴道右，故上经覆来，下经反往。反复相过，沦为一形，冥冥混沌，道为中主，重符列验，以见端绪。下经为门，上经为户。智者见其经效，则通乎天地之数、阴阳之纪、夫妇之配、父子之亲、君臣之仪，万物敷矣。①

　　丁四新教授指出，"数"的哲学观念，是早期《老子》文本经典化的思想背景之一。在汉代，宇宙论的数理对于古书内容的构成、解释及其篇章数的设定都产生了重要影响，对于古书的经典化起了重要作用，《老子》亦复如是。以天道观的数理设定章数，是《老子》文本在汉代经典化的内涵之一。② 严遵七十二章的分法确实体现了汉代数理的哲学观念。吴澄六十八章的分法，《道经》以四行八，故三十二章，《德经》以四行九，故三十六章，其中所暗含八、九的数理意义，应该受到了严遵的影响。至于吴澄为何选择了另一个数字四，也有其原因。有研究已指出，吴澄对邵雍的象数之学十分推崇，并总结出"邵子之书，数必有四"的特点，故吴澄以四为基准划分《老子》的章数，是受邵雍影响的结果。③ 这一看法是可以成立的。

　　《老子》的分章，是老学史上的一个重要问题。司马迁只记载老子著书上下篇，郭店楚简本、马王堆帛书本《老子》都不分章，可见《老子》文本最初是不分章的。汉代严遵根据当时流行的数理观念，将《老子》划分为七十二章；北京大学藏出土汉简《老子》为

---

① 严遵：《道德真经指归·君平说二经目》，《老子集成》第一卷，第 67—68 页。
② 丁四新：《"数"的哲学观念与早期〈老子〉文本的经典化——兼论通行本〈老子〉分章的来源》，载《中山大学学报》2019 年第 3 期。
③ 参贾婧：《老子篇章结构刍议——以六十八章分法为中心》，浙江大学 2011 年硕士论文。

七十七章；刘向校理《老子》，可能已把《老子》划为八十一章，可见西汉时《老子》的分章尚不稳定，没有一个权威的分法。到东汉河上本以及曹魏时的王弼注本，都采用了八十一章的分法，说明《老子》八十一章的结构到汉魏之际已经确定下来，并通行于唐宋。吴澄别出心裁的六十八章分法，虽然产生了一定的影响，① 但八十一章的《老子》仍然是最通行、影响最大的本子。

二、文本新义

吴澄注《老子》，不仅重新调整《老子》文本的结构，对《老子》章句的解释，也多有新颖之处。如对首章"常无欲，以观其妙；常有欲，以观其徼"句的注解：

> 常无欲，谓圣人之性寂然而静者，此道之全体所在也，而于此可以观德之妙。其指德言，妙以道言。妙者，犹言至极之善。常有欲，谓圣人之情感物而动者，此德之大用所行也，而于此可以观道之徼。其指道言，徼以德言。徼者，犹言边际之处，孟子所谓端是也。②

句中的"欲"字很容易被理解为欲望之欲，从而把有欲作负面的解释，导致全句文意难安。也许正是这一原因，才出现了北宋王安石、司马光、苏辙等学者的"无""有"为读，并得到其后很多《老子》研究者的认同。吴澄的解释则独树一帜，他坚持无欲、有欲作解，把无欲释为圣人之性寂然而静，为道之体，有欲释为圣人之情感物而动，乃德之用，文意确恰。句中的两个"其"字，一般认为是指道而言，吴澄则认为无欲句的"其"指德，有欲句的"其"指道，道之徼即德之用。吴注结合道德体用阐述圣人的体道方法与过程，

---

① 如明太祖注分为六十七章，魏源《老子本义》分六十八章，可能都受到了吴澄注本的影响。

② 吴澄：《道德真经注》，《老子集成》第五卷，第 608 页。

有其独立的见解。他对"此两者同出而异名，同谓之玄"的解释也与通行的说法不一样。该句传统的读法都是于"者"字句绝："此两者，同出而异名，同谓之玄。"河上注和王弼注都如此，并以"同出"连读为解。不过也有于"同"字句绝的，如北宋陈景元。① 吴澄采纳了陈景元的读法："此两者同，出而异名，同谓之玄。"并按照这一新的断句注解"此两者同"："此两者，谓道与德。同者，道即德，德即道也。""出而异名，同谓之玄"注："玄者，幽昧不可测知之意。德自道中出，而异其名，故不谓之道也而谓之德；虽异其名，然德与道同谓之玄则不异也。"② 在《老子》的注释史上，"两者"所指为何存在着多种不同的解释，或指有与无，或指有名与无名，或指有欲与无欲，或指始与母，或指妙与徼，或指常道与可道，可谓仁者见仁，智者见智，各具理由，很难断定哪一种更合老子之本义。但"两者"指道与德，则为吴澄所独创。《老子》此章并未出现"德"字，而把它作为"两者"之一，显得无所归依。但根据吴澄的解释，也有他的一番道理。吴澄认为"德自道中出"，因此老子的意思就并不是指道、德"同出"之后才"异名"，而是指道、德二者从本质上说是相同的，只是德从道中分离出来以后才"异名"。"同谓之玄"则说的是道、德二者之"同"，而不是说二者的"同出"，也即二者同在那种"幽昧不可测知"的玄妙上，而非同在"同出"上。

关于道、德的这种同一关系，"孔德之容"章注有进一步的呼应与阐发："万有皆本乎德，凡形气之可见者，德之容也。然德之所以有一此容者，由道中出。德自道中出，而道则无也。德者，道所为物而似无似有，不可得而见，故曰恍惚。"③ 德是道的呈现，故道为体，德为用，老子所言恍惚之物象，都是指德而言，如该章"恍兮

---

① 河上注"同出"连读，云："同出者，同出人心也。"王弼注亦"同出"为读，注言："同出者，同出于玄也。"但北宋陈景元读为"此两者同"，注云："此两者谓可道可名，无名有名，无欲有欲也。俱蕴于寂然不动湛尔之源，体用未彰，善恶都泯，故云同也。"见《老子集成》第二卷，第579页。
② 吴澄：《道德真经注》，《老子集成》第五卷，第608页。
③ 吴澄：《道德真经注》，《老子集成》第五卷，第618页。

惚兮，其中有物；惚兮恍兮，其中有象"句注："其字指德而言。物者，物生以后之形。象者，物生以前之气。德虽恍惚惚恍不可见，然形之可见者成物，气之可见者成象，皆德中之所有。先儒谓冲漠无朕而万有森然已具者，此也。"① 但这种恍惚之物象，后面还有看不见的道在起作用，如"窈兮冥兮，其中有精"句之注："恍惚虽不可见，而似无似有，犹似可见。窈冥则昏昏昧昧，全不见矣，此道之无也。其字指道而言，精谓德也。有物有象者，德之容，皆其粗也。德者，有物有象之本，乃其精也。庄子曰：以德为本，以本为精。上文言物象本乎德，此言德出乎道。"② 阐述了道、德的不同状况后，吴澄在"其精甚真，其中有信"句的注文中总结说："二其字又指德言。真谓道也。信，实也，与其字同义。物象为粗而德为精，其为精者，乃甚真之道也。德之中有至实之道在焉。上文言道之中有德，此言德之中有道，盖道即德也，德即道也，首章曰此两者同。"③ 虽然道与德存在层次上的差别，但从实质来说，仍然是道中有德，德不离道，即首章说的"此两者同"。

除了通过阐述道与德的关系以揭示老子本体论的丰富内容外，吴澄对道的性质也有精彩的阐发。如"有物混成"章的名句"故道大，天大，地大，王亦大。域中有四大，而王居其一焉"之注：

> 王谓圣人之有位者。古今惟道最大，无可与比，此以天地圣人与道，并言而曰四大，何也？盖天地得此道以为天地，圣人得此道以为圣人，其所以能大者，以其有此道也。王之下特加亦字，又特言王居其一，盖气之至大者天，形之至大者地，圣人之身眇然而立乎两间，以其道同乎天地，故其大亦同乎天地，而不以气形与身之大小论也。④

---

① 吴澄：《道德真经注》，《老子集成》第五卷，第 618 页。
② 吴澄：《道德真经注》，《老子集成》第五卷，第 618 页。
③ 吴澄：《道德真经注》，《老子集成》第五卷，第 618 页。
④ 吴澄：《道德真经注》，《老子集成》第五卷，第 620—621 页。

道之大是无与伦比的，为什么"王亦大"呢？因为王是有道者，圣人也即有道之人在位才能称作王，因此，这个大是指道的性质而言，而不是论形气与身体的大小。该章另一名句"人法地，地法天，天法道，道法自然"的注：

> 人者，圣人也。法者，水平之准，与之平等如一也。人之所以大，以其得此道而与地一，故曰法地。地之所以大，以其得此道而与天一，故曰法天。天之所以大，以其与道一，故曰法道。道之所以大，以其自然，故曰法自然。非道之外别有自然也，自然者，无有无名是也。①

该注突出了道贯通天、地、人的根本意义，同时指出，"道法自然"并不是自然在道之外或者道之上，而是指道的性质是自然，道本自然，以其自然，故能为大。

关于老子的养生思想，吴澄也有自己的发挥。其注多次引用南宋道士董思靖《老子》注的内容，表明他对道教的认可态度。试看"出生入死"章"夫何故？以其无死地"一句的注解：

> 十类之中生之徒有其三，死之徒有其三，之生动之死地者亦有其三，则共为九矣。九之外有其一，太上真人也。②

为了说明吴注的价值，先引《老子》该章经文："出生入死。生之徒，十有三；死之徒，十有三；人之生，动之于死地，亦十有三。夫何故？以其生生之厚。盖闻善摄生者，陆行不遇兕虎，入军不被甲兵；兕无所投其角，虎无所用其爪，兵无所容其刃。夫何故？以其无死地。"老子在本章重点阐述了养生之道。"善摄生者"就是善于养生的人。人生在世，有一部分经历着自然的生死过程，还有一

---

① 吴澄：《道德真经注》，《老子集成》第五卷，第 621 页。
② 吴澄：《道德真经注》，《老子集成》第五卷，第 634 页。

部分，由于求生过度，反而伤害了生命，只有极少数善于养生的人，才能经受住各种考验，得以长生。其中"十有三"的含义，在老学史上主要有两解：一种理解为十三，如韩非子《解老》认为指"四肢与九窍"，河上公亦认为是"九窍四关"，还有解为"内五脏，外八使"或"五脏、五形、三田"① 等，内容各异，但不离十三之数，此类解释，似显牵强。另一种观点则把"十有三"解释成十分之三，如王弼即认为是"十分有三分"，王弼的理解有其合理之处，但也产生了一个问题：生、死之徒以及"人之生，动之于死地"之徒各十有三，总计为十分之九，那么还有十分之一哪里去了呢？很多解《老》者认为十分之九乃是大约言之，不必过于较真，这种观点当然也可以说通，但并非确解。苏辙的解释颇有可取之处，他说："生死之道以十言之，三者各居其三矣，岂非生死之道九，而不生不死之道一而已乎？不生不死，则《易》所谓寂然不动者也。老子言其九，不言其一，使人自得之，以寄无思无为之妙也。"② 苏辙认为十分之九言生死之道，剩下的十分之一乃指不生不死之道，即超越生死之道，这个十分之一才是玄妙的部分，老子不明言，是希望养生者自己体会。吴澄也注意到了如何理解九之外的这个一，他直接把一解释为"太上真人"。太上真人当然是超越生死的，吴澄的诠释理路实际上与苏辙一致，但吴注直接通往了道教的神仙之道。

三、对老子治道的发挥

吴澄注《老》，不仅对《老子》的篇章结构进行重新裁定，对文句做出新的释读，而且重视对老子治道的发挥，具有较强的现实政治关怀。如开篇注"道可道"："道犹路也。可道，可践行也。"③ 将可道之道解为践行，也是有新意的，说明吴澄很重视对老子之道的运用，所以在"不尚贤"章注明言："此章言圣人治天下之道。而虚

---

① 李约：《道德真经新注》，《老子集成》第一卷，第 550 页。
② 苏辙：《道德真经注》，《老子集成》第三卷，第 21 页。
③ 吴澄：《道德真经注》，《老子集成》第五卷，第 608 页。

心、实腹、弱志、强骨，后世养生家借以为说，其说虽精，非老子本旨也。"① 本章"虚其心，实其腹、弱其志、强其骨"等语，从养生角度作注的很多，但吴澄认为老子在这里不是论养生，而是阐述治天下之道。老子治道之总纲则可以概括为无为而为，如"为无为，事无事，味无味"注云："凡以无为而为者，老氏宗旨也。身行之事，以无事为事，口食之味，以无味为味，皆演为无为一句之旨。"② 无为而治是老子思想的宗旨，所以"以正治国，以奇用兵，以无事取天下"句注云："奇者仅可施于用兵，不可以治国。正者仅可施于治国，不可以取天下。无事者，三皇无为之治，如天不言而四时行，百物生，不期人之服从，而天下无不服从，故唯无事者可以取天下也。"③ 根据吴澄的解释，正的意思是使用法制政令等强制手段正其不正，奇则指权谋诡诈之术，正可以治国，奇只能用于军事，只有无为之道可以得天下。在老子那里，理想的社会是"我无为而民自化，我好静而民自正，我无事而民自富，我无欲而民自朴"，对此，吴澄注云："又答上文无事可以取天下。无为好静无欲皆无事也，既无所事，何心致天下之向附，而民自然而化，自然而正，自然而富，自然而朴，其效如此，是以之取天下而有余也。"④ 类似意思亦见"为学日益"章"取天下者常以无事，及其有事，不足以取天下"句之注："无事，无所事即无为也，因言取天下者亦止是无为，盖德盛而自归之，必用智力而有作为之事，何足以取天下哉。"⑤ 需要注意的是，无为或者无事，并不是什么也不做的消极无为，而是有具体要求的。例如注中提到的"德盛而自归之"，由于在老子思想中，无为的实施主体是君主侯王之类的在上位者，因此，只有在上者做到有德，在下者才能归服。

对于老子无为而为的治道，吴澄着重从以下几个方面进行了阐述。

---

① 吴澄：《道德真经注》，《老子集成》第五卷，第 609 页。
② 吴澄：《道德真经注》，《老子集成》第五卷，第 641 页。
③ 吴澄：《道德真经注》，《老子集成》第五卷，第 637—638 页。
④ 吴澄：《道德真经注》，《老子集成》第五卷，第 638 页。
⑤ 吴澄：《道德真经注》，《老子集成》第五卷，第 633 页。

1. 返本还淳

老子提倡无为之治，并认为圣智仁义等智识和道德规范破坏了人性的自然淳朴，故提出了"绝圣弃智，民利百倍；绝仁弃义，民复孝慈；绝巧弃利，盗贼无有"的主张。吴澄把经文调整为"绝仁弃义，民复孝慈；绝圣弃智，民利百倍；绝巧弃利，盗贼无有"，注云：

> 上文言世变之降以见趋末之由，此言治化之复以示反本之渐。绝弃帝者仁义以反于皇之大道，则民复其初，子孝于父，父慈于子，如淳古之时矣。绝弃王者圣智以反于帝之仁义，则民利其利，比于王之时相去百倍矣。绝弃霸者巧利以反于王之圣智，则虽未及帝之时，而思虑深远，政教修明，亦无有为盗贼者矣。①

吴澄指出，老子的绝弃仁义，并不是真的要对仁义加以否定，而是言返本还淳之道。吴澄认为，上古以来，世道日衰，由皇至帝、王、霸，道德依次下降。三皇时期大道流行，民风淳朴，到五帝时期大道废，仁义出现，王者时期盛行圣智，霸者出现后，就只有巧利了。吴澄梳理出了这样一个历史演变的次第，故把"绝仁弃义，民复孝慈"句移到了章首，以符合他的这个历史秩序。对于三皇而下的治理情况，"此三者，以为文不足，故令有所属。见素抱朴，少私寡欲"句之注进行了分析：

> 三者，仁义、圣智、巧利也。属与庄子属其性乎仁义之属同，犹云附着也。皇之大道实有余，文不足，自皇而降渐渐趋文。帝者以皇之治为文不足，于是降大道一等而附着于仁义。王者以帝之治为文不足，于是降仁义一等而附着于圣智。伯者

---

① 吴澄：《道德真经注》，《老子集成》第五卷，第 616 页。

> 以王之治为文不足，于是降圣智一等而附着于巧利。三者之治各令有所附着者，以文不足故尔，而岂知大道之民，外之相示以素，内之自守以朴。素者，未染色之丝也。朴者，未斫器之木也。质而已矣，奚以文为？惟其质而不文，是以民虽有身而似无身，其有私焉者少矣，民虽有心而似无心，其有欲焉者寡矣。①

注文中的"伯"通"霸"，在吴澄看来，仁义、圣智、巧利作为从帝至霸各时期的治理特点，都是不理想的，并且是每况愈下，所以要回到三皇时代，无为而化，民各复其性命之初。

2. 守之以静

善于守静是无为之治的重要特点。《老子》"道常无为"章言"不欲以静，天下将自正"，吴澄注言：

> 静者，作之反其始也。欲作既以道镇之，则欲者不欲，而作者静矣，故虽无心于正天下，而天下将自正。其与万物将自化者亦无以异，或安而行之，或利而行之，及其成功一也。②

无论是人性出现问题，还是社会秩序陷入混乱，都是"欲作"的结果，以道镇之，返回原初状态，这就是静。故守静，万物将自化，天下将自正。对于守静的道理，"重为轻根"章注也有阐述：

> 以身轻天下谓以其身轻动于天下之上也。万乘之主当静重，奈何以其身而轻动乎？周王之乘八骏，汉帝之为微行，以身轻天下者也。但言轻不言动者，盖动与静对，动则有轻有重，轻与重对，轻重皆在动时，言轻而动在其中矣。有轻而无重，则

---

① 吴澄：《道德真经注》，《老子集成》第五卷，第 616 页。
② 吴澄：《道德真经注》，《老子集成》第五卷，第 627—628 页。

失其轻之根；有动而无静，则失其躁之君。①

治理天下的万乘之主，当然是权高位重了，但要想治理好天下，却不能够轻举妄动，随意作为，而要善于守静。故吴澄总结说："此章以辎车喻重，燕处喻静，姑指一端而言尔。国势之居重驭轻，兵法之以静制动，与夫人之治心治身，皆当本之以重，主之以静也。"②

守静必然简要。如"治大国，若烹小鲜"句之注："小鲜，小鱼也。国大则民众，治大国当以简静，不可扰动其民，如烹小鱼，唯恐其坏烂而不敢扰动之也。"③ 又如"以道莅天下者，其鬼不神"句注："莅，临也。鬼，天地之气。神，灵怪也。人之气与天地之气通为一，有道之主以道临莅天下，简静而不扰其民，故民气和平，充塞两间，相为感应而天地之气无或乖戾，故鬼不为灵怪兴妖灾也。"④国大民众，如果政令繁多，朝令夕改，这样的治理肯定会走向失败。只有做到清静简要，不扰民，才能政通人和，天地人三才相应，连妖灾也会自然消失。

3. 因势而为

吴澄认为，无为不是消极不作为，而是要在上位者有德，不要强力而为。如"将欲取天下而为之，吾见其不得已"句注云："取天下谓使天下悦而归己也。为谓作为。取天下者德盛，而人自归之尔。苟若有所作为，则是欲用智力以强服天下，岂能得天下之归己哉。天下神器，不可为也。"⑤ 对于天下不可强取的道理，吴澄指出："天下者至大之器，有神司之，不可以智力有为而得。败谓不成也，彼以智力为之者，欲成其事而其事反不成，谓不能得天下之归服也，故曰为者败之。未得天下而取天下者固不可以有为而得，既得天下

---

① 吴澄：《道德真经注》，《老子集成》第五卷，第 621 页。
② 吴澄：《道德真经注》，《老子集成》第五卷，第 621 页。
③ 吴澄：《道德真经注》，《老子集成》第五卷，第 640 页。
④ 吴澄：《道德真经注》，《老子集成》第五卷，第 640 页。
⑤ 吴澄：《道德真经注》，《老子集成》第五卷，第 623 页。

而守天下者亦不可以有心而留。譬如宝器，若常执之在手，不须臾舍，惟恐其或失者，反不能保其不陨坠而失也，故曰执者失之。"①取天下不可用智力强为，而既得天下以后，又如何守天下呢？老子提出"执者失之"，即不可有心而留，注中的宝器之喻十分贴切。"凡物或行或随，或呴或吹，或强或羸，或载或隳。是以圣人去甚，去奢，去泰"句又言：

> 此承上文执者失之一句而言守天下之道。有天下者，岂能保天下之长为我有而不亡也哉。盖得失存亡之相禅，如行、随、呴、吹、强、羸、载、隳八者之相反而相因，圣人知其势之必至于此也，而处之有其道焉。凡过盛必衰，衰则亡之渐也，惟不使之过盛，则可以不衰，而又何有于亡。甚也，奢也，泰也，极盛之时也。去甚者，欲其常如微之时。去奢者，欲其常如俭之时。去泰者，欲其常如约之时。能不过盛，则可以保天下之不亡矣。邵子谓饮酒但令其微醉而不可成酩酊，看花但及其半开而不可至离披，盖此意也。……董思靖曰：圣人知事势之相因亦理之常，故任之自然而不使之盈且过也。②

注文继续阐发守天下之道。其中的关键是要懂得得失存亡盛衰之理，从而做到因顺时势，任其自然。

4. 国强民富

对于无为而治的理想结果，吴澄认为，除了返本还淳，还需做到国强民富。关于老子政治思想的阐发，这一观点具有新意，也很难得。老子言："天之道，损有余而补不足。人之道则不然，损不足以奉有余。"吴澄注云：

---

① 吴澄：《道德真经注》，《老子集成》第五卷，第 623 页。
② 吴澄：《道德真经注》，《老子集成》第五卷，第 623—624 页。

抑之举之二句言张弓，有余不足二句言天道。凡驰弓俯其体，则弣在上，弰向下，张之而仰其体，则弣向下，弰在上。是抑弣之高者使之向下，举弰之下者使之在上，天道之损有余如抑其弣而使之下，其补不足如举其弰而使之高。天道亏盈而益谦，人则并寡以益其多，吞小以益其大，取贫以益其富，此所以逆天道也。有道之君贵为天子，富有四海，而不自有其贵富，菲饮食，恶衣服，卑宫室，为天下惜财而不苟费；制田里，教树艺，薄税敛，使民家给人足，是以己之有余而奉天下也。①

吴澄注从国家层面阐释老子的财富观，天子效法老子的天道治理国家，就要做到国强民富。《老子》第七十五章言："民之饥以其上食税之多，是以饥。"百姓的贫困是由于征税太多而造成的，因此，有道的天子能够做到富有四海而不自有，更不会奢靡浪费，而是薄税敛，藏富于民，使百姓家给人足。再看"故贵以身为天下，则可以寄天下；爱以身为天下，则可以托天下"的注文：

天子之尊，四海之富，皆以其身为天下者也。知道之人爱惜贵重此身，不肯以之为天下，宁不有天下而不轻用其身，夫惟如此，乃可以寄托以天下也。寄犹寄百里之命之寄。托犹托六尺之孤之托。舜禹有天下而不与焉，所以可受唐虞之禅。彼宠其辱以为荣，贵其大患以为大利者，鄙夫尔，何可付之以天下哉。贵以身为天下，富以身为天下，老子之意善矣，而杨朱为我之学原于此。②

此处阐明老子由治身而治天下的宗旨。有道者以身为重，也会以贵身的态度对待天下，故可以将天下寄托之。吴澄注则有进一步的阐发：其一，强调治理天下的担当精神，所谓寄百里之命，托六尺之

① 吴澄：《道德真经注》，《老子集成》第五卷，第 647 页。
② 吴澄：《道德真经注》，《老子集成》第五卷，第 613 页。

孤，这是责任和使命意识。其二，提出了富以身为天下的新见。这个富，并不是指天子本人之富，而是要使天下之民富有，这是和上面提到的国强民富的思想相呼应的。其三，肯定了老子的善意，并指出杨朱为我之学出于老子的贵身思想，同时也肯定了杨朱思想的合理性。

四、以理释《老》

到了元代，理学在社会上已十分流行，并成为当时的官方哲学。作为理学家的吴澄在注解《老子》时，也将理学的内容与老子思想进行融会，由此体现出了老学的时代特点。

吴澄以理解《老》的特点，首先表现在对理学范畴与命题的使用。如他在《老子》第一章注的末尾总结该章主旨说：

> 此首章总言道、德二字之旨。张子曰："由太虚有天之名，由气化有道之名。"老子则以太虚为天地之所由以为天地者而谓之道，以气化为万物之所得以为万物者而谓之德。道指形而上之理，不杂乎气者而言，庄子所谓常无有也。德指形而下之气中有此理者而言，庄子所谓太一也。故其道其德以虚无自然为体，以柔弱不盈为用。①

吴澄指出，张载以物质之气为世界本体，在他那里，太虚也是气，乃指气的本然状态。而老子则把太虚与气两者加以分别，太虚比气更高一层，是天地存在的根本，为形而上之道，气则降到形而下的层面，不再与太虚并列。显然，老子思想与张载思想存在差别，不过，我们从两者的差别中仍然可以看出理学与道家的关联。这种关联可以从程朱等正统理学家的思想那里得到验证。如注中提到，"道指形而上之理，不杂乎气者而言"，这个"理"就是理学家所说的最高本体之理，吴澄认为老子之道正与它相当，而不与气处于同一

---

① 吴澄：《道德真经注》，《老子集成》第五卷，第 608 页。

层面。

为了说明道与万物的关系，吴澄又借用了理学中"理一分殊"这一重要命题以释《老子》。他注"大道汜兮"章云：

> 道普遍万物，如以衣衣之，以被被之，所谓元亨播群品，元亨诚之通，而道不自为之主。常无欲，谓其无心也，此一本之散为万殊……万物反本复命，会归于一，所谓利贞固灵根，利贞诚之复。而物亦不知其孰主之，此万殊之合为一本。①

这里，吴澄在援引《周易》"元亨利贞"思想的基础上，又用"理一分殊"进行总括，很好地阐明了道与万物的具体关联。在以朱熹为代表的理学家那里，理被视作宇宙的根本，此即"理一"；而就由理所化成的各种事物来说，每个事物又有不同的理，此即"分殊"；万物既统一于理，又是理的具体呈现，此即"理一分殊"，也叫"一本万殊"。可以看出，"理一分殊"的命题与老子的道物关系确实存在一致之处。

其次，吴澄认为老子之道与儒家的伦理规范并不矛盾。吴澄指出，老子并不反对儒家伦理，相反，老子之道包含了仁义礼智等儒家伦理道德规范。我们知道，理学的一个根本特点就是为儒家的伦理道德提供本体化的论证，这一点同样反映到了吴澄的老学中。"大道废"章之注云："尊卑长幼，各由其道，而无有不和，则子之孝者乃其常分，不知其为孝也。……君臣上下，各由其道，而无有昏乱，则臣之忠者亦其常分，不知其为忠也。"② 尊卑长幼之道，指的是父子、兄弟、夫妇之间的等级秩序，君臣上下之道，指的是君惠臣忠等规范，这些在吴澄看来都是天经地义的"常分"，也即理学家所言之"天理"。"上德不德"章之注又云："道犹木之实，未生之初，生理在中，胚腪未露；既生之后，则德其根也，仁其干也，义其枝也，

---

① 吴澄：《道德真经注》，《老子集成》第五卷，第 626 页。
② 吴澄：《道德真经注》，《老子集成》第五卷，第 616 页。

礼其叶也，智其华也。根、干、枝、叶、华自道中生。"① 吴澄认为，仁义礼智等儒家伦理，它们都"自道中生"，则他所论老子之道，不仅是天地万物之本，也是儒家伦理道德之本。这样的解释，与理学的思路完全一致。在吴澄的注解中，他特别重视道与德这两个概念，并反复阐述两者之间的关系。德是道之用，"德者，其源出于道，其流溥于万物"②。在本体论的层面，德指"形而下之气中有此理者而言"③，这一解释显示出理气论的痕迹。而在道德的层面，德也包括儒家的纲常名教。"上德不德"章注云：

> 吾之所谓道德仁义礼智，以其天地人物之所共由者曰道，以其人物之所得于天地者曰德。德其统名，分言则四：得天地生物之元以为德而温然慈爱者曰仁，得天地收物之利以为德而截然裁制者曰义，得天地长物之亨以为德而粲然文明者曰礼，得天地藏物之贞以为德而浑然周知者曰智。④

把仁义礼智归于德的下面，并作为道的延伸，这种伦理本体的建构显示出了理学家解《老》的特点。

---

① 吴澄：《道德真经注》，《老子集成》第五卷，第 629 页。

② 吴澄：《道德真经注》，《老子集成》第五卷，第 614 页。

③ 吴澄：《道德真经注》，《老子集成》第五卷，第 608 页。

④ 吴澄：《道德真经注》，《老子集成》第五卷，第 629 页。

第八章 道教南宗对《老子》的解释与发挥

　　道教南宗有五祖之说，即指张伯端、石泰、薛道光、陈楠、白玉蟾五人，而南宗的实际创始人是白玉蟾，五祖之间的师承关系，则反映了南宗的思想渊源。白玉蟾原名葛长庚，琼州人，事陈楠为师，后隐于武夷，又游历东南。关于其生卒年，过去的道教研究者大都据《江西通志》的记载，认为他生于南宋光宗绍熙甲寅年（1194 年），卒于理宗绍定己丑年（1229 年），享年 36 岁。但该论断与史实有不相符之处，盖建民教授通过详细考证后提出，白玉蟾生年当为南宋高宗绍兴四年（1134 年），卒于理宗绍定二年（1229 年），享年 96 岁。[①] 我们认为这一结论是比较可信的。白玉蟾门徒众多，留下姓字者有彭耜、留元长、詹继端、陈守默、赵牧夫、叶古熙、洪知常、陈知白、王景玄、桃源子、龙眉子、方碧虚等，再传弟子有彭耜弟子邓锜、王景玄弟子李道纯、桃源子弟子王庆升等。该派留传至今的老学著作有：白玉蟾《道德宝章》、彭耜《道德真经集注》及《道德真经集注杂说》、邓锜《道德真经三解》、李道纯《道德会元》等。南宗老学在道教老学以及整个宋元老学中都是极有特色的。

[①] 　参盖建民：《道教金丹派南宗考论》（上），社会科学文献出版社 2013 年版，第431 页。

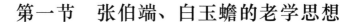

第一节　张伯端、白玉蟾的老学思想

南宗始祖张伯端的《悟真篇》虽然不是直接注《老》，但可视为对老子思想的发挥与运用。白玉蟾及其弟子解《老》，则上承张伯端之学，同样借《老子》而阐发内丹心性，并体现出三教合一的思想特色。为彰显思想源流，故本节将张伯端与白玉蟾放在一起分析。

一、张伯端对老子思想的发挥

张伯端，字平叔，一名用成，号紫阳，北宋著名道教学者，有《悟真篇》传世。《悟真篇》在道教史上具有很高的历史地位，与《周易参同契》一起被誉为"千古丹经之祖"。此书以诗词的形式对道教内丹学的理论与方法进行了系统的总结和阐发，内容十分丰富，其思想亦与《老子》密切相关。尽管该书不是对《老子》的直接注解，但其中阐发的内丹理论是建立在《老子》思想的基础上的，或者说，这是在新的历史条件下对《老子》的另一种阐释和发挥。现代著名道教学者陈撄宁曾说："《悟真篇》巧妙地运用了《道德经》。"这一见解可谓画龙点睛，一语破的，指出了关键性的问题。①《悟真篇》正是一部借《老子》而阐发内丹性命理论的代表作品，蕴涵着富有鲜明时代特色的老学思想。

1. 独特的解老方法

张伯端说："《阴符》宝字愈三百，《道德》灵文满五千，古今上仙无限数，尽于此处达真诠。"②意谓修道的奥妙全寓于《阴符》《道

---

① 王沐：《悟真篇浅解》，第 320 页。
② 王沐：《悟真篇浅解》，第 123 页。

德》二经之中，人们如果尽心钻研领悟，便可从中求得上仙之法。由此可见，张伯端是把老子的思想具体运用到内丹学中，可以说是用丹道解《老》的典范。《悟真篇·后序》指出：

> 圣人设教立言，以显其道，故道因言而后显，言因道而反忘。奈何此道至妙至微，世人根性迷钝，执其有身而恶死悦生，故卒难了悟。黄老悲其贪着，乃以修生之术顺其所欲，渐次导之，以修生之要在金丹，金丹之要在神水华池，故《道德》《阴符》之教，得以盛行于世矣，盖人悦其生也。然其言隐而理奥，学者虽讽诵其文，皆莫晓其意，若不得至人授之口诀，纵揣量百种，终莫能著其功而成其事也。岂非学者纷如牛毛，而达者乃如麟角也。"①

张伯端认为，《老子》包含有深奥的养生理论，但世人难以领悟其中的妙理，《悟真篇》则将《老子》一书的至言妙道转变为具体的修炼口诀，从而有益于修炼实践。王沐先生说："《道德经》虽系讲玄理，《悟真篇》则将玄理化成丹诀丹法，亦即丹法家所称既有渊源，复加自悟，发挥奥义，自成一家。"② 通过《悟真篇》的发挥，老子思想在指导具体的养生修炼时便不再缺乏可操作性，人们只要依据《悟真篇》中的口诀，正确炼养，丹道可成。

张伯端在《悟真篇》中将老子的天道观作为其内丹理论基础，他说："道自虚无生一气，便从一气产阴阳。阴阳再合成三体，三体重生万物昌。"③ 此诗乃依《老子》第四十二章"道生一，一生二，二生三，三生万物"之语而作，意在阐明老子之道与丹法之关系。刘一明《悟真直指》注解云："性命之道，造化之道，生生不息之

---

① 王沐：《悟真篇浅解》，第 175 页。
② 王沐：《悟真篇浅解》，第 345—346 页。
③ 王沐：《悟真篇浅解》，第 48 页。

道。推其道源，盖自虚无中生一气……天地间一切有情无情之物，皆从此虚无一气而生出，然皆顺行造化之道。修道者若知的顺行造化，逆而修之，归万而三，归三而二，归二而一，归一于虚无，则无声无臭，至矣！"① 老子阐述万物化生的原理，乃顺行造化之道，张伯端则暗示人体修炼必须反此而行，逆施造化，"归三而二，归二而一，归一于虚无"，亦即炼精化炁，炼炁化神，炼神还虚，使其返本还元，复归于道，与天地融为一体，从而超越生死。至于书中将老子思想阐发成为其丹道实践的例子则很多。如云："恍惚之中寻有象，杳冥之内觅真精。有无由此自相入，未见如何想得成。"② 此诗乃据《老子》第二十一章而来。该章曰："道之为物，惟恍惟惚。惚兮恍兮，其中有象；恍兮惚兮，其中有物。窈兮冥兮，其中有精；其精甚真，其中有信。"老子描述了道玄妙难识的特点，张伯端则将其发挥成内丹理论。对此，王沐先生解释说："《悟真篇》实即运用了老子的遗教，指出炼精化炁的初步功夫，称恍惚，称杳冥，盖阐明此真精并非有形有质，乃氤氲于五脏百体之中，亦即玄关出现的感觉。讲'寻'，讲'觅'，即指出必须以神为体，以意为用，从似有如无中采而炼之。而有无相入即互化过程，此第一步功夫，使精气结合而成真炁。"③ 张伯端又说："药逢气类方成象，道在希夷合自然。一粒灵丹吞入腹，始知我命不由天。"④"道在希夷合自然"句化用《老子》经文"视之不见名曰夷，听之不闻名曰希。"意谓修炼者经过炼精化炁，炼炁化神的阶段后，最终了命了性，合于自然，冥契大道。灵丹入腹后，则生命获得超越而不为外界主宰。

2.《老子》与内丹心性

内丹既是道教的修炼工夫，同时也是一门心性之学。张伯端同

---

① 刘一明：《悟真直指》，见《悟真篇三家注》，华夏出版社1989年版，第122—123页。

② 王沐：《悟真篇浅解》，第102页。

③ 王沐：《悟真篇浅解》，第323页。

④ 王沐：《悟真篇浅解》，第118页。

样把《老子》作为内丹心性学的依据，这一点在《悟真篇》中便有充分的体现。

张伯端反对道教的外丹服食，他说："休炼三黄及四神，右寻众草更非真。阴阳得类方交感，二八相当自合亲。潭底日红阴怪灭，山头月白药苗新。时人要识真铅汞，不是凡砂及水银。"[1] 又云："不识真铅正祖宗，万般作用枉施功。休妻谩遣阴阳隔，绝粒徒教肠胃空。草木金银皆滓质，云霞日月属朦胧。更饶吐纳并存想，总与金丹事不同。"[2] 张伯端不言符箓鬼神，也排斥辟谷、房中、导引、行气、吐纳、存想、烧炼等旁门小术，认为它们均非修道的正确法门，金丹正途实存在于每一个人的内心之中，不须它求。于是他说："要知金液还丹法，须向家园下种栽。不假吹嘘并着力，自然果熟脱真胎。"[3] 所谓"须向家园下种栽"，就是从自身内部寻找修炼之法，修炼者并不需要借助外力，便可结成金丹。试看以下两诗：

> 要得谷神长不死，须凭玄牝立根基。真精既返黄金室，一颗灵光永不离。[4]

> 万物芸芸各返根，反根复命即常存。知常返本人难会，妄作招凶往往闻。[5]

这两首诗乃根据《老子》第六章和第十六章之意而作，说明修丹就是在体内凭借精气建立根基，并使之阴阳互动，有无相交，心息相依，最后让阴阳之精气结成虚灵之元神，返还于黄庭之中，如一颗明珠永存。这也就是归根复命之法，与房中导引、立鼎炼烧等妄作招凶之举绝不相同。按照张伯端的内丹理论，炼精气为"修命"，炼

---

① 王沐：《悟真篇浅解》，第15页。
② 王沐：《悟真篇浅解》，第27页。
③ 王沐：《悟真篇浅解》，第106页。
④ 王沐：《悟真篇浅解》，第94页。
⑤ 王沐：《悟真篇浅解》，第112页。

心神为"修性"，精气神互炼，也即"性命双修"。所以，老子的哲学思想，便变成了内丹心性论。

张伯端又说："虚心实腹义俱深，只为虚心要识心。不若炼铅先实腹，且教守取满金堂。"① 此诗乃据《老子》第三章"虚其心，实其腹，弱其志，强其骨"等语而作。据王沐先生的解读，这里的虚心指的是性功，乃无为之妙；实腹是命术，乃有为之功。虚心即收心入静，一念不生，不受环境干扰，不被情欲牵缠；实腹即采炼真铅，守取精气，神火锻炼，以成大药。义俱深者，说明性功命功都极深奥，但先炼哪一方面呢？"不若炼铅先实腹"，即以修命为先，反映了张伯端"先命后性"的修炼旨趣。② 又如以下一诗："始于有作人难见，及至无为众始知。但见无为为要妙，岂知有作是根基。"③ 此诗阐述从有入无的修炼之理，实《老子》第四十章"天下万物生于有，有生于无"一语的发挥，有作即有为，指的是命功，无为则指性功，从有作到无为，由命入性的秩序讲得十分清楚。不过此诗又说明，修命是修性的基础，命与性是不可分离的，单纯的修命固然不可能长生成仙，单纯的修性亦不行，只有性命双修才可得成大道。

在张伯端的内丹心性论中，比较而言，性功又比命功更加重要，这一点，他讲得很清楚："此恐学道之人不通性理，独修金丹，如此，既性命之道未修，则运心不普，物我难齐，又焉能究竟圆通，迥超三界？……故此《悟真篇》者，先以神仙命脉诱其修炼，次以诸佛妙用广其神通，终以真如觉性遣其幻妄，而归于究竟空寂之本源矣。"④ 由此可见，张氏虽讲修命的金丹道术，但他"是把金丹道术作为修生的一个阶次，而最后却归结为性命之说"⑤。张伯端认为，

---

① 王沐：《悟真篇浅解》，第45页。
② 王沐：《悟真篇浅解》，第45页。
③ 王沐：《悟真篇浅解》，第98页。
④ 王沐：《悟真篇浅解》，第177页。
⑤ 卿希泰：《中国道教思想史纲》第二卷，四川人民出版社1985年版，第722页。

在金丹修炼中，还有比命更加重要的东西，那就是通过心性超越，而求得精神解脱。这一思想正体现了他理解和运用《老子》的创新之处。《悟真篇》又曰："老、释以性命学开方便门，教人修种以逃生死。……老氏以炼养为真，若得其要枢，则立跻圣位；如其未明本性，则犹滞于幻形。"① 老子通过讲性命之学教人以超越生死，他虽以炼养为真，但炼养之要在于明了本性，若本性未明，一切皆是徒劳。张伯端进而指出，怎样明了本性呢？其关键在于修心。他在《悟真篇·后序》中总结说：

> 窃以人之生也，皆缘妄情而有其身，有其身则有其患，若无其身，患从何有？夫欲免乎患者，莫若体夫至道；欲体夫至道者，莫若明乎本心。故心者，道之体也；道者，心之用也。人能察心观性，则圆明之体自现，无为之用自成，不假施功，顿超彼岸。此非心镜朗然，神珠廓明，则何以使诸相顿离，纤尘绝染，心源自在，决定无生者哉？然其明心体道之士，身不能累其性，境不能乱其真，则刀兵乌能伤，虎兕乌能害，巨焚大浸乌足为虞？达人心若明镜，鉴而不纳，随机应物，和而不唱，故能胜物而无伤也，此所谓无上至真之妙道也。②

《老子》第十三章说："吾所以有大患者，为吾有身，及吾无身，吾有何患？"显示了老子要人超越摆脱自身限制的意向，张伯端则对老子思想的意蕴做了进一步的阐述和发扬，不仅将老子的修养之道理解成了性命之道，而且把性命之道的核心归结为心性修炼，心获得了与道相似的意义，而成为万物的主宰、性命的基石。所以张伯端又说："心者，神之舍也。心者，众妙之理，而主宰万物。性在乎

---

① 王沐：《悟真篇浅解》，第1页。
② 王沐：《悟真篇浅解》，第175页。

是，命在乎是，若夫学道之士，先须了得这一个字，其余皆后段事矣。"① 心系万理，承载性命，是故修炼"无上至真之妙道"的关键便是"明夫本心"。总之，张伯端由修命至修性再至修心的修道理论，是他对《老子》的一次重新理解和运用，并对道教教义的发展产生重要影响。②

二、白玉蟾《道德宝章》

白玉蟾对《老子》的诠释，虽然文辞简略，但秉承陈抟学派特别是张伯端的学术旨趣，在宋元道教老学中具有一定代表性，影响颇大。对于白玉蟾的解《老》，元代道士刘惟永《道德真经集义》曾引石潭的一段评论：

> 《老子》之解多矣，以学儒者解之，多以儒之所谓道者言之，若程泰之、林竹溪之类是也。以学释者解之，多以释之所谓性者言之，如苏颖滨、本来子之类是也。皆不得其本意，盖儒者之所谓道，乃日用常行事物中之道，而老氏则以虚无自然者为道，岂可强以合之于儒？释氏之所谓性者，乃露裸裸、赤洒洒之性，老氏之所谓道者乃形神俱妙之道，岂可强而合之于释？虽曰天下无二道，圣人无两心，然仁者见之谓之仁，智者见之谓之智，其所指地头则不可不明辨之也。……至于道家之解如白玉蟾之类，固是本色，然但一向好高而务简径，其辞多不可晓，反成郭象之注《庄子》焉。③

石潭首先对宋代一些解《老》者如程大昌、林希逸、苏辙、邵若愚

---

① 王沐：《悟真篇浅解》，第 228 页。
② 关于张伯端内丹学与老学关系的详细论述，可参看刘固盛：《论张伯端的老学思想》，载《华中师范大学学报》2003 年第 1 期。
③ 刘惟永：《道德真经集义》，《道藏》第 14 册，第 84 页。

等进行了点评，认为他们从或儒、或佛的角度诠释《老子》，存在偏颇之处，而白玉蟾解《老》，尽管也有缺陷，如注文过于简单，有时思想显得不够明晰之类，但总体上是"道家本色"。这一评价非常重要，说明《道德宝章》反映出了宋元道家的基本特色。那么，从《道德宝章》可以看出宋元时期道家具有怎样的特点呢？概言之，主要包括以下两个方面：

1. 阐扬心性之学

以心作为核心概念注解《老子》，这是《道德宝章》的显著特色。白玉蟾不仅把心看作万法现象后面的依据，而且视心为修道得道的根基，并创造性地把心和老子之道沟通起来，从而体现出他诠释《老子》的独特风格。如言：

> 即心即道，即道即心，心与道合。①
> 心与道合，心无所始，亦无所终。②
> 心所以能合道也，虚而能空，寂而不见。心为万法之主。③
> 道无穷，心无穷，不生不灭，无成败。④
> 谓之道也，皆吾心焉。⑤

白玉蟾将心概念与老子之道进行了转换，心与道一样具有永恒性和超越性，认为包含万象的天地宇宙，都在心的活动之中，世界一切都是心的产物。道教南宗向来有重视修心的传统，如张伯端说："夫欲免乎患者，莫若体夫至道；欲体夫至道，莫若明乎本心。故心者，

① 白玉蟾：《道德宝章》，《老子集成》第四卷，第531页。
② 白玉蟾：《道德宝章》，《老子集成》第四卷，第530页。
③ 白玉蟾：《道德宝章》，《老子集成》第四卷，第537页。
④ 白玉蟾：《道德宝章》，《老子集成》第四卷，第529页。
⑤ 白玉蟾：《道德宝章》，《老子集成》第四卷，第529页。

道之体也；道者，心之用也。"① 把心视为道之体，心的本体特点已经很明显了。受此影响，白玉蟾同样是从本体与超越的高度把握心范畴，并体现在对《老子》的诠释上。

白玉蟾以心解《老》，突出心的永恒性与超越性，从而为他的修道方法提供了理论上的依据。在修道上，白玉蟾继承了张伯端之学，主张性命双修。这一思想在《道德宝章》中有具体体现。首先，白玉蟾阐明了心、性、神三者之间的等同关系。他指出：

> 神者万化之主，心者大道之源，即心是道，神亦道，性亦道。②
>
> 道即心也，道如虚空，性与道合，神与道存。天崩地裂，此性不坏。虚空小殒，此神不死。③

据张广保教授的研究，在道教思想史上，把神与心性等同起来并获得一样的超越意义，应出自中唐的道教学者，但在当时它们之间仍有差别。④ 但白玉蟾则将心、性、神完全等同起来，认为心、性、神三者处于同等地位，都具有超越性，这是对道教心性理论的进一步发展。其次，白玉蟾提出性命双修的关键在于修心。白玉蟾把神与心性等同起来的意义在于，复杂的炼神功夫可以用简明的修心活动来代替，这就为把道教的内修转化成一种心性上的超越提供了关联和契机，也就是修道即修心。在白玉蟾看来，修心的过程无异于炼丹的过程："丹者，心也；心者，神也。阳神谓之阳丹，阴神谓之阴丹，其实皆内丹也。"⑤

---

① 王沐：《悟真篇浅解》，第175页。
② 白玉蟾：《道德宝章》，《老子集成》第四卷，第536页。
③ 白玉蟾：《道德宝章》，《老子集成》第四卷，第536页。
④ 参见张广保：《论道教心性之学》，载《道家文化研究》第7辑，上海古籍出版社1995年版，第1—17页。
⑤ 白玉蟾：《海琼白真人语录》，《道藏》第33册，第115页。

前面论及，兴盛于唐代的重玄学已经具有以心性论解《老》的倾向和特点，但在当时尚未成为一种普遍的现象。只有到了宋元时期，以心性之学诠释《老子》才成为老学发展的时代特色，这是对老子哲学思想解释的第三次突破。在众多的老学著作中，《道德宝章》以心解《老》却被称为"固是本色"，正显示出了宋元道教老学的时代性，也即是说，以心性解《老》，或者说借《老子》阐发道教的心性之学，符合当时道教教义教理发展的总体要求。

2. 坚持以道教为本位的三教合一

宋元时代的学者大都倡导三教合一，但如何合一却是大有讲究的。所谓的道家本色，则是以道教为本位的三教合一，也就是说，儒、释、道三教之间的界限可以相互打通，教义可以彼此吸收，但其最终的宗旨必须归于道教。例如朱熹也倡导三教合一，但他是合于儒家。王重阳提倡三教合一，主张"全三教之真"，但他的本位在道教。白玉蟾与王重阳类似，坚持以道教为本位的三教合一，所以是道家本色。

白玉蟾对佛禅浸润很深，所谓"心通三教，学贯九流，多览佛书，研究禅学，参受《大洞法箓》，奉行诸家大法"①，这一特点也体现在他的老学中。《道德宝章》的禅味，前人已经注意到，据适园居士称："蟾仙解《老》，就老氏本文稍为橐括，下一转语，大类禅旨。"② 白玉蟾的《道德宝章》不仅具有禅趣，而且融会了理学的内容。其中一个重要的表现就是在简要的注文里，属于理学的命题和概念随处可见。如"淳风"章之注云："万物皆有此理。"③ "任信"章之注云："人人有此理。"④ 又如对天理、人欲这对理学常见概念的

① 苏森仲：《跋修仙辨惑论序》，《道藏辑要·娄集·琼琯白真人集》。
② 《道德宝章》卷首识语。
③ 白玉蟾：《道德宝章》，《老子集成》第四卷，第530页。
④ 白玉蟾：《道德宝章》，《老子集成》第四卷，第539页。

运用：

> 心不正，性不明，神不灵，好荣华，贪嗜欲，不知乎恬澹，舍此道而逐物，人欲胜天理。①
>
> 以天理胜人欲，俭视俭听，俭思俭为。俭从约，易从简，先得此理。②

白玉蟾所论心范畴是分为两个层面的，即本体之真心与世俗之尘心，为了更加清楚地对这一范畴加以解释，白玉蟾把天理、人欲这对概念援引过来加以比附。按理学的观点，天理指人的道德本体，也即道心，人欲指人的感性欲念，也即人心，道心人心统一于一心之中，去掉人心，道心自然呈现出来。显然，天理与人欲或者道心与人心的关系，恰好同真心与尘心的关系是一致的。由此看来，白玉蟾对理学的借用，很好地阐明了自己的思想要旨。在学术上，白玉蟾确实做到了排除门户之见，对儒、佛都能持肯定的态度："以此理而质之儒书则一也，以此理而质之佛典则一也，所以天下无二道也。天之道既无二理，而圣人之心岂两用邪！"③ 因此，道家本色就是要摈除门户之见，做到三教圆融。④

第二节　李道纯的《老子》研究

白玉蟾坚持以"道家本色"解《老》的诠释理路，被他的弟子

---

① 白玉蟾：《道德宝章》，《老子集成》第四卷，第 535 页。
② 白玉蟾：《道德宝章》，《老子集成》第四卷，第 536 页。
③ 白玉蟾：《修真十书杂著指玄篇》，《道藏》第 4 册，第 625 页。
④ 关于白玉蟾解《老》特点更详细的论述，可参刘固盛著《道教老学史》第四章第四节。

以及再传弟子所继承，李道纯注解《老子》的宗趣，尤其与白玉蟾相似。

李道纯（1219—1296 年），字元素，都梁人，号清庵，又号莹蟾子，本为道教南宗创始人白玉蟾的二传弟子，后来加入了全真道，是一位兼具道教南北之学的著名高道。著作有《三天易髓》《全真集玄秘要》《中和集》《清静经注》《道德会元》等多种，门人柴元皋辑其语录编为《清庵莹蟾子语录》六卷。《道德会元》专为注释老子《道德经》而作，目的是要"俾诸后学密探熟味，随其所解而入，庶不堕于偏枯，会至道以归元也"①。李道纯解《老》体现出道教南北二派的立教宗旨，即主张性命双修，三教会通。但李道纯的《道德会元》还有另外一个特点，即阐发了丰富的治国之道，表现出鲜明的应世倾向，这是与白玉蟾《道德宝章》的不同之处。

一、《道德经》题旨

据《道德会元·序》，历代注《老》者不计其数，但李道纯只推崇《河上公章句》与白玉蟾的《道德宝章》。河上注向来为道教重视，白玉蟾则是南宗的实际创始人，故两注被重视，是理所当然的事。不过李道纯还指出，历来众多学者注解《老子》，大都私意揣度，所见不同，各执一端，而《河上公章句》和《道德宝章》则做到了"上下文理血脉贯通"②。他说：

> 得之于治道者执于治道，得之于丹道者执于丹道，得之于兵机者执于兵机，得之于禅机者执于禅机。或言理而不言事者，或言事而不言理者，至于权变智谋，旁蹊曲径，遂堕于偏枯，皆失圣人之本意也。殊不知圣人作经之意，立极于天地之先，运化于阴阳之表，至于覆载之间，一事一理，无有不备，安可

---

① 李道纯：《道德会元·序》，《老子集成》第五卷，第 2 页。
② 李道纯：《道德会元·序》，《老子集成》第五卷，第 1 页。

执一端而言之哉？①

老子之道，无所不包，如果执于各自的立场，是不可能得知老子思想本意的，故李道纯为《老子》作注，不仅考证文字，解释文句，而且阐明每章宗旨，总论全书大意，希望做到全面通贯。又作《正辞》《究理》二篇，置于开篇，以明正言辞，究竟义理，以破《老子》经文的异同之惑，故把其注名为《道德会元》。

该注首先对"道""德""经"三字分别进行了解释，以阐明《道德经》的主旨。关于"道"的解释是：

> 道之可以道者，非真常之道也。夫真常之道，始于无始，名于无名，拟议即乖，开口即错。设若可道，道是什么？既不可道，何以见道？可道又不是，不可道又不是，如何即是？若向这里下得一转语，参学事毕，其或未然。须索向二六时中，兴居服食处，回头转脑处，校勘这令巍巍地、活泼泼地、不与诸缘作对底是个什么？校勘来校勘去，校勘到校勘不得处，忽然摸着鼻孔，通身汗下，方知道这个元是自家有的。自历劫以来，不曾变易。所谓道也者，不可须臾离也。又道行住坐卧，不离这个，况覆载之间，头头物物都是这个，亘古亘今只是这个，生天生地只是这个，至于日用平常，动静作息，只是这个。一切有形皆有败坏，惟有这个常在。天地虚空亦有败坏，只有这个不坏。只这个铁眼铜睛觑不破。为甚觑不破，只伤他不曾觌面相逢。纵饶觌面相逢，也是蹉过。且道蹉向甚么处去，不得乱走，毕竟作么会，清庵向这里分明举似，只是欠人承当。倘遇知音，剔起眉毛荐取。咄，昨夜江头新雨过，今朝依旧远山青。颂曰：至道之极，虚无空寂，无象无形，无名无质。视

---

① 李道纯：《道德会元序》，《老子集成》第五卷，第 2 页。

之不见，搏之不得，听之不闻，觅无纵迹，大无不包，细无不入。生育天地，长养万物，运化无穷，隐显莫测。不可知知，不可识识。太上老子，舌头无骨。向此经中，分明露出。多言数穷，不如一默。这便是休更疑惑。①

李道纯用充满禅味的语言，对"道德经"之"道"进行了集中的阐述，至少包含了以下三层意思：其一，用真常说明道的性质。以真常释道，是全真道老学的一个共同特点，李道纯是较早的倡导者。真常具有道的一切特征，所以是不可言说，又是无所不在的，它无始无终，无象无形，不坏不灭，永恒不变，因而能够超越一切。真常也是修身的最高境界："实腹真常在，虚心道自存。不劳施寸刃，谈笑定乾坤。"② 在人事和应世方面，如果做到了真常，也是无所不能的："德有余而为不足者寿，财有余而为不足者鄙。大成若缺，大盈若冲，至于若屈若拙若讷，皆德有余而为不足，用之无尽也，故为天下正。颂曰：人情多聚散，世道有兴衰。惟有真常在，古今无改移。"③ 道德的重要性远高于财富，对财富的占有要知止，而道德的提升永无止境。人情世道总在变化，如果体悟了真常之道，就能立于不败之地。其二，道为天地万物之根源。道生育天地，长养万物，变化无穷，李道纯对道的本体意义作了充分的阐发。又如第六章注云："虚灵不昧，神变无方，阴阳不测，一阖一辟，往来不息，莫知其极。动静不忒，不劳功力，生生化化而无穷。颂曰：阖辟应乾坤，斯为玄牝门。自从无出入，三界独称尊。"④ 这个神变无方、三界称尊者就是道。第五十一章注言："道本无形，因生育天地而形可见，道本无名，因长养万物而名可立。一切有相，受命于天，成

① 李道纯：《道德会元》，《老子集成》第五卷，第 4 页。
② 李道纯：《道德会元》，《老子集成》第五卷，第 5 页。
③ 李道纯：《道德会元》，《老子集成》第五卷，第 15 页。
④ 李道纯：《道德会元》，《老子集成》第五卷，第 6 页。

形于地，禀气于中和，皆道之用也，故万物莫不尊道而贵德。颂曰：可道非常道，无为却有为。为君明说破，众水总朝西。夜来混沌撺落地，万象森罗总不知。"① 道有体有用，其体为虚，其用则无穷尽。其三，体道修道要发挥人的主体性。经过反复探究与体会，李道纯发现体悟老子之道不可外索，而应该回到人自身，老子的这个道，原来是"自家有的"。第七章注云："道本至虚，至虚无始，透得此虚，太虚同体。太湖三万六千顷，月在波心说向谁。"② 道如太湖波心之明月，是至虚至静的，而此虚静之道体，落实到修道者个人，则为本心之虚明。心能虚静明澈，则可领悟真常之道。

李道纯关于"德"的解释是：

> 德之一字，亦是强名，不可得而形容，不可得而执持。凡有施设积功累行，便是不德也。只恁么不修习，不用功，死灰槁木，待德之自来，终身无德也。这个德字愈求愈远，愈执愈失。经云：上德不德，是以有德。又云：上德无为而无以为。只这两句多少分明，只是欠人承当。若是个信得及的，便把从前学解见知、声问缘觉一切掀倒，向平常履践处，把个损字来受用，损之又损，损来损去，损到损不得处，自然玄德昭著，方信无为之有益。经云：不言之教，无为之益，天下希及之。又云：玄德深矣，远矣。会么，咦，不离当处常湛然，觅则知君不可见。颂曰：河沙妙德，总在心则。不可施为，何劳修积。愈探愈深，愈执愈失。放下头头，掀翻物物。后己先人，守雌抱一。纯一不杂，其德乃实。修齐治平，皆从此出。妙用难量，是谓玄德。③

---

① 李道纯：《道德会元》，《老子集成》第五卷，第 16 页。
② 李道纯：《道德会元》，《老子集成》第五卷，第 6 页。
③ 李道纯：《道德会元》，《老子集成》第五卷，第 4 页。

德为道之用，是道的外化和具体呈现形式，具体表现即是无为，其妙难测，但人不能执着于德，要懂得用"损"的方法，养成谦让之德，如第四十二章注指出的："谦损者，必受益，强大者，必招祸。圣人设此，戒人克己行谦，见不善而内自省也。颂曰：好胜常逢敌，行谦久处安。柔和为日用，处处王京山。"① 德纯一不杂，存在于心中，如果能够"放下头头"，即排除内心的杂念，保持心性的纯粹，便可体会到德的妙用，以之修身则可归根复命："致虚静笃，复命归根，纯是神妙，共向这里具眼。参学事毕，其或未然，更参末后。颂曰：致虚知妙本，静极见天心。会得个中意，河沙总是金。"② 德的这种妙用不仅仅体现在修身上，当然也可以治国平天下，而从注文来看，李道纯对老子治道多有发挥，表现出了颇为强烈的现实关怀。如第六十五章注："无为宽大，治平天下，民之福也。有为严谨，宰制下民，国之贼也。民之难治，以其多事，是以圣人以无为清静治国，使夫知者不敢为。虽与物反，久惯自然，民遂其生，获百倍之庆，天下治平，成大顺之化。尽此道者，是谓玄德。颂曰：一切有为法，三千六百门。从头都勘过，皆是弄精魂。惟吾独抱无名朴，无限群魔倒赤旛。"③ 圣人从个人修养上做到无名朴，就可以用无为清静的理念治国，民获其福，天下大顺，这就是玄德。

李道纯关于"经"的解释是：

> 始者圣人为见世人随情逐幻，嗜欲迷真，中心业识之扰攘，灵地无明之炽盛，是以天真丧失，横夭伤残，不能复其本元。于是用方便力，开善诱门，接引群迷，使归正道，故著书设教，强名曰经。经者，径也，众所通行之大路也。虽然读是经者，却不可泥在语言三昧上，亦不可离了此经向外寻求。须是向自

① 李道纯：《道德会元》，《老子集成》第五卷，第 14 页。
② 李道纯：《道德会元》，《老子集成》第五卷，第 8 页。
③ 李道纯：《道德会元》，《老子集成》第五卷，第 20 页。

己分上，着意把这五千余言细细咀嚼，点点画画，不要放过。忽然嚼得一句半句透，这一部经都在自己，方信道开口不在舌头上。到这里打开自己宝藏，把出自己经来，横拈倒用，不惟这一部经，至于三十六部尊经，一大藏教典，从头彻尾转一遍，只消一喝，都竟还委悉么。平地起风波，清天轰霹雳，谛听谛听。颂曰：此一卷经，妙用难评。人人本具，物物圆成。堂堂蓦直，坦坦宽平。历劫不变，亘古无更。头头应用，处处通津。未曾举起，已自分明。不是我家真的子，谁人敢向里头行。①

李道纯把"经"释为"径"，即众人所通行的大路，也即修道之途径。李道纯指出，众人为各种世俗的欲念所迷惑，迷失了本真，而《道德经》则是指引众人回归本真的宝典，所谓"大道泛兮，谓极广大，尽精微，靡所不备也。……以之治国则不失其所守，以之修己则死而不亡，故曰其可左右。颂曰：大道诚难测，虚空不可量。寥寥成一片，何处是封疆"②。一部《道德经》，治国修身的智慧全在其中。但领会和运用《道德经》，不能拘泥于字面意思，而要充分发挥个人的主动能力，沉潜反复，仔细体会，方可有得。文中提到了"本元"的概念，本元即本来之真心真性，为人人所具有。因此，个人修道不要向外寻求，而在于自己体悟，找到那个"我家真的子"。而治国也要先修身，修身治国之道，一以贯之。

二、性命之学

道教南宗和全真道在修道次第上虽有先命后性和先性后命的差别，但以"性命兼修"为立教宗旨则是一致的。李道纯既为南宗传人，后来又加入了全真道，因此其思想更加具有融合性。他对老子思想的阐发，当然也离不开性命之学这个立教的核心，所以《道德

---

① 李道纯：《道德会元》，《老子集成》第五卷，第4—5页。
② 李道纯：《道德会元》，《老子集成》第五卷，第12页。

会元》一开始就强调了性命兼修的主旨。如《道德会元·究理》说：

> 或以常无点作一句，或云无欲者常存，有欲者亡身。若有
> 欲者果亡身，何必曰同谓之玄乎？亡身为玄可乎？予谓无欲者，
> 无心作为自然也。有欲者，有心运用功夫也。无为则能见无名
> 之妙，全其性也。有为则能见有名之徼，全其命也。有与无，
> 性与命，同出而异名，同谓之玄，玄之又玄，有无交入，性命
> 双全也。①

《老子》首章"常无欲以观其妙，常有欲以观其徼"存在"无""有"点断和"无欲""有欲"点断两种断句方式和多种解释，李道纯认同传统的"无欲""有欲"断句，但不同意把有欲解释为负面意义的欲望，他指出，如果把有欲理解为多欲亡身，就不能和后面的"同谓之玄"保持文意上的连贯。因此，李道纯对无欲、有欲进行了新的解释，认为老子的无欲即无为，讲的就是心性超越，有欲即有为，讲的就是修命工夫。性命的修持虽存在次第先后，但只有以自然为归结，才能真正做到性命双全。在李道纯的注解中，相对于修命，他更加重视修性，也就是强调"无心自然"。无欲即无心，即自然，就是排除内心的杂念，保持心性的纯粹，是一种虚静状态。有欲即有心，即有意，是具体的内丹修炼。显然，李道纯把老子思想与内丹之理进行了结合。又如第二十五章注：

> 于此发明处道之工夫也。有物混成以下一节，全首章体道
> 之要。四大以下，纯是神妙。人只知域中有四大，殊不知自己
> 一物更大。颂曰：天地虽大，亦有败坏。唯有这个，历劫常在。
> 圣而不可知之者，尽在如如不动中。②

---

① 李道纯：《道德会元》，《老子集成》第五卷，第3页。
② 李道纯：《道德会元》，《老子集成》第五卷，第10页。

《老子》第二十五章阐述道的特点，并提出了"道法自然"的著名命题。李道纯则认为该章全是讲修道的工夫，并提醒修道者应该回归自我，修道需从自身处入手。这一解释，确与通行的注解不同，可以看出李道纯对老子思想的发挥。对于性命兼修，李道纯有进一步的阐述：

> 夫性者，先天至神一灵之谓也。命者，先天至精一气之谓也。精与性，命之根也。性之造化系乎心，命之造化系乎身。……是知身心两字精神之舍也，精神乃性命之本也。性无命不立，命无性不存。……高上之士，性命兼达，先持戒定慧而虚其心，后炼精气神而保其身，身安泰则命基永固，心虚澄则性本圆明，性圆明则无来无去，命永固则无死无生，至于混成圆顿，直入无为，性命双全，形神俱妙也。[①]

李道纯指出，一般的修道者将性与命两者割裂，由此陷入歧途，终无所成，修道正途在于性命兼顾，形神俱妙。而修身之要，先在修心。

李道纯对修心的重视，呈现出南宗的思想特征。在《道德会元》中，修心的重要性也被强调。如第十一章注：

> 以辐辏毂利车之用，即总万法归心，全神之妙也。辐不辏毂，何以名车；法不归心，无以通神。毂虚其中，车所以运行；心虚其中，神所以通变。故虚为实利，实为虚用，虚实相通，去来无碍，即上章载营魄之义也。至于无物可载，毂辐两忘，车复无也，犹心法双忘，神归虚也。器与室并同此义。颂曰：铁壁千重，银山万座。拨转机轮，蓦直透过。要知山下路，但

---

① 李道纯：《中和集》，《道藏》第4册，第503页。

问去来人。①

道教内丹修炼讲求精、气、神的合一，三者又以神为中心，而全神之妙在于万法归心，其神返虚，由虚入道。第二十七章注又言："谨于言行则无迹无谪，心之计其可算，心之闭其可开，心之结其可解，道心坚固如此，则无善不善之分。师与资两忘，黜聪屏智，终日如愚。颂曰：举步不在脚，善结非千手。摸着鼻孔尖，通身都是口。若能于此善参详，七七元来四十九。"② 注中的道心是关键，修心就是修这个道心。从本体论的层面看，万法归心，宇宙万物都离不开心的作用；从修养的角度认识，精气神的修炼也要以心为基础，明心即可见性通神，心性不明，则元神难见，这就是："急走不离影，回来堕土坑，只今当脚住，陆地变平沉。若解转身些子力，潜藏飞跃总由心。"③

怎样才能做到明心见性呢？李道纯认为在各种工夫中，"忘"具有特别重要的作用。他注《老子》第二章，由"忘其美恶"，"忘其有无"，"忘其难易"，到"忘物"，"忘形"，"忘情"，"忘我"，到最后"一切忘尽，真一常存"。④ 真一即道心，通过忘的作用，可以与道相合。该章注文总结说："美之与恶，善与不善，如影随形，自然相待。至于有无难易，互相倚伏。有美便有恶，有善便有不善，是以圣人不辞不有，不恃不居，彼此两忘，有无不立，是以常存而不去也。此一章发明首章体道之义，使学者知同出异名之理。离此用而即此用，不堕于偏枯也。颂曰：人有美恶，我无彼此。一切掀翻，众泡归水。目前指出千般有，我道其中一也无。"⑤ 一切有形之物，皆有美丑、善恶、难易之类的对待，忘就是损，就是放下，就是破

---

① 李道纯：《道德会元》，《老子集成》第五卷，第 7 页。
② 李道纯：《道德会元》，《老子集成》第五卷，第 10 页。
③ 李道纯：《道德会元》，《老子集成》第五卷，第 6 页。
④ 李道纯：《道德会元》，《老子集成》第五卷，第 5 页。
⑤ 李道纯：《道德会元》，《老子集成》第五卷，第 5 页。

除执着和矛盾，不落于一偏。第五十六章注文也极简要，但含义很清晰。前半部分以"无"统括："无言"，"无见"，"无争"，"无事"，"无我"，"无人"，"一以贯之"。后半部分突出"忘"的工夫："忘情"，"忘形"，"忘物"，"忘机"，"忘有"，"忘无"，"一切忘尽，真常独存"。[①]"忘"与"无"意思相似，都指去掉心中的执着，直到忘记一切，便会体现到真常之道的永恒性，真心也将自然呈现。该章注又总结说："非不言也，无可得而说也。尹真人云：非道不可言，不可言即道。正谓此也。予谓多言获利，不若默而无害也。噫。颂曰：绝利终无害，无亲便不疏。多言应有失，争似觜卢都。"[②] 这里再次说明，体道不在于言辞，而在于自我领悟与放下。

三、修齐治平之道

李道纯解《老》，不仅重视修身之道，同时重视治国之道，如《道德会元序》称："自后请益者屡至，不容缄默，遂将正经逐句下添个注脚，释经之义，以证颐神养气之要。又于各章下总言其理，以明究本穷源之序。又于各章后作颂，以尽明心见性之机。至于修齐治平、纪纲法度、百姓日用之间、平常履践之道，洪纤巨细，广大精微，靡所不备于中。"[③] 李道纯在弘道阐教的过程中，就《道德经》向他请教的人很多，于是他想到为之作注，注文虽着意道教性命之学，以明心见性为宗旨，但修齐治平、日用平常之道同在其中，正如解"德"所言："后己先人，守雌抱一。纯一不杂，其德乃实。修齐治平，皆从此出。妙用难量，是谓玄德。"老子的玄德，既体现在修身方面，也可用于修齐治平。例如，在《道德会元》中，李道纯分别于"乘乘兮若无所归""是谓要妙""万物归之而不为主"下

---

① 李道纯：《道德会元》，《老子集成》第五卷，第 17 页。

② 李道纯：《道德会元》，《老子集成》第五卷，第 17 页。

③ 李道纯：《道德会元序》，《老子集成》第五卷，第 2 页。

注了四个字："任运自然。"① 于"绵然而善谋"后则注："任运自然，无所不克。"② "任运自然"即为而无为，以无为的方式去为，既要顺应自然，也要主观能动。"运"有运筹之义，含有积极作为的意思。第十七章之注又说：

> 言愈多而愈不信，不若默而待之，无为而化之，使其自悟，自然返朴，不言而信也。以治道言之，太上以下不能无为。亲之誉之，有言之教也。畏之者，刑禁也。侮之者，上失信也。上失信于民则民不信。犹其贵言，不言之教也。不言之教，无为而成，刑不试而民自服也。至于功业成遂，还淳返朴，则亲誉畏侮俱忘矣。百姓安居乐俗，忘其所自，故曰谓我自然。颂曰：太上元无上，常存日用间。可怜无眼汉，刚道出函关。③

按照李道纯的解释，无为是针对太上而言的，太上即有道者，君主体道，就应该以无为的方式治国。至于臣下，则当有为，但有为不能违背自然。遵循自然与发挥人的主体作用，两者之间并不矛盾。

在《道德会元》中，如何运用好老子的治道，如何发挥人的主体作用，主要体现在以下几个方面：

1. 具有忧患精神

李道纯在第十三章注文中说："宠辱贵患，互相倚伏。苟能思患而预防之，则终身无患。推此道而治平天下，则天下永无危殆。有国者忧天下，如忧一身，则天下乐推而不厌。颂曰：有辱何尝辱，居荣未必荣。预防无过失，犹更涉途程。争似全身都放下，也无得

---

① 李道纯：《道德会元》，《老子集成》第五卷，第 9、10、12 页。
② 李道纯：《道德会元》，《老子集成》第五卷，第 21 页。
③ 李道纯：《道德会元》，《老子集成》第五卷，第 8 页。

失也无惊。"① 一般认为，老子在此章提出了贵身的思想，并主张把贵身的理念应用到治国中去，即君主如果贵爱天下如贵爱己身，这样的君主是可以值得将天下托付给他的。但李道纯却从忧的角度进行解释，老子的"无身"被解释为忧身，忧身则要放下自身，不执着于己身，忧身如忧天下，忧天下而不执着于天下，不要占有天下，则可以治平而无危殆了。在本章，"无身"的解释是一个难点，李道纯的注解有独到的地方，而注中显示出来的忧患精神尤可称道。又如第二十三章注："谓不自见，是不言而善应。飘风骤雨，言妄动躁进不久远之喻。从事于道者，和顺于道德，混同于事物，自然感通于物，物亦自然相应也。苟或言不合道，妄有作为，不能取信于人，反为人轻忽也。《易·系》云：言行，君子之枢机，荣辱之主也，可不慎乎！颂曰：道不异于人，人自以为异。一佛一切佛，心是如来地。"② 无论治国还是应世，都要和道顺德。妄言妄行，必遭失败。引《易》"可不慎乎"一句，充满了诫勉之意。同样的诫勉也出现在第五十八章注：

> 上章无为无事，使民自化，宽大之治也。故次之以其政闷闷。是谓上宽裕则民淳实，上多事则民昏暴。闷闷，宽也。察察，谨也。宽则得众，尽法无民。祸福相倚，正奇相待，善妖相反，理之然也，可不戒哉！修福不如远祸，用正不若闲邪。正虽为善，苟自矜为奇德，则反为妖。正之为正，斯不正已。善之为善，斯不善已。是以圣人方正其身，刑罚清而万民服；清廉其德，不恶而严；梗直其行，和而不流。清明在躬，虑其太察，自昭明德，故结句云光而不曜。学者洞此，长生久视之道得矣。颂曰：倚善功难遂，矜奇事转迷。世间无限事，伶利

---

① 李道纯：《道德会元》，《老子集成》第五卷，第 7 页。
② 李道纯：《道德会元》，《老子集成》第五卷，第 10 页。

不如痴。①

李道纯主张宽缓的无为之治，"宽则得众，尽法无民"一句，说出了道家的高明和法治的弊端。第七十五章注也言："民之饥，民之难治，盖由政教不正，民不遂其生，是以贪生而不顾危亡也。道之以刑则民暴，道之以德则民格，上好静则民乐而从其化也。颂曰：智慧皆为垢，聪明总是尘。丝毫不挂念，性海自澄澄。"② 至于老子祸福相倚、正奇相待、善妖相反的思想，不仅适用于治国，也适用于修身，"可不戒哉！"一句，警醒之意跃然纸上。再如第六十四章注：

> 其安易持，言作事谋始，修真志士正心于思虑之先，抑情于感物之前，则心易正，情易绝。苟治事于已乱，远祸于已萌，不亦难乎？积小成大，不可救也，故《易》有履霜坚冰之戒。《传》曰：臣弑其君，子弑其父，非一朝一夕之故，其所由来者渐矣，由辨之不早辨也。《系》云：恶不积不足以灭身。又云：恶积而不可解。可不戒之哉！苟有觉于已差之后，笃力而反，犹可复元，终不如未见形迹而解，不劳而复。故曰其微易散，其未兆易谋也。又云：为者败，执者失。戒之犹切。圣人学人之不学，欲人之不欲，无执无为，终始如一，永无危殆。若向这里会得，凡事谨始，焉有败失。事之未萌，悉皆先兆，知则不为，为则不失。复初九以之尽此道者，其惟颜子乎。颂曰：差之毫厘，失之千里。急走回来，犹落第二。临厓马失收缰晚，船到江心补漏迟。③

老子在本章阐述见微知著、防之于未然的道理，李道纯则作了充分

---

① 李道纯：《道德会元》，《老子集成》第五卷，第18页。
② 李道纯：《道德会元》，《老子集成》第五卷，第22页。
③ 李道纯：《道德会元》，《老子集成》第五卷，第19—20页。

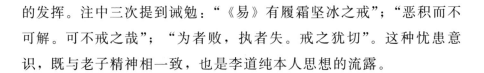

的发挥。注中三次提到诚勉:"《易》有履霜坚冰之戒";"恶积而不可解。可不戒之哉";"为者败,执者失。戒之犹切"。这种忧患意识,既与老子精神相一致,也是李道纯本人思想的流露。

2. 反对战争和权术

老子对战争是持反对态度的,所以在书中指出战争给人类带来各种灾难,警示凭武力逞强一定没有好下场。由于老子所处的春秋末年,诸侯争霸,战争不断,给社会带来极大的破坏,给百姓带来极大的灾祸,因此老子发出警示和劝告,劝告君主要以道治国,不要用武力肆意征伐。李道纯对老子的反战思想领会深入,故注云:

> 以道佐人主者,不尚兵武。善恶皆有报,戒后世有国有家者,守雌抱一,勇于不敢。至于不得已,亦不敢取强,故曰善者果而已。颂曰:莫纵三心乱,常教志帅安。忽然违野战,一箭定天山。[1]
>
> 不以兵强天下,故次之以兵者不祥之器,圣人于此深戒。万世之下,有国之君以无为清静,治化自然,家国咸宁。虽有甲兵,无所陈之,永无争夺之患也。颂曰:默默清玄境,澄澄养太和。倒携三昧剑,顺化五阴魔。[2]
>
> 上章云有道者不处,此云道常无名,朴虽小,天下不敢臣,发明有道者所处之要也。有道之士外处卑下,内抱一真,万物自然化,天理自然合,神变无穷。颂曰:会得无名朴,方能纵复收。便将大千界,撮在一毫头。[3]

李道纯认为,老子深戒战争之患,并指出无为而治的理想状况就是

---

① 李道纯:《道德会元》,《老子集成》第五卷,第 11 页。
② 李道纯:《道德会元》,《老子集成》第五卷,第 11 页。
③ 李道纯:《道德会元》,《老子集成》第五卷,第 12 页。

没有战争，家国安宁，万物自化。故接着在第三十三章总结说："知人胜人，明于外也。自知自胜，存于内也。证前三章用武之戒也。知足者贫亦乐，力行者无不见，固守者无危殆，内明者出生死。死而不亡者，真一常存。颂曰：见物不见性，知人不自知。个般无学辈，犹道得便宜。"① 战争是以强力胜人，有道者不取，有道之人内守无名朴，是自知自胜，真常之道存于心中，故无危殆。

有道者治国，除了反对战争，还反对权术。第三十六章注云：

> 执大象则能见事之几微。才见固张，便知将歙，未萌先兆，未举先知，非天下之微明，其孰能及此。学道之士，存其无象，守其至柔，与物无竞，则自然知几。苟用刚暴，尚权谋智术，求其胜物，非道也哉。比如鱼本水中物，求异群鱼欲脱于渊，可乎？既不可，则人亦不可尚权。尚权者，反常也，如鱼离渊必死。国之利器不可示人，即孔子所谓可与立不可与权同一义。圣人用权，反常合道，尚不可轻为，而况常人乎？可不戒哉。颂曰：眼若流星，机如掣电。瞻之在前，忽然不见。十方通塞中，光明无不遍。②

历史上不少《老子》注者认为该章在讲权谋之术，甚至借此非议老子。但李道纯指出，用权谋智术获取成功，不是有道者所为。权术是违背常理的，圣人不可轻易使用，普通人就更要谨慎了。

3. 提高执政者的修养

以老子之道治国，其主体是君主或者说在上位者，那么，这个主体修养的高低直接决定治道的成败，故道教强调治身治国一体，是有道理的。李道纯也一样，如在第三章注说："不矜自己之贤能则

---

① 李道纯：《道德会元》，《老子集成》第五卷，第12页。
② 李道纯：《道德会元》，《老子集成》第五卷，第12页。

民淳，不贵奇货则民富，不见可欲则心定。圣人治平天下，必以修身为本。虚心实腹一节皆修之要，虚心而后志弱，志弱而后无知，无知故能忘我，此不尚贤也。实腹而后骨强，骨强而后无欲，无欲放能忘物，此不贵难得之货也。二理相须，足以了全性命矣。"① 圣人治理天下，先要了全性命。因此，对于以道治国的君主来说，首先要做到心定性明。如第五十四章注言："上章云使我介然有所知，有所知则道心坚固，不失其守，故次之以善建者不拔也。以之修身，观心察性，心定则身之修也；以之治国，观民察己，民化则国之治也。天下有一不善，则是自己政化不善也。《书》云：百姓有过，在于一人。此之谓也。反观诸己，心有一尘染着，则是我之性天未明也。颂曰：观国非容易，观身意更深。海枯终见底，人死不知心。"② 君主心定性明，道心坚固，才可以感化民心，实现善政。

其次，做到身正心正。如第五十七章注指出：

> 上章云知者不言，得其正也。故次之以正治国也。多忌讳，多利器，多伎巧，多法令，皆不正也。上无忌讳则民裕，绝权谋则民化，薄税敛则民富，道之以德则民朴。无为无事，无欲好静，皆正也。以此治国，则海晏河清；以此行道，道泰时亨；以此修身，气固神凝。一人正，万民皆正；一心正，万化皆正；一身正，万事皆正。正之义大矣哉。颂曰：着意头头错，无为又落空。自从心路绝，无日不春风。③

老子在该章提出"以正治国"的原则，政教法令之类为不正，无为清静为正。李道纯注解时则特别强调了君主本人做到身正心正的重要性，认为这才是"以正治国"的关键所在。

---

① 李道纯：《道德会元》，《老子集成》第五卷，第 5 页。
② 李道纯：《道德会元》，《老子集成》第五卷，第 17 页。
③ 李道纯：《道德会元》，《老子集成》第五卷，第 17—18 页。

再次，崇尚无为不争。这是老子思想的常理，李道纯同样进行了阐发。先看无为，第三十七章注言："真常之道本无为，有为即非常道，接上章微明之义。天地无为，万物生成，圣人无为，万民安泰。以修炼言之，都无作为，于安静之时存其无象，毫发之动便要先觉，既觉便以无名朴镇之。朴本无形，又曰无名，谓空也。道无为，朴无名，心无欲，则自然复静也。静之又静，天下将自正。颂曰：有作皆为幻，无为又落空。两途俱不涉，当处阐宗风。"① 无为既是治国的原则，也是个人修炼的原则。注意"无为又落空"的含义，意谓行无为之事但不要有执着于无为之心。第二十九章注云："无为则无事，有为便有事。执者失，为者败，有为之戒也。强羸载隳，互相倚伏，如影随形，才有成便有败。是以圣人去贪甚，去奢侈，去骄泰，深戒后世。颂曰：行随煦吹，强羸载隳，中间主宰，不知是谁。着衣吃饭寻常事，何须特地均生疑。"② 有为之失，在于有执，无为便无执，也就没有失败，一切都是自然而然，自然如此。不争也是有道者的重要品德，如第六十八章注说："不争之德，用人之力，皆仁慈之谓，故曰配天。以此倚身，则形存寿永也。颂曰：不文不武，无得无失。摸着鼻孔，通身汗出。分明只在眼睛下，拟议之间隔万山。"③ 不争之德，可以与天相配。同时，不争还是一种修养方法，如第二十八章注："婴儿太极太朴，天下之大本，惟守雌抱一，则能返本。治国以此，不假裁制，民自淳而物自朴也。颂曰：白里存乎黑，雄中抱一雌。绵绵功不间，男解养婴儿。"④ 守雌抱一即不争，秉持不争之道，则可还本还元。对于不争的重要性，李道纯在《老子》最后一章的注中加以强调：

① 李道纯：《道德会元》，《老子集成》第五卷，第13页。
② 李道纯：《道德会元》，《老子集成》第五卷，第11页。
③ 李道纯：《道德会元》，《老子集成》第五卷，第20—21页。
④ 李道纯：《道德会元》，《老子集成》第五卷，第11页。

　　圣人之道，守雌抱一，处柔行谦，和光同尘，后己先人，
同于道，同于德，同于失，方而不割，直而不肆，光而不耀，
不责于人，善贷且成，善者善之，不善者亦善之，小国寡民，
自以为足，使民反朴，忘其彼此，民至老死不相往来，皆不争
之义也。只这不争二字，八十章之要也。若是信得及底，把这
不争二字为日用，久久纯熟，则自然造混元之境，真常之道至
是尽矣。象帝之先，明妙本得矣。且道不争二字作么会。噫，
放倒门前利竿着。颂曰：争之常不是，让之则有余。无争功不
间，万化悉归渠。①

　　这是对"圣人之道为而不争"句的注解。老子以此句作为全书的结
尾，可见其对不争的重视，不争体现着圣人之道。而李道纯更认为
不争是《老子》前80章的要义，无论是修身还是治国，只要把"不
争"二字的含意参会透了，并落实在日常行为之中，久而久之，则
自然可以达到真常之道的境界，无事不成了。

第三节　邓锜《道德真经三解》的诠释特点

　　邓锜为道教南宗实际创始人白玉蟾二传弟子，后加入全真道，②
其所著《道德真经三解》见识精当，彰显出了全真道老学的致思路
向以及道教南宗的立教精神，具有很高的学术价值，是研究道教思
想史特别是研究道教南宗和全真道思想的一部不可多得的重要文献。
关于该著的特点，邓锜自己曾说："谨依《道德》章句，别为三解，

---

①　李道纯：《道德会元》，《老子集成》第五卷，第24页。
②　关于邓锜的生平事迹，刘固盛所著《〈道德真经三解〉通释·前言》（宗教文化出
　　版社2016年版）有具体考订。

是知天地大，造化一，出于圣人，无为而为者矣，其旨不亦远乎？一解经曰：惟以正经句读增损一二虚字，使人先见一章正义，混然天成，无有瑕谪。二解道曰：直述天地大道，始终原反，其数与理若合符节。三解德曰：交索乾坤，颠倒水火，东金西木，结汞凝铅，一动一静，俱合大道。凡五万余言，名曰《道德真经三解》。"① 邓锜的注解和常见的直解方式不同，而是分为"三解"，本节即从"解经""解道""解德"三个方面对该著的诠释特点加以论述。

一、解经：句读与新解

邓锜《道德真经三解》的解经主要是明了句读，并简述老子思想大意。与通行的断句与解释相比，邓锜之解颇有独到之处，具有新意，下面略举数例。

第一章"常无欲以观其妙，常有欲以观其徼"句。邓锜断为"常无，斯欲以观其妙。常有，斯欲以观其徼。"在"欲"字前增加了一个"斯"字，显然他是按照"常无""常有"断句的。马王堆帛书本此句作"恒无欲也，以观其妙；恒有欲也，以观其徼"，说明以"无欲""有欲"断句可能更加符合老子的原意。王安石、司马光等人提出的断句新见，亦被邓锜采纳。邓锜接着指出："妙乃无名之常，徼乃有名之道。"② 无名之常指"常道"，有名之道指"可道"，由于"常道"与"可道"有层次之分，故以妙、徼视之，邓锜的解释不为无见。

第十一章"三十辐共一毂，当其无有车之用"句。有、无是老子思想中两个十分重要的范畴，《老子》第二章提出了"有无相生"的命题，本章则以车毂、陶器、房屋为喻，阐明有之为利，无之为用的观点。值得注意的是本章首句的断句，一般读法是"三十辐共一毂，当其无，有车之用"，即无与有分开，但根据邓锜的解释，他

① 邓锜：《道德真经三解》，《老子集成》第五卷，第 425 页。
② 邓锜：《道德真经三解》，《老子集成》第五卷，第 427 页。

的断法是"三十辐共一毂，当其无有，车之用"，有指车毂的实体，无指车毂的空处，这是他的新见。毕沅《老子考异》说："本皆以当其无断句，案：《考工记》'利转者以无有为用也'，是应以有字断句，下并同。"① 毕沅的考释证明邓锜的断句是有道理的，马叙伦、高亨、张松如等近现代《老子》研究的学者都从"有"断句；如高亨解释说："无谓轮之空处，有谓轮之实体，言车之用在其空处与实体也。"② 从"无"断句，则更加突出了无的哲学意义，从"有"断句，则把有视为与无同等位置的哲学概念，两种断法从思想上看各有优长。

第十五章"夫惟不盈，故能敝不新成"句。邓锜释为："惟此不盈，是以能故而不新成其容。"③ "敝不新成"，马王堆帛书乙本作"敝而不成"，一些学者认为"敝不新成"文字有误，如任继愈先生认为当作"敝而新成"，意思是"看似保守，却不断取得成功"；④ 陈鼓应先生认为此句"不""而"一字之差，意思则完全相反，当作"敝而新成"，意谓"只因他不自满，所以能去故更新"。⑤ 任、陈两位先生的观点当然也可通，但邓锜认为"敝不新成"是"故而不新成其容"的意思，即尽管体道者有各种不同的状态，但如果保持不盈满，最终都将回复到原来的一，即道的状态，这一解释似乎更接近老子的原义。由此看来，"敝不新成"之"不"字还是不改为好。

第二十五章"域中有四大，而王居其一焉"句。此句邓锜释为："域中有四大，而王居其一焉，道之主也。"⑥"解道"又申述："域中有四大，而王居其一焉，人之主也。人法地，地法天，天法道，道

---

① 毕沅：《老子道德经考异》，《老子集成》第九卷，第735页。
② 高亨：《老子正诂》，《老子集成》第十四卷，第38页。
③ 邓锜：《道德真经三解》，《老子集成》第五卷，第435页。
④ 任继愈：《老子绎读》，北京图书馆出版社2006年版，第34页。
⑤ 陈鼓应：《老子注译及评介》，第122页。
⑥ 邓锜：《道德真经三解》，《老子集成》第五卷，第440页。

法自然，人之用也。"① 老子把王与道、天、地并称为四大，肯定了人的至高价值。如王弼对"王亦大"的注解："天地之性人为贵，而王是人之主也。虽不职大，亦复为大。与三匹，故曰王亦大也。"② 王为人主，足可当之。邓锜的解释，把"王亦大"理解为"人之主"，这是吸收了王弼的观点，同时又认为是"道之主"，则是新见。道无所不在，但只有人才能体道悟道用道，所以人是道之主，这是对人的主体性的大力弘扬。

第三十八章"故致数舆无舆，不欲琭琭如玉，落落如石"句。此句邓锜解为："故致数车之用，则无车矣。是以圣人不欲琭琭落落如玉石之为定体也，故大德不官，大道不器。"③ 关于"不欲琭琭如玉，落落如石"的理解，一般的解释是把玉和石进行对比，即玉代表高贵，石代表低微，有道的人不像玉那样华美光彩，而像石一样朴实无华。但邓锜的解释与众不同，他认为琭琭如玉、落落如石是并列的关系，代表的是外在形貌，不为圣人所取，因为圣人重视的是功用。这一解释倒是和上句"数舆无舆"在文意上取得了一致，即构成车的部件都不称为车，但车的作用由这些部件发挥出来，此句反映的也是圣人贵用而不贵体。

第四十八章"为学日益，为道日损"句。此句邓锜解为："为学日益其损，为道日损其益。"④ 关于"为学日益"与"为道日损"的解释，一般是将两者对立起来，如《老子河上公章句》的注解："学谓政教礼乐之学也。日益者，情欲文饰日以益多。道谓自然之道。日损者，情欲文饰日以销损。"⑤ 但邓锜的解释把为学与为道统一起来，他认为为学与为道虽然相差很大，但不是本质的区别，只是层次上的区分。为学与为道是两个不同的阶段，为道不能脱离为学，

① 邓锜：《道德真经三解》，《老子集成》第五卷，第441页。
② 王弼：《老子注》，《老子集成》第一卷，第217页。
③ 邓锜：《道德真经三解》，《老子集成》第五卷，第450页。
④ 邓锜：《道德真经三解》，《老子集成》第五卷，第455页。
⑤ 河上公：《道德真经注》，《老子集成》第一卷，第161页。

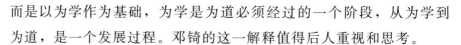

而是以为学作为基础，为学是为道必须经过的一个阶段，从为学到为道，是一个发展过程。邓锜的这一解释值得后人重视和思考。

第六十章"非其神不伤人，圣人亦不伤人"句。此句邓锜释为："非其神不伤人，以其圣人不伤人。"① 邓锜认为，这两句经文从文意来看是因果关系而非并列关系，即圣人与鬼神两不相伤存在层次上的差异，也就是说，虽然圣人与鬼神可以两不相伤，但起决定性作用的不是鬼神，而是圣人。因为，圣人用道治理天下，天下太平，鬼神也不会出来惹事了。鬼神作祟，是天下无道的表现。邓锜的解释，彰显了老子对人的价值的弘扬，也显示出道教人神关系的特色。

二、解道：真常立宗

从道的层面看，邓锜强调以真常立宗，注重阐发《老子》一书的哲学思想。他指出："老氏一书，真常为主。解者悉与道德混而为一，不知宾主上下，以致诸儒妄生异议，无区以别矣。今也先述真常三百字，以拟阴符之数，列于序次，庶使后之谈道德者不远迷其复矣。"② 邓锜认为，《老子》书的思想主旨就是"真常"二字，但是历来解《老》者很少有人将这一主题提炼出来，由此造成主次颠倒，主旨不明，以至众说纷纭，令人不知所从。为了改变这一现象，让解《老》者、读《老》者有所遵循，邓锜首先撰写了《真常三百字》，以明《老子》之宗趣。试看其文：

> 真常之常，常谓之常；常真之真，真谓之真。真常在道，无所不抱；真常在德，无所不则；真常在命，无所不定；真常在性，无所不应；真常在理，无所不纪。天地未始，其常真止；天地既终，真常真空。万物负阴而抱阳，圣人以之而有常；大道能敝而不新，圣人以之而有真。使真有形，无方而虚；使常

---

① 邓锜：《道德真经三解》，《老子集成》第五卷，第 465 页。
② 邓锜：《道德真经三解·序》，《老子集成》第五卷，第 425 页。

有名，无体而居。道常无为而无不为，道真虚随而无以随。圣人登极即真，与道合真。上下无常，动静有常。乾始能以美利利天下，不言其所利；水能以美利利万物，不言其所德。有为而为之失真，勿用之反常。日月相推而明生，寒暑相推而岁成，是以真常无形名。天道无言而告功，地道无成而代终，是以真常不虚空。虚空相袭，天地无实；无虚无实，复归无极；无极无迹，真常乃寂。真常之寂，窈无所寂；无寂之寂，真常乃息。真常之息，窈无所息，无息之息，了不可得，了不可失，是以真常不虚息。①

这可以说是邓锜解《老》的一个思想总纲，具体推究，主要包括以下几方面的内容：

其一，真常无所不在。"真常无形名"，然而"真常在道，无所不抱；真常在德，无所不则；真常在命，无所不定；真常在性，无所不应；真常在理，无所不纪"。也就是说，真常作为道的化身，虽然无形无名，不可捉摸，但它又无所不在，具有最大的普遍性。

其二，真常是宇宙万物的本体。道为什么能够决定一切呢？是因为具有真常的特性。德为什么能够成为普遍的法则呢？也是因为它是真常的具体呈现。生命又怎样去稳定呢？还是要向真常靠近。而宇宙的运行，季节的更替，万物的变化，所谓"日月相推而明生，寒暑相推而岁成"，都是真常在起作用。但是，真常并非绝对的虚空，"天道无言而告功，地道无成而代终，是以真常不虚空"，真常虽然不可见，但又是无为而无不为的。

其三，真常是生命的本质状态。生命的本性就是真，"真常在性，无所不应"，所以得道之士不会为表象的东西迷惑，能够"去彼之幻，取此之真"②，而如果"以妄为常，则以欲竭其精，以耗散其

---

① 邓锜：《道德真经三解》，《老子集成》第五卷，第425页。
② 邓锜：《道德真经三解》，《老子集成》第五卷，第433页。

真，是以凶也"①，"心君以真气平百脉，其邪不神。使邪得神，何病不生？全真废矣"②。修道者应该固守本原，不失其真。

其四，与道合真是修炼的最高境界。邓锜指出："万物负阴而抱阳，圣人以之而有常；大道能敝而不新，圣人以之而有真。"圣人为体道者，而道的表现就是"真"，所以"圣人登极即真，与道合真"。与道合真即达到了生命的极致，是修道者的终极追求。这一生命理想，邓锜在《老子》第十一章"当其无有室之用也"的注文中也表现了出来："性命两全，神形俱妙，变变化化，与道合真。"③ 类似的思想，在《道德真经三解》中还有多次出现，如：

> 坚固精粹，寿千万劫，然后遣其幻妄，一归真寂，变变化化，与道合真。④
>
> 大音希声，龙吟虎啸也。大象无形，与道合真也。⑤
>
> 躁胜寒，火水未济也。静胜热，水火既济也。清静为天下正，形神俱妙，与道合真也。⑥

真即是道，修道即是修真，而与道合真，便可实现生命的超越。

邓锜解《老》以真常立宗，牢牢抓住一个"真"字，一方面符合老子思想的基本精神，另一方面则反映出了全真道的立教传统。邓锜在《老子》第四十二章的注文中说："先师有云：捉住虚空一点真，万古千年终不朽。"⑦ 如何达到生命的不朽？那就是要在虚无变幻中抓住一个东西——真。邓锜明确指出这是师传的法门，也即是

---

① 邓锜：《道德真经三解》，《老子集成》第五卷，第 436 页。
② 邓锜：《道德真经三解》，《老子集成》第五卷，第 465 页。
③ 邓锜：《道德真经三解》，《老子集成》第五卷，第 433 页。
④ 邓锜：《道德真经三解》，《老子集成》第五卷，第 438 页。
⑤ 邓锜：《道德真经三解》，《老子集成》第五卷，第 452 页。
⑥ 邓锜：《道德真经三解》，《老子集成》第五卷，第 454 页。
⑦ 邓锜：《道德真经三解》，《老子集成》第五卷，第 452 页。

全真道之教义与精神。

从老学史的角度看，比邓锜略早、属于同一师门的著名全真道士李道纯也是真常理论的倡导者。对于李道纯所著《道德会元》，詹石窗教授从不可言状、永恒不变、远行常规、顺应中和、虚静无为五个方面总结了"真常"的特性，[①] 可谓切中肯綮。显然，邓锜解《老》受到了李道纯的影响，并对真常理论加以进一步的强调，使得全真道老学的特点更加明显，内涵更为丰富。自此以后，"真常"成为全真道学者注解《老子》的宗趣和标志。

三、解德：金丹正途

从德的层面来看，邓锜显然是主张用丹法解《老》的，并且以张伯端内丹思想为宗，由此上溯钟离权、吕洞宾及刘海蟾；而从全书基本内容来说，邓锜还是以全真为主旨，南北之学由此合而为一。全真道以"独全其真""明心见性""性命双修"为立教宗旨，因此，性命之学自然是全真教义的核心。这一点，邓锜在《道德真经三解》中有重点阐发，如他所说的"性命两全，神形俱妙，变变化化，与道合真"，即是全真思想的体现，所以他又说："是以得道之士，刀锯不能加，水火不能伤，何害之有哉？以其神形既安，心情既平，性命既泰也。"[②] 得道之士当为性命双修之人，故具有超凡脱俗的能力。又据全真道"三分命功，七分性学"之教义，全真道的性命之学，重点在"心性"，这正是《道德真经三解》所着力阐述的。

由于邓锜是出于宗教的目的解《老》，所以他的注文重在发挥，确切地说，是借《老子》以宣扬他的宗教思想。如他解释第十四章曰："穷理尽性以至于命，故立戒则积精，积精则穷理。由戒则入定，入定则全气，全气则尽性。由定则入慧，入慧则全神，全神则

---

① 参见詹石窗：《南宋金元的道教》，第 131 页。
② 邓锜：《道德真经三解》，《老子集成》第五卷，第 447 页。

以至于命。……故迎之不见其首，随之不见其后，成性存存也。"①
此处借助《周易》"穷理尽性以至于命"的命题，却做出了全真道
"性命双修"这种宗教的解释，而落脚点"成性存存"，即在一个
"性"字上。又如《老子》第三十九章有"昔之得一"语，邓锜解释
此"一"说："一者，无思无为，神妙致一者也。故分于道谓之命，
形于一谓之性，变于阴阳象形而发谓之生，化穷数尽谓之死。"② 这
里把"一"解释为性，乃为生命之根基。再如第四十二章"道生一，
一生二，二生三，三生万物"之注文：

> 道本虚无，无中生有，故曰一。五行不到处，父母未生前，
> 人在何处？道本虚无也。一感一应，中间便有形象，道生一也。
> 先师有云：捉住虚空一点真，万古千年终不朽。了得一，万事
> 毕。故一生二，二，气也。二生三，三，性也。三复合而为一，
> 然后能生万物，负阴抱阳，无往而不可矣。③

对于老子的这个著名命题，邓锜将"一"诠释为"无中生有"，"二"
理解为"气"，这都与流行的解释一致。其不同之处在于对"三"的
理解，老学史上一般将其解释为"和气"或者"清、浊、和三气"，
或者"天、地、人三才"，而邓锜将"三"解释为"性"，这是他诠
释的独特之处。由于"三复合而为一"，所以这一解释与上面将
"一"解释为性是一致的。之所以做出这样的解释，显然是为了突出
全真道之教理，即全性保真。

全真道在修炼次序上主张先性后命，因此必然会重视修心。王
重阳说："诸贤先求明心，心本是道，道即是心，心外无道，道外无

---

① 邓锜：《道德真经三解》，《老子集成》第五卷，第434—435页。
② 邓锜：《道德真经三解》，《老子集成》第五卷，第450页。
③ 邓锜：《道德真经三解》，《老子集成》第五卷，第452页。

心也。"① 这种修道即修心的思想同样被邓锜援引过来，并在诠释
《老子》时得以运用。

邓锜对心的阐释，是从本体与现象两个层面进行的。先看本体
层面：

> 心为神主，万法皆生。②
>
> 心者，气之主也。气者，体之帅也。气随心曰和，心使气
> 曰强。③
>
> 天下以圣人为主，人身以心君为主。圣人以大道莅天下，
> 其鬼不神。⋯⋯心君以真气平百脉，其邪不神。④

从宇宙的角度来说，万法皆由心生，心具有决定意义。从人本身来
看，心为一身之君，同样决定身体的方方面面，其中包括"心为气
之主"。邓锜进一步指出，这个"心"或者"心君"就是道。他注
《老子》第六十五章云："道者，先天大道也。道为人之心君，真气
之神主也。民者，五脏六腑十二官也。古之善为摄生养命者，非以
十二官为明，又将以愚之，以心神为主也。"⑤ 由于把道与心等同起
来，自然就会得出修道即为修心的结论。于是，邓锜对《老子》的
诠释便从这方面展开，如第六十六章之注文：

> 丹田气海，谷神真气之所归也。以其善下之，故得朝宗于
> 海，能为百谷王，滋养天地之根也。是以心神欲居五行之上，
> 必以真气下之，欲超五行之先，必以血气后之。是以心君名居
> 五行之上，五行欣然戴之而不为重；神居五行之前，五行欣然

---

① 《重阳真人授丹阳二十四诀》，《道藏》第 25 册，第 808 页。
② 邓锜：《道德真经三解》，《老子集成》第五卷，第 450 页。
③ 邓锜：《道德真经三解》，《老子集成》第五卷，第 461 页。
④ 邓锜：《道德真经三解》，《老子集成》第五卷，第 465 页。
⑤ 邓锜：《道德真经三解》，《老子集成》第五卷，第 469 页。

随之而不为害。是以四肢六脉，万化百骸，乐推之而不厌，以其心神无为，而不与五行争先也。苟有所争，则咸苦不相息，酸辛不相逮，恬淡不相通，虚无不相入，真气不相从，精神不相守，百病生矣，何以为道？夫唯心君不争，故五行莫能与之争矣，大哉言哉。①

《老子》此章并没有涉及心性思想，主要意思是以江海为例，说明如何处下不争。但邓锜从修炼的角度加以发挥，多次运用"心神""心君"等概念，强调心在修炼得道过程中的主宰作用，即"圣人之在天下，人神之在心也，不安而安，无为而为"②。

再看邓锜从现象的角度对"心"的论述。正如理学家常把心二分为人心、道心，宋代以后的道教学者论及心范畴时，也是从不同层面切入的，如分为本体之心、世俗之心等等。邓锜也是如此，他把世俗之心或者现象层面的心叫作"几心"，如《老子》第六十四章注："民之从事也，则异于是，不务实进，常有几心，不务实行，常有几事，虽成而败之。"③这个"几心"，也就是人之尘心，与真心相对，是必须加以去掉的。怎样去除呢？邓锜强调"洗心"：

> 是以圣人提挈天地之道，把握阴阳之气，以一元为一年，以一年为一日，以一日为一时，夺造执于须臾，成大功于顷刻，然后洗心防思，退藏于密，故日是以圣人能成其大也。④
>
> 善建乎道者，一阳来复，潜龙勿用，确乎其不可拔。善抱乎德者，洗心斋戒，退藏于密，介乎其不可脱。⑤

① 邓锜：《道德真经三解》，《老子集成》第五卷，第470页。
② 邓锜：《道德真经三解》，《老子集成》第五卷，第457页。
③ 邓锜：《道德真经三解》，《老子集成》第五卷，第468页。
④ 邓锜：《道德真经三解》，《老子集成》第五卷，第446页。
⑤ 邓锜：《道德真经三解》，《老子集成》第五卷，第460页。

所谓洗心，就是把内心的杂念、欲望去掉，也就是"澄其心"："夫人神好清而心扰之，心好静而欲牵之，常能遣其欲而心自静，澄其心而神自清，自然六欲不生，三毒消灭。"① 只有"洗心""澄心"，才能做到"心境两忘"，这样的境界谓之"无心"：

> 无所者，非不能也，谓彼此无心于其所用也，故不知其用。何故如此？以其善人无心于死地矣，故得不死。燕入室而人喜，雀高飞而遇害，至如无私蹈水火，至诚贯金石者，皆以此。②

这是《老子》第五十章的一段注文，解释为什么有人能够超越生死的问题。邓锜认为，修道者之所以能够不死，就是因为其"无心"，包括"无心于死地"，借用邵雍的诗句来表达就是："天心复处是无心，心到无时无处寻。"③

道教学者解《老》，往往带有术的色彩，这是道教老学的普遍性现象，邓锜同样不例外。老子言道德，德者道之用，对此，邓锜并不从哲理或者政治的角度来诠释，而是从道教修炼的层面进行解释，如他在《道德真经三解》的序言里所说，论道，则"始终原反，其数与理若合符节"；论德，则"交索乾坤，颠倒水火，东金西木，结汞凝铅，一动一静，俱合大道"。④

《老子》第二十五章主要描述道的性质与特点，邓锜解释云：

> 太极圈中，有一神物，可重一斤十六两零三百八十四铢，五千四十年又五千四十日而后结成，形如鹅卵，色似丹砂，明如暾日，味胜甘露，先天地而生，后天地而成，天地得之而生

---

① 邓锜：《道德真经三解》，《老子集成》第五卷，第475页。
② 邓锜：《道德真经三解》，《老子集成》第五卷，第458页。
③ 邓锜：《道德真经三解》，《老子集成》第五卷，第458页。
④ 邓锜：《道德真经三解》，《老子集成》第五卷，第425页。

万物，圣人得之而生万民，虽寂寥独立而不改其变，虽周圆启行而不危其化，可以为天下民物之母，神乎神乎，故圣人字之曰道，强名曰大。①

《老子》此章说"有物混成，先天地生"，这"物"乃指道，以说明道的实在性。邓锜则将"物"诠释为神物，再从丹道的角度加以发挥，以丹解《老》的特色很典型。根据这样的思路，《老子》书中多处对道的论述，邓锜都将其转换为对"丹"的描写。如第五十二章"天下有始"，始即指道，邓锜解释说："天下有始，先天一气也，太极一圈也，元阳一点也，太一一画也。"② 又如第六十二章"道者万物之奥，善人之宝"的注文："万物之奥，天下之至赜也。无状之状，无物之象，生于太极虚明，先天之气结成一粒，大如黍米，名曰金晶，又曰真铅，又曰阳丹，又曰天一，善人之宝也。"③ 这样的解释确实体现出了道教老学的特色。再看第十五章的诠释：

> 夫惟不可识，故强为之容：豫若冬涉川，临深履薄也。犹若畏四邻，不敢进寸而退尺也。俨若客，不敢为主而为客也。涣若冰将释，识心见性也。敦兮其若朴，甲庚正完也。旷兮其若谷，戊己门开也。浑兮其若浊，铅采癸生也。孰能浊以静之徐清，上善若水也。孰能安以久之徐生，十月胎圆也。保此道者，不欲满盈，盈则精神露矣。④

《老子》此章是对体道之士的描述，邓锜的诠释则完全从炼丹入手，由识心见性到十月胎圆，体道的过程自然变为了修丹的过程。又如

---

① 邓锜：《道德真经三解》，《老子集成》第五卷，第441页。
② 邓锜：《道德真经三解》，《老子集成》第五卷，第459页。
③ 邓锜：《道德真经三解》，《老子集成》第五卷，第466页。
④ 邓锜：《道德真经三解》，《老子集成》第五卷，第435页。

下面的两条注文："虽有荣观，一念不动也。燕处超然，心境两忘也。轻则失臣，基址不固，有伤至药也。躁则失君，火候太过，有伤元阳也。"① "合抱之木，生于毫末，二气之于阳神也。九层之台，起于累土，品药之于金液也。千里之行，始于足下，谷神之于玄牝也。步步践履，不容捷径。"② 上述对《老子》名言的解释，和通行的理解确实是大相径庭的。

一般认为，老子之道着重于形而上的抽象层面，缺乏可操作性，这样的看法大致没错。但邓锜以丹道解《老》，老子之道也就成为一套可供实践操作的丹术了。如第七十七章的注文：

> 坎为弓轮，离为兵戈，弧矢之象也。离午为心，坎子为肾，水火之象也。天之道，其犹张弓乎？子后阳生，下者举之，午后阴生，高者抑之。心火有余，肾水息之，有余者损之也。肾水不足，心火息之，不足者与之也。水火相息，天之道损有余而补不足也。人之道则不然，肾水不足，又从而以欲竭其精，不足者损之也。心火有余，又从而以酒为浆，有余者奉之也。水火相射，人之道损不足而奉有余也。谁能损其有余，以奉周身之不足？唯有道者能之。③

《老子》本章的天之道与人之道，被解释发挥为人体内心火与肾水之相息相激，而金丹修炼之门径亦尽在其中。

作为全真道士，邓锜的老学还反映出了张伯端南宗一系的思想特色，所以《道德真经三解》总是反复引用张伯端《悟真篇》之诗句。如第六章"玄牝"之解释："紫阳有云：'要得谷神长不死，须凭玄牝立根基。真精既反黄金屋，一颗明珠永不离。'又云：'玄牝

---

① 邓锜：《道德真经三解》，《老子集成》第五卷，第 441 页。
② 邓锜：《道德真经三解》，《老子集成》第五卷，第 468 页。
③ 邓锜：《道德真经三解》，《老子集成》第五卷，第 477 页。

之门世罕知，只将口鼻妄施为。饶君吐纳经千载，争得金乌搦兔儿.'真知玄牝者也。"① 而在修炼上主张金丹大药，反对旁门小数，这也是与张伯端思想一致的，如第四十四章之注："夫妇顺则生人，假人也。天地逆则生丹，真人也。假人终死于夫妇，真人长生于天地矣，名与身，孰亲也。身中之药，三百八十四铢，一铢可点，凡汞一斤，或黄或白，铢无所损，黄白愈多。然舍尔灵龟，观我朵颐，其道凶矣，身与货，孰多也。以酒为浆，以妄为常，以欲竭其精，以耗散其真，或金石草木以补之，或咽纳握固以助之，恨其死之不速，得与亡，孰病也。"② 邓锜此注恰可以与张伯端以下诗篇相互参证："不识真铅正祖宗，万般作用枉施功。休妻谩遣阴阳隔，绝粒徒教肠胃空。草木金银皆滓质，云霞日月属朦胧。更饶吐纳并存想，总与金丹事不同。"③

当然，邓锜的以丹解《老》也是符合全真教旨的。王重阳《立教十五论》第九条为："调和五行精气于一身，以正配五气。"第十一条为："修炼性命。"可见全真道虽然重视心性修炼，但也是讲究修命的。而其修持丹法出于钟离权、吕洞宾，与张伯端南宗同源。邓锜老学思想所反映出来的正是南北之学的共同特点。

四、余论

自邓锜《道德真经三解》后，全真道老学的代表性著作有陈致虚《道德经转语》、陆西星《老子道德经玄览》、程以宁《太上道德宝章翼》、潘静观《道德经妙门约》、宋常星《道德经讲义》、刘一明《道德经会义》与《道德经要义》等。由于全真道士诠释《老子》时常常发挥己意，有着自己的理论见解，所以他们的注解具有思想史的意义，是研究全真道教义与思想的重要材料。笔者曾指出全真道

---

① 邓锜：《道德真经三解》，《老子集成》第五卷，第431页。
② 邓锜：《道德真经三解》，《老子集成》第五卷，第454页。
③ 王沐：《悟真篇浅解》，第27页。

老学的三个特点①：其一，全真道老学与全真道教义密切相关。由于全真道教义的一个重点是"全老庄之真"，所以从全真道老学即可看出全真道的教义与思想精神。如对真常之道的解读，便反映出了全真道的立教宗旨及其教义教理的发展与变化。其二，全真道老学具有圆融性。全真道各家《老子》解义，或言道论，或言治国，或言修身，各有侧重，但大都能够做到教理与学理的统一，这是全真道学者解《老》的高明之处。其三，全真道老学具有宗教性。自《河上公章句》《老子节解》以来，以养生方术注《老》成为道教的传统。道教人士解《老》与一般学者的不同之处在于，他们往往从信仰的角度或者实修的层面来理解《老子》，全真道士老学亦不例外，如刘一明言："余方外人也，于天下国家之事不敢妄言，而于修身之道专言之。"② 全真道士把老子思想解释为修炼方法，将治国等同于治身，又重新回到了《河上公章句》《老子节解》的诠释理路上，显然加强了全真道的宗教性。当然，这一诠释路向并非简单的回复，而是以真常立宗，用"修道即修心"解释身国同治，突出性命双修的主题，体现出全真道的立教精神。

第四节　陈致虚的老学思想

陈致虚（1290—？ 年），字观吾，号上阳子，江右庐陵（今江西吉安）人。曾师事著名南宗道士李钰、赵友钦，"深得内丹之诀"③，在道教内丹理论方面颇有建树，有《上阳子金丹大要》《周易参同契

① 参见刘固盛：《全真道老学研究》，香港青松出版社 2010 年版，第 76—77 页。
② 刘一明：《道德经要义序》，《老子集成》第十卷，第 195 页。
③ 傅燮鼎：《九宫山志》卷四《仙释》，《中国道观志丛刊》第 7 册，江苏古籍出版社 2000 年版，第 95 页。

分章注》《悟真篇注》《元始无量度人上品妙经注解》等著作传世，是元代道教内丹学家的重要代表。陈致虚虽是金丹派南宗传人，但他又以全真嫡传自居，是"元代中后期二宗合并的积极推动者"①。北方全真道因受元室扶持，政治地位大大提高。随着全真道的南传，组织松散、力量相对弱小的南宗道徒纷纷合流于全真门下。南宗和全真道都以钟离权、吕洞宾为自己的始祖，但传承谱系有所不同，可谓同源异流。为了使二宗合为一宗，陈致虚将两派的传承谱系联系起来并略作调整，形成了一个双方都能接受的传承体系：王玄甫传钟离权，钟离权传吕洞宾，吕洞宾传刘海蟾和王重阳，刘海蟾传张伯端、石泰、薛道光、陈楠、白玉蟾，王重阳传北七真。另一方面，他宣称自己这一派传自丘处机的弟子宋德方，并且极力抬高全真道祖师的地位而压低南宗祖师的地位。陈致虚在南北宗融合的过程起了关键作用，因此，亦可视为全真道传人。

陈致虚的老学思想集中在《上阳子金丹大要》② 一书中，主要有《虚无卷》中的《道德经序》《道可道章解》，《积功卷》中的《道德经转语》③。其中，《道德经转语》以七言绝句的形式阐发《道德经》各章的思想要旨，别具一格。此外，《上阳子金丹大要》各章中的金丹论以及陈致虚与弟子讨论金丹的书信中也多引《道德经》，亦体现了他对《道德经》的理解。陈致虚在肯定老子明"道"意义的基础上，重点从道教金丹的角度对老子之道进行阐发，并以金丹之道统合儒、释、道三教，体现了其三教合一思想的道教立场。

一、"此道得老子以明"

陈致虚在《道德经序》开篇指出："道始无名，德亦非称。自伏羲画卦，苍颉创爻，玄龟龙马，《河图》《洛书》，文王重《易》，箕

---

① 卿希泰主编：《中国道教史》第三卷，第 377 页。
② 《上阳子金丹大要》收入《正统道藏》"太玄部"，另有明嘉靖十四年汗简斋刊本。
③ 《道德经转语》单独收入《老子集成》第五卷，第 651—657 页。

子《洪范》，皆存而不名。老子垂世，始强名之曰道。"① 道是先天地而存在的，因此，在老子之前，道就存在并发挥着作用。但是，伏羲、仓颉、文王、箕子等圣人以及《河图》《洛书》《周易》《尚书》等重要典籍，都没有为道命名，直至老子才"强名"为"道"。"强名"之说源自《道德经》第二十五章，因此，陈致虚这段话可以看作是《道德经》第二十五章的发挥。在他看来，道生天地、育万物，却不显其功：

> 夫道之为说，先天地而位天地，始万物而育万物。草木根实，非道不生；胎卵湿化，非道不产。道，果何物也？其可见乎？而功用若是。其可摸捉乎？而造化若是。其可思议乎？而变通若是。②

因此，如果老子不指出道的存在并强为之名，普通人永远也无法体会到这既不可见，又不可捉摸、不可思议之道。从这个意义上来说，是老子"发现"了道：

> 自老子一指出、一强名之后，千古之上，此道得老子以明；万世之下，此道以老子为法。天以清，地以宁，三光以明，万物以荣，圣人仙佛以修以成。③

陈致虚认为，老子发现道之后，道成为老子思想的核心。此道是天地万物存在的依据和运转的法则，圣人依道修行则可成仙成佛。可见，陈致虚在老子宇宙生成论的基础上，又强调了道的本体属性。

既然是老子发现了道，要认识道就必须从了解老子的《道德经》

---

① 陈致虚：《上阳子金丹大要》，《道藏》第 24 册，第 7 页。
② 陈致虚：《上阳子金丹大要》，《道藏》第 24 册，第 7 页。
③ 陈致虚：《上阳子金丹大要》，《道藏》第 24 册，第 7 页。

入手。关于《道德经》的来历和演变，陈致虚说："昔者老子西游，关令尹喜知为圣人，迎之曰：子将隐矣，强为我著书。老子乃著五千余言而去。其著书处，今京兆周盩厔县终南山宗圣宫是也。此书留世，始以《老子》名，分上下二篇。真人郑思远标注八十一章之目，唐赐号曰《道德经》。古今解注，何啻数百人？唯河上公所释以授汉文帝者，语淡义深，今难得其真本。"① 老子所著五千言，从书名到分篇、分章，都经过演变，历代数目众多的《老子》注更是体现了老子思想的深远影响。陈致虚对其中的《老子河上公章句》评价最高，说其"语淡义深"。诚然，《老子河上公章句》一直以来受到道家、道教学者的推崇，是流传最广、影响最大的《道德经》版本之一。

接着，陈致虚指出，理解《道德经》的关键在第一章："经中大意，第一章显而出之，了具眼者，于此早分利钝。夫道也者，本无名无为，且名亦既有，复不可常名，则无为而无不为矣。故三十八章曰：上德无为而无以为，下德为之而有以为；上仁为之而无以为，上义为之而有以为。熟于道德者，体无为而无不为也。无为者，无以为也；无不为者，有以为也。为是道者，慧饶颜闵，必待师传。"② 因此，他专门作《道可道章解》，对老子道的特点进行阐发。

在《道可道章解》中，他首先指出："夫道也者，位天地育万物曰道，揭日月生五行曰道，多于恒河沙数曰道。恒河者，西之界，此河四十里，沙细如面，比数之多者也。孤则独一无侣曰道，直入鸿蒙而还归溟涬曰道，善夺造化而顿超圣凡曰道，目下机境未兆而突尔灵通曰道，眼前生杀分明而无能逃避曰道。处卑污而大尊贵曰道，居幽暗而极高明曰道。"③ "位天地育万物""揭日月生五行""多于恒河沙数"，强调道作为天地万物存在的依据和运行的法则，其作

① 陈致虚：《上阳子金丹大要》，《道藏》第 24 册，第 7 页。
② 陈致虚：《上阳子金丹大要》，《道藏》第 24 册，第 7—8 页。
③ 陈致虚：《上阳子金丹大要》，《道藏》第 24 册，第 9 页。

用无处不在。"孤则独一无侣曰道，直入鸿蒙而还归溟涬曰道，善夺造化而顿超圣凡曰道，目下机境未兆而突尔灵通曰道，眼前生杀分明而无能逃避曰道"则强调本体之道超越于天地万物之外，并从顿悟的角度描述体道的感受。

那么，如何认识道呢？陈致虚说："是道也，有大识见之眼而无睛，有大智慧之耳而无闻，有吸西江之口而无齿，有诸妙香之鼻而不嗅，有杀活舌头而味不味，有金刚法身而在自在，有生死剑而武士不敢施用，有一字义而文人不能形容。虽黑漫漫，不许一眨，暗而日彰；任峭巍巍，辟立万仞，放身无怖。细入刹尘曰道，大包天地曰道，将无入有是道，作佛成仙是道。佛经五千四十八卷，也说不到了处；《中庸》三十三章，也说不到穷处；《道德》五千余言，也说不到极处。"[1] 在他看来，道难以用语言形容，无法靠感官认知，更非经典可以尽述。因此，要想认识道，首先要分清"可道"与"非常道"：

> 可道者，道有号，道有名，道有讳。比如道之号曰万物宗，是道号也；名曰涅盘妙心，是表德也。道之号与表，皆可呼可言，故曰可道。至如道之讳，却是生万物之道，虽有其名，而不可以常道，故曰非常道。何谓非常道？盖可自见而不可以人见、众生见；可自道而不可以人道、众生道，是云可道非常道也。何谓非常道？以其至广大而尽精微，故不可以常道也；以其净保保、赤洒洒、巍巍尊高，故不可以常道也；以其杳冥恍惚，有物混成，先天地生，故不可常道也，是谓非常道者也。[2]

"可道"是人们为了描述道某方面的特点所用的名、号，如"万物宗""涅盘妙心"等，名或号都无法呈现道的真谛。真正的道即"非

---

[1]　陈致虚：《上阳子金丹大要》，《道藏》第24册，第9页。

[2]　陈致虚：《上阳子金丹大要》，《道藏》第24册，第9—10页。

常道"，广大精微，只能自见、自道，而不可让众人见、为众人道。

如何自见"非常道"呢？陈致虚在解释"此两者同出而异名，同谓之玄，玄之又玄，众妙之门"句时指出：

> 两者，道与名也，无与有也，始与母也，妙与窍也。皆云两者，而当以无与有为先。同出而异名者，有无同出于一，而名乃分矣。玄者，不可见、不可闻、不可说。同谓之玄者，无与有两者，皆不可得而见闻名说也。玄之又玄者，以其无与有两者，愈不可见，愈不可闻，愈不可名谓，即佛云不可说，不可说转不可说者，即此道也。众妙之门者，言其玄乃万物冲虚，至圣出入之所也。而我师谓：有言外意。[1]

"两者"的具体含义，历代解《老》者理解各异，陈致虚认为"两者"的含义并非限于一种，道与名、无与有、始与母、妙与窍皆是"两者"所指，但"当以无与有为先"。陈致虚在解《道德经》第一章"无名天地之始，有名万物之母。常无欲以观其妙，常有欲以观其徼"句时重点阐发了无和有的重要意义：

> 无者，待之而后动也。有者，已动而将形也。天地始者，雌雄蟠纠而物所自晖。万物母者，阴阳感兆而气所自育。以无而偶有者，犹以天而配地。以母而匹始者，犹以气而合神。是知有与无二者峙，而天地位焉。始与母二者出，而万物育焉。我师云：人之灵明知觉者，即无也，神也。絪缊活动者，即有也，气也。此论玄远，安其大方眼，然后可以见不见之处，照不照之所也。[2]

一定之中而求变化曰常。未见之前而将兴发曰欲。冲虚至

---

① 陈致虚：《上阳子金丹大要》，《道藏》第24册，第10页。
② 陈致虚：《上阳子金丹大要》，《道藏》第24册，第10页。

圣曰妙，包元含灵曰窍。常无欲以观其妙者，于一定之中而求变化，待之而后动，而于未见之前而将兴发，此即观其冲虚至圣之妙也。常有欲以观其窍者，于一定之中而求变化，已动而将形，形于未见之前而将兴发，此即观其包元含灵之窍也。我师曰：观其妙者，见其智慧之精微；观其窍者，见其功用之远大也。[①]

在他看来，无和有是认识道的两种方法。无"待之而后动"，可以观冲虚至圣之道；有"已动而将形"，可以观包元含灵之道，二者各有所长，不可或缺。因为，以无观其妙，可以"见其智慧之精微"；以有观其窍，可以"见其功用之远大"，对于认识不同层面的道都是很有帮助的。

二、"老子之道，即金丹之大道也"

在陈致虚看来，老子不仅发现了道，而且是修道成仙的楷模："噫！后之人，峨其冠者不明玄牝窍妙之门，曳其裾者不修无为有为之道。使彼之有目者视之为异端之教，彼之有口者呼之为异端之徒。而世之明敏器识之士，甘与彼之下愚，或侪或躐，奔竞是非，至于老死而不知有神仙之道。惜哉！且三教圣贤之所建立者，始焉莫不各有其道，而继之者特未善也。老子者，圣人也，太上也。巍巍尊居三清之境，以生育天地，运行日月，宰制劫运，终始万物为心。其视天下民物一不安者，若己有之。"[②] "三清之境"即清微天玉清境、禹余天上清境、大赤天太清境，是道教最高神元始天尊、灵宝天尊、道德天尊的居所。老子"巍巍尊居三清之境，以生育天地，运行日月，宰制劫运"，已经是道教的神灵。

至于老子修道为何能成仙，陈致虚在《道德经序》中明确指出：

---

① 陈致虚：《上阳子金丹大要》，《道藏》第 24 册，第 10 页。
② 陈致虚：《上阳子金丹大要》，《道藏》第 24 册，第 9 页。

"老子之道，即金丹之大道也。"① 老子修炼金丹之道，不仅自己登真成仙，而且对道教的发展产生了深远的影响：

> 金丹之道，黄帝修之而登云天，老君修之是为道祖。巢由高蹈，筏铿长年，尔来迄今，历数何限。求于册者，当以《阴符》《道德》为祖，《金碧》《参同》次之。自河上公五传而至伯阳真人，祖天师得伯阳之旨，丹成道备，降魔流教。仙翁济幽，旌阳斩蛟，是皆逢时匡世救劫，斯乃真仙之余事耳。华阳玄甫、云房洞宾，授受以来，深山妙窟，代不乏人。其间道成而隐，但为身谋，不肯遗名于世间者，岂胜道哉。复有传世存道，序传诗歌，或隐或显，宁具知乎。至于功高德重，尊居帝境，宰制劫运者，又难备知。燕相海蟾受于纯阳，而得紫阳，以传杏林、紫贤、泥丸、海琼，接踵者多。我重阳翁受于纯阳，而得丹阳，全真教立，长春、长真、长生，玉阳、广宁、清静诸老仙辈，枝分接济，丹经妙诀，散满人间。唯紫阳《悟真篇》颇详，又得无名子诸公引而明之。我黄房公得于丹阳，乃授太虚以传紫琼。我缘督子得于紫琼，详见《太虚真人传》。缘督子间气聪明，博物精通，挹尽群书，或注或释，总三教为一家，作《仙佛同源》《金丹难问》等书，到此而丹经大备。其意悯怜修道之人，率多旁门，以伪乱真，故于卷中指出：先天一气独是，谓若水银、朱砂、黑汞、白金、火候抽添、安炉立鼎，名之则是，用之则非。《阴符经》云：天性，人也；人心，机也。又云：天地，万物之盗；万物，人之盗；人，万物之盗。又云：人知其神而神，不知不神而所以神也。《道德经》云有无妙窍、玄牝神器，至有上善若水、不敢为天下先者，皆至言也。又如列子御风，庄周鹏运，虽皆寓言，却有深义。《金碧经》《参同

---

① 陈致虚：《上阳子金丹大要》，《道藏》第 24 册，第 9 页。

契》分明指出：金汞火候，弦气爻符，借易为准，其妙在于欲
作服食仙，宜以同类者取象于月，以验采铅。后之所述，无以
易此。仙圣用心，普接未来，惟只先天真一之气而已。①

陈致虚认为，金丹之道始自黄帝、老子，后经河上公、魏伯阳传至
张道陵，张道陵用以降魔传教者即为金丹之道。至隋唐，钟离权、
吕洞宾开创内丹派，后分为金丹派南宗和全真道两支，均传金丹之
道。他强调，欲求金丹妙诀，"当以《阴符》《道德》为祖，《金碧》
《参同》次之"，并列举这些经典中体现金丹思想的内容。在陈致虚
看来，《道德经》是承载金丹之道最重要的经典之一。《道德经转语》
第八十一章曰："既以与人已愈多，圣人不积抱天和。五千言是金丹
髓，信则修之上大罗。"② 有研究指出："这首诗反映了陈致虚的基本
思想宗旨。在他看来，五千言《道德经》是道教金丹理论的精髓。
按照老子之教来修炼金丹便可得道升仙，进入道教所描绘的最高神
仙胜境——大罗天之境。"③ 更有学者提出："陈致虚'金丹之道'的
哲学思想及其主要特征都是建立在老子《道德经》的基础之上的。"④
反映了陈致虚的金丹理论与《道德经》的密切关系。

然而，历代以来，解《老》、用《老》者不计其数，由于身份的
不同，解《老》的角度各异，而用《老》者也各有侧重，陈致虚评
论说：

> 大哉！五千余言。多以天下国家、用兵治民之说，以翼其
> 道。然以之平天下、治国家、用兵使民，无施不可。仁者见之

---

① 陈致虚：《上阳子金丹大要》，《道藏》第 24 册，第 2—3 页。
② 陈致虚：《上阳子金丹大要》，《道藏》第 24 册，第 40 页。
③ 何乃川、詹石窗：《论陈致虚的积功累行诗》，载《道韵》第 5 辑，中华大道出版
部 1999 年版，第 218—235 页。
④ 何建明：《陈致虚"金丹之道"的老学特征》，见《全真道与老庄学国际学术研讨
会论文集》上册，华中师范大学出版社 2009 年版，第 529 页。

谓之仁，智者见之谓之智。故莹蟾子有治道、丹道、兵机、禅机之说也。将以无为之道，奏之于吾皇，以仿陶唐无为之治也。其将以有为之道，告之于宰辅，行治平日新之德也。其将以无不为、有以为之道，训诸学道之士，以修金丹也。得此道以无为而治天下者，汉文帝之谓矣。得此道以佐汉而定天下者，张子房之谓矣。得此道而其鬼不神者，张辅汉之谓矣。得此道而善摄生者，许旌阳之谓矣。①

他认为，《道德经》运用广泛，"无施不可"。因此，无论是以政治解、以军事解，还是以道教内丹学解、以禅宗思想解，都各有所长，见仁见智，而用此书者也各有所得。可见，他对于《道德经》诠释向度和运用角度的多元化是肯定的。但是，陈致虚本人更倾向于金丹解之：

妙哉是经，其言父则云教父，母则云物母。此其为《道德经》也。其旨意先有为而后无为，非蠢然无为也。本道德而后仁义，非毁于仁义也。先仁义而后礼，非弃于礼者也。如不贵难得之货，此皆直指大道，显露玄机者也。经内隐八十余异名，如众甫、神器、玄牝、橐钥之类，盖深注意于道，使后之人从是而悟，因悟而入，因入而有焉，即有为者，金丹也。②

在他看来，《道德经》中描述大道的内容，如"恍惚中有象有物，杳冥中有精有信"等，均直指金丹。此外，《道德经》中还有八十多个词，如众甫、神器、玄牝、橐钥等，均为金丹之道的异名。因此，陈致虚从金丹的角度阐发了自己对老子之道的独特理解。

有弟子对陈致虚关于老子之道即金丹的说法提出疑问："老子著

---

① 陈致虚：《上阳子金丹大要》，《道藏》第 24 册，第 8 页。
② 陈致虚：《上阳子金丹大要》，《道藏》第 24 册，第 8—9 页。

五千言，未尝言金丹者也。"陈致虚回答："老子未尝不言，特不之显题耳。"① 即老子没有直接用"金丹"一词，但并不代表老子没有金丹思想。接着，他举例加以说明：

> 老子曰：常无欲以观其妙，常有欲以观其窍，此两者同出而异名，同谓之玄，玄之又玄，众妙之门。老子曰：有物混成，先天地生，寂兮寥兮，独立而不改，周行而不殆，可以为天下母，吾不知其名，字之曰道，强为之名曰大。是以后来称之曰大道者，此也。古之圣人也，或正言，或方言，或厄言，或寓言也。是金丹也，皆存于言之表，而言之中乃含之而已矣，奚可显而言之者也。曰：老子之不显言也。千古之上固未有显言者，万世之下复不可得以言而显之也。②

陈致虚强调，古圣人的言论不能只看表面，而要看语言背后蕴含的思想。因此，老子的很多言论，如"常无欲以观其妙，常有欲以观其窍""有物混成，先天地生，寂兮寥兮，独立而不改，周行而不殆"等，讨论的对象都是"大道"。在《与复阳子欧阳玉田、全阳子周草窗》信中，他就直接将老子所谓的观妙观徼之道称为"金丹"：

> 金丹者，即老子观妙观徼之道也。妙也者，无为而无不为也。徼也者，有为而有以为也。无为者，安而行之也。有为者，勉强而行之也。夫人禀上德之资，本来清净，岂知日凿一窍，而浑沌之体不全。常人以爱欲而就不全之体，至于殂而已。今吾命玉田曰复阳子、草窗为全阳子，岂无旨乎？盖大修行人，以其不全而图其复全也。世之千蹊百径，俱不能复而全之，唯金丹之道可以复全。复者何也？要我真阳之复归也。全者何也？

---

① 陈致虚：《上阳子金丹大要》，《道藏》第 24 册，第 55 页。
② 陈致虚：《上阳子金丹大要》，《道藏》第 24 册，第 55 页。

要我真阳之纯全也。牵将白虎归家养，复阳也。产个明珠似月圆，全阳也。阳复则有火候，阳全则有脱胎。金丹之道，其斯之谓钦。①

不仅如此，在陈致虚看来，老子还有关于金丹的重要元素以及金丹修炼的过程等方面的论述。例如关于精、气、神，陈致虚论曰：

> 夫金液还丹之精，姓金唤九三郎，讳元晶，号曰金华商夫君。居玉池之西，出入跨虎，乳名婴儿，晚则呼为金公。凡到邻家便称主人，其情嗜交梨，此乃先天地之精，却为人之至宝。老子曰：窈窈冥冥，其中有精，其精甚真，其中有信者，此也。②

> 唯先天真一之气，可炼还丹，乃自虚无中来。此气姓白，唤太一郎，名元炁，号曰宇宙主宰素练郎君。寄居西川，出入乘白马，乳名真种子，晚则呼白头老子。到邻家便称父母，好食乌龟而多情，此为先天地之真气，却是人之至宝。《阴符经》曰：天之至秘，用之至公，禽之制在气。老子曰：万物负阴而抱阳，冲气以为和。又云：或嘘或吹，或强或羸。大修行人，先须洞明此之一气，若得之，号曰紫金花，又曰摩尼珠。茅真君靖中吟曰：气是添年药，心为使气神，若知行气主，便是得仙人。③

> 是皆不外神气精三物，是以三物相感，顺则成人，逆则生丹。何谓顺？一生二，二生三，三生万物，故虚化神，神化气，气化精，精化形，形乃成人。何谓逆？万物含三，三归二，二归一，知此道者，怡神守形，养形炼精，积精化气，炼气合神，

---

① 陈致虚：《上阳子金丹大要》，《道藏》第 24 册，第 47 页。
② 陈致虚：《上阳子金丹大要》，《道藏》第 24 册，第 11—12 页。
③ 陈致虚：《上阳子金丹大要》，《道藏》第 24 册，第 13 页。

炼神还虚，金丹乃成。①

　　陈致虚认为，老子所说的"窈窈冥冥，其中有精，其精甚真，其中有信"即是金丹修炼必需的"先天地之精"，而老子所说的"万物负阴而抱阳，冲气以为和"以及"或嘘或吹，或强或羸"即金丹修炼必需的"先天真一之气"。在修炼的过程中，对精、气、神的运用要与老子的宇宙生成顺序相反，方可炼成金丹。

　　陈致虚在传道授徒的过程中，与道友或弟子讨论金丹修炼时，也常常论及老子思想。下面以他与两位九宫山高道的书信为例加以说明。

　　九宫山西连衡岳，东接匡庐，绵亘数百里，钟灵毓秀，被誉为"游仙之别所"，"栖真之福地"。② 南宋初年，道士张道清赴九宫山开辟道场，济世度人，护国救民，弘道阐教，受到皇室尊崇和广大民众的崇信，九宫山发展成为南宋江南道教的中心，声名远播。张道清坐化之后，南宋宁宗亲拟40字作为九宫山道流宗派字号，对九宫山道教的传承发展有很大的推动作用。至元代，九宫山道教御制派仙真辈出，继续受到朝廷重视，如罗希注被元世祖忽必烈征聘召见，"侍祠累年，累降玺书，庇卫其众"③，车可诏则被元仁宗授予"文正明道诚德法师、教门高士、本宫住持提点"④ 等。陈致虚曾多次前往九宫山访道。在九宫山，他与道教御制派传人罗希注、明素蟾、车可诏等人谈玄论道，留下了《与宗阳子明素蟾》《与罗洞云书》《与九宫碧阳子车兰谷》三封书信，阐述内丹之学。例如在《与罗洞云书》中，陈致虚对罗希注的内丹修炼予以充分肯定：

---

① 陈致虚：《上阳子金丹大要》，《道藏》第24册，第16页。

② 赵孟頫：《九宫山重建钦天瑞庆宫记碑》，见《道家金石略》，文物出版社1988年版，第868页。

③ 欧阳玄：《重建钦天瑞庆宫碑》，见《九宫山志》卷九《艺文一》，江苏古籍出版社2000年版，第242页。

④ 欧阳玄：《重建钦天瑞庆宫碑》，见《九宫山志》卷九《艺文一》，第242页。

古人八十犹炼还丹，以其阴未极而汞未乾也。今泰庵形壮神全，德厚气裕，其推掷当时好客之心，肃礼微妙玄通之士，培养根果，熟辨时节因缘，则行有所得矣。……若夫朝乘九宫之云，暮宿西山之雨，暂凭轩而却暑，偶洗耳以听泉，俯瞰溪中之游金，仰盼林高之拂翠，南窗寄傲，东皋舒啸，篇诗遣兴，樽酒论文，焚香操琴，煮茗留客，梅边邀月，游目骋怀，世外忘机，平心接物，此泰庵之乐事，宜乎公之共赏也。隐瑞庆，登逍遥，侣一二仙，积八百行，流戊就己，制四降三，求格外之玄，行易中之道，用乾之策，合坤之轨，用九运六，知雄守雌，小往而大来，以汇而征吉，此泰庵之确事，宜乎公之有守也。甚而握旌阳之剑，吞湛母之丹，月见庚方，药归鼎内，密采乾金于黑户，潜搬坤土于黄房，分阳刚而阴柔，互震男而兑女。离龙养火，坎虎跃金，志同而上下交，宇定而天光发，以觉觉后，自利利他。此真牧之所以长存，而旌阳之所以秘授，是为庵中之泰，宜乎公之专美也。①

陈致虚认为罗希注志趣高远，继承并发展了张道清和许旌阳的丹术，所以他将自己师傅缘督真人赵友钦传授的修炼体验与罗氏交流："敢以吾道复之。老子曰：执大象，天下往。往而不害，安平泰。我赵老师释之曰：执者有之在己，内丹已成，婴儿渐大，隐显灵变，莫测神通，出入去来，安居平易，泰然自得，无所不通。"②赵友钦认为《道德经》第三十五章中的"执大象，天下往。往而不害，安平泰"实际上是描述内丹炼成之后的神秘境界。

车可诏亦曾师事陈致虚学习金丹大道，在《与九宫碧阳子车兰谷》中，陈致虚对车可诏评价极高："九宫山碧阳子车兰谷为玄门栋梁者，四十余年矣，其功业设施，表表在人耳目也，卓然道眼，识

---

① 傅燮鼎：《九宫山志》卷八《玄空》，第196—198页。
② 傅燮鼎：《九宫山志》卷八《玄空》，第198页。

人不似他人之忌才者。"① 遂将"祖师先天后天金丹之旨"② 毫无保留地传授给他：

> 大修行人，体金丹之道而修之，逆五行而用之。逆者，何也？坎中之阳赫赫，即乾金也；离中之阴肃肃，即坤爻也。金丹者，以坎而升于离之上，以己而合于戊之门，伏坎中之虎以降离中之龙，取坎中之金以克离中之木，纳坎中之水以炼离中之火，采坎中之气以补离中之精，回坎中之阳以实离中之阴，即复纯乾而成真人。《传》云："西南得朋"，伯阳云"真人潜深渊"，天台云"铅见癸生须急采"，马祖云"一口吸尽西江水"者，此皆还丹之道也。故降伏自己之虎龙，采取身中之精气。然降伏者功在于德，采取者不外乎道，道无德不能采取，德非道无以降伏。所谓采取者，只须一时之功，非有迟疑之事。盖一时者，要在初三日内取之。当此初三之夜，月生庚方之际，此时水源至清，浑无扰动，急用半时采取，归于鹊桥之东，结成黍粒之丹，入于黄金室内，炼之成之，谓之金丹，谓之先天大道。③

在陈致虚眼中，车可诏与一般的弟子不同，虽身处住持提点之位，事务繁多，却能虚心问道，潜心修炼："碧阳子闻一且问二，闻二复问三，既不以才自矜，复愈高而愈进。山间林下或有超然颖脱之器，以生死为一大件。如我碧阳子者出，研精究微，参玄造妙，还丹坎户，结胎黄房，若非白日而飞升，亦傍神仙地位而去，况其精进而勇猛者乎？谚云：一子出家，九族登仙，其斯之谓欤？今碧阳子虽其主领事繁，犹能孜孜上道，直以坚固为实践，不以诳妄为虚彰，

---

① 陈致虚：《上阳子金丹大要》，《道藏》第 24 册，第 43 页。
② 陈致虚：《上阳子金丹大要》，《道藏》第 24 册，第 43 页。
③ 陈致虚：《上阳子金丹大要》，《道藏》第 24 册，第 43 页。

与彼梦生醉死者大有迳庭。《南华》云：卜梁倚有圣人之才而无圣人之道，吾将以圣人之道告之，庶几其果为圣人乎？碧阳子今闻圣人之道，已早修有为之德，高证无为之功，以应龙沙八百之谶乎？"①车可诏关于内丹修炼的恰切体会和不断精进，受到陈致虚的称许。不过陈致虚还是提醒他，作为教门中人，修炼身心都要以老子的思想为准则：

> 噫！世人之所以峨其冠者，入老氏之门，学老氏之道也。夫老氏之道实精气修返还，尚清虚、寡嗜欲、薄饮食、离尘缘、广慈悲、树阴德、损之又损至于无为，是则谓老氏之徒。今焉处珠宫、披鹤氅，直以问道为羞为辱者，何不反思吾教之所学何也！间有一二希乎修养之说者，则丛聚而笑之。我太上曰：下士闻道，大笑之。岂古然哉！夫既入其门而不行其道，则为老氏之蠹也。蠹者，衣其服而妒其教，蚕其食而訾其道，是犹服尧之服而非尧之言，吾不知其可也。纵负出类拔萃之材者，亦甘以清高至贵之身弃之于浊恶之地，使俗之有口者，呼之为异端之徒。吁，可惜哉！②

有些人虽然身穿道袍，身处道门，却不依老子之道修身炼养，甚至嘲笑那些潜心修炼的道士。陈致虚认为这样的人不能称为"老氏之徒"，只能算"老氏之蠹"。在陈致虚的点化下，罗希注、车可诏等人得入金丹正途。

三、"天下无二道，圣人无两心"

宋元时期，儒、释、道三教在融合中向前发展。金丹派南宗自

---

① 陈致虚：《上阳子金丹大要》，《道藏》第 24 册，第 44 页。
② 陈致虚：《上阳子金丹大要》，《道藏》第 24 册，第 43—44 页。

张伯端即主张"教虽分三，道乃归一"①，至赵友钦更提出"总三教为一家"②。王重阳创立全真道之初，亦提倡三教合一，成为全真道教理的重要内容。陈致虚为南宗传人，亦以全真道嫡传自居，因此，三教合一也是其老学思想的重要内容。

陈致虚在《道德经序》中明确提出"天下无二道，圣人无两心"③。在他看来，儒、释、道三教所追求的道实际上是一致的。他首先指出，儒家的日用伦常、佛教的念佛坐禅、道教的焚修法术，都不合乎大道：

> 道果何物而若是其大也？孔子而佛，皆明此道，非别有一道也，后来乃分三教。儒者不明曾子、子思之相受何事，却猜之为日用当行。释者不能明心见性，只得念诵顽坐。道则不究金丹窍妙，以为焚修法术。皆非道也，盖未有所授受耳。④

那么，道到底为何物呢？他接着说："道之为物，通气而生气，复资气而育天地万物，未有非气而自生育者。"⑤ 陈致虚认为，道的存在形式与气类似，与此同时，道产生气并通过气来生育天地、万物。道与气的关系，他在《道可道章解》中也有论述："道也，果何谓也？一言以定之曰：气也。故郑真人曰：道乃气之用。当知体其道者，是气也。"⑥ 将道解释为气，是为金丹之道的提出做准备。他强调，此气非口鼻呼气之气，而要从外和内两个层面来理解：

> 然吾所谓气，却非天地呼吸口鼻往来。要知是气之名，须

① 王沐：《悟真篇浅解》，第1页。
② 陈致虚：《上阳子金丹大要》，《道藏》第24册，第3页。
③ 陈致虚：《上阳子金丹大要》，《道藏》第24册，第9页。
④ 陈致虚：《上阳子金丹大要》，《道藏》第24册，第7页。
⑤ 陈致虚：《上阳子金丹大要》，《道藏》第24册，第7页。
⑥ 陈致虚：《上阳子金丹大要》，《道藏》第24册，第7页。

究外内之道。气之在外者曰黑铅，即金丹之道也，释云佛法，儒谓仁义，道曰金丹。三教大圣必用是气而后方能成佛作仙，即此是道，非别有一路耶。气之在内者曰黑汞，即修定之道也，道名踵音，儒谓中和，释云世音，即自然之道，三教大圣必用此道，故名虽殊而道则同也。是以天下无二道，圣人无两心。①

"黑铅""黑汞"是金丹修炼的重要元素，分别指金丹之道和自然之道。儒家的仁义，佛教的佛法，道教的金丹，这是道显之于外者。儒家的中和，佛教的世音，道教的踵音，这是道形之于内者，亦即自然之道。也就是说，三教使用的名称虽然不同，但所阐发的道的本质是一致的。他从气的角度将三教之道归为一道，反映了三教合一的道教立场。

此外，在《三教一家》中，陈致虚还从心性的角度对"天下无二道，圣人无两心"的思想作了更加深入的阐发。弟子问他："敢问古之圣人立教分三，师乃合三教而归一家。夫如是矣，道惟一乎，抑有三乎？"他回答说：

天下无二道也。昔者孔子曰：参乎，吾道一以贯之。老子曰：万物得一以生。佛祖云：万法归一。是之谓三教之道一者也。圣人无两心，佛则云明心见性，儒则云正心诚意，道则云澄其心而神自清，语殊而心同。是三教之道，惟一心而已。然所言心却非肉团之心也。当知此心乃天地正中之心也，当知此心乃性命之原也。是《中庸》云：天命之谓性。《大道歌》云：神是性兮气是命。达摩西来，直指人心，见性成佛。是三教之道，皆当明性与命也。孔子曰：一阴一阳之谓道。老子曰：万物负阴而抱阳。六祖教示云：日与月对，阴与阳对。是三教之

---

① 陈致虚：《上阳子金丹大要》，《道藏》第24册，第7页。

道，不出于阴阳二物之外也。孔子曰：成性存存，道义之门。老子曰：玄之又玄，众妙之门。佛云：无上真实，不二之门。是云三教各门而同归者也。是以教虽分三，而道则一也。若云有二者，即非圣人之心也。①

他列举三教关于"一""心""性命""阴阳""门"的论述，从多方面论证了"教虽分三，而道则一"。其中，"心"和"性命"是他特别强调的。既然三教的核心思想都是道，道的内涵也基本相同，为什么会分为三教呢？他说：

后之所谓三教者，各指其门而不能升其堂，况欲入其室乎！是以尊孔子者谓之儒，虽读其书而不知其性命之道也。尊释迦者谓之佛，日拜其佛而不知屋里之真佛也。尊老子者谓之道，日游于中而不知金丹之大道也。是皆名而不实也。其崇儒者，是非今古，訾毁佛老，却不明孔子一贯之道是何物也。其尚佛者，口谈禅机，勤劳枯坐，而不明最上一乘之道是何物也。其习老氏者，烧竭朱砂，弄尽傍门，却不明金液还丹之道是何物也。若知还丹之道而勤修之，则谓之上仙。若知一乘之道而勤修之，则谓之真佛。若知一贯之道而勤修之，则谓之大圣人矣。②

陈致虚对儒、释、道三教中不符合道的现象进行了批评。首先，儒家"尊孔子者"读儒家经典却不知性命之道，更有"崇儒者"是非古今甚至排斥佛教，却不了解孔子的一贯之道。其次，佛教"尊释迦者"每日礼拜佛像，"尚佛者"一味追求语言上的禅机和枯坐禅修，却不了解佛教最高的一乘之道。再次，道教"尊老子者"看似

---

① 陈致虚：《上阳子金丹大要》，《道藏》第 24 册，第 56 页。
② 陈致虚：《上阳子金丹大要》，《道藏》第 24 册，第 56—57 页。

游于道中却不知金丹大道，"习老氏者"烧炼外丹或炫弄法术，却不了解金液还丹之术到底为何物。如此种种，都是只重外在形式，却不理解三教之道的真谛。这也是教分为三的主要原因。反之，如果能以三教之道的最高境界为目标，勤加修炼，就能成为道教所谓的上仙、佛教所谓的真佛或儒家所谓的大圣人。

为了更鲜明地凸显道教立场，陈致虚将原本特指道教修炼的金丹大道与儒家的三纲五常联系起来：

> 君臣也，父子也，夫妇也，兄弟也，朋友也，此大道之纲常也，万世之不可易也。降魔也，斩蛟也，此道成之事也，适时而就其功也。老子之道，即金丹之大道也。夫金丹之道，先明三纲五常，次则因定生慧。纲常既明，则道自纲常而出，非出纲常之外而别求道也，是谓有为，故云：和其光，同其尘也。乃至定慧圆明，是谓无为，故云：知其雄，守其雌也。道至无为，则神仙之事备矣。[①]

在他看来，儒家的纲常名理和佛教的定慧之法都是老子金丹之道的内涵，前者对应有为，后者对应无为。

禅宗作为宋元时期影响最大的佛教流派，禅宗之道是否也属于金丹之道呢？《金丹大要》记录了陈致虚和弟子关于这个问题的讨论：

> 弟子问曰：天下无二道，固则然矣。老子之道，惟金丹之道。金丹之道，是性命之道也。而达磨西来，唯直指人心，见性成佛，岂此而出金丹之外乎？
>
> 上阳子曰：达磨之道，即金丹之道也。世人根器各有利钝，

---

① 陈致虚：《上阳子金丹大要》，《道藏》第 24 册，第 9 页。

佛祖慈悲，方便立名。后之学人，智者过之，愚者不及也。夫何以故？智者不明脚跟底实际里一件大事，辉耀今古，迥脱牢笼，能杀能生，一死一活，此处既昧，则任脚跟走也，故云过之。愚者不问肉团上有个无位真人担荷大事，此处既昧，却以诵经、念佛、持斋、兀坐，将此而求见性成佛，抑何愚哉！故云不及。①

陈致虚的答案是肯定的："达磨之道，即金丹之道也。"达磨（摩）被尊为禅宗初祖，达摩之道即禅宗之道。禅宗主张直指人心、见性成佛。而老子之道唯金丹之道，金丹之道即性命之道。因此，他认为二者的本质是一致的。至于佛教的其他修行方式，如诵经、念佛、持斋、兀坐等，陈致虚是反对的，他认为试图通过这些方法见性成佛是不可能的。在另一篇讨论"见性成佛"的文章中，陈致虚指出，自释迦牟尼心传，迦叶所受，达摩修炼于少林，以至六祖慧能等著名禅师的主张、各种禅宗公案，等等，都体现了明心见性之旨，与金丹之道一致：

昔者达磨西来，不立文字，唯直指人心，见性成佛，固有其道矣。盖道之一事，不可得而形容思议者也，如之何可以立文字？且人心不可得而闻见者也，如之何用直指人之性？即真佛者也，如之何待见而成乎？此即老子观妙之道也。是以达磨下工于长芦，于少林修炼。是云金丹之旨，即达磨直指之旨，即释迦独尊之旨，即迦叶所受正法眼藏涅盘妙心之旨，即马祖非心非佛非物之旨，即六祖共永嘉无生无速之旨，……莫不皆是见性之旨也。②

---

① 陈致虚：《上阳子金丹大要》，《道藏》第 24 册，第 59—60 页。
② 陈致虚：《上阳子金丹大要》，《道藏》第 24 册，第 66—67 页。

何建明教授指出："陈致虚的三教一致思想，与其说是赞同或是提倡佛教，不如说是企图将佛家道教化，以突出其道教的主体性地位。"①不仅对佛教是如此，对儒家也是如此。总之，陈致虚的三教合一思想是以道教为本位的。

---

① 何建明：《陈致虚"金丹之道"的老学特征》，见《全真道与老庄学国际学术研讨会论文集》上册，第544页。

第九章　正一道与老学

全真道兴起以后，道教派别便有全真、正一之分，而且人们似乎形成了这样一种印象，即全真道重老庄、重修持，正一道重符箓、重法术。正一道如果过于世俗化，便会影响到其宗教形象，如朱熹对当时道教的诸多批评就是针对正一道而言的。[①] 实际上，宋元时期的许多正一道士，也看到了道教的这种弊端，因而也高举《道德经》的旗帜，以避免符箓小数之短。因此，正如本书第二章第三节所指出的，宋元道教就回归老庄精神这一点来看，全真道与正一道具有一致之处，这也是宋元道教发展出现新局面的重要原因。本章即对当时几位有代表性的正一高道的老学著作进行分析。

第一节　吕知常《道德经讲义》

吕知常，南宋孝宗朝道士，并担任道官，但生平事迹不详，所作《道德经讲义》完成于淳熙十五年（1188 年）以前。是年八月十五日，吕知常将《道德经讲义》上进给了宋孝宗。其《进道德经讲义表》称：“虽敬奉香火于晨昏之际，亦窃窥简册于洒扫之余，辄研乎八十一篇，妄缀以十余万字。中有物，中有象，皆发挥上古之真诠；我无欲，我无为，庶裨益圣朝之盛化。”[②] 吕知常之注属于篇幅

---

① 《朱子语类》卷一百二十五、卷一百二十六中有不少针对道教符箓法术的批评。
② 吕知常：《进道德经讲义表》，《老子集成》第四卷，第 224 页。

较长的著作，十二卷，十余万字，而且其著书的目的很明确，那就是要直接上呈皇帝，希望有益于国家治理。从后来的情况看，吕著似乎没有得到孝宗的足够重视，但在社会上产生了较大的影响，例如明人周思德刊刻《道德经讲义》，便称赞该书"词简而理优，语近而旨远，深得吾圣人作经之微意"①。应该说，《道德经讲义》是一个内容丰富并且很有特色的注本。

一、对道的理解

吕知常解《老》，修身治国并重，强调了"国犹身也"这样一个属于道教的传统主题，所以他在诠释的过程中既讲道教的内丹修炼，也突出了无为而治的政治意义。为了使这一主题获得坚实的哲学基础，吕知常对老子之道论进行了阐述与发挥。

首先，吕知常阐发了老子之道的普遍性、绝对性特点。如他注《老子》第五十二章言："《列子》言有太易，有太初，有太始，有太素。太易者未见炁也，太初者炁之始也，原夫道者，未始有始也。外包乾坤，内充宇宙，无形无名，万物之所以资始也。及其有名，则物得以资生矣。有物混成，先天地生，故为天下始。生育天地，长养万物，故为天下母，而万物之所以成也。"② 这是借《列子》之太易、太始等概念来说明道的原初性与绝对性，道是先于任何存在的存在，故能为万物之本原。对于道的特点，吕知常进一步阐述："造道之微，不与阴阳为用，超于形数之外，上与造化者游，下与外死生无终始者友。无求于物，安能亲也。无求其恶，安能疏也。无求于用，利莫侵也。无心于物，害莫及也。高爵厚禄，不足以动其心，是不以荣为贵也。蒙垢受耻，不足以移其志，是不以污为贱也。可以存生，可以养形，所谓道之至高至极，举天下不可得而及之。"③ 道具有至高无上的地位，故能为宇宙万物之本体。对于道的本体意

---

① 《道德经讲义》周思德序。

② 吕知常：《道德经讲义》，《老子集成》第四卷，第281页。

③ 吕知常：《道德经讲义》，《老子集成》第四卷，第286页。

义，吕知常阐发得很充分，如以下注文：

> 道者万物之所宗，川谷者水之所分，江海者水之所钟，而道之在天下，上则郁乎清都紫微，下则溷乎瓦甓稊稗，顺之则昌，逆之则亡，譬乎海焉，善之则浸润万物，逆之则滂湃为沴，殊不知道愈下而愈尊，海愈倾而愈有，圣人德兼天地，泽被迩遐，则民罔不归之。①

注文突出道为万物之宗本，因此，无论是个人修养还是治国安民，都应该按道的原则进行，否则便不会有好的结果。他又注第十四章：

> 夫形色之物，皆有涯际，唯道也，先天先地而弗为老，亘古亘今而弗为后，散为冲气，布为大虚，与两仪并著，而其明不耀，忽焉处乎九地之下，与瓦甓同隐，而其幽不晦。循环斡旋，混成不间，绳绳不绝，不可以名称，不可以迹见，不生而物自生，不化而物自化，本于虚寂，功成弗居，复于沉默，德备弗显，虽欲以物喻之，不可得也，故曰其上不皦，其下不昧，绳绳不可名，复归于无物。荡然巍然，渊兮深兮，不可拟议，不可测度，非无其有，非有其无，于无形之中，则有无状之状，于无物之中，则有无象之象。谓其有状，则状孰云有？谓其无象，则象孰云无？故曰妙有不有，真无不无，恍恍惚惚，缥缈氤氲，有无莫定，故曰，是谓无状之状，无物之象，是谓恍惚。②

由于道无所不在，所以它又具有不确定性。形色之物，无论体积的大小，都是有边际可寻的，唯道十分特殊，无法用高低大小等限度去确定，说有却无，说无却有，有无不定，所以绝非普通之物。对

---

① 吕知常：《道德经讲义》，《老子集成》第四卷，第 261 页。
② 吕知常：《道德经讲义》，《老子集成》第四卷，第 240 页。

此，吕知常在《老子》第二十一章注中有进一步的解释："夫道者，杳然难言，何物之可拟耶？……言物者盖强名以究妙理也。有物混成，亦称道之为物也。道既无形，当何所从乎。今也即物求道，道不可得，舍物求道，道亦无涯。扣其恍惚之端，则恍似有也，无中之有，惚似无也，有中之无，居无非无，即空是色，居有非有，即色是空，恍惚之理可想象矣。"① 道是无法用物进行比拟衡量的，那么，老子为什么要说"道之为物"呢？吕知常解释说，言道为物是"强名以究妙理"，因为即物求道与舍物求道都不可得，那只好姑且在"强名"中把握道的含义。

其次，吕知常指出，把握道的关键便是"自然"。他注《老子》第三十四章说："生化之力，本于自然而已，而道何尝施其巧，矜其能乎。天地至大，犹恃赖焉，其于万物，往者资之，求者与之，六合虽大，未离其内，秋毫虽小，待之成形，岂辞劳哉。卓然独立，生之而不违，成之而不有，弗居其功，是法道之体也。"② 道的伟大创造力，是以自然的形式呈现出来的，因此，天地万物赖道而形成，却并不明晓是道在起作用，而道也不把天地万物据为己有。吕知常又说：

> 夫道复于至幽，显于至变，生之畜之，若无端纪，覆之育之，各遂其性，若赤子之昼赖其乳食，宵藉其襁褓，广其爱养之德，为而不恃，长而不宰，任其自然而常无所欲，内观其妙而无物不入，群动莫窥其归往之迹，可名为小矣……故曰衣被万物而不为主。常无欲，可名为小。道隐无名，无名也者，广乎其无不容，渊乎其不可测，未始有物，惟其无物，则万物归之而无不同，同之而不为主，可以大名之矣。③

---

① 吕知常：《道德经讲义》，《老子集成》第四卷，第248页。
② 危大有：《道德真经集义》，《道藏》第13册，第579页。
③ 吕知常：《道德经讲义》，《老子集成》第四卷，第263页。

这是对道的自然属性的再次诠释。道生育长养万物，但并不去宰割之，而是任万物各遂其性，自然发展。道可以称之为小，因为没有谁窥见其踪迹；也可以称之为大，因为万物莫不归往于道。这就是道的自然。又如第二十五章之注：

> 惟道则任物遂性，无为自然，孰可拟议乎？至人象地之宁，法天之清，禀道自然，守而勿失，与神为一，道体圆通，出入无碍，所谓自然，其谁曰不可？故曰：人法地，地法天，天法道，道法自然。旨义博矣。①

道具有自然的属性，故道法自然既可指天地万物之自然，也可指个人修道的自然境界。

再次，吕知常论道，具有由道及身的特点，即将老子普遍性、绝对性的道与身体修炼结合起来。如第三十四章注："至高无上，至深无下，莫测其涯涘，莫寻其根源，其唯道乎。包藏宇宙而无表里，充塞太虚，动静不失，往来不穷，泛然无所系碍，游于万物，左之右之而无不可，其用大矣。至于一身，大道元气，弥漫百骸，在节满节，在关满关，泛然无乎不至。"② 道高深莫测，在宇宙太虚之间无所不在，作用于万物而自然而然。道在人身上同样有体现，它以元气的形式出现在人体的各个部位，从而使人具有生命的活力。又如第二十章注："道者万物之宗，如鱼之有水，鱼失其水则死，人失其道当何如哉。要当知其神为炁之子，炁为神之母，非母乳之，无以自活，非炁饲之，无以自生。"③ 此注阐明了神炁与道的具体关系。吕知常继续注云：

> 恍中之象，方其有象也，其来无所从，故视之不见。惚中

---

① 吕知常：《道德经讲义》，《老子集成》第四卷，第 253 页。
② 危大有：《道德真经集义》，《道藏》第 13 册，第 578—579 页。
③ 吕知常：《道德经讲义》，《老子集成》第四卷，第 247 页。

之物，方其有物也，其去无所至，故听之不闻。视听既不可得，所谓杳冥之物，又安得而涯涘也。谓之无则能妙万物，谓之有则莫见其形，太虚之象，似有而无，造化生焉，万物兆焉，太虚之物，似无而有，风雷生焉，霜露降焉，有象则物之名立矣，有物则因至精而生焉。杳而深远，寞而寂默，无中妙有，包含万化之原，藏乎太虚之精，畜乎自然之信，是以万类生焉，三才备焉，自古及今，其名不去。广成子言：至道之精，杳杳冥冥，至道之极，昏昏默默。抱神以静，形将自正。原其身也，心为恍惚之宫，肾为杳冥之府，心则藏神，肾则藏精，一身之精神，寓于恍惚之间矣。故曰惚兮恍，其中有象，恍兮惚，其中有物，窈兮冥，其中有精。然精者，经纬万方，妙乎一身，在丹谓之大药，在易谓之中孚，万变不能迁，自然不可移，妙中之妙，其中之真，感之立应，故能春生秋杀，夏炎冬凛，未尝差忒，响答若谷。注之于身，飞腾祖炁，斡旋溯流，回黄转赤，其道应时，故曰其精甚真，其中有信。[1]

吕知常注意从有、无的规定性中诠释道的内涵。道为无，但不是绝对的虚无，因为道能产生万物；道为有，但又不是实有，因为道是杳然无踪的。道正是在这种有无不定的恍惚状态下使造化生成，天、地、人三才完备。验之于人身，则表现为精神的升腾变化，特别是作为金丹大药之精，更是玄妙万分，是丹道的根基。吕知常这种由道及身的阐述，实际上为道教的内丹修炼提供了形而上的根据，也说明内丹学理论在宋代进入一个成熟的阶段。

二、治国思想

吕知常注《老》主张身国同治，也重视内丹修炼之法，但在讲治身的同时又阐发治国思想，其具体主张则颇有黄老之意。

首先，吕知常十分推崇上古之治。他在《老子》第十七章注文

---

① 吕知常：《道德经讲义》，《老子集成》第四卷，第248页。

中说：

> 太上者，不可得而名也，亘于始古，其教无为，其治无迹，与道同体，体合自然，与天同功，功无宰制，四方万里日以变化，其德无上可加，故曰太上。虽有其位而不自尊，不尚贤，不使能，任物自然，各正性命，各安其所，若在华胥之国，则天下不闻治而自治，人虽知有其君，而谓帝力于我何有。《周诗》曰：不识不知，顺帝之则。故曰太上下知有之。且上古之世，民结绳而用，巢居穴处，不知四时寒暑，岁月推迁，可谓至治矣。伏羲神农氏作，民始知有其生，耕而食，织而衣，趋于仁义，拘于礼乐，毁誉之说著焉。为其君者泽加于民，被其仁者则亲之如父母，怀其义者誉之如日月，亲誉之理愈彰，则于上古之道日愈远矣。《南华》言：舜有羶行，百姓悦之是矣。……故曰其次亲之誉之。后世治出变诈，淳浇朴散，仁义失，礼乐废，愚智相欺，善恶相非，天下衰矣，未免导之以政，齐之以刑，设鞭挞，示威令，使民勉而从之，故民不畏威而化为欺罔，民欺罔则侮上之心生矣，……故曰其次畏之侮之。五常者以信为主，鲁语云：民无信不立。信全则天下安，信失则天下危。傥焉文质相胜，得丧相随，上下相凌，权诈事兴，欺罔并起，此信之不足也。信既不足，民有不信之心生焉，所谓商人作誓而民始叛。……故曰信不足有不信。[①]

在上古之世，民结绳而游，一切都顺应自然，虽有君主的存在，但没有从上往下的教令与干扰，那时可称为真正的无为而治。到伏羲神农时期，人民得到了君主的关爱，于是有了亲誉之心，仁义礼乐也随之兴起了，这样的时代已与上古之世有了差距。再到后世，智巧与争斗日起，仁义礼乐不存，诚信尽失，叛乱也就开始发生。由此看来，道德是随着社会的发展而越来越衰微了，所谓"三皇之有道也，不知其

---

① 吕知常：《道德经讲义》，《老子集成》第四卷，第243页。

道化为五帝之德，五帝之有德也，不知其德化为三王之仁义，三王之有仁义也，不知其仁义化为秦汉之战争，此之谓也。……且世人视止于目，听止于耳，思止于心，以智为凿，从事浮华，虽自以为见，而不知至愚自是而始也"①。吕知常认为，世人提倡的智巧之类，只会给社会带来更大的灾难，所以无异于愚昧，而大道之治，还是当回归上古的无为自然。

其次，吕知常指出，无为政治得以实现的关键是治国者应该有道。他指出："上古之时善为治化民者，以道集虚，以恬养志，以性开天，以理格物，正心诚意，欲导斯民于朴质之地，盛德容貌，终日如愚，……使民终身由之而莫知其所以然。善以道自治者，非显彰其光耀，以眩惑于世俗，同乎无知，抱朴而已。"② 这是对《老子》第六十五章"古之善为道者，非以明民，将以愚之"的诠释。在老学史上，许多学者将此语理解为愚民政策，实在是个很大的误会；历代君主中借此语推行愚民之政者也比比皆是，这些都是有违老子思想的。吕知常认为，这句话中的"愚"并非指"愚民"，而是君主自指，意思是君主体道，呈现出如愚的容貌，不以炫耀于世，即大智若愚是也。此解具有一定的道理，证之以一些道家经典，如《管子·心术上篇》云："有道之君，其处也若无知，其应物也若偶之，静因之道也。"《吕氏春秋·君守篇》云："善为君者无识，其次无事。有识，则有不备矣。有事，则有不恢矣。"的确，有道之君内修其本，不炫于外，这本身就是一种高明的政治智慧。再看以下几条注文：

> 无为即道也，圣人以道唱于上，百姓以道和于下，朝于斯夕于斯，颠沛必于是，造次必于是，非道不行，非道不言，凡所作为，则无为之道也。若为之于有所为，则心劳形役，而终

---

① 吕知常：《道德经讲义》，《老子集成》第四卷，第267页。
② 吕知常：《道德经讲义》，《老子集成》第四卷，第295页。

于惫矣。①

圣人目击道存，尚其淳厚，舍其浇薄，安其诚实，摘其华绮，去彼礼之华末，取此道之大体，天下治矣。②

善以道建国者，独立于万物之上，终古不易，翱翔于万物之表，终古不极。以是道而立，以是道而建，天下守之以中，体之以常，镇之以无名之朴，而不为物之所迁变。福及后世，其德弥广，其用弥大，不可动摇也。③

圣人指体道者。道是质朴无华的，所以得道之人必然淳厚真朴，不尚浮华。只有法道而行，天下才能获得长久的治理。

再次，在对无为的理解上，吕知常认为应该无心于为。对此，他在《老子》第二十九章之注中阐释道：

圣人之有天下，非取之也，其治天下，非为之也。夫何故？以其初未尝有心于为也，所以能合天道之常理，辅万物之自然。万物归之，不得已而受之，苟有心取而为之，无乃用智尚力，咈逆天理，而失其自然之道乎。神器者，大宝之位，天地神明之所护，主宰万有，役使群动，果不可为也。若以蕞尔一己之私，从事天下，为物所拘，不能变通，认而有之，动而不知其止，方且涉乎忧患之域，非惟丧其至理，亦将失其真矣，奚暇治天下哉。人之一心，天下众妙皆归焉，所贵乎自然而已。既为之，则不能无为，以人灭天，以敬灭命，道愈不可得也。原其形体，法天象地，妙契阴阳，乃神圣之器也。黄帝南望而玄珠遗，七窍始凿而混沌死，是不可为也。为之者欲其成，故败之，执之者欲其得，故失之。倘若无为故无败，无执则无失，其于道也至矣哉。④

---

① 吕知常：《道德经讲义》，《老子集成》第四卷，第228页。
② 吕知常：《道德经讲义》，《老子集成》第四卷，第267页。
③ 吕知常：《道德经讲义》，《老子集成》第四卷，第283页。
④ 吕知常：《道德经讲义》，《老子集成》第四卷，第257页。

此段注文比较集中地反映了吕知常对无为自然的理解。所谓无为，按照吕知常的看法，并不是什么也不做，消极等待，而是无心而为，也就是不抱目的之为。做了而不居功，功成而不自以为是，这样才合乎道理。如果抱着一己之私心去为，无论做什么，都已违背道的原则。倘若居于天下至尊之位的君主，任意运用手中的权力去驱使天下百姓，那将带来灾难性的后果。那么君主怎样才能治理好天下呢？理想的结果是以君主一心之化，天下为之归顺，而实现这一理想，君主只要运用两个字，那就是"自然"。诚如《老子》第二章之注所言：

> 至人体道在己，其用心也不劳，其应物也无方，故万物并作，随感而应，若鉴对形，妍丑毕现，若谷应声，美恶皆赴，无所辞也，故曰万物并作而不辞。自形自色，自生自化，各极其小大，而遂其性，孰有之哉？《关尹子》曰：物非我物，不得不应。我非我我，不得不养。故应物而未尝有物，养我而未尝有我。故曰生而不有。泽及万世而不为仁，覆载天地而不为大，雕刻众形而不为巧，故曰为而不恃。功盖天下而似不自己出者，认之则惑矣，故曰功成不居。有居则有去，古今是也，在己无居，物莫能迁也。……惟其不自居、不自有、不自恃，所以与道翱翔于万物之上而常自若，未始或去也。①

这是对老子无为自然的进一步解释。圣人体道，能够泽及万世，覆载天地，翱翔于万物之上，这是最大的作为了，但圣人在内心并不居功自傲，不占有万物、宰制万物，那些伟大的作为好像与他没有什么关系似的，一任天下万物自生自化，各遂其性，这才是真正的无为。圣人的这种表现，从表面上看似乎与一般的认识相反，实际上却已经达到与物同归、大通无碍的自然境界。

最后，吕知常强调，治道贵清静。《老子》第六十章有一个著名

---

① 吕知常：《道德经讲义》，《老子集成》第四卷，第226页。

的命题："治大国，若烹小鲜。"吕知常解释说：

> 治大国者，不可烦，烦则民乱，烹小鲜者，不可扰，扰则
> 鱼烂。故治国者，若烹肤寸之鱼，调其水火，使之自熟，则鱼
> 可全。若乃扰之则鱼伤，鱼伤则糜烂于鼎矣。善治民者知其政
> 教，使其自得，其民自安。若乃扰之则民伤，民伤则溃于国矣。
> 是以治道贵乎清净，国以民为宝，身以炁为宝，爱民治国则国
> 昌，爱炁治身则身久，故设此喻。爱民惜炁之法，如烹小鲜，
> 不可搅扰，动则耗废矣。①

通过烹小鱼的比喻，说明治国之道当以清静为贵，这是对老子思想
的准确解读。而强调"国以民为本"，则是对老子思想的自然引申。
这在《老子》第七十五章注有进一步的阐述：

> 民者，国之本也。八政以食为先，食之为论似鄙，而司农
> 以为大，计其如此，用在于民，稍失其宜，为害亦大。圣人授
> 之以田，劝督百官，使不违其时，征输有制，使不伤其力，疏
> 为九一之法，定为什一之赋，务从其轻耳。倘若违民之时，夺
> 民之力，以非常之求，供无厌之欲，民困其敛税之重，藟尔疲
> 瘵，箱无缣帛，廪无粟粒，民有饥色，野有饿殍，盗贼起于贫
> 穷，变诈百出，奸生于国，人莫之知矣。……古之民安居乐俗，
> 耕而足食，织而足衣，孰云难治乎？非其上之有为而何？上以
> 有为有欲有事，网密令苛，政烦信驰，故扰吾民而民不胜其扰，
> 故难治也。②

此注说得十分具体，也非常现实。治国以民为本，首要的问题是解
决其衣食问题，这看似是小事，其实事关重大。要使百姓安康无忧，

---

① 吕知常：《道德经讲义》，《老子集成》第四卷，第 290 页。
② 吕知常：《道德经讲义》，《老子集成》第四卷，第 304 页。

国家就应该轻税薄赋，政教宽缓，不扰民。换言之，便是推行清静之道，"如是而治国则跻民于仁寿之乡，而羲皇之世，不难及矣"①。

三、治身思想

站在道教的角度诠释《老子》，有一个很鲜明的特点，即主张身国同治，把治国与治身看作是一回事，《老子河上公章句》《老子节解》都是如此。吕知常在《道德经讲义》中也是主张身国同为一体的，如他在第十章的注文里讲的那样："至人之治身，亦犹治国，爱其民所以安其国，爱其炁所以保其身。善爱民者，以心为君，以血为臣，以炁为民，一其性，养其炁，使充塞百关，珍之卫之，燮之调之，使其自然，又何为之有？治国治身，义均一体。"② 这种身国同构的理念，在第五十九章之注也表达得十分清楚：

> 始也修性以返德，今也积德而入道。为有国之母者，则可以茂养百姓，福祚社稷，亘万古之长久矣。喻之于身，有国之母者，炁也，形为受炁之本，炁是有形之根，炁因神识而生，形乃因炁而立，故伏羲得之以袭炁母，盖神是炁之子，而炁是神之母也。形不得炁，无因而成，炁不治形，将何为主。炁散则身谢，炁在则身存，而既长且久也，故曰有国之母，可以长久。然积德之君，治人事天，厚国养民者，植根于无为，固蒂于清净，社稷绵远，故谓之长生。临御常照，故谓之久视。己之根者，脑也。蒂者，脐也。深根者，飞金精，运元气以补于脑。仙经云：欲得不老，还精补脑。然后密枢机，闭欲户，藏元精于杳冥之府，结胎息于丹元之官，上赤下黑，左青右白，中央黄晕之间，乃黄庭结宝之处，正当脐间，所谓固蒂也。……今欲修长生，当先固其蒂，呼吸太和，返神服炁，胎息绵绵，伏住于脐间，长生与天地为常，久视与日月参光矣。仙谚曰：欲得长生，先须久视。

---

① 吕知常：《道德经讲义》，《老子集成》第四卷，第245页。
② 吕知常：《道德经讲义》，《老子集成》第四卷，第236页。

久视者，内视也。①

《老子》此章本来就具有身国同治的意味，吕知常则主要解释成了治身的方法。其基本思路是，从形气关系入手，论证气在生命中的主宰地位，然后强调通过服气凝神，结成内丹，以至长生不死。

根据吕知常的观点，"一身之设，一国之象也"②，所以《老子》书中一些专讲治国的思想也可以和治身联系起来，典型者如第五十七章之注文：

> 老君为万教之祖，犹举故圣人云者，守之以谦，不敢自陈也。故有国有民，无所制作，未尝不以无为为治，则民遂其生，庶俗自化。夫炼真之士，以我为神，以民为炁，神凝无为，元气自化为液，液自化为血，血自化为筋，筋自化为骨，骨自化为髓，髓自化为精，精自化为玄珠，玄珠自化为金丹。《阴符经》所谓万化生吾身是也，故曰我无为而民自化。节用爱人，去华务实，未尝不以俭啬为先，则民厚其业，家自富矣。炼真之士，常无事则息长，息长则炁满于三田之中，故曰我无事而民自富。安静不言，淡泊自守，未尝不以厚本为意，则民抱天全，其俗纯正矣③。夫人之神躁动，则炁息粗骤，神宁谧则百关调畅，元气自正矣，故曰我好静而民自正。无欲冲虚，崇本弃末，未尝不以简要为务，则民无夸企，其性自朴矣。炼真之士，元神恬寂，欲念不生，炁炼真凝，成胎结象，故曰我无欲而民自朴。④

"我无为而民自化，我好静而民自正，我无事而民自富，我无欲而民

---

① 吕知常：《道德经讲义》，《老子集成》第四卷，第 290 页。

② 吕知常：《道德经讲义》，《老子集成》第四卷，第 292 页。

③ 此句原本作"民挹天使，其俗绝正矣"，明危大有《道德真经集义》引作"民抱天全，其俗纯正矣"（《老子集成》第六卷，第 102 页），于义为长，故据改。

④ 吕知常：《道德经讲义》，《老子集成》第四卷，第 287—288 页。

自朴"，这是老子无为而治思想的经典表述，吕知常则将其与内丹修炼进行了联系，充分显示出了道教自身的特色。下面再举一例：

> 古之圣人，观天之理，体天而行，政教宽大，任物自成，无心无为，坐视天民之卓。常闷闷，故其俗淳朴，少私寡欲，不诱于物，不趑于利，乐于宁谧，日益庞厚。修真之士，抱神溟涬，漠然宽大，忘乎视听，无所分别，其息深深，绵绵淳淳，仙道将成矣。故曰其政闷闷，其民淳淳。后世有为之君，其政峻急，以法绳人，以智治国，简发而栉，数米而炊，察见渊鱼，犹以为未至，民之失性，莫甚于此。由是动触禁网，雕弊离散，风俗日益衰残矣。末学初地之士，未造道妙，真炁不凝，役心运思于事物之中，劳神疲形于运用之际，专务苛察，崇尚机变，以是而治身，则缺缺然喘息粗急，真元离体，非养生之道也。故曰其政察察，其民缺缺。①

这是关于《老子》第五十八章之注文。"其政闷闷，其民淳淳。其政察察，其民缺缺"，旨在说明治国当政教宽松，使民众归于纯真质朴，这一点吕知常也有所提及，不过他所论之重心还是在于治身。与无为之君相对应的是修真之士，能够抱神抟气，返朴归真，得成仙道；与有为之君对应的是初学道者，他们心存杂念，气息不稳，以至真元离散，难以有成。从道教的立场来看，这样的对比是有意义的。

《道德经讲义》的道教特色还在于，全书运用了许多道教的专门术语，这一点在宋代的道教老学文献中并不多见。如《老子》首章"玄之又玄，众妙之门"的注文："玄者，妙之极也。玄，天也。玄之又玄，则天中之天，郁罗萧台，玉山上京，在人乃天谷神宫也。为脑血之琼房，魂精之玉室，百灵之命宅，津液之山源，自己性真长生大君居之。……人能以神光内观于天中之天，则胎仙自成，天

---

① 吕知常：《道德经讲义》，《老子集成》第四卷，第288页。

门自开，万神从兹而出入，故曰众妙之门。"① 注文中出现了多个很专门的内丹学术语，如"天谷"。按照一般的理解，天谷即指泥丸宫，也就是上丹田。《道枢·神景篇》云："天谷者，泥丸之宫也。上赤下玄，左青右白，其中有黄焉。斯元神之府也，谷神真一之至灵者也。"尹真人《寥阳殿问答编》载："顶中泥丸，名曰乾顶，一名天谷，又号内院，婴儿形成，升驻于此。丹书名曰上田，此处是也。"但根据吕知常的说法，天谷并不是泥丸宫，而是另有所指。他解释《老子》第六章"谷神"云：

> 谷者天谷也，神者一身之元神也②。天之谷，含造化，容虚空，地之谷，容万物，载山川，人与天地同其禀也，亦有谷焉。其谷藏真一，宅元神，是以人之头有九宫，上应九天，中间一宫谓之泥丸，又名紫府。九宫之外，则有一宫，亦有数名，一名寥天，又名大关，又名天关，又名黄庭，又名玉京山，昆仑顶，大渊池，又名天谷，乃元神所住之宫，其空如谷而神居之，故谓之谷神。③

注文明确指出，泥丸宫为大脑九宫之中间一宫，而天谷则居于九宫之外，乃元神所在之地，似乎比泥丸宫更加重要。再看以下两条注文：

> 至人预之于己，道者虚无神妙，天者天谷神宫，地者黄庭真土，王者真性元神。元神乃心也，不离方寸，潜天潜地，周旋四海，经纬万方，亦可谓之大矣。④
>
> 一阴一阳之谓道，……言负而且抱者，不可须臾离也，可

---

① 吕知常：《道德经讲义》，《老子集成》第四卷，第225页。
② "元神"，原本作"元神焉"，明危大有《道德真经集义》引作"元神"（《老子集成》第六卷，第39页），"焉"字疑衍，据删。
③ 吕知常：《道德经讲义》，《老子集成》第四卷，第231页。
④ 吕知常：《道德经讲义》，《老子集成》第四卷，第253页。

离非道也。炼养之家以月为众阴之母，日为众阳之父，所以负抱者，常当嘻吸天光，咀嚼冲气，则天谷虚盈，二景缠络，万神内宁，出入玄牝，橐籥升沉，灭尸载魄，骨填体轻，位列仙品，飞骈玉清。①

从上述的注文看来，天谷是吕知常内丹学理论中的重要概念，在个人的具体修炼中具有关键性的意义。可见吕知常很注意从内丹学的角度发挥老子之道。

总的来说，吕知常治身之大旨即为性命双修。在修性方面，他多次论及真性的修持。如《老子》第四章之注："《黄庭经》曰：问谁家子在我身，即所谓吾不知谁之子也，即此性真，自本自根，自古以固存，长于上古而不为老，故曰象帝之先。"②"象帝之先"实指老子之道，吕知常把人的真性与道等同，强调了真性的永恒。又如第二十二章注文：

　　一者，人之真性也。道书所言一者，亦有数种，不可不分也。有道之一，无一之一也。有神之一，真一之一也。有炁之一，一炁之一也。有水之一，天一生水之一也。有数之一，一为生数之根，归数之本也。此言抱一者，乃神之一，真一之一也。知一者，无一之不知，不知一者，无一之能知。……昔黄帝往峨眉山见天真皇人于玉堂，请问真一之道。皇人曰：此道家之至重，其经上帝秘在昆仑五城之内，藏以玉函，刻以金札，封以紫泥，印以中章，吾闻之经曰：一在北极太渊之中，前有明堂，后有绛宫，巍巍华盖，金楼穿窿，……此真一之大略也。夫言北极大渊之中者，言真一所居之神室也，乃在两耳交通之穴，前明堂，后玉枕，上华盖，下绛宫，即泥丸天帝，上一赤子之所居。谓耳属肾，故言北极大渊之中也。……《西升经》

---

① 吕知常：《道德经讲义》，《老子集成》第四卷，第272页。
② 吕知常：《道德经讲义》，《老子集成》第四卷，第229页。

曰：子得一，万事毕。……知而行之，可为天下修真之法式，故曰抱一为天下式。①

诚如注文所言，在道教思想中，"一"的内涵极为丰富，是"道家之至重"。对于老子"抱一"之"一"，吕知常将其诠释为"真一之一"，即真性。"一"的内涵确定下来后，修道的目标也明确了，修道即为修性。不过，上面的注文还通过大量内丹隐语暗示了一个意思，即修性与修命是不能分开的。这一点，吕知常在第三章的注文中交代得更加清楚："圣人之治身也，先虚其心，更须实其腹，既弱其志，更须强其骨。虚者实之对，弱者强之敌。……虚心实腹，不可偏废也，明矣。"② 虚心、弱志指性功，实腹、强骨指命功，两者不可偏废。但注中的"更须"二字，又强调了先命后性的修炼次第。

对于修炼者来说，修命的重点当然在于炼气。气对于生命来说具有特殊的意义，如《老子》第三十九章之注文指出：

昔之得一者，谓往古太极既判，而天地神谷万物侯王所以能清能宁能灵能生能盈能生能正者，无他，盖各得一气之妙用也。夫一气者无匹，合于天下也，为大道之子，神明之母，混元之先，万化之祖，上下匪常，古今不二。……是以至人近取诸己。天者首之圆象也，得之则发绀髭黑，目碧耳聪，百灵清爽矣。地者黄庭真土也，得之则覆载万物，滋生百汇，安宁不动矣。神得之咀嚼六气，凝结胎仙，然后变化通灵矣。谷得之则脑满髓实，天谷虚盈，中生紫真矣。万物者六腑五脏，九窍百骸是也。得之则七液洞流，五内坚固，冲和滋润，故能久视而长生矣。侯王者乃元神心君也，得之则顿跻圣位，形将自正矣。此无他，亦皆一炁之所致也。③

① 吕知常：《道德经讲义》，《老子集成》第四卷，第249—250页。
② 吕知常：《道德经讲义》，《老子集成》第四卷，第227页。
③ 吕知常：《道德经讲义》，《老子集成》第四卷，第268页。

吕知常把此章"昔之得一者"之"一"解释为一气，并对其妙用进行了阐发。气为大道之子，道生万物便是经由气这一环节而完成的，同理，道落实到个人，也要通过气的作用得以体现。《老子》经文中的天、地、谷、神、万物、侯王均被解释成了人身上的有关器官或功用，这反映了作为道教徒的吕知常的独特认识，从中还可以看出他坚持实际修炼的特点。由于气的存在，才使得人的头脑、五脏六腑以及神明能够正常运转，而要想修成内丹，使人百灵清爽，五内滋润，天谷虚盈，元神稳固，其中的关键就是要炼气。又由于气分阴阳，事关生死，所以吕知常进而指出，修命炼气，应该炼生气，如《老子》第五十章注文所言：

> 道生一气，气变而有形，形变而有生。生者气之聚，万物之出于机者也。生变而有死，死者气之散，万物之入于机者也。……修炼之士，以清阳而无质者为生气，以浊阴而凝滓者为死气。人者禀冲和之气，非浊非清而生也，入清阳而出阴浊，阳纯则为上仙，入阴滓而出清阳，阴纯而为下鬼。若乃服六气，餐元精，吸风露，啜沆瀣，皆天气感化，无形无质，故能通神明而寿齐二景，此之谓出于死入于生。世之人食谷实，嗜五味，有形有质，盗其真气，散其清阳，入其阴滓，此之谓出乎生入乎死也。[①]

注文突出了道教的一个基本观点，即纯阳为仙，纯阴为鬼，人则有阴有阳。世俗之人不知此理，耗散真阳，陷入死地。而内丹修炼家服阳气，通神明，故能够出死入生。对此，吕知常在《老子》第四十八章之注中继续阐发曰：

> 唯能损之而益，益之而损，损之又损，是非俱泯，欲利兼忘，雕斫复朴，块然独与形立，澹然独与神居，寂然不动，以

---

① 吕知常：《道德经讲义》，《老子集成》第四卷，第279页。

至于无为，守性之真，体道之原，去住无踪，应用无尽，是与天地合其德，造化同其功也。……然后炼大梵之祖气，飞肘后之金精，存帝一之妙相，返三素于黄庭，胎闭内息，九咽元精，回灵风而混合，诵大洞之神经，漱元泉以灌溉，延万椿之遐龄，此皆无为之中而无不为者也。①

注文提到在坚守真性的基础上进一步修命的方法。"炼大梵之祖气"，指的是修炼先天真一之气。林元鼎《内义丹旨纲目举要》云："先天虚无祖炁者，在经谓之虚皇元始天尊，在人谓之曩劫不坏元神，在丹谓之空炁金胎也。……运归中宫，曰丹母，曰丹基。感妙化之炁而有质，曰玄珠，曰圣胎，曰婴儿。即《灵宝经》云混洞赤文元洞玉历者也。丹道谓之真铅，乃人之一灵真性是矣。"这个祖炁即是命之所系，有此祖炁则命存，失此祖炁则命亡，因此，所谓修命就是修此祖炁。"飞肘后之金精"所指更加具体，乃是采肾中元阳之气以飞升入泥丸的修炼方法，其具体功法，《灵宝毕法》有载："坎卦阳生，当正子时，非始非终。艮卦肾气交肝气。未交之前，静室中披衣握固，正坐盘膝，蹲下腹肚，须臾升身，前出胸而微偃头于后。后闭夹脊双关，肘后微扇一二，伸腰，自尾闾穴，如火相似，自腰而起，拥在夹脊，慎勿开关。即时甚热气壮，渐次开夹脊关，放气过关。仍仰面脑后，紧偃以闭上关，慎勿开之。即觉热极气壮，渐次开关入顶，以补泥丸髓海。须身耐寒暑，方为长生之基。"总之，上述方法运用得当，是可以炼成纯阳之体的。

对于阴阳之气的修炼，吕知常在《老子》第六章注中亦有提及：

玄者，阳也，天也。牝者，阴也，地也。……玄者天之色也，纯阳虚无之炁，轻清而浮于天。其字从无从火，自无而生，居于玄元之宫，故为玄也。牝者地之性也，纯阴毂实之气，重浊而沉于地，其字从气从米，自有而生，居于牝元之府，故为

① 吕知常：《道德经讲义》，《老子集成》第四卷，第277—278页。

牝也。二炁升降于呼吸之间，有法以制之，逆其所顺，使阴不得而长，还其所生，使阳不得而微，以无为有，易有为无，以坤元穀实之气，升而出之，以天元虚无之炁，降而归之。天炁既归于身，则阴滓自然荡尽，复为纯阳之人矣。故曰还将上天炁，以制九天魂。然则玄牝二炁，各有深旨，非遇至人授之口诀，不可得而知也。苟知二气之所由，则知玄牝之妙。食其太和，袭其炁母，以养其神，神依其炁，得以归其谷而不至于死，岂非玄牝之功乎？故曰谷神不死，是谓玄牝。《天宝金镜灵枢神景内经》曰：天谷元神，守之自真，上下玄牝，子母相亲。又曰：玄牝乃天地之器，夺之以神，得之以真，升降之正道也。①

根据吕知常的看法，纯阳之气轻清而上升，纯阴之气重浊而下沉，纯阳之气居于玄元之宫，与鼻相通，纯阴之气处于牝元之府，与口相通，两种不同性质的气在口鼻呼吸之间升降。内丹修炼之法就是要逆转二气之升降，使轻清上升的阳气下降，使重浊下降之阴气上升，这样一来，两气就会交感，从而荡尽阴滓之气，复归纯阳之身。吕知常又指出，上述法门只是理论上的描述，至于如何具体操作，到底怎样才能逆转二气的方向，当然是很复杂的事，需要遇到高人，授以口诀，方有成功的希望。

第二节　范应元的《老子》研究

南宋范应元的《老子道德经古本集注》是一部十分重要的老学文献，具有重要的文献价值和思想价值。但范应元的生平事迹不见史籍记载，据此书卷前所署"前玉隆万寿宫掌教，南岳寿宁观长讲果山范应元集注直解"，及卷后所署"湛然堂无隐斋谷神子范应元"，

---

① 吕知常：《道德经讲义》，《老子集成》第四卷，第231—232页。

可以确定其道士身份。又据褚伯秀云：

> 淳祐丙午岁，幸遇西蜀无隐范先生游京，获侍讲席，几二
> 载。……窃惟圣贤垂训，启迪后人，义海宏深，酌随人量，笺
> 注之学，见有等差，须遇师匠心传，庶免多岐之惑。否则死在
> 惠施句里，无由达南华向上一关，虽多方五车，不过一辩士耳。
> 古语云：务学不如务求师，至哉！师恩昊天罔极，兹因纂集诸
> 解，凡七载而毕业。恭炷瓣香，西望九礼，俨乎无隐讲师之在
> 前，洋洋乎南华老仙之鉴临于上也。所恨当时同学，南北流亡，
> 旧聆师诲，或有缺遗，无从质正，徒深嘅叹耳。师讳应元字善
> 甫，蜀之顺庆人，学通内外，识究天人，静重端方，动必中礼，
> 经所谓不言而饮人以和与人并立而使人化者是也。江湖宿德，
> 稔知其人，不复赘述，聊志师徒庆会之因于卷末，俾后来学者
> 知道源所自云。咸淳庚午春，学徒武林褚伯秀谨志。[①]

从褚伯秀的记载中可知，范应元为西蜀顺庆人，是一位学识渊博的
高道，为褚伯秀之师，宋理宗淳祐丙午（1246 年）、戊申（1248 年）
之际，尚在人间。又范应元《集注》引用了张冲应的注文，据刘惟
永记载："张冲应，玉清上相，讳明道，宝祐癸丑造解。"[②] 宝祐癸丑
为 1253 年，说明范注成书于 1253 年以后。褚伯秀所记作于咸淳庚
午（1270 年），追忆其跟随范应元求学的往事，并以"讳"称之，
则知范应元已于庚午之前去世。从褚伯秀的记载中，我们还可以知
道，范应元不仅深研《老子》，而且精于庄学，曾于淳祐丙午年间为
弟子专门讲授《庄子》，褚伯秀作《南华真经义海纂微》一书，受到
了范应元的启发。该书前录有"所纂诸家注义姓名"，其中列有"无
隐范先生讲语"，即范应元《庄子讲语》。下面有小注："名元应，字
善甫，蜀之顺庆人。"但在上引文字中，褚伯秀言"师讳应元字善

---

① 褚伯秀：《南华真经义海纂微》，《道藏》第 15 册，第 686—687 页。
② 刘惟永：《道德真经集义》，《老子集成》第五卷，第 396 页。

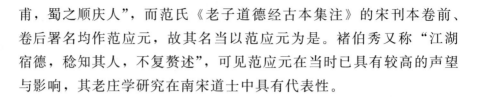

甫，蜀之顺庆人"，而范氏《老子道德经古本集注》的宋刊本卷前、卷后署名均作范应元，故其名当以范应元为是。褚伯秀又称"江湖宿德，稔知其人，不复赘述"，可见范应元在当时已具有较高的声望与影响，其老庄学研究在南宋道士中具有代表性。

一、《老子道德经古本集注》的版本意义

范应元为《老子》作集注，特别强调以古本为依据。据其后序："老氏仙踪，见之《道藏》《史记》，圣贤纪载，但降生示现，人或梦之。岁月日时，记异先后，至于诸家杂说，未易殚举。矧注《道德经》者，古今数百人，所见各殊，得失互有，年代深迥，史亦阙疑，可撢其真，勿泥其迹。……去古愈远，尤虑失真。所以余解此经，一从古本。盖书坊刊行者其稍异处，皆后人臆说，不得老氏之意矣。……嗟乎，三代尚稽古，孔子信而好古，《春秋》变古则书之。生乎今之世，切不可反古之道也。聊摘数科，列于篇首，俾览者得以取正焉。若夫先觉之士固忘筌蹄，而后进之英尚资梯级，是书也不无少补。然惧借率，弗敢张露。偶因道友来求，难以藁付，复念老矣，将形槁于一丘，惟恐此经浸失古本，遂命工镂板，藏诸名山，以俟来哲。"[1] 可见，范应元十分重视这个本子，不仅小心保管，而且为之作注，直到年老时，才刊刻问世。既然该本在南宋时就号称古本，那它的流传自然有较长的历史，完全有可能是六朝旧本或更早的本子，所谓近古必存真，该本必然较多地保存了《老子》原来的面貌。

范应元之集注一切以古本为权衡，同时又广泛征引当时能见到的各种版本，互为参证，辨析同异，但绝不改动古本。这样，我们今天不仅得以见到此古本原貌，而且可以知道南宋时期《老子》版本的流行情况。自唐宋以后，有关《老子》的通行本，主要以严遵本、河上公本、王弼本、傅奕本为主，其中又以王、河二本最为流行。王弼注本文笔晓畅，主要流传在文人学者与士大夫阶层；河上

---

① 范应元：《老子道德经古本集注》，《老子集成》第四卷，第449页。

公注本通俗简要，主要流行于道流学子与平民百姓之间。① 然而，范应元所据古本的经文，则与上述通行的版本都有明显差别，例如范本第四十二章"万物负阴而抱阳，盅气以为和"，"盅"字通行本作"冲"；范本第四十七章"其知弥尠"，"尠"字通行本作"少"；范本第五十三章"大道甚侇"，"侇"字通行本作"夷"；范本第五十八章"其政闵闵，其民偆偆，其政督督，其民缺缺"，通行本作"其政闷闷，其民淳淳。其政察察，其民缺缺"；范本第六十四章"其脃易判"，"脃"字通行本作"脆"等等。在这些差别之处，范应元都有注解，并说明是"从古本"。显然，与通行本比较，范氏之古本应该是另有来源的，那么，范氏古本与通行本之间的差别，就特别值得重视，这些差别对于我们考订今本《老子》之经文，将具有非常重要的意义。下面便从范本经文中择要举例，并结合马王堆帛书本及郭店楚简本《老子》，以说明范本在版本方面的重要价值。

第二章"万物作焉，而不为始"。此句今河上本、王弼本均作"万物作焉而不辞"。但范注："王弼、杨孚同古本。"说明王弼本在当时"辞"作"始"，今本的"辞"极有可能是受河上本影响而被改。此句帛书本作"万物昔（作）而弗始"，楚简本作"万勿（物）作而弗始也"，范本正与之合。

第八章"居众人之所恶"。此句今王弼本、河上本均作"处众人之所恶"，但傅奕本与范本一样作"居"，帛书本该句正作"居众人之所恶"，可见范本近古。

第九章"金玉满室，莫之能守"。此句今河上本、王弼本均作"金玉满堂，莫之能守"。但范注："'室'字，严遵、杨孚、王弼同古本。"② 说明王弼本在当时"堂"作"室"，今本的"堂"为后人所改。此句帛书本作"金玉盈室，莫之能守也"，楚简本作"金玉浧（盈）室，莫能兽（守）也"，范本正与之合。

第十章"爱民治国，能无以知乎"。此句王弼本作"爱民治国，

---

① 参高明：《帛书老子校注》，第3页。
② 范应元：《老子道德经古本集注》，《老子集成》第四卷，第401页。

能无知乎"，河上本作"爱民治国，能无为乎"，从语义上看，两本都通。但帛书本作"爱民栝（治）国，能毋以知乎"，可见范本近古。

第十三章"宠辱若惊，贵大患若身。何谓宠辱？宠为下"。《老子》此句经文历来分歧很大，关键是"宠为下"三字。河上本、唐景龙碑本、吴澄本作"辱为下"，唐景福碑本、陈景元本、寇才质本、张嗣成本及日本抄本则作"宠为上，辱为下"。范应元本与之不同，作"宠为下"，并注曰："辱因宠至，是宠为辱根，故宠为下。"① 今帛书甲、乙本及楚简本均作"宠为下"，与范本正同。

第十四章"视之不见名曰几"。范注曰："'几'字，孙登、王弼同古本。傅奕云：'几者，幽而无象也。'"又说："道无色，视之不可见，故名之曰几。"② 孙登本已佚，王弼、傅奕本今均作"夷"，由此可知王、傅本亦为后人所改，古本同样作"几"。作"几"应该更近老旨，且与《易》义相合。《易·系》云"极深研几"，又云"知几其神，几者动之微，吉之先见者也"，郑玄注："几，微也。"正与傅说相契。

第二十一章"芴兮芒兮，中有象兮；芒兮芴兮，中有物兮"。范注曰："芴音忽，芒，虚往切。于无非无曰芴，于有非有曰芒。"又说："别本作'其中有象，其中有物'，今从古本。谓以道为无则非无，以道为有则非有，故曰'芴兮芒兮，芒兮芴兮'。然而万象由斯而见，万物由斯而出，故曰'中有象兮，中有物兮'。"③ "芴芒"二字流行本作"惚恍"，可通用。《庄子·至乐》："芒乎芴乎，而无从出乎。芴乎芒乎，而无有象乎。"褚伯秀注云："芒芴，读同恍惚。"④是其证。"中有象兮，中有物兮"与通行诸本都不相同，而独与马王堆帛书本相合，帛书乙本作"沕呵望呵，中有象呵。望呵沕呵，中有物呵"。甲本作"□□□呵，中有象呵。望呵忽呵，中有物呵"。

---

① 范应元：《老子道德经古本集注》，《老子集成》第四卷，第 403 页。
② 范应元：《老子道德经古本集注》，《老子集成》第四卷，第 403—404 页。
③ 范应元：《老子道德经古本集注》，《老子集成》第四卷，第 404、410 页。
④ 褚伯秀：《南华真经义海纂微》，《道藏》第 15 册，第 461 页。

由此比较，范本确实是近古的。

第二十二章"曲则全，枉则正"。句中"正"字王弼本、河上本均作"直"。范注："曲己以从道则全，枉己以从道则正。"可见范应元是以"正"为训。范又注："'正'字，王弼同古本，一作'直'。"① 说明王弼本原作"正"，但也有本子作"直"，受此影响，王弼本后来也改成了"直"。但此句帛书甲本作"曲则金（全），枉则定（正）"，帛书乙本作"曲则全，汪（枉）则正"，范本近之。

第二十六章"是以君子终日行不离辎重"。此句今河上本、王弼本均作"是以圣人终日行不离辎重"。但范注："君子，成德之名。"又云："君子终日行不离辎重，虽有荣华之观，亦安居而超然不顾。"② 可见范应元以"君子"为老子原意。此句帛书本作"是以君子众（终）日行，不离其甾（辎）重"，范本正与之合。

第二十八章"故大制无割"。此句今河上本、王弼本均作"故大制不割"。范注："'无割'，严遵、王弼同古本，河上公与世本作'不割'。"又云："故大制天下者，其道纯而不离，犹朴全而无割也。"③ 范应元以"无割"为训。王弼本原亦作"无割"，但河上本作"不割"，王弼本很可能受到影响，也改成了"不割"。帛书本作"夫大制无割"，范本近之。

第三十章"果而勿矜，果而勿伐，果而勿骄，果而不得已，是谓果而勿强"。该句今河上本、王弼本均作"果而勿矜，果而勿伐，果而勿骄，果而不得已，果而勿强"，与范本比较，最后一句少"是谓"二字。这两个字对经文的意思及逻辑关系都有很大的影响，范本前四句是并列关系，最后一句为总结，河、王本则最后一句与前四句一起变成了并列关系。此句帛书本作"果而勿骄，果而勿矜，果而（勿伐），果而毋得已居，是胃（谓）果而不强"，楚简本作"果而勿发（伐），果而勿乔（骄），果而勿矜，是胃（谓）果而不

① 范应元：《老子道德经古本集注》，《老子集成》第四卷，第 404 页。
② 范应元：《老子道德经古本集注》，《老子集成》第四卷，第 414 页。
③ 范应元：《老子道德经古本集注》，《老子集成》第四卷，第 416 页。

强"，帛书本与楚简本最后一句都有"是谓"二字，范本与之相同。

第三十七章"无名之朴，夫亦将不欲"。"不欲"，王弼本、河上公本、龙兴碑本、唐景龙碑本及陆希声、苏辙、邵若愚、林希逸等唐宋诸流行本都作"无欲"，唯范应元本作"不欲"。范本正确，"不欲"恰与下句"不欲以静，天下将自正"相联系，验之帛书，帛书甲乙本亦均作"不欲"。

第四十章"天下之物生于有，有生于无"。此句王弼本作"天下万物生于有，有生于无"，河上本作"天下万物生之于有，有生于无"，河上本仅比王弼本多了一个"之"字。句中"万物"范本作"之物"，这是重要的差别。本句帛书本作"天下之物生于有，有（生）于无"，楚简本作"天下之勿（物）生于又（有），生于亡"，可见范本"之物"近古，"万物"为后人所改。又楚简本后一句无"有"字，帛书本则已加"有"字，范本更与帛书本接近，那么，范本的祖本来源不会早于帛书本。

第四十二章"吾将以为学父"。范注曰："古本作学父，河上公作教父。按《尚书》'惟敩学半'，古本并作'学'字，则'学'宜音'敩'，亦教也，义同。'父'，始也。今并从古本。"① 范注是。河上公、王弼以及唐宋流行诸本均作"教父"，而"学父"更近古义。成玄英《老子义疏》引顾欢曰："其教学之本父也。"可见顾本作"教"，"学"为"教"省。另《弘明集》释慧通《驳顾道士夷夏论》引《老子》此句并作"学父"。今揆之马王堆帛书，甲、乙本均作"吾将以为学父"，与范本正同。

第四十六章"罪莫大于可欲，祸莫大于不知足，咎莫憯于欲得"。范注曰："憯音惨，痛也。"② 王弼本无"罪莫"句。"憯"字，顾欢本、敦煌本、唐碑本作"甚"，河上本、王弼本以及其他诸本作"大"。然此句帛书甲、乙本均作"咎莫憯于欲得"，楚简本作"咎莫憯乎谷（欲）得"，可证范本之不误。

---

① 范应元：《老子道德经古本集注》，《老子集成》第四卷，第 426 页。
② 范应元：《老子道德经古本集注》，《老子集成》第四卷，第 427 页。

第五十一章"夫莫之爵而常自然"。此句王弼本作"夫莫之命常自然",河上本作"夫莫之命而常自然",比王弼本多了"而"字,并注:"道一不命召万物,而常自然应之如影响。"① 证明河上本经文原来即作"命"。范本"命"作"爵",这是重要区别。范注:"道德非有爵,而万物常自然尊贵之。"② 范应元以"爵"为解。此句帛书本作"夫莫之爵也,而恒自然也",范本近之。

第五十五章"蜂虿虺蛇不螫,猛兽攫鸟不搏"。此句诸通行本分作三句,王弼本作"蜂虿虺蛇不螫,猛兽不据,攫鸟不搏"。傅奕本作"蜂虿不螫,猛兽不据,攫鸟不搏"。河上本、严遵本及唐宋诸本"蜂虿"俱作"毒虫"。俞樾认为"蜂虿虺蛇不螫"是"毒虫不螫"的注文。③ 然而马王堆帛书甲本作"逢(蜂)剃(蛬)蝝(虺)地(蛇)弗螫,攫鸟猛兽弗搏"。乙本作"螽(蜂)疠(虿)虫(虺)蛇弗赫(螫),据鸟孟(猛)兽弗捕(搏)"。郭店楚简本作"蟲(虺)虿虫它(蛇)弗蝥(螫),攫鸟獸(猛)兽弗哺(搏)"。在众多的版本中,《老子》此句实唯范应元所据古本与帛书及楚简相似。

第五十九章"是以早服"。范曰:"王弼、孙登及世本作'早复',如《易·复卦》'不远复'之义,亦通。然承上文'事天'处来,'服'字相贯。"④ 尽管范氏认为"早复"亦有道理,但仍然坚持从古本作"早服"。李约、陆希声、宋徽宗、司马光、林希逸、邵若愚等唐宋诸本均作"早复"。朱熹解此句说:"能啬则不远而复。"⑤ 亦认为作"早复"。另王弼及诸唐本"是以"作"是谓"。今验之帛书,甲本损掩,乙本正作"是以早服"。楚简本则为"夫唯啬,是以早;是以早備(服)是胃(谓)……"显然,"是以早"后脱一"服"字。看来,"早服"宜古,"早复"乃后人所改。

第七十一章"知不知尚矣,不知知病矣"。此句王弼本、河上本

① 河上公:《道德真经注》,《老子集成》第一卷,第 162 页。
② 范应元:《老子道德经古本集注》,《老子集成》第四卷,第 430 页。
③ 俞樾:《老子平议》,《老子集成》第十一卷,第 671 页。
④ 范应元:《老子道德经古本集注》,《老子集成》第四卷,第 436 页。
⑤ 《朱子语类》卷一百二十五,第 2999 页。

均作"知不知，上；不知知，病"，"上"范本作"尚"，范注："'尚，庶几也'，一作'上'，今从古本。"可见在范应元的时代，通行本已作"上"，但范氏坚持从古本作"尚"，并注："道不可知，人能知乎不知之处者，庶几于道矣。"① 此句《淮南子·道应训》引作"知而不知，尚矣；不知而知，病也"，帛书本作"知不知，尚矣；不知知，病矣"，范本正同。

第八十一章"圣人无积"。此句王弼本、河上本均作"圣人不积"，"不积"范本作"无积"，"无积"的含意更近老子，如高明先生言："无积无藏则心虚静，心虚静则无所系，故无所不为人也；心静不系，则无私无虑，故无所不予人也。"② 此句帛书本作"圣人无积"，范本与之相同。③

从以上所举的例子来看，在流行诸本互相改动《老子》经文、使经文趋于混同而难以辨识的时候，范本却相对保持了《老子》经文的原貌，与王弼本、河上公本及唐宋流行诸本比较，显示出了明显的差别。然而，范本这些与流行本不同的地方，却有不少能与马王堆帛书本及郭店楚简本相合，这就比较充分地说明，范应元所据之版本确实是一个近古的本子，值得重视。

二、《老子道德经古本集注》的老学文献价值

范本除了在考证《老子》经文方面的重要价值以外，对老学文献亦有保存之功。王闿运指出："范注今所罕引，鉴家推为秘籍，宜也。宋人喜引宋说，亦赖此见其时风气。"④ 当然，范应元不仅仅征引宋代注家，还大量引录汉唐诸家旧注，先后共引用了韩非、严遵、刘安、扬雄、司马谈、司马迁、河上公、王弼、杨孚、孙登、马诞、

---

① 范应元：《老子道德经古本集注》，《老子集成》第四卷，第443页。
② 高明：《帛书老子校注》，第157页。
③ 关于范本的经文情况，刘固盛的论文《〈老子道德经古本集注〉考》（《历史文献研究》第21辑，2002年）已有关注与研究，弓晓敏硕士论文《范应元〈老子道德经古本集注〉研究》亦有比勘，可参看。
④ 王闿运题后，见《老子道德经古本集注》，《老子集成》第四卷，第450页。

王诩、郭云、阮籍、阮咸、董遇、陈韶、李奇、王尚、张嗣、梁简文帝、应吉父、张玄静、张君相、司马承祯、朱桃椎、唐玄宗、傅奕、李若愚、陈景元、苏辙、司马光等 30 余家，其中相当一部分如杨孚、马诞、王诩、郭云、阮咸、陈韶、李奇、朱桃椎等为书志所未著录，其他《老子》集注亦未提及，吉光片羽，弥足珍贵。

范本对各家的征引，有的用于勘对经文，有的则是引录注解。注文的引用涉及韩非、河上公、王弼、韩康伯、郭璞、陆德明、傅奕、成玄英、苏辙、司马光、王雱、张冲应、朱熹等 16 家。其中引苏辙注最多，共 112 处，范注几乎每章都有引用，可见其对苏辙之解的高度认同，也可看出苏辙注本在南宋影响力之大。韩非、河上公、王弼、成玄英、苏辙、司马光、王雱等注今尚存，可互相参照。如对韩非观点的引用：《老子》第三十六章"鱼不可脱于渊。邦之利器，不可以示人"句，范注："韩非：'以势为渊，以赏罚为利器。'"① 第三十八章"上德无为而无不为，下德为之而无以为"句，范注："韩非云：'虚则德盛，德盛之谓上德，故上德无为而无不为也。'"② 第五十九章"是谓深根固柢，长生久视之道"句，范注："韩非解云：'木有蔓根，根有柢根。柢根者，木之所以建生也。蔓根者，木之所以持生也。柢固则长生，根深则久视。'"③ 第六十七章"我有三宝，持而宝之"句，范注："韩非云：'事必万全，而举无不当，则谓之宝矣。'"④ 从中可见范应元对韩非的观点是颇为认可的。又如对王雱注的引用，如《老子》第三十六章"鱼不可脱于渊。邦之利器，不可以示人"句，范注曰："王雱以刚强为利器，遂使后世疑此章为权谋之术，皆不得老氏之意也。"⑤ 范应元并不赞同王雱对"利器"的解释，并指出这是后人对老子的误解。《老子》此章有"将欲翕之，必固张之"之语，不少宋儒批评其为阴谋权术，

---

① 范应元：《老子道德经古本集注》，《老子集成》第四卷，第 420 页。
② 范应元：《老子道德经古本集注》，《老子集成》第四卷，第 422 页。
③ 范应元：《老子道德经古本集注》，《老子集成》第四卷，第 436 页。
④ 范应元：《老子道德经古本集注》，《老子集成》第四卷，第 441 页。
⑤ 范应元：《老子道德经古本集注》，《老子集成》第四卷，第 420 页。

如程颐说："予夺翕张，理所有也，而老子之言非也。予之之意乃在乎夺之，张之之意乃在乎翕之，权诈之术也。"① 真德秀也言："曰将欲翕之，必固张之，将欲夺之，必固与之，此阴谋之言也。"② 宋儒的这种理解，确实是对老子思想的一种误读，范应元的批评是有道理的。但王雱的解释则又与程颐、真德秀等人有很大不同，其曰："阴阳之情，周旋如转轮，反复如引锯，往穷必反，盛极必衰，观乎月满之亏，日中之昃，则万物一致，断可知矣。唯至人深达主机，明乎无朕，故养生则裕于屈伸，处己则适乎消长，莅事则知成败之策，御敌则达擒纵之权，古之人所以酬酢万变，而澹然无事者，诚以此道也。然则虽鬼神之幽将不能窥，而况于世俗之昏，亦何以测其妙乎。《易》曰：尺蠖之屈，以求伸也。龙蛇之蛰，以存身也。"③ 王雱认为老子讲的是阴阳消长、物极必反之理，这个道理具有普遍意义，于养生、处世、为政、用兵等等各个方面，均无不适用，显然，王雱对程颐等人的阴谋论并不认同。他又注"国之利器"句："夫以刚强遇物，则物之刚强不可胜敌矣。天下皆以刚强胜物也，而吾独寓于柔弱不争之地，则发而用之，其孰能御之者。"④ 王雱似乎并非如范应元所言是以刚强为利器，而是强调以柔克刚。但不管怎样，范应元的评价反映出他对不同解《老》学者的看法，对我们认识老学的发展情况是有帮助的。

范应元所引的注本，除了部分尚存世外，还有不少是散佚了的，尽管引文可能只有一条或者几条，但仍然具有重要价值。如：《老子》第一章"道可道，非常道"，范注："韩康伯云：'无不通也。'"⑤

《老子》第五十九章"是谓根深固柢，长生久视之道"，范注："（傅奕）引郭璞云：'柢谓根柢也。'"⑥

---

① 程颢、程颐：《二程集》，第 1181 页。

② 真德秀：《大学衍义》卷十三《明道术》，华东师范大学出版社 2010 年版，第 211 页。

③ 王雱：《老子训传》，《老子集成》第二卷，第 712 页。

④ 王雱：《老子训传》，《老子集成》第二卷，第 712 页。

⑤ 范应元：《老子道德经古本集注》，《老子集成》第四卷，第 395 页。

⑥ 范应元：《老子道德经古本集注》，《老子集成》第四卷，第 436 页。

《老子》第十四章"视之不见名曰几，听之不闻名曰希"，范注："希，陆德明云：'疏也，静也。'"①

《老子》第三十八章"上礼为之而莫之应，则攘臂而扔之"，范注："张冲应曰：'周礼备而六国争雄，唐礼成而五季交扰。'"②

《老子》第四十一章"建德若输"，范注："输，傅奕云：'古本作输，引《广韵》云：输，愚也。'河上公作揄，乃草字，变车为手。傅奕云：'手字之误，动经数代，况辱字少黑字乎。'傅奕当时必有所据。"③

《老子》第五十五章"益生曰祥，心使气曰强"，范注："是以朱真人（桃椎）曰：'道者叐也，道体者虚无也，虚无者自然也，自然者无为也，无为者心不动也。内心不动，则外境不入，内外安静则神定气和，神定气和则元气自正，元气自正则五脏流通，五脏流通则精液上应，精液上应则不思五味，五味已绝则饥渴不生，饥渴不生则三田自盛，三田自盛则髓坚骨实，返老还元。如此修养，则真道成矣。以此证之，则何尝益生而以心使气邪？特不害之，则元气自正尔。故善平天下者，亦如平身也，虚静恬淡，无为自然，其德不形，人物自正。是以阴阳和顺，变异不兴，子孙绵绵，享祚无已。不善平天下者，躁动多欲，好尚强梁，是以妖孽并兴，不能常久也。'"④

上述注文虽然不多，但都很有意义。例如傅奕的注文，可证傅奕除了校定《老子》古本外，还作了《老子注》。朱桃椎是唐代的道士，唐代道士注《老》成风，并阐发了重玄之学，如范注引用的成玄英注就是代表。但从朱桃椎的这条注文来看，其思想旨趣与成玄英注存在明显差别。该条注文以内丹理论解《老》，并将修身与治国联系起来，反映了唐代内丹学发展的基本特点。该注还提示，唐代道教老学除了对重玄学的阐扬外，尚有以内丹解《老》的一支，这

---

① 范应元：《老子道德经古本集注》，《老子集成》第四卷，第412页。
② 范应元：《老子道德经古本集注》，《老子集成》第四卷，第422页。
③ 范应元：《老子道德经古本集注》，《老子集成》第四卷，第424—425页。
④ 范应元：《老子道德经古本集注》，《老子集成》第四卷，第434页。

是我们在考察唐代老学时需要注意的。至于张冲应的注文，亦有特殊价值。因为张冲应是宋代以鸾笔解《老》的代表，[①] 说明扶乩这种古老的民间信仰，最迟在宋代便和《老子》发生了关联，对此，道教界也是认可和接纳的。而从张冲应这条注文的内容来看，鸾笔解《老》并非无稽之谈。

三、思想特点

范应元《老子道德经古本集注》不仅具有重要的文献价值，而且颇具思想性。他不仅征引各家之注，而且加上了自己的解释，特别是对老子之道的阐发，具有自己的特点，并突出表现在以下两个方面。

1. 道之体用

范应元在《老子》首章开篇之注就指出：

> 道一而已，有体用焉，未有不得其体而知其用者也，必先体立，然后用有以行。老氏说经，先明其体。常者言其体也，可道者言其用也。体用一源，非有二道也。今夫仁义礼智，可言者也，皆道之用也。人徒知恻隐之心仁之端也，羞恶之心义之端也，辞让之心礼之端也，是非之心智之端也，而不知其体之一，则是道也，分裂四出，末流不胜其弊。夫惟先知其体之一，则日用常行，随事著见，无有不当，皆自然之理也。如是则然后久而无弊矣。故凡道之可以言者，非常久自然之道也。夫常久自然之道，有而无形，无而有精，其大无外，故大无不包，其小无内，故细无不入，无不通也。[②]

---

① 刘惟永《道德真经集义·诸家姓氏》录有宋代张冲应、张灵应两著，并注云："以上两家，系鸾笔。"

② 范应元：《老子道德经古本集注》，《老子集成》第四卷，第 395—396 页。

范应元从体用两个方面对老子之道展开阐述，这也是其老学思想最明显的特点。范应元认为，道是体用的结合，两者不可分割。要真正把握道的玄妙，必先阐明道之体，然后才能达道之用。道之用极其广泛，儒家的仁义礼智亦包括在其中，但如果不明道体，将陷入末流，远离大道，其用也无从谈起。范应元又指出，老子所说的"常"，即是指道之体而言，这一点在《老子》首章"此两者，同出而异名，同谓之玄"句之注有进一步的阐述：

> 两者，常无与常有也。玄者，深远而不可分别之义。盖非无不能显有，非有不能显无，无与有同出而异名也。以道为无则万化由之而出，以道为有则无形无声，常常不变，故曰常无常有也。无有之上俱着一常字，乃指其本则有无不二，深远难穷，故同谓之玄也。窃尝谓有无固不足以论道，然自其微妙而言，不可不谓之常无，自其著见而言，不可不谓之常有。分而言之，妙是微，微是显。合而言之，无与有同出而异名，妙徵皆一道也。此老氏所以兼有无、贯显微、合同异而为言也。人能如是观之，则妙与徵相通，物与我混融，表里洞然，本无留碍，亦无差别也。①

所谓体用一源，有无不二，道是圆融而超越的，故老子用一"常"字来概括道体的性质。道是抽象而深远的，故老子又用"玄"来说明道的特征。而道又是难以言说的，故老子除了以常有、常无论道以外，又分别从妙与徵、微与显、分与合、同与异等不同的角度加以阐发，任何单一的层面或范畴都不足以揭示道的玄妙。正如"玄之又玄，众妙之门"句注所言："常久自然之道，本不可以名言，今既强字之曰道矣，且自其微妙而谓之常无，又自其著见而谓之常有，复自其本之有无不二、深远难穷，而同谓之玄，是皆不免乎言焉。玄之又玄，则犹云深之又深，远之又远，非无非有，非异非同，不

---

① 范应元：《老子道德经古本集注》，《老子集成》第四卷，第 397 页。

知所以然而然，终不可得而名言分别之也。然万化由斯而出，各各具妙，故曰众妙之门。"①

范应元指出，总的来说，道之体是常，是玄，不能够用名言来加以界定，但具体来说，还是可以从两个方面把握道体的特点。

其一是虚通。如第十四章注："虚通之道，自古固存，当持此以理今之事物也。"② 第二十五章注："周行而不殆者，言其虚通而无所碍也。"③ 第四十一章注更加明确："实运于虚，有生于无，虚无自然正是道之体，柔弱贱下正是道之用也。"④ 虚实刚柔的结合与转化，正是体用不二的体现。道体以虚无为本，其用则以柔弱不争为上。第十六章注又言：

> 知常久自然之道，则虚通而无不包容也。无不包容乃无私也。王者天下归往之称，惟其无私，故天下之人往而归之。王乃如天之不言而行，无为而生。不言而行，无为而生，乃虚通而大也。虚通而大则常久自然，常久自然则终身不危殆矣。自知常容之后，皆人欲尽净而天理流行，何危殆之有也。河上公曰：公正则可以为天下王，能王，德合神明，乃与天通。德与天通，则与道合同。与道合同，乃能长久。能公能王，通天合道，四者纯备，道德弘达，无殃无咎，乃与天地俱殁，不危殆也。⑤

道体虚通，故广大无边，包容无私。能体道者，则与天地同久，永无危殆。在这里，范应元通过对道体虚通的诠释，将道的终极性意义揭示出来。

道体的第二个特点是自然。自然与虚通密切相关，范应元引用

① 范应元：《老子道德经古本集注》，《老子集成》第四卷，第 397 页。
② 范应元：《老子道德经古本集注》，《老子集成》第四卷，第 404 页。
③ 范应元：《老子道德经古本集注》，《老子集成》第四卷，第 413 页。
④ 范应元：《老子道德经古本集注》，《老子集成》第四卷，第 424 页。
⑤ 范应元：《老子道德经古本集注》，《老子集成》第四卷，第 406 页。

唐代朱桃椎的注说："道者炁也，道体者虚无也，虚无者自然也，自然者无为也，无为者心不动也。"① 自然是道的根本属性，也是修道用道的基本准则。故第二十五章注言："道本不可以物言，然不曰有物，则无以明道。而言混成，则混然而成，乃自然也。"② 范应元认为，老子此章所说的"有物混成"，即是自然，而"道法自然"是老子思想的根本法则。如以下两条注文：

> 上德无为而道法自然，包乎天地，运乎日月，散乎人物，我于中出而得之，斯其所谓德也。原夫上古大朴未散，所谓德者，得之于自然，无形无迹，无名无声，默运之顷，自然与天地同其长久，自然与日月同其常升，斯曰上德不德是以有德也。③
>
> 无为、无事、无味，皆指道而言也。无为言其虚，无事言其静，无味言其淡，本皆自然，而致之、守之、甘之则在乎人，故不可不曰为、曰事、曰味也。然此道至易、至细、至和，而行之至难。若果而确，则未尝难，未尝大，未尝招怨也。故圣人不妄为，而常为于无为，不生事，而常事于无事，不耽味，而常味于无味也。④

如果能够遵循道法自然，即可臻于上德，无所不成。圣人体道，为无为，事无事，味无味，都是指体道自然而言。当然，自然的原则知之易而行之难，需要细加体察。

范应元既述道之体，尤重道之用。他说：

> 或有修真之士，体道之人，欲传受之，亦所不隐。虔凭宝典，口诵心持，上祝皇帝万岁，次愿重臣千秋，府县官僚、文

---

① 范应元：《老子道德经古本集注》，《老子集成》第四卷，第 433 页。
② 范应元：《老子道德经古本集注》，《老子集成》第四卷，第 413 页。
③ 范应元：《老子道德经古本集注》，《老子集成》第四卷，第 422 页。
④ 范应元：《老子道德经古本集注》，《老子集成》第四卷，第 438 页。

武贤德、忠良显著，禄筭增崇，广及士民，同跻仁寿。天清地静，时和岁丰，率土含生，咸归有道。继今有得之者，傥毋以为《春秋》散于三传，《易》道微于九师，能于静室焚香，精心研味，反照内参，寻本源之真处，一旦玄通，自得常久自然之道体。其居尘出尘，而生育无穷，则修身齐家治国平天下，厥效随著，圣贤地位不患不到，何止无愧于考亭云。当亦知前修之说不诬，而仲尼犹龙之喻尤妙也。①

这段话鲜明体现出范应元的现实关怀，也就是说，他注《老》的目的，不仅仅是要使他收藏的这个古本得以流传于世，而且希望能够用《老子》进行修身治国；不仅仅希望皇帝百官得之以治，而且期盼能够惠及天下万民。他说："夫道一而已矣，修之身其德乃真，修之家其德乃余，修之乡其德乃长，修之邦其德乃丰，修之天下其德乃普，岂特用之一己也哉。大抵要先得其体，而自修身始。及其妙也，有变化不可得而测者在。"② 道可以修身齐家治国平天下，这也是道之用的体现。对于如何运用老子之道，范应元在首章的注文中强调：

> 夫常久自然之道，有而无形，无而有精，其大无外，故大无不包，其小无内，故细无不入，无不通也。求之于吾心之初，则得之矣。人物莫不由此而生，圣贤莫不体此而立。然此道虽周行乎事物之际，相传乎典籍之中，而其妙处，事物莫能杂，言辩莫能及，故人鲜造诣于是。老子应运垂教，不得已而发明之。既发明之，岂容离乎言哉。故首曰道可道，非常道。意欲使人知常久自然之道不在言辞，当反求诸己，而自得之于吾心之初也。③

---

① 范应元：《老子道德经古本集注》，《老子集成》第四卷，第449页。
② 范应元：《老子道德经古本集注·后序》，《老子集成》第四卷，第449页。
③ 范应元：《老子道德经古本集注》，《老子集成》第四卷，第396页。

老氏悯夫世人逐末忘本，寖失真源，不得已而应机垂训，又恐人溺于言辞，弗能内观，故复示人以深意，必使反求诸己，欲其自得之，而入众妙之门以复其初，又能体是而行，以辅万物之自然，而同归于一也。唯人为万物之最灵，诚能反观，则是道也，湛然常存，夫何远之有？此章直指此心之初，自然之理，使不惑于有无同异，得意忘言，升玄极妙，乃入道之门，立德之基，实一经之总也。宜深味之。①

两段文字都强调了一个主题，即欲达道之用，就必须充分发挥人的主体性。道无所不在，无所不包，但又难以用言辞来表达，只能用心去体会。如果执着于具体的言辞和有限的经验，那是舍本逐末，真元自丧。老子悯世也深，故提醒世人修道贵在自得，要立足于此心之初，由体达用，立德修身。

2. 自然之理

范应元在注解《老子》的时候，突出了自然之理这一核心概念。他指出，无论是修身还是治国，自然之理都是其总的原则，所谓"道者自然之理，万物之所由也"②。"自然"是老子之道的最重要特点，"理"字则彰显出道的普遍性、广泛性和实在性。鉴于范应元生活的时代，理学的影响已经很大，故自然之理的概念亦融摄了理学的内容。试看《老子》第四十二章的注文：

道一而已，故曰道生一也，犹言易有太极也。一之中便有动静，动曰阳，静曰阴，故曰一生二也。康节所谓天向一中分造化者是也。一与二便是三，故曰二生三也。其实一也。然动静无端，阴阳无始，一亦非一，但形于言则不可不谓之一也。初不是逐旋生之也，其曰生者，亦犹言太极动而生阳，动极而

---

① 范应元：《老子道德经古本集注》，《老子集成》第四卷，第 397 页。
② 范应元：《老子道德经古本集注》，《老子集成》第四卷，第 395 页。

静，静而生阴也。阴阳不可不以二而言之，然阳自阴来，阴自阳来，其实一也，孔子所谓一阴一阳之谓道是也，周子所谓二本则一亦是也，盖二与一便是三也。自三以往，生生不穷，故曰三生万物也。愚何以知其然哉，于吾心之初而得之也。通乎此则知道本强名尔，何况一二三乎，皆自然也。……形而上者谓之道，形而下者谓之器。盖器有形也，道无形也。凡有形之物皆有无形者寓其间也，故阴阳之气交通成和，而物生焉。万物负阴抱阳，盅气为和，皆自然之理也。[①]

注文引邵雍、周敦颐之语，并结合阴阳动静解释老子"道生一，一生二，二生三，三生万物"的命题，指出道生万物的过程是一个自然的过程，阴阳动静的变化，万物的生长繁衍，都要遵循自然之理。天地万物如此，人类社会更不会例外："自古圣人体此道而行乎事物之间，其所以全美尽善而人不知为美善者，盖事物莫不自然，各有当行之路，故圣人循其自然之理，行而中节，不自矜伐以为美善也。傥矜之以为美，伐之以为善，使天下皆知者，则必有恶与不善继之也。"[②] 总之，从天地万物到人，均以自然之理为基本法则。

从修身的层面来看，只有遵循自然之理，方可证道成真。如《老子》首章注指出：

> 常久自然之道，自古固存。然而无形无声，微妙难穷，故谓之常无，则欲要使人以观其微妙也。惟人也，由此道而生，为万物之最灵，诚能回光反视于吾身之中，悟一真体，虽至虚而物无不备，则道之微妙可得而观矣。夫如是，乃知一理包乎万殊，凡物凡事不可违自然之理也。[③]

大道自然化生万物，在天则成日月星汉等之象，在地则成

---

① 范应元：《老子道德经古本集注》，《老子集成》第四卷，第 425 页。

② 范应元：《老子道德经古本集注》，《老子集成》第四卷，第 397 页。

③ 范应元：《老子道德经古本集注》，《老子集成》第四卷，第 396 页。

山川草木等之形，在人则成身体发肤等之质，故谓之常有，则欲要使人以观其境也。惟人也中天地而立为三才之一，果能仰观俯察于两仪之内，悟万物形虽不同而理无不在，则道之境致可得而观矣。夫如是，乃知万殊归于一理，凡物凡事固当循自然之理也。①

这是对"常无欲以观其妙，常有欲以观其徼"句的解释。范应元既用理学的命题"一理包乎万殊"和"万殊归于一理"来诠释道与万物、本质与现象的关系，同时突出人为三才之一，能够遵循自然之理以体道、悟道。再看第七十二章"民不畏威，则大威至矣"句的注文：

> 道者在人之身则为神明。畏者，严惮之意也。威者，自心神明之威也。自心神明正直无私，威不可犯，深可信畏。凡人不间贤愚隐显云为，惟此心纤毫不可欺者，乃神明之所在也。或者昧此，恣情纵欲，潜行不善，以为己独知之而人皆不知，殊不顾自己神明之威，凛凛然不可欺也，不知畏威，恶积不已，则大威至矣。大威至则天厌之，安可解。此有道者所以循自然之理而毋不敬，不敢妄为也。②

《老子》此章一般从国家与社会治理的角度来理解，"民不畏威，则大威至矣"意谓百姓如果不害怕上面的威压了，那么大的祸乱就会降临。但范应元则把"威"释为"自心神明之威"，将此章解释为修道的方法。他在该章注中继续指出：

> 心者神之所居，身者炁之所生，神炁同出于道。今夫人之运用，非神炁则不能矣，神炁不可须臾而离也。神清则炁爽，

---

① 范应元：《老子道德经古本集注》，《老子集成》第四卷，第396页。
② 范应元：《老子道德经古本集注》，《老子集成》第四卷，第443页。

炁浊则神昏，故常当虚静以存神，谦柔以养炁，循自然之理以应物。傥不能虚其心，弱其志，而使情欲得以窃入伤害，则是戏玩其所居之神，猒弃其所生之炁也。苟戏玩猒弄不已，至于恶积而不可捄，罪大而不可解，以至灭亡，此天猒之而大威至也。故曰无狎其所居，无猒其所生。夫惟人无猒弄神炁，是以神炁亦无猒弄人也。尝观世俗之人问曰：见性便是透脱。不复修身诚己，至于违理伤物，甚而恣纵情欲，弗顾形骸，以谓幻躯，竟非坚固。殊不知未能慎守此身，善养神炁，循自然之理，以全真精，以应事物，则何以谓之透脱。孔子曰：君子有三畏，畏天命，畏大人，畏圣人之言。小人不知天命而不畏也，狎大人，侮圣人之言。朱文公注曰：天命者，天所赋之正理也。而庄子有圣人贵精养神之语，孟子有夜气旦气之论。修身应物，一理而已。然则人也徒以见性而便猒弃此身之神炁，不复循理以修身应物，可乎？①

该注从个人修炼的角度作解，将《老子》经文"无狎其所居，无猒其所生"解释为心、神、炁的相互关系。注文所言"神炁不可须臾而离"，即性命必须兼修。当时的世俗之人修道偏重性功，对修命重视不够，范应元则认为对生命的尊重同样体现了自然之理，故应先修命，并引朱熹的观点为证。笔者曾指出："范应元《老子道德经古本集注》体现了由精气至性命，最后归结为修心的解《老》思路，与张伯端的内丹理论颇为契合。"②

范应元对修心十分重视，如第十章注："夫婴儿气专而和柔，谓不挠其炁以致和柔，俾常如婴儿之时，人能之乎。心不虚则不明，不明则不通。谓涤除私欲，使本心精明，如玉之无瑕疵，鉴之无尘垢，则冥观事物，皆不外乎自然之理，人能之乎？"③ 第十五章注：

---

① 范应元：《老子道德经古本集注》，《老子集成》第四卷，第443页。
② 刘固盛：《宋元老学研究》，巴蜀书社2001年版，第216页。
③ 范应元：《老子道德经古本集注》，《老子集成》第四卷，第401页。

"保守此道者，常虚其心，不欲使人欲充塞其中也。夫惟虚，故能循自然之理以应万变，而依然如故也。"① 范应元认为，修道的关键在于复归本心之虚明，这也是自然之理的体现。又如《老子》第二十章的注文：

> 体道之士，自然谨善，无慢与恶，盖明本心元善也。但循天理而发，则全乎善。纵人欲而发，则流乎恶。故老氏举唯阿善恶相去何若，教人省察之方，此与舜之惟精惟一之意同。未明乎道者，当观唯阿善恶未发之时，方寸湛然，纯乎天理，无有不善，此乃本心也。至于唯阿善恶将发之时，相去多少，相去何似，不过特在乎此心一发之间耳。则知唯与善循乎天理也，阿与恶牵于人欲也。于此治之，常守本心之正，去人欲以循天理，易慢为恭，改恶为善，则天下无余学矣。若不求之于内，而徒学之于外，皆伪也。倘不绝伪学，有甚忧者在。周茂叔曰："诚无为，几善恶。"又曰："诚则无事矣。"②

注文进一步强调体道之要在于明了本心。人的本心至善无恶，虚静自然，本心便是道。在具体阐发的时候，范应元借助了理学的范畴，包括天理、人欲、诚等。对理学的吸收与接纳，反映出范应元注《老》以阐述道教心性学的新意。

从治国的角度看，遵循自然之理同样是其不二法门。如第十章注："谓抱一、专炁、涤除等事，既以修身明心，可推充此道以及人物，即爱民治国之本也。循自然之理以应事物，莫不有当行之路，则何以智为。爱民者非区区爱之，但不害之，即爱之至也。治国者非区区治之，但不乱之，即治之至也。人能之乎？"③ 爱民治国，与体道修身一样，以自然之理为准则。自然之理的本质为道，但表现

---

① 范应元：《老子道德经古本集注》，《老子集成》第四卷，第 405 页。
② 范应元：《老子道德经古本集注》，《老子集成》第四卷，第 409 页。
③ 范应元：《老子道德经古本集注》，《老子集成》第四卷，第 401 页。

形式则有多端。表现之一为守柔弱，如第四十二章注：

> 谦受益，满招损，物皆然。物既如是，则王侯固当谦虚，不自满也。人之所行，可以教我，我之所行，亦可以教人。是何故邪？人之强梁者不得其死，是所以教我不可以强梁也，则吾将以为学之始也。而我之柔弱者，常全乎生，是亦所以教人可以柔弱也，人亦可以此为学之始也。盖大道虚无柔弱，乃不言之教父也。观道生一，一生二，二生三，三生万物，万物负阴而抱阳，盅气以为和，皆自然之理也。人能体是而行，一动一静，循乎自然，则事无不成，物无不和也，何以强梁为哉？①

由宇宙万物至于社会人事，由修身及于治国，尚柔弱为自然之理。遵循自然，万事皆顺，物阜民和，逞强梁则为有道者不取。表现之二为慈俭不争。如第六十七章注：

> 吾之心慈爱素具，由爱亲爱君，推而爱人爱物，皆自然之理，兹为第一宝也。俭，约也。吾能无欲，则甘于恬淡而不奢，兹亦一宝也。吾能虚静谦退无争，不敢为天下先，兹又一宝也。夫慈爱故能勇于行道，使亲安君尊，而天下人无弃人，物无弃物也。俭约故能不暴殄天物，而使天下不尚奢侈，家给人足，可谓广矣。不敢为先而常谦下，不妄生事而常虚应，人皆尊之，故能为成才器之人之长也。以此三者处上，则帝王天子之德也。以此三者处下，则玄圣素王之道也。②

老子的"三宝"之所以能够成为普遍性的准则，是因为其中蕴含自然之理。上至帝王天子，下及平民百姓，只要能够践行"三宝"，无事不成。表现之三为清静无欲。如第五十四章注：

---

① 范应元：《老子道德经古本集注》，《老子集成》第四卷，第426页。
② 范应元：《老子道德经古本集注》，《老子集成》第四卷，第441页。

吾之身清静无欲，则不妄作。不妄作则和气充盈，和气充盈则三田通畅，三田通畅则百脉调荣，百脉调荣则遍体康健，髓坚骨实，此皆抱道自然之效也。是以昔人以身喻国，以心喻君，以气喻民。心正则气自顺，气顺则身自安，乃知君正则民自顺，民顺则国自安，自然之理也。故以吾之身观人之身，以至于观家、观乡、观邦、观天下，一理而已。然则清静无欲者，而民自化矣。善建德者必由抱道，善抱道者则德自立矣。不挠不拔，则道德弘达，自然子孙相续，其祭祀何时而止邪？此与夫盗夸者异矣。①

范应元认为，治国的道理与修身是一样的，即顺应自然之理。修身要清静无欲，治国同样如此。由一身推及家国天下，都是一理。而治理的理想境界不是强制性、掠夺性的管理，而是百姓自化。正如第六十五章注言："圣人之道，大而化之，故古之善为道以化民者，非以明之，将以愚之，使淳朴不散，智诈不生也。所以愚之者，非欺也，但因其自然，不以穿凿私意导之也。"② 这是对"古之善为道者，非以明民，将以愚之"的解释。范应元把经文中的"愚"释为淳朴、质朴，提醒统治者要无为自然，不以智巧欺诈治民，这样则民顺国安。在这里，老子倡导的还是无为自然，而非愚民之治。

第三节 董思靖《道德真经集解》

董思靖乃南宋理宗时期泉州天庆观道士，其《道德真经集解》作于淳祐丙午年（1246 年）。此外，他还撰有《洞玄灵宝自然九天生神章解义》，两书均存于《正统道藏》。《道德真经集解》集王弼、

---

① 范应元：《老子道德经古本集注》，《老子集成》第四卷，第 432—433 页。
② 范应元：《老子道德经古本集注》，《老子集成》第四卷，第 440 页。

王安石、苏辙、司马光、朱熹、叶梦得、程大昌、唐玄宗、宋徽宗、刘骥、陈景元等各家之说，并在采摭诸说的基础上加上自己的注解，颇有见地，故在当时就得到了较高的评价，认为董解"集古今诸家之善，以发明宗旨，虽修炼家自附于老子者，本末先后亦有辨焉。其用工深而有助于老子之教多矣"[1]，"使其由是而之，可直参老子混成之旨矣"[2]。元代著名理学家吴澄注《老》，对历史上《老子》注家的引用，主要是苏辙与董思靖两家，说明吴澄也很看重董注。

董思靖在《老子》第八十一章注中指出："此经二篇，通明道德之旨，首立可道可名，为设教之宗元，次标上德下德，述因时之浇朴。此章寄信美以彰言教，谕善辩以戒修行，述知博以示迷悟，陈无积以教亡遣，假有多以畅法性，合天道以论圣人。欲使学者造精微于理性之中，忘筌蹄于言象之表，故能悟教而忘教，以是终焉。此盖叙述者之大旨也。"[3] 结合《老子》第一章、第三十八章及最后第八十一章章旨，通论老子思想要义，见识宏阔。而其老学思想，主要表现在以下三个方面。

一、"道贯三才，其体自然"

从道论方面，董思靖提出了"道贯三才，其体自然"的重要见解。其注《老子》第二十五章：

> 法者，相因之义也。故语其序则人处于地，形著而位分，地配乎天，而天犹有形。道贯三才，其体自然而已。谓推其相因之意，则是三者皆本于自然之道，盖分殊而道一也。故天在道之中，地在天之中，人在地之中，心在人之中，神在心之中，而会于道者也。是以神藏于心，心藏于形，形藏于地，地藏于天，天藏于道。[4]

---

① 黄必昌序，见董思靖：《道德真经集解》，《老子集成》第四卷，第 394 页。
② 谢埴跋，见董思靖：《道德真经集解》，《老子集成》第四卷，第 393 页。
③ 董思靖：《道德真经集解》，《老子集成》第四卷，第 393 页。
④ 董思靖：《道德真经集解》，《老子集成》第四卷，第 367 页。

这是对老子重要命题"人法地，地法天，天法道，道法自然"的解释，董思靖在突出道的本体意义的同时，将自然规定为道体的性质，天、地、人三才则统一于道之中，很好地理顺了道、自然、天、地、人之间的相互关系。"道贯三才，其体自然"的诠释，立意不凡，反映出宋代道教思想界所达到的理论高度，也体现出道教理论的宏大气象。注文把最后的落脚点放在人的心神修炼上，又体现了道教学者解《老》的独特思路。

总的来说，董思靖对老子之道的阐发，沿着体与用两个方面展开。在《老子》第四章注中，董思靖对道体进行了集中的阐述：

> 道体冲虚，漠然无朕，而其用则无所不该，虽天地之大，动植之繁，在于其中亦莫盈其量矣。盖形有限而理无穷，此固道之大而无外，实不盈也，然而其细亦无内，故虽一物一事，亦莫不各具而毫发不遗。是又必近察乎此，而不可一向驰心空妙，以求其所谓大而不盈者，故云或也。或之者，疑之也。又继之曰渊兮似万物之宗，盖渊者虚澄深静而不可测之称。此其所以为万物之宗，本然不可定名，故云似也。盖即万物而观，则必有以为之宗主者，而实未尝有方体也。物莫不有是道，而人独能全之，故上圣教人修之以极其全也。夫锐者，人之才智外形而有芒角者也。纷者，事之节目繁会而盘错者也。挫则磨砻以去其圭角，而本然圆成者自若矣。解则如庖丁之理解，而纷则其族也。及乎磔然已解，而静一不紊者自若矣。此修于外，以养其中也。和其光，则光矣而不耀。同其尘，则磅礴万物以为一。此一于内以应其外也，及其至也，内外一如，而后浑然之全体在我，湛然常存矣。似或者，不敢正指也。盖道无定体，而执之则失矣。①

---

① 董思靖：《道德真经集解》，《老子集成》第四卷，第 355 页。

对本章宗旨，董思靖有一个简要的概括："此章明妙本冲虚而其用不测也。"① 妙本冲虚即道之体。道体广大无边，不可用具体的物事来规定，故用"或""似"这样不确定的词语来描述，由此说明道无定体，不能执于一端。又如第四十三章注所指出的："道之妙物，皆以无形而鼓舞有质也。夫道体无有，化生众形，泰山秋毫，待之成体，故其入于物也，初无间隔。又道体圆摄，无之与有，并囿其中，混然无间，是则道在物中，物在道中，皆无间也。人能体之则相得性融，廓然无为，而利益不穷矣。"② 道为万物之宗主，但道并非独立于物外，而是体用不二，道物无间。明白了这一点，则可由体致用，无为而无不为了。因此，董思靖对老子所言"挫其锐，解其纷，和其光，同其尘"，都是从道之用的层面来进行阐发。

董思靖解《老》，既明道体虚无，落脚点则在人。试看以下各注：

> 此章先以天地圣人之事及远取诸物，以明其无私无为。虚中之体既立，则其用自然不息也。不可徒徇于用，而不知反求其本之所以然，故教之讷言守中，以为入德之门也。夫中即道也，即其体则圆同太虚，卓然而无所偏倚之称。以其用则周流无间，在于事物，各无过不及之谓也。守则学以求至者之事也，及乎功用纯熟，则守底瞥地脱落，当体澄然，中斯立焉。③

> 玄化之门，是谓天地根。门犹众妙之门，天地万物皆从此出。根犹草木之根，人所不可见，而实为生生之本。谓阴阳之阖辟而为天地之本也，其在人身则元宫牝府，乃神炁之要会，天地同根者也。④

> 反静者道之所以动，体弱而用实强也。言动不言静，言弱不言强，乃互文以见意，而体用之义亦明矣。谓复乎静有以立

---

① 董思靖：《道德真经集解》，《老子集成》第四卷，第 355 页。
② 董思靖：《道德真经集解》，《老子集成》第四卷，第 376 页。
③ 董思靖：《道德真经集解》，《老子集成》第四卷，第 356 页。
④ 董思靖：《道德真经集解》，《老子集成》第四卷，第 356 页。

其体，然后动之用所以行，语其体之寂然无朕则弱矣，而其用之远而不御亦强矣。此虽体用动静周流无间，然而动也必本乎静，用也必源乎体。故元化之工则藏于冬，乃所以蓄于春。为学之道，则精义入神，乃所以为致用之本也。①

上引第五章、六章、四十章注文，其主题都是崇体以致用。道为天地万物之根本，人能体之，则既可修身，亦可治国。道之体虚空柔弱，澄然无间，其用则无所不达，无所不能。

董思靖以体用释道，突出了人的主体性，故他对《老子》首章"常无欲以观其妙，常有欲以观其徼"句的解释，没有采纳宋代影响很大的"无""有"断句方式，而认为应该以"无欲""有欲"为读，并云："此言圣人体道在己，乃寂然不动，所存者神之时，即此可见道体之至微至妙者也。常者，真常妙本也。盖无欲为静，体之常也。有欲为动，用之行也。虽动静不同时，体用必有分。然妙本湛然，寂而常感，感而常寂，未始有间，常自若也。故皆曰常观者，廓然大公，寂无不照之义。……此感而应之时也，于此可观妙道之用矣。是盖指其动而可见处言之，周子所谓静无而动有是也。"② 无欲、有欲分别指体道者不同层面的状况而言，从精神境界来看，无欲是寂然不动，有欲是感而遂通；从体用的角度来看，无欲即体，有欲即用。最后，董思靖对全章加以总结：

> 章首既以无名有名别道与气，次又以无欲有欲分体与用，则章末固当合而结之也。夫道气体用固不可无别，然初非相离而各为一物。惟无是道则气无以立，无是气则道无以寓；非是体则用无以行，非是用则体无以显。道宰乎无而有囿乎气，用著乎体而实源乎体，道即体也，气即用也，体用一源，理物无间。故曰此两者云云。盖虽即冲漠无朕之体，而昭然事物之用

---

① 董思靖：《道德真经集解》，《老子集成》第四卷，第 374 页。
② 董思靖：《道德真经集解》，《老子集成》第四卷，第 353 页。

已具。即事事物物之用，而漠然无朕之体不违。然动静不同名，物理必有分，是以静而无名无欲则体也，及至于动而有名有欲则用也，故继之曰异名矣。则是即静之体而为动之用，初非指动静为二本，及置体用于无别也，故曰此两者同出而异名。惟其一本而异名，所以该体用，贯动静，混然玄同，而无可指之遍，故曰同谓之玄矣。关尹子所谓不可测不可分，故曰天、曰命、曰神、曰玄，合曰道是也。然则所谓玄亦直寄云耳，故又扫其滞玄之累而变化不穷矣，至哉。①

"体用"在中国思想史中是一对非常重要的范畴，自魏晋玄学开始，思想家们对它多有阐发。董思靖将体用和老子所言无名、有名，无欲、有欲以及道气动静结合起来进行解释，其要点有四：其一，强调"体用一源，理物无间"。道是混然玄同、不可分割的整体，故道气不离，体用不二。需要指出的是，对于本章"此两者同出而异名"句，一般读为"此两者，同出而异名"，但董思靖认为也可读作"此两者同，出而异名"，他说："两者，谓无名有名，妙与徼也。体用一源，故曰同也。出，即动静之义。谓或动或静，而体用分焉，故曰异名。然称名虽殊，即本则一，故又曰同也。"② 体用同出于道，所以为"同"，由于动静的变化才有体用的区分，所以是"出而异名"。可以看出，董思靖对老子经文的断句，也是为其思想阐述服务的。其二，体比用处于更为根本的位置。所谓"动静不同时，物理必有分"，动出于静，用出于体，只有弄清体用之间的差别，才能把握好事物之间的共相与殊相。其三，体用道气之间又是紧密联系的，其存在均以对方为前提条件，所谓"即冲漠无朕之体，而昭然事物之用已具。即事事物物之用，而漠然无朕之体不违"。对此，董思靖用一个形象的比喻描绘说："明者体也，光者用也。言静存之体既

---

① 董思靖：《道德真经集解》，《老子集成》第四卷，第 354 页。
② 董思靖：《道德真经集解》，《老子集成》第四卷，第 353 页。

立，则动察之用必行，犹明之光照物，体不伤而用不穷。"① 体与用相互依存，一如"明"与"光"不可分离；本然之道体通过其妙用而生生不息，一如明亮之光照物无穷。其四，以体用论道气，既要注意体用不可分，又不能执着于体用，因为道是变化无穷、无所不在的。

应该说，《老子》并没有关于体用的明确论述，董思靖在阐发老子道论的时候，强调了道兼体用，天人一体，道物无间，并彰显了人的主体性价值，由此丰富了老子的道论。

二、回归黄老

宋代儒道学者解《老》，对黄老思想都颇为重视，如前述司马光、陈景元等，董思靖同样如此，他指出："大抵老子之道，以清净无为自然为宗，以虚明应物不滞为用，以慈俭谦下不争为行，以无欲无事不先天以开人为治。其于治身治人者，至矣。如用之，则太古之治可复也。（《前汉·艺文志》云：道家者流，秉要执本，清虚以自守，卑弱以自持，此君人南面之术也。）"② 引班固"君人南面之术"的论断作为评价老子思想的例证，董思靖解《老》的黄老宗旨很明确。他继续说：

> 以其所值之时，俗尚文胜，淳朴之风无复存者，而老子抱纯素之道，与时偕极，必待感而后应，故不得位以推是道于天下。盖知夫时数之有所忤也，然终不能恝然于其道之无传，是以有教无类，而且睠睠于西方之异俗，则其悯当时虑后世之心何如哉。犹幸斯文不坠，故西关伺驾，东鲁见龙，而书与言之尚存也。河上丈人、黄石公、乐臣公、盖公之徒，盖能究其旨而体之，敛厥用于一身，则在我之天下已羲皇矣。及其道之有所授，则孝文以之为君，子房以之佐汉，曹参以之相齐，果能

① 董思靖：《道德真经集解》，《老子集成》第四卷，第380页。
② 董思靖：《道德真经集解·序说》，《老子集成》第四卷，第352页。

通一脉于苛秦之后。吁，亦验也。然使又有进于是，如其人羲皇之则羲皇矣。或者见是书词意含洪宽大，而不知致察于虚极静笃之时存乎体之至严至密者，以为庶政庶事之本，乃徒务为闷闷若昏之量，而习弊反堕于优游姑息，遂有清虚不及用之讥，故不经而子视之。呜呼，惜哉。①

董思靖认为，老子《道德经》本为救世而作，而黄老治国的效果，在汉初文景之治中已得到充分的证明。至于有人不明老子清虚静笃的真正含义，乃至形成优游姑息的弊端，甚至由此轻视《老子》，这是不对的。董思靖引用多人的论述来加以辩护：

> 文中子曰：清虚长而晋室乱，非老子之罪也。朱文公曰：晋时诸公，只是借他言语，来盖覆那灭弃礼法之行耳，据其心下污浊纷扰，如何理会得老子底意思。《旧唐书·宪宗纪》李藩对曰：《老子指归》与六经无异。唐兵部郎李约云：世传此书为神仙虚无言，不知六经乃黄老之枝叶尔。故太史公论大道，则先黄老而后六经，不为无见也。②

文中子王通以及理学代表人物朱熹都认为晋室之乱的原因不能算在老子身上，而唐代宪宗朝的宰相李藩和兵部员外郎李约都推崇黄老，李约还提出了"六经乃黄老之枝叶"这样比较带有主观色彩的观点，这些都得到了董思靖的认同。

董思靖认为对《老子》的理解要回归黄老，因此反对以术数注释《老子》。他说："或谓微言隐诀，多寓其间。故以首章有无为在二丹，则神气水火也；虚心实腹，则炼铅之旨；用兵善战，则采铅之方；冲字从水从中，乃喻气中真一之水；三十辐共一毂，为取五藏各有六气之象，及准一月火符之数。如斯等义，今皆略之。何则？

---

① 董思靖：《道德真经集解·序说》，《老子集成》第四卷，第 352 页。
② 董思靖：《道德真经集解·序说》，《老子集成》第四卷，第 352 页。

性由自悟，术假师传。使其果寓微旨，亦必已成之士口授纤悉，然后无惑。区区纸上，乌足明哉。”① 以术数或丹道解《老》，是道教老学的一个重要传统，但董思靖有不同的看法，认为道教的丹术主要靠师父口耳相授，其中的微言秘旨不是文字可以表达出来的。为此，他对老学与丹道之间的差别进行了分辨：

> 或者盖谓无者地二之火，有者天一之水，故举《潜通诀》云：两无宗一有，灵化妙难窥。及以知白守黑为金水之说，然此乃大丹之法，准易象，法天地，以日魂月魄为药物，则神农《古文龙虎上经》三十六字、西汉淮阳王缜《金碧要旨经》、东汉魏伯阳《参同契》、唐元阳子《金碧潜通诀》等，是其法也。如《混元实录》云：老君先授尹真内外二丹之术，然后告以道德之旨，则是不以丹术杂于本经，明矣。又曰：三一九思，内修之要也。九丹金液，外炼之极也。故所授太清诸经，则专言金液外炼之事，然与前所举大丹之法亦少异。后辈见其有坛炉鼎灶之设，乃以灵砂金石等为外丹，殊不知后天有质阴杂非类之顽物，服之令人多躁失明，而且不悟其非也。或者又曰：无者，神也。有者，炁也。乃以有无交入为丹本，隐显相符是水金。及黑中有白为丹母，虚心实腹义俱深，三十辐兮同一毂等诗为证。此虽皆用经中之语以为诀，然其说自成一宗，盖内丹之法也。若尹真所受三一九思等法，虽曰内修之事，然与内丹源流亦自不同，大抵道法经术各有指归，不可以一书而兼尽诸家之义，苟强引而合，皆傅会也。②

董思靖并没有否定道教的丹道和术数，只是认为道教的法术自成体系，另有源流，不宜将其全部归之于《老子》一书。以《老子》第六章的解释为例，按传统的观点，道教人士一般把《老子》此章理

① 董思靖：《道德真经集解·序说》，《老子集成》第四卷，第352—353页。

② 董思靖：《道德真经集解·序说》，《老子集成》第四卷，第352页。

解为修道之丹诀，但董思靖指出："自口鼻之说，又转而为丹诀，而后学因之，为说愈支离矣。如张平叔云：玄牝之门世罕知，只凭口鼻妄施为。饶君吐纳经千息，争得金乌搦兔儿。薛道光云：玄牝之门切要知，几人下手几人疑。君还不信长生理，但去霜间看接黎。朱真人云：玄牝之门号金母，先天先地藏真土。含元抱息乃生成，一炁虚无亘今古。又云：时人要识真玄牝，不在心兮不在肾。穷取生身受炁时，莫怪天机都漏尽。吕纯阳云：玄牝之门不易言，从来此处会坤乾。呼为玉室名通圣，号曰金坑理会玄。用似日魂投月魄，来如海脉涌潮泉。机关识破浑闲事，万里纵横一少年。此虽于方术以为至妙，然宗旨之论，则序中已发之矣。"① 口鼻之说，最早出于河上注："玄，天也，于人为鼻。牝，地也，于人为口。"② 后来又演化为道教内丹学的丹诀，这些阐发当然也很玄妙，但不是老子思想的宗旨，老子思想的核心，还是在于治国之道。

三、融摄理学

董思靖为《老子》作集解时，其宗旨在于阐发老子的道论，并以黄老为归依。但董思靖生活于宋理宗时期，当时理学已受到重视，故他注解《老子》时对理学思想也有所融摄。因此，他在发挥自己的见解时，便将理学家常用的一些范畴如理气、体用、动静、理物、性命、天理人欲、太极、理一分殊之类与老子之道糅合在一起，从而打上了时代的烙印。下面试对其中的几个命题加以分析。

1. 天人一理

董思靖在《老子》第五十九章注中提出了一个观点："天人一理，了无间然。"③ 将理视为贯通宇宙与人的最终本体，这一明显来自理学的观念，成为董思靖老学思想的一个要点。因此，他认为老

---

① 董思靖：《道德真经集解·序说》，《老子集成》第四卷，第356—357页。

② 河上公：《道德真经注》，《老子集成》第一卷，第140页。

③ 董思靖：《道德真经集解·序说》，《老子集成》第四卷，第384页。

子之道与理学之理是等同的，故《老子》首章注即云："道者，万理之总名；名者，万物之所指。"① 万理之总名，即万理归于一理，老子之道就是这"一理"，是世界的最高本体，也与太极相当，故在《老子》第四十二章注中便引朱熹之语云："朱文公曰：道即易之太极，一乃阳之奇，二乃阴之耦，三乃奇耦之积。其曰二生三，犹所谓与一为三也。其曰三生万物者，即奇耦合而万物生也。"② 朱熹以太极阴阳奇耦解释老子宇宙生成模式的做法，为董思靖所赞同。程朱理学在宋理宗一朝的社会影响日益加深，许多道教学者也已接受理学思想，所以董思靖解《老》时，便多次引用了朱熹的观点。又如第六章"谷神不死，是谓玄牝"句注云："谷神者，谓其体之虚而无所不受，而其用则应而不可测也。以其纲纪造化，流行古今，妙乎万物而生生不息，故曰不死。此即真一之精，阴阳之主，故曰玄牝。此言理寓于气，而玄阳也，牝阴也。盖阳变而玄妙莫测，阴合而生生不穷故也。文公曰：至妙之理而有生生之意焉，程子所以取此说。"③ 这里不仅用理学的理气说阐明老子之道的体用关系，而且引用朱熹关于二程理学受到老子思想影响的论述，说明道家道教与理学之间的相互激发。

前面指出，董思靖并不赞同从丹道的角度解释《老子》第六章，对于该章的章旨，他提出了自己的看法：

> 此章言道之体用，气之阴阳，形之动静，而人则体之也。盖因玄牝之生生不已，然后知谷神之不死；因天地之动静有常，然后识玄牝之所为。而谷神以理言，玄牝以气言，天地以形言。盖道之用不外乎阴阳，而其所以然者，则未尝倚于阴阳，乃宰制气形而贯通无间者也。或问："《灵枢经》云：天谷元神，守之自真，上玄下牝，子母相亲。及鼻为玄，吸气而上通于天，

---

① 董思靖：《道德真经集解·序说》，《老子集成》第四卷，第 353 页。
② 董思靖：《道德真经集解·序说》，《老子集成》第四卷，第 375 页。
③ 董思靖：《道德真经集解·序说》，《老子集成》第四卷，第 356 页。

口为牝，纳滓而下通于地。今皆不取其说，何耶?”曰：“是则专局于人身而言也，此章乃直从万化原头说起。盖此道宰御阴阳，生育天地，而即阴阳之宰，为人之性，即天地之炁，为人之体，故近取诸身，此理实同。”①

董思靖认为，这些解释作为道教方术，妙则妙矣，但与老子之宗旨不合，故弃而不用。此章实“从万化原头说起”，即所讲的乃是世界的起源与本体问题。谷神就是理，它产生天地万物，并成为其存在的依据。玄牝则是气，它是由理至物的中间环节。亦即：“凡物皆自气化而形生，乃生于有矣。然原其始之所以生，则道也。”② 理与气虽然有本末先后之区别，但两者又是不可分开的，那就是气生于理而理寓于气。这样一来，老子此章谷神—玄牝—天地的结构也就与理—气—天地万物的模式类似。董思靖这种用理学家的理气本体论代替道教丹诀的解释，正显示出他解《老》的特色。

为了在老学中进一步贯彻“天人一理”的思想，董思靖又指出，理在人身上的体现就是德。他注解《老子》第三十八章云：“道体混然，乃天地人物之所公共也。体是理而得诸己无待于外之谓德，初非道之外别有所谓德也。”③ 将老子之德理解为人身上固有的东西，乃“理之在我者”，这是董思靖“天人一理”思想的具体落实。既然德是人之为人的根据，那么理学家所宣讲的伦理纲常亦在其中：“德犹年与时之名也，仁义礼智犹春夏秋冬之号也，全是四者则曰一年。得其仁之盛则曰春，礼曰夏，义曰秋，智曰冬，各得其实之谓信。”④ 通过董思靖的巧妙说解，儒家的仁、义、礼、智、信“五常”思想与老子之道德居然得到了融合统一。

---

① 董思靖：《道德真经集解·序说》，《老子集成》第四卷，第356页。
② 董思靖：《道德真经集解》，《老子集成》第四卷，第374页。
③ 董思靖：《道德真经集解·序说》，《老子集成》第四卷，第372页。
④ 董思靖：《道德真经集解》，《老子集成》第四卷，第373页。

2. 天理人欲

"存天理，灭人欲"是理学家们道德实践的基本原则，他们认为仁义礼智信等儒家道德规范是永恒的天理，个体对其践履与修养则以"灭人欲"为条件。董思靖亦认为"圣智仁义巧利，此三者皆道中之事"①，"礼者，天理之节文，人事之仪则，实以忠信为本"②。这样，他便把老子所反对的东西与理学统同起来了。他注《老子》第二十章云：

> 若未至乎绝学之地，当知此心寂然无为，于善恶未发之时，乃浑然之本体，至正至善者也。及乎趋善向恶，皆为动也，然有是身不能不感，故当致察于感物而动之时，谓恭与善则原于理义之正，而慢与恶则汩于形气之私，其于二者之间相去不容以发，而天理人欲分焉。惟欲易流，人莫不然，是不可不畏也。苟能于此察之精而择之审，守之固而养之熟，乃至于动而无动，静而无静，则虽感应无穷而湛然虚明者自若，乃纯乎天理，了无对待。③

朱熹曾说："性情一物，其所以分，只为未发已发之不同耳。"④ 性为体，为未发；情则为用，为已发。已发之情如果"中节"的话，便和纯静之性一样符合"天理"，但如果"不中节"，无论是达或不及，都会流于恶，在人身上就表现为"人欲"。董思靖在注中所言，显然受到朱熹"未发已发"理论的影响，而灭人欲以存天理，也成为他这位道教人士的修养方法。怎样"灭人欲"呢？办法就是克己复性。董思靖注第三十三章云："血气之勇不可有，故胜人以力者非所尚

---

① 董思靖：《道德真经集解》，《老子集成》第四卷，第 363 页。
② 董思靖：《道德真经集解》，《老子集成》第四卷，第 372 页。
③ 董思靖：《道德真经集解·序说》，《老子集成》第四卷，第 363 页。
④ 朱熹：《朱文公文集》卷四十《答何叔京》。

也。理义之勇不可无，故克己复性，则不屈于人欲而强莫加焉。"①
只要通过自身修养而回归本性，也就远离了人欲而可语至道了。

在谈到"复性"时，董思靖又吸收了理学有关人性论的内容。
他注《老子》第二十三章说：

> 此章明自然之道可以常久，然至易而守难，故天地之大，
> 苟失其常，亦不能久，况于人乎。其于人也，性固同而气禀则
> 异，或梏于形气之私者，则失其自然之性，然而性未尝失也。
> 惟在乎先觉者，善方便以觉之，同其事以摄之，则可以复其本
> 然之自然矣。《庄子》云：彼且为无崖，亦与之为无崖。达之入
> 于无疵是也。此圣人大同之德，无私之教，所以顺其自然，曲
> 成而不遗也。惟终于自暴自弃者，不与焉。②

以"气禀"论性，将人性进行二分，本是道教老学的固有特色，并
在陈景元老学中得以丰富和发展。理学家将人性区分为先天至善的
"天命之性"与后天各异的"气质之性"，亦受到陈景元老学的影响。
当理学成熟并流行开来以后，又反过来对道教的思想产生影响。如
董思靖言："人之气禀苟或失于偏，然其性则未尝少异。"③"盖人莫
不有是性，虽下愚不能无道心。"又说："性本固有，人所同然，指
此示人，宜若无难知难行之事。然天理浑然，苟差之一毫，则谬以
千里。"④ 将天理、道心、气禀结合起来论人性，正是受理学辐射的
缘故。董氏进而认为，每个人不同的气禀，使人性千差万别，高低
不一，如圣贤所禀之气纯静，因而见识超越，不为尘俗所汩，世人
则很容易"梏于形气之私"而"失其自然之性"，人欲也就出来了。
不过，只要去掉人欲，则仍可复归本性。《老子》第二十三章注云：
"虽因其所禀之殊而所入不得不异，然苟能同而化之，及其得则成功

---

① 董思靖：《道德真经集解·序说》，《老子集成》第四卷，第370页。
② 董思靖：《道德真经集解·序说》，《老子集成》第四卷，第366页。
③ 董思靖：《道德真经集解》，《老子集成》第四卷，第366页。
④ 董思靖：《道德真经集解》，《老子集成》第四卷，第389页。

之一也。"① 注中的"同而化之",大致包括两个方面的内容。一方面,复性要借助圣人的教化。董思靖说:"圣人与人均有是性,人惟执妄,驰骋于争夺之场,故惑于大怨而迷其本,曾不知真性之无妄也。是以圣人惟抱此本然之正性,虽不求悟于人而人感其化,及乎妄尽怨释,亦莫不廓然自得,以还其固有之善而合于正矣。"②"妄"也就是人欲,众人在圣人"本然之正性"的感召下,便可以去妄以恢复固有的善的本性。另一方面,复性要自己本身尽力,以克己去欲。第五十九章借程颐之语注云:"程伊川曰:修养之所以引年,国祚之所以祈天永命,常人之至于圣贤,皆工夫。到这里则有此应矣。"③ 这功夫就是"不求于外,而求之在我","言静","持敬",既是理学的,又是道家的。我们通过老学发展史上这种儒道交融互摄的现象,便可推知思想学术的源流演变及具体的历史轨迹。④

第四节　杜道坚的《老子》研究

杜道坚(1237—1318年),字处逸,自号南谷子,安徽当涂人。据传,他"年十四,得异书于异人,即嗜老氏学,决意为方外游"⑤。年十七即辞母寄迹于郡之天庆观,后入茅山,为上清派第三十八代宗师蒋宗瑛所器重,授其大洞经法,成为茅山宗的嫡传弟子。入元之后,杜道坚积极参与政治活动,得到了忽必烈的赏识。据《杜南谷真人传》记载:"巴延朝上都,偕道坚入觐。道坚首陈当务之急,在于求贤、养贤和用贤。疏上,世祖忽必烈嘉纳之。屡召对便殿,

---

① 董思靖:《道德真经集解·序说》,《老子集成》第四卷,第366页。
② 董思靖:《道德真经集解》,《老子集成》第四卷,第392页。
③ 董思靖:《道德真经集解·序说》,《老子集成》第四卷,第384页。
④ 关于董思靖老学与理学的关系,更详细的论述可参刘固盛著《宋元时期的老学与理学》(陕西人民出版社2002年版)第七章第一节。
⑤ 朱右:《白云稿》卷三。

莫不称旨。所举将相之才，后皆为名臣。世祖忽必烈欲委道坚以执政，力辞不拜。"一如丘处机得到成吉思汗的优渥，杜道坚也颇受忽必烈重视，"世祖嘉其古直，屡赐恩光"。大德七年（1303年），成宗授其为杭州路道录、教门高士，皇庆元年（1312年），仁宗宣授"隆道冲真崇正真人"。杜道坚"道际两朝，学探古始"①，是一位学识渊博的高道，时人称赞其著作"理造幽微，文含混厚，读之者知大道之要，行之者得先圣之声"②。他潜心为《老子》作注，著有《道德玄经原旨》和《玄经原旨发挥》，这两部老学著作集中显示出杜道坚的学术造诣和道教理论成就。

一、不同时代不同的"老子"

由于老子之道具有高度的普遍性、多义性和模糊性，这就为诠释者留下了广阔的发挥空间，因此，不同的时代，不同的学者，都可以对《老子》进行主旨不同的解释。对此，杜道坚在《玄经原旨发挥》卷下指出：

> 道与世降，时有不同，注者多随代所尚，各自其成心而师之。故汉人注者为"汉老子"，晋人注者为"晋老子"，唐人、宋人注者为"唐老子""宋老子"。③

杜道坚注意到了《老子》诠释与时代的密切关系，提出不同时代的学者所理解的老子各有不同，这是杜道坚对老学研究的一个重要贡献。关于《老子》诠释的特点，在杜道坚之前的赵志坚也曾指出："以文属身，则节解之意也；飞炼上药，丹经之祖也；远说虚无，王弼之类也；以事明理，孙登之辈也；存诸法象，阴阳之流也；安存戒亡，韩非之喻也；溺心灭质，严遵之博也；加文取悟，儒学之宗

---

① 任士林序，见杜道坚：《玄经原旨发挥》，《老子集成》第五卷，第542页。
② 赵孟頫：《松雪斋集》卷九。
③ 杜道坚：《玄经原旨发挥》，《老子集成》第五卷，第534页。

也。"① 这里注意到了不同学者解《老》有不同的特点。杜光庭则总结得更加具体全面："道德尊经，包含众义，指归意趣，随有君宗。河上公、严君平皆明理国之道，松灵仙人、魏代孙登、梁朝陶隐居、南齐顾欢皆明理身之道，苻坚时罗什、后赵图澄、梁武帝、梁道士窦略皆明事理因果之道，梁朝道士孟智周、臧玄静、陈朝道士诸糅、隋朝道士刘进喜、唐朝道士成玄英、蔡子晃、黄玄赜、李荣、车玄弼、张惠超、黎元兴皆明重玄之道，何晏、钟会、杜元凯、王辅嗣、张嗣、羊祐、卢氏、刘仁会皆明虚极无为理家理国之道，此明注解之人，意不同也。又诸家禀学立宗不同，严君平以虚玄为宗，顾欢以无为为宗，孟智周、臧玄静以道德为宗，梁武帝以非有非无为宗，孙登以重玄为宗。"② 杜光庭指出，《老子》书内涵丰富，所以注释时可以有各种角度，或明理国之道，或明理身之道，或明事理因果之道，或明重玄之道，其"指归意趣，随有君宗"，注家可以从《老子》中解读出不同的宗趣，阐发出不同的新义。相对于赵志坚、杜光庭两人来说，杜道坚的总结又进了一步，他不仅注意到不同学者解《老》的旨趣不同，还注意到了不同的时代背景对老学发展的重要影响。不同时代有不同的"老子"，这是杜道坚对老学发展一般规律的高度概括。从汉"老子"到唐宋"老子"，再到明清"老子"、近现代"老子"、当代"老子"，老学发展长盛不衰，充满了学术活力。

杜道坚的总结，对于老学研究具有很重要的启发。据此，我们可以从思想史的高度重新认识和研究各历史时期的老学著作。实际上，一部老学发展的历史，就是各个时代的学者们根据政治、道德、思想领域的时代变化，不断对《老子》做出创造性解释的历史。因此，老学不仅自身形成了一个十分浩繁博大的学术系统，而且跟中国文化史、中国思想学术史的发展密切相关。老学是与汉代经学、魏晋玄学、隋唐佛学、宋明理学、清代朴学、近代西学的发展交融

---

① 赵志坚：《道德真经疏义》，《老子集成》第一卷，第 415 页。
② 杜光庭：《道德真经广圣义》，《老子集成》第二卷，第 35 页。

共进的，它与儒、道、释三家的关系盘根错节，十分复杂。如果从思想史的角度对老学进行考察，大致可以分为三个层面的内容：其一，作注者对《老子》文本的领会与掌握情况；其二，作注者本人在诠释过程中所完成的理论建树及其思想特点；其三，老学的时代特色，即老学思想所折射出来的一定历史时期哲学思潮的特征以及思想文化的发展规律。显然，老学研究的重点应该是第二、三个层面。①

二、黄老思想

杜道坚指出，不同时代的解《老》宗旨各不相同，那么，什么才是《老子》这部"玄经"的原旨呢？他说：

> 言清虚无为者有之，言吐纳导引者有之，言性命祸福、兵刑权术者有之，纷纷说铃，家自为法，曾不知道德本旨，内圣外王之为要。由是不能相发，而反以相戾，惜哉。②

尽管可以对《老子》有不同的理解，但杜道坚认为，《老子》原旨讲的是一套内圣外王之道，而一般解《老》学者则不能明白这一点，甚至加以反对，老学思想也就偏离了老氏原旨。杜道坚进而指出，老子的内圣外王之学，实际上讲的就是"皇道帝德"。根据郑开教授的研究，黄老之学是一种"帝道"③，那么，杜道坚的"皇道帝德"说无疑是黄老思想的体现。

杜道坚认为老子的玄经原旨就是黄老，这点也可以从当时学者对其注《老》所做的评价中得以印证。徐天祐说："杜君以上士闻

---

① 此点可参看刘固盛论文《从学术史到思想史——以老庄学为视角》，载《浙江社会科学》2010 年第 5 期。

② 杜道坚：《玄经原旨发挥》，《老子集成》第五卷，第 534 页。

③ 郑开在《黄老的帝道：王霸之外的新思维》一文（《道家文化研究》第 30 辑，中华书局 2016 年版）指出，黄老政治哲学最重要的思想动机就是在既有的王道与霸道之外别辟新途，帝道或帝王之道就是这种新思维的产物，也是这种新思维的体现。

道，由微而妙，合异而同，太史公所谓道家精神专一，采儒之善者，非邪？"① 王易简云："余爱太史公记西都孝文时，人民乐业，年六七十翁，嬉戏如小儿。太平盛际，犹可想见，岂非学黄老师清净致然哉。汉固不足征也。老氏之书，大要言无为不争。此隆古帝王之事，虽汤、武犹难之。当周之衰，紫气度关而西也。感慨时变，述五千言，而后行其辞，隐其旨，深其望于当世也。"② 两人都认为杜道坚之注是上追黄老，并有应世之意。牟巘则说得更加具体："自司马子长以老韩同传，千载不满；河上公注《老子》，颇及吐纳导引之类；其后孙登、陶弘景、松灵仙人、唐道士成玄英、张君相等，亦皆注《老子》，又近神仙家；王辅嗣以《老子》解《易》，人或非之，然其解《老子》，则初不及《易》；至苏子由，直以是谓袭明为释氏之传灯，《老子》亦岂意其末流之至此也。今杜君乃求之以帝王之书，参之以帝王之事，譬如披蒙昧，出幽深，明向正大，气象顿殊，岂不甚韪！"③ 牟巘梳理了老学史上一些不同的注《老》宗旨，认为其中的以法解《老》、以养生与神仙学说解《老》、以《易》解《老》、以佛解《老》等等都非正途，而杜道坚的以黄老诠解，则为"明向正大"，得老子之真意。

至于杜道坚本人，更是强调了《老子》作为"君人南面之术"的思想特点。他说："老圣作《玄经》，所以明皇道帝德也。"④ 又云："老君著玄经以道德名者，尊皇道，尚帝德也。言道德，则王伯功力在焉。"⑤ 因此他明确宣称："玄经之旨，本为君上告。君上，天下之师长也。上有所好，下必从之。"⑥ "皇道帝德"，即君主治国治民之术。杜道坚没有从道教的神仙方术层面去发挥《老子》，而是将老子思想解释成了具有浓厚政治色彩的君术。他强调说："道德五千言，

---

① 徐天祐序，见杜道坚：《道德玄经原旨》，《老子集成》第五卷，第 483 页。
② 王易简序，见杜道坚：《道德玄经原旨》，《老子集成》第五卷，第 483 页。
③ 牟巘序，见杜道坚：《道德玄经原旨》，《老子集成》第五卷，第 482 页。
④ 杜道坚：《道德玄经原旨》，《老子集成》第五卷，第 485 页。
⑤ 杜道坚：《道德玄经原旨》，《老子集成》第五卷，第 519 页。
⑥ 杜道坚：《道德玄经原旨》，《老子集成》第五卷，第 485 页。

包络天地，玄同造化，君臣民物，罔不赅备。"① 又云："老圣之言，纪无始有始开天立极之道、太古上古皇道帝德之风，下至王之功、伯之力，见之五千文，囊括天人之道，上下几千百代，历历可推。"② 总而言之，中国上下几千年的天道、人道，《老子》悉已包罗。

至于其具体的注解，在《老子》首章即云：

> 自常无以上言天道，以下言人道，人能观天道而修人道，未有不入圣人之域者也。③

此段注文可视为杜道坚解《老》的一个总纲。他虽然也言天道，但阐明天道并不是他注《老》的真正本意，其理论归趣和最终目的还是在于"观天道以明人道"，即治国治民之道。在展开具体的论述时，他强调了以下几方面的内容：

其一，君主治国应该以自然为原则。如第二十六章的注文指出：

> 天下之理，重能制轻，静能制躁，自然之道也。曰重曰静，根本也，君主也。曰轻曰躁，枝叶也，臣民也。根者重则枝叶茂，君者静则臣民安。吾计其天下之必归往，四海之必清平矣。是以君子终日行不离辎重，虽有荣观，燕处超然，君子士之知道者也。④

这里从自然的角度阐述了君无为臣有为的道理，完全是黄老精神的体现。以道治国，君主应该自然无为。又如第二十五章注：

> 故以道观天地，则见道大。以天地观帝王，则见天地大。以帝王观人民，则见帝王大。虽然究其端倪，四者之大，莫不

---

① 杜道坚：《玄经原旨发挥》，《老子集成》第五卷，第532页。
② 杜道坚：《玄经原旨发挥》，《老子集成》第五卷，第534页。
③ 杜道坚：《道德玄经原旨》，《老子集成》第五卷，第484页。
④ 杜道坚：《道德玄经原旨》，《老子集成》第五卷，第493页。

均围太虚之域法则也。人能仰观俯察，近取远求，由地而知天，知道，知自然，取以为法，内而正心诚意，外而修齐治平，以至功成身退，入圣超凡，殁身不殆，是则可与此道同久也。已噎焉，得知自然者，而与之言哉。惟知自然者，则可与言道也。①

在注文中，杜道坚既突出了自然的原则，同时又吸收了儒家正心诚意、修齐治平的理念。自然之道是基础，修齐治平之道是目的。他接着说："王亦大，一作人。言王则人在焉，今从王，尊君也。"② 先言自然之道，最后的落脚点却在尊君上。这样，杜道坚便把以"皇道帝德"为中心的政治学说贯穿于《老子》的注解之中。

其二，君主应该清静无为。他阐述《老子》第四十九章的原旨说：

> 圣人之心，太空无云，止水无波，鱼跃鸢飞，物无不应。故能民同胞物，吾与上下，与天地同流，一以百姓之心为心。③

圣人心如止水，不着一物，所以能够与天地万物融为一体，从而做到"无誉动之心""无毁沮之心""无希慕之心""无仇敌之心""无功名之心""无宠辱之心"，并能够"安时处顺，其生若浮，其死若休。死生无变于己，而况利害之端乎？是能渊嘿雷声，玄同万象，神动天随，不露圭角"。④ 杜道坚的上述认识，反映了他是站在道家的立场上推阐"皇道帝德"的，"皇道帝德"应该无为而治，如他阐释《老子》第十七章原旨说："太古之世，巢居穴处，无赋敛征役之为，无礼乐刑法之事，无典谟训诰之言，下知上之有君，上知下之

---

① 杜道坚：《道德玄经原旨》，《老子集成》第五卷，第 493 页。
② 杜道坚：《道德玄经原旨》，《老子集成》第五卷，第 493 页。
③ 杜道坚：《道德玄经原旨》，《老子集成》第五卷，第 504 页。
④ 杜道坚：《道德玄经原旨》，《老子集成》第五卷，第 507 页。

有民，熙熙自然无为而已。"① 应该注意的是，杜道坚讲的无为，并非毫无作为，他说："无为，非不为也，行其所无事也。"② 无为，就是顺其自然而为之，其结果是无为而无不为。

其三，君主应该把修身和治国结合起来。杜道坚说："《玄经》之旨，凡言修身，则齐家治国在焉，言治国齐家，则修身在焉。善观者，当自有得于言外之旨。"③ 认为《老子》之言修身与治国常不可分，这是非常正确的，由此也可看出杜道坚解《老》的高明之处。而在阐述修身与治国关系的过程中，他便自然地提出了儒道合一的原则："盖自天子至于庶人，一是皆以修身为本。……修之身，其德乃真，慎厥身，修思永真其在矣；修之家，其德乃余，能克家则善有余庆也；修之乡，其德乃称，斯友一乡之善士也；修之国，其德乃丰，国人皆好之也；修之天下，其德乃普，天下慕之也。"④ 这一解释与儒家的"三纲八条目"十分相似。不过，杜道坚毕竟出于道家，因此又特别强调以修身为本，而从"皇道帝德"的角度来看，君主以修身为重，也是切实可行、非常有用的方法。因为君主的地位至高无上，其好恶取舍往往直接决定国家之命运前途，那么，君主以修身为本，实际上也同于以治国为本了。

其四，君主应当以身作则。如第十二章注文言：

圣人在上，为民师表，天下取法焉。上之所好，下必从之，犹风云之于龙虎，水火之于湿燥，不待召而应也。故凡虚华不实、害于民生者，去而弗取。知五色炫耀盲人之目，则不事华饰而守纯素；知五音嘈杂聋人之耳，则不事淫哇而守静默；知五味肥醲爽人之口，则不事珍羞而守淡泊；知田猎驰骋狂人之心，则不事般游而守安常；知贵货难得妨人之行，则不事世宝而守天爵。是五者皆目前之侈靡，荡摇真性，无益民生，非实

① 杜道坚：《道德玄经原旨》，《老子集成》第五卷，第490页。
② 杜道坚：《道德玄经原旨》，《老子集成》第五卷，第485页。
③ 杜道坚：《道德玄经原旨》，《老子集成》第五卷，第512页。
④ 杜道坚：《道德玄经原旨》，《老子集成》第五卷，第507页。

腹固本悠久之道也。是以圣人为腹之实，不为目之华，故去彼
取此，而躬行俭约，为民之劝，将使天下自化，人各自足，无
外好之夺，天下治矣。①

此段注文旨在说明一个问题，黄老治道的关键在于君主能否以身作
则。君主在上，下面的臣民都以他为师表。如果君主能去掉五色、
五音、五味、田猎、贵货之好，躬行俭约，清心淡泊，那么，广大
臣民也将效法于他，人各自足而无争夺之心，天下岂不大治！因此，
杜道坚总结说："《玄经》本旨，一皆以正己正人，与为人主者告。
人主正则百官正，百官正则天下之民正。"②

　　杜道坚以"皇道帝德"解《老》乃是出于时代的需要。宋元王
朝的更替、历史的巨大变化促使他这位方外道士也不得不去思考现
实的问题。詹石窗教授指出："发《老子》君术之'微'，已经是历
史的思想潮流之一。它反映了统治者的根本利益。杜处逸从《老子》
书中去寻求皇道帝德，这虽然有别于历代统治者亲自出马注《老
子》，但其性质却是相同的。"③ 这一论述颇合实际。杜道坚认为《老
子》一书讲的是"皇道帝德"，目的是要"时君世主"能从中受到启
发和教益，所以他说："老圣叹世道不古，智诈相欺为乱，无以挽回
人心，于是敷述上古无为之化，以诏后世，使反锲薄之风为淳厚之
气。"④ 又说："原老圣之意，谆谆以皇道帝德为当世告者，正以王伯
杂出，功力相尚，虑其所终，而民莫措，故欲挽破碎于浑全，回浇
漓于淳朴，纵不能使是民为九皇之民，独不得少窥唐虞雍熙之化
乎？"⑤ 杜道坚曾多次提醒人们应该用"史"的眼光看待《老子》，
《道德玄经原旨》王易简序云："南谷杜君《原旨》最后出，乃断之
曰：是吾师探古史而作，以述羲、轩、尧、舜之道者也。盖老氏职

---

① 杜道坚：《道德玄经原旨》，《老子集成》第五卷，第 488 页。
② 杜道坚：《道德玄经原旨》，《老子集成》第五卷，第 518 页。
③ 詹石窗：《南宋金元的道教》，第 124 页。
④ 杜道坚：《道德玄经原旨》，《老子集成》第五卷，第 511 页。
⑤ 杜道坚：《玄经原旨发挥》，《老子集成》第五卷，第 534 页。

藏室史，旧闻未远，垂衣结绳之治，粲然在目。文莫信于史，以古史征之而使人易信，实自今杜君始。"杜道坚的《道德玄经原旨》也是"义存褒贬"的，这都是希望时君世主们能够知道他借古喻今的用意，希望当时朝廷的统治者能采纳他的"皇道帝德"，使之为现实政治服务。

从杜道坚本人的言语，我们亦可以清楚地看出他的政治目的。他阐述第三十八章原旨说："大丈夫有志当世，致君泽民，要不拘仕隐，修辞立诚，道在其中矣。"① 可见，他虽为山林之士，却不想逍遥于方外之域，而要有志当世，积极参与现实政治，"致君泽民"。他的这种思想，正是黄老之旨的重要体现。

三、理学旨趣

宋元之际，理学在社会的影响已十分巨大，其对道教的渗透也相当明显，这一点，在杜道坚阐发老子"皇道帝德"的原旨时得到了表现。他认为《老子》一书：

> 言则无为有为，旨则人心天理，一皆财成赞化之道。若夫称圣人而不名者，非太古无名氏之君，则羲、轩、尧、舜之君欤。尊古圣人，所以尊时君世主；寿斯道，所以寿斯世也。②

本来，杜道坚之《道德玄经原旨》乃是为"时君世主"而发。老子讲的是"无为有为"，而杜道坚阐发出来的却是"人心天理"，其理学倾向相当鲜明。因此，杜道坚所言"皇道帝德"，实际上是他吸收运用理学观念而对老子思想的一种改造。

孔孟之道通过程朱等一大批儒家学者的阐发以后，最终发展成为理学这一全新的儒学形态，杜道坚引孔孟之道传《老子》之说，其中的一个重点便在于将老子思想与理学互相沟通。《老子》第三十

---

① 杜道坚：《道德玄经原旨》，《老子集成》第五卷，第499页。
② 杜道坚：《道德玄经原旨》，《老子集成》第五卷，第534页。

八章注曰："玄圣素王者出，《道德》著而理欲分，《春秋》作而名分定，辞虽不同，而旨则一焉。"① 玄圣素王指老子和孔子，在杜道坚看来，老子也讲起了"理欲"，故《道德经》与《春秋》等儒家经典比较起来，尽管立言有别，但主旨相同，而孔老则同为忧世之圣人："孔圣忧天下之心，又何异于老圣乎！"② 由于杜道坚解《老》，志在融合儒道，这也就难怪当时的学者即指出："南谷杜君之为是学也，不以道家说训老氏书，独援儒以明之。章研句析而前后相蒙，不喜为破碎，引类比义，悉举五三帝王、孔孟之道传诸其说。"③

　　由于理学是以得孔孟之道的真传自居的，故杜道坚在援儒入道时，自然将一些理学的概念、命题吸纳过来。他说：

　　　　天下惟道、理最大。老子言道而不言理，理其在乎。天地古今，君臣民物之间，各具理气象数，莫不由斯道也。④

杜道坚认为，《老子》书中虽然没有讲到理这一范畴，实际上其道即与理相当，道与理同为宇宙最高之本体。甚至可以认为，《老子》一书的内容，也可以用理学家们所言之理气象数来加以概括说明。为此，杜道坚作《玄经原旨发挥》时，还专门援引邵雍《皇极经世》的有关内容以为比附。他指出，《皇极经世》阐述皇帝王伯道德功力，均不出理气象数之四端，同样，他著《玄经原旨发挥》共十二章，前六章记述皇帝王伯道德功力之秩序，后六章记述老子降生、授经西游之大概，而全书内容亦不能出于理气象数之外。基于以上认识，杜道坚在推阐《老子》之原旨时，便大量吸收了理学的思想成果。

　　前面已提到，杜道坚认为《老子》"言则无为有为，旨则人心天理"，老子之道论与理学家之天理论得以互相融会。例如第九章之

① 杜道坚：《道德玄经原旨》，《老子集成》第五卷，第 499 页。
② 杜道坚：《道德玄经原旨》，《老子集成》第五卷，第 495 页。
③ 杜道坚：《道德玄经原旨》，《老子集成》第五卷，第 483 页。
④ 杜道坚：《道德玄经原旨》，《老子集成》第五卷，第 519 页。

注解：

> 谦益满损，刚折柔存，天理之必至，故知盈贵自抑，锐当
> 亟挫，明哲保身之道也。①

老子熟谙谦下柔弱清虚之道，深知器满必倾，锋利则折，纵使金玉
满堂亦不可长守，富贵骄人，最终自取其咎，因而提出了"功成名
遂身退"的处世原则。杜道坚亦看到世上那些处高位、佩重印、骄
奢淫逸而不知止足的人，大都没有什么好的下场，由此更证明了老
子谦柔自守之道是十分正确的，是不可变易的"天理"。又如以下
各注：

> 果而勿矜、勿伐、勿骄，果而不得已，言天理之所在，如
> 吾之所说者，是皆知其必不得已，而须如此行，方是果而勿强
> 之道也。②
> 出生入死，生则有死，死则有生，天理之常，何容心焉。③
> 为无为，法自然也。事无事，顺天理也。味无味，乐恬
> 淡也。④

老子果而勿强之道、生死变化之道、无为自然之道，都被用"天理"
二字概括之。而天理所具有的那种永恒绝对的性质，也正好契合了
老子之道的普遍性原则。杜道坚又注《老子》第四十八章云：

> 为学日益，众人之道也。为道日损，圣人之道也。上知不
> 能无人心，下愚不能无道心，若尧授舜曰"允执厥中"，又何损
> 焉。舜授禹加以人心道心危微之言，则损之所不免也。损之又

① 杜道坚：《道德玄经原旨》，《老子集成》第五卷，第487页。
② 杜道坚：《道德玄经原旨》，《老子集成》第五卷，第495页。
③ 杜道坚：《道德玄经原旨》，《老子集成》第五卷，第505页。
④ 杜道坚：《道德玄经原旨》，《老子集成》第五卷，第511页。

损以至于无为，无为而无不为。损之云者，损去人欲也。又损云者，人欲去，得净尽也。人欲净尽，则无徇己之为；无徇己之为，则凡所为者，皆天理之所当为而不可不为也。①

在这里，老子的无为有为之道与理学家常说的人心道心、天理人欲思想互相结合在一起。老子认为，求道必须"日损"，"损之又损"，以去掉过分的有为，返归虚静真朴的无为之境。杜道坚则遵循理学家的思路，认为老子的"损"即是去掉"人心""人欲"，无为即是以显"道心""天理"。而且，老子之无为并非毫无作为，而是"天理之所当为而不可不为"，这一解释，较好地避免了理解老子无为之道所可能产生的片面性。

在阐发玄经原旨时，杜道坚又吸收了心学的思想成分。试看他的以下两段注文：

> 官天地，府万物者，心也。心者，道之枢。人莫不有是心，心莫不有是道。惟其冲虚妙用，渊静有容，故能包裹六极，不见其盈，知周万物，不离其宗。②

> 未有吾身，先有天地，未有天地，先有吾心。吾心，此道也，岂惟吾哉。人莫不有是心，心莫不有是道。知此谓之知道，得此谓之得道。然则道何自而知，何从而得哉？吾将欲言，而忘其所欲言也。余尝于洒扫之暇，隐几神游，溯仰先天混成之道，寂寥无朕，独立周行，化化生生，今古不忒，是宜可为天下母也。③

杜道坚认为未有天地之前便先有吾心，吾心即道，道即吾心，心具有寂寥无朕、独立周行、生生化化、主宰天地万物的性质，心是世界的最高本体。这种思想与陆九渊"心即理""宇宙便是吾心，吾心

① 杜道坚：《道德玄经原旨》，《老子集成》第五卷，第504页。
② 杜道坚：《道德玄经原旨》，《老子集成》第五卷，第485页。
③ 杜道坚：《道德玄经原旨》，《老子集成》第五卷，第493页。

即是宇宙"的心学理论同出一辙。杜道坚既然认为吾心即道，因此自然得出了修道即修心的修养方法，这一方法也明显受到陆九渊"发明本心"思想的影响。陆九渊说："人孰无心，道不外索，患在戕贼之耳，放失之耳。古人教人，不过存心，养心，求放心。此心之良，人所固有。"①每个人都有此心，所谓"发明本心"，就是"存心，养心，求放心"。这种修养又如何进行呢？陆九渊认为重要的一点就是"简易"："学无二事，无二道，根本者立，保养不替，自然日新，所谓可大可久者，不出简易而已。"②"简易功夫"即是"发明本心"的方法，此种方法随时随地都可进行。杜道坚认为修道就是"得于吾心"，"以吾心之所自得"，而且，在"洒扫之暇"，即可"隐几神游，溯仰天地混成之道"，这正是陆九渊"发明本心""简易功夫"的翻版。

由于杜道坚主张修道即修心，与此相联系，他便将道教的性命之学与理学联系起来。他注《老子》第四十章说：

> 夫神，性也，气，命也，合曰道。圣人立教，使人修道，各正性命，盖本诸此。仲尼之尽性至命，反终之谓也；子思之天命谓性，原始之谓也。老氏言复命而不言性，此言有生于无，性其在矣。尝论性者，吾所固有；命者，天之所赋。生之始也，性不得命，吾无以生，命不得性，天无以赋，性与命交相养，而后尽有生之道也。生之终也，形亡命复，惟性不亡，与道同久。修此谓之修道，得此谓之得道。学道人有不能自究本性，反有问命于人者，是未明性命之正也。③

道教倡导性命双修，而理学则讲"性与天道"，杜道坚认为两者可以互通，并将这种儒道互融思想引进了他的老学。《老子》书讲复命，

---

① 陆九渊：《象山先生全集》卷五。
② 陆九渊：《象山先生全集》卷五。
③ 杜道坚：《道德玄经原旨》，《老子集成》第五卷，第500页。

却罕言心性，而杜道坚在诠释时，认为老子不限于谈复命，也是讲心性的。老子虽然表面上没有重点提到心性，实际上心性隐含于他的思想体系之中，因为心性为每个人所固有，性与命不可相分，所以复命也就是"复性"。杜道坚进一步指出，性与道一样具有永恒性，形亡性不亡，与道同归于永恒，因此修性就是修道，得性就是得道。如果学道之人局限于修命，而不能自究本性，则是"未明性命之正"。这就充分反映出杜道坚修道之重点已不在于命，而在于固有心性的保养与超越。

第五节　张嗣成《道德真经章句训颂》

张嗣成，字次望，号太玄子，第三十八代天师张与材长子，为天师道第三十九代天师。延祐三年（1316 年）奉元仁宗诏入京，次年被授"太玄辅化体仁应道大真人"，嗣天师位，"袭领江南道教，主领三山符箓如故"①。泰定二年（1325 年）被封为"翊元玄德正一教主"，知集贤院道教事，后又数次入朝，累有加赐。在他去世后，明太祖仍封赠他为"太玄弘化明成崇道大真人"。历代天师亲注《老子》者并不多见，而张嗣成认为，"为老君弟子而不知老君之道，犹终日饱食而不识五谷，终夜秉烛而不识火也"②，所以他对《老子》十分重视，撰《道德真经章句训颂》以弘扬道教教义。该著完成于至治二年（1322 年），把有关《老子》的训释与赞颂结合起来，行文简洁流畅，内容蕴藉，是道教老学中一部难得的著作。

一、理气性命之说

张嗣成解《老》，其中重要的一个特点，就是显示出了援儒入道

---

① 《元史》卷二百二《释老传》，第 4527 页。
② 张嗣成：《道德真经章句训颂》，《老子集成》第五卷，第 590 页。

的倾向。当时的儒学，主要就是理学。理学经朱熹发扬光大，到元代影响进一步增加，特别是元仁宗于延祐元年（1314 年）恢复科举，以程朱理学作为考试的主要内容，此举不仅使程朱理学的官方地位得以最终确立，而且极大地推进了理学在社会上的传播。张嗣成作为一代天师，亦受到理学的影响，在诠释《老子》时将理气性命结合起来。如他对《老子》首章解释云：

> 道者何？理与气耳。因于无者理，著于有者气。有此理，道所以名；有此气，道所以形。理常于无而神，故自然而性；气常于有而空，故自然而命，天地万物无能违者。譬诸路焉，造于此必由于此，故有理必有气，有气必有形，形则为天地万物，所谓可道之道，可名之名也。理之所以为理，气之所以为气，又可得而道、得而名哉？是则非无非有，有不可得而易，所谓常道常名者也。天地之始以理言，万物之母以气言。常无欲则寂然不动，所以观未发之理，常有欲则感而遂通，所以观方发之气。同出、异名、又玄、众妙皆理气二者相为无有有无耳。曰妙、曰徼、曰门，又所以示学者进修之地。于是究之，则万有芸芸，亦孰离理气性命也。①

此段注文有两层很重要的意思：其一，以理气释道。理气论是理学体系中的重要内容，其要点为理气不离和理本气末。如朱熹说："有是理，则有是气；有是气，则有是理。"又云："天地之间，有理有气。理也者，形而上之道也，生物之本也；气也者，形而下之器也，生物之具也。"② 将理气关系讲得很明白，理是天地万物之本体，气是构成万物的元素，它们互不可分。由于老子之道玄妙莫测，难以把握和理解，要用语言解释清楚，更是十分困难的事情，因为"道可道，非常道"。而把理气概念引进来加以比附后，老子之道也似乎

---

① 张嗣成：《道德真经章句训颂》，《老子集成》第五卷，第 590 页。
② 《朱文公文集》卷五十八《答黄道夫一》。

变得清晰起来。在老子思想体系中，有两个很重要的范畴即无与有，道是无和有的统一，而理气的性质可以与无有对应，无指理，有指气。这样，天地之始便是指理，万物之母则指气；常无欲，寂然不动，为未发之理，常有欲，感而遂通，乃方发之气；"同出""异名""又玄""众妙"都是理气二者在相互发生关系。应该说，《老子》首章内容十分玄奥复杂，头绪很多，所以历来解《老》者都难以得到确解，而张嗣成用理气作为解《老》的钥匙，把此章梳理得颇有条理，这应该是一种值得肯定的方法，如他本人所言："道何形象强名之，说得分明说又非。无有有无相造化，只于理气究真机。"① 其二，性命双修，先性后命。张嗣成指出，如果把理气之说与修道联系起来，那么，理就是性，气即为命，理气不可分离，性命必须双修。而从理本气末的关系来看，修性当居于更加重要的地位。如第二十一章之训颂："惟无有空，惟空有神，惟神有炁，惟炁有精。空炁相入，实有不物，静以揽之，妙变汩汩。咦，上药三品精炁神，从无而有自然成。世间万物皆如此，不信神仙浪得名。"② 这里说明，精炁神的生成变化遵循从无而有的顺序。从无到有，亦即从理到气，这是一个自然的过程。体现在修炼次序上，就是先性后命。对此，第三十三章之训颂讲得更加明白："自知自胜有深功，笃实刚纯守此中。九窍百骸皆幻妄，无今无古是真空。咦，明乎静，安乎定，以有其性，不听于命。"代表身体的"九窍百骸"被认为是幻妄，"以有其性，不听于命"的意思则是，如果在性命两者之间一定要做出选择的话，还是以性为重。

当然，从张嗣成对《老子》的诠释中可看出，尽管他坚持先性后命的修炼次第，但并不反对修命，这也是其道教立场的反映。《老子》第五十章之注说：

天地人物，内外皆不离乎气。气聚则成形，气顺斯能生，

---

① 张嗣成：《道德真经章句训颂》，《老子集成》第五卷，第 590 页。
② 张嗣成：《道德真经章句训颂》，《老子集成》第五卷，第 594 页。

所谓养生，亦顺其气而已。养生之道，以其厚自奉养，乃有以伤其气而致死矣。吉凶晦吝生乎动，动之效四吉仅一焉，故知道者慎乎动，明乎静。静则定，定则久，久则复，复则知，所谓一而为不死不生之徒矣。是盖神气空无之妙，生死两忘，出入无间，外物于我奚有加焉。明乎静，知其所以静而静之也，非若数息呆坐，顽然以为空者。使其顽然以空，则又安能外气以观天地哉。然阳气虚，阴气寒，阴常盛，阳常抑，事之成常难，事之败常易，晴明之日常少，冥晦之日常多，于三生六死概可见矣。是非其本，然皆人事有以致之。天地万物之气，于吾身未始一息不相通，养生者可不慎动。①

注文的主旨是通过气以论命，论生死。天地万物的形成都不离气，人的生命同样如此，所以养生之道的关键在于养气。养气的要点在于静而非动，由静入定，不仅修命，而且修性。张嗣成强调，只修性不修命是行不通的，因为只注意修性就是堕入了"顽空"，离开了气的支持，不会有理想的效果。而气贯通天人，在人身上生生不息，理应为养生者重视。注文中的"一"有特定的含意，其义如以下注文所言："生死常理，不离乎数，十有三分，自生自死。过于求生，反入死地，又有其三，死数六矣。生三死六，合而九具，不死不生，惟一而已。一为坤元，一为乾始，以全吾神，以敛吾炁。神来空无，一而不二，物我俱亡，何伤何累。咦，一二相依不少离，随之生死数难违。不于炁外观天地，梦里谁知说梦非。"② 生死之数九，一则代表着超越生死之道。而要想把握这玄妙的一，既要全神，也须炼炁，如果离开炁去求一，当然是行不通的。

由上面的分析可见，尽管性命双修的次序有先后之别，但又是一种彼此不可分割的关系，而需要遵守的原则就是自然。如下面两注：

---

① 张嗣成：《道德真经章句训颂》，《老子集成》第五卷，第599页。
② 张嗣成：《道德真经章句训颂》，《老子集成》第五卷，第599页。

　　天地如何逃始终，独能长久夺元工。能知性命人人寿，莫道神仙非至公。咦，知性存神，知命顺炁，无心之私，乃为至理。①

　　四大假合，托乎灵明。顺以保之，冲然无营。内视何有，天下自宁。出入之机，审动与静。众眩其聪，我则若瞑。不有其功，不圣其圣。体用自然，斯真性命。咦，真性命只在斯，不可窥不可违。②

无论是修性还是修命，都要在自然的状态下进行。对上引第二条材料，张嗣成还加了一个附注："魂魄合而为人，抱一者，守此性也。所谓致柔、玄览、无为、无雌、无知、不有、不恃、不宰，皆所以言抱一之道本乎自然者也。"③ 抱一即守性，但不修命，性难以守，所以抱一之道即为性命双修之道，性命之道，出于自然。所以张嗣成最后总结说："非言非道道非言，辩博谁知妙不传。人法者天天法道，道何所法自然然。"④

二、"金丹不在他求"

　　尽管天师亲自解《老》者并不多见，但《老子想尔注》确乃开创了天师道的老学传统，所以张嗣成说："吾祖正一真君，两承神驭，下降西蜀，亲授至道，发五千文言外之旨，无余蕴矣。家世守之，盖千数百载，嗣成貌焉传嗣，累奉德音，以遵行太上老君经教，为祝厘第一义。是以每于三元开坛传箓告祝之余，必即此经敷畅之，使在坛弟子及慕道而来者如鱼饮水，各满其量。"⑤ 自张道陵创立五斗米道，即以《老子》五千文传教，张嗣成也继承了这一传统，每每开坛说法，都要阐发《老子》义旨，使教内弟子及慕道者深受教

---

① 张嗣成：《道德真经章句训颂》，《老子集成》第五卷，第591页。
② 张嗣成：《道德真经章句训颂》，《老子集成》第五卷，第592页。
③ 张嗣成：《道德真经章句训颂》，《老子集成》第五卷，第592页。
④ 张嗣成：《道德真经章句训颂》，《老子集成》第五卷，第606页。
⑤ 张嗣成：《道德真经章句训颂》，《老子集成》第五卷，第589页。

益。那么，《老子》思想中最重要的内容是什么呢？张嗣成指出：

> 诵是经者，倘有得于无为之绪，则可以修身，可以齐家，可以安民，可以措天下于太平。虽然，此特其粗耳。《南华经》云：其尘垢秕糠，犹将陶铸尧舜者。非耶？若夫性根命蒂，交摄互融，妙有真空，微言显说。险语稜层，则孤峰绝岸；至味澹泊，则元酒大羹；其澄涵，则镜里之花；其窈沈，则水中之月。可以默契而不可以言悟，可以神遇而不可以迹求。①

学习《老子》，从中悟出修身齐家治国平天下的经验，对一般人来说，这是大收获了，但张嗣成认为这仅仅是老子智慧中的次要内容，其主体思想乃是阐发"性根命蒂"，故性命之道才是《老子》的主旨。怎样去把握性命之旨呢？外来的传授和言语的暗示都不足以发其真义，唯有默契自悟才是入道之门。因此，张嗣成撰写《道德真经章句训颂》的目的，"非敢自谓得老君之旨，然使吾门弟子与夫尊德乐道之士得而玩之，倘有悟入，则金丹不在他求，而至道吾所固有，功成行满，法身不坏，亦券内事耳。所谓千载而下知其解者，犹旦暮遇之也"②。张嗣成强调，至道为每个人本来具有，那么金丹的修炼也无须向外，而要靠自证自悟。

张嗣成在《老子》第十一章的训颂中云："青天何荡荡，万象无不容。顽然一块土，有井便泉通。咦，莫言二物大，乃在虚空内。更于何处着虚空，元来不出吾身外。"③"二物"指天地，"元来不出吾身外"指心。天地虽大，仍在虚空之中，比虚空更大的是什么呢？是人的心，是道。正因为每个人心中都有至道，所以张嗣成解《老》时时常提醒，修道一定要返归自身：

---

① 张嗣成：《道德真经章句训颂》，《老子集成》第五卷，第 591 页。
② 张嗣成：《道德真经章句训颂》，《老子集成》第五卷，第 591 页。
③ 张嗣成：《道德真经章句训颂》，《老子集成》第五卷，第 592 页。

人居理气间，譬如鱼在水，不自知其然，出入有生死。因之以顺理，柔之以守气，至宝存诸中，天地一终始。[1]

执夫事而必于用，舍夫正而趋于邪，治其末而失其本，厚其身而肥其家，是皆自盗其所有，乃不知惜而仍夸。噫，渡海驾桥终费力，好花无实谩逢春。莫将捷出矜才智，盗取吾家无价珍。[2]

"至宝""无价珍"指的都是每个人固有之道，也即是每个人的本来心性。修炼者如果漫溯外求，舍本逐末，逞个人才智之长，当然不能超越生死，只有返回自身，顺理守气，而以真性为本，才是正途。

张嗣成强调返身于内而求道，是建立在一个前提之上的，即人为万物之灵。正因为如此，人能够凭借自身的能力修成金丹而无须借助外部的力量。张嗣成说：

道有不物，妙哉混成。内外天地，化化生生。求之不得，强名而名。孰能反之，人物之灵。灵其自然，毋执以形。噫，欲望昆仑顶上头，层层楼上架高楼。眼前自有昆仑在，指向傍人得见不？[3]

人为物灵，体道知道，行道系焉。曰知雄守雌，知白守黑，知荣守辱，知而行之方也。不离不忒乃足，皆曰常德者，道体而德用也。知此则造化吾握中物耳。[4]

独阳不成，独阴不生，生成万物，阴阳合凝。用刚则折，柔久是能，刚内以守，柔外以行。事天法地，人所以灵。裁成妙合，天地清宁。返之一己，万有包并。示以槁死，存吾刚明，绵绵不亡，朝乎太清。[5]

---

① 张嗣成：《道德真经章句训颂》，《老子集成》第五卷，第 596 页。
② 张嗣成：《道德真经章句训颂》，《老子集成》第五卷，第 600 页。
③ 张嗣成：《道德真经章句训颂》，《老子集成》第五卷，第 595 页。
④ 张嗣成：《道德真经章句训颂》，《老子集成》第五卷，第 595 页。
⑤ 张嗣成：《道德真经章句训颂》，《老子集成》第五卷，第 601 页。

老子之道具有至高至上的地位，天地万物、日月山川都赖道以生以存，但它们无法从主体上去认识道。能够体道得道的，只能是人，因为人具有天地万物所不具备的灵明。

关于人的灵明的阐述，还见于《老子》第六章的训颂："怪怪奇奇理气形，自虚而实互相生。元来天地一物耳，妙应无穷是我灵。咦，此是生身处，此是朝元路。"① 此注同样是肯定最能体现人的主体性的灵明。注中提到的"朝元路"，即指求道的途径。张嗣成指出的入道之门有二，其一是顿悟。他说：

> 天地之先，父母之前，有始末始，是谓一元。为父而母，造化出焉，知出而复，斯神之全。神全不杂，明光相一，外想不入，内言不出，皎然见之，青天白日，不造不化，奚有乎物？知微知彰，知柔知刚，知用知藏，知变知常。仙则鼎湖，治则陶唐，噫其秕糠，死而不亡。咦，此是朝元第一方，顶心直上见虚皇。斗旗祭灶皆成技，捉虎擒龙枉发狂。②

"此是朝元第一方"指求道的第一种方法。张嗣成有注加以说明："此修炼顿悟直造者，与第五十九章积功累行者虽然入门为异，及其成功一也。"③ 相对于"捉虎擒龙"之类的修炼而言，顿悟心性才是最重要的。基于此点，《道德真经章句训颂》有很多的颂语都是引导人去顿悟的，如下面两条：

> 不闻乃真闻，不见乃真见，不用执柴头，不吹火自现。无始便无终，今古归一串，从渠千万变，只是本来面。咦，识本来面，提正法纲，分明便是虚皇，稽首十方皈向。④
> 自然而然者天之行，齐而不齐者物之情。执其行，得其情，

---

① 张嗣成：《道德真经章句训颂》，《老子集成》第五卷，第 591 页。
② 张嗣成：《道德真经章句训颂》，《老子集成》第五卷，第 600 页。
③ 张嗣成：《道德真经章句训颂》，《老子集成》第五卷，第 600 页。
④ 张嗣成：《道德真经章句训颂》，《老子集成》第五卷，第 593 页。

而返之于无形之形。寂兮寞兮，无臭无声，亦孰使夫天清而地宁？噫，观水还知道用微，微波已静又风吹。不妨小立待其定，自有人人照见时。①

首条训颂直指人的本来面目，后面一条以观水之喻，强调悟道须等待时机。张嗣成进而指出，老子所曰常为而无为，功成不居、不为主、不为先，曰柔曰静，曰复曰自然，曰损又损等等，都是一经本旨，都是求道之方。其大旨在于使人明心见性，超越物我。

求道的第二种方法是积功累行。张嗣成训颂《老子》第五十九章云：

> 推吾身以外及者，治人之方。敛吾心以内守者，事天之则。因其实而为虚，不尽用之谓啬。由是而复本，由是而积德，以能无能而能，以极无极之极。故有国者治人之施，而有母者事天而得。既得其母，子不待索，性根命蒂，灌溉凝植。环二炁以为丝，化万有而莫测，固将观天地之终穷，而逍遥乎无方之域。噫，此是朝元第二方，蓬莱不在海中央。伏雌莫为寅风动，胎蚌还分夜月光。②

"朝元第二方"紧接"朝元第一方"，阐发修道的另一门径。张嗣成对上引训语加以解释说："修真学道，则一而入门，有不同此，则审动静之机，明感应之理，守之以待，自然而然，所谓积功累行而满三千者是也。"③ 在张嗣成看来，修道者如果不能直接顿悟本来真性，那么还有第二种方法，即多做功德。如果求道者"积功累行而满三千"，同样是可以与道合真的。积功累行应该包括两个主要的内容，一是具体的修炼，一是为善。特别是为善，张嗣成多有强调："下于

---

① 张嗣成：《道德真经章句训颂》，《老子集成》第五卷，第 597 页。
② 张嗣成：《道德真经章句训颂》，《老子集成》第五卷，第 601 页。
③ 张嗣成：《道德真经章句训颂》，《老子集成》第五卷，第 601 页。

人者，其善乐取。合天德以同归，盖古人之极致。咦，保身平气两惟艰，更信全功取善难。水火相和龙虎伏，人天合处即金丹。"[1] 尽管为善并不容易，但与金丹相关，而只要坚持，一定会有好的结果："天道无亲，惟善是与，善不责报，天斯报矣。咦，万有俱无万虑澄，怨何所在德何名。人人皆善从何与，大古青山只么青。"[2]

三、社会关怀

尽管张嗣成认为老子思想的重点在于性命修炼之学，而非治国安民，但从他的训释中，仍然透露出浓厚的现实关怀。如第八十章注言：

> 因夫无用之用，而以自适其适。道并行而不悖，物并育而各得。常相忘者其心，不相往者其迹。邈哉圣人之怀，已矣百里之国。咦，道本无为俗本淳，山川民物古犹今。青牛一去无消息，谁识当年用世心。[3]

张嗣成认为老子是有用世之心的，只是青牛远去，物换星移，特别是在道教内部，老子的用心渐渐被忽视了。因此，张嗣成指出，除了借《老子》而谈金丹性命以外，也不要忘记其中的应世之学。他注第六十七章说：

> 道大无象，有则小矣。夫惟三宝，天下以治。慈以民生，俭以民富，不敢为先，守常安事。惟守惟安，所以长器。广则相资，勇则趋义，舍此取彼，戒哉以死，推而复之，长生久视。天道无亲，惟善是与。咦，三宝人共有，有之在乎人。非慈曷守气，非俭曷啬精。扰扰为之先，曷以存吾神。神存精气合，

---

① 张嗣成：《道德真经章句训颂》，《老子集成》第五卷，第603页。
② 张嗣成：《道德真经章句训颂》，《老子集成》第五卷，第605页。
③ 张嗣成：《道德真经章句训颂》，《老子集成》第五卷，第605页。

绎绎勿或情。勿战亦勿守，自然成吾真。①

这是对老子"三宝"的解释，既谈修炼，亦讲治国。又如第七十二章注："君慈民爱，爱则不畏，不畏之爱，大威斯寄。容之如天，安其居矣；养之如地，乐其生矣；上下不厌，感应一理。知不自见，爱不自贵。以晦为能，以谦为美，去彼非道，惟此道取，治人修真，无往不至。咦，内养刚阳外顺之，自然心广体安舒。于中认得真知爱，信有长年住世书。"②此注亦阐述修身治国同理，君慈民爱，安居乐生，上下相安，社会秩序和谐统一，这是社会治理的理想状况。以道修身，亦是如此。第五十七章训颂又云：

> 垂衣裳而民自化者，治之正；舞干羽而苗自格者，兵之奇；取天下于无事者，存乎揖让；致天下于多事者，惟其自私。咦，万古万万古，君民同一机。欲存皆是事，静后便无为。正失为刑罚，奇流入诈欺。何人天地外，观月夜中时。③

此注应世的倾向更加明显了，张嗣成认为，治理天下应该清静无为，少私寡欲，反对兵戈刑罚，从而君民同乐。

当然，张嗣成认同儒家的仁义礼智是有益于天下治理的，如第六十一章注云："以大事小者，仁也。以小事大者，智焉。仁者乐天而能普，智者畏天而能全。普则天下效其地，全则一国安其天。合大小以同得，斯谦下之自然。咦，川河泊泊几时休，海大如天凝不流。看得静中元自动，阴阳交处互相柔。"④仁与智各有长处，但自然才是根本。智识之类的经验还是存在弊端的："见天下之几而后有，以成天下之务，知天下之微而后有，以消天下之变。得失有可决于几之先，智力有不能于微之显，是故慎终而如始，彼舍而此取

---

① 张嗣成：《道德真经章句训颂》，《老子集成》第五卷，第 603 页。
② 张嗣成：《道德真经章句训颂》，《老子集成》第五卷，第 604 页。
③ 张嗣成：《道德真经章句训颂》，《老子集成》第五卷，第 601 页。
④ 张嗣成：《道德真经章句训颂》，《老子集成》第五卷，第 602 页。

者，所以辅相时行物生之造而顺夫自然之理耳。咦，索裘莫待雪霜寒，木钻犹能透石磬。事向无心还自得，画蛇添足便多端。"① 所以总体来说，张嗣成认为道家之治才是完备的，如第六十五章注言："智流则假，愚近乎真。假其自贼，推以贼人。真则返朴，民化以淳。于是取则，天下归仁。咦，秦以智愚黔首，不知黔首愚秦。识得真愚仿佛，君其问诸汉文。"② 对汉文帝的推崇，表明其对黄老之治的认同。黄老之学既强调自然清静，也注重谦和处下，如第六十六章注所言："自卑莫如海，天下之水趋之，自损莫如圣人，天下之民归之。水趋之则有以尽地利，民归之则有以得天时，故卑者尊之资，而损者益之基，是皆藏有于其无，亦孰知其所以为哉？咦，谦尊损益道之余，观海当知造化机。试看银河在天上，尾闾元有逆流时。"③

张嗣成进而指出，真正体悟到了老子之道，不仅可以使社会和谐，天下太平，还可以实现"民吾同胞物吾与"的最高理想。第四十九章之训颂曰：

> 不执于此者，道之从；无分于彼者，德之容。民吾同胞物吾与，尽使其心归赤子。咦，人物无拘，含容一致，万物生生，诚哉天地。④

"民胞物与"是北宋理学家张载提出来的一个著名命题，是理学广阔开朗的宇宙意识在社会人生价值上的具体落实，而正是这种宇宙人生观，体现出了儒家理想人格追求的远大目标。张嗣成认为，老子之尊道贵德，也是要人们懂得"民胞物与"、人物无间的道理，这是一种至高的人生境界，所谓"春和花蔼蔼，海纳水深深"⑤，"九万里

---

① 张嗣成：《道德真经章句训颂》，《老子集成》第五卷，第602页。
② 张嗣成：《道德真经章句训颂》，《老子集成》第五卷，第603页。
③ 张嗣成：《道德真经章句训颂》，《老子集成》第五卷，第603页。
④ 张嗣成：《道德真经章句训颂》，《老子集成》第五卷，第599页。
⑤ 张嗣成：《道德真经章句训颂》，《老子集成》第五卷，第595页。

天同看月"①，即指此而言。② 社会的理想状态，应该是人人为善，无忧无虑，无怨无悔，没有争夺和欺诈，这种预期，儒道是相通的。

从张嗣成对《老子》的诠释可以看出，元代的正一道在教义教理上出现了一些新的变化，如在修炼上提倡一种超越符箓法术的修道方法，主张性命兼修；在应世方面则更加重视对儒学的吸纳，而这种变化的出现，与全真道的影响当有一定关系。

第六节　刘惟永对老学的总结

刘惟永为元代正一派道士，所编《道德真经集义大旨》和《道德真经集义》是正一派老学在元代的总结性成果。《道德真经集义大旨》三卷存于世。《道德真经集义》卷帙浩大，今仅存 17 卷，至《老子》第十一章止。尽管如此，该著仍然具有很高的学术价值，《续修四库全书提要》称其"所取者，今多散佚，其可珍贵，自不待言。即其存者，亦可藉以校订。而诸家姓氏，尤可资参证也"。《道德真经集义大旨》和《道德真经集义》不仅具有保存老学文献之功，从中亦可窥见以刘惟永为代表的正一派老学在元代呈现出来的思想特点。

一、作者与成书背景

关于刘惟永其人，严灵峰在《周秦汉魏诸子知见书目》中曾经提及："刘惟永，字月屋，凝远大师，常德路玄妙观提点观事。"并在内容概述一栏注明"（《道德真经集义》）丁易东校正，集七十八家之注解，削烦撷要，分章并列诸家原注，后附考异。多宋、元注家著述，未见旧志著录者甚多。宋、元人佚著赖其保存者不少。原

---

① 张嗣成：《道德真经章句训颂》，《老子集成》第五卷，第 595 页。
② 张嗣成：《道德真经章句训颂》，《老子集成》第五卷，第 602 页。

稿三十一卷，丁易东死时，尚有三分之二未刻。大德三年，始刻成书。尚阙十四卷，疑已亡佚。首题：'凝远大师，常德路玄妙观提点观事刘惟永编集，前朝奉大夫，太府寺簿，兼枢密院编修，丁易东校正'云云。"①《道德真经集义》原稿31卷，所集各家《老子》注极为详细。今存17卷，仅至《老子》第十一章，按照《老子》81章大致计算其篇幅，则可知今存部分应该不到17卷，现在的卷次乃后人重新析分而成。田小玲注意到该书是元代湘籍遗民丁易东及其徒弟喻清中两人与刘惟永合作辑集而成，且书中的"石潭曰"条下的注，均为丁易东《老子解》遗文，这是正确的，但推测丁易东可能是《道德真经集义》的实际作者，② 则缺乏证据。《道德真经集义》主要还是由刘惟永完成的，丁易东师徒只是起了辅助作用。关于丁易东，明代《常德府志》记载云："丁易东，龙阳人，号石坛。登进士第，累官翰林院编修，入元耻事二姓，屡征不起，筑石坛精舍，教授生徒。捐己田以赡之。著《周易》传疏、咏梅花诗百余律，事闻于朝，授以山长赐额沅阳书院。"③ 丁易东为龙阳人（今属湖南汉寿），④ 号石潭，进士及第，为翰林院编修。入元后，不仕二主，屡拒朝廷征召，后担任沅阳书院山长。《武陵县志》则载丁易东字汉臣，其易学著作为《周易象义》十卷、《大衍索隐》三卷。除了易学著作，丁易东还著有《老子解》等。⑤ 喻清中则为丁易东的弟子，长沙人，宝庆府教授，亦注《老子》。⑥

---

① 严灵峰：《周秦汉魏诸子知见书目（第一卷）》，台湾正中书局1975年版，第142页。

② 田小玲：《湖湘老学研究》，华中师范大学博士论文，2019年。

③ 陈洪谟：《常德府志》卷十三《官守志》，明嘉靖刻本。"石坛"当作"石潭"。刘惟永《道德真经集义大旨》跋："今得石潭丁编修以其家藏名贤之注，与惟永所藏之书合而为一，乃八十一章为三十一卷。"《周易象义》章鉴亦在序中称丁易东为"武陵丁石潭"。

④ 林忠军认为旧志记载有误，丁易东应为湖南武陵人。见林忠军：《丁易东象数易学》，载《周易研究》1998年第2期。

⑤ 关于丁易东的《老子》注，刘惟永《道德真经集义诸家姓氏》没有提及，但《道德真经集义》苏敬静跋云："一日，玄妙观提点刘月屋将石潭所作《老子解》示余，欲余复下注脚。"可知丁易东的老学著作为《老子解》。

⑥ 刘惟永《道德真经集义诸家姓氏》："喻清中，宝庆府教授，元乙酉作解。"

　　《道德真经集义大旨》和《道德真经集义》是在元代佛、道两教发生冲突，由此导致焚毁道经事件出现的背景下编纂的。全真教自丘处机北上之后迅速发展，佛教古刹多被全真教徒所占。宪宗八年（1258 年），以全真教掌教张志敬为首的道士与燕京庆寿寺海云法师等展开辩论，结果道教论败，樊志应等 17 名道士被迫落发为僧，全真道占领的寺庙还于佛教徒百余家。《老子化胡经》等道经也被焚毁。① 关于道经被毁之事，喻清中在为《道德真经集义》所写序言中曾提及："钦惟天朝，尊崇圣教，扶植人纲，凡道家传会之文，秉畀炎火，惟《道德》一经岿然独存，炳炳行世，如日丽天，岂非天耶？郑卫黜而韶益尊，瓦砾穷而珠益见，天之意盖有在也。天既不晦斯道于昔，而复大显斯道于今，意欲是书家有而人得之。"② 他在跋中又言："《道德经》五千言，注释百余家，真知太上之心者谁欤？岁在至元壬午，道厄于时，经烬于火，惟五千言岿然，鲁灵光之独存，岂非天耶？"③ 在道经遭厄的情况下，《道德经》于道教发展意义尤其重大，这也是刘惟永编纂《道德真经集义大旨》和《道德真经集义》的一个重要缘由。至于《道德真经集义》的编纂过程，刘惟永在跋中说：

　　　　昔吾老子流传《道德经》于世，玄理幽深，非特启教度人而已，累代明君鸿儒莫不笺注，研穷其妙，亘古今传之无穷。凡道家者流，诵其正经，犹恐未明其旨，非参合诸家之注，岂能深造玄微哉？惟永抑尝探其秘蕴，莫尽其要，每专心致志搜罗百家之注，究诸妙义，欲编为《集义》，而与同志者共，今得石潭丁编修以其家藏名贤之注，与惟永所藏之书合而为一，乃总八十一章为三十一卷。第绣梓之费浩大，非独力所能为，遂与徒弟赵以庄、刘以鉴持疏遍往各路，叩诸仕宦君子及知音黄

---

① 参田小玲：《湖湘老学研究》，华中师范大学博士论文，2019 年。
② 喻清中序，见刘惟永：《道德真经集义大旨》，《老子集成》第五卷，第 404 页。
③ 喻清中跋，见刘惟永：《道德真经集义》，《老子集成》第五卷，第 423 页。

冠捐金，共成其美。今经一十余年，凡寝食之间未尝忘焉。经之营之，今已告成，每自披阅玩味，允谓精妙、玄之又玄者也。若帝王公侯遵之，则国治天下平；卿大夫守之，则忠君孝亲；士庶人佩之，则复归于淳朴；吾道体之，则超凡入圣。曰道曰德，先天地不见其始，后天地不见其终，其此经之谓乎？凡我同志受持者，幸毋忽。①

刘惟永深知《道德经》对于道教的重要性，并认为欲明了其中的玄言妙义，仅读经文是不够的，还必须参以历代各家注解。因此，刘惟永注意搜集《道德经》的各种注本，想要将各家注本的要义汇集起来，便于阅读研讨。恰逢他担任常德路玄妙观提点，结识了当地名士丁易东，丁易东家里亦藏有一些《老子》名注，可为其所用，于是编为《道德真经集义》31卷，并带领几个徒弟到处募捐，前后历时十余年，到大德三年（1299年）才得以问世。又据喻清中跋："己亥夏，仆冒暑访月屋，则所刊板工力尚欠三分之二，而石潭老已为古人矣。"② 喻清中于己亥即大德三年夏天去拜访刘惟永，得知《道德真经集义》的刻板尚只有三分之一，而此时协助刘惟永的丁易东已去世。这三分之一的刻板，极有可能就是今之存世的《集义》17卷。而刘惟永在跋中提到的"今已告成"，指《集义》的内容已编好，但还来不及全部刊刻出来。因此，《老子》第十二章以后的《集义》，应该是由于没有及时刊印而散佚了。当然，刘惟永对该书是十分重视的，不仅历尽辛苦进行编纂，而且指出，一书在手，治国修身之道无不具备，他希望教内教外有志修道弘道之士重视此书。

二、《道德真经集义》及《道德真经集义大旨》的文献价值

无论是《道德真经集义大旨》还是《道德真经集义》，都具有重要的文献价值。首先，两书保存了不少已经亡佚的宋元老学文献信

---

① 刘惟永：《道德真经集义大旨》，《老子集成》第五卷，第422页。
② 喻清中跋，见刘惟永：《道德真经集义大旨》，《老子集成》第五卷，第423页。

息。据《道德真经集义诸家姓氏》，《集义》所采诸家全解 36 家，鸾笔 2 家，续补 4 家，其他集注中所引 8 家，从范应元《老子道德经古本集注》中引 26 家，旁证 5 家，共计 81 家。36 家全解为：

河上公，汉人，作注。

王辅嗣，魏人，讳弼，作注。

唐明皇，玄宗，大圣大明孝皇帝，开元癸亥御注并疏。

杜光庭，后蜀广德先生，天复辛西作广圣义。

宋道君，徽宗，体神合道骏烈逊功圣文仁德宪慈显孝皇帝御注。

王介甫，宋太傅荆国文公，讳安石，字介甫，作注。

苏颖滨，宋太中大夫门下侍郎，讳辙，字子由，元符庚辰作注。

吕吉甫，宋观文殿学士醴泉观使，讳惠卿，作解。

陆农师，宋中大夫知亳州，讳佃，作解。

王元泽，宋龙图直学士左谏议大夫临川伯，讳雱，作解。

刘仲平，宋臣，作解。

刘巨济，宋职方郎中，讳泾，作解。

丞相新说，见八注中，不载其名。

刘骥，号清源子，绍兴丙寅作解。

赵实庵，冲真宝元大师，浮山玉虚观住持，赐紫，字明举，讳道升，绍兴壬申作解。

邵若愚，号本来子，绍兴己卯作解。

王志然，号见独大师，乾道己丑作解。

程泰之，宋吏部尚书龙图阁学士文简公，讳大昌，乾道己丑作《易老通言》。

黄茂材，宋知荆门军事，淳熙甲午作解。

朱紫阳，宋太师徽国文公，讳熹，字元晦。庆元乙卯有《楚辞辩证》及《语录》。

詹秋圃，宋儒林，讳节，号漫叟，作解。

白玉蟾，号紫清老人，作解。

廖粹然，号希夷大师，作解。

陈碧虚，讳景元，号碧虚子，乙未造解。

谢图南，宋朝散大夫，号莲山天倪子，淳祐丙午作注。

林鬳斋，宋翰林学士，号竹溪，讳希逸，景定辛酉作口义。

范应元，南岳寿宁观主，号果山无隐斋谷神子，作解。

徐君约，宋鄂州诸军料院，讳权，景定壬戌解第一章。

薛庸斋，讳玄，大元河南路提学，作解。

休休庵，号蒙山绝牧史，名德异，至元戊寅作解。

牛妙传，通真大师，前成都府万寿宫知官提举，号澄明子，至元庚辰作或问。

褚伯秀，古杭道士，作解。

喻清中，宝庆府教授，元乙酉作解。

杨智仁，号无物子，至元丁亥作解。

胥六虚，讳元，一号六虚散人，至元辛卯作解。

李是从，特赐纯粹先生，号谷神子，造解，元贞乙未刻本。①

以上所录 36 家注解，今存世者仅河上公、王弼、唐玄宗、杜光庭、宋徽宗、陈景元、苏辙、吕惠卿、王雱、邵若愚、白玉蟾、朱熹、林希逸、范应元、释德异等 15 家。其他诸家注解均已散佚，其中不少注家不见他书征引，仅见于《道德真经集义》的著录。从 36 家注者的身份来看，包括儒、道、释三教人士，而佛门人物德异之解，尤为难得。除了注家身份，大部分都标明了注解的时间，这对了解宋元老学发展的历史是很有意义的。例如陈景元作《道德真经藏室纂微篇》，影响很大，但该注的成书时间，仅见于刘惟永的记载。这对考察陈景元老学对二程理学的影响，很有帮助。

其次，《集义》及《大旨》为全面了解宋元老学的状况提供了一

---

① 刘惟永：《道德真经集义大旨》，《老子集成》第五卷，第 396 页。

些珍贵的资料。如从地域的角度看，刘惟永担任常德路玄妙观提点，丁易东为常德人，喻清中为长沙人，因此，他们三人与宋元时期的湖湘老学密切相关。丁易东与喻清中的《老子》注均佚，《集义》收录了丁易东的注文 13 条，喻清中的注文 10 条，从中可知两人解《老》的大致特点。如丁易东指出：

> 《老子》之解多矣，以学儒者解之，多以儒之所谓道者言之，若程泰之、林竹溪之类是也。以学释者解之，多以释之所谓性者言之，如苏颖滨、本来子之类是也。皆不得其本意，盖儒者之所谓道，乃日用常行事物中之道，而老氏则以虚无自然者为道，岂可强以合之于儒？释氏之所谓性者，乃露保保、赤洒洒之性，老氏之所谓道者，乃形神俱妙之道，岂可强而合之于释？虽曰天下无二道，圣人无两心，然仁者见之谓之仁，智者见之谓之智，其所指地头则不可不明辨之也。盖老子专指虚无为道，而儒者则谓形而上者之道，不离乎形而下者之器，释氏专指真空为性，而不杂乎形气，而老子则欲形神俱妙而与道合真，此其所以不同也。若各据本教而言之，不惟失老子之宗指，亦自失其宗指矣。至于道家之解如白玉蟾之类，固是本色，然但一向好高而务简径，其辞多不可晓，反成郭象之注《庄子》焉。故今之为解，一以老子本教言之，庶不失老子之本意，又不敢如玉蟾辈好高而辞意不明焉。学者详之。①

此段文字很重要，是对宋代老学的一个总体评价。在宋代儒、道、释三教融合的思想背景下，以儒解《老》、以佛解《老》、以道教理论解《老》都是常见的现象，但丁易东指出了其中各自的不足。丁易东认为，尽管儒、道、释三教都讲道，但三教之道是存在差别的，儒家的道主要指日用常行之道，佛教的道表现为真如之性，道教则讲丹道，这些都和老子的形神俱妙之道不同。纵使如白玉蟾解

---

① 刘惟永：《道德真经集义》，《老子集成》第五卷，第 145—146 页。

《老》，虽然已经很高明了，但仍然存在辞意不明的地方。丁易东强调，他本人注解《老子》，将尽量立足于《老子》的文本，以阐扬老子的真精神为要务。如解释《老子》首章"道可道，非常道"：

> 盖首一道字与下常道字，皆是言道之体，特可道之道字，则指世人所谓道而言之。若曰吾所谓道者，非世人可以指言之道也。若可指言之道，则非吾所谓自然之常道矣。所谓常者言其无物不有，无时不然，亘古亘今常存之道也。世俗之所谓道者，若夫子所谓小道，孟子之所谓道二之道也。盖儒者之所谓道，乃日用通行之道，而老子之所谓道，乃专指虚无自然者为道故也。[①]

认为"道可道，非常道"中第一个、第三个"道"字指的是本体之道，第二个"道"字则是一般意义上的道，这是很确切的。注文进而指出儒道之不同，孔孟之道就日用通行而言，老子之道则以虚无自然为特点。再看《老子》第六章注：

> 谷神不死，是谓玄牝。此段有两说。有以谷神为谷虚之生响若有神者，此以理言也。有以谷神为天谷之神，谓吾身之神居于天谷中者，此以气言也。虽若两说，其实一也。何则？虚中之神，此道也。天谷中之神，亦此道也。虚谷之神与吾身之神同出于道，安有异哉？玄牝二字，有以牝为物之所生而不见其所以生之者，故以玄言。盖因《列子》之引《黄帝书》谓此为天地之能生生者言之也。有以玄牝为吾身之玄牝者，即修养家所指者。是知以理言之，则空谷之有响，斯答寂然不动，感而遂通，而声之出者常在是。盖能生而不见其所以生也，故曰谷神不死，是谓玄牝。若以吾身之神居天谷者言之，则天谷之神所以不死者，以玄牝有以生之也。

---

① 刘惟永：《道德真经集义》，《老子集成》第五卷，第221页。

玄牝之门，是谓天地根。二说不同。以理言之，则程泰之之说是也。若以吾身之玄牝言之，则有以人之二肾为玄牝者，有以二肾之间为玄牝者，有以口鼻为玄牝者，有以鼻二窍为玄牝者。要之二肾之间之说近之。口鼻乃玄牝出入之门，通乎天地之气者也。

绵绵若存，用之不勤。以理言之，则绵绵若存者，天地之气生生不已，未尝间断，绵绵不绝，以其不绝，故曰绵绵若存，用之不勤。以不见其迹，故曰若存。用之不勤者，用之不劳也。若以人身之玄牝言之，则玄牝之门，天地之气往来乎鼻息之间，使之绵绵不绝，存若不存，息微气定则上通天谷，下通玄牝，而谷神常不死矣。用之不勤者，常宽舒而不当急迫勤劳也。①

从此注可以看出，丁易东解《老》，注意辨析诸家解释之异同与长处，其见颇为平实。对于本章的理解，正如丁注所言，历来存在两种解释，一种是从道体的角度，也即道生万物的根源意义上理解，另一种则是从养生的层面解释。两种注解都有其道理，特别是河上注将"谷"释为"养"，"谷神"即"养神"，突出了老子的养生思想，契合了道教的教义，故在道教内部影响深远，对此，丁易东亦辨之甚详，其解值得重视。

如果说丁易东注《老》，颇注意儒道之不同，那么他的弟子喻清中则主张儒道之相通，同样看第六章注：

老氏一书，治国爱民，修心养性，服气炼神，精粗毕举，本末兼该。此章大概主于修养，当合儒道之书而互相发明之。自儒家之说言之，谷者，虚也；神者，虚中之神也。自道家之说言之，谷，天谷也；神者，一身之元神也。元神所住之宫，其空如谷而神居之，故谓之谷神，泥丸宫是也。神存则生，神去则死，谷神之所以不死者，由玄牝也。阳神为玄，阴息为牝，

---

① 刘惟永：《道德真经集义》，《老子集成》第五卷，第 298 页。

神气交感，自然成真。与道为一，而入于不死不生，故曰谷神不死，是谓玄牝。《黄帝阴符经》曰：口通五脏，出者重浊之气属阴，谓之地根。鼻通六腑，出者轻清之气属阳，谓之天根。口鼻二者，阳神阴息，往来之门，故曰玄牝之门，是谓天地根。圣人运用此气于升降之顷，存炼此气于呼吸之间，绵绵续续，勿令间断，存者顺其自然而存之，神久自宁，息久自定，未尝至于勤劳迫促。故曰用之不勤。儒道之书，共归一揆，《列子》全引此章，指为黄帝曰，则老氏之言似有所自。或人谓人身中自有一窍，非口鼻也，非心肾也，非谷道也，其要未易言，俟与谈玄者商之。①

喻清中认为《老子》一书，内容博大，无所不包，而第六章或从道体言之，或从修炼言之，都是可以的。这一看法与丁易东一致，但喻解指出，儒家一般注意道体的性质与特点，道家则言具体的修炼，因此，理解此章，非但不能将儒道分开，而且要合儒道之学互相发明，方可全备。喻清中还指出，该章见于《列子》所引"黄帝曰"，说明老子学说对前代思想也是有所继承的，至于道教以丹道解释此章，更为玄远，可进一步商讨。

宋代湖湘之学兴起，理学盛行于湖南，但丁易东、喻清中作为儒家人物，从他们与道士刘惟永的交往合作以及注解《老子》的情况来看，其对道家、道教是十分认同的。

又如，扶鸾作为一种古老的民间信仰，刘惟永也有所注意。《道德真经集义诸家姓氏》载有两家以鸾笔解《老》的作品，即张冲应的《老子解》和张灵应的《老子或问》。张冲应《老子解》成书于宝祐癸丑（1253 年），张灵应《老子或问》未署成书时间。张冲应、张灵应均为鸾笔解《老》者，张冲应实为张明道，而张明道乃襄阳

---

① 刘惟永：《道德真经集义》，《老子集成》第五卷，第 295 页。

紫虚坛道士，从事扶鸾活动。① 张灵应即文昌帝君张亚，宋理宗封其为"神文圣武孝德忠仁王"。鸾笔解《老》在明清时期很盛行，但最迟在南宋已经出现。范应元《老子道德经古本集注》在第三十八章注中引用了张冲应的一条注文，说明张冲应注一问世便受到了关注。

刘惟永《集义》共引张冲应注文 23 条。从注文的情况看，其注在形式上是每章先列章旨，再释经文。先看章旨，如《老子》首章：

> 道者，自然之道，天至高而不知所覆，天道之自然。地至厚而不知所载，地道之自然。人参天地而立，有目能视，犹天之日月；有口能声，犹天之雷霆。吹之有风，呵之有雾，唾咳若雨露，聪觉犹神明，天道之自然，我有之矣。至于四体备具，犹四岳之盘固。灵骨冠顶，犹中岳之镇耸。血流脉运，犹江河之周流。地道之自然，我亦有之矣。诚能体天地自然之道，而进修之，则浊者清，凡者仙，而贤者圣矣。是以体道为《道经》之首章。②

第二章：

> 道先乎身而包乎天地也。人体此自然之道而行之，则神存精固，勿与物逐，不逞其才，不贪其名，畏益就损，因近惧远，则万祸潜消而身得其养矣。故养身所以次于体道之章，此河上公之释也。③

从中可见，其解秉承河上注的宗旨，以体道修身为要。再看首章注释：

---

① 具体情况可参王闯论文《从民间神祠到国家宫观：宋元时期武当山五龙宫的崛起》，载《华中师范大学学报》2021 年第 6 期。
② 刘惟永：《道德真经集义》，《老子集成》第五卷，第 147 页。
③ 刘惟永：《道德真经集义》，《老子集成》第五卷，第 191 页。

大道无形，生育天地。大道无名，长养万物。人不能体此自然之道，而尚经术政教之道，以希荣显利达之名。所谓道者，世所可得而道，非长久不可磨灭之道也。所谓名者，世所可得而名，非远久不可形容之名也。体其不可名之道，则为无名；体其可名之道，则为有名。无名则其道大，犹天覆地载，混然其初而人不知其覆载之原。有名则道小，犹万物萌拆，善善恶恶而各有所名。其善恶之根，是谓无名，天地之始，有名，万物之母也。人生天地间，以血肉为躯，心统五官，运乎此体，体道之际，有能即我无欲而静之中，以观不可道、不可名之妙，即有人欲而动之外，以观可道可名之徼，则我得其要而知夫人之所趣徼者矣。此人我有无之欲，同出于此心而异其名，同谓之玄也。我视无欲贵之为玄，人视有欲亦贵之为玄。观人有欲之玄，反观我无欲之玄，是为进修大道之要地，斯曰众妙之门。①

显然，这是以道教的方式解《老》。除了对河上注的直接继承，注文对无欲、有欲进行了发挥，认为无欲、有欲是针对体道之人和世俗者两个不同的主体而言，以世俗者之有欲为参照，更能体现修道至于清静无欲的可贵。又如第十章注：

魂属于肝，魄属于肺，魂以天之炁而为魂，魄以地之精而为魄。人有此身，包载其魂以营守其魄也，有能抱天地纯一之精炁，交感相生，不相乖离，则专气致柔而精化为炁，阴消阳长而魄宁魂清，寂然其中，神如婴孩，尘垢除涤，无所揉杂，耳聪目明，所览玄矣，安有疵病其身哉？推而用之，以之治国，则属我之精，生民之炁，而爱民治国自有不可知之妙。反而行之，天门开辟则百窍不塞，而雌魄化为雄炁，雌魄不可得而乱。地户潜通则不言而化行，明白四达而道满天下，人有不可得而

---

① 刘惟永：《道德真经集义》，《老子集成》第五卷，第172页。

知。故曰生之畜之，谓之真炁既生，则加畜养之。又曰生而不有，谓炁生矣，不可有亏耗之失。又曰为而不恃，谓精化为炁，不可恃其已化而起彫害之心。又曰长而不宰，谓之生而必养之，养之而又加爱护之，毋容宰割其炁，以害其生。则其玄，我得之矣，是谓玄德。①

注文强调身国一体，而且将老子思想解释成了具体的修炼养生之术。这一注解特色，体现出从河上注到《老子节解》以来的道教老学传统。此点张灵应的注解尤其突出。《集义》共引张灵应注文六条，试看其中的三条：

> 无名，天地之始。有名，万物之母。道本无名，以炁化而得名。炁出于无则无所可名，天清地宁，道从此始。炁结为有，则有所可名。枝叶种类，各宗其母。炁以化物，物以寓道，人也只是一物，原其始，守其母，这便是入道处。②

> 玄为天属阳，而为元气。牝为地属阴，而为元精。元气以子时而升，此一阳生也。由肾宫从左道流入五脏，卯时与精会于腹，入肝，是谓春阳分也。巳时至天门，鼻为出入之门，而升于顶，至午时降居右道，入骨络，复还肾宫。元精以午时而升降，此一阴生也。由命元从右道流入骨络，酉时与气会于背，入肺，是谓秋阴分也。亥时至地户，口为出入之门，而升于顶，至子时降居左道，入五脏，复还命元。精与气一升一降，玄化交合，不亏不盈，则神居天谷，守卫此形，而后可以见调理不死之方。③

> 人身上精为辐，炁为毂。炁出于无，推动精辐，精结为有，相随运转。炁一升精便降，精一升炁便流转。相养不曾停住，

---

① 刘惟永：《道德真经集义》，《老子集成》第五卷，第365—366页。

② 刘惟永：《道德真经集义》，《老子集成》第五卷，第172页。

③ 刘惟永：《道德真经集义》，《老子集成》第五卷，第290—291页。

这炁却不可自亏分毫，精亦不可自耗分毫。只要有无相用，悟此辐毂之用，这长生又何难之有？盖精属阴，法地数三十为三十辐。炁属阳，法天数二十五为一毂。辐不得毂如何转？精不得炁如何运？其用如此。[1]

此种解释完全可以视为《老子节解》的翻版。宋代老学包括道教老学一般反对以术数解《老》，但鸾笔释《老》，仍然保留了早期道教老学的一些特点。从张灵应与张冲应两注的具体情况来看，张灵应完全从修身之术的角度作解，张冲应则还关注治国，如第三章张冲应注：

老子出乎上古，其风淳俗厚，人皆质朴，日以无为，名利俱忘，声色不作，五神不乱。盖自上古降民改而皇，皇改而帝，帝改而王，官以鸟名，继以龙名，又继以王侯卿大夫，以美名之，则虚名日盛。而世所尚者行权之贤，是以比干争而死，夷齐不能争而隐。以激纷纭征战之苦，又自凿山耕海，钻石淘沙，良金美玉，惑之未已，奇珍怪宝，惑世愈甚。世所贵者罕获难得之货，是以虞氏怀玉而丧国，石氏藏宝而丧家，以成灭身倾德之祸。又自笙簧之淫声逆耳，子女之淫色迷目，异味逆口，异香逆鼻，异服逆身，神昏精乱，而以所欲之形状毕露。是以商亡以长夜之饮，陈破以后庭之曲，以起弑逆暴乱之阶，皆此三者之故也。故上古圣人所以治乎人者无他，不尚行权之贤，不贵难得之货，不纵可欲之惑，则上行之而下效之，斯无以动人心之争、之盗、之乱者矣。故虚心下而不为三者之所拘，实腹运道而不为三者之所耗。弱其志而不尚、不贵、不欲，强其骨而常健、常康、常宁，人有以观我之无为，则自然无知无欲矣。或有知者欲尚其贤、欲贵其货、欲华其五鬼心鼻口耳身欲，

---

[1] 刘惟永：《道德真经集义》，《老子集成》第五卷，第386页。

亦不敢为也。故人皆为其所无为，而人无不治者矣。①

可以看出，张冲应注近河上注，张灵应注则更近《老子节解》。两注的遗文，对了解道教老学的发展是具有参考意义的。

至于《集义》采录的其他注解，都各有价值。如范应元弟子褚伯秀有《南华真经义海纂微》传世，但对其《老子》注少有闻见，《集义》引录了 11 条褚伯秀的注文，从中可知褚伯秀老学的大致情况。再如休休庵名僧德异，作《直注道德经》，是元代佛门中人解《老》的代表。其书长期以来湮没无闻，传本稀见，直至 2017 年由问永宁等整理出版，才渐为学界注意，而《集义》所引，可以与之互校互证。

三、《道德真经集义》及《道德真经集义大旨》的思想特点

刘惟永虽然没有专门为《老子》作注，但从《道德真经集义大旨》收录的有关《老子》的图录、序跋、专论以及《道德真经集义》对历代诸家《老子》注文的择取中，仍然可以看出他研究《老子》的宗旨及其思想倾向。《道德真经集义大旨》分为上、中、下三卷，上卷包括《图序》《道德真经集义诸家姓氏》《赞老子》《老子序说》，并收录葛仙翁、唐明皇、杜光庭、苏颖滨、赵实庵、黄茂材、谢图南、喻清中为《道德经》所写之序共计八篇。卷中引杜光庭、王雱、刘仲平、刘骥、赵实庵五人所论老学宗旨。卷下收录程大昌通论老子思想的《意总》以及《道德真经集义》的序跋五篇，包括刘惟永本人的跋以及天师张与材的跋。在刘惟永看来，他所收录的上述资料，已经反映出《道德经》的大旨。至于《道德真经集义大旨》的主要特点，则体现在以下几个方面。

1. 重视道教修炼

在《图序》中，刘惟永引录道教修炼图 15 幅，每幅图均附有说

---

① 刘惟永：《道德真经集义》，《老子集成》第五卷，第 237 页。

明文字。这些图及文字是了解道教修炼的重要资料，也反映出刘惟永作《道德真经集义》的大旨是立足于道教立场的。试看"谷神图"的说明：

> 谷神者，五脏所藏之神也。解此义者甚多，或指玄牝以为心，或指谷神以为心，皆非也。要知神者即五脏之神，精不竭，炁不亏，则神有所养而不死，形之颜貌而有光矣。①

河上注从养生的角度解释《老子》第六章的"谷神"，在道教界影响深远。宋代以后，心性学盛行，以心性解《老》成为老学中的普遍现象，故而出现了把《老子》此章中的"谷神""玄牝"都解为"心"的诠释，刘惟永则指出，此类注解都不正确，还是要把"神"释为"五脏之神"，以河上注的解释为确。再看"道生一图"的说明文字：

> 天之所以列三辰，命万物，皆有道也。道无终始而生于玄乡，按二十八宿，子当虚宿，一炁反于黄宫，复而后散，散而后生，万物皆受命于此也。故虚无是道，道生于虚无。以天论之，虚在玄乡窈冥之地，道生一也。二十八舍有虚宿焉，十二官分有宝瓶焉，言统元气也。《素问》以在天为玄，在地为牝，在人为道，以雷复于震故也。②

《老子》第四十二章提出了"道生一"的重要命题，集中体现了老子以道为根本的宇宙论，而上述文字则反映出道教将宇宙论与具体修炼相结合的特点。结合前面关于张冲应、张灵应解《老》思想的分析，可以看出刘惟永的《集义》保持了自河上注、《想尔注》到《老子节解》《老子中经》以道教修炼方术解老的传统。③

---

① 刘惟永：《道德真经集义》，《老子集成》第五卷，第 392 页。
② 刘惟永：《道德真经集义》，《老子集成》第五卷，第 394 页。
③ 关于《老子节解》与《老子中经》的关系及其诠释特点，可参刘固盛《论老子节解的养生思想》，载《湖南大学学报》2015 年第 1 期。

当然，从所录图序，也可看出一些新的特色，主要有两个方面：其一，体现出内丹之旨。如"十有三摄生无死图"的说解：

> 太上曰：水火比于道之真体，不可暂离。可离而获存者，非物非人。此义犹以世间水火比之也。夫真水真火，坎离相配，抽添有则，运用及时。则此十三徒，非同前之十三生死也。故曰以其无死地。①

水火之喻，坎离之配，抽添之法，都是内丹修炼的基本内容。由此说明，对《老子》第五十章"十三生死"命题的解释，随着道教内丹学的成熟，其解也有了新的内容。

其二，由治身到治国。如"道德阶梯之图"的说明：

> 道有二道，德有三德。一者虚无无为之道，二者一气有为之道。故道有二道，而分浅深，一气之道又谓之至德。自至德已下，皆属有为，故为三德，以分内外，此皆正道法门。夫道德阴阳人事四者，融通合为一家，若不能和会，则触途成滞，学者宜审详之。②

文中提到二道三德，二道指无为之道与有为之道，三德指至德、上德、下德。至德是道之用所能够达到的理想状态，自至德以下，分为上、下二德。所谓上德，体无为为用，以一为法而治天下，失则执一而徇有为；所谓下德，体一为用，以阴阳为法而治天下，失之则徇五常为事。虽然道分体用，德有上下，但以之治国，不离道德阴阳人事四个方面，需要综合统筹，合理调和。刘惟永将此"道德阶梯之图"置于《图序》的终端，以此收篇，体现出他由修身以至治国的解《老》宗旨。

---

① 刘惟永：《道德真经集义》，《老子集成》第五卷，第 395 页。
② 刘惟永：《道德真经集义》，《老子集成》第五卷，第 396 页。

2. 明重玄之旨

《道德经》是道教立教的根本，如《大旨》所引《赞老子》："大哉混元，超乎形气。先天地生，而生天地。五千玄文，立教垂世。万劫长存，道尊德贵。"① 因此，《大旨》亦注重阐扬道教的教义。具体来说，上卷主要阐明修炼，中卷则申述道教的教义教理。中卷虽然引录了五人的解《老》宗旨，但重点引述的其实只有杜光庭、赵实庵两人。杜光庭是唐末高道，著述丰富，作《道德真经广圣义》，义旨弘深。杜光庭的老学在唐代老学史乃至唐代道教史上都有重要地位，是唐代道教重玄学的总结者和集大成者。② 杜光庭说："夫此道德二字者，宣道德生畜之源，理国理身之妙，莫不尽此也。昔葛玄仙公为吴主孙权曰：《道德经》者，乃天地之至妙。有天道焉，有人道焉，有神道焉，大无不包，细无不入，宜遵之焉。就此门中大略宗意，有三十八别。"③ 杜光庭将老子思想的大旨分为三十八门，如第一教天子以无为理国，第二教天子修道于天下，第三教天子以道理国，第三十八教人体道修身、必获其报。杜光庭总结说：

> 举此三十八别，以明经之大意所诠之法。然则此经大则包罗无外，细则入于毫间。岂止三十八门便尽其要。为存教义，泛举大纲，比之秋毫，万分未得其一也。《礼记》云：道也者，不可须臾离也，可离非道也。若为君之无道德，如瞻视之无两目。若为臣之无道德，如胸腹之无五脏。理家之无道德，如尸僵而无气。由是论之，道之于人，不可阙矣。其若离言教绝，指陈玄之又玄、妙之又妙，斯可以神照，不可以言传，道之极矣。④

---

① 刘惟永：《道德真经集义》，《老子集成》第五卷，第 397 页。
② 可参刘固盛《道教老学史》（华中师范大学出版社 2008 年版）第三章第五节的具体论述。
③ 刘惟永：《道德真经集义》，《老子集成》第五卷，第 405 页。
④ 刘惟永：《道德真经集义大旨》，《老子集成》第五卷，第 407—408 页。

总之，老子之道上达天子诸侯，下及普通民众，无所不在，无所不包。由此可以看出，杜光庭以重玄为宗注解《老子》，其重点已由成玄英、李荣等所强调的虚通妙理转向理身理国。刘惟永全文引述杜光庭的三十八门宗旨，表明他对此是认可的。

除了杜光庭，刘惟永又重点引述了赵实庵的注《老》大旨。据《道德真经集义诸家姓氏》："赵实庵，冲真宝元大师，浮山玉虚观住持，赐紫，字明举，讳道升，绍兴壬申作解。"赵实庵是南宋高宗朝道士，于1152年作《老子解》。赵实庵说：

> 妙道冲虚，先天立教，至真垂象，龙汉开图，师资承化而之三，劫运交缠而迄九。每于太极，方析浑沦，天地开而事简民淳，三皇作而制器尚象，无机无伪，乌有所谓礼仪？渐劫渐衰，尔乃散乎纯朴，岂经不作，寔文未彰。至言初授于有虞，终成治世；金口载传于姬室，大显玄章。虽累训于百王，又躬传于关令。昔在明皇，御注劝家藏之诏文，载承徽庙，圣言广吾宗之盛典，当时向慕，如在始青，奕世承休，永光有截。至于百家笺注，压轴盈车，各极其心，以诠密意，自非明代，莫遂遵行。寔天之未丧斯文，宜世也有兴乎道，尚悲元学久阙疏文，故三分以列科，庶听观之有总。敢期妙道，幽赐发明，将释此经，略以十门料简。[①]

赵实庵追溯了《道德经》所承载的悠久的思想传统，阐述了老子之道于治国修身的巨大意义，同时仿照杜光庭的做法，将老子思想宗旨分为十科：初，教起因由；二，序教离合；三，明宗达趣；四，天人宗承；五，三洞所摄；六，明经殊胜；七，明道运启期；八，明通别；九，明酬因酬请；十，依文分判。他在"明宗达趣"条说：

> 经曰：言有宗。《庄子》曰：不离于宗。谓之天人宗本也。

---

① 刘惟永：《道德真经集义大旨》，《老子集成》第五卷，第410页。

序所以顺其理，故日语道必有序，语道而非其序，又安取道？先明宗趣，然后原始要终也。老子作经，先道而后德。庄子九变，先明天而道德次之。庄子之言，事之序也，故先明天。老子之言，道之序也，故首日道。道以无宗为宗，无祖为祖。圣人作经，以因为主，所因者道，以道为宗，道性至玄。以常极妙，妙极返无，故常道无名，常名无物，有复归无，有无一致。既升玄也，事理兼忘；既入兼忘，重玄始显。①

由此可见，赵实庵同样是以重玄为宗注解《老子》的。对于其解的理趣，他在"明经殊胜"条指出：

语道之大，必师其全。语神之功，必主乎变。苟以道为虚寂，魂处灭亡，木石同躯，禽虫类性，岂能通其变邪？诸经出乎道而三乘互差，一性昧其笙而多岐竞裂。故示无为以不言，阐长生以关键，推五行于隐伏，辩药石于寒温，明运度于兴衰，禁邪异于符箓。经图诰诀，别趣殊宗，虽同真一之门，未摄混融之理。较量殊胜，岂类本经，略举胜因，明十六种：一、以常而尽万法；二、以玄而同有无；三、以示又玄为众妙之门；四、以无为为有为之体；五、以不胜为大胜；六、以无乐而言乐；七、以有数而隐数；八、以大宝为神器；九、以退为进而用兵；十、以言无事而定天下；十一、以复季世而还隆古；十二、以大似不肖物咸归之；十三、以抱一为治身治国之道；十四、以简略而包群经；十五、不言性而性理咸著；十六、总包道德性命而一一证实。②

赵实庵从十六个方面列举《道德经》均胜出其他道经，故《道德经》确为群经之首。所列十六门，也可视为他注解的十六个主题。与杜

---

① 刘惟永：《道德真经集义大旨》，《老子集成》第五卷，第 411 页。
② 刘惟永：《道德真经集义大旨》，《老子集成》第五卷，第 412 页。

光庭一样，他也注重道的现实功能。

大盛于唐代的重玄学，经陈抟学派承上启下，在宋元时期仍然产生影响，如从赵实庵所言解《老》宗旨，可看出重玄学在南宋的传承情况。刘惟永在《大旨》中重点引述杜光庭与赵实庵的注解宗旨，表明他对以重玄为宗的认同和重视。

3. 儒道释相通

从《大旨》及《集义》所引，可以看出刘惟永是提倡儒、道、释三教相通的。《集义》引用了德异注，这是元代佛门解《老》的代表，另本一庵居士亦是佛门中人。苏辙、邵若愚、白玉蟾、赵实庵、廖粹然等都是以三教解老的提倡者。值得注意的是，刘惟永在《道德真经集义诸家姓氏》中还提到"八注"，根据其排列顺序，当指王安石、苏辙、吕惠卿、陆佃、王雱、刘概、刘泾、丞相新说八家《老子》注。又据彭耜《道德真经集注》，他称王安石、王雱、陆佃、刘概、刘泾五家注为"崇宁五注"，崇宁为宋徽宗年号，应该是王安石等五家注在当时受到重视，故名。由此可以推知，刘惟永所言"八注"，则可谓之《老子》"崇宁八注"，丞相新说已不知其姓名，其他作者除了苏辙外大都属于王安石学派，而主张儒、道、释三教相通，是王安石学派老学的共同特点。从刘惟永对"八注"的重视，可以看出其老学的思想倾向。

在三教关系中，刘惟永尤重儒道相通。《大旨》共三卷，其中的下卷除了时人作的几篇跋语，其余的篇幅几乎全引程大昌的《意总》，可见其对程大昌老学的推崇。《意总》分《明总》上、下，《有无》，《有中之无》上、下等十八篇，综论老子思想之大要，揭示儒道相通互补之旨。如《有无》篇言：

> 世人闻老氏贵无，而疑其表里之皆无形体也，则固不适于用矣。岂知老氏之谓有无也者，道器交相输载，而不可泛以形求也哉？且夫混成也，玄也，又玄也，其深至于不可见闻搏执，则其为无也，极矣。而天若地方，且由之以生，则此之一无，

岂不概函万有也哉？及其出而为有也，天地之产，是为人物，而人物皆蕴元气也；大道之瓜，是为德仁义礼，而德仁义礼皆函大道也，则凡云万有者，又皆分载混成之一无也。于此致察，而后始见有无之本末也。①

程大昌指出，老子之道分为无和有，无并不是什么都没有，而是天地万物的根本；有则不仅包含宇宙间的一切有形，而且包括儒家的德仁义礼。一如天地人物蕴含元气，德仁义礼也体现着大道。由此看来，孔老之道有相通之处。程大昌强调，孔老思想不仅相通，而且是一种完美的互补：

夫尊老氏而谓上乎五三六经，疑老氏而谓其空虚无用，皆不得为知老氏者也。乃若老氏之高致，则有在矣。知道之奥而谈无，曲尽其妙；运器以道而在有，不局于有。凡六经主于纪迹而不暇究言者，此书实皆竭告也，则《论》《孟》之所务明者，于此乎加详矣，是故其书得与六经并行也。②

儒家六经着重讲仁义礼智等人事方面的内容，老子思想的重点不在此，而是对六经未及深究的"道"进行周详的阐述。因此，《老子》能与六经并行于世，并形成互补关系。正如《明总下》言：

若夫老氏写其超绝之见，以期万世而一遇大圣焉，则所期者远，故不待亲见可受之人，而后始以其语授之也。是故天地所始，造化所起，道德所底，皆穷根极以畅达之，立等级以次比之，故儒之探妙资详者，非是则无即也。课其功用，岂独不戾于儒哉，是直儒伦之大助矣。若能平心以观，识其矫而要其归，则三圣《易》蕴，固已披展言下；自《诗》《书》以往，其

① 刘惟永：《道德真经集义大旨》，《老子集成》第五卷，第 415 页。
② 刘惟永：《道德真经集义大旨》，《老子集成》第五卷，第 415 页。

襟要益当总是矣。①

儒道两家各有所长，而老子高深玄妙的道论，非但不与儒家相违背，而且对儒学的发展是极有帮助的。

上述程大昌所论《老子》的大旨，实际上也间接体现出刘惟永老学的特点。

四、余论

对于刘惟永的老学成就，有三点需要加以强调。其一，刘惟永作为元代正一派道士，十分重视《道德经》，并广搜老学文献，可见当时的正一道不只是崇尚符箓，也是重视老子思想的。我们知道，全真道在元代得到了很大的发展，而全真道的一个重要特点是"全老庄之真"，即在教义上主张回到老庄思想上面来。实际上，就回归老庄精神这一点来看，宋元时期的传统道教与全真道具有相同追求，刘惟永的老学研究也证明了这一点。其二，刘惟永是在"至元焚经之祸"后着手整理老学文献，编纂《道德真经集义》及《道德真经集义大旨》的，这说明在道经遭毁、道教发展遇到困境的时候，刘惟永能够高举《道德经》的旗帜，以老子思想提振道教的真精神，此举确属难能可贵。其三，刘惟永对《道德经》的理解，既注意了道教的本位立场，又呈现出开放包容的学术胸怀。其《集义》与《大旨》，不仅有对以术解《老》的谨慎择取，更有对道的充分阐发，尤其是对道教重玄学予以重视，对道与儒、释关系进行了融通，见识高明，视野宏阔。重术是正一道的一大特色，有时其术甚至遮蔽了道的光芒，刘惟永解《老》，则在注意正一道固有特点的基础上，充分阐扬道的深刻内涵与精神实质，对正一道在发展过程中出现的某些不足予以纠正。刘惟永的老学代表了元代正一道在教义建构上的理论成就与思想高度。

———————

① 刘惟永：《道德真经集义大旨》，《老子集成》第五卷，第 415 页。

第十章　以佛解《老》的特色与成就

　　老学与佛教的关系，可谓源远流长。佛教初入中国，即依附于《老子》，魏晋以后，随着佛教的迅速发展，佛道二教在不断的冲突与融合之间获得各自所需的思想资源，例如道教重玄学的形成与发展，就得益于佛教哲学的启发，而佛教禅宗的出现，显然与老庄精神的影响密切相关。以佛理诠释《老子》，有助于更清晰地阐明老子之道的深层意蕴。宋元时期，儒、道学者以佛解《老》是十分常见的现象，佛门高僧亦有解之者，他们对《老子》的诠释，反映出儒道佛三教关系达到了一个新的层次。

第一节　儒道学者援佛入老

一、"佛老不为二"

　　宋代儒家以佛解《老》的代表首推苏辙，正如其兄苏轼读了《老子解》后感叹说："使战国有此书，则无商鞅、韩非；使汉初有此书，则孔老为一；使晋宋间有此书，则佛老不为二。"① 苏辙本人也认为《老子解》中有佛学的内容，他在附题中叙述在筠州与禅僧道全论道的经过：

---

① 焦竑：《老子翼》，《老子集成》第六卷，第 680 页。

　　予年四十有二，谪居筠州。筠虽小州，而多古禅刹，四方游僧聚焉。有道全者住黄蘖山，南公之孙也，行高而心通，喜从予游，尝与予谈道。予告之曰："子所谈者，予于儒书已得之矣。"全曰："此佛法也，儒者何自得之？"予曰："不然，予忝闻道，儒者之所无，何苦强以诬之。顾诚有之，而世莫知耳。"全曰："儒佛之不相通，如胡汉之不相谙也，子亦何由知之？试为我言其略。"……全惊喜曰："吾初不知也，今而后始知儒佛一法也。"予笑曰："不然，天下固无二道，而所以治人则异。君臣父子之间，非礼法则乱，知礼法而不知道，则世之俗儒，不足贵也。居山林，木食涧饮，而心存至道，虽为人天师可也，而以之治世则乱。古之圣人，中心行道，而不毁世法，然后可耳。"全作礼曰："此至论也。"是时，予方解《老子》，每出一章，辄以示全，全辄叹曰："皆佛说也。"予居筠五年而北归，全不久亦化去，逮今二十余年也。凡《老子解》亦时有所刊定，未有不与佛法合者。①

苏辙向禅僧道全解释儒佛道三家的联系与区别，苏辙本人认为他的《老子解》与佛法相合，道全读后则认为全是佛说。由此可见，苏辙以佛解《老》的特点确实很鲜明，所以连《四库提要》也说："是书大旨，主于佛老同源。"

　　苏辙以三教思想解《老》，主张佛老相通，本书前面已有论述，这里稍作引申。例如《老子》第六十四章云："合抱之木，生于毫末；九层之台，起于垒土；千里之行，始于足下。为者败之，执者失之。圣人无为故无败，无执故无失。"经文中提到的"无执"是老子的一个重要主张，他认为做事不能过于执着，应该顺其自然，无为无执。不过，"无执"也是佛教中一个极重要的概念，如明代高僧憨山德清所言："至若吾佛说法，虽浩翰广大，要之不出破众生粗细我法

---

①　苏辙：《道德真经注》，《老子集成》第三卷，第31—32页。

二执而已。二执既破，便登佛地，即三藏经文，皆是破此二执之具。"①
意谓佛教的根本宗旨在于破除我法二执。苏辙认为，无执的思想，
佛老是相通的。于是，他在诠释老子"无执"思想时，多引佛理以
证之。如言：

> 惟圣人知性之真，审物之妄，捐物而修身，其德充积，实
> 无所立而其建有不可拔者，实无所执而其抱有不可脱者。②

知性之真，即不被我执所蒙蔽，达到忘我的状态。他说："先身而后
名，贵身而贱货，犹未为忘我也。夫忘我者，身且不有，而况于名
与货乎？"③ 忘我，就是要忘名、忘货、忘身，按佛教的说法，即不
执于"我"，也不执于"我所"。审物之妄，即要认识到整个世界都
是虚妄不实的，故"一日知道，顾视万物，无一非妄"④。得道者能
够看清世界虚妄之本质，从而"去妄以求复性"，这一理解也就是佛
教所说的破除"法执"。那么，怎样破除执着呢？苏辙指出：

> 夫躁能胜寒而不能胜热，静能胜热而不能胜寒，皆滞于一
> 偏，而非其正也。惟淡然清静，不滞于一，非成非缺，非盈非
> 冲，非直非屈，非巧非拙，非辩非讷，而后无所不胜，可以为
> 天下正矣。⑤

用"双非"的方法达到无执，这来自佛教的中观学。苏辙认为，凡
事不能"滞于一偏"，才可为天下之正；同样，老子之道也是不滞于
一偏的，它"非清非浊，非高非下，非去非来，非善非恶，混然而

---

① 德清：《老子道德经解·发明工夫》，《老子集成》第七卷，第394页。
② 苏辙：《道德真经注》，《老子集成》第三卷，第22页。
③ 苏辙：《道德真经注》，《老子集成》第三卷，第19页。
④ 苏辙：《道德真经注》，《老子集成》第三卷，第20页。
⑤ 苏辙：《道德真经注》，《老子集成》第三卷，第20页。

成体"①。可见，通过这种"双非"的方法，即可体悟老子之道，达到无执的境界。应该说，苏辙的以佛解《老》，有助于更加清晰地阐发老子思想的内涵。

宋代儒家以佛解《老》的另一个代表是王雱。王雱在《老子》首章注中就指出："易之阴阳，老之有无，以至于佛氏之色空，其实一致，说有渐次耳。"② 因为佛老可通，故可以引佛证老。如第四十九章注云：

> 善恶生乎妄见，妄见生乎自私。公于大道，则虽目睹善恶，而心无殊想矣。故圣人因世之情，强立毁誉，而心知善恶，本自非相，故不善之善，非怜而恕之，乃不觉有异也。忘善恶之实，真善也。③

王雱此注，借助佛教的观点以明老子对待善的超越境界。善与不善都是出于对名相的执着，圣人之心能够超越名相与妄见，达到无心之境，从而实现"忘善恶之实"、超越善恶的真善。又如第五十二章"用其光，复归其明，无遗身殃，是谓袭常"句注：

> 圣人之光，则火性是也。火性周乎虚空而光，托薪以为体，照用既罢，还归于空，初不自明，因薪示明而已，圣人之光，由物显照，物既无常，照亦随已，故虽应酬无穷，而初不费我也，非天下之至神，其孰能与于此？倘有其明，则是有我相，我相既立，物物为殃，故能明上文所谓乃终无殃也。外此道者，皆生灭法，唯体此义，乃始常住。袭者，体之而自不显之谓也。④

---

① 苏辙：《道德真经注》，《老子集成》第三卷，第 12 页。
② 王雱：《老子训传》，《老子集成》第二卷，第 693 页。
③ 王雱：《老子训传》，《老子集成》第二卷，第 719 页。
④ 王雱：《老子训传》，《老子集成》第二卷，第 721 页。

此注亦是以佛解《老》的代表。注中提到的"我相",谓众生于五蕴法中,妄计有实我、我所。我相不利于对实相的洞悟,也是产生烦恼的根源之一,故要破除。王雱以此说明,对道的领悟也不能有任何执着,哪怕是用来形容圣人的光与明,也是因其自然,不恃不有。再如第五十章"以其无死地"句注:

> 无死地者,由其无生,彼无生者,湛然常生,而不自生,故未尝死未尝生。道至乎此,则虽其形有禅,而神未尝变,安得死乎。此中国之神圣而西方之佛也。若然者,变化无常,水火不能焦濡,斫挞不能创病,乘虚触实,往无不通,则物欲有之而不得,况能伤之哉。①

王雱指出,中国的神与佛教的佛都具有不生不死的特点,体现出宗教共有的永恒性、超越性和普遍性。"无死地"句是《老子》本章注解的一个难点,王雱的诠释有其可取之处。

二、道教老学对佛理的吸纳

宋元时期道教学者注解《老子》,对佛理的融摄是较多的,邵若愚、白玉蟾就是代表。邵若愚《道德真经直解》的以佛解《老》,前已介绍,而白玉蟾的《道德宝章》,从形式到内容,都可以看出禅的影响。在形式上,白玉蟾强调"不可说破,欲其自得"②,注意用极其简约的语言,往往只有一两个字,来表达丰富的思想内容,人们只有像参禅者那样用心去仔细体悟,才能明白过来。例如他在"无源"章"渊乎似万物之宗"下注云"心也",意思是说,老子说的这个"万物之宗"就是心,同时也暗示,道蕴含于心,体道应当从心入手。又如"归根"章"致虚极"下注云"忘形","守静笃"下注云"忘心",这是提示修道要重视一个"忘"字,特别是要忘掉那世

---

① 王雱:《老子训传》,《老子集成》第二卷,第 720 页。
② 白玉蟾:《道德宝章》,《老子集成》第四卷,第 537 页。

俗之尘心与妄心，才能凸显本来之真心。类似的注解很多，具有言简意赅的效果。从注释的内容看，许多地方都和佛禅有关。如云"即心是道，一灵妙有，法界圆通"①，"定能生慧"②，"六处清净……心心相照，照见五蕴皆空，灭心绝念，如如自然"③，等等，都是直接援用佛禅术语。而针对具体的修炼法门，白玉蟾又提倡"洞见本来，灵光独耀"④，"明心见性，心与道冥"⑤，其大旨与禅宗的直指本心、顿悟成佛没有太多的差别。

白玉蟾的二传弟子李道纯也是以佛解《老》的代表。李道纯老学的禅宗特色，《宋元老学研究》曾进行过专门探讨。⑥

首先，从形式上看，李道纯借助禅宗独特的悟道方式以明道德之旨。如他的《清庵莹蟾子语录》模仿看话禅的公案形式，以《老子》为素材，制造出了许多道教公案。试看其中的几条记载：

师曰：第一章末后句云，玄之又玄，众妙之门。切谓三十六部尊经，皆从此经出，且道此经从甚处出？离却父母所生，口道一句来？嘿庵作开经势，定庵喝。⑦

师曰：第四章象帝之先一句，以口说，烂却舌根，以眼视，突出眼睛，含光嘿嘿，正好吃棒，诸人作么会？李监斋举似，实庵打圆相。⑧

师曰：第九章功成名遂身退，天之道。且道退向甚处去？定庵曰：虚空一喝无踪迹。嘿庵曰：无处去。师曰：都未是。或曰：如何是？师曰：两脚囊驰藏北斗。⑨

---

① 白玉蟾：《道德宝章》，《老子集成》第四卷，第531页。
② 白玉蟾：《道德宝章》，《老子集成》第四卷，第531页。
③ 白玉蟾：《道德宝章》，《老子集成》第四卷，第539页。
④ 白玉蟾：《道德宝章》，《老子集成》第四卷，第529页。
⑤ 白玉蟾：《道德宝章》，《老子集成》第四卷，第529页。
⑥ 参见刘固盛《宋元老学研究》第五章第三节，巴蜀书社2001年版。
⑦ 柴元皋：《清庵莹蟾子语录》，《道藏》第23册，第737页。
⑧ 柴元皋：《清庵莹蟾子语录》，《道藏》第23册，第738页。
⑨ 柴元皋：《清庵莹蟾子语录》，《道藏》第23册，第738页。

师指李道纯，嘿庵、定庵、实庵等均是其弟子，李氏把《老子》文句融入禅宗的"机锋""棒喝"之中，以一种别开生面的形式启迪弟子，开悟后学，这种道教公案在《清庵莹蟾子语录》中随处可见。而在《道德会元》里，李道纯除了解释经文以外，每一章后面还附上一段颂语，总结该章大旨，与道教公案有类似意趣，收到了画龙点睛的效果。例如：

> 泥牛喘月，木马嘶风，观之似有，觅又无踪，清庵挂杖子，画断妙高峰。①

> 铁壁千重，银山万座，拔转机轮，蓦直透过。要知山下路，但问去来人。②

> 可道非常道，无为却有为。为君明说破，众水总朝西。夜来混沌颠落地，万象森罗总不知。③

这些颂语颇有韵致，意趣高远，极似佛禅之偈颂。颂语的重要意义，就是要通过类似禅偈的语句，使人自行领悟，以达明心见性之效。

其次，从内容上看，李道纯把心性之说与《老子》之道论相融合，具有禅的特点。李道纯认为，在修道者那里，性与命是不可分割的。只有性命双修，才能"形神俱妙"，脱离生死。而在修炼的过程中，必须"先持戒定慧而虚其心"，也就是说性命双修，应以修心为先。这一思想颇有禅味，并在《道德会元》中有鲜明的体现。李道纯云："道不异于人，人自以为异。一佛一切佛，心是如来地。"④心是如来，佛存于心，因此要觉悟大道，心不能纤毫有染，如果心有一尘染着，即是本性未明。而从道教的立场看，修道炼丹的玄机秘诀也同样在于明心见性："若是个信得及底，便能离一切相，了一切法，直下打并，教赤洒洒、空荡荡地，潜大音于希声，隐大象于

---

① 李道纯：《道德会元》，《老子集成》第五卷，第12页。
② 李道纯：《道德会元》，《老子集成》第五卷，第7页。
③ 李道纯：《道德会元》，《老子集成》第五卷，第16页。
④ 李道纯：《道德会元》，《老子集成》第五卷，第10页。

无形，则自然形神俱妙，与道合真也。"①

南宋道士赵实庵亦主张以佛解老。其《老子》注虽然没有保存至今，但从刘惟永《道德真经集义》所引赵注的情况来看，是一部注解周密、体大思精的著作。试看他对《老子》第三章"不见可欲，使心不乱"句的解释：

> 谓不以一物为累其心者，则其心自无矣。凡称见者，非独眼见。六根皆见，因见即欲，多欲乱心，心固不净。且眼为六根之首，以眼为见根，眼本为见，见所为尘，审物为境。耳虽曰听，听实耳见，见所为尘，审物为境。鼻虽曰臭，臭实为见，见所为尘，审物为境。舌虽曰味，味实为见，见所为尘，审物为境。身虽曰触，触实为见，见所为尘，审物为境。意虽曰识，识实为见，见所为尘，审物为境。此名六根，六根生六尘，六尘对六境，谓之三六十八界轮转，生死之因缘也。所觉不同，同谓之觉。所见不同，同谓之见。六欲所取，本同一心，从心所分，三界唯识。六根取境，藏之于意，意亦是心，心为藏识。六根谓之六识，上有六七，兼之为八。七识者，为六识般运业境而归八识，七识亦名意。八识执三藏，谓能藏所、藏执、藏能，与染净所知诸法为依止，是故，名为种子。七识八识，同名曰意，亦名曰心。故此六欲染乱一性，性者心之生，心实性也。自无始已来，使我不得归入正道，由汝六识取受无厌，使此心终日营营，流转爱风，未尝暂止其疾。俯仰之间，再抚四海之外，如风中灯焰不停，故如风中乱丝不整。故夫既一心不理，是心随境转，转转不休，心神耗动，日趁妄境，化为异类，无由返本。欲之害性，可不慎欤。②

用佛教六根、六尘、六境之说，结合唯识学六识乃至七识、八识的

---

① 柴元皋：《清庵莹蟾子语录》，《道藏》第 23 册，第 744 页。
② 刘惟永：《道德真经集义》，《老子集成》第五卷，第 229 页。

理论，深入分析多欲乱心的原因，由此说明老子"不见可欲，使心不乱"的道理，其阐述可谓细致周备。

赵实庵以佛解《老》的显著特点是以重玄为宗，故他在《老子》第一章注云：

《楞严》曰：妙常寂，有无二无，无二亦灭。此言性也。前云经以次第言之。次第者，即分顿渐，顿渐即分大小乘，大小乘分列果位，如《海空智藏》论有无之义，至妙有妙无为究竟也，如性宗论内空、外空、内外空、空空、大空、胜义空、有为空、无为空、毕竟空、无际空、散空、无变异空、本性空、自相空、共性空、一切法空、不可得空、无性自性空，理犹未极，不可得空，方又玄也。又玄之字，叹道之深远，二边不立，中道不安，言默匪穷，谓之实际，则步不蹑虚，始为真一，则存乎有得，所谓微妙者也。今分顿渐二门，三乘阶次，以证玄之又玄义。今夫混元之前，无名无象，混元既判，有象与名。自无名已前，直悟其理，则谓之顿。若从有名之后，摄有归无，则谓之渐。盖顿则不立一法，渐则始于修为。修为之门自言教得，所谓日益，益而能损，至于又损，乃证又玄者也。在性如是，在命亦然，卫生之经，初自于养生，次至于长生，终至于飞仙。顿渐之理，各有攸趣，重玄之义，非中小乘本际言。太上道君曰：非空不空，亦不空空，非法非非法，非物非非物，非人非非人，非因非非因，非果非非果，非始非非始，非终非非终，非末非非末，而为一切诸法根本，无造无作，名曰自然。自然而然，不可使然，不可不然。又曰：所言玄者，四方无着，乃尽玄义。由是行者于空于有无所滞着，名之为玄。又遣此玄都无所得，故名重玄，众妙之门。今立顿教，名为又玄，其义焕矣。又以大乘及无上乘言之，玉清之教为大乘，泯迹三清为无上乘，且如太清九品上仙，是入玄者也。九品上真，至玄者也。九品上圣，又玄者也。三清俱泯，无量玄玄也。此皆以性明之，以道会之，经之大意存乎此矣。故当部谓之圆教，性命该摄。夫德入而为道，性融而为命。此之命者，尽性至命，与长生之命又不同也。夫养生之命，非特尽性而已，必有深根固蒂者存焉。①

注文反复申述重玄之义，主要包括三个方面的内容：其一，结合《楞严经》《海空智藏经》对有无的论述以阐发重玄的意涵。《楞严经》以有无论性。所谓有无二无，即有不能有，无不能无，随缘现有，而不住于有；随缘现无，而不住于无，此谓中道。然而，即使是无二之中道，亦不能执着，也要遣除，这就是所谓无二亦灭。《海空智藏经》以有无论空，面对内空、外空直至无性自性空等各种空相，虽然区分细密，但仍然未至圆融，因为对空的区分，实际上还是执于空。因此，重玄的宗趣，就是要去掉有无二边，不执于有无，亦不执于中道，由此追求玄之又玄的虚通妙理。其二，将重玄之义与道教的具体修炼结合起来。赵实庵用顿渐二门之理来说明重玄的含义，渐即玄，指具体的修炼；顿即又玄、重玄，指不立一法的超越境界。其三，将重玄之义与道教的性命之学结合起来。《云笈七签·道教三洞宗元》把神仙分为九品，称"太清境有九仙，上清境有九真，玉清境有九圣，三九二十七位也"。赵实庵认为太清境九品上仙属于入玄，上清境九品上真属于至玄，玉清境九品上圣属于又玄。不过，重玄的真正意义在于"三清俱泯，无量玄玄"，这是性命兼顾的圆融状态，此时的性已无纤毫执着，命也不是一般长生意义上的命了，而是达到了与道合真的境界。

赵实庵以重玄论道教的修炼，这是与唐代道教重玄学的不同之处，也是其解《老》的新意之所在。他的《老子》第一章注又云：

又依长生宗，分玄之又玄列为二门。玄者，万物之理具有也，出器入觉，用中显妙，妙中通神，此皆谓之玄也。……老君曰：人身微妙，凡世难言。谓一切人贵远贱近，不知身中之

---

① 刘惟永：《道德真经集义》，《老子集成》第五卷，第163—164页。

玄，而徒欲穷物于外。夫身中之玄，圣人察阴阳之微，而法象乾坤，为九丹之诀，长生之宗，谓道要玄微，天机深远，非至至者不能言焉。此法出于三皇，而传及黄帝，厥后继圣颇多，而遗文则略。独魏伯阳作《参同契》，正取《周易》爻象系辞，配合乾坤六子，运动天地玄机，发其闾奥，辞曰：夫修金液大丹，先寻天地混元之根，究阴阳造化之本，明水火克复为夫妻，认金水之情相生为子母。故有男兼女体，则铅内产砂；女混男形，则砂中产汞。日者，阳也。日中有乌，阴含阳也。月者，阴也。月中有兔，阳含阴也。故有阴阳反复之道，水火相需之理，造化之道明矣。既知其位，复知其根，乃天地混元之根也。既取其根，又取其象，乃阴阳匹配之象也。既得其象，复询动静；动静既明，须知其数，既知其数，乃依刻漏；刻漏既分，须明进退，进退既明，乃分龙虎。则南北之界分焉，金水之形合焉，则大丹可修。复有法象内外，水火有燥湿焉，有鼎室焉，有胞胎焉，有进退焉，有爻象焉，有水火之候焉，有抽添之则焉，有诸卦模样焉，有离合之形焉，如上所举，一一皆隐玄妙于其中也。须以智穷，仍须师授。若谓玄关秘密，置而勿言，则长生之宗又安在也。[①]

重玄可以和道教的具体修炼结合起来理解。玄可视为身中之玄，也即丹道的方法，这在魏伯阳的《周易参同契》中有详细的记载。但如果仅仅停留在修丹的技术层面，那还达不到长生的目标。在丹术的后面，还隐藏着玄妙之理，这就需要又玄了：

> 至于毕法定三成之理，载金诰玉书之文，传道述五仙之宗，辨九还七返之要，此搜括玄玄者也。至如小成之人为初玄，中成为至玄，大成为玄玄。此见乎修身养命，服气炼丹，终以超脱飞升，升玄究竟，皆有渐也。如彼其性自妄空以至于真空，

---

① 刘惟永：《道德真经集义》，《老子集成》第五卷，第 164 页。

如此其命自修生以至于登真，玄之又玄，其义如此。夫能无也，未能无无也，则未可为众妙之门。能养气也，未能炼神也，未可为又玄之理。性存于空，命存于实，方显妙门，岂自妙也，曰众而已。……盖至于玄，是为尽性，尽性则一而已矣，又玄则是为至命。至命则入乎不死不生。[①]

服气炼丹属于玄，尽性之学亦属于玄，重玄则是至于命，达到不死不生的超越之境。如前所述，这里的命不是普通意义上的长生之命，而是性命兼修之命，是生道合一之命。

如果说唐代以成玄英、李荣、杜光庭等为代表的重玄学从本体论的层面阐发老子之道的虚通妙理时，又注意建构道教的心性之学，所谓"修道即修心，修心即修道"，显示出与具体修炼方术的某种疏离；那么，赵实庵在老学中阐述重玄之旨的时候，却主张命功，重新重视养生之术。当然，这不是简单的回复，而是通过重玄的方法，达到性命兼修，这是道教修炼理论的新发展。联系到刘惟永《道德真经集义大旨》对道教修炼方术的重视，可见赵实庵老学中重玄旨趣的变化，反映了宋元时期道教教义的发展特点，即在强调道教固有特色的基础上回归老子的基本精神。

第二节 德异《直注道德经》

释德异（1231—1308 年），俗姓卢，号古筠比丘、蒙山，别号绝牧叟，是宋元之际临济宗杨岐派高僧。德异为临济宗高僧皖山正凝（1191—1274 年）法嗣，与雪岩祖钦（1217—1287 年）、高峰原妙（1238—1295 年）、绝学世诚（1260—1332 年）等同时。他以独创的"蒙山三关"开示弟子，弘法传教，其门人以"志行愿清，普

---

① 刘惟永：《道德真经集义》，《老子集成》第五卷，第 164—165 页。

贤妙道，智慧圆明，真宗河绍"十六字为宗谱。德异晚年居苏州休休庵（又名圆觉寺、普光王禅院）禅修。期间，他致力于校注佛道典籍，包括著名的德异本《坛经》① 以及《沩山警策》②《直注道德经》等。此外，德异的著作及相关资料还有元代释吾靖等辑的《蒙山和尚普说》、明代释袾宏辑的《禅关策进·蒙山异禅师示众》，以及《五灯严统·蒙山德异禅师》《续灯存稿·蒙山德异禅师》《续灯正统》卷八等。

本文所引《直注道德经》以日本早稻田大学藏本为基础，参考了问永宁等人的标点注释。③ 该书署名为"古筠释绝牧叟德异"，前有德异撰于至元乙酉（1285 年）解制日（农历七月十五）的自序和中顺大夫广东道宣尉副使游立撰于至元丁亥（1287 年）重阳的序文，后有释吾靖撰于至元丁亥菖节日（农历五月初五）的跋文：

> 蒙山和尚，别号绝牧叟。《直注道德经》一卷，伏承常州路无锡县居判簿友梅王居士坦施财镂梓于吴中休休庵，结殊胜缘者。至元丁亥岁菖节日，吾靖题。④

德异的自序和游立的序文显示了《直注道德经》的成书时间（至元

---

① 据撰于至元二十七年（1290 年）、署名"古筠比丘德异"的《六祖大师法宝坛经序》，该书"刊于吴中休休禅庵"。

② 《沩山警策序》撰于至元丙戌（1286 年）灯节，署名"绝牧叟德异"。

③ 2011 年以前，有关历代老学的书目、文献汇编及研究成果，包括周云青的《老子道德经书目考》，王重民的《老子考》，严灵峰的《周秦汉魏诸子知见书目》《无求备斋老子集成初编》《无求备斋老子集成续编》，丁巍的《老学典籍考》，日本波多野太郎的《老子道德经研究》，熊铁基等的《中国老学史》，刘固盛的《宋元老学研究》，杨秀礼的《元代老学研究》，熊铁基等编的《老子集成》，等等，均未见《直注道德经》全本，仅元代刘惟永《道德真经集义》收录了德异的部分注文。2017 年前后，问永宁搜得日本早稻田大学藏本《直注道德经》，参考刘惟永《道德真经集义》等相关文献，对该书进行标点注释并出版（收入华夏出版社 2017 年出版的《斯威夫特与启蒙》一书）。尹志华也在日本早稻田大学图书馆发现该藏本，并下载电子文本，学术界才得见该书全貌。

④ 释吾靖跋，见德异：《直注道德经》，日本早稻田大学藏本，第 108 页。

戊寅春，即 1278 年春）、成书原因等信息，释吾靖的跋文则对该书的刊梓情况作了简单说明。另据韩国学者许兴植的《蒙山德异의直注道德经과그思想》[①]，除以上序跋之外，他所见的《直注道德经》后还有"碧松堂野老"的跋文：

> 道德注说，并是古今真仙之秘诀，能与人去钉拔楔、脱笼头、卸角驮，差有眷眷服膺者，孰不成道乎？则皆扇觉皇之玄风，濯执热于万古，盖绝牧叟亲传心印之祖，老子亦是迦叶菩萨，且道怎生是心印？绖密台前，后檀馨岭外中，碧松堂野老跋。嘉靖丁亥日，板留智异山断俗寺，募缘：一禅、释安、灵俊。[②]

智异山是韩国著名的大山，新罗时代就与金刚山、汉拿山并称"三神山"。高丽时代，韩国禅宗隆盛一时，智异山禅寺林立，断俗寺即为其中之一。跋文中说"嘉靖丁亥日，板留智异山断俗寺"，表明德异的《直注道德经》传入韩国之后，至明朝嘉靖年间仍在刻版刊行，并流传至今，可见德异在韩国的影响之大。[③]

《中国老学史》在介绍宋金元时期的老学著作时，称《直注道德经》的思想主旨为"道为真空妙有，三才之本，万法之王"[④]。德异的《直注道德经》以佛禅解《老》，会通三教，在僧人注释《道德经》的著作中很有特色，有较高的学术价值。

---

① 《韩国研究》第 18 卷第 4 期，1995 年。

② （韩）许兴植：《蒙山德异의直注道德经과그思想》，载《韩国研究》第 18 卷第 4 期，1995 年，第 125 页。

③ 韩国有很多研究德异的论著，如南权熙的《蒙山和尚六道谱说谚解本의书誌의考察》，许兴植的《蒙山德异의著述과生涯》《蒙山德异의形迹과年谱》《蒙山德异의直注道德经과그思想》，金炯录（印镜）的《蒙山德异의禅思想研究》《蒙山德异의高丽后期禅思想研究》等。

④ 熊铁基、马良怀、刘韶军：《中国老学史》，福建人民出版社 2005 年版，第 322 页。

一、会通三教

作为禅宗高僧，德异为什么要为《道德经》作注解呢？在自序中，他说明了其中的缘由：

> 古之大达者，悯诸迷昧，或为直指单提，或为宛转开示，或以物格，或以事喻，方便多门，如大医王随病与药，德无望报，功有大全。呜呼，去圣时遥，见见识识，各党宗教，夹截虚空，弃明投冥，以病为药，垂真逐末，日益浇漓，伤哉。……贱迹出闽十有三年，丁丑秋，飘下澍山杓柄。戊寅春，不赴清凉请，乐寂寥于吴庵，曰休休。闲中日永，注此一经，行无缘慈，作不请友，愿诸仁者举目洞彻，广弘至德，挽回古风。或曰："达磨西来，直指见性，不立文字，注经述叙，流入知解矣。"山僧谢之曰："幸遇子期，三教圣人面目现在，公见否？草木瓦砾，鳞甲羽毛，浩浩地宣扬此道，公闻否？见闻俱彻，正好进步。"①

宋元时期，儒家以理学为主要形态。理学家虽然大多曾出入释老，理学的建立和发展也离不开对佛道理论的吸收。但是，为了维护理学的正统地位，理学家纷纷表现出排斥佛老的姿态。元统一之前，成吉思汗就分别召见禅宗临济宗高僧中观、海云禅师和全真高道丘处机。入元之后，佛教禅宗与道教全真道在元朝都较受重视。为了寻求更大的发展，佛道进行了多次论争。早在元朝正式建国号之前，蒙哥在位的宪宗五年（1255 年）和宪宗八年的两教大辩论均以道教失败告终。至元十五年（1278 年），杨琏真迦、桑哥等在南方打击道教。至元十八年，道教再次在佛道辩论中失败，除《道德经》外，其余道教经典均被列为伪经。在这样的背景下，德异在苏州休休庵为《道德经》作注，试图贯通三教思想，缓和各宗教之间的门户之争。他在自序中明确指出"三教一体""万法一源""三教一道"，这

---

① 德异：《直注道德经》，第 3—4 页。

可以说是德异作《直注道德经》的思想基调。对此，游立在序言中也有专门论述：

> 天下无二道，圣人无二心。圣人悯迷方之人逐末而失道也，立言垂训以为司南之车，引而指归本道。达本道矣，然后以之修身则身修，以之齐家则家齐，以之治国则国治，以之平天下则天下平，无所施而不可。蒙山绝牧叟寓闽逢儒者诽释老，听其语脉，未及释老之门，轻议释老之室，则其家性与天道可知矣。于是念及三教门人不达圣人之心，私为町畦，疆封天下之道，将三教圣训敷畅厥旨，扫除边见，犹如今日山河大地一统归元。翻译万邦之言，一以贯之，则从前疆封边见皆是妄立，始知四海元同一家，如是则前圣后圣，本无二心，曰儒曰释，初无二道，道即是心，心即是道，及乎心道俱忘，复是何物？若也究得彻去，方悟天下国家由斯而建立，山河天地由斯而发生。到这里，儒也，释也，道也，皆强名耳。其或未然，蒙山译语甚明，各顺乡谈具眼。至元丁亥重阳中顺大夫广东道宣慰副使明本山人游立书。①

游立认为，儒释道的宗旨本无区别，由于三教门人未能理解圣人之心，于是私为町畦、妄立边见，致使三教互相诽议。因此，德异注释《道德经》最重要的目的就是沟通三教思想，扫除三教门人的偏见。

在具体的注释过程中，德异常常用佛教、儒家的思想与老子的理论贯通。例如《道德经》第一章"常无欲以观其妙，常有欲以观其徼。此两者，同出而异名，同谓之玄，玄之又玄，众妙之门"句注曰：

> 老子以自利之旨，普利世人，曰常舍诸缘，一念不生，绝

---

① 游立序，见德异：《直注道德经》，第5—9页。

无所欲以观其妙。自妙至玄，廓达大道。儒以大道曰大本，指其要曰：喜怒哀乐未发谓之中。中字是寄宣此道也，不可以字义论，如标月指也。向一念未萌时，着眼乃可悟达。释以大道曰实相，曰真如，曰如来地，曰无生法忍。指其要曰：不思善，不思恶。回光自看，忽然悟明，三教之旨，见道一也。①

德异站在佛教的立场，先将老子的"常无欲以观其妙"与佛教的"常舍诸缘，一念不生，绝无所欲"思想进行沟通。子思在《中庸》中说："中也者，天下之大本也。"德异认为，"大本"是儒家对"大道"的称呼，其要旨在于"喜怒哀乐未发谓之中"。佛教对"大道"的称呼包括"实相""真如""如来地""无法生忍"，其要旨在于"不思善，不思恶"。"回光自看，忽然悟明"即禅宗主张的顿悟。德异认为，儒、释、道三教都有关于"大道"的理论，虽然对"道"的称呼不同，但其本质是一致的。

德异还多次用《论语》《孟子》的思想解《道德经》，例如第十四章注曰：

虚明灵妙，无色无声无相，举意视之听之抟之，已是向外驰求，曰夷曰希曰微，似乎自惑，三者不可致诘。息诸念，绝攀缘，回光自看，混而为一，庶几有悟达也。此道在人曰真性，颜子云："仰之弥高，钻之弥坚，瞻之在前，忽焉在后。夫子循循然善诱人，博我以文，约我以礼，欲罢不能，既竭吾才，如有所立卓尔。"竭吾才者，尽其心也。尽其心，见其性也。此道在天在地，在贤在愚，不增不减，无古无今，纵其在上亦不皦皦明也，在下亦不昧，妙应无私，古今无竭，是谓绳绳兮不可名。复归于无物，虚明无极，灵妙莫测，是谓无相状之相状。无物之象。象，真气也，是为恍惚。无相而有灵，有灵而无相，无前无后，无首无尾，若不顿悟，举心动念，迎之随之，远之

---

① 德异：《直注道德经》，第13页。

远矣。大达者，持上古之大道调御今之有情，能知无极为造化之元始，是谓大道纪纲。①

他以禅宗的"真性"释老子之道，并引用《论语·子罕》颜渊对孔子的描述来形容道无法用感官获得，又化用《孟子·尽心上》中的"尽其心者，知其性也"为禅宗的"见性"加以说明。又如他在注第四十一章"大器晚成"句时说："大器晚成，且如孔子，三十而立，四十而不惑，五十而知天命，六十而耳顺，七十而从心所欲不逾矩。"② 将孔子视为大器晚成的代表，体现了他对孔子以及儒家文化的尊崇。南宋时期，理学家朱熹将《礼记》中的《大学》《中庸》与《论语》《孟子》合为"四书"。至元代，朱熹的《四书章句集注》被奉为科举考试的主要依据，四书的地位得到很大提升。德异引用四书的思想解《老》，反映了四书在当时的影响。

当然，《直注道德经》最大的特点还是以佛解《老》。德异不仅精通禅学理论，对华严宗、唯识宗等佛教其他宗派的理论也有深入的研究。《直注道德经》中随处可见的佛教思想和运用娴熟的佛教经典都体现出其精深的佛学造诣，下面重点从以心性释道和虚心忘情两个方面具体论述。

二、以心性释道

对于老子思想中最核心的概念"道"，德异主要从心性的角度进行阐发。他注《道德经》第一章"道可道，非常道，名可名，非常名"句时说：

> 虚明湛寂，无相无名，空而有灵，是谓真空；有而无相，是谓妙有。真空妙有，灵妙无穷，大达者尊而称之曰道。③

---

① 德异：《直注道德经》，第 28—29 页。
② 德异：《直注道德经》，第 63—64 页。
③ 德异：《直注道德经》，第 11 页。

德异认为，老子之道的特质和佛教的真空和妙有相似。一方面，老子之道"虚明湛寂，无相无名"，超越于万物，难以感知，故可称为"真空"；另一方面，老子之道又并非绝对的虚无，它产生万物并存在于万物之中，故可称为"妙有"。接着，他又指出，老子所说的"非常道""非常名"可以从"妙道"和"大道"两个层面理解：

> 道本无言，因言显道，可以说也。非寻常之道，妙道也，大道也。妙也者，大包无外，细入无内，无为而普应无私，无始而灵妙无竭，无相而现一切相，无名而立一切名。大也者，无极无上，至尊至贵，为一气之母，是三才之祖。①

妙道之"妙"在于其无为无始，却又"普应无私""灵妙无竭"，无相无名，却又"现一切相""立一切名"，是一切的主宰，潜藏着无限的可能性。大道之"大"在于其是宇宙的本源，天、地、人三才以及世间万物皆由它产生。

妙道和大道二者之间是什么关系呢？德异在注第二十五章时指出：

> 老子于篇首指虚明无相者曰道，注云妙道，次指一气曰道，注云大道。今曰有物混成，先天地生者，一气也。一气生虚明中也，先儒曰：易有太极，是生两仪。易者，太易也。两仪者，天地也。大道湛寂寥廓，虚明灵妙，绝对待，独立而一真不变，周行而万德无危，普应不失，生化无爽，是故为天下母。名相莫及，故老子谓吾不知其名，字之曰道，强之名曰大。大者，三才之祖也。达大道者，超然离诸尘浊，是故大曰逝。逝曰远者，高超远到，微妙玄通。返其本，还其源，是以远曰返。妙道为一气之母，故云道大。自道以降，天大，地大，王亦大。王者，心王也。域中有四大，王居于一焉。人当体法于地，博

---

① 德异：《直注道德经》，第11页。

厚载物。地法天者，顺天之道，高明覆物。天得一清明之气，无为而有造化，谓天法道也。道法自然者，一真气生于虚明中，自然妙用无穷无殆也。①

"虚明无相者"为妙道，"一气"为大道，又说"一气生虚明中"，则大道生于妙道之中。可见，德异将大道视为妙道从湛寂寥廓、虚明灵妙的独立状态到开始为生成天地万物做准备的另一种状态。他认为，妙道和大道的这种关系和儒家易与太极的关系类似。注文把"王"解为"心王"，突出了心的主体作用，这与通行的解释不同。

大道生成天地万物的具体过程，老子在第四十二章中有比较抽象的表述："道生一，一生二，二生三，三生万物。万物负阴而抱阳，冲气以为和。"历代解《老》者对其中的"一""二""三"有不同的解释。德异注曰："湛寂虚明谓之妙道，虚明中生一气谓之大道。故曰道生一。一气分阴阳，谓之一生二。阴阳分，三极立，谓之二生三。三生万物，成就世界，无不负阴抱阳，冲气以为和。虚明真气，是生成之本也。"② 可见，他将"一"理解为"一气"，将"二"理解为阴阳。"三"又是什么呢？德异在第一章注中有专门论述：

> 名可名者，虚明无相，故无名也。一气动而清浊判，二仪位而阴阳显，三才立焉，万物生焉，可得而名矣。非常名者，妙道也，大道也，三才之大本也。何谓大本？灵妙气清者刚，在上成象曰天；灵妙气浊者柔，居下成形曰地；得灵明至真中和之气，具刚柔者人也。虚明灵妙，在人曰心，为一身之主，万法之王，亦曰性，即大命也，天命之谓性者是也。③

---

① 德异：《直注道德经》，第41—43页。

② 德异：《直注道德经》，第64页。

③ 德异：《直注道德经》，第11—12页。

他将"三"解释为天地人三才，并用气的清浊刚柔理论描述了天地人的产生过程及特点。"一气动而清浊判，二仪位而阴阳显，三才立焉，万物生焉"，即是说，天地人、万物的产生都是从大道"一气"开始的。三才之中，人虽然也是由大道所生，但因集天地之间的"灵明至真中和之气"，刚柔并济。"心"是虚明灵妙之道在人身上的体现，属于妙道的范围，故为"一身之主，万法之王"。一方面，作为妙道之体现的人心妙用无穷：

> 天地之间空虚如鞴囊，一气运行，生育万物，人心虚明，亦如是也。灵机一动，妙用不竭，是谓虚而不屈，动而愈出。①
>
> 虚明谓之谷，灵妙谓之神，虚明灵妙无穷谓之不死，即玄牝也。玄者，大道也。牝者，母也。一气生于虚明之中，然后分清浊，立天地，故云玄牝之门，是谓天地根。道无为，一气运行不绝，是谓绵绵若存，应时应机，利生济物，不劳而办，故云不勤。虚明灵妙，在人曰心，心为万法王，能生育天地，运行日月，玄机妙用，任运无穷，随缘应感，不劳而办，悟明者不言而知已。②

另一方面，人心虽属妙道的范围，但其状态也有迷与悟、善与恶、静与轻躁的区别：

> 道之妙者，大包无外，细入无内，至明无相，至灵无为，至顺无私，至尊无我，大功不宰，大用无穷，独立不改，周行不殆，浩浩荡荡，历历明明，方隅不可定其居，劫数无能穷其寿，绝对待，没比伦。如是虚明，如是灵妙，人人有之，在人曰心，迷悟有殊，善恶异矣。③

---

① 德异：《直注道德经》，第 19 页。
② 德异：《直注道德经》，第 20 页。
③ 德异：《直注道德经》，第 2—3 页。

　　虚明妙道，湛寂无为，是妙用之根本，在人曰真心，一身之主，万法之王，故曰：重为轻根，静为躁君。理无事不显，事无理则危，是以君子终日行，不离辎重。……老子见周末时世废道失德，因举而叹云：奈何万乘之主以身轻天下？此有二说。一谓人君，一谓人心。心是万法之主，人君乃天下之主，自重则风行草偃，自轻则无以化下。人之心静，则所为皆正；轻躁，则所为昏乱，是谓轻则失臣，躁则失君。臣表德也，君表道也，失道失德者，可为人乎？可为国王乎？①

人心迷则为恶，人心悟则为善。人心静则所为皆正，人心轻躁则所为昏乱。心的状态对人的行为表现有直接的影响。

　　除了以"心"释道，德异还以"性""命"释道。例如上文"道可道，非常道，名可名，非常名"句注的最后，他补充说，人心"亦曰性，即大命也，天命之谓性者是也"，注第十六章时亦将虚明灵妙者称为"大命""天命"：

　　微妙玄通，不存玄妙于心，此心亦忘。始致虚极，中寂不摇，外撼不动，谓之静。知者、守者俱忘，乃为静笃。荡荡我，闲闲无为，万物并作，不久返本，是谓吾以观其复。夫物芸芸，馨香有时，终归于虚无。释云：诸行无常，是生灭法。生灭灭已，寂灭为乐。归根曰静，静曰复命。寂静虚明而有灵妙者，大命也，亦曰天命。复命曰道。常者，道也。知道者明，不知道而妄作者凶，败国亡家、丧身灭后也。知道者，量包虚空，能容物，有德，故谓之公。公而为众人所尊，故谓之王。王者，万法之主，无为任自然之妙，谓之天。自然之妙出自虚明，故云天乃道。此道始无终，无生无灭，古今不坏，故为长久。达道者，幻身亡没，妙体无危险之患也。②

---

①　德异：《直注道德经》，第43—44页。
②　德异：《直注道德经》，第31—32页。

"天命之谓性"出自《中庸》，是宋元时期儒家性命道德学说的主要依据。从以上注文可以看出，德异试图对佛教的心性论与儒家的性命道德学说进行沟通。在注第三十二章、第四十二章和第七章时，他又将"妙道"在人身上的体现称为"真性"：

> 虚明妙体，本无名相，字之曰道，曰朴，在人曰真性。其名虽小，世间无有大者。真性者，万法之王，故云天下莫能臣。谁敢不尊也？悟道者，超然不凡，如巢许善守，万世仰望不及；舜禹善守，万物自宾。桀纣昧之，身与国俱亡。人能守此道，施其德，万事自顺，如阴阳和合，以降甘露，平等普润，非人使令而自均。①

> 大象者，真性也。人之真性，最大而无形。释云：佛真法身，犹若虚空。②

> 有相之物难逃成住坏空四劫，惟天地所以能长久，非自生也。一气发而现二仪，真气运行无始无终，故能长生。圣人者，天地位后始现有相之身，三才显而世界成矣。身先者，灵明真性在太极前而有已。外其身而身存者，人能建立世界而不滞着，谓之物外身。世界有坏，真性无坏，非以其无私邪？真性异于物，故善能成其私。③

从以上注文不难看出，"真性"和前文所引注释中的"心""真心"的含义基本一致。"巢许"即巢父和许由，他们和舜、禹都是儒家理想中的圣人形象。"成住坏空四劫"是佛教关于世界生灭变化的理论。德异将儒家的圣人作为悟道的典型，用佛教的"佛真法身，犹若虚空"和四劫理论说明真性无相、无形、无坏，也是其会通三教思想的体现。那么，他将老子之道解释为心、性、命，既是佛教明

---

① 德异：《直注道德经》，第51—52页。
② 德异：《直注道德经》，第64页。
③ 德异：《直注道德经》，第21页。

心见性思想的体现，亦受到了宋元时期盛行的儒家性命道德学说的影响。

三、圣人悟道，体用兼得

禅宗主张悟修，临济宗继承并发扬了慧能提出的顿悟理念。作为临济宗高僧，德异在论述圣人体道时也特别强调"悟"，例如《道德经》第四十七章注曰：

> 灵明妙道，人皆有之，因逐妄奔流为六尘昏昧，是故见不超色，闻不越声，若能收视反听，悟达大道，则明逾日月，无幽不烛，德合乾坤，无所不至。出户而知天下，窥牖而见天道者，浅且窄矣，其出弥远，其知弥少，皆觉合尘，失正知见也。是以圣人不动心而无不知也者，不以见见而无不识者，不作为而大功成，无为之妙也。①

人皆有"灵明妙道"，即禅宗"人人皆有佛性"，由于被虚妄六尘遮蔽而无法显现，若能"悟达大道"，则虚明灵妙之真心、真性立现，则可明心见性，顿悟成佛。

如何才能"悟达大道"呢？德异注第十一章曰：

> 悟达大道，谓之得体，又须得用。得体不得用，谓之死物，得用不得体，谓之弄业识。道德备，体用全，谓之达士。老子特以造车置器、凿户牖为室譬喻，显无为而有妙用利济世间，故有道之士所为皆利益也。世间无者得之，以为应用，舍道与德，何以成人世界。②

体用兼得，才算"悟达大道"。道德兼备，才能被称为"达士"。德

---

① 德异：《直注道德经》，第68—69页。
② 德异：《直注道德经》，第25页。

异认为，老子在此章中特别强调了无为的妙用。那么，体用、道德、无为之间又是什么关系呢？在第一章注中，他说得很明确：

> 无相而极虚明，有灵而无声色，一气于其中发现，是谓天地之元始，三才由是以立。三生万物，故有名万物之母，世界成矣。万物虽殊，承恩一也。大道无为，至德显矣。道，体也，德，用也，用无体不生，体无用不妙，无为而有妙用者，道也。①

道是体，德是用，二者之间有着不可分割的联系。大道无为，然而当其显为至德，就会妙用无穷。"至德"即老子所说的"上德"：

> 大圣人洞达妙道，具足至德等太易无极之德者，是谓上德。任自然之妙，不存心修德，是以有无为之德也。……无为妙用，谓之上德，无为而无所不为，至德无量而无以为事。有为利益，谓之下德，有为而有所不能为，有限量而有以为事。②

圣人只有洞达妙道，才会具足至德，从而体现无为之妙用。因此，无为是圣人悟达大道、弘扬至德的重要表现：

> 圣人者，达大道、弘至德之人也。释云：断欲去爱，识心达本，悟无为法，内无所得，外无所求，心不系道，亦不结业，无念无作，非修非证，不历诸位，而自崇最，名之曰道。无为之道，统众德，烁群昏，应机济事，持颠扶危，有自然之妙，如春行万国，风行太虚。大达者不尚有作之功，任无为之道，以自然之德等及世间，不言而人自化，修身齐家治国平天下，不可须臾离乎道。以道为体者，德合天地，高明博厚，万物并

---

① 德异：《直注道德经》，第12页。
② 德异：《直注道德经》，第57页。

作而不辞，生育万物而无我，为万象主而不恃其尊，大功成而不居其位。夫惟不居大功，不宰者无所失也。无荣辱，绝是非也，去者失也。①

德异引用佛教《四十二章经》中关于"悟无为法"的论述，说明无为是道的最高境界，也是悟道者应该追求的最高境界。他认为，无为之道不仅可以"统众德，烁群昏，应机济事，持颠扶危"，亦可以显为至德，运用于世间，有助于实现"修身齐家治国平天下"的理想。

那么，怎样才能达到无为的境界呢？德异主要从"心"的角度来阐发，这与他以心性释道的做法也是相呼应的。德异特别强调心对学道修德的重要性：

> 学道之士，宜善用其心，毫厘有差，天地悬隔。若从事于道者，净除杂念，清净无为，同于妙道。若从事于德者，等心普利，不求报恩，同于至德。若失正念，不修道德者，恣情所为，同于泛海失柂之舟，三者皆乐然而然。久久，有乐然而得者、乐然而失者。呜呼！皆自取之失者。因信不及焉而生不信焉，是故失道丧德，乐然取诸祸，伤哉！②

在他看来，无论修道，还是修德，都必须从心入手。修道者"净除杂念，清静无为"，才能同于妙道。修德者"等心普利，不求报恩"，才能同于至德。前者侧重于个人修养，类似佛教的自我修炼。后者侧重于与他人的关系，类似佛教的普度众生。德异的《直注道德经》中与圣人悟道相关的论述主要从这两个方面展开。一方面，德异提出由于人心、真性受到情识、欲望的障碍，只有虚心忘情，即"净除杂念，清静无为"，才能悟达大道。另一方面，德异强调要无我无

---

① 德异：《直注道德经》，第16页。
② 德异：《直注道德经》，第40页。

心，平等与人，广施利济，即"等心普利，不求报恩"，才能具足至
德，发挥无为妙用。下面分别论述。

第一，圣人悟道要虚心忘情。

老子在《道德经》第十五章中为我们描述了"古之善为士者"
的样子，德异称之为"古之善造道之士"：

> 老子云古之善造道之士，不草略，彻精微，尽要妙，达玄
> 奥，圆通无碍，虚廓无涯，渊深无底，湛寂无我，故世人不可
> 识。又且强为之形容：应事接物之际不直前，豫兮似冬月之涉
> 川流，低细静应。犹兮如畏惧四邻，恐其知见，不自尊大。俨
> 然若客，施德济物，散诸凝滞，如水之将释。释者，解也。言
> 行真实敦厚如朴木，自心虚旷如空谷，得大自在，和光浑九，
> 似乎愚浊。若中下之士，谁能以静徐徐清其浊？达乎大道。谁
> 能久静之中以动徐徐发生妙用乎？平等利济也。保此道者，不
> 欲盈，虚而不屈，动而愈出是也。人心若不虚明，旧弊未除，
> 新弊又生，虚极为妙。[1]

老子此章意在说明悟道之人"微妙玄通，深不可识"，德异在注释的
时候却反复强调心"虚"的重要性。"善造道之士"，即悟道的圣人
要保持心的虚明，世人更应如此：

> 世人迷真逐妄，为诸物威光所烁。若能虚其心，忘其情，
> 无私无欲，齐得丧，一生死，怛然无所畏，则自己大威光赫然
> 现前矣。无狭所居之卑陋，无厌所生之身小，天地日月，万象
> 森罗，皆在吾威光中也。世人见不超色，闻不越声，有情识为
> 障，有欣厌为碍。惟达者不狭不厌，能方能圆，大包无外，细
> 入无内。是以圣人自知洞达妙道，不自见我为万象主，自保爱

---

① 德异：《直注道德经》，第 29—30 页。

而不妄作，亦不自以为贵，故去彼所狭所厌，取此广大清静之道。①

世人的所见所闻被"情识"阻碍，无法通过感官洞达妙道，因此除了"虚其心"，还要"忘其情"，此"情"即注文的"情识"。德异在第五十章注中论述了情识的含义及其对生命的危害：

> 人之生，动之死地，亦十有三者，谓七情六识也。情识妄作，夺真性权，为不善业，取丧身之祸。夫何故？以其贪生养生之厚，纵情识，恶其死，特地杀命养命，殊不知速其死也。盖闻善摄生者，灭情识，绝贪恶，任真无伪，断生死之根蒂，总造化之枢机。明历历，活泼泼，物我一如，古今一念，我亦忘矣。荡荡乎，寂寂然，清风明月犹莫比。到此田地者，无恶事已。②

情识即"七情六识"。"七情"指"喜怒忧思悲恐惊"七种情绪。"六识"指佛教的"眼耳鼻舌身意"：

> 释氏云：世间智慧由识发现，思索而有出世间智慧。是达道者，无为妙用，自然而然也。呜呼！以仁义为主，早已废道，何况世间智慧为主也？见见识识，作乱甚矣！六亲不和者，眼耳鼻舌身意六识各取境界也。有孝慈者，第八白净识常静，总见闻觉知，第七识为传送者也。国家昏乱，即六识作乱也。忠臣即孝慈，白净识是也。如人间六亲和时孝慈者不显，国家清平时忠臣不显是也。③

---

① 德异：《直注道德经》，第 97 页。
② 德异：《直注道德经》，第 71—72 页。
③ 德异：《直注道德经》，第 33—34 页。

德异将《道德经》中的"六亲"解释为六识。六识作乱，就会出现智慧、仁义等，导致纷争。

德异还运用八识心王理论，在六识之外提出第七识和第八识。八识心王说源于唐代玄奘师徒创立的唯识宗，在唯识宗失传之后，为其他宗派继承。第七识为"末那识"，属于潜意识的范围，本身并不产生影响，主要负责传导，又称为"中转识"，因此德异称之为"传送者"。第八识为"阿赖耶识"，德异称之为"白净识"，即佛教的真如、自性。八识心王理论的重点在于，八识皆以真心为王，这和德异以心为万法之王的理论是相通的：

> 造化无穷，达妙道者以真心为法王，用之则为官长，眼耳鼻舌心意顺而不敢违，是故造化不至割裂，六识不得各据境界是也。①

德异为了突出心的重要性，将六识改为"眼耳鼻舌心意"。第五十二章注文也是如此："兑者，情窦也。门者，眼耳鼻舌心意之谓也。造道者，塞其情窦，闭其六门，六尘不入，诸念不生，终身而不有勤劳。若也开其情窦，恣其六人，驰骋能解，以济世事，则逐妄迷真，为妄幻空花所惑，作诸不善，堕于恶道，终身不可救也。"②由于心在六识之中的影响最大，"心意识"的危害也更大，主要原因在于其"好有为"：

> 心意识好有为，逐妄循尘，生诸贪欲，醉于梦幻空花，昧道失德，大怨也。灵利者回光返照，廓达虚明灵妙之道，心意识俱灭，大怨和矣。③

---

① 德异：《直注道德经》，第 47 页。
② 德异：《直注道德经》，第 74 页。
③ 德异：《直注道德经》，第 104 页。

在"心意识"的干扰下，人们追逐妄相，沉迷贪欲，陶醉于虚幻的繁华之中，无法看清世界的本质。只有"回光返照，廓达虚明灵妙之道"，即顿悟妙道，心意识才会消失。在德异看来，名利、货财皆属于虚妄的幻相，危害甚大：

> 好名利者，不以身为重。虎穴剑锋，忻然进步，情识使然也。不省一幻身非久寄托于世，为妄幻空花所谩。虚名浮利，纵得之者，未必是福。甚爱者，役心劳形，生病丧身，大费也。货财随分，济用足矣。藏积多者，系心废道，悭悋失德，为财所役，失寝忘餐，大祸生焉，必厚亡也。惟知足无求者不辱，知止休心者不危。无辱无危，可以保其长久。①

对虚名浮利过于执着，会导致"役心劳形，生病丧身"，因此保持一颗知足无求的心非常重要。当然，这并不意味着德异更重视身体，相反，他主张放下对身体的执着：

> 大达者中虚，绝忻厌宠辱，大患皆不能及。未达者，物我两立，八风五欲，得失是非，一切境界未免触动，皆生惊恐。老子谓及吾无身，何患之有？厌身大患之本也，世间人宜猛省。或有贵以身为天下、爱以身为天下者，则可暂时寄托尔，不可久恋。此身是父母遗体，生必有灭，岂以为世界？当洞明妙道，以道为体，则长生不灭，乐真乐之有永也。②

"眼耳鼻舌身意"六识之中，前五识都和身体有关，佛教向来视肉身为臭皮囊，在德异看来，身体只是暂时的寄托之所，终会灭亡。要想长生不灭，必须洞明妙道，以道为体，追求精神的超越永存。

第二，有道圣人无我无心。

---

① 德异：《直注道德经》，第 66—67 页。
② 德异：《直注道德经》，第 26—27 页。

无我无心主要对应前文所说的"等心普利，不求报恩"。"等心普利"即佛教主张的众生平等、普利十方。德异认为，老子所说的圣人"无常心"就是这种平等心的体现：

> 圣人者，以道为体，以德为用，大明不察，至尊无我，绝好恶，无变易，和光同尘，故无常心，以百姓心为心。善者、不善者，信者、不信者，一等以贤良待之，何也？施至德者，无二心也，见有不善、不信者，愈生怜悯，切切以道德化之，与世间人混其心。日久月深，百姓皆注于耳目，感恩从化，各复淳朴，圣人亦无喜心，皆以婴孩处之。[1]

此"无常心"，德异亦称之为"无二心"，其主要表现是圣人对善者、信者和不善者、不信者一视同仁，甚至"见有不善、不信者，愈生怜悯，切切以道德化之，与世间人混其心"，对不善、不信者关注更多，最终让所有人都成为善者、信者。百姓在圣人的道德感化下，复归淳朴，这是道家所追求的治国的最高境界。

更多地关注不善、不信者，即《道德经》第七十七章所说的"损有余补不足"，德异在注此章时也主要从平等的角度进行发挥：

> 天之道，无私故平等，无我故至明。老子以张弓喻之。张者，开也。人开其弓，当立身端正，眼不二用，力有准。力强则折其弓，力弱则弓不能开，要得恰好。心为主，一身二手为使者，手若高，宜放低；手若低，宜放起，其谓高者抑之，下者举之。除刚强过分之力，损有余也。益柔弱不及之力，补不足也。人则不然。强者陵弱，富者欺贫，贵者轻贱，与天之道反矣。多是损不足而奉有余。于身而言，向道之心久欠，贪欲之心有余，而又损其道念，奉其情识，盛发贪欲，全不思省，自取祸也。于世，或事君，或事主，或为朋为党者，多是非理。

---

[1] 德异：《直注道德经》，第 70 页。

损诸不足者，以奉有余，逞能解求其功，殊不知失道已，情识使然也。谁能损有余奉天下不足者？故有道之士广行平等，利人济物，为而不恃其能，大功成而不宰。若恃其能，宰其功，是自奉有余也，是欲天下人见我贤也。达道者，终不为也。①

天之道平等无私，无我至明，若反天之道行之，损不足而补有余，无论修身，还是治世，都会带来祸患。因此，有道之士遵循天道，有道的圣人忘我而无心，故能平等看待众生，并"广施利济，平等与人"：

> 大有道者曰圣人。圣人忘我而无心，冲虚明妙，故内外皆不积。何谓虚而不屈，动而愈出？圣人无己，靡所不已，故能切切为人。既以此道等为一切人而于己愈有，何也？妙道无穷。既以广施利济，平等与人，不倦不竭，何也？无为之德愈广而于己愈多，自然而然，与天之道同也。天之道，利而不害。圣人之道，亦利而不害。圣人者，为无为，事无事，妙道至德昭昭然。可贵可尊，不与世人争。善为士者，皆可微妙玄通，为圣，为至圣。三才道同，唯人最灵善，总天地之道，全造化于一己。有逾日月之明，有胜乾坤之力，若能回光返看，点首廓达，便见老子一言一句，单单揭示大道至德，不以小径误人。至于终篇，复举天之道，圣人之道，明晦世人，有深意在焉。修身齐家治国平天下者，宜仔细着眼，切忌错会。毫厘有差，天地悬隔，善详之，善行之。②

为什么会"等为一切人而于己愈有"，"广施利济，平等与人"却"己愈多"呢？主要是因为前文所说的妙道无为，显为至德，则妙用无穷，因此，德异称之为"无为之德"。圣人无为无事，方可悟达妙

---

① 德异：《直注道德经》，第102—103页。
② 德异：《直注道德经》，第107—108页。

道、弘扬至德。德异认为，这是《道德经》最后一章的深意所在，修身齐家治国平天下者都可以从中得到启示。

无为的具体表现是"无心"。德异为了强调无为对修身治国平天下的意义，在第四十八章注中将"无心于事"与"有心为事"进行了对比：

> 学事业者日有长益，造道者弃能所，断攀缘，灭情识，舍爱欲，泯机用，专无为，脱根尘净，玄妙至于无可损。洞彻大道，任无为而无所不为，妙用自然也。是故修身齐家治国平天下者，当任道，常无心于事，内外安静，时自清，世自泰也。及其有心为事，不足以治天下，背道失德矣。①

"弃能所，断攀缘，灭情识，舍爱欲，泯机用，专无为，脱根尘净"，多为佛教用语。以佛教理念释道家无为，又以道家无为作为实现儒家修身齐家治国平天下理想的最佳原则，体现了德异会通三教的意图。

为什么"无心"则"时自清，世自泰"呢？第三章注云："圣人修身齐家治国平天下，虚其心，无我而量宽大，无为而物自化。以道为怀，实其腹也。弘无诤之德，弱其智也。力行此道，强其骨也。能如是者，使其识灭而无所知，情亡而无所欲，使夫世间之人知有大道不敢妄为，能任道无为者，则无不治矣。"②从修身齐家治国平天下的角度来看，虚心无我和无心无我是一致的，最终目的都是无为而治。为什么"有心"不足以治天下呢？第五十七章注曰：

> 释云：无心则正，有心则邪。以无心而治，而无不治者，是以老子云以正治国是也。以奇用兵者，奇，一也，阳数也。用清明之道，以无为之兵，无不胜者，是谓以无事修身齐家治

---

① 德异：《直注道德经》，第69—70页。

② 德异：《直注道德经》，第17—18页。

国平天下，极善也。无为之化，天上人间莫不乐从。吾何以知其然哉？天下多忌讳，而民弥贫。有心而治，多忌讳也。有忧虑，故生智谋，设关防，故多费用也，民则弥贫矣。利器，智谋之谓也。民因主者用心为事，是故以智谋相待，展转滋益，国家昏乱其心。心愈迷而道愈远矣。弃其本逐其末者，习学技巧，造无益奇异之物，惑人眼目，滋长不善，日益浇漓矣。法令愈严而盗贼愈多，何谓一法立而一弊生也？是故圣人云：我无为，而民自化，以道治也。我好静，而民自正，以德感也。我无事，而民自富，无忌讳，不关防，无费用也。我无欲，而民自朴，上不好华，而下无所用，心自然淳朴矣。①

德异用佛教关于正邪的理论将老子的"以正治国"解释为"无心而治"，并说"无心而治，而无不治"。有心而治，会导致智谋、关防、费用、贪欲、法令、盗贼等一系列问题的滋生，国家昏乱，民心迷惑。无心而治，即圣人无为、好静、无事、无欲，而民自化、自正、自富、自朴，其最佳状态就是民心回归自然淳朴。

---

① 德异：《直注道德经》，第79—81页。

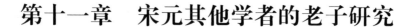

第十一章　宋元其他学者的老子研究

相对于汉唐老学来说，宋元时期儒家学者解《老》明显增多，他们对《老子》的儒学诠释，不仅推进了宋元老学的发展，也丰富了宋元思想史的内容。

第一节　程俱的老学思想

程俱（1078—1144 年），字致道，号北山老人，衢州①开化（今属浙江）人，曾任假承务郎、吴江县主簿、宣德郎、礼部员外郎、秘书少监、中书舍人、集英殿修撰、徽猷阁待制等职，并多次为道观提举。

程俱自幼博览群书，他曾说："昔之作者，自六经、百氏、世传之史、方外之书，无不读之而后取舍，是非了然于心也。探其原，撮其英华，而摭其实，汪洋闳肆，充然于内也，而后时发于文辞，故不诡于圣人之道，经世而行远者，皆是物也。其粲然者，我之文也，而资焉者，实六经、百氏、载籍之传，而吾自得者也。"② 在广泛涉猎各种经典的基础上，程俱留下了十分丰富的著述，如现存的《北山小集》四十卷、《麟台故事》五卷、《班左诲蒙》三卷、《韩文公历官记》一卷，以及已佚的《默说》三卷、《徽庙实录》二十卷、

---

① 衢州在唐乾元元年（758 年）之前为信安，故《北山小集》署名为"信安程俱"。
② 程俱：《北山小集》卷二十一《答郑教授》。

《程氏广训》六卷，等等。据《宋元学案》记载，程俱为江纬（彦文）门人，因"天资端方诚直，言动不妄，思虑精切，志趣高远，加以该洽深邃之学，典雅闳奥之文"①，与江少虞、江少齐、江汉、汪藻、李处权、赵子昼并称"文中七虎"，为时人称颂。

程俱虽然出身儒学世家，又入朝为官数年，但对儒释道经典都有深入的研究。儒学方面，他曾进讲《论语》和《孟子》，其《北山小集》中收录了四篇《论语讲义》和四篇《孟子讲义》。道家方面，主要有《老子论》《庄子论》《列子论》。佛教方面，主要有《维摩诘所说经通论》八篇以及其他论佛的文章，这可能与程俱晚年曾寓居长寿僧舍达十年之久有关。寓居长寿僧舍期间，他通读佛经，深研佛学。因此，三教合一的思想在程俱的论著中有很多的体现，如《维摩诘所说经通论》说："诸佛菩萨从智起悲，示病示苦，出入生死，以度众生，疑若煦煦住相之仁然。于是文殊问云：何观于众生？而维摩诘以谓观众生如水中月，如镜中像，如热时焰，如呼声响，如空中云，如水聚沫，乃至如石女化人也，不取于相，无作无受，无人无我，是乃所以为大悲，而继之以四无量也。老子曰：天地不仁，以万物为刍狗。庄周曰：大仁不仁。又曰：虎狼，仁也。圣贤之语，岂有二义哉？"② 此外，其《老子论》中亦有会通三教的言论。

程俱的《老子论》在宋代儒家学者的老学作品中很有代表性。他仰慕熙丰学术，受王安石、苏轼等人的影响很深。王、苏老庄学思想的共同特点是站在儒家的立场上融合儒、道，并带有强烈的经世倾向，程俱的老学思想亦是如此。下面结合其《老子论》《庄子论》《列子论》进行论述。

一、"不可道之常道"

"道"是先秦道家哲学体系的核心范畴，程俱对老庄的道论给予了高度关注。在《老子论》中，程俱将老子之道分为"常道"和

---

① 程瑀：《程公行状》，载《北山小集》卷末。
② 程俱：《北山小集》卷十四《维摩诘所说经通论六》。

"可道之道":

> 古之圣人，退与道冥，则虽介然之感有所不受，出与道会，则虽樊然之应有所不辞，故可道之道，以之制行，可名之名，以之立言，至于不可道之常道，不可名之常名，则圣人未之敢以示人，非藏于密而不以示人也，不可得而示人焉耳。窃尝以谓将以思而得耶？是则思也非道也。将以行而至耶？是则行也非道也。以有为可以为道乎？则火驰物骇皆为道矣。以无为可以得道乎？则枯株块石皆得道矣。然则常道果可道乎？以道常为有，则谓虚空不用之处道不在焉，可乎？以道常为无，则谓万物并作之际无资于道，可乎？以为大则不见其体，以为小则莫知其边，然则常名果可名乎？[①]

"常道"即宇宙万物的本源和主宰，其最重要的特点是"不可道"。因此，并非圣人将常道藏于隐秘之处，不予示人，而是无法用语言展示常道的特征。那么，常道体现在哪些地方？如何描述常道的特征？怎样才能体悟常道的真谛呢？程俱做过很多尝试：或思，或行，或有为，或无为，似乎都无法体悟常道的真谛；仅以有、无或大、小来概括常道的特征，均不能展现其全貌。

在《庄子论》中，程俱也阐发了道不可言说的特点，与《老子论》相互印证：

> 周之书言道而已，故其要曰：有情有信，无为无形，可传不可受，可得不可见，长于上古，先于太极，或期之于稊稗，或极之于昏默，是周之所言道也。然而曰：道不可以言，言而非也，则周盖未尝言道也。岂唯未尝言道哉？其言未始有是非也。荒唐之言，谬悠之说，无端倪之词，则庄周之言未尝是也；以卮言为曼衍，以重言为真，以寓言为广，则庄周之言未尝非

---

① 程俱：《北山小集》卷十三《老子论一》。

也。岂唯未尝有是非哉？亦未尝言也。彼其三十篇之书，精粗大小，靡所不具，惠子之所困，公孙之所惊，其言数万可谓多矣，然而曰得鱼忘筌，得兔忘蹄，安得忘言之士而与之言，则庄周盖又未尝言也。①

庄子关于道的特点最经典的表述莫过于《庄子·大宗师》："夫道，有情有信，无为无形；可传而不可受，可得而不可见；自本自根，未有天地，自古以固存；神鬼神帝，生天生地；在太极之先而不为高，在六极之下而不为深；先天地生而不为久，长于上古而不为老。"程俱据此认为道论是《庄子》一书的思想主旨。从道不可言说的角度来看，庄子未尝言道，亦未尝言是非。不仅如此，《庄子》三十三篇虽然无所不包，无所不备，但若得意忘言，亦可以说庄子未尝言。

程俱还提出，不仅老庄主张道不可言说，儒家和佛教都是如此：

> 圣人以为，道果不可以示人也，则其制行立言可以示天下、迪后世者，亦其次焉而已，故西方之圣人，其所示见设为乘者，三演为分者十二，命之曰教，若夫传于教外者，则其不可道与不可名者也。中国之圣人，祖唐虞、宪文武，以订诗书礼乐之文，命之曰经，若夫其所以言，犹履之非迹者，则其不可道与不可名者也。②

"西方之圣人"指佛教的创始人释迦牟尼，"传于教外者"即禅宗所说的"教外别传"。程俱说"传于教外者"是"其不可道与不可名者"，也反映出他对禅宗的推崇。"中国之圣人"指儒家的创始人孔子，孔子虽然订立诗书礼乐之文，奠定了经学发展的基础，但也有"其不可道与不可名者"。因此，从不可道与不可名的角度来看，三

---

① 程俱：《北山小集》卷十三《庄子论五》。
② 程俱：《北山小集》卷十三《老子论一》。

教有共通之处。尽管常道不可道、不可名，但是为了启迪后世，儒释道三教的圣人还是制行立言，传教为文，这就是老子所说的"可道之道"：

> 故老子著五千之文，将以示天下、迪后世，盖非退与道冥而独于己者，故其发言之首，以谓可道之道、可名之名者，五千文之所具也，故其言有曰：人法地，地法天，天法道，道法自然。且道而已矣，又何法焉？老子方言域中之大，而道居其一，则所谓可道之道者，域中之大也。若夫千圣之所不传者，不可得而言也，不可得而言而终不言其概乎，则人将画矣，故姑亦寄之于常与夫自然而已，所以微见其旨也。①

程俱认为，《老子》第二十五章"人法地，地法天，天法道，道法自然"句中的"道"指"可道之道"，因为此"道"还要法"自然"，则自然应是常道。因此，从恒常和自然的角度可以稍微理解常道的真谛。此外，他还指出，老子所说的域中四大之"道"也是指"可道之道"。可见，"可道之道"也是很重要的。

二、"人之为道，超然于死生之际"

如前所述，常道的特征无法用语言来描述，但程俱认为可以从恒常和自然的角度理解。在《老子论》中，他就从恒常的角度论述了如何看待生死问题。他首先提出："万物之变莫大乎死生，人之为道，超然于死生之际，则无余事矣。"② 生死是世间万物都必须面对的重要问题，因此，无论是体道，还是修道，都离不开对生死问题的考量，而超然于生死是体道、修道过程中最重要的一环。怎样超然于生死之际呢？他接着说：

---

① 程俱：《北山小集》卷十三《老子论一》。
② 程俱：《北山小集》卷十三《老子论三》。

　　生果来乎？死果往乎？以生为实来，则吾之所从来者，宜可知矣。心，南北耶？东西耶？上下耶？审不可以言也，而谓之实来，可乎？以死为实往，则吾之所从往者，宜可知矣。心耶？物耶？人耶？天耶？审不可以言也，而谓之实往，可乎？然则吾之生也，前不知其所起，后不见其所断，贯万古而湛存者，常然也。然后晓然知我之未尝生、未尝死也。①

程俱尝试追溯生命的源头和死后的归属，却找不到答案。最后，他悟出生命实际上没有源头，也不会结束，是贯万古而常存的。这样一来，人就无所谓生、死。那么，如何正确认识死呢？他接着说：

　　将以奚为死地哉？且宇宙耳，而日月为之昼夜，阴阳为之寒暑，代谢为之古今，要之宇宙实有是纷纷者乎？人之于死生不异于此。夫生者死之对，而老子以谓善摄生者无死地，何也？盖有生也，有灭也，方生方灭，方灭方生，此犹高下、长短之更为终始，亘万世而无穷者也。然则有生之生者，固灭之对也，若夫不生之生，不与万化为偶，是贯万古而常然者也。是我之所以为无死地者也，又何咒虎甲兵之可噬，而可杀哉？虽然，生非我有也，我亦无有也，无我亦无所也，安得有夫生哉？亦曰摄之而已。摄者，假而有之之谓也。摄生以御万物，万物摄于吾之一；摄生以应万化，万化摄于吾之虚，是则以无厚入有间，岂不恢恢然有余地矣，何缺折之有哉？②

死并非灭亡，人的生死与日月为之昼夜、阴阳为之寒暑、代谢为之古今一样，都是宇宙变化的形式。生和死的转变，如同高下、长短的转化一样，是循环往复、互为终始的。这种不停地变化也是亘万世而无穷的。但是变化之中也有永恒不变的因素存在，那就是不与

---

① 程俱：《北山小集》卷十三《老子论三》。
② 程俱：《北山小集》卷十三《老子论三》。

万化为偶的"不生之生"。只有认识到生非我有，才能超越生死，达到无我的状态，进而与万物合而为一，御万物，应万化，体悟道的最高境界。程俱在《列子论》中也阐发了类似的思想：

> 混沦之初，不生不化者存，而生化之萌，具乎不生不化之内。天地既辟，万物并作，未有一息不由乎生化之运，未有一物不因乎生化之机。唯生也而有不生者为之宰，苟无不生者生生，则生有时而尽矣。唯化也而有不化者为之用，苟无不化者化化，则化有时而息矣。然则六合之内，有形者孰非生，有事者孰非化，舍其生灭变化，则亦无可言矣。此列子所以首言生与化也。首言生与化者，以谓吾之所言之理、所寓之物，无非生灭变化者。且万物皆出于机，皆入于机，机者，何也？生化之门也。生化之门者，生生化化，万物之奥也。天下之生与化，不胜言也，则举夫生死之大化而已。物有与以形相禅者，则化于显；物有以生受化者，则化于阴。蝇之为鹑，蝶之为虫，燕之为蛤，鼰之为猨，此人之所见也，是物之化之于显者也。程之生马，马之生人，天下岂有是哉？此死于此而生于彼者，是物之化于阴者也，是释氏所谓轮回者也，儒者所谓忽然为人、化为异物者是也。[①]

程俱认为，列子也主张在宇宙产生以前有所谓"不生不化者"存在；天地万物一旦产生，就进入生化循环当中。当然，生化之运之所以能够持续，其根本的动力还是因为有"不生者"和"不化者"存在。依据列子的生化理论，物形的变化"化于显"，生死的转化"化于阴"，但都属于物化，没有本质区别。最后，程俱指出，列子生化思想中的生死转化与佛教的生死轮回、儒家的"忽然为人，化为异物"等思想是一致的。

　　既然生死只是万物变化的过程，永恒的生命无所谓生，也无所

---

① 程俱：《北山小集》卷十三《列子论上》。

谓死，就不需要刻意通过养生来追求长生。在《老子论》中，程俱强调刻意养生的危害：

> 今一受其形而为人，则认以为己，曰：人耳，人耳。谓其养生不可以无物也，则骋无益之求。谓其养有身不可以不爱也，而营分表之事。厚其生而生愈伤，养其躯而身愈病，其不为中道夭者，亦幸矣。呜呼，人固可以与天地长且久，而独中道夭者，是自生之过也。众人常欲先人而未尝先人，众人常欲存身而适足以丧身。①

众人的"养生""养身""厚生""养躯"等都是过于看重形体的生命，程俱称之为"自生之过"。"自生之过"不仅无法让生命长久，相反会使"生愈伤""身愈病"，甚至夭而丧身。正确的做法应该是"后其身""外其身"：

> 豫若冬涉川，犹若畏四邻，后其身如此，而执道全德，物莫尊焉，不亦后其身而身先乎？形可使为槁木，心可使为死灰，外其身如此，而深根固蒂，物莫寿焉，不亦外其身而身存乎？夫何故，非以其不私其生故耶？老氏之旨意如此，而未之思者以谓黄帝、老子之徒率畏死而求长生者，岂不惑哉？夫人而无生，道安所载？然世之丧其生者，盖反以有其生为累。有其生者且犹老氏之深戒，而谓其外于道而求长生乎？未之思也。②

圣人之所以能够"后其身而身先""外其身而身存"，最终达到"执道全德""深根固蒂"，主要原因是圣人"不私其身"，即不过于看重身体和物欲享受。程俱认为，这也是老子的思想主旨。有些人以为黄帝、老子等人求长生是因为怕死，实际上没有理解老子的真意。

---

① 程俱：《北山小集》卷十三《老子论二》。
② 程俱：《北山小集》卷十三《老子论二》。

老子所理解的长生是不执着于生死，最终达到与道合一的境界。

三、"推是道以济天下而度群生"

宋代学者强烈的社会责任感和现实关怀，对老庄学的发展产生了深刻的影响。他们在注《老》解《庄》时，往往视《老子》《庄子》为救世之书，并重点发挥其中的治世之道，程俱就是其中的代表之一。在他看来，"济天下而度群生"也是老庄之道的重要内容。

程俱为官之时，正是宋朝南渡之际，面对内忧外患的局面，他"每忧外难未夷，寝食不置，章奏数上，如所谓国家之患，在于论事者不敢尽情，当事者不敢任责，言有用否，事有成败，理固不齐，今言不合则见排于当时，事不谐则追咎于始议，故虽有智如陈平，不敢请金以行间，勇如相如，不敢全璧以抗秦，通才如刘晏，不敢言理财以赡军食"[1]，其老学思想亦从侧面反映出他的忧世情怀和对救国之道的思考。在《老子论》中，程俱从治国的角度论老子之道：

> 圣人以道莅天下，则六合之内，五方之民，可以一举措之圣神之域，特在反手之间耳。虽然，圣人不伤民固也，而能使鬼神亦不伤人，何哉？盖人之在道，道之在人，犹鱼之在水，水之在鱼也。亦何水鱼之辨乎？方其以道莅天下，天下之民，其生也泊焉，所以善其生也，其死也寂然而已，所以善其死也。寂然而已，鬼安得而神乎？然真者其所归也，寂者其所乐也，而谓之不神，可乎？其所以神者如是，而有能伤人者乎？民之生也如彼，及其死也如此，尚安复有灵响崇厉之为哉？[2]

"圣人以道莅天下"，即将"道"用于天下国家的治理。程俱认为，以道治天下对体悟了常道和超然于生死之际的圣人而言，是十分容易的事。因为圣人只需依道行事待人，人道合一，使天下之民不为

---

① 程瑀：《程公行状》，载《北山小集》卷末。
② 程俱：《北山小集》卷十三《老子论五》。

鬼神所伤，生则归于真朴，即善其生；死则乐于寂然，即善其死。有人提出，即使圣人可以感化少数人，但要感化全天下之人，也能在短时间内实现吗？程俱以种子和缝隙喻人性做了阐释：

> 或曰：圣人神矣，然亦安能举天下措之圣神之域，如是速乎？曰：地之不同而同于生，其种之含于地也，人未见其生也。时雨既降，芒然杂出，使地而无种则已，有则必生。人而无性则已，有则必化，圣人非时雨乎？昼尽夜昏，六合同其昧，日月既出，赫然并照，使物而无间则已，有则必明。人而无性则已，有则必开，圣人非日月乎？是以古之觉人其所灭，而度之者以亿万为量计，则圣人之所以使人生而不伤其生，死而其鬼不神，举天下而化之者，何以异此？斯神也，其有神伤人者乎？呜呼！惟常善也，故能救人无弃人，救物无弃物，有为之善，其能尔乎？惟无积也。故能为人己愈有，与人己愈多，住相之施，其能尔乎？[①]

只要有及时雨，种子就会破土而出；只要物体间有缝隙，就会在日月的照耀下呈现光明。人性如同地下的种子和物体间的缝隙，圣人则如时雨和日月。圣人出现，人性就会被感化。因此，程俱认为，在短时间内度化亿万众生，圣人是可以做到的。在此基础上，程俱进一步指出："推是道以济天下而度群生，亦何儒释老之分哉？故老子于二经之卒章，言其所以推而济物者如此。"[②] 也就是说，从济天下、度众生的角度来说，儒释道三教的宗旨是一致的。

如何"推是道以济天下而度群生"呢？程俱在《老子论》中从心性修养的角度谈如何爱民治国。在心性修养方面，众人和贤者的表现虽然不一样，但都存在问题：

---

① 程俱：《北山小集》卷十三《老子论五》。
② 程俱：《北山小集》卷十三《老子论五》。

众人之过易遣，圣贤之疵难除。营欲戕性，取舍滑心，众人之过也。众人之过大而有迹，故其遣之也易。以觉为碍，以解为缚，圣贤之疵也，微而难知，故其除之也难。事之过显，理之过微，以物为病显，以法为病微。屑金虽贵，以之入眸则四方易位矣。扬尘虽微，以之翳空则天日昼暝矣。然则理障法病，可胜疵乎？涤除元览，盖谓是也。览者，见之谓也，不曰观而曰览，何也？观犹有作，而览则若鉴之见物而已。所谓元览，圣人之所谓独见者也。圣人之所以见晓者也，人之有是玄妙之见而不除之，是为解缚，其过也，不似于屑金之眯目乎？涤除元览而即非涤除，则无疵矣，涤除元览而存涤除之见，是为觉碍，其为疵也，不似于一尘之翳天乎？[①]

众人的心性容易受到名利欲望的戕害，这种过失十分明显，也比较容易纠正。相比众人而言，贤明之人对很多问题的认识更深刻，他们自认为这是"觉"和"解"。但若要体悟道的精妙，觉也成了障碍，解也成了束缚。觉和解的过失十分微小，难以察觉。然而，"觉碍"和"解缚"好似屑金、扬尘，也会导致巨大的问题。因此，众人和贤者的认识方法都无法体悟道的精妙。而体道的圣人不仅会涤除大而明显的过失，而且会将"玄妙之见"乃至"涤除之见"统统涤除，让道如鉴中之物自然显现。

摆脱了觉碍和解缚，圣人形、气、神合为一体，方可如玄鉴照见妙道：

夫载魄抱一，则形合于气矣。专气致柔，则气合于神矣。三者浑而为一，则其为元览，不亦至乎？又在涤而除之耳。如是则在己者，至矣，备矣，可以爱民治国而无为矣。以百姓为刍狗，所以爱民。辅万物之自然，所以治国。淫其性，伤其生，乱其经，逆其情，而可谓之爱且治乎？出而应，夫爱民治国之

---

① 程俱：《北山小集》卷十三《老子论四》。

运，则天门开阖以示夫出入利用之权，明白四达以游夫六通四辟之道，然而未尝不退然为雌、泊然无知也，是其所以谓之元德。①

上文实际上是对《道德经》第十章"载营魄抱一，能无离乎？专气致柔，能如婴儿乎？涤除玄览，能无疵乎？爱民治国，能无为乎？天门开阖，能为雌乎？明白四达，能无知乎？生之畜之，生而不有，为而不恃，长而不宰，是谓玄德"的解读。体悟了精妙之道的圣人爱民治国均奉行无为的原则，顺应万物之自然，爱护百姓，不任性妄为，不肆意扰民，自然会国泰民安。

　　程俱在《庄子论》中亦阐发了圣人济天下之道。他首先指出，《庄子》之内、外、杂三部分实际上是一个有机的整体："内篇七，外篇十五，杂篇十一。内篇言夫内，外篇言夫外，杂篇者合内、外而言之也。虽然，内者外之源，外者内之出也，庸讵知吾所谓内之非外，外之非内耶？"② 在此基础上，程俱极力调和孔孟、老庄的关系：

　　　　故内篇终之以《应帝王》，外篇终之以《知北游》，杂篇终之以《天下》。内篇而终之以《应帝王》，则知湛然常寂者，是其所以通天下之志者也。外篇而终之以《知北游》，则知芸芸之作，复归于根，扰扰之绪，毕反于一也。杂篇而终之以《天下》，则知孔子之书终言尧、舜之事，老子之书终言小国寡民，孟子之书终言禹、汤、文、武者，皆是庄子之微旨也。③

《论语》终言尧、舜之事，《老子》终言小国寡民，《孟子》终言禹、汤、文、武，都和治世有关。《庄子》以《天下》篇作为全书的总

---

① 程俱：《北山小集》卷十三《老子论四》。
② 程俱：《北山小集》卷十三《庄子论二》。
③ 程俱：《北山小集》卷十三《庄子论二》。

结，其思想宗旨和孔子、孟子、老子没有差别，亦以治世为宗。因此，他指出，庄子所言之道实际上是用天下的治世之道：

> 夫力不足以举天下，则不足以用天下。道不足以小天下，则不足以宥天下。舜唯其视天下犹敝屣也，故能运天下于掌；伊尹唯其嚣然自乐于畎亩也，故能一举而造商，而昧者直以庄子为漠然绝物，而与拔一毛而不为者同是，乌足以言道也。道无形也，体之者，人卷而怀之，无一毫舒之，足以济天下，此天下之所以赖于道也。虽然，应物而济天下者，圣人之所以成焉者也，然其出而用者，亦圣人之末耳。善乎其言徐无鬼也，徐无鬼因女商见魏武侯，与之言相狗马，而武侯大悦也。盖徐者与夫疏疾强梁者异也。鬼固幽矣，又曰无鬼，几于无迹也。然将与物交，必出乎幽而因乎理，故因女商而见也。女者，静而不以外伤内，物求而后应者也；商者，通有无以资物者也，故为无鬼之先，而见魏武侯也。魏武，刚大之谓也。出乎幽深因缘以应夫刚大，故必有合，所以武侯大悦而笑。然无鬼所以应夫物者，曾不用其秕糠土苴，故特言狗马之德而足以悦之如此。余故曰：应物而济天下者，亦圣人之末耳。①

有人将庄子与拔一毛而利天下却不肯为的杨朱等同，在程俱看来，这些人只看到了表面现象，却并未认识到庄子的真正用心。他认为，庄子实际上是关注天下的，这一点从庄子对道的深刻认识也可以看出来，尽管"应物而济天下"是圣人之末，但也是道的重要内容之一。

程俱调和儒道的路数和王安石、苏轼十分相似。实际上，他对王、苏的学术是比较尊崇的。宋朝南渡之后，很多人将北宋亡国归咎于王安石变法及其指导思想，尤其是建炎绍兴年间，朝野上下对荆公新学的批评之声不断，程俱却发出了不同的声音：

---

① 程俱：《北山小集》卷十三《庄子论二》。

后世君子，一志于青紫者众，求师务学者寡，学者亦无所师承，此余所以常恨生之晚也。方祖宗隆盛之时，如孙明复、胡翼之以经术，杨文公、欧阳文忠以学问文章，为一时宗师，学者有所折衷而问业焉。王荆公出，以经义授东南学者，及得君行政于天下，靡然宗之。元祐间，苏子瞻以文章主英俊之盟，亦云盛矣。①

这段话表达了他对北宋庆历、熙丰、元祐学术的向往。因此，程俱的老庄学思想受到王安石、苏轼等人的影响也在情理之中。

程俱在继承王安石、苏轼等人解《老》论《庄》思路的同时，又有所发展。一方面，他高度肯定并重点阐发了老庄的道论，并以道论为中心沟通儒释道。另一方面，他将矫弊说发展为"济天下"之说，重点发挥了老庄的治世之道，表现出强烈的现实关怀和鲜明的经世倾向，反映了宋代老庄学发展的时代精神。

第二节　陈象古《道德真经解》

《道德真经解》二卷，前三十七章为卷上，后四十四章为卷下，署名"承议郎陈象古解"，自序末题"时建中靖国元年十月初五日陈象古序"，可知，《道德真经解》成书于宋徽宗建中靖国元年（1101年），作者陈象古在宋徽宗时曾任承议郎，其他生平不详。

陈象古首先提出"道之妙理"不可测度，主张以心悟道，内明常存，同时强调要顺应物理及自然之理，还淳返朴，保真守素。他以"理"释"道"，并常引《周易》《尚书》《论语》等儒家经典解《老》，体现了以儒解《老》的特色。

---

① 程俱：《北山小集》卷十五《汉儒授经图序》。

一、道之妙理，不可测度

陈象古在注《道德经》第一章时，就对老子之"道"进行了深入阐发：

> 可道，谓众人之所知者也。可名，谓众人之所见者也。虽可知可见，未能尽道之妙理也，故众人常道者，非所谓道也，众人常名者，非所谓名也。……无欲观妙，本极始也。有欲观徼，明其终也。欲因物而生，物尽欲极，则至于无为矣。徼，边际也。欲及乎边际，极而无所更往也。必有还淳反朴之理，与妙何以异哉。故无欲观妙，有欲观徼也，一而已矣。因无欲而知道之妙，因有欲而知道之徼，岂非同出之旨哉。玄者，深微之义也，悟之在心。圣人知道之始终，觉道之用舍。众人则日用而不知其要，非元而何。非浅近之义也。非常道，非常名，其理至深，不易窥测，故曰玄之又玄，众妙之门。非一而已，施之于治天下，施之于治国，施之于治家，施之于治身，其妙皆如是而已矣。①

陈象古认为，可道之道、可名之名，可知可见，故为众人常道、常名，但"未能尽道之妙理"。何为"道之妙理"呢？在他看来，只有"非常道""非常名"深远微妙，"其理至深，不易窥测"，圣人以心悟之，故能知其始终、觉其用处，众人则日用而不知，这就是"道之妙理"。将老子的形而上之道与理对应起来，在宋代，尤其南宋理学背景下是比较常见的。陈象古以理释道，反映出其沟通老学与理学的意图。

关于"非常道，非常名，其理至深，不易窥测"的原因，陈象古也从多个角度加以论证。例如，第三十二章注曰：

---

① 陈象古：《道德真经解》，《老子集成》第三卷，第 145 页。

名不可定，非常名也。通变应用，不一其处，故曰无名。朴者，道未散之时也。未散则莫测其状，故可以小言之。化及于物，广大无所不被，故天下不敢臣。臣以喻下之义也。如朴而守之，淳素不乱，万物伏从其化，如道之妙也。相和合之至也。甘露言至和之及于下也。人莫之令，非人力能强也。自均则及物无偏无党矣。天地既判，名从此制，必有资始。资生之繁，岂无名而可言乎？物既众而名既多，在知止以御之。不知止则物穷而塞，所以危亡之几生焉。川谷之所容江海，所润于物，无纤毫之遗，故取以为喻。①

"朴"是道未散之时的状态，未散所以"莫测其状"，因此"可以小言之"。当道散而生万物时，就会无所不包，纤毫不遗，因此又可以"广大"言之。第三十四章注亦对道之小大进行了阐发："人能弘道，道不离于人，取之则来，行之则是，不逆于理，故曰其可左右。不言己之能生也。不自有其成功也。物由道生，不自为主，其施甚广。无欲观妙，乃道之几。可名于小，其朴若全。万物归己之恩，不自恃其功，冲而用之，物莫能测，故可名为大。"② 在陈象古看来，至小状态的道不可测度，至大状态的道同样不可测度：

谷，喻也。神，阴阳不测者也。谷体虽小，可以喻太虚而能受，受而不有，其微若神，故曰谷神。死者，寂灭之谓也。神用若此，应用不穷，若存不见，安有死之道哉。玄牝则幽深不自满假耳。根，本也。天地不言而四时行焉，百物生焉，其本于玄牝之道，至大至广，不可以测度矣。绵绵，不绝之谓也。若存，则神用不可见也。用之不勤，则自然之道无心于有为之迹矣。③

---

① 陈象古：《道德真经解》，《老子集成》第三卷，第156页。
② 陈象古：《道德真经解》，《老子集成》第三卷，第157页。
③ 陈象古：《道德真经解》，《老子集成》第三卷，第147页。

玄牝之道，不仅是产生万物的本源，亦是宇宙运行的主宰，其应用无穷，至大至广，却不见其有为之迹，更似无心为之。从这个角度来看，道不可以测度。

此外，陈象古还从道产生万物的具体过程来论证道"不可测度"。例如，他注《道德经》第四十二章"道生一"句曰："一谓璞之始也。"注"一生二"句曰："天之体也。"注"二生三"句曰："地之形也。"注"三生万物"句曰："天地既判，万物遂生，情欲之繁，不能守一矣。"① 道产生天地万物之后，如果不能守一，就会失和。只有"负阴抱阳，冲气以为和"，才能发挥道的妙用：

> 阴阳，道之妙用也。负则在外，抱则在内，冲而用之，不失其和者也。冲和之至也。道之所在，不可测度，损益盈虚，相续不已。言其教有所始，有所起，教以冲气为和也。义，宜也。我，道之所在也。人用其教，亦由我随物宜而教之也。强梁则不任自然也，非冲和之妙用也。不得其死则不复能全其生理者也。凡称父母者，皆喻其始生之义也。以为教父，本其教兴之始也。②

阴阳二气损益盈虚，一旦达到冲和的状态，就会发挥妙用。"损益盈虚，相续不已"，即阴阳二气的损益盈虚是不断变化的过程，这也是道"不可测度"的重要因素之一。在注《道德经》第四章"道冲而用之，或不盈。渊兮似万物之宗"句时，陈象古亦强调了这一点：

> 冲，和也。道有冲和之气，充塞于天地之间，虽如此而不自盈满，言其不可测度准量也。渊，深妙之旨也。宗，主也。道无作无为于万物，而万物因冲和之气以生，故曰似万物之宗。物性有刚柔迟速颜色声音之不齐，其所禀之分皆出自然，大则

---

① 陈象古：《道德真经解》，《老子集成》第三卷，第 160 页。
② 陈象古：《道德真经解》，《老子集成》第三卷，第 160 页。

山川，小则草木，亦有冲和之气，其用一也。①

冲和之气是道发挥妙用的载体：万物因冲和之气而产生；万物产生之后，冲和之气依然存在于万物之中。天地如此，王者亦如此："道者先天地生，故首言道大。天者轻清在上，重浊在下，朴散之所生，故次曰天大，又曰地大。王者稽至道之冲和，奉天地之生化，其大与天地等，故又曰王亦大。"② 天地之间，大到山川，小到草木，概莫能外。冲和之气充塞于天地之间，却不会盈满流溢，从这个角度来看，道"不可测度准量"。

二、默识内明，保真守素

如前所述，陈象古在《道德经》第一章注文中指出"非常道""非常名"包含至深之理，微妙难测，但圣人"悟之在心"，故能"知道之始终，觉道之用舍"。他在注第三十五章时亦强调了以心悟道的重要性：

> 假言以明道，明道必淳素为上，故淡乎不可以求其味也。道非常道，名非常名，故明目聪耳者无所施其功矣。用本在心，化必及物，与道默运，岂有尽哉，故曰用之不可既。③

"假言以明道"，表明陈象古承认语言是认识道的途径之一。但与此同时，他又指出，"明道必淳素为上"，对于"非常道""非常名"而言，"明目聪耳者无所施其功"，感官的作用是极其有限的，华丽的辞藻、喋喋不休的说教反而会阻碍人对道的理解：

> 言以显教达理，岂拘以美恶哉。饰美其言，未必诚实，取

---

① 陈象古：《道德真经解》，《老子集成》第三卷，第 146 页。
② 陈象古：《道德真经解》，《老子集成》第三卷，第 154 页。
③ 陈象古：《道德真经解》，《老子集成》第三卷，第 157 页。

信则难矣。行著于前，不假肤说。肤说既盛，岂善之善哉。心知在内，无所不通，自显其博，博岂诚然，不知之嫌，因是而有。立教显理，未尝不与人同，道岂独藏积于己乎。明达识通，道大德广，教人犹己，如江海之源，不患不有不多矣。天道圣人，其施一也，利于物性，为于物始，不害不争，乃全妙用矣。①

因此，陈象古认为言不在于多，只要能帮助人们达理悟道即可："法出教彰，一言而悟，自然会道，岂喋喋之可用哉，故希其言也。言虽希而其理昭著，非自然而何？飘风骤雨，喻以明其旨也。飘骤出于卒暴，人知风雨之至，何必终朝终日之多乎？言以发明其道，言下有理，求则得之，何必多其言乎？"② 要想体悟道的真谛，必须"用本在心""与道默运"，即第五章注所说的"默识内明"：

> 知者贵默，故多言数穷。默识内明，故贵于守中也。③

关于"内明"，陈象古在注《道德经》第五十二章"见小曰明，守柔曰强。用其光，复归其明"句时指出：

> 常人忽于小而重于大。干云之木起于葱青，千里之途始于足下，此见小之义也。预识先知，非明而何。揉曲木者不累日，销金者不累月，此柔弱胜刚强之义也。光者，照于外者也。明者，内自照者也。用其光则知其子是也，归其明则复其母是也。④

参天之木、千里之行均属"大"，但却都是从"小"发展起来的。一

---

① 陈象古：《道德真经解》，《老子集成》第三卷，第 171—172 页。
② 陈象古：《道德真经解》，《老子集成》第三卷，第 153 页。
③ 陈象古：《道德真经解》，《老子集成》第三卷，第 147 页。
④ 陈象古：《道德真经解》，《老子集成》第三卷，第 162—163 页。

般人往往重视大而忽视小，有"明"之人会用发展的眼光"预识先知"。"光者，照于外者也。明者，内自照者也"。这是陈象古从外、内的角度对"光"和"明"的意义所做的独特阐发。明是能够照见内心的智慧，要达到明的境界，必须向内寻求，所以称为"内明"。

向内寻求明的智慧，就必须摆脱大千世界的纷扰。那么，如何摆脱纷纭外物的影响呢？陈象古特别强调"真"和"素"，提出了如"保真守素""保真养素""守真养素""全真反素"等主张。

"保真守素"，首先要自足于内。自足于内者，能够摆脱纷纭外物的干扰，透过繁复的外饰获得道之真理，因此能与道融和："自足于内，与道同和，不假外饰之繁，以污其真实之理也。"① 这主要是因为知足者懂得删繁就简："知足者，有一而不望二，有少而不望多，外境纷纭，内明了悟，一与少犹之以为累，况不足乎？故知足者常足矣。"② "少"的妙用在为学与为道的关系中体现得最为明显：

> 学者有渐，从少至多，故曰有益。道成则藏其用，秘其明，故曰日损。虚无清净，视之不见，听之不闻，故不畏损。损而至于无为，是道之微妙也。无为而无不为，如损之而无所损也。③

知识的学习是一个日渐增多的过程，而道的妙用和智慧潜藏于纷纭的外境之中，又超越于万物之外，无法用感官获得，只能"内明了悟"。因此，只有放下对具体知识的追求，才能心无旁骛地向内体悟道之微妙。基于这种认识，陈象古赞同老子的"绝学无忧"：

> 世俗所知者，得遂其爱乐。其不知者，仰慕而学之，故欲心愿止而不能，所以生忧多矣。绝学无为，然后可以全其道也。

---

① 陈象古：《道德真经解》，《老子集成》第三卷，第165页。
② 陈象古：《道德真经解》，《老子集成》第三卷，第161页。
③ 陈象古：《道德真经解》，《老子集成》第三卷，第161页。

学则云为不穷，绝学则清静自足，如是则不如绝学也。①

世俗的知识是欲望的源泉，所以会带来忧患。只有"绝学无为"，才能"清静自足"。自足于内者，寡欲无求："内自足也。不妄贪求，率归寡欲。嗜欲不生，保真守素，反道之始，故必曰朴。"②"贪求""嗜欲"都是超出基本需求之外的过分的追求。"不妄贪求""嗜欲不生"，就可以保真守素，回归道的真朴状态。

老子在《道德经》第八十章提出小国寡民的理想社会，陈象古称其验证了"全真反素"的妙用：

> 民寡则所用不多，贪欲不竞，可以似道之妙，全真反素。什伯之器非全不用，不争用之也。人各自足以全生意，故重其死。少欲寡求，不必远就其利故也。寡欲易足，物共不争，故舟舆可闲，甲兵可偃。结绳之政，上古民淳之时所行，今复结绳，全真反素之验也。③

因为民少，所以资源相对丰富，当人们的基本需求得到满足之后，贪欲就不会滋生。少欲寡求，容易满足，争端和战争也逐渐消弭，体现了道之妙用。"上古民淳之时"即"淳和无为之时"：

> 淳和无为之时也，知者随万物以生。下其知者，各正性命，品物流形，正假强治，故曰下知有之。情欲相生之时也，非教化则日有以乱，故亲之欲其奉己，誉之欲其从己也。法令兴行之时也，有畏在下之事也，有侮在上之事也。畏者避罪，侮者失正，非刑戮则不可以齐之也。情伪既生，各怀爱恶，信必不足，是以不信随之。言者不知，知者必默。信之不足者，其在

---

① 陈象古：《道德真经解》，《老子集成》第三卷，第 151 页。
② 陈象古：《道德真经解》，《老子集成》第三卷，第 165 页。
③ 陈象古：《道德真经解》，《老子集成》第三卷，第 171 页。

贵言之喋喋乎。功成者，万物得以顺成其性。事遂者，万物得以尽适其理。由下知有之，微妙玄通之所致也，故曰谓我自然。①

情欲竞生，是非淆乱之时也。仁义智慧，孝慈忠臣，强名之也，皆因情伪而起。情伪已萌，不得不如是也，故圣人保真养素，静以镇之，还淳反朴，以援天下之失道者。②

淳和无为之时，宇宙自然运行，万物生化有序。一旦情欲竞生、情伪萌发，教化无法发挥应有的作用，法令大兴其道，就会天下大乱。情欲、情伪皆因欲望过多，因此，圣人"保真养素"，使万物"顺成其性""尽适其理"，让人民"还淳反朴"，天下重归淳和无为的状态。

其次，"抱一"也是"保真养素"的重要方法。陈象古注《道德经》第十章曰：

道贵守真养素者也，魄则有象而不乱，一则有用而至纯，故曰营魄抱一。离则不成道，乃为二。今言能无离乎，是教之不可以有离也。气为动用之先，柔为刚强之本，专气致柔，所保玄妙也。婴儿未有善恶之情，取舍之智，故又教之以不可不如婴儿也。涤如水之濯也，除如扫粪秽也，玄览于是可全矣。无疵，玄览之要妙，故又教之以不可以有疵瑕也。使百姓谓我自然，是无为之至也，故又教之以不可以有为也。天气清净光明者也。随物应时，开阖之道不形于言，藏德不止，岂非雌乎？藏德则应用不屈。《素问》曰：藏德不止，故不下也。明白四达，不可掩蔽于物，则无不见也，无不闻也。外鉴其形，内照其理，默而识之，不用家至户晓，纷纷其说矣。生则品物流形，各正性命也。育则养之以冲和之气，得遂其自然生死也。育之

---

① 陈象古：《道德真经解》，《老子集成》第三卷，第151页。
② 陈象古：《道德真经解》，《老子集成》第三卷，第151页。

之功，治天下之所有也。万物生之以奉己而不以为有，故亦为而不恃、长而不宰矣。玄德运之在心，不彰于外是也。①

陈象古提出，"道贵守真养素者也，魄则有象而不乱，一则有用而至纯"，因此，"营魄抱一"就可以从纷纭万象中找到至纯至真之道。大道"随物应时"，宇宙自然运行；大道生育万物，万物自然生死，却"为而不恃，长而不宰"，不显示其功德。对于潜藏于万物之中的道，圣人可以"外鉴其形，内照其理，默而识之"，不会让外物掩盖其至真至纯之理。至于百姓，他认为"不用家至户晓，纷纷其说"，让他们保持日用而不知的状态即可。

此外，陈象古还多次指出"一"的妙用，例如《道德经》第三十九章"昔之得一者：天得一以清，地得一以宁，神得一以灵，谷得一以盈，万物得一以生，侯王得一以为天下正。其致之。"陈象古注曰：

> 一者，大道之妙用也。致，至也，至其妙用之理也。裂则不全，发则不静，歇则不久，竭则易崩，灭则不继，蹶则不安，皆失道所致也。物理相续，其势然也。是用贱下之道者也。②

一是道产生天地万物之前的状态，也是道之妙用的体现。因此，天地万物的灵性、特质都是一赋予的，只有"得一"才能获得大道中的妙用之理。天地万物之外，老子将侯王专门列出，提出"侯王得一以为天下正"。这句话的含义，可以从两个方面理解。

一方面，陈象古在注《道德经》第四十七章"不出户，知天下；不窥牖，见天道。其出弥远，其知弥少。是以圣人不行而知，不见而名，不为而成"时提出：

---

① 陈象古：《道德真经解》，《老子集成》第三卷，第148页。
② 陈象古：《道德真经解》，《老子集成》第三卷，第159页。

圣人得一以为天下正，故不假户牖而所知所见愈远矣。耳目之所接者有渥，故曰弥少。道博者知其行之动止，见其名之孚伪，谙其成之大小，所以不待自行而知，不待自见而名，不待自为而成也。①

那么，侯王或圣人得一之后，其认知会超越感官所获知识的局限，能够举一反三，获得抽象的真理，因此"不待自行而知，不待自见而名，不待自为而成也"。

另一方面，老子特别强调侯王"自谓孤寡不谷"，陈象古认为这是谦虚之至的表现：

自谓孤寡不谷，谦之至也。《易》曰：天道亏盈而益谦，地道变盈而流谦，鬼神害盈而福谦，人道恶盈而好谦。谦，尊而光，卑而不可踰，君子之终也。非乎者不可以为非也。上古圣人观转蓬，始以为轮，轮行不可载，因物生智，后为之舆，用舆以载物，物至则舍舆，虽数舆不一，舆岂自矜其用乎，竞无舆也。王侯之功，济物者甚大，自谓孤寡不谷，舆、无舆何以异哉。璆璆，玉之美容也。落落，石之美状也。虽外见其美，而内无变通以济之，故不欲如玉石之有外容状也。②

他结合《周易》的谦卦论述了侯王具有谦虚不争之美德的意义，这也是侯王"得一"的表现之一。关于谦虚，他还多次引用《尚书》的名言"满招损，谦受益"加以论证，例如，第三十八章注曰："不德者谓不自矜其德，故人仰其德而归之。不失德者谓自矜其德而患失之，苟患失之，无所不至，故人观其所为而轻之，安可更以德言哉。《书》曰：满招损，谦受益，时乃天道。又曰：汝惟不矜，天下莫与汝争能；汝惟不伐，天下莫与汝争功。默运元化，包藏在心，

① 陈象古：《道德真经解》，《老子集成》第三卷，第 161 页。
② 陈象古：《道德真经解》，《老子集成》第三卷，第 159 页。

物顺其理，不假自为，以彰于外，是无所为者也。"① 又如第二十二章注：

> 一者，不繁不乱，可以曲可以全，可以枉可以直，可以洼可以盈，可以弊可以新，可以少可以得，可以多可以惑。夫小者大之端，暗者明之散，理当然也。故圣人抱一于数，则有增于象，则有容不自满假，先见未萌。天下若取以为式，则人人合于道矣。此抱一之法式也。《书》曰：满招损，谦致益。全因曲成、直因枉起之类，皆不争之明验也。天下众人不知取与之大要，故莫能与之争矣。言可信之至也。曲不终曲，全不终全，随曲随全，唯道之妙。②

这段注文实际上回到了如何抱一的问题。一蕴含着无穷的可能性，"可以曲可以全，可以枉可以直，可以洼可以盈，可以弊可以新，可以少可以得，可以多可以惑"，圣人抱一不会让任何一种状态太满，而是"曲不终曲，全不终全"，始终留有余地，所以能"随曲随全"，体现道之妙用。如果天下人都能按照圣人的方式抱一，则人人可以与道合一，体悟道的最高境界了。

三、"通其物理，道之妙也"

陈象古反复强调道之妙理不可测度，主要是想强调仅靠感官无法体悟道的妙用和真谛。因此他提出"默识内明""保真守素"，即以心悟道，自足抱一。如前所述，"一者，大道之妙用也"，所以抱一是圣人发挥道之妙用的重要途径。那么，"一"到底指什么呢？《道德经》第十四章描述道的状态并提出"道纪"："视之不见名曰夷，听之不闻名曰希，搏之不得名曰微。此三者不可致诘，故混而为一。其上不皦，其下不昧，绳绳不可名，复归于无物。是谓无状

---

① 陈象古：《道德真经解》，《老子集成》第三卷，第 158 页。
② 陈象古：《道德真经解》，《老子集成》第三卷，第 152—153 页。

之状，无物之象，是谓惚恍。迎之不见其首，随之不见其后。执古之道，以御今之有，能知古始，是谓道纪。"陈象古注曰：

> 视之不可见其形，听之不可闻其声，搏之不可得其实，其旨不二，义不可离，故曰混而为一。曒，明白之称也。昧，隐暗之称也。不曒谓道行于己，不自明其功也。不昧谓道施于物，不可隐蔽于其理也。惚恍不可定名，与夷与希与微何有异哉。不可致诘，故如是。古之道，上文所载者是也。道则一也，无古与今，今之所为，虽与古异，岂容舍古之道哉。知物之本冲于道也，自古始若此。纪者，理之用也。知其古始，通其物理，道之妙也。①

陈象古认为，仅凭感官不仅不可见道之形、不可闻道之声，甚至很难感觉到它的存在，更加无法体悟道之真谛。但他又指出，一旦道与物交，即使它不自明其功，存在于万物之中的道之妙理也不会被遮蔽。因此，尽管道"惚恍不可定名"，我们仍然可以循物求道。此道无古无今，自古若此，亘古不变，老子称之为"道纪"。陈象古将"纪"解释为"理之用"，实际上是将理视为亘古不变之道在万物中发挥妙用的体现，他称之为"物理"，这就是"一"。了解了道之根本亘古不变的特点，然后"通其物理"，就可以体悟道之妙用了。

物理包括哪些具体内容呢？陈象古在注解《道德经》时强调了两个方面的内容。

其一，自然之理，物极必反。陈象古在注四十章"反者道之动，弱者道之用。天下之物生于有，有生于无"时指出：

> 物极则反，道非随物而极，故知为道之动。道之行也，与物无竞，知雄守雌，故知为道之用矣。生则为有，不生则无，

---

① 陈象古：《道德真经解》，《老子集成》第三卷，第149页。

利害相因，存亡相继，唯反者、弱者理契于无。①

道亘古不变，但物是不断发展变化的，一旦发展到极点，就会朝相反的方向转变，如常言所谓的盛极必衰、否极泰来等。陈象古认为这些都是自然之理。例如，《道德经》第三十六章："将欲歙之，必固张之；将欲弱之，必固强之，将欲废之，必固兴之；将欲夺之，必固与之，是谓微明。柔弱胜刚强。鱼不可脱于渊，国之利器，不可示人。"陈象古注曰：

> 张极者必歙，强极者必弱，兴极则必废，与极者必夺，皆自然之理也。圣人先见前知，因于明照，故曰是谓微明。微妙用明，无幽不睹，众人之见难与雷同。古人有言：太山之雷穿石，覃极之统断干。亦自然之理也。喻也。鱼不可脱于渊，亦犹人不可离于道，一也。利器，以道为之者也。众人谙于成事，固不可以浅近之迹示于人矣。②

第七十六章："民之生也柔弱，其死也坚强。万物草木生也柔脆，其死也枯槁。故坚强者死之徒，柔弱者生之徒。是以兵强则不胜，木强则共。强大处下，柔弱处上。"陈象古注曰：

> 性静忘情，朴素可保长存，情欲渐盛，不畏死亡，故曰生柔弱而死坚强也。生甲葱青，触物则折，贪生务长，力极数穷，必致枯死，亦有性焉，与人同也，故曰生柔脆死枯槁也。情欲盛者，必与人争；支干大者，必膺人用。柔弱柔脆，人不竞之，工不取之，故死生之境异矣。兵强而极，易见必败，故曰不胜。木强而极，易见枯槁，故曰则共。谓共同其枯槁，皆自然之理也。强大无容，极则易丧，处下之道，可保长久。柔弱有容，

---

① 陈象古：《道德真经解》，《老子集成》第三卷，第 159 页。
② 陈象古：《道德真经解》，《老子集成》第三卷，第 157 页。

未至极致，人悉与之，处下之益，万物皆然。①

人柔弱则性静忘情，保真守素，返朴还淳，可保常存。植物亦如此，柔脆反而是生命力旺盛的表现。强大的事物一旦达到极点，就会转向衰败。因此，保持柔弱的状态、遵从处下之道，可保长久。

柔弱胜坚强、处下居后的典型代表是水。《道德经》第七十八章曰："天下至弱莫过于水，而攻坚强者莫之能胜，其无以易之。故柔胜刚，弱胜强，天下莫不知，莫能行。是以圣人言：受国之垢，是谓社稷主；受国之不祥，是谓天下王。正言若反。"陈象古注曰：

> 水之为功，善利万物，入污流下，非柔而何。攻坚强者恃力违顺，故不能胜水之柔也。无以易之，其理自然，不可改易。水，众人之所见，非难知之物也。莫能行则信道不明，崇道不笃也。言含垢纳污不穷，则信道行德愈大，天下之所与也。似反于正也。受垢为社稷主，受不祥为天下王，以言观之则似非正，以理观之则至正矣。②

在他看来，水善利万物，却甘居下流，这本身就是柔弱的体现。至柔至弱之水，能胜过一切坚强的东西，信道不明、崇道不笃者无法体会柔弱的妙用。能忍受一国之尘垢与不祥也是柔弱的表现，只有这样的人才能成为社稷之主、天下之王。

事物的发展一般都是从小到大，从易到难："为无为则所为不碍也。事无事则事不复因也。味无味则其味不爽也。知其要者，一言而终；不知其要，流散无穷。大小多少，总而言之，包括其不一也。报怨以德，柔和清静，不怀恶意，道之妙用也。易者难之基，细者大之本，故难易之相寻，大小之相续，如循环之无端。"③ 陈象古认

---

① 陈象古：《道德真经解》，《老子集成》第三卷，第170页。
② 陈象古：《道德真经解》，《老子集成》第三卷，第171页。
③ 陈象古：《道德真经解》，《老子集成》第三卷，第166—167页。

为这也是自然之理的表现：

> 圣人知其然，信其理，故保小守下而已。亦自然之理也。
> 为先言图难于其易，难事必作于易，恐人以轻易自处。故今言
> 轻诺必寡信，多易必多难，明其事有渐也。知难之道，慎终如
> 始，难不能阻其妙用，故终无难。①

圣人"信其理，故保小守下"，循序渐进，慎终如始，因此能发挥道
之妙用。

其二，"治物有理，济以变通"。《道德经》第四十三章："天下
之至柔，驰骋天下之至坚。无有人于无间，吾是以知无为之有益。
不言之教，无为之益，天下希及之。"陈象古注曰：

> 道性虚无微妙，可不谓之柔乎？与物无竞，用之则行，舍
> 之则藏，可不谓之坚乎？无有，妙用之道。无间，无所不通，
> 不可隔塞也。妙用道行则通变不测，可以全微妙之理矣。无为
> 之益，达道者觉之，非众人之易悟也。《语》曰：天不言而四时
> 行焉，百物生焉。故及者少也。②

道性虚无微妙柔弱，其妙用却无所不通，主要原因在于道善于变通，
因此可以全微妙之理。陈象古强调，如果"物无变通，遂至止息，
则败坏以随之，非道之妙用也"③。又说："治物有理，济以变通，何
祸之有？"④ 因此，"变通"也是物理的应有之义。

《道德经》第八章以水喻道，陈象古对"上善若水"的理解，不
仅强调其滋润万物之功，更重点突出其柔弱处下以及"逢决则流，
遇防则止。因风则漂，当寒则冰"等善于变通的特点：

---

① 陈象古：《道德真经解》，《老子集成》第三卷，第 167 页。
② 陈象古：《道德真经解》，《老子集成》第三卷，第 160 页。
③ 陈象古：《道德真经解》，《老子集成》第三卷，第 156 页。
④ 陈象古：《道德真经解》，《老子集成》第三卷，第 167 页。

　　水之为性，不好清净，不恶秽浊，其流行也必盈科而后进，其明未尝蔽，其润未尝亏，则水之性，道之自然也，故曰上善若水。善利，润下之功也。不争处恶，物莫能先之。水积之地无不善也。水积之处，内含清明，无不深沉也。水流之处，物得以生，无有害也。水润所及，无虚妄也。水力所行，无不滋益而顺物理也。流行赴百仞之溪而不惧，激之过颡而不弱。逢决则流，遇防则止。因风则漂，当寒则冰。以其上善，故不可以求其过失矣。①

以上皆是顺物理的表现，因此"上善"。违背物理会出现什么样的后果呢？陈象古在注《道德经》第十六章"致虚极，守静笃。万物并作，吾以观其复。夫物芸芸，各复归其根。归根曰静，静曰复命，复命曰常，知常曰明。不知常，妄作凶。知常容，容乃公，公乃王，王乃天，天乃道，道乃久"时指出：

　　虚极，道之本也。虚极无有，恐流于薄，故必守之以静笃，此造道之妙旨也。物极则复，复者自静，故可以观万物复生于微。万物虽多，安能离吾之道哉。芸芸，众多不齐也。根，本也。各复归其根至于极者，皆如是而已。本自清静，因物有迁也。命所禀赋者也。禀赋各有定分，非常而何哉。明，见道之用，理之顺也。不知常则逆物理而乱其道之妙，非凶而何哉。安于本理，不复争竞，何有而不能容乎。公者，不乱其物理，不私其己意，故能容。容者，至公之所在也。王者尊崇，治天下之广，当如道而已。先天而天弗违，后天而奉天时，唯王者埒之。符合于天，则道无不备于动静之间矣。道之为用，无有穷已之时也。②

---

① 陈象古：《道德真经解》，《老子集成》第三卷，第 147 页。
② 陈象古：《道德真经解》，《老子集成》第三卷，第 150 页。

违逆物理就会使道无法发挥其妙用。陈象古将"容"解释为"安于本理，不复争竞"，将"公"解释为"不乱其物理，不私其己意"，又说"容者，至公之所在也"，则二者都是顺物理的结果。王者依道而行，以公治天下，奉天时，合天道，道之妙用无穷，王者之治方能长久。

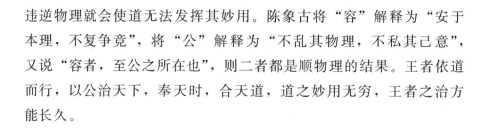

第三节　刘辰翁《老子道德经评点》

刘辰翁（1231—1297 年），字会孟，号须溪，吉州庐陵（今江西吉安）人。南宋理宗景定三年（1262 年），刘辰翁因廷试对策"济邸无后可恸，忠良戕害可伤，风节不竞可憾"[①] 之言忤权臣贾似道，被置为进士丙第，仕途偃蹇。宋亡之后，刘辰翁矢志不仕，隐居方外，专心著述，留下了大量的诗文著作，其词作数量在宋代仅次于辛弃疾和苏轼。刘辰翁去世后，其子将其著作编定为《须溪先生集》一百卷。至明代王圻著《续文献通考》时，该书已散佚大半，仅存"《记略》二卷，及批点老、庄、列、班马、世说、摩诘、子美、长吉、子瞻诗九种"[②]。明代有《刘须溪先生校书九种》。在刘辰翁的评点类著作中，《老子道德经评点》《庄子南华真经点校》和《列子冲虚真经评点》集中反映了他对道家诸子的研究。明代学者将这三种评点合称为《刘须溪先生批注三子》。刘氏著作传世者，今人段大林整理校点为《刘辰翁集》。[③]

从老学发展史来看，宋元老学与汉唐老学相比，在注释方法上有所突破，其表现之一就是出现了一些以前没有的注释方式，如评点体、诗颂体。评点体以刘辰翁的《老子道德经评点》为代表。明

---

① 黄宗羲原著，全祖望补修：《宋元学案》卷八十八《巽斋学案》，第 2963 页。
② 王士禛：《香祖笔记》卷二十二，上海古籍出版社 1982 年版，第 234 页。
③ 刘辰翁撰，段大林校点：《刘辰翁集》，江西人民出版社 1987 年版。

代出现了很多《老子》评注本，如归有光、文震孟的《道德经评注》，钟惺的《老子文归》，陈继儒的《老子隽》，凌以栋的《批点苏子由〈老子注〉》，陈懿典的《道德经精解》，孙𬭊的《评王弼注老子》等，反映了刘辰翁对后世老学的影响。

刘辰翁的《老子道德经评点》"不独著语本文，亦兼评驳林注"①。林注即南宋理学家林希逸的《道德真经口义》。刘辰翁不仅评点《道德经》经文，而且几乎全文收录林注，并对林注加以评点。因此，《老子道德经评点》既体现了刘辰翁对《道德经》文句的评价和思想的理解，也反映了刘辰翁对林希逸老学的继承与批评。

一、对《道德经》文句的评价

刘辰翁对《道德经》文句的评价，涉及字词、用语、譬喻、行文等诸多方面。字词方面，如《道德经》第七十二章："民不畏威，大威至矣。无狭其所居，无厌其所生。夫惟不厌，是以不厌。是以圣人自知不自见，自爱不自贵。故去彼取此。"刘辰翁评点曰：

> 吾看老子意，窃谓不当复有大威二字。民不畏威，至矣，真老子之言也。自知其内不自见其外，自爱其身不自爱其生。不畏威者，不以我为大也，彼不以我为大，乃我所生也。观我生之无，我正欲其如此，奈何厌之？两不厌无义，宜云：夫惟不狭，是以不厌。②

他认为，经文中的"大威"二字为衍文，去掉之后，变成"民不畏威，至矣"，才是老子想要表达的真意。"夫惟不厌，是以不厌"句

---

① 叶德辉云："刘辰翁批点老、庄、列三子，即用《鬳斋口义》本。明天启甲子闻启祥校刻……有刻书凡例云：'老、庄、列三子，须溪原批点《鬳斋口义》，然经刘丹铅，林义每堕，故各称原经，不标林目。'须溪不独著语本文，兼评驳林注，因林显刘，故并林注存之。"见叶德辉撰，杨洪升点校：《郋园读书志》卷三，上海古籍出版社 2010 年版，第 216—217 页。

② 刘辰翁：《老子道德经评点》，《老子集成》第五卷，第 140—141 页。

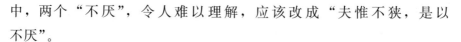

中，两个"不厌"，令人难以理解，应该改成"夫惟不狭，是以不厌"。

除了以注文的形式对《道德经》经文的字词提出自己的看法，刘辰翁有时直接在经文中随文加以注释和评点，例如第四十一章：

> 上士闻道，勤而行之。中士闻道，若存若亡。下士闻道，大笑之，不笑不足以为道。故建言有之：明道若昧，夷道若类，（夷道，天崖岸也。崖岸去则同矣。类，一本作颣，尤好疵累也。）进道若退，上德若谷，大白若辱，广德若不足，建德若偷，（虽为德，畏人知者，窃为之耳，不自表也。）质真若渝，（若渝，若受污者不自保其为素也。甚有余味。）大方无隅，大器晚成，大音希声，大象无形，道隐无名。夫惟道，善贷且成。（贷者，借与。借与必归，无增损也。）①

括号中的文字是刘辰翁对此章部分字词的释义，林希逸对其注曰：

> 夷，平也。夷道，大道也，大道则无分别。类，同也。和光同尘之意也。上德若谷，能虚而不自实也。大白若辱，不皎皎以自异也。广德若不足，若自足则狭矣。偷，窃也。欲为而不敢为也。建立其德，是有为者，而为之以不敢为，所以能建立也。质真若渝，真实之质纯一而无变，而自有若已渝变之意。此亦足而不自足之意。……贷者，与也，推以及人也。有道者能以与人，而不自有也。②

对比可以看出，刘辰翁对"夷道若类""上德若谷，大白若辱，广德若不足，建德若偷""若渝""贷"等字句的解释与林希逸的理解有很大的区别。

---

① 刘辰翁：《老子道德经评点》，《老子集成》第五卷，第128页。
② 刘辰翁：《老子道德经评点》，《老子集成》第五卷，第128页。

对《道德经》的用语，刘辰翁常大加赞赏，例如第二十九章："将欲取天下而为之，吾见其不得已。天下神器不可为也，为者败之，执者失之。凡物或行或随，或嘘或吹，或强或羸，或载或隳。是以圣人去甚、去奢、去泰。"刘辰翁评点曰："神器语奇，谓非人之所能有也。行者径往，随者未可行。燠之后必寒，强之过必羸，圣人知其然，每禁其盛。三字包括尤密，非后章安平泰比也。奢属物，泰属意。"① 第四十六章"天下有道，却走马以粪"句，刘辰翁评点曰："却走马语奇，常足最乐。"② 第七十三章："勇于敢则杀，勇于不敢则活。此两者，或利或害。天之所恶，孰知其故？是以圣人犹难之。天之道，不争而善胜，不言而善应，不召而自来，坦然而善谋。天网恢恢，疏而不失。"刘辰翁评点曰：

> 不敢者，人之所易，而非勇者不能也。彼以敢为勇，故以不敢为不勇，愧于不勇，故不敢者难也。天之所恶，孰知其故？任达自然，疏而不失，语尤奇异。③

刘辰翁认为，老子以"神器"指称非人所能有之理、通过"却走马"展现天下有道的太平之世、用"天网恢恢，疏而不失"体现道任达自然的特点，生动形象，令人称奇。

在刘辰翁看来，《道德经》不仅用语奇，譬喻的使用也十分奇特。例如《道德经》第六十一章："大国者下流，天下之交，天下之牝。牝常以静胜牡，以静为下。（妙。）故大国以下小国，则取小国。小国以下大国，则取大国。故或下以取，或下而取。大国不过欲兼畜人，小国不过欲入事人。夫两者各得其所欲，大者宜为下。""妙"是刘辰翁对"牝常以静胜牡，以静为下"句的称赞，之后他又在注文中对其中的譬喻做出评点：

---

① 刘辰翁：《老子道德经评点》，《老子集成》第五卷，第 123 页。
② 刘辰翁：《老子道德经评点》，《老子集成》第五卷，第 130 页。
③ 刘辰翁：《老子道德经评点》，《老子集成》第五卷，第 141 页。

古人设譬，未有如此其奇者。其于理无不通，而取国为近，得其所以。取汤文之事也，由孟子言之为乐天，由老子言之或不免为机事。岂非可使由之，不可使知之哉？①

刘辰翁认为，老子以"牝"和"牡"比喻大国与小国之间的关系是很贴切的。"牝常以静胜牡"，大国守静谦下包容，故能"兼取小国"。又如第七十七章："天之道，其犹张弓乎？高者抑之，下者举之，有余者损之，不足者补之。天之道，损有余而补不足。人之道则不然，损不足以奉有余。孰能有余以奉天下？唯有道者。是以圣人为而不恃，功成而不处，其不欲见贤。"刘辰翁评点曰：

> 张弓之喻甚奇。高下左右，只在弓内，未尝出于弓也。道本无也，以奉天下而有余，犹之天也。人惟恶不见贤也，见贤而不能给其求，是愈损也。②

天之道损有余而补不足，调和高下以趋于一致。刘辰翁认为，老子以张弓之喻彰显天道公平，达到了令人意想不到的效果。

在行文方面，刘辰翁对《道德经》的肯定之处也颇多。例如：

> 曲则全，由老子言则古语也。其于人情世道，又自有见。因又推言之，而精粗物理，无不若此者，以其有味也。复终言之，才不百字，如往而复，不为老态，婉有余情，不求直而求全，归轻重可见。第知其辞之妙，不知其所以妙。③
>
> 缺缺者，揆揆然望而失望也，以其察察者宜无所不及，故人望而卒失望也。至简至精，字字名言。④
>
> 其无以易之羞一句，愈是文字精嫩处，类如此。于是作者

---

① 刘辰翁：《老子道德经评点》，《老子集成》第五卷，第 136 页。
② 刘辰翁：《老子道德经评点》，《老子集成》第五卷，第 142 页。
③ 刘辰翁：《老子道德经评点》，《老子集成》第五卷，第 120 页。
④ 刘辰翁：《老子道德经评点》，《老子集成》第五卷，第 135 页。

正言若反，尤妙。①

又如第五十章："出生入死。生之徒十有三，死之徒十有三。民之生，动之死地亦十有三。夫何故？以其生生之厚。盖闻善摄生者，陆行不遇兕虎，入军不被甲兵，兕无所投其角，虎无所措其爪，兵无所容其刃。夫何故？以其无死地。"刘辰翁评点曰：

> 出生入死，出者离之，入者保之。保之者重用其心，即所谓生生之厚也。十有三就体中自见，不必求奇。耳目鼻口之为窍，心肝肺脾肾膀胱之为藏，以此生以此死，未尝不生。然动而之死地，语甚警至，非赘言泛论。无死地，不求生也。其言甚实，类非人所常知，故惑。两夫何故，委曲深言之，文字隽快的当，更无余蕴。非此老笔力，亦自难明。必如此者谓之经，尚难为传。②

第二十章："绝学无忧。唯之与阿，相去几何？善之与恶，相去何若？人之所畏，不可不畏。荒兮其未央哉。众人熙熙，如享太牢，如春登台。我独泊兮其未兆，若婴儿之未孩。乘乘兮若无所归。众人皆有余，我独若遗。我愚人之心也哉。沌沌兮，俗人昭昭，我独若昏；俗人察察，我独闷闷。澹兮其若海，飂兮似无所止。众人皆有以，我独顽且鄙，我独异于人，而贵求食于母。"刘辰翁评点曰：

> 其文简而顿挫含蓄，起结皆妙。四字省事快活，而别有所得，故乐言之。下面反复形容，本不待解而解者类失之。唯者，自以为悟。阿者，犹有所疑。然疑与悟又能相去几何？善恶犹此，皆不足计，空自大惊小怪，争是争非。人之所畏，不可不畏，随众而已。行乎世路，如大荒之野，兢兢乎其未有涯哉？

---

① 刘辰翁：《老子道德经评点》，《老子集成》第五卷，第143页。
② 刘辰翁：《老子道德经评点》，《老子集成》第五卷，第131页。

阅世玩慢之辞，非实畏也。说众人熙熙处，则贪名耆利无不得，意我独若无所知，无知之乐乃不在言。乘乘兮若无所归，此真有得者也。众人皆自以所得为有余，而我独若有所失，何也？我其愚哉？沌沌兮而乐亦不可名也。有以，即自以为得也。毋字是真的指示人处，以为有名之母，大谬，读者当自悟。吾何言哉，老子既言之矣。①

在他看来，老子的行文，或婉转往复，或至简至精，或正言若反，或直截了当，或顿挫含蓄，但都意蕴深远，十分精妙，体现出极高的文学造诣。

二、对老子之道的阐发

韩敬在《刘须溪先生批注三子序》中指出："能不向三子下注脚者，始能注脚三子，须溪先生所评唱是也。先生眼如簸箕，手如霹雳，而又胸无宿馅，故能伐山绝宝，缩海煎龙。经其点缀，茎草皆梅檀，片砾皆黄金也。自玄牝之宗参入霞笈，漆园郑圃，一切指为世外忽荒之谈。有能捉松枝尘、坐乌皮几者，晋魏而下，殆有几人。先生生理学窟中，独舍筏迷津，索珠罔象，标引旨趣，兴会风流。微言不绝，其兹赖乎。"② 他认为，刘辰翁在评点老庄列三子时，"胸无宿馅"，即没有先入为主的成见，同时能于"理学窟中，独舍筏迷津，索珠罔象，标引旨趣，兴会风流"，即摆脱理学的影响，抓住了经典的本意。刘辰翁本人也自称"吾以老子注老子，后有老子，以吾为知言"③。从解释学的角度来看，乃"郭象注庄子"而非"庄子注郭象"。然而，根据老学的发展规律，历代有关《老子》的注解论评都不可避免地受到时代思潮和个人思想倾向的影响。刘辰翁的《老子道德经评点》同样如此。尽管他评点的重点在字词、用语、行

---

① 刘辰翁：《老子道德经评点》，《老子集成》第五卷，第 118 页。

② 韩敬：《刘须溪先生批注三子序》，见刘辰翁：《老子道德经评点》，《老子集成》第五卷，第 108 页。

③ 刘辰翁：《老子道德经评点》，《老子集成》第五卷，第 111 页。

文等方面，但仍有不少对《道德经》思想的阐发。下面以他对老子之道的理解为例进行论述。

对老子思想体系的核心——道，刘辰翁给予了特别的关注。他在评点《道德经》第一章时提出老子之道的本质属性为无：

> 此所谓常，犹佛氏指不坏不灭者。人言长久者，天地。天地非所谓常也，犹未离乎名也。谓之道，道亦名也。天地之始，岂尝有此名哉？乃所谓道也。凡有必归于尽，不坏不灭者，其惟无乎。知天地之始，则知所谓常者矣。有字只是对无字说，妙在常无。母者、徼者，直阅而玩之耳。徼，犹边徼，有无之际，非有不能见无故也。①

在刘辰翁看来，老子之道最重要的特点就是常，并借用佛教的"不坏不灭"来解释常。什么能不坏不灭呢？人们常说天长地久，但他认为，天地虽长久，亦是有，"凡有必归于尽"。接着，他提出"不坏不灭者，其惟无乎"。也就是说，只有无能够永恒存在。因此，常道的本质就是无，"妙在常无"。最后，他又强调，有和无是相互依存的，"非有不能见无"。

在评点《道德经》第二十五章"有物混成，先天地生。寂兮寥兮，独立而不改，周行而不殆，可以为天下母。多吾不知其名，字之曰道，强为之名曰大。大曰逝，逝曰远，远曰反。故道大，天大，地大，王亦大。域中有四大，而王处一焉。人法地，地法天，天法道，道法自然"时，刘辰翁也重点从无和有的角度阐发道的特点：

> 有物者，本无物也。其生天地而混成，犹有物也。求其理，则谓之道耳。无名者，其实也，道自是大。从大字说去，愈出愈远。又说转来，曰反。就域中比并，则天地与王四大耳。离乎域中，则三者各为一物，皆是譬喻。故不言王法地，言人法

---

① 刘辰翁：《老子道德经评点》，《老子集成》第五卷，第109页。

地者，块然无所知，然法天，知地法天，则道矣。道即自然，自然即所谓物、所谓母。寂寥独立者，与之为人，犹所谓王也。①

"有物混成"的"物"指道，所以他说"有物者，本无物也"。从"生天地而混成"的角度来看，道又似"有物"。他强调"道即自然，自然即所谓物、所谓母"，进一步说明，道作为万物之母以及万物存在的依据时，亦体现了有的属性。

尽管如此，无依然是道的最高属性。刘辰翁在评点《道德经》第十一章和第三十二章时指出：

却是极意形容一个虚处，使人自悟。谓物物皆有而常制于无也。但语言洁静，亦不可及。②

智勇皆屈于朴，而失其势，故曰不敢臣。天地相合，以降甘露，渐入玄理。人无技心，有名谓道，后归常无，故曰知止。能为下，则无不归也。为川为谷，其极必至于江海，无中止者。③

"物物皆有"但"常制于无"。从名称来看，真正的道本无名，称之为"道"就有了名。道的另一名称"朴"亦是如此："虽无名之朴，亦名也，故亦将不欲。不欲使人知其为朴也，知其为朴则非朴矣。"④不过，有名的"道""朴"最终都归于"常无"。正如他在《道德经》第十四章评点中所说的：

老子吃尽苦，是说何物？诸解区区，注下着脚，便自以为是，窃不敢效也。执古之道，谓在天地先，以无御有，而天地

---

①　刘辰翁：《老子道德经评点》，《老子集成》第五卷，第121页。
②　刘辰翁：《老子道德经评点》，《老子集成》第五卷，第115页。
③　刘辰翁：《老子道德经评点》，《老子集成》第五卷，第124页。
④　刘辰翁：《老子道德经评点》，《老子集成》第五卷，第126页。

初生时可知也。不皦不昧，其在有无之间乎？①

他认为，老子说了很多，但各家注解都没有理解其真意。真正的道在天地之先，其特点是"以无御有""在有无之间"。

如何理解道"在有无之间"呢？刘辰翁从气的角度论述：

> 冲字形容道字最妙。至微至弱，如一缕之息，愈用而愈积，无盈时。此道字与气字合，皆非偶然。《训故》比宗字，又岂可与《大宗师》同日语哉？林盖无见于此。挫其锐是自点检，解其纷是去累。至和其光、同其尘，则几于造物者为徒矣。从前儒者以此语为病，不知最是高明。游非人间世也。象帝之先，虽帝子也在后。吾以老子注老子，后有老子，以吾为知言。②

他明确提出"此道字与气字合"：气"至微至弱，如一缕之息"，似无；同时"愈用而愈积"，则似有。他认为，"冲"字很好地呈现出道若有似无、在有无之间的特点，因此"形容道字最妙"。关于"冲气"，《道德经》第四十二章曰："道生一，一生二，二生三，三生万物。万物负阴而抱阳，冲气以为和。"刘辰翁评点：

> 有一即有配，配则存为之子矣。其自子以往，生生不可穷，亦不可知矣。负阴抱阳，抱阳乃虚也。冲气以为和，微之极，和之极。③

道生万物是从无到有、生生不息的过程。"负阴抱阳，抱阳乃虚也"，"虚"似无。"冲气以为和"之后，虽然极为微弱，但亦是"和之极"，蕴藏着无穷的生命力，又是有。再次阐发了道在有无之间的

---

① 刘辰翁：《老子道德经评点》，《老子集成》第五卷，第116页。
② 刘辰翁：《老子道德经评点》，《老子集成》第五卷，第111页。
③ 刘辰翁：《老子道德经评点》，《老子集成》第五卷，第129页。

思想。

形而上之道在有无之间，落实到现实中则体现为在无为与有为之间。例如，《道德经》第二章评点曰：

> 此老子所以藏身于天地之道。反复形容，虽古圣贤不曾占得此处地位。说到万物作焉而不辞，生而不有，便见得造物所以自处者，有居而后有去。谓老子为无意于世，是不知言者也。使其用世，世必不能舍之，盖是他识藏处。[①]

在刘辰翁看来，"万物作焉而不辞，生而不有，为而不恃，功成而不居"体现的无为并非老子的本意，而是老子"藏身于天地之道"。他还指出，如果真正理解了老子的思想，就会发现老子不仅有意于世，而且善于用世。只不过，他将自己的能力隐藏得很好，世人难以发现。又如《道德经》第二十七章："善行无辙迹，善言无瑕谪，善计不用筹策，善闭无关键而不可开，善结无绳约而不可解。是以圣人常善救人，故无弃人；常善救物，故无弃物。是谓袭明。故善人不善人之师，不善人善人之资。不贵其师，不爱其资，虽智大迷，是谓要妙。"刘辰翁在评点时说得更加直接：

> 此老非无为者也。其待人处己，虽以取天下，不过如此，而不见其为之之迹。救人救物，语厚。人有过随之，故能救之。若初不见其过者，而人亦不知袭藏之道也。不善人，指横逆之类。它山之石，可以攻玉。此等粗浅，林亦失之。爱其资者，落便宜得便宜也。故提醒迷者，自谓要妙，固是厚道。然善计不用筹策以此，此意毒哉。[②]

老子并非无为者，而是精通"藏之道"，即前文所说的"藏身于天地

---

① 刘辰翁：《老子道德经评点》，《老子集成》第五卷，第110页。
② 刘辰翁：《老子道德经评点》，《老子集成》第五卷，第122页。

之道"，因此世人"不见其为之之迹"。实际上，常善救人、常善救物都是其有为的表现。

善与不善的关系，第六十二章也有论及："道者，万物之奥，善人之宝，不善人之所保。美言可以市，尊行可以加人。人之不善，何弃之有？故立天子、置三公，虽有拱璧以先驷马，不如坐进此道。古之所以贵此道者，何也？不曰求以得，有罪以免邪？故为天下贵。"刘辰翁评点曰：

> 其言愈贵，愈下愈近，至不善者犹将顾之。美言可以市，谓之出于善意，皆可以得人心也。尊行，可尊之行也。其人虽未必实有是行，而可以加而尊之。此二语近佞近便，而道亦在是。至"人之不善，而何弃之有"，则恢恢乎大人长物者之量，岂徒卑卑然下之哉？虽天子与三公立之置之，皆大功大德，又有璧有马，极其尊重隆礼，苟无此二者，则或矜或待，皆足为患。阅世久远，陷于忧患，而后知其为有道之言也。①

他认为，善与不善皆是道的体现。因此，从道的角度看，立天子、置三公，有璧有马，位尊礼隆，这些受人诟病的形式虽属有为，但不可或缺。总之，在刘辰翁眼中，老子的治世之道在乎无为与有为之间。

三、对林希逸老学的批评与继承

刘辰翁的《老子道德经评点》以林希逸的《道德真经口义》为蓝本，除了对林氏所引《道德经》的经文加以圈点评价外，还对林希逸的注文作了分段点评。刘辰翁对林注的点评形式多样，或以简短的评语对林注进行批评，或在批驳林注的基础上提出自己的见解，或直接引林注以阐己说，表明他对林希逸的老学思想既有批评，又有所继承。

---

① 刘辰翁：《老子道德经评点》，《老子集成》第五卷，第137页。

作为南宋著名的理学家，林希逸的"三子口义"都带有十分明显的儒学色彩。如前所述，刘辰翁自称"吾以老子注老子"，强调应关注《老子》本身，因此他在批评林希逸的《道德真经口义》时，尤其反对其以儒解《老》的做法。时人韩敬在《刘须溪先生批注三子序》中对此亦有所论及："林氏鬳斋遽施十重铁步障自卫，非先生以谈笑解之，此段膏肓更种入腐儒知见，将羽陵小酉尽归之老蟫宿蠹之腹，而后止耳。"① 在韩敬看来，林希逸以儒解《老》《庄》《列》，是隔着"十重铁步障"看经典，而刘辰翁的评点却能摆脱理学的影响，直达经典的本意。刘辰翁对林希逸《道德真经口义》的批评也多是从这个角度展开的。例如，《道德经》第一章，林希逸注曰：

> 此章居一书之首。一书之大旨，皆具于此。其意盖以为道本不容言，才涉有言，皆是第二义。常者，不变不易之谓也。可道可名，则有变有易。不可道不可名，则无变无易。有仁义礼智之名，则仁者不可以为义，礼者不可以为智。有春夏秋冬之名，则春者不可以为夏，秋者不可以为冬。是则非常道、非常名矣。天地之始，太极未分之时也。其在人心，则寂然不动之地。太极未分，则安有春夏秋冬之名？寂然不动，则安有仁义礼智之名？故曰无名天地之始。其谓之天地者，非专言天地也，所以为此心之喻也。既有阴阳之名，则千变万化皆由此而出。既有仁义之名，则千条万端自此而始。故曰有名万物之母。母者，言自此而生也。常无、常有两句，此老子教人究竟处。处人世之间，件件是有。谁知此有自无而始？若以为无则又有，所谓莽莽荡荡，招殃祸之事。故学道者，常于无时就无上究竟，则见其所以生有者之妙；常于有时就有上究竟，则见其自无而来之徼。徼即《礼记》所谓窍于山川之窍也，言所自

---

① 韩敬：《刘须溪先生批注三子序》，见刘辰翁：《老子道德经评点》，《老子集成》第五卷，第 108 页。

出也。此两欲字有深意。欲者，要也。要如此究竟也。有与无虽为两者，虽有异名，其实同出，能常无常有以观之，则皆谓之玄。玄者，造化之妙也。以此而观，则老子之学何常专尚虚无？若专主于无，则不曰两者同出矣，不曰同谓之玄矣。玄之又玄，众妙之门。此即庄子所谓有始也者，有未始有始也者，有未始有夫未始有始也者。但赞言其妙而已，初无别义。若曰一层上又有一层，则非其本旨。众妙即《易》所谓妙万物者也。门言其所自出也。此章人多只就天地上说，不知老子之意正要就心上理会。如此兼看，方得此书之全意。①

林希逸以太极解老子之道，强调要从"心上理会"老子之意，是典型的理学思维。刘辰翁评点曰：

此处自浅自深，有不容言者，而欲以义理释之，岂不为作者所笑？同谓之玄，又怕人以事物为粗浅，不知横竖即是此道。玄之又玄，亦不是形容。层叠敞恍，自有精义。如林解，则与儒者之学相近，甚不为玄也。尚未识意，安得又玄？②

他认为，林希逸将本无法用语言表述的玄妙之"道"用儒家义理之学进行解说，与老子的本旨相去甚远。又如《道德经》第六章："谷神不死，是谓玄牝。玄牝之门，是谓天地根。绵绵若存，用之不勤。"林希逸注曰：

此章乃修养一项功夫之所自出。老子之初意，却不专为修养也。精则实，神则虚。谷者，虚也。谷神者，虚中之神者也。言人之神自虚中而出，故常存而不死，玄远而无极者也。牝，虚而不实者也。此二字，只形容一个虚字。天地亦自此而出，

---

① 刘辰翁：《老子道德经评点》，《老子集成》第五卷，第109—110页。
② 刘辰翁：《老子道德经评点》，《老子集成》第五卷，第109页。

故曰根。……绵绵不已，不绝之意。若存者，若有若无也。用于虚无之中，故不劳而常存，即所谓虚而不屈，动而愈出是也。晦翁曰：至妙之理，有生生之意存焉。此语亦好，但其意亦近于养生之论。此章虽可以为养生之用，而初意实不专主是也。①

刘辰翁评点曰：

> 此章难注。老子已极意言之，而不能言者也。苟知其虚之所存与生之所自，则言已至矣。复欲如老子能言，不可得也。林解特以字义常理释之，此岂《老子》注哉？千辛万苦，下字形容，惟恐不近，乃不如晦翁两语而足，岂不又可笑哉？许大天地，根只在里许念哉？老子刻画示人，而犹有未悟者，以为形容，一虚字而已。何益？可笑。②

林希逸此章注解颇为可取，但在刘辰翁看来，林希逸从字义常理的角度解释《老子》的概念，虽"千辛万苦"，却没有领悟其中真意。刘辰翁连用两个"可笑"，表达了对这种注解方式的强烈批评。当然，这样的批评反映出刘辰翁的偏见。与此同时，他对林希逸所引朱熹的评论表示认可，表明他并非反对理学，而是反对以理学解《老》。在第十三章注中，刘辰翁也表达了对苏辙《老子》注的认可："蜀本、子由本皆是宠为下，最有理。辱为下，谁不知？达者知宠辱之相随，则宠即辱也。但看取得宠失宠时，若惊二字深得情态。失固易见，未尝得而忽得之，则亦若惊。贵大患若身，身即患也，贵身是贵患也。人能以天下为大患，如贵其身不以身亲患，则身存矣。忘天下如忘身，忘身无患。"③

《道德经》第六十章："治大国若烹小鲜。以道莅天下，其鬼不

① 刘辰翁：《老子道德经评点》，《老子集成》第五卷，第113页。
② 刘辰翁：《老子道德经评点》，《老子集成》第五卷，第112—113页。
③ 刘辰翁：《老子道德经评点》，《老子集成》第五卷，第115页。

神。非其鬼不神，其神不伤人。非其神不伤人，圣人亦不伤。夫两不相伤，故德交归焉。"刘辰翁分三段附录了林希逸的注文：

> 林云：此章先顿一句，以言不扰之意。烹小鲜者搅之则碎，治国者扰之则乱。清净无为，安静不扰，此治国之道也。既提起一句，如此下面却言三才之道，皆是不扰而已。以道莅天下，此天下字包三才而言之，凡在太虚之下，临之以道，天则职覆，地则职载，圣人则职教。三者各职其职而不相侵越，则皆得其道矣。
>
> 林云：神，阳也。鬼，阴也。不曰阴阳，而曰神鬼，此正其著书立言之意，不欲尽显露也。其鬼不神者，言地主于阴，而不干于阳。非其鬼不神者，言不特地为然也，地尽地之道，不干于天，而天尽天之道，亦不干于人。故曰其神不伤人。非其神不伤人者，言非特天尽天之道，而不干于人，圣人亦尽圣人之道，而不干于天地也。
>
> 林云：幽则为阴阳，明则为圣治。此两者自不相伤，则其德皆归之。言天地得自然之道，圣人亦得自然之道，各有其德而不相侵越，故曰交归之。不相伤者，不相侵也。圣人亦不伤之下，一本多一民字，误也。①

刘辰翁对前两段注文分别做出简评，第一段评曰"谬"，第二段评曰"非"，在此基础上又对三段进行总评：

> 小鲜之喻妙甚，不待详说，人人自喻故也。林以鬼神为阴阳，不知何见解书？若非作者有隐，岂必以诈逆之哉？此理甚实，鬼神司出吾之神，方舆之为幽为明，而不见其有物也。其人则我是也，语意政在亦不伤人。林以人字包误，尤舛。两不

---

① 刘辰翁：《老子道德经评点》，《老子集成》第五卷，第136页。

相伤以下，却是和鼓无实义。①

可以看出，除了第一句是对老子小鲜之喻的肯定外，刘辰翁对此章的评点基本上是对林希逸注文的批评。

刘辰翁对林希逸的批评常常用词尖刻。例如，林希逸注解《道德经》第七十八章时说："圣人云三字，自佳。"② 刘辰翁评曰："有何佳处？"③ 林希逸注第六十三章曰："无为而后无不为，故曰为无为。无所事于事，而后能集其事，故曰事无事。无所着于味，而后能知味，故曰味无味。能大者必能小，能多者必能少，能报怨者必以德，能图难者必先易，能为大者必先于其细。自味无味以下，皆譬喻也。难事必作于易，大事必作于细，只是上意申言之也。圣人不自大而能谦能卑，所以成其大。轻诺者多过当，故必至于失信。以易心处事者，多至于难成，此亦借喻语也。但添一夫字，其意又是一转。前言易矣，恐人以轻易之心视之，故如此斡转，曰易非轻易也。圣人犹以难心处事，遂至于无难，况他人乎？此意盖谓前言易者，无为无事而易行也，非以轻易为易也。"④ 刘辰翁评曰："小儿之见。"⑤ 类似的评价很多。

从另一角度来看，刘辰翁之所以选择林希逸的《道德真经口义》作为蓝本，实际上体现了他对林注的认可。其重要表现之一就是，在《道德经》某些章的评点中，刘辰翁或仅附录林注而不做任何评价；或仅以一句话对《道德经》做出短评，后面附录林注。此外，如前所述，刘辰翁的《老子道德经评点》不仅有对老子思想的阐发，亦兼评《道德经》的字词、用语、譬喻、行文等。这种带有文学倾向的评论应该受到了林希逸的影响。

林希逸重视老庄的文章和他的师承有很大的关系。艾轩学派是

① 刘辰翁：《老子道德经评点》，《老子集成》第五卷，第 136 页。
② 刘辰翁：《老子道德经评点》，《老子集成》第五卷，第 143 页。
③ 刘辰翁：《老子道德经评点》，《老子集成》第五卷，第 143 页。
④ 刘辰翁：《老子道德经评点》，《老子集成》第五卷，第 137—138 页。
⑤ 刘辰翁：《老子道德经评点》，《老子集成》第五卷，第 138 页。

理学的一派，但他们和程朱理学有所不同，其表现之一就是义理和文章并重。林亦之曾说："孟轲氏以来，千有余年，乃得一程子。惜夫耻于论文，故六经事业亦有阙而未备者，信乎此道之难也。学者欲无愧于六经，无愧于周公、仲尼，则学问故为大本，而文章亦不得为末技也。"① 他表达了自己与程颐对义理、文章关系方面的不同看法。这种思想自艾轩林光朝就开始了，林希逸说："盖著书虽与作文异，亦自有体制，起头结尾皆是其用意处，如《春秋》之绝笔获麟，如《中庸》之上天之载，无声无臭，此书内篇之浑沌七窍，皆是一个体制，不可不知也。诸家经解，言文法者，理或未通，精于理者，于文或略，所以读得不精神，解得无滋味。独艾轩先生道既高而文尤精妙，所以六经之说特出千古。所恨网山、乐轩之后，其学既不传，今人无有知之者矣。"② 可见，艾轩、网山等人义理与文章并重的治学态度和方法，林希逸是十分认同的。这也对林希逸产生了很深的影响。他在注解经典时，既重视经典义理的阐发，又注意对经典文章技巧的发掘，在理学盛行的南宋可谓独树一帜。以《南华真经口义》为例，林希逸在注文中时常仅用几个字表达其看法，如"好""妙""说得痛快""甚有情理"等。刘辰翁评点《庄子》亦是如此，如"痛快！愈缓愈激""语极绵，至痛快""峻""语至刻急，每结皆缓，若深厚不可知者，优柔有余，得雄辩守胜之道。自经而子，未有成片文字，枝叶横生，首尾救应，自为一家"，等等，类似的文字俯拾皆是。

　　如前所述，刘辰翁对老子的譬喻给予了极高的评价。对比刘辰翁的评点和林希逸的口义，可以看出，二人都十分关注《道德经》的譬喻手法。例如，《道德经》第五章："天地不仁，以万物为刍狗；圣人不仁，以百姓为刍狗。天地之间，其犹橐籥乎？虚而不屈，动而愈出。多言数穷，不如守中。"林希逸注曰：

---

① 林亦之：《网山集》卷三《伊川程子论》，《景印文渊阁四库全书》第 1149 册。
② 林希逸：《南华真经口义》，《道藏》第 15 册，第 892 页。

生物，仁也。天地虽生物而不以为功，与物相忘也。养民，仁也。圣人虽养民而不以为恩，与民相忘也。不仁，不有其仁也。刍狗已用而弃之，相忘之喻也。三十八章曰：上德不德，是以有德。不仁犹不德也。庄子《齐物》曰：大仁不仁。《天地》曰：至德之世，相爱而不知以为仁。亦是此意。刍狗之为物，祭则用之，已祭则弃之，喻其不着意而相忘尔。以精言之，则有所过者化之意。而说者以为视民如草芥，则误矣。大抵老庄之学，喜为惊世骇俗之言，故其语多有病。此章大旨，不过曰天地无容心于生物，圣人无容心于养民。却如此下语，涉于奇怪。而读者不精，遂有深弊。故曰申韩之惨刻，原于刍狗百姓之意。虽老子亦不容辞其责矣。

刘辰翁评点曰：

刍狗喻奇，橐籥理精。林解刍狗极是。其取譬刍狗之意，亦是看得天地圣人能生之而已，后来每事自照管他不得。橐籥无停处，正与刍狗意似。愈动愈出，前者为陈迹矣。人之多言，当圣耗乏，不能如天地者，不如其虚也，故贵守中。林解以多言与上首意不相续，故推向冷语结去，不知自刍狗以来，已有无恋着之意。①

他高度评价了林希逸对刍狗的理解，同时也指出了其不足之处。又如《道德经》第七十四章，刘辰翁不仅在经文中对字词做出解释，而且在后面以注文的形式对此章文义做出评点，并录林注：

民不畏死，奈何以死惧之？若使民常畏死，而为奇者吾得执而杀之，孰敢？常有司杀者。（司杀者，自不专杀也。）夫代司杀者，是谓代大匠斫。夫代大匠斫者，希有不伤手矣。

① 刘辰翁：《老子道德经评点》，《老子集成》第五卷，第112页。

（刘辰翁评点：）刑柄在手，谓能杀人者，误也。此其敢于杀者也。敢于杀矣，而人不惧，不可胜杀也。及其当杀，或不能杀也。孰知杀之非我，常有司杀者，而亦有不能杀者乎？譬之代斫伤手，其警深矣。

林云：此章言人之分别善恶，自为好恶，至于泰甚者，皆非知道也。故以世之用刑者喻之，言用刑者不过以死惧其民，而民何尝畏死？使民果有畏死之心，则为奇邪者，吾执而刑之，则自此人皆不敢为矣。故曰吾得执而杀之，孰敢。今奇邪者未尝不杀，而民之犯者日众，则民何尝畏死哉？司杀者，造物也。天地之间，为善为恶，常有造物者司生杀之权，其可杀者，造物自杀之，故曰常有司杀者杀。为国而切切于用刑，是代造物者司杀也。以我之拙工而代大匠斫削，则鲜有不伤其手者。此借喻之中，又借喻也。此章亦因当时嗜杀，故有此言，其意亦岂尽废刑哉？天讨有罪，只无容心可矣。[①]

林希逸将"司杀者"解释为"造物者"，刘辰翁将之解释为"自不专杀也"，理解虽然有所不同，但他们都看到了《道德经》文字背后的寓意，并且强调老子用譬喻警示世人。

---

① 刘辰翁：《老子道德经评点》，《老子集成》第五卷，第141—142页。

第十二章　老学在金朝的发展

　　金朝老学的研究，除了日本学者山田俊撰有《李霖〈道德真经取善集〉思想初探》《寇才质〈道德真经四子古道集解〉初探》等文以外，学界尚未充分关注。《道藏》中收录的金朝老学著作，除了李霖、寇才质两家之外，还有赵秉文的《道德真经集解》。寇才质自称"及冠之后，酷嗜恬淡之乐，究丹经卜筮之术"①，可知其与道教颇有渊源。《道德真经四子古道集解》直接引用《庄子》《列子》《文子》《庚桑子》的原文与《老子》互证，并云："因观诸家解注，言多放诞，互起异端，朱紫殽乱，殆越百家，失其古道本真，良可叹也。独庄、列、文、庚四子之书，乃老氏门人亲授五千言教，各著撰义与相同。其余诸解，纷纭肆辩，徒以笔舌为功，虚无为用，了无所执，又岂可与四子同日而语哉？"② 刘谔庭也说："窃闻庄、列、文、庚者，乃老氏之门人高弟也。当比周时，皆亲授五千言教，探道德之奥旨，舍四子之外，其孰能与于此哉？"③ 可以看出，寇才质重在梳理庄、列、文、庚四子对老子思想的继承与发展，很少发表自己的看法，有"述而不作"之意。李霖、赵秉文之注虽然也是集解，但自我发挥也很多，颇具特色，代表了金朝老学的主要成就。

---

①　寇才质：《道德真经四子古道集解·序》，《老子集成》第四卷，第43页。
②　寇才质：《道德真经四子古道集解·序》，《老子集成》第四卷，第43页。
③　刘谔庭序，见寇才质：《道德真经四子古道集解》，《老子集成》第四卷，第119页。

第一节　李霖《道德真经取善集》

　　李霖，字宗傅，饶阳（今属河北衡水）人，自号饶阳居士，生平不详。著《道德真经取善集》十二卷①，书前有刘允升序和李霖自序。刘允升序作于大定壬辰，可知该书成于金世宗大定十二年（1172 年）以前。②

　　李霖自序称，他自幼喜读《道德经》，晚年"欲讨深义，以修自己之真。自度耄荒，难测圣意，今取诸家之善，断以一己之善，非以启迪后学，切要便于检阅，目之曰《取善集》"③。"取诸家之善"即汇集众注，包括严遵、河上公、王弼、郭象、钟会、孙登、羊祜、鸠摩罗什、卢裕、刘仁会、顾欢、陶弘景、松灵仙人、裴处恩、葛玄、杜弼、臧玄静、刘进喜、唐玄宗、成玄英、蔡子晃、车惠弼、张君相、王真、杜光庭、吴筠、谷神子、陆希声、陈景元、司马光、苏辙、王安石、吕惠卿、王雱、刘概、陆佃、马巨济、宋徽宗、林灵素、曹道冲、志琮、唐耜、凌遘、李畋等数十家《道德经》注疏。这也是李霖《道德真经取善集》的主要特点。该书保存了不少汉唐旧注，宋代林灵素、唐耜、凌遘、李畋等人的《道德经》注亦散佚不存，实赖该书得以流传。除历代《道德经》注疏外，李霖还引用了《西升经》《尚书》《论语》《孟子》《庄子》《韩非子》《内观经》《内丹经》《新说》《字说》等典籍中的内容，帮助读者理解《道德

---

①　《道德真经取善集》刘允升序曰："饶阳李霖，字宗傅，性善恬淡，自幼至老，终身确然，研精于五千之文，所谓知坚高之可慕，忘钻仰之为劳，会聚诸家之长，并叙己见，成六卷。"（《老子集成》第四卷，第 121 页）十二卷或为后人所分。

②　日本学者山田俊据此推测李霖为金人或南宋孝宗时期以前活动的人物，参见山田俊《李霖〈道德真经取善集〉思想初探》（载程水金主编《正学》第 4 辑，江西人民出版社 2016 年版）。本书认为，李霖引用宋徽宗《道德经》注时均称"御注"，并放在最显著的位置，从一定程度上反映出他对宋代文化及宋人身份的认同。

③　李霖：《道德真经取善集·序》，《老子集成》第四卷，第 121 页。

经》的思想。诚如刘允升所说:"譬若八音不同,均适于耳。五味各异,皆可于口。庶广其见而博其知,以斯而资同道,为功岂小补哉!"① 该书在老学文献的保存方面的确有较大的价值。在纂集诸家注疏的基础上,李霖还"断以一己之善",阐发了自己对《道德经》独到的理解,下面从四个方面加以论述。

一、真常之道

道是老子思想的最高范畴和核心概念,历代解《老》者从不同的角度对老子之道进行阐发,如成玄英所说,严遵"以玄虚为宗",顾欢"以无为为宗",孟智周、臧玄静"以道德为宗",梁武帝"以非有非无为宗",孙登"托重玄以寄宗",② 李霖解《老》则是以"真常"为宗。他在对第一章注文进行总结时说:

> 此章言真常之道,悟者自得,不可名言,同观微妙,斯可以造真常之道矣。太上以此首章,总一经之意,明大道之本,谓玄之又玄也。③

可见,"真常之道"是他对老子形而上之道的称呼。"真常之道,悟者自得"见于《太上老君说常清静经》,杜光庭、李道纯、侯善渊等人曾为该经作注。宋代,王雱、李畋、宋徽宗等都开始用真常论老子之道,《道德真经取善集》中引用了他们关于真常的论述:

> 王元泽曰:名生于实,实有形数,形数既具,衰坏随之,其可常乎。惟体此不常,乃真常也。④
> 御注:有形则有盛衰,有数则有成败,形数具而生死分,物之理也。谷应群动而常虚,神妙万物而常寂,真常之中,与

---

① 刘允升序,见李霖:《道德真经取善集》,《老子集成》第四卷,第 121 页。
② 成玄英:《老子道德经开题序诀义疏》,《老子集成》第一卷,第 285 页。
③ 李霖:《道德真经取善集》,《老子集成》第四卷,第 185 页。
④ 李霖:《道德真经取善集》,《老子集成》第四卷,第 121 页。

道为一，不丽于形，不堕于数，生生而不穷。如日月焉，终古不息。如维斗焉，终古不忒。故云不死。①

李畋曰：大道以虚静为真常，以应用为妙有，俾其侯王守其真常，寂然不动，法其妙用，感而遂通，则万物化淳天下正。②

至元代，李道纯的《道德会元》和邓锜的《道德真经三解》，亦以真常为宗。二人皆为全真道士，在他们的影响下，明清以后的全真道学者解《老》大都以真常为宗。"真常"出现于全真道创教以前，但全真道吸收真常理论融入其修炼思想之中。李霖是否为全真道士，或是否受到全真道修道理论的影响，③ 还有待进一步的研究。

何为"真常之道"呢？《道德经》开篇"道可道，非常道。名可名，非常名"以可否言说将道分为两个层面，李霖《取善集》注曰：

首递道之一字，大道之道也。下言可道之字，言道之道也。夫大道虚寂，玄理幽深，不可言道，当以默契，故心困焉不能知，口辟焉不能议，在人灵府之自悟尔。虽道之一字，亦不可言也。若默而不言，众人由之而不知，故圣人不得已而强名曰道。既云为道，有言有说，代废代兴，非真常之道也。其可道者，莫非道也，而非道之常也。惟其不可道，而后可常耳。今夫仁义礼智，可道之不可常如此。惟其不可道，然后在仁为仁，在义为义，在礼为礼，在智为智，彼皆不常而道不变，故常，不可道之能常如此。常道者，自然而然，随感应变，接物不穷，

---

① 李霖：《道德真经取善集》，《老子集成》第四卷，第 127 页。

② 李霖：《道德真经取善集》，《老子集成》第四卷，第 166 页。关于李畋的《道德经》注疏情况，见王闢之《渑水燕谈录》卷六："李畋渭卿，自号谷子。……畋撰《道德经疏》二十卷。"《全宋笔记》第二编·四，大象出版社 2006 年版，第 64 页。

③ 施舟人、傅飞岚主编的《道藏通考》（芝加哥大学出版社 2004 年版）认为："关于内丹侧面，李霖具有与全真教类似的发想，但其关于'精、气、神'的理解是独自的。"见该书第 649 页。

不可以言传，不可以智索，但体冥造化，含光藏辉，无为而无不为，默通其极尔。①

该注择取了陈景元的部分注文，但也有李霖自己的见解。他将不可言说之道称为"大道"，因为"大道虚寂，玄理幽深"，所以"不可言道"，只能"以默契"，以人之"灵府"自悟。不可言说和可以言说是老子之道互相矛盾的两个方面，其矛盾之处在于：大道超越语言，但如果圣人自悟却默而不言，众人则无从得知，因此圣人只能勉强言之；然而，用语言表述的道会随着时代的更迭而变迁兴废，虽然属于大道的范围，却非恒常不变之大道本身。人们平常所说的仁义礼智就属于可道不可常之类，但是仁义礼智的运用又必须依照一定的法则，此法则不可道而能常，即李霖所谓的"真常之道"。真常之道有时又称"常道"，其"自然而然，随感应变，接物不穷"，既不能用语言传达，也不能用智慧获得，只有"体冥造化，含光藏辉，无为而无不为"，方能"默通其极"。

李霖注《道德经》第十六章"知常曰明。不知常，妄作凶"句时也谈到了真常："自道之外皆非常也。道虽真常，无形无名，非有自知之明，鲜有不为物蔽者矣。夫众不知道之真常，以妄为常，故欢乐用生，动而失之，寿命竭矣。所谓妄作凶也。"② 由于真常之道无形无名，众人多为物所蔽，"以妄为常"。"妄"即不真实，可见，真常之道的提出主要是为了突出道的恒常和真实两种属性。

关于道之真，李霖主要从体用的角度阐发，例如第三十七章和第二十五章注：

道以无为为常，以其无为，故能无所不为。无为者，寂然不动，道之真体，所谓无体之体也。无不为者，感而遂通，道

---

① 李霖：《道德真经取善集》，《老子集成》第四卷，第122页。
② 李霖：《道德真经取善集》，《老子集成》第四卷，第140页。

之真用，所谓无用之用也。故曰：道常无为，而无不为。①

　　道之真体，卓然独立，不与物偶，历万世而无弊，亘古今而常存。道之妙用，无乎不在，靡不周遍，未始有极。《易》曰：变动不居，周流六虚。②

在第二十五章注的总结中，李霖又强调：

　　此章言混成之道，先天地生，其体则卓然独立，其用则周流六虚，不可称道，强以大名。虽二仪之高厚，王者之至尊，咸法于道。夫道者，自本自根，无所因而自然也。③

"道之真体，卓然独立"，历万世而不变，亘古今而常存，具有超越万物、超越时空的特性。在李霖看来，"道法自然"就是这种超越性的体现："人法地之安静，故无为而天下功。地法天之无为，故不长而万物育。天法道之自然，故不产而万物化。道则自本自根，未有天地，自古以固存，无所法也。无法者，自然而已。故曰道法自然。"④

　　另一方面，万物皆是道的体现，从这个角度来看，道又"周流六虚"，无所不在，此即"道之真用"或"道之妙用"。李霖注"道大，天大，地大，王亦大。域中有四大，而王居其一焉"时借庄子关于道的描述指出了道之用的特点："道，覆万物者也，包裹天地，至大无外，故曰道大。……夫道未始有封，而此言域中者，谓虽域不域，包裹无外也。"⑤ 道之用无所不在，因此"至大无外"，与之相对的道之体"至幽则小"：

---

① 李霖：《道德真经取善集》，《老子集成》第四卷，第 165 页。
② 李霖：《道德真经取善集》，《老子集成》第四卷，第 150 页。
③ 李霖：《道德真经取善集》，《老子集成》第四卷，第 151 页。
④ 李霖：《道德真经取善集》，《老子集成》第四卷，第 151 页。
⑤ 李霖：《道德真经取善集》，《老子集成》第四卷，第 151 页。

　　道复于至幽则小，而与物辨，显于至变则大，而与物交。与物辨，故覆万物而不示其宰制之功，而不为主，故常无欲可名于小。所谓复小而辨于物也。与物交，故包容万物而莫窥其归往之进，而不知主，可名于大。夫道非小大之可名也。云可名者，道之及乎物者尔。朴虽小，天下莫能臣。圣人抱朴常无欲，可名于小，所谓终不为大也。至于天下莫能臣，独成其尊大，故能成其大也。此章言道用无方，生成所赖，辨于物而为小，交于物而为大。是以圣人法道朴而为小，成至尊而为大。①

与物辨则小，与物交则大，因此道之体和道之用的区别在于是否超越于物。"朴虽小，天下莫能臣"，"朴"就是道体，李霖称之为"道之全体"："朴者，道之全体，复归于朴，乃能备道。夫孤、寡、不谷而王公以为称，故抱朴而天下宾。复归于朴，则无极不足以言之，所谓无名之朴也。朴虽小，天下莫能臣。"② 关于朴，李霖对《道德经》第二十八章"朴散则为器"句没有发表自己的看法，而是直接引用了宋徽宗和钟会的注文：

　　御注：形而上者谓之道，形而下者谓之器。器者，道之散也。有形名焉，有分守焉，随其器而用之。
　　钟会曰：朴，道也。守则为质朴之道，散则为养人之器。③

说明李霖认同将朴解释为形而上之道。可见，"道之全体"也是李霖对老子形而上之道的称呼。此外，李霖在第三十二章注中也发表了类似的看法：

　　朴者，道之全体，未始有物也。其朴可谓小矣，虽小，足

---

① 李霖：《道德真经取善集》，《老子集成》第四卷，第 162 页。
② 李霖：《道德真经取善集》，《老子集成》第四卷，第 155 页。
③ 李霖：《道德真经取善集》，《老子集成》第四卷，第 155 页。

以为万物之君。道者，万物之主，侯王守之，则不假威武劝赏，物不知其然而自宾矣。……有名者，道之散也。初制有名之时，即当知止，而复归无名之朴，则不随物迁，澹然自足，无复危殆。①

除了"小"和"无名"，"道之全体"还有什么特点呢？李霖注第十五章时说："前章论道之全体，此章言士之体道。"② 再看李霖的第十四章注文：

> 道非色，故视之不见。虽不见也，然能玄能黄，不可名之无色也，曰夷而已。……道无声，非耳所闻，故曰希也。虽不闻也，然能宫能商，不可名之无声，曰希而已。……道无形，故执持不得。虽不得也，然能阴能阳，能柔能刚，能短能长，能圆能方，能暑能凉，能浮能沉，能苦能甘，于无形之中而能形焉，故名曰微。三者谓夷、希、微也。不可致诘者，谓无色无声无形，口不能言，书不能传，当受之以静，求之以神，不可诘问而得之。混，合也。三名合而为一，三者本一体而人之所以求者。或视或听或搏，故随事强名耳。③

视之不见，又不能说无色；非耳所闻，又不能说无声；执持不得，又不能说无形。也就是说，真正的道无法用感官获得，更不能通过语言和文字传达，只能体悟。

除了前文所述的"周流六虚"，道之用还体现为生育天地、产生万物，李霖在注《道德经》第一章"无名，天地之始。有名，万物之母"句时说：

---

① 李霖：《道德真经取善集》，《老子集成》第四卷，第159—160页。
② 李霖：《道德真经取善集》，《老子集成》第四卷，第137页。
③ 李霖：《道德真经取善集》，《老子集成》第四卷，第136页。

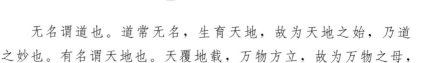

　　无名谓道也。道常无名，生育天地，故为天地之始，乃道之妙也。有名谓天地也。天覆地载，万物方立，故为万物之母，乃道之徼也。天地有形位，是有名也。万物母者，天地含气，生育万物，长大成熟，如母养子。①

道生育天地，而天地含气，生育万物。他将气作为道产生万物的重要环节。那么，道是如何通过气来生育万物的呢？《道德经》第五章"天地之间其犹橐籥乎"句注曰："道无方体，以冲和之气鼓动于覆载之间，而生养万物。如橐以气化形，籥以气出声，气虚而待物，凡有形有声者，皆自此出，故比于橐籥也。"②道通过鼓动"冲和之气"，化物之形与声。"冲和之气"的提法源于《道德经》第四十二章："道生一，一生二，二生三，三生万物。万物负阴而抱阳，冲气以为和。"这是老子宇宙生成论模式最经典的表述。李霖对该句没有发表自己的看法，而是直接将陆佃、李荣、谷神子的疏解录于句下：

　　陆佃曰：道生一，太极也。一生二，阴阳也。二生三，冲气也。有阴有阳，而阴阳之中又有冲气，则万物于是乎生矣。故曰：三生万物。

　　李荣曰：一生二，清浊分，阴阳着。二生三，运二气，构三才。三生万物，圆天覆于上，方地载于下，人主统于中，何物不生也。

　　谷神子曰：大道自然，变而生神，神动而成和，和散而气结，气结而成形，故曰：道生一，一生二，二生三，三生万物。一者，形变之始也。清轻为天，浊重为地，冲和之气为人。故天地含精，万物化生。③

---

① 李霖：《道德真经取善集》，《老子集成》第四卷，第 122 页。
② 李霖：《道德真经取善集》，《老子集成》第四卷，第 127 页。
③ 李霖：《道德真经取善集》，《老子集成》第四卷，第 175 页。

三人的解释各有特色，但都以气论为基础。受他们的影响，李霖在
"万物负阴而抱阳，冲气以为和"句注文中亦以气论解释万物生成的
原理：

> 负，背也。抱，向也。冲，中也。凡幽而不测者，阴也。
> 明而可见者，阳也。有生者，莫不背于幽而向于明。然万物独
> 阳不生，独阴不成，必有阴阳之中以和之，然后物生。庄子：
> 至阳赫赫，至阴肃肃，肃肃出乎天，赫赫发乎地，两者交通成
> 和，而物生焉。①

总结第四十二章时又说："此章言道生一气，一气生阴阳，阴阳生冲
气。物得冲气以为和。"② 可以看出，李霖对道生成万物过程的理解
受到陆佃的影响更大一些。

二、"性命兼全，道德一致"

对于《道德经》的思想特点和基本精神，历代解《老》者有不
同的理解，李霖在自序中对这一问题提出了自己的看法：

> 犹龙上圣，当商末世，叹性命之烂漫，悯道德之衰微，著
> 书九九篇，以明玄玄之妙。言不踰于五千，义实贯于三教。内
> 则修心养命，外则治国安民，为群言之首，万物之宗。大无不
> 该，细无不遍，其辞简，其义丰，洋洋乎大哉。自有书籍已来，
> 未有如斯经之妙也。后之解者甚多，得其全者至寡。各随所见，
> 互有得失：通性者造全神之妙道，于命或有未至；达命者得养
> 生之要诀，于性或有未尽。殊不知性命兼全，道德一致尔。③

---

① 李霖：《道德真经取善集》，《老子集成》第四卷，第 175 页。
② 李霖：《道德真经取善集》，《老子集成》第四卷，第 176 页。
③ 李霖：《道德真经取善集·序》，《老子集成》第四卷，第 121 页。

在他看来，《道德经》虽然只有五千字，其思想却贯通三教，而三教的共通之处在于"慈"："宣圣五常，以仁为首。释迦十戒，以杀为先。三圣虽殊，以慈为本则一也。……道大而为宝者三，三宝之中，以慈为本，故篇终言天将救之，以慈卫之。"① 李霖认为，慈是老子"三宝"思想的根本，儒家尚仁、佛教戒杀与老子贵慈，三者在本质上是一致的。这也是当时三教合流的时代思潮的反映。

李霖高度评价《道德经》"为群言之首，万物之宗"，"自有书籍已来，未有如斯经之妙也"。这种评价是建立在深入理解《道德经》思想的基础之上的。他指出，《道德经》"内则修心养命，外则治国安民"。他发现，历代以来的《道德经》注疏"各随所见，互有得失：通性者造全神之妙道，于命或有未至；达命者得养生之要诀，于性或有未尽"，或侧重于从全神通性的角度理解，或偏重于从养生达命的角度发挥，都没有体会《道德经》"性命兼全、道德一致"的真义。因此，他将"修心养命"和"道德一致"作为解《老》的重点。

宋代以后，心性论成为儒、道、释三教共同关注的时代课题，老学的重心也转移到对心性问题的探讨。李霖在解《老》时试图避免"通性者"和"达命者"之偏，尽量做到"性命兼全"。他一方面从士人体道的角度展开如何尽性复朴，另一方面从修道者学道的角度讨论如何养生至命。可见，他所说的修心养命包括心性学说和修炼思想两个方面。

"道德一致"也是李霖论述的重点，其自序开篇就指出："物之其由者，道也。道之在我者，德也。道妙无形，变化不测。德显有体，同焉皆德。自其异者视之，则有两名。自有同者视之，其实一致。末学之人言道者，每不及德。言德者，同及于道。此道德所以分裂，不见其纯全也。"② 此外，他还专门作《道德一合论》附于文末，对道与德的关系做了更深入的阐发：

---

① 李霖：《道德真经取善集》，《老子集成》第四卷，第 207 页。

② 李霖：《道德真经取善集·序》，《老子集成》第四卷，第 121 页。

未形之先，道与德俱冥。既形之后，道与德俱显。孰为道乎，物莫不由者是已。孰为德乎，道之在我者是已。自其异者视之，道之与德，虽有两名。自其同者视之，道之与德，不离一致。道降为德，而德未始外乎道。德出于道，而道未始外乎德。《南华经》云："一之所起，有一而未形，物得以生之谓德。"自其有一未形而言，谓之道。自其物得以生而言，谓之德。又曰："德总乎道之所一。"道德合则浑而为一，离则散而为二。今言《道德经》者是也。言《道经》《德经》者，非也。后人见上经之首取其"道可道"，因名为《道经》也。下经之首取其"上德不德"，因名为《德经》也。兹道德之所以分裂欤。上经止言其道，何以言"孔德之容，唯道是从"？是道不离于德也。若下经止言其德，何以言"道生之，德畜之"？是德不离于道也。以经考之，道德相须，不可偏举。尝试论之，夫道非德无以显，德非道无以明。道无为无形，故居化物之先。德有用有为，故在生化之后。道居先，故处于上。德居后，故处于下。道德合而为一，不可分而为二也。《西升经》云："道德一合，与道通也。"《南华经》云："形非道不生，生非德不明，存形穷生，立德明道。"以是推之，道德相须而不相离也，明矣。[1]

在他看来，道是万物产生的根源，德是道在"我"中的体现，道无为无形，德有用有为，道居先处上，德居后处下，但二者在本质上却是一致的。因此，道与德是相辅相成、不可分离的，《南华经》和《西升经》中也有类似的思想。他认为，后人将《道德经》分为《道经》和《德经》，导致道德分裂，不符合老子的本意，因此他称"上经"和"下经"。从内容来看，上经言道亦言德，下经言德亦言道，也体现了《道德经》"道德相须而不相离"的思想主旨。

道与德毕竟为两名，其区别在于无形与有形、无为与有为，具体而言，主要指道和德在万物生成过程中所起的作用不同：

---

① 李霖：《道德真经取善集·道德一合论》，《老子集成》第四卷，第222页。

> 道生神，德布气，流动而生物，物生成理谓之形。道者，
> 万物之所由也，降纯精而生物之性。德者，物之所得也，舍和
> 气而养物之形。道生物而为父，则道尊而物卑，尊故能胜物而
> 小之，庄子所谓真君是也。德畜物而为母，则德贵而物贱，故
> 物莫能贱之，庄子所谓真宰是也。尊者如君父，贵者如金玉，
> 此尊贵之异也。①

李霖认为，道作为产生万物的根源，主要作用是"生神"，亦即"生物之性"；德则通过气的流布"养物之形"。他将生物之道比作父，将养物之德比作母，又分别与庄子的"真君"和"真宰"对应，都是为了说明道比德更加重要。不过，最后他又强调："此章言道德生畜万物，万物尊贵道德。道至尊，德至贵，孰能爵之，常自然而已。然散而言之，则有道德之异。合而言之，皆出于道。故以玄德终焉。是以知道德混沌，玄妙同也。"② 尽管道比德重要，但对于万物的生成而言，二者缺一不可，所谓"道德混沌，玄妙同也"。"道德一致"可以说是"性命兼全"的哲学基础。

三、虚静复性，绝学体道

李霖多次强调真常之道无法用感官获得，更不能通过语言和文字传达，只能体悟。那么，怎样才能悟道呢？李霖注《道德经》第十五章曰："前章论道之全体，此章言士之体道。微者彰之反也，妙者危之反也。玄则深远不测，通则变化无穷。古之善为士者，有此道而退藏于密不可测究，孰得而识之哉？故曰深不可识。"③ 体道之士往往展现出一副深不可测的样子，尽管如此，老子仍然试图为我们描述："夫惟不可识，故强为之容。豫若冬涉川；犹若畏四邻；俨若客；涣若冰将释；敦兮其若朴；旷兮其若谷；浑兮其若浊。"对

---

① 李霖：《道德真经取善集》，《老子集成》第四卷，第 184—185 页。
② 李霖：《道德真经取善集》，《老子集成》第四卷，第 185 页。
③ 李霖：《道德真经取善集》，《老子集成》第四卷，第 137 页。

此，李霖注曰：

> 冬者至寒之时，徒涉巨川，以见至人不好从事，于务出于不得已，常迫而后动，临事而惧也。故曰豫若冬涉川，既涉则无虑矣。而犹戒曰犹至人静密幽深，不出性宅，常若畏邻，敛而不纵，闲邪存诚，非物探之，其心不出，故曰犹若畏四邻。……夫水本无冰，通寒则凝。性本无碍，有物则结。有道之士，豁然大悟，万事销亡，如春冰顿释。①

"至人"即得道之人，"静密幽深，不出性宅"，李霖将"性"喻为家，突出了本根的意义。得道之人深居简出，不问世事，不与物交，避免了外物的干扰，因此其性如水一般纯净，状态也不会因为外界环境的变化而改变。他注"敦兮其若朴"曰："此言性之全也。《经》曰：复归于朴。"② 如上所述，李霖称"朴"为"道之全体"，此处又称体道之士"若朴"的状态为"性之全"。又注"旷兮其若谷"曰："此言性之虚也。《经》曰：上德若谷。"③ 通过类似的注解，李霖将性与道贯通起来。最后，他总结说："此章言士之体道，深不可识，终之以不欲盈者虚也。虚则空洞无一物，世岂得而识之哉。古之保此道者，若大禹不自满假，孔子不居其圣已。独取虚者，老子也。实若虚者，颜子也。惟道集虚，于此可见。"④ 说明虚以体道是儒道圣人都很重视的方法。接着，他在第十六章注中进一步说明了为什么虚静是体道最重要的途径：

> 致虚则若谷能受群实，无一尘之积，可谓极矣。守静则若水能应群动，无一毫之撄，可谓笃矣。吾者命物之我也。我以虚静之至，观万物之作，命物而不与物俱化，故曰吾以观其复。

---

① 李霖：《道德真经取善集》，《老子集成》第四卷，第138页。
② 李霖：《道德真经取善集》，《老子集成》第四卷，第138页。
③ 李霖：《道德真经取善集》，《老子集成》第四卷，第138页。
④ 李霖：《道德真经取善集》，《老子集成》第四卷，第139页。

> 人生而静，天之性也。复性则静。归未至也，复则至矣。根未
> 至也，命则至矣。复之所入深矣。……此章以归根复命为义，
> 故首言虚静，终之以道乃久者，道以虚静为先，若拾此而入道，
> 譬若舍舟航而济乎渎者，末矣。①

道之真体是超越于物的，体道之士只有进入"虚静之至"的状态，
才能"命物而不与物俱化"。"人生而静"，静乃天赋予人之性，因此
复性就是要使性回归静，而"复命"是静的最佳状态，有自知之明
的人才能"归根复命"：

> 《经》言见小曰明。小者性之微。又知常曰明。常者命之
> 正。人自知性命，归根复命，不为物蔽，可谓明矣。人徒知天
> 地万物，而不自知其所由生，反命归本，是大不知也。②

在李霖看来，"知"不仅是了解天地万物，而是要"自知性命"。只
有知道自己从哪里来，然后归根复命，"反命归本"，才称得上真正
的"自知之明"。

老子的"见素抱朴，少私寡欲"，李霖也用性命学说进行解读：
"见素则见性之质而物不能杂，抱扑则抱性之全而物不能亏。私者，
吾之身也。少私则不以巧利累其身。欲者，性之动也。寡欲则不以
巧利乱其心。"③ 道赋予人的天性是静，是纯净的、完整的，一旦被
外物干扰就会由静转动，私欲就出现了。人的身心被私欲负累，就
无法体悟真常之道。他在注第一章"常无欲，以观其妙。常有欲，
以观其徼"句时也将"欲"解释为"离静之动"：

> 《记》曰：感物而动，性之欲也。欲者离静之动，任耳目以

---

① 李霖：《道德真经取善集》，《老子集成》第四卷，第139—140页。
② 李霖：《道德真经取善集》，《老子集成》第四卷，第160页。
③ 李霖：《道德真经取善集》，《老子集成》第四卷，第142—143页。

视听，劳心虑以思为。无欲，则静于以观天地之始，所谓妙也。故曰：常无欲可名于小。妙，则精而小也。有欲，则动于以观万物之母，所谓徼也。故曰：万物归焉而不知主，可名于大矣。徼则赢而大也。无欲之人，可以见道之精妙也。有欲之人，但见其道之粗徼而已。①

人性本静而无欲，动则有欲，那么无欲、有欲就是人性的两种状态。从这个角度来看，无欲、有欲的区别是明显的，但是从另一个角度来看，二者又有相通之处：

> 两者，谓有欲无欲也。同出者，同出人心也。而异名者，其名各异也。其名异，其实未尝异，其实未尝异，则有欲之与无欲同谓之玄也。玄之为色黑，与赤同乎一也。天之色玄，阴与阳同乎一也。两者同谓之玄，玄能阴能阳故也。《易》曰：一阴一阳之谓道，阴阳皆原于一。一者道所生也。玄者阴与阳同乎一也。又玄者道也。众妙者谓万物之妙也。万物皆有妙理，而皆出于道，故曰众妙之门。②

无欲、有欲"同出人心"，亦同属于道。不仅如此，阴阳、万物皆出于道。李霖认为，之所以有美恶的区别，主要是因为心为妄情所困："美恶生于妄情，善否均于失性。美者人情所好也。若知美之为美，是心有所美也。心有所美，于心为恶，斯恶已。若河伯欣然，自喜以天下之美为尽在已，不免望洋向若而叹，几是矣。"③ 之所以有善否的区别，主要是因为性有所欲："善者人之可欲也。若知善之为善，是性有所欲也。性有所欲，是离道以善，斯不善已。若伯夷见名之可欲，饿于首阳之下，均为失性，几是矣。"④ 真正的道是至美

---

① 李霖：《道德真经取善集》，《老子集成》第四卷，第122页。
② 李霖：《道德真经取善集》，《老子集成》第四卷，第123页。
③ 李霖：《道德真经取善集》，《老子集成》第四卷，第123页。
④ 李霖：《道德真经取善集》，《老子集成》第四卷，第123页。

的、上善的：

> 盖道之美者，至美也。至美无美，淡乎无味。庄子曰：淡
> 然无极，众美从之。道之善者，上善也。上善忘善，万善皆备。
> 又曰：去善而自善矣。此章道通为一，恐人着于美善，不悟真
> 常，故以此篇次之，与《庄子·齐物论》相似。①

至美让人感觉不到美，上善让人忘记了善，这才是美和善的最高境
界。李霖认为老子的目的就是让人站在真常之道的高度看问题，道
通为一，而不要执着于美恶善否的区别，只有体道的圣人才能做到
这一点：

> 为则有成亏，言则有当愆，曾未免乎累。是以圣人处事以
> 无为，行教以不言，而事以之济、教以之行，而吾心寂然，未
> 始有言为之累，天下亦因得以反常复朴。夫唯无累，故虽寄形
> 阴阳之间，而造化不能移，彼六对者乌能扰之哉。《经》曰：不
> 言之教，无为之益，天下希及之。今计物之数不止于万，而曰
> 万物者，以数之多者云也。作谓动作也。万物动作，圣人各尽
> 其性，不辞谢而逆止，以吾心空然无所去取故也。苟怀去取之
> 虑，则物之万态美恶多矣，乌能不辞哉。万物自生，各极其高
> 大。万物自为，各正其性命。圣人归功于物，不以三事为累，
> 故曰：功成不居，有我则居，居则迁矣。帝尧成功，而自视缺
> 然。……此章欲体真常之道，忘美恶，齐善否，不为六对之所
> 迁，唯圣人知其然。故处事以无为，行教以不言，归功于物而
> 不居，道常在我而不去也。②

圣人无为处事，不言行教，保持心中空寂，无所去取，忘美恶，齐

---

① 李霖：《道德真经取善集》，《老子集成》第四卷，第123页。
② 李霖：《道德真经取善集》，《老子集成》第四卷，第124页。

善否，使天下万物自生自为，各正性命，反常复朴，可谓体悟真常之道。

李霖在注第四十八章时又从体道的过程论证了无为无事对于体道的意义：

> 修真之人始乎务学以为士，终乎得道以为圣。方务学以穷理，物物而求通，故日益矣。为道尽性而极乎至虚，物物知非，不期乎损，而所有渐销矣。先言为学者，若不学则见善不明，信道不笃，无以致道。既致道当绝学，若不绝学，则闻见之多则以博溺，心不能体道，故后言为道日损也。故曰：始乎务学以致道，终乎得道以绝学，乃为全真之士矣。……此章首言为学者将以致道也。致道忘心，故损之又损，以至于无为无事。无为者道之常，无事者道之真，此所以取天下也。①

到底是务学以致道，还是绝学以体道？李霖认为，务学与绝学是体道过程中的两个阶段，先通过学习寻找道，待致道之后，就应该抛开所学，方能真正得道。这样一来，两个看似矛盾的对立面就化解了。关于体道与绝学的关系，李霖在注第二十章时也做了深入的阐发：

> 绝学者，体道也。体道则穷亦乐，通亦乐，以穷通为寒暑之序，不悦生，不恶死，以死生为夜旦之常，天地乐而万事销亡，何忧之有。且绝者非谓绝灭不学也。老子恐人溺于学，而以文灭质，以博溺心，不能体道，故以绝学为言。若人不学，何以入道。子夏曰：君子学以致其道。致道者忘心，此学所以绝也。乃若不学之人，空空如也，安所用绝。彼杨子云不原圣人深意，以谓人而不学，虽无忧，如禽何，岂知圣人绝之之

① 李霖：《道德真经取善集》，《老子集成》第四卷，第181—182页。

意邪。①

> 绝学之人，体道去智，物我兼忘，不生分别，故若昏也。昏者，非性昏也，若之而已。②

体道之士能突破穷通、生死等的界限，无忧无惧，只有绝学才能达到这样的境界，所以老子提出绝学的主张。但这并不意味着老子反对为学，其用意在于让人为学又不执迷于学。李霖认为，从这个角度来看，老子与儒家主张为学并不矛盾。

为什么只有绝学才能体悟真常之道，李霖继续阐发："唯阿虽异，同出于声。善恶虽殊，皆离于道。以喻学者如唯如善，不学如阿如恶，学则为智，不学则为愚，智者过之，愚者不及，其于失道均也。众人务学不能真会，事物毕召反挠其心，此人之所畏而亦不可不畏者，若不绝学，无以体道故也。"③ 学与不学均为道之一端，二者不可偏废。如果执着于一端，就无法体会道之真谛。从道、性关系的角度来看，也是如此：

> 凡物以阳熙，以阴凝，阳主动，阴主静。熙熙者，性动而悦乐之象也。太牢者牛也，其味至厚。春者时物之华。台者远览诸境之地。以喻众人因学致伪，逐境失真，其状如此。夫道淡乎无味，实而不华，绝学者所乐也。务学则失道，离性之静，外游是务，其志熙熙，然得其义理如悦厚味以养口腹，博其见闻如睹高华以娱心志，耽乐之徒，去道弥远。怕者，静止不流之义。静止则得无味之味，复乎一性之初，与婴儿奚异。乘乘者，运动貌。至人静则与婴儿同，动则乘万物之变，而唯变所适无所向着故也。④

---

① 李霖：《道德真经取善集》，《老子集成》第四卷，第143页。
② 李霖：《道德真经取善集》，《老子集成》第四卷，第145页。
③ 李霖：《道德真经取善集》，《老子集成》第四卷，第143—144页。
④ 李霖：《道德真经取善集》，《老子集成》第四卷，第144页。

为学容易使心志受到欲望的干扰，最终离性之静，与道渐行渐远。只有绝学才能"复乎一性之初"，体悟淡而无味的真朴之道，因此绝学也是体道的重要方法。当然，李霖反复强调，老子所谓的绝学，并不是不要学习，而是反对为学而学，提醒大家不要因学而忘记了体道这一根本宗旨。

四、学道之根：全精全气全神

李霖主张的性命兼全，一方面是指士人虚静复性、绝学体道，另一方面则是指修道者学道。

学道最重要的是什么呢？马巨济总结《道德经》第十章时指出："此章以全精全气全神为学道之根，故无离以言养精，如婴儿以言养气，无疵以言养神也。"① 李霖对第十章的总结为："此章以全精全气全神为学道之根，三者混而为一，乃道之全也。"② 可见，他关于学道的理论受到了马巨济的影响。在此基础上，李霖又分别从全精、全气、全神三个方面展开论述。

首先，关于如何全精，李霖注"载营魄，抱一能无离乎"句曰：

> 营，止也。魄，阴也。形之主丽于形而有所止，故言营魄载者，以神载魄也。若无神以载之，则滞于幽阴，形散神离，下与万物俱化。神常载魄而不载于魄，则炼阳神，消阴魄，身化为仙也。其事在乎抱一而不离一者，精也。抱一则精与神合而不离，则以精集神，以神使形，以形存神，三者混而为一，则道全。欲学此道者，当存精为本。庄子曰：不离于精谓之神人，此教人养精也。③

"炼阳神，消阴魄，身化为仙"是典型的内丹修炼思想，李霖认为其

---

① 李霖：《道德真经取善集》，《老子集成》第四卷，第133页。
② 李霖：《道德真经取善集》，《老子集成》第四卷，第133页。句中"三者混而为一"原为"三者混而为二"，据前后文文意改。
③ 李霖：《道德真经取善集》，《老子集成》第四卷，第133页。

关键在于抱一,抱一则精与神不离散,"以精集神,以神使形,以形存神",三者合一,才能体悟道之全体。在注"爱民治国,能无为乎"句时,李霖进一步强调了抱一的意义:

> 此申抱一之义也。《内丹经》云:圣人以身为国,以心为君,以精气为民,民安国霸。精者身之本,爱啬精气则身治也。爱精之道,抱一为本,乃自然之道,夫何为哉。故曰能无为乎。今炼精之士,或以杂术为务,以般运为功,多有作为,故又戒以无为。庄子曰:唯无为几存。①

前面李霖强调学道当以"存精为本",这里又说"爱精之道,抱一为本",因此,在修道的过程中,存精、炼神、养形要综合运用。他接着在第十一章总结中指出,学道要追求"形神俱妙",方能"与道合真":

> 此章明有无一致,利用相资,举三事以明大道。夫轮毂为车,埏埴为器,户牖为室。此有也,人赖以为利。毂中空虚,轮得转行。器中空虚,物得盛受。室中空虚,人得居处。此无也,人赖以为用。有为实利,必以无为用。无乃妙用,必以有为体。有无相待,亦犹形神相须而不可偏废也。形以神为主,神以形为居,形神合同,更相生成。世之昧者,炼神者蔽于无,养形者溺于有,是二者胥失也。殊不知此章取三物为喻,以明有无之相生。欲学道者,依此修持,则形神俱妙,与道合真矣。②

当然,在具体的修炼过程中,精神和形体的先后主次依然是十分明显的:

---

① 李霖:《道德真经取善集》,《老子集成》第四卷,第133页。
② 李霖:《道德真经取善集》,《老子集成》第四卷,第134页。

盖长久之道，当啬其精神。精神者，根也，形者，蒂也。根深则蒂固，蒂固而生长视久也。昔黄帝问长久之道，广成告之以抱神以静，形将自正，无摇汝精，乃可长生。《内经》称真人之道有曰：呼吸精气，独立守神，故能寿比天地，无有终时。论至人则曰：积精全神。论圣人则曰：精神不散。历观自古上圣未有不啬精神而成真者也。乃若今时之人，以欲竭其精，以耗散其真，不知持满，不时御神，丧精失灵，形衰早毙，岂道也哉。故曰：道者，圣人行之，愚者背之。①

追求"形神俱妙"，先精神后形体，与全真道性命双修、先性后命的修炼思想相符。上文说"长久之道，当啬其精神"，如何爱啬精神呢？李霖在第四十四章总结中指出：

此章之意，欲学长生久视，当先绝利忘名。若名利不除，身心俱役，不唯有妨于道，久必于身为患。是以古之得道者，不迓声名，不殖货利，虽三旌之位，万钟之禄，弃之若弊屣，视之如浮云，或乐箪瓢，或居圜堵，国卿不能识，天子不得臣，林宿岩居，松餐涧饮，岂以蜗蝇之浮幻，害性命之至真，此最为学道之至戒，修身之要务。故引古为证，欲修真之士脱此缰锁而已。②

他认为，想要学长生久视之道，当弃名利若敝屣，视富贵如浮云，安贫乐道，苦行修道。声名货利等终成虚幻，若不抛弃，就会"害性命之至真"：

有道者，谓人主有道也。却者，去也。走马者，驰走之马也。粪者，粪田也。言有道之君，临莅天下，少欲知足，无求

---

① 李霖：《道德真经取善集》，《老子集成》第四卷，第 196 页。
② 李霖：《道德真经取善集》，《老子集成》第四卷，第 178 页。

于外，兵甲不用，偃武修文，无战逐之事，唯本业之修，故却去驰走之马，以治农田。治身者意马不驰，丹田自实。天下无道之君，纵欲攻取，战伐不止，故兵戎之马，寄生于郊境之上，久不得还也。邑外曰郊。躁竞之夫，不能少欲知足，遂使坐骋走马，奔驰声色之郊。不知性分之至足，而食求外物，则使遭浊辱，流浪生死，常沉苦海，永失真道，祸莫大于兹矣。天下之物，见与不见，所欲必令皆得，欲而得之，人所咎也。自取戾曰罪，违神而为祸，违人而为咎，由可欲至于不知足，不知足则欲得也。有罪则有祸，有祸则有咎，咎则获戾于众人也。罪莫大于祸，祸莫大于咎，此次序之然也。①

李霖总结说："此章言以道莅天下者，内自知足，外无贪求，故绝争战之事，无殃咎之祸。修身者少欲知足，意马不驰，丹田自守，乃为有道之士矣。"②

其次，关于如何全气，李霖注"专气致柔，能如婴儿乎"句曰：

精全则神王，神王则能帅气，神专其气而喜怒哀乐不为神之所使，以致柔和也。专者有而擅其权之谓，柔者和而不暴之谓。气致柔和，当如婴儿之心也。欲虑不萌，意专志一，终日号而嗌，不嘎和之至，此教人养气也。③

又注"天门开阖，能为雌乎"句曰："此申专气之义也。恐炼气之士有使气之强，故又戒以守雌，雌者致柔也。"④ 强调使气一定要柔和。婴儿又称"赤子"，赤子受冲气之和，充纯气之守，其"性淳而未散"，故能做到"心不动而气和"：

① 李霖：《道德真经取善集》，《老子集成》第四卷，第179—180 页。
② 李霖：《道德真经取善集》，《老子集成》第四卷，第180 页。
③ 李霖：《道德真经取善集》，《老子集成》第四卷，第133 页。
④ 李霖：《道德真经取善集》，《老子集成》第四卷，第133 页。

赤子性淳而未散，气和而不暴。含德之人，性本至厚，不迁于薄，故比于赤子。含德之厚者，非特有赤子之容也，有赤子之心矣。夫赤子特以受冲气之和，无害物之心，故物莫能伤。况夫充纯气之守通乎？物之所造而其和大同于物者，孰能害之？庄子曰：人能虚己游世，其孰能害之。赤子意专志一，心无所知，手无所用，故自然握拳牢固。啼极无声曰嘎。赤子从朝至暮，啼号声不变易者，以其心不动而气和也。使赤子心有所忧愠，则气戾而不和，其能若是乎。含德之人，演玄言而不疲，流法音而不竭，此亦抱冲和之所致也。①

"玄言""法音"似指道教宣教之言，则"含德之人"可能指道教的高道大德，他们知和气柔弱，悟真常之道，故能"致道之极"，与道合一：

人能知和气柔弱，则制命在我，有常而不变。故致道之极，则至于复命。复命曰常。含德之厚，则至于知和。知和亦曰常。则道德虽有间，及其会于常，则一也。②

反之，如果不能做到"同其赤子之无心""似赤子之气和"，就会无功而返：

嗟乎，流俗有为之徒，不能同其赤子之无心，纵无穷之欲，丧甚真之精，或补以药石，或行以小术，求益真元，反成疾病。故老子有益生之戒也。不能似赤子之气和，或用意以存想，或役心而行气，欲气盛而体充，反神劳而气耗，故老子有使气之说也。物不可以壮，壮则老矣。夫道者，先天地而不为壮，长于上古而不为老，若不知道之真常，而益生使气，为强梁之人，

---

① 李霖：《道德真经取善集》，《老子集成》第四卷，第189—190页
② 李霖：《道德真经取善集》，《老子集成》第四卷，第190页。

是物而已，岂道也哉。故曰早已。①

"流俗有为之徒"迷信外丹药石或小术、存想、行气等旁门左道，不仅不能强身长生，反而劳神耗气，导致身体衰弱或早亡。最后，李霖总结第五十五章说："此章言赤子之无心，含德之厚者似之。赤子无心害物，而物莫之伤也。故精全而不散，气和而不暴，知此乃真常也。不能知此，则益生使气，而有壮老之异，失赤子之心矣。非含德之厚者也。"②

再次，关于如何全神，李霖有很多论述。例如，他注"涤除玄览，能无疵乎"句曰：

> 玄览者，心也。涤者，洗心也。除者，刳心也。洗之而无不静，刳之而无不虚，心之虚静，无一疵之可睹。庄子曰：纯粹而不杂，静一而不变，此教人养神也。③

他将"玄览"解释为心，将"涤除"解释为洗心和刳心，又说"洗之而无不静，刳之而无不虚"。虚静之心没有瑕疵，即纯素不杂、通彻无碍："此申无疵之义也。炼神之士，纯素而不杂，通彻而无碍，当不用知见守之以愚，故又戒之以无知也。"④ 此外，他还在第六章注文中明确提出"虚心养神"：

> 谷，养也。谷虚而应，应而不着。谷虚而受，受而不积。言养神在于虚而已，是谓不死之道，在于玄牝也。心定息微，任自然而无使气之强，何勤之有。此章之意主虚心养神，则不死在于玄牝。玄牝者，乃天地之宗，阴阳之祖，藏神蕴气，而万物特之以生成者也。生成之理，绵绵而来，不绝不尽，用之

---

① 李霖：《道德真经取善集》，《老子集成》第四卷，第191页
② 李霖：《道德真经取善集》，《老子集成》第四卷，第191页
③ 李霖：《道德真经取善集》，《老子集成》第四卷，第133页。
④ 李霖：《道德真经取善集》，《老子集成》第四卷，第133页。

不劳，有得有成。①

因此，可以看出，李霖认为养神的关键是保持心的虚静。

除了养神之外，存神也是道教修炼的重要方法之一。李霖注第五十二章时说：

> 回光反照，内视存神，不为漏失，则终身不至于有殃咎，是谓密合常久之道。此章主守母之义也。道者物之母，而物者道之子。塞兑闭门，见小守柔，以至应物用光，复当反照，皆守母之义也。故其道常存，永无殃咎，是密用真常之道也。②

如何存神呢？他注第四十三章"无有入于无间"句曰：

> 无有者，神也。神之所为，利用出入，莫见其迹，透金贯石，入于无间。神舍于心，心藏乎神，虚心以存神，存神以索至，直而推之，曲而任之，四方上下，随其所寓，往来无穷，周流乎太虚，上际下蟠，六通四辟，无入而不自得也。③

神发挥作用"莫见其迹"，与无类似，心与神关系密切，因此，他认为虚心才能存神，存神方可如道一样"往来无穷，周流乎太虚，上际下蟠，六通四辟"。

综上所述，李霖认为只有做到"性命兼全，道德一致"才能理解《道德经》的真精神。他以真常释道，在此基础上，一方面以心性之学阐发体道理论，另一方面从全精、全气、全神三个方面探讨修炼思想，从中可以看出道教内丹学对他解《老》的影响，同时也体现出老学与全真道的关联。

---

① 李霖：《道德真经取善集》，《老子集成》第四卷，第128—129页。
② 李霖：《道德真经取善集》，《老子集成》第四卷，第186—187页。
③ 李霖：《道德真经取善集》，《老子集成》第四卷，第176页。

第二节　赵秉文《道德真经集解》

赵秉文（1159—1232 年），字周臣，号闲闲，晚年自称闲闲老人，磁州滏阳（今河北磁县）人，金大定二十五年（1185 年）登进士第。兴定元年（1217 年），拜侍读学士，后迁礼部尚书。哀宗即位，改翰林学士。① 赵秉文学识广博，擅长诗文书画，在金朝士林中影响极大，被誉为"金士巨擘"②。时人刘祁说赵秉文"幼年诗与书皆法子端，后更学太白、东坡，字兼古今诸家学。及晚年，书大进。诗专法唐人，魁然一时文士领袖，寿考康宁爵位，士大夫罕及焉"③，并称他中年"断荤肉，粗衣粝食不恤也。酷好学，至老不衰。后两目颇昏，犹孜孜执卷钞录。上至六经解，外至浮屠、庄老、医药丹诀，无不究心。其所著有《太玄解》《老子解》《南华指要》《滏水集》《外集》，无虑数十万言"④。可见，赵秉文对儒、释、道三教学说都有涉猎。据元好问《遗山集》记载，其著作主要有《易丛说》十卷，《中庸说》一卷，《扬子发微》一卷，《太玄笺赞》六卷，《文中子类说》一卷，《南华略释》一卷，《列子补注》一卷，删集《论语》《孟子解》各十卷，《资暇录》十五卷，《滏水集》三十卷等。⑤ 其中，《滏水集》《道德真经集解》传世，其余皆亡佚。

《道德真经集解》，四卷，辑录了严遵、王弼、鸠摩罗什、僧肇、孙思邈、唐玄宗、陆希声、苏辙、吕惠卿、刘泾⑥、王雱、叶梦得、

---

① 《道德真经集解》题为"赵学士集解"。

② 脱脱：《金史》卷一百一十，中华书局 1999 年版，第 1622 页。

③ 刘祁：《归潜志》卷一，中华书局 1983 年版，第 5 页。

④ 刘祁：《归潜志》卷一，第 6 页。

⑤ 元好问：《闲闲公墓铭》，《遗山集》卷十七，四库全书本。

⑥ 刘泾（1043—1100 年），字巨济，号前溪，简州安阳（今四川简阳）人，熙宁六年（1073 年）进士，神宗朝历任国子监臣以及处州、虢州、真州、坊州知州，哲宗朝任职方郎中，擅书画，有《老子注》二卷。

宋徽宗、太平光师等诸家注解以及赵秉文本人的见解。赵秉文将苏辙的《老子解》全文收录，并置于诸家注之首，反映了对苏辙注的重视。不过，他并不唯苏辙注是尊，常常提出与之不同的见解。例如，第三十九章"故致数舆无舆，不欲琭琭如玉，落落如石"句，赵秉文先录苏辙注文，然后提出自己的看法："诸说皆以舆训车，义有未安，窃意舆众也。又舆台皆贱者之称，上文言其致一也，此言故致数众也。众无众犹言皆舆人，无舆人之称矣，无舆人亦无侯王之称也。容成氏曰：除日无岁，亦此意也。不欲如玉之琭琭，石之珞珞，贵贱之名殊，其为一也远矣。然未敢自以为是，姑俟来哲。王吕改舆作誉，亦近乎凿。"他认为，包括苏辙在内的注者多将"舆"解释为"车"，与《老子》的文义不符；王雱和吕惠卿将"舆"改为"誉"更是穿凿附会之说。在此基础上，他提出"舆"解释为"众"更符合《老子》文义，"致数众"之意正好可以与此章前文"致一"对应。

从《道德真经集解》全文来看，尽管赵秉文以"赵曰"的形式提出自己见解的内容相对较少，但仍可以看出他的思想倾向。下面从三个方面来分析。

一、对道的理解

道是老子思想体系的核心，赵秉文对老子之道的理解，既体现在他对诸家注解的取舍中，更体现在他自己的总结评论中。例如，《道德经》第六章："谷神不死，是谓玄牝。玄牝之门，是谓天地根。绵绵若存，用之不勤。"赵秉文分别引苏辙、孙思邈、宋徽宗、王弼注，最后总结全章主旨：

（苏辙曰：）至虚而犹有形，谷神则虚而无形也。虚而无形，尚无有生，安有死耶。谓之谷神，言其德也；谓之玄牝，言功也。牝生万物而谓之玄焉，言见其生之，而不见其所以生也。玄牝之门言万物自是出也，天地根言天地自是生也。绵绵，微而不绝也。若存，存而不可见也。能如是，虽终日用之而不劳矣。

孙思邈曰：谷神，虚而灵者也。

政和曰：有形则有盛衰，有数则有成坏。形数具而生死分，物之理也。谷应群动而常虚，神妙万物而常寂，真常之中，与道为一。不丽于形，不堕于数，生生而不穷，故云不死。谷神以况至道之常，玄牝以明造物之妙。

王弼曰：欲言存耶，不见其形；欲言亡耶，万物以生。故绵绵若存，无物不成，而用不劳，故曰不勤。

赵曰：此章言道无为无形，生天生地，自古以固存。河公以玄牝为口鼻，养生者尚之，何其小哉？[①]

赵秉文认为第六章主要论述了道"无为无形，生天生地，自古以固存"的特点，他所引诸家注解也主要是从虚而无形、生育天地万物的角度来论道。"河公"即河上公，河上公从养生修道的角度将"玄牝"解释为"口鼻"，并受到后世好养生者的崇尚。赵秉文没有收录河上公注的原文，同时又特别表达了对其注解角度的批评，实际上反映了他对早期道教以养生解《老》的不认同。

又如《道德经》第二十八章"知其荣，守其辱，为天下谷。为天下谷，常德乃足，复归于朴。朴散则为器，圣人用之则为官长，故大制不割"句，苏辙注曰：

知其荣，守其辱，复性者也。诸妄已尽，处辱而无憾，旷兮如谷之虚，物来而应之。德足于此，纯性而无杂矣，故曰复归于朴。圣人既归于朴，复散朴以为器，以应万物。譬如人君分政以立官长，亦因其势之自然，虽制而未有所割裂也。[②]

"朴"是老子之道的别称，苏辙将"复归于朴"解释为"复性"，反

---

① 赵秉文：《道德真经集解》，《老子集成》第四卷，第 314 页。
② 赵秉文：《道德真经集解》，《老子集成》第四卷，第 328 页。

映了他以性解《老》的思想倾向。赵秉文虽然全文收录苏辙的《老子解》，但他并没有沿着复性的思路展开，而是将朴理解为"道之全"："上言复归于朴，朴者道之全，割则分裂有二物矣，故大制不割。"① 似乎倾向于回归宇宙本体来理解道。再看《道德经》第三十二章："道常无名，朴虽小，天下不敢臣。侯王若能守，万物将自宾。天地相合，以降甘露，人莫之令而自均。始制有名，名亦既有，夫亦将知止，知止所以不殆。譬道之在天下，如川谷之与江海。"苏辙注曰：

> 朴，性也，道常无名，则性亦不可名矣。故其为物，舒之无所不在，敛之不盈毫末，此所以虽小而不可臣也。故匹夫之贱守之，则尘垢粃糠，足以陶铸尧舜；而侯王之尊不能守，则万物不宾矣。冲气升降，相合为一，而降甘露，吻然被于万物，无不均遍。圣人体至道以应诸有，亦如甘露之无不及者，此所以能宾万物也。圣人朴散为器，因器制名，岂不徇名而忘朴，逐末而丧本哉。盖亦知复于性，是以乘万变而不殆也。江海，水之钟也；川谷，水之分也。道，万物之宗也；万物，道之末也。皆水也，故川谷归其所钟；皆道也，故万物宾其所宗。②

苏辙以性释道，并通过阐发道与万物之间的本末关系凸显道的本体意义，从而凸显性的本体意义。赵秉文则强调"道本无名"：

> 诸说皆以万物宾道，犹川谷之归江海。秉文独异之曰：若然，则应言万物宾道，犹如川之归海，江河与焉。马诞疑与字，遂改作赴，皆非也。窃意此章言道本无名，及其始制有名，为日月星辰、山川草木，圣人用之，制为官长，名虽不同，同一道也。譬水之在天下，为川谷，为江海，为水不同，同一水也。

---

① 赵秉文：《道德真经集解》，《老子集成》第四卷，第 328 页。
② 赵秉文：《道德真经集解》，《老子集成》第四卷，第 329 页。

欲学者忘名，还于无名之朴也，故夫亦将知止，止于道也。①

他认为，《道德经》第三十二章意在表明：天地万物，包括日月星辰、山川草木等，都是道的体现，因此，学道者要透过纷纭万物去体悟道的本质，就必须先忘记万物之名，回归无名之道。

如何体道？赵秉文在总结《道德经》第四章时提出"绝待玄同"：

此章首尾言道，挫锐解纷，和光同尘，下知者不言章言人，体道者绝待玄同，亦非与俗雷同也。②

在"知者不言章"即《道德经》第五十六章又说："知者不言，言有不知。塞其兑，闭其门，挫其锐，解其忿，和其光，同其尘，是谓玄同。"赵秉文认为，第四章展现道的特点，第五十六章则讲人如何体道。在第五十六章集解中，赵秉文仅引用苏辙等人的注解而未加评论：

（苏辙曰：）道非言说，亦不离言说，然能知者未必言，能言者未必知。唯塞兑闭门，挫锐解忿，和光同尘，以治其内者，默然不言而与道同矣。

光曰：知者不言，言而不言，实在忘言。言者不知，目击未当，况言议乎。体道绝待，不得所同之迹曰玄同。③

"光"当指太平光师，赵秉文在这里对苏辙和太平光师的注文未加评论，说明他是认可两人的注解的。此外，赵秉文在《道德经》第二章集解中引用了僧肇和太平光师的注解："肇曰：有无相生，其犹高必有下，然则有无虽殊，俱未免于有也。此乃言象之所以形，故借

---

① 赵秉文：《道德真经集解》，《老子集成》第四卷，第329页。

② 赵秉文：《道德真经集解》，《老子集成》第四卷，第313页。

③ 赵秉文：《道德真经集解》，《老子集成》第四卷，第339页。

出有无之表者以袪之。光曰：此六对者，物之所以不齐，唯丧偶者能同之。"① 在此基础上，他指出：

> 有对待无为，有真无为；有对待无言，有真无言。有为无为，有言无言，对待也，与有无高下何异。若夫真无为、无言，丧偶绝待者也。②

僧肇的注文出自《肇论·涅槃无名论》："有无相生，其犹高下相倾，有高必有下，有下必有高矣。然则有无虽殊，俱未免于有也。此乃言象之所以形，是非所以生。岂是以统夫幽极。拟夫神道者乎。是以称出有无者，良以有无之数。止乎六境之内。六境之内，非涅槃之宅，故借以袪之。""出有无之表"即非有非无的中道。太平光师注所说的"丧偶"即绝待。可见，赵秉文"绝待玄同"的思想受到了僧肇、太平光师等人的影响。只有绝待，即超越于"有对"之外，人们的认知才不会为某一端所局限，亦不会受到语言和表象的影响，最终与道合一，即玄同。因此，他提出"体道者绝待玄同"。

"绝待玄同"还包括对世俗知识和感官体验的超越。赵秉文总结《道德经》第七十章时指出：

> 此章起下章知不知之意。夫惟无知，非如木石之无知也。道不可以知知识识，泯视听、绝情量而已。夫道固非窈冥昏默之，然自窈冥昏默而入，此岂世俗所能知哉。世虽不知，独体道者外晦而内贞，不亦可贵乎？③

他强调，"无知"并非如草木山石一样没有知觉情感，而是要抛开世俗知识与感官体验。在他看来，靠世俗知识和感官体验无法理

---

① 赵秉文：《道德真经集解》，《老子集成》第四卷，第311页。
② 赵秉文：《道德真经集解》，《老子集成》第四卷，第312页。
③ 赵秉文：《道德真经集解》，《老子集成》第四卷，第345页。

解道的本质，所以要"泯视听、绝情量"。真正的体道者"外晦而内贞"，看似"窈冥昏默"，实则对道已有独特的体悟。赵秉文指出"此章起下章知不知之意"，即第七十章和第七十一章所表达的思想有密切联系。在第七十一章集解中，他引用佛教《楞严经》的观点进一步说明世俗知识为妄知，若以妄知为知，反而会影响对道的体悟：

> 《楞严》云：知见无见，即知不知，上也。知见立知，即不知知，病也。故知其不可知者而存知，则病矣。夫惟病可知之病，久而病自亡矣。圣人本无妄知之病，以其病众人之病，权立知以去其知之病，是以虽立知而不为病矣。①

在《道德经》第十四章"视之不见名曰夷，听之不闻名曰希，搏之不得名曰微。此三者，不可致诘，故混而为一"句集解中，赵秉文又重点从感官的角度阐发体道的方法：

> 曰夷曰希，曰微曰一，皆道之强名。道体之妙，心困焉而不能知，口辟焉而不能言，岂可以视听搏取也哉。世人视不过色，听不同声，非真知也。若能无见之见，见不以目而以耳；无闻之闻，闻不以耳而以目，则眼如耳，耳如鼻，六根互用，此庄子所谓气听，列子所谓视听。不以耳目，则混而为一矣。②

他认为，老子所说的"希""夷""微""一"都是指道。"道体"玄妙无比，既难以通过心来感受，又无法用语言表述，更不能靠视听获得。普通人的感官只能看见颜色、听见声音，而圣人能够超越常人的感官，六根互用，因此能体悟道的真谛。

---

① 赵秉文：《道德真经集解》，《老子集成》第四卷，第345页。
② 赵秉文：《道德真经集解》，《老子集成》第四卷，第318页。

二、以佛解《老》

如上所述，赵秉文在集解中收录鸠摩罗什和僧肇的《老子》注文，评说时又引用佛教的《楞严经》。金人刘祁《归潜志》记载，"赵闲闲本喜佛学，然方之屏山，颇畏士论，又欲得扶教传道之名，晚年，自择其文，凡主张佛老二家者皆削去，号《滏水集》，首以中、和、诚诸说冠之，以拟退之原道性，杨礼部之美为序，直推其继韩、欧。然其为二家所作文，并其葛滕诗句另作一编，号《闲闲外集》。以书与少林寺长老英粹中，使刊之，故二集皆行于世"①。刘祁还记载赵秉文戒杀生，中年断荤腥，并有过"吾生前是一僧"的说法。赵秉文为了劝刘祁学佛，曾对他说："学佛老与不学佛老不害其为君子。柳子厚喜佛，不害为小人。贺知章好道教，不害为君子。元微之好道教，不害为小人。亦不可专以学二家者为非也。"② 又写信劝他"慎不可轻毁佛老二教"③。可见，赵秉文爱好佛老之学，而且对儒、释、道三教思想都有研究。实际上，赵秉文《道德真经集解》表现出明显的以佛解《老》倾向，例如，《道德经》首章和最后一章，赵秉文的解读都带有浓厚的佛学色彩。《道德经》第一章，赵秉文总结：

> 此章明重玄之极致，非但可道非道，不可道亦非道。庄子云：语默皆不足以尽道。非但道常无名，有名无名亦不足以尽道。无名者，道之似也。常无者，佛氏所谓真空也；常有者，佛氏所谓妙有也。有无皆不足以尽道，故又寄之重玄。④

"重玄"是东晋以来学者们援引佛教哲学对《道德经》第一章"玄之又玄"的发挥。重玄学理论的构建以唐代道教学者为主，是道教哲

---

① 刘祁：《归潜志》卷九，第106页。
② 刘祁：《归潜志》卷九，第107页。
③ 刘祁：《归潜志》卷九，第107页。
④ 赵秉文：《道德真经集解》，《老子集成》第四卷，第311页。

学的突破和发展，也是佛道融合的体现。在赵秉文看来，老子所说的可道或不可道，有名或无名，有或无，都不能体现道的特点。而常无，和佛教所谓的"真空"类似，并非绝对的虚无；常有，和佛教所谓的"妙有"类似，亦非绝对的实有。这种非有非无、不滞一端的境界就是重玄的境界。赵秉文又说：

> 庄子言老氏以有积为不足，无藏为有余。言圣人之道如海，酌之而不竭，挹之而愈深，故既以为人己愈有，既以与人己愈多。此庄子所谓天府，佛氏所谓无尽藏也。终篇继之以天道者，明此道同天也。①

"圣人之道"如大海一样幽深，永不枯竭，庄子所谓的"天府"、佛教所谓的"无尽藏"，具有同样的特点。也就是说，从道的角度来看，佛道思想是相通的。

《道德经》第二十三章"故从事于道者，道者同于道，德者同于德，失者同于失。同于道者，道亦得之；同于德者，德亦得之；同于失者，失亦得之"句，僧肇注曰："真者同真，伪者同伪，灵照冥谐，一彼实相，无得无失，无净无秽，明与无明等也。"② 赵秉文指出：

> 此章谈道妙当从僧肇，然文意不相连属，试为之说曰：希言自然，谈道本也。道德之失，而后有仁义礼智，苟从事于道矣，孰为得失？但后世至诚不足，有不信者，如飘风骤雨，而岂能终日哉？③

在僧肇看来，透过森罗万象"灵照冥谐，一彼实相"，最后才能达到

---

① 赵秉文：《道德真经集解》，《老子集成》第四卷，第348页。
② 赵秉文：《道德真经集解》，《老子集成》第四卷，第325页。
③ 赵秉文：《道德真经集解》，《老子集成》第四卷，第325页。

"无得无失，无净无秽，明与无明等"的中道。赵秉文认为僧肇的说法契合老子之道的真谛，因此说"此章谈道妙当从僧肇"，并在其基础上做了补充。

此外，《道德经》第十三章，赵秉文亦在僧肇注文的基础上进行阐述："肇云：大患莫若于有身，故灭身以归无，此则二乘境界。谈道者以不惊宠辱、遗身灭智为极则，岂知圣人之旨哉。"[①] 对于该章"故贵以身为天下，若可寄天下；爱以身为天下，若可托天下"句，他收录了苏辙、宋徽宗和司马光的注文，最后提出他自己的看法：

> （苏辙曰：）人之所以骛于权利，溺于富贵，犯难而不悔者，欲将以厚其身耳。今也禄之以天下，而重以身任之，则其忘身也至矣。如此而以天下予之，虽天下之大，不能患之矣。
>
> 政和曰：天下，大器也，非道莫运；天下，神器也，非道莫守。圣人体道，故在宥天下，天下乐推而不厌。其次则知贵其身，而不自贱以役于物者，若可寄而已；知爱其身，而不自贼以困于物者，则可托而已。故曰：道之真以治身，绪余以治国家，土苴以治天下。世之君子，乃危身弃生以徇物，岂不悲哉。
>
> 光曰：物为身患，身为道患，忘物则身全，忘身则道备。虽忘外累，贵爱尚存，可寄可托而已。身物俱忘，以道自任，藏天下于天下也。
>
> 赵曰：以天下之患为身之患，则忘贵爱矣，故可以寄托天下。古之圣人，身处南面之尊，其自视如山林道人，不以声色富贵动其心，则天下不能为之累矣。[②]

苏辙和宋徽宗通过论述贵身爱身的危害突出忘身的意义，太平光师则强调除了身物俱忘，还要忘贵爱，方能真正无累，以道自任。赵

---

① 赵秉文：《道德真经集解》，《老子集成》第四卷，第317页。
② 赵秉文：《道德真经集解》，《老子集成》第四卷，第318页。

秉文也提出，忘贵爱的圣人虽身为帝王，然心处山林，不为享乐所累，亦不会为天下所累，因此可以寄托天下。可以看出，赵秉文对这一问题的看法受到了太平光师的影响。身物俱忘，贵爱俱遣，也是重玄理论的体现。

《道德经》第十六章："致虚极，守静笃。万物并作，吾以观其复。夫物芸芸，各复归其根。归根曰静，静曰复命，复命曰常，知常曰明。不知常，妄作凶。"苏辙注曰：

> 致虚不极则有未亡也，宁静不笃则动未亡也。丘山虽去，而微尘未尽，未为极与笃也。盖致虚存虚，犹未离有；守静存静，犹陷于动，而况其他乎？不极不笃而责虚静之用，难矣。极虚笃静以观万物之变，然后不为变之所乱。知凡作之未有不复者也，苟吾方且与万物皆作，则不足以知之矣。万物皆作于性，皆复于性，譬如花叶之生于根而归于根，涛澜之生于水而归于水耳。苟未能自复于性，虽止动息念以求静，非静也。故唯归根，然后为静。命者，性之妙也。性犹可言，至于命则不可言矣。《易》曰：穷理尽性以至于命。圣人之学道，必始于穷理，中于尽性，终于复命。仁义礼乐，圣人所以接物也，而仁义礼乐之用，必有知其所以然者。不知其所以然，则徇其名而为之，世俗之士也；知其所以然而后行之，君子也，此之谓穷理。虽然尽心以穷理，而后得之，不求则不得也。事物日构于前，必求而后能应，则其为力也劳，而为功也少。圣人外不为物所蔽，其性湛然，不勉而中，不思而得，物至而能应，此之谓尽性。虽然此吾性也，犹有物我之辩焉，则几于妄矣。君之命曰命，天之命曰命，以性接物而不知其为我，是以寄之命也，此之谓复命。方其作也，虽天地山河之大，未有不变坏。而常者惟复于性，而后湛然常存矣。不以复性为明，则皆世俗之智，虽自谓明，而非明也。不知复性则缘物而动，无作而非凶，虽

得于一时，而失之远矣。①

苏辙主张复性，他提出"命者，性之妙也"，并引用《周易》的"穷理尽性以至于命。圣人之学道，必始于穷理，中于尽性，终于复命"阐发性命之学。他将"穷理"解释为君子推行仁义礼乐，将"命"解释为君命、天命，实际上是将符合封建统治的一切社会制度都视为先天的产物，复命就是让民众安于己命。可见，苏辙的性命学说带有十分明显的儒家政治色彩。我们再看赵秉文对这一章的总结：

> 此章谈归根复命以虚静为本。老氏所谓命，佛氏所谓性也。惟性无死生为常，知性则容且公矣。流俗以益生为命，此庄子所谓心死奚益妄作者也。②

他回归老子的本意，强调此章的主旨是"归根复命以虚静为本"。与此同时，他进一步指出，老子所谓的"命"，即佛教所谓的"性"，并非世俗所谓的肉体生命。以重玄学为先导，道教修炼理论从追求肉体长存的外丹逐渐转向追求心性超越的内丹。至南宋金时期，这种转向已经完成。兴起于金朝的全真道，其修炼思想即以内丹心性论为主。如上所述，赵秉文受重玄理论和佛学思想的影响颇深，他从佛教的心性论以及道教内丹心性论的角度理解老子的"命"，也就很自然了。

三、融合儒道

尽管赵秉文的《道德真经集解》表现出很强的以佛解《老》倾向，但综观其学术思想，仍以儒家为主。这一点，从学者对他的评价中可以看出来。例如，杨云翼指出："盖其学一归诸孔孟，而异端不杂焉。故能至到如此，所谓儒之正、理之主，尽在是矣。天下学

---

① 赵秉文：《道德真经集解》，《老子集成》第四卷，第319—320页。

② 赵秉文：《道德真经集解》，《老子集成》第四卷，第321页。

者，景附风靡，知所适从，虽有狂澜横流，障而东之，其有功吾道也，大矣。"① 赵秉文欲为纯儒、匡扶儒教，其《滏水文集》只收其论儒家学说的内容，有关佛道的内容另成《外集》，杨云翼仅读《滏水文集》，因此说"其学一归诸孔孟，而异端不杂"。以儒学为主的《滏水文集》传世，而以佛道思想为主的《外集》亡佚，可见赵秉文的儒家思想在当时的影响更大。元好问评价赵秉文时说："若夫不溺于时俗，不汩于利禄，慨然以道德、仁义、性命、祸福之学自任，沉潜乎六经，从容乎百家，幼而壮，壮而老，怡然涣然，之死而后已者，惟我闲闲公一人。"② 性命、道德、仁义都是儒家学说的重要内容，表明赵秉文本人也以儒学自任。《道德真经集解》中也有部分注解反映了赵秉文融合儒道的尝试。

苏辙以性命学说解《老》的最终目的是将复性作为连接儒、释、道三教思想的桥梁，从而证明"天下固无二道"的学术宗旨。因此融摄儒道是苏辙《老子解》的重要特点之一。在这一点上，赵秉文与苏辙的思路一致。在《道德经》第三十八章和第十九章集解中，赵秉文就在苏辙的基础上表达了孔老在仁义、圣智等问题上并不矛盾。

苏辙注第三十八章曰：

> 圣人纵心所欲不逾矩，非有意于德而德自足。其下知德之贵，勉强以求不失，盖仅自完耳，而何德之有。无为而有以为之，则犹有为也。唯无为而无以为之者，可谓无为也。其下非为不成，然犹有以为之，非徒作而无术者也。仁义皆不勉于为之矣，仁以无以为为胜，义以有以为为功耳。德有上下，而仁义有上而无下，何也？下德在仁义之间，而仁义下者，不足复言可也。自德以降而至于礼，圣人之所以齐民者，极矣。故为

---

① 杨云翼：《闲闲老人滏水文集序》，《金文最》卷四十一，中华书局 2020 年版，第 590 页。
② 元好问：《闲闲公墓铭》，《元好问文编年校注》卷三，中华书局 2012 年版，第 257 页。

之而不应，则至于攘臂而强之，强之而又不应，于是刑罚兴而甲兵起，则徒作而无术矣。忠信而无礼，则忠信不见，礼立而忠信之美发越于外。君臣父子之间，夫妇朋友之际，其外灿然而其中无余矣。故顺之则治，违之则乱，治乱之相去，其间不容以发，故曰乱之首也。圣人玄览万物，是非得失毕陈于前，如鉴之照形，无所不见而孰为前后。世人视止于目，听止于耳，思止于心，冥行于万物之间，役智以求识，而偶有见焉，虽以为明，不知至愚之自是始也。世之鄙夫，乐其有得于下而忘其上，故喜薄而遗厚，采华而弃实。非大丈夫孰能去彼取此。①

孔子七十而从心所欲不逾矩，苏辙所谓的"圣人"显然是指儒家的圣人。仁义礼智本身是很好的，圣人用之能发挥积极作用。之所以乱，是因为用的方式不对。赵秉文又引用陆希声的注解："忠信之质衰于中，则制礼以防其乱，故礼居乱之首，非谓礼为乱之首。前识者，道德之华，发于外则崇礼以导其愚，非谓智乃愚之始也。仁义礼智，适时之用，执古御今，则以道德之本处其厚也。化今复古，则以礼为之始，从流反其源也。"② 陆注亦认为，用仁义礼智要顺应时代的发展，方能达到"执古御今"的效果。赵秉文最后总结：

　　原圣人之意，执古御今，欲渐复无为之治，故先陈道德，次述仁义，末明礼乐，其渐必至刑政之苛，语驯致而然耳。流俗之士遂轻蔑仁义，毁灭礼法，使一日无仁义则乱，一日无礼法则几何其不胥而为禽兽也。此晋宋之士所以荡而忘返，以至于国破身亡而不自知也，岂知圣人立言之真指，与老氏论礼之本也哉。③

① 赵秉文：《道德真经集解》，《老子集成》第四卷，第 331—332 页。
② 赵秉文：《道德真经集解》，《老子集成》第四卷，第 332 页。
③ 赵秉文：《道德真经集解》，《老子集成》第四卷，第 332 页。

很显然，赵秉文所谓的"圣人"也是指儒家圣人。他认为无为之治也是儒家的政治目标，而道德、仁义、礼法等都是实现无为之治的重要手段。因此，儒道两家政治思想的主旨并不矛盾。

老子在《道德经》第十九章明确提出"绝圣弃智""绝仁弃义"，而孔子主张以仁义礼乐治天下，二者的分歧是显而易见的。但苏辙认为，老子绝弃仁义礼乐是为了复性明道，天下各复其性，百姓就会自化、自正、自富、自朴，此乃"圣智之大，仁义之至，巧利之极也"，和孔子的主张没有本质的区别，"二圣人者，皆不得已也，全于此必略于彼矣"。① 孔老同为圣人，二者的思想虽然侧重点不一样，但殊途同归。赵秉文在评论中承袭了苏辙的解《老》思路：

> 投石于海，必至于底则已，不至则无以测海之深。谈道者不至于未始有物，无以见道之极致。方其扫荡，则圣智绝弃，及其建立，则事物不弃，况圣智乎？②

在他看来，老子之所以主张绝圣弃智，是为了"扫荡"一切以至于"未始有物"，从而展现道的最高境界，而非真的要绝弃圣智。

既然在仁义、礼法、圣智等问题上，老子的主张与儒家并不矛盾，那么老子就并非遗世离俗之人。对此，赵秉文在《道德经》第六十七章集解中指出：

> 老氏之道大，心困焉而不能知，口辟焉而不能言者是也，世俗何足以知之。聊举是三者，以为世教，一经之中十居七八。戒用兵者五章，戒骄者一章，戒奢崇俭者三章，柔弱不争者十五章。又于其中以慈为首，天将救是人也，付之以慈，所谓天诱其衷是也。天将弃是人也，付之以恶，所谓天夺其魄是也。③

---

① 赵秉文：《道德真经集解》，《老子集成》第四卷，第 322 页。
② 赵秉文：《道德真经集解》，《老子集成》第四卷，第 322 页。
③ 赵秉文：《道德真经集解》，《老子集成》第四卷，第 343—344 页。

在他看来，老子之道既难以通过心来感受，又无法用语言表述，因此世俗之人不能体悟道的真谛。尽管如此，老子仍试图教化世人，其教化的内容以慈、俭、不敢为天下先"三宝"为主。赵秉文以"三宝"为依据，对《道德经》的内容作了概括，认为有五章讲戒用兵，有一章讲戒骄，有三章讲戒奢崇俭，有十五章讲柔弱不争。"三宝"以慈为首，"天将救是人也，付之以慈，所谓天诱其衷是也"。反之，如果"天将弃是人也，付之以恶，所谓天夺其魄是也"。在《道德经》第七十四章集解中，赵秉文对这句话做了进一步的阐发：

> 善乎楚灵王之言曰：予杀人子多矣，能无及乎。以天道好还，此嗜杀人者之戒也。秦毒痛天下，固不足道，以疑似而杀李君羡，以猜忌而杀王景文，此岂天道也哉。若汉唐诸贤，谋诛宦竖，宦竖之罪诚大矣。天未老其恶，故有代大匠斫伤手之祸，又况肆行杀戮者哉？鲜不及矣。然恶不可长，幸不可恃。楚汉之战，五季之乱，其所诛屠夷灭者，十室而九，亦天杀之也，为恶者可无惧乎。①

他列举了历史上恶人最终遭到惩罚的事例，反映了儒家的历史观和善恶观。

此外，赵秉文还对世人以老子为权诈之术的观点提出异议。如对《道德经》第三十六章，赵秉文收录了苏辙和叶梦得的注文，并分别对唐玄宗、陆希声、苏氏和叶氏的观点做出点评：

> 开元注以为圣人用权，非也。圣智在所弃，况权诈乎？陆氏、苏氏以为物理有之，几矣。叶氏以谓若有造物推行之，以证成柔弱胜刚强之义，当矣。所谓利器，岂所谓柔弱者欤？②

---

① 赵秉文：《道德真经集解》，《老子集成》第四卷，第 346 页。
② 赵秉文：《道德真经集解》，《老子集成》第四卷，第 331 页。

唐玄宗认为老子讲的是权诈之术，赵秉文并不认同唐玄宗的观点，而对苏辙和叶梦得的注解评价较高。苏辙和叶梦得是如何阐发的呢？先看二人的注文：

> （苏辙曰：）未尝与之而遽夺，则势有所不极，理有所不足。势不极则取之难，理不足则物不服，然此几于用智也，与管仲、孙武何异。圣人之与世俗，其迹故有相似者也，圣人乘理而世俗用智，乘理如医药巧于应病，用智如商贾巧于射利。知歙于张，知弱于强，知兴于废，知与于夺，非知几者孰能与此，故曰微明。圣人知刚强不足恃，故以柔弱自处。天下之刚强方相倾相轧，而吾独柔弱以待之。及其大者伤，小者死，而吾以不校，坐待其毙，此所谓胜也。虽然，圣人岂有意为此以胜物哉，知势之自然，而居其自然耳。鱼之为物，非有爪牙之利，足以胜物也。然方其托于深渊，虽强有力者，莫能执之。及其脱渊而陆，则蠢然一物耳，何能为哉。圣人居于柔弱，而刚强者莫能伤也，又将以前制其后，此不亦天下利器也哉。鱼惟脱于渊，然后人得而制之。圣人惟处于柔弱而不厌，故终能服天下，此岂与众人共之者哉。①
>
> 叶曰：事物之变，不可以尽穷。疑若有居无事而推行之者，故见其张者不知所欲歙，见其强者不知所欲弱，其于废兴与夺亦然。是虽微而可明，此柔之所以能胜刚，弱之所以能胜强。圣人之于天下，盖亦有运之者焉，而不可以示人，谓之利器。②

苏辙认为，老子的翕张、强弱、兴废、与夺之道是顺应物理和自然时势做出的选择。叶梦得指出，柔弱胜刚强等实为造物者在背后推动的结果。赵秉文认为苏、叶二人的解释比唐玄宗注更为恰当。在他看来，所谓"利器"既非权术，又非柔弱，而是造物者，亦即道。

---

① 赵秉文：《道德真经集解》，《老子集成》第四卷，第330—331页。
② 赵秉文：《道德真经集解》，《老子集成》第四卷，第331页。

参考文献

一、古籍类

1. 熊铁基、陈红星主编：《老子集成》第一卷至第五卷，宗教文化出版社，2011年。包括以下文献：

河上公：《道德真经注》

王弼：《道德真经注》

宋鸾：《道德经篇章玄颂》

蒋融庵：《道德真经颂》

司马光：《道德真经论》

王安石：《老子注》

陈景元：《道德真经藏室纂微篇》

吕惠卿：《道德真经传》

王雱：《老子训传》

苏辙：《道德真经注》

太守张氏：《道德真经集注》

陈象古：《道德真经解》

赵佶：《宋徽宗御解道德真经》

江澂：《道德真经疏义》

章安：《宋徽宗道德真经解义》

叶梦得：《老子解》

邵若愚：《道德真经直解》

程大昌：《易老通言》

李嘉谋：《道德真经义解》

员兴宗：《老子略解》

吕祖谦：《音注河上公老子道德经》

寇才质：《道德真经四子古道集解》

李霖：《道德真经取善集》

吕知常：《道德经讲义》

赵秉文：《道德真经集解》

董思靖：《道德真经集解》

范应元：《老子道德经古本集注》

林希逸：《道德真经口义》

白玉蟾：《道德宝章》

彭耜：《道德真经集注》

李道纯：《道德会元》

王守正：《道德真经衍义手钞》

刘辰翁：《老子道德经评点》

刘惟永：《道德真经集义》

刘惟永：《道德真经集义大旨》

邓锜：《道德真经三解》

杜道坚：《道德玄经原旨》

杜道坚：《玄经原旨发挥》

薛致玄：《道德真经藏室纂微开题科文疏》

张嗣成：《道德真经章句训颂》

吴澄：《道德真经注》

陈致虚：《道德经转语》

2. 德异：《直注道德经》，日本早稻田大学藏本。

3. 晁迥：《法藏碎金录》，《景印文渊阁四库全书》第 1052 册，台湾商务印书馆，1986 年。

4. 邵雍：《伊川击壤集》，四部丛刊初编影印明成化刊本。

5. 陆佃：《陶山集》，《景印文渊阁四库全书》第 1117 册。

6. 程俱：《北山小集》，四部丛刊续编影印双鉴楼藏影宋写本。

7. 程大昌：《演繁露》，《景印文渊阁四库全书》第 852 册。

8. 林希逸：《竹溪鬳斋十一稿续集》，《景印文渊阁四库全书》第 1185 册。

9. 叶适：《习学记言》，《景印文渊阁四库全书》第 849 册。

10. 陈傅良：《止斋集》，《景印文渊阁四库全书》第 1150 册。

11. 吕祖谦：《东莱集》，《景印文渊阁四库全书》第 1150 册。

12. 赵秉文：《滏水集》，《景印文渊阁四库全书》第 1190 册。

13. 司马光：《司马温公文集》，商务印书馆，1937 年。

14. 李攸：《宋朝事实》，中华书局，1955 年。

15. 毕沅：《续资治通鉴》，中华书局，1957 年

16. 王安石：《临川先生文集》，中华书局，1959 年。

17. 张载：《张载集》，中华书局，1978 年。

18. 李焘：《续资治通鉴长编》，中华书局，1979 年。

19. 陆九渊：《陆九渊集》，中华书局，1980 年。

20. 程颢、程颐：《二程集》，中华书局，1981 年。

21. 苏轼：《苏轼文集》，中华书局，1986 年。

22. 黎靖德编：《朱子语类》，中华书局，1986 年。

23. 黄宗羲：《宋元学案》，中华书局，1986 年。

24. 褚伯秀：《南华真经义海纂微》，《道藏》本，文物出版社、上海书店出版社、天津古籍出版社，1988 年。

25. 王重阳：《重阳全真集》，《道藏》本。

26. 丘处机：《磻溪集》，《道藏》本。

27. 苏辙：《苏辙集》，中华书局，1990 年。

28. 洪迈：《容斋随笔》，中华书局，2005 年。

二、今人著述

1. 侯外庐、邱汉生、张岂之主编：《宋明理学史》，人民出版社，1984 年。

2. 夏君虞：《宋学概要》，上海书店，1984 年。

3. 邓广铭主编：《宋史研究论文集》，河南人民出版社，1984 年。

4. 徐远和：《洛学源流》，齐鲁书社，1987 年。

5. 陈来：《朱熹哲学研究》，中国社会科学出版社，1988年。

6. 潘富恩、徐余庆：《程颢程颐理学思想研究》，复旦大学出版社，1988年。

7. 蒋义斌：《宋代儒释调和论及排佛论之演进》，台湾商务印书馆，1988年。

8. 余英时：《历史与思想》，台湾联经出版事业公司，1988年。

9. 詹石窗：《南宋金元的道教》，上海古籍出版社，1989年。

10. 蒙培元：《理学范畴系统》，人民出版社，1989年。

11. 王沐：《悟真篇浅解》，中华书局，1990年。

12. （日）福井康顺等：《道教》，朱越利译，上海古籍出版社，1990—1992年。

13. （日）小野泽精一等：《气的思想》，李庆译，上海人民出版社，1990年。

14. 黄钊主编：《道家思想史纲》，湖南师范大学出版社，1991年。

15. 牟钟鉴、胡孚琛、王葆玹：《道教通论——兼论道家学说》，齐鲁书社，1991年。

16. 张立文主编：《理》，中国人民大学出版社，1991年。

17. 张立文主编：《心》，中国人民大学出版社，1991年。

18. 柳存仁：《和风堂集》，上海古籍出版社，1991年。

19. 徐小跃：《禅与老庄》，浙江人民出版社，1992年。

20. 崔大华：《庄学研究》，人民出版社，1992年。

21. 姚瀛艇主编：《宋代文化史》，河南大学出版社，1992年。

22. 石训等：《中国宋代哲学》，河南人民出版社，1992年。

23. 陈植锷：《北宋文化史述论》，中国社会科学出版社，1992年。

24. 严灵峰：《周秦汉魏诸子知见书目》，中华书局，1993年。

25. 姜广辉：《理学与中国文化》，上海人民出版社，1994年。

26. 洪修平：《中国禅学思想史纲》，南京大学出版社，1994年。

27. （德）伽达默尔：《哲学解释学》，夏镇平、宋建平译，上海译文出版社，1994年。

28. 熊铁基、马良怀、刘韶军：《中国老学史》，福建人民出版社，1995 年。

29. 王明：《道家与传统文化研究》，中国社会科学出版社，1995 年。

30. 李养正：《道教经史论稿》，华夏出版社，1995 年。

31. 萧登福：《道教与佛教》，台湾东大图书公司，1995 年。

32. 张广保：《金元全真道内丹心性学》，生活·读书·新知三联书店，1995 年。

33. 卿希泰主编：《中国道教史》（修订本），四川人民出版社，1996 年。

34. 陈钟凡：《两宋思想述评》，东方出版社，1996 年。

35. 吕思勉：《理学纲要》，东方出版社，1996 年。

36. 徐洪兴：《思想的转型——理学发生过程研究》，上海人民出版社，1996 年。

37. 蔡方鹿：《程颢程颐与中国文化》，贵州人民出版社，1996 年。

38. 卢国龙：《道教哲学》，华夏出版社，1997 年。

39. 牟宗三：《心体与性体》，上海古籍出版社，1997 年。

40. 冯达文：《宋明新儒学略论》，广东人民出版社，1997 年。

41. 余敦康：《内圣外王的贯通：北宋易学的现代阐释》，学林出版社，1997 年。

42. 汤用彤：《理学·佛学·玄学》，河北教育出版社，1998 年。

43. 胡孚琛、吕锡琛：《道学通论——道家·道教·仙学》，社会科学文献出版社，1999 年。

44. 肖永明：《北宋新学与理学》，陕西人民出版社，2000 年。

45. 范立舟：《理学的产生及其历史命运》，陕西人民出版社，2000 年。

46. 刘固盛：《宋元老学研究》，巴蜀书社，2001 年。

47. 任继愈主编：《中国道教史》（修订本），中国社会科学出版社，2001 年。

48. 张广保：《唐宋内丹道教》，上海文化出版社，2001 年。

49. 刘固盛：《宋元时期的老学与理学》，陕西人民出版社，

2002年。

50. 方立天：《中国佛教哲学要义》，中国人民大学出版社，2002年。

51. 漆侠：《宋学的发展和演变》，河北人民出版社，2002年。

52. 熊铁基、刘固盛、刘韶军：《中国庄学史》，湖南人民出版社，2003年。

53. 牟钟鉴、张践：《中国宗教通史》，社会科学文献出版社，2003年。

54. 劳思光：《新编中国哲学史》，广西师范大学出版社，2003年。

55. 韦政通：《中国思想史》，上海书店，2003年。

56. 尹志华：《北宋〈老子〉注研究》，巴蜀书社，2004年。

57. 孙亦平：《杜光庭思想与唐宋道教的转型》，南京大学出版社，2004年。

58. 陈来：《宋明理学》，华东师范大学出版社，2004年。

59. 章伟文：《宋元道教易学初探》，巴蜀书社，2005年。

60. 唐君毅：《中国文化之精神价值》，广西师范大学出版社，2005年。

61. 唐明邦：《论道崇真集》，华中师范大学出版社，2006年。

62. 王卡：《道教经史论丛》，巴蜀书社，2007年。

63. 张岂之主编：《中国思想学说史》，广西师范大学出版社，2008年。

64. 刘固盛：《道教老学史》，华中师范大学出版社，2008年。

65. 熊铁基、麦子飞主编：《全真道与老庄学国际学术研讨会论文集》，华中师范大学出版社，2009年。

66. 葛兆光：《中国思想史》，复旦大学出版社，2009年。

67. 刘笑敢：《诠释与定向：中国哲学研究方法之探究》，商务印书馆，2009年。

68. （美）约瑟夫·列文森：《儒教中国及其现代命运》，郑大华、任菁译，广西师范大学版社，2009年。

69. （美）田浩：《朱熹的思维世界》，江苏人民出版社，2009年。

70. 余英时：《朱熹的历史世界》，生活·读书·新知三联书店，

2011 年。

71. 肖海燕：《宋代庄学研究》，华中师范大学出版社，2011 年。

72. 熊铁基、麦子飞主编：《第二届全真道与老庄学国际学术研讨会论文集》，华中师范大学出版社，2013 年。

73. 盖建民：《道教金丹派南宗考论》，社会科学文献出版社，2013 年。

74. 范立舟：《白莲教与宋元下层社会》，中国社会科学出版社，2013 年。

75. （美）柏夷：《道教研究论集》，孙齐等译，中西书局，2015 年。

76. 熊铁基、黄健荣主编：《第三届全真道与老庄学国际学术研讨会论文集》，华中师范大学出版社，2017 年。

77. 郑开：《道家形而上学研究》（增订版），中国人民大学出版社，2018 年。